Sauter/Schweyer

Der eingetragene Verein

Der eingetragene Verein

**Eine gemeinverständliche Erläuterung
des Vereinsrechts unter besonderer Berücksichtigung
der neuesten Rechtsprechung**

begründet von

Eugen Sauter†
Justizoberinspektor in München

fortgeführt von

Gerhard Schweyer
Richter am Bayer. Obersten Landesgericht a. D.,
zuvor Vorstand des Registergerichts München

12., neubearbeitete Auflage

C. H. BECK'SCHE VERLAGSBUCHHANDLUNG
MÜNCHEN 1983

CIP-Kurztitelaufnahme der Deutschen Bibliothek

Sauter, Eugen:
Der eingetragene Verein: e. gemeinverständl. Erl. d. Vereinsrechts unter bes. Berücks. d. neuesten Rechtsprechung / begr. von Eugen Sauter. Fortgef. von Gerhard Schweyer. – 12., neubearb. Aufl. – München: Beck, 1983.
ISBN 3 406 08514 8
NE: Schweyer, Gerhard [Bearb.]

ISBN 3 406 08514 8

Druck der C. H. Beck'schen Buchdruckerei Nördlingen

Vorwort zur 12. Auflage

Die Neuauflage berücksichtigt Literatur und Rechtsprechung, die – mit dem Stand vom 1. Oktober 1982 – seit dem Erscheinen der Vorauflage (1980) veröffentlicht wurden. Durch Grundsatzentscheidungen des Bundesgerichtshofs und verschiedener Oberlandesgerichte wurden bisher umstrittene Rechtsfragen geklärt und damit jedenfalls für die Vereinspraxis abschließend beantwortet. Im übrigen wurde bei der Neubearbeitung des Buchs die bisherige Darstellung vielfältig ergänzt, aber auch verdichtet und gestrafft. Dabei konnte ich erneut manche Anregung aus dem Leserkreis aufgreifen und damit neu aufgetretenen Problemen nachgehen. Auch in Zukunft bin ich für solche Mitteilungen, wenn sie über den Einzelfall hinaus von allgemeiner Bedeutung sind, sehr dankbar.

Ich hoffe, daß auch die vorliegende Bearbeitung des Buchs sowohl dem Rechtsunkundigen den Zugang zu diesem Rechtsgebiet erleichtert als auch dem erfahrenen Vereinspraktiker manche Orientierungshilfe leistet.

Gräfelfing bei München im November 1982 Gerhard Schweyer

Vorwort zur 11. Auflage

Das Recht des eingetragenen Vereins, vor nicht zu langer Zeit noch ein „stilles" Rechtsgebiet, nimmt in der Rechtsprechung zunehmend breiteren Raum ein. So sind seit dem Erscheinen der Vorauflage vor rund zwei Jahren wieder eine Anzahl obergerichtlicher Entscheidungen ergangen, die für die tägliche Praxis der Vereine und Registergerichte von großer Bedeutung sind. Auch das wissenschaftliche Schrifttum ist erneut mit einer Reihe von Abhandlungen hervorgetreten, die zeigen, daß das Vereinsrecht noch lange nicht ausdiskutiert ist.

Die Neuauflage berücksichtigt diese weitere Entwicklung nach dem Stand von Ende November 1979. Außer einer sorgfältigen Überprüfung des gesamten Stoffes wurde die bisherige Darstellung des Vereinsrechts vielfach erweitert und teilweise völlig neu gefaßt. Dabei konnte ich zahlreiche Anregungen aus dem Leserkreis, für die ich auch in Zukunft dankbar bin, verwerten.

Auch bei der Neubearbeitung des Stoffs habe ich mich von dem Grundsatz leiten lassen, in erster Linie ein Hilfsmittel für die Praxis zu bieten, ohne dabei auf den einen oder anderen wissenschaftlichen Aspekt zu verzichten.

München/Gräfelfing im Dezember 1979 Gerhard Schweyer

Inhaltsverzeichnis

Abkürzungs- und Literaturverzeichnis

a. A.	anderer Ansicht
aaO	am angegebenen Ort (bezieht sich stets auf die zuletzt angegebene Fundstelle)
abl.	ablehnend
AcP	Archiv für die civilistische Praxis (Band u. Seite)
a. E.	am Ende
a. F.	alte Fassung
AG	Aktiengesellschaft oder Ausführungsgesetz oder Amtsgericht
AGBG	Gesetz zur Regelung des Rechts der Allgemeinen Geschäftsbedingungen (AGB-Gesetz)
AgrarR	Agrarrecht (Zeitschrift, Jahr u. Seite)
AktG	Aktiengesetz vom 6. 9. 1965
Altenhoff/Busch/Kampmann	Kommentar zum Rechtsberatungsgesetz, 6. Aufl. Münster 1981
Anm.	Anmerkung
AnwBl	Anwaltsblatt (Jahr und Seite)
AO	Abgabenordnung v. 16. 3. 1976 (BGBl. I S. 613)
AöR	Archiv für öffentliches Recht (Band u. Seite)
AP	Arbeitsrechtliche Praxis, Nachschlagewerk des Bundesarbeitsgerichts (Gesetzesstelle und Nummer der Entscheidung)
Art.	Artikel
AV	Allgemeine Verfügung
BAG	Bundesarbeitsgericht
Bassenge/Herbst	FGG/RPflG, Kommentar, Heidelberg-Karlsruhe, 3. Aufl. 1981
Baumbach/Duden	Handelsgesetzbuch, Kurzkommentar, 24. Aufl. München 1980
Baumbach/Hueck	Aktiengesetz, Kurzkommentar, 13. Aufl. München 1968
Baumbach/Hueck	GmbH-Gesetz, Kurzkommentar, 13. Aufl. München 1970
BayAGGVG	Bayerisches Ausführungsgesetz zum Gerichtsverfassungsgesetz
BayBSVJu	Bereinigte Sammlung der bayerischen Justizverwaltungsvorschriften
BayJMBl	Justizministerialblatt für das Land Bayern (Jahr u. Seite)
BayNotV	Mitteilungen des Bayerischen Notarvereins (Jahr u. Seite)
BayObLG	Bayerisches Oberstes Landesgericht
BayObLGZ	Entscheidungen des Bayerischen Obersten Landesgerichts in Zivilsachen (bis 1934 Band u. Seite, ab 1948 Jahr u. Seite)
BayRpflZ	Zeitschrift für Rechtspflege in Bayern
BayVBl	Bayer. Verwaltungsblätter (Zeitschrift, Jahr u. Seite)
BB	Der Betriebs-Berater (Zeitschrift, Jahr u. Seite)
Bd.	Band
Bem.	Bemerkung
Betrieb	Der Betrieb (Zeitschrift, Jahr u. Seite)
BetrVG	Betriebsverfassungsgesetz
BetrAVG	Gesetz zur Verbesserung der betrieblichen Altersversorgung vom 19. 12. 1974 (BGBl. I S. 3610)
BeurkG	Beurkundungsgesetz
BFH	Bundesfinanzhof
BGB	Bürgerliches Gesetzbuch

BGBl.	Bundesgesetzblatt, mit I = Teil I, mit II = Teil II, mit III = Teil III
BGB-RGRK	Das Bürgerliche Gesetzbuch, Kommentar, herausgegeben von Mitgliedern des Bundesgerichtshofs, 12. Aufl. 5. Lieferung – 1974 – Bearbeiter: Steffen
BGH	Bundesgerichtshof
BGHSt	Entscheidungen des Bundesgerichtshofs in Strafsachen (Band u. Seite)
BGHZ	Entscheidungen des Bundesgerichtshofs in Zivilsachen (Band u. Seite)
BlGenW	Blätter für Genossenschaftswesen (Jahr u. Seite)
BNotO	Bundesnotarordnung
Bode	Recht der Ordnungswidrigkeiten, München 1969
Böhle-Stamschräder/Kilger	Konkursordnung, Kurzkommentar, 13. Aufl. München 1981
BReg.	Beschwerderegister
Breslau AK	Zeitschrift der Anwaltskammer im Oberlandesgerichtsbezirk Breslau (Jahr u. Seite)
Brodmann	Kommentar zum GmbH-Gesetz, 2. Aufl. 1929
Buchst.	Buchstabe
Bumiller/Winkler	Freiwillige Gerichtsbarkeit, Kurzkommentar, 3. Aufl. München 1980
BVerfG	Bundesverfassungsgericht
BVerfGE	Entscheidungen des Bundesverfassungsgerichts (Band u. Seite)
BVerwG	Bundesverwaltungsgericht
Cohn	Das Handels- und Genossenschaftsrecht, 3. Aufl. 1910
DFG	Deutsche Freiwillige Gerichtsbarkeit (Jahr u. Seite)
Die AG	Die Aktiengesellschaft, Zeitschrift (Jahr u. Seite)
Diss.	Dissertation, Universität, Jahr
DJ	Deutsche Justiz (Jahr u. Seite)
DJZ	Deutsche Juristen-Zeitung
DNotV	Zeitschrift des Deutschen Notarvereins (Jahr u. Seite)
DNotZ	Deutsche Notar-Zeitschrift (Jahr u. Seite)
DÖV	Die Öffentliche Verwaltung (Jahr u. Seite)
DR	Deutsches Recht (Jahr u. Seite)
DRiZ	Deutsche Richterzeitung (Jahr u. Seite)
DVBl	Deutsches Verwaltungsblatt (Zeitschrift, Jahr u. Seite)
DVO	Durchführungsverordnung
DWW	Deutsche Wohnungswirtschaft (Zeitschrift, Jahr u. Seite)
EGBGB	Einführungsgesetz zum Bürgerlichen Gesetzbuch
Enneccerus-Nipperdey	Enneccerus-Kipp-Wolf, Lehrbuch des bürgerlichen Rechts, 15. Aufl. 1959; Bearbeiter: Nipperdey
Entschl.	Entschließung
Erman	Handkommentar zum Bürgerlichen Gesetzbuch 7. Aufl. 1981. Bearbeiter: Harry Westermann
Ernst	Die Ausübung der Vereinsgewalt, Dissertation Köln 1969
FamRZ	Zeitschrift für das gesamte Familienrecht (Jahr, Seite)
FGG	Gesetz über die Angelegenheiten der freiwilligen Gerichtsbarkeit
Fn.	Fußnote
Gadow-Heinichen	Großkommentar zum Aktiengesetz vom 30. 1. 1937, 2. Aufl. 1961
v. Gamm	Geschmacksmustergesetz, Kommentar, 1966
GBO	Grundbuchordnung

Gen.	Genossenschaft
GenG	Gesetz, betr. die Erwerbs- und Wirtschaftsgenossenschaften
GewA	Gewerbearchiv (Jahr u. Seite)
GG	Grundgesetz für die Bundesrepublik Deutschland
GmbH	Gesellschaft mit beschränkter Haftung
GmbHG	Gesetz, betr. die Gesellschaften mit beschränkter Haftung
GmbHRdsch	Rundschau für GmbH (Jahr u. Seite)
Gruch	Beiträge zur Erläuterung des Deutschen Rechts, begründet von Gruchot (Band u. Seite)
GRUR	Gewerblicher Rechtsschutz und Urheberrecht (Zeitschrift, Jahr u. Seite)
GVG	Gerichtsverfassungsgesetz
GWB	Gesetz gegen Wettbewerbsbeschränkungen
Hachenburg	Kommentar zum GmbH-Gesetz von Hachenburg 6. Aufl. (1953–1959); teilweise 7. Aufl. 1975
HansRGZ	Hanseatische Rechts- und Gerichtszeitung (Jahr u. Seite)
HansJVBl	Hanseatisches Justizverwaltungsblatt (Jahr u. Seite)
Hemmerich	Möglichkeiten und Grenzen wirtschaftlicher Betätigung von Idealvereinen, Heidelberg 1982
HGB	Handelsgesetzbuch
h. M.	herrschende Meinung
Hoelder	Kommentar zum Allgemeinen Teil des Bürgerlichen Gesetzbuchs, 1900
Horber	Grundbuchordnung, Kurzkommentar, 15. Aufl. München 1980
HRR	Höchstrichterliche Rechtsprechung (Jahr u. Nummer)
HRV	Handelsregisterverfügung
Hüffer	Verein und Gesellschaft, 1977
Jaeger	Kommentar zur Konkursordnung 8. Aufl. 1958/1973
Jansen	Freiwillige Gerichtsbarkeit, Großkommentar, 2. Aufl. Berlin 1969
JDR	Jahrbuch des Deutschen Rechts
JFG	Jahrbuch für Entscheidungen in Angelegenheiten der freiwilligen Gerichtsbarkeit und des Grundbuchrechts (Band u. Seite)
JherJ	Jherings Jahrbücher für die Dogmatik des bürgerlichen Rechts (Band u. Seite)
JMBlNRW	Justizministerialblatt für das Land Nordrhein-Westfalen (Jahr u. Seite)
JMBl/Saar	Justizministerialblatt des Saarlandes (Jahr u. Seite)
JR	Juristische Rundschau (Jahr u. Seite)
JurA	Juristische Analysen (Jahrgang u. Seite)
JurBüro	Das juristische Büro (Zeitschrift, Jahr u. Spalte)
JuS	Juristische Schulung (Zeitschrift, Jahr u. Seite)
Justiz	Die Justiz, Amtsblatt des Justizministeriums Baden-Württemberg (Jahr u. Seite)
JVBl.	Justizverwaltungsblatt (ab 1957 in neuer Folge)
JW	Juristische Wochenschrift (Jahr u. Seite)
JZ	Juristenzeitung (Jahr u. Seite)
KAL	Kurzbezeichnung für Korintenberg-Ackermann-Lappe, Kostenordnung, Kommentar, 9. Aufl. 1978
KartG	Kartellgericht, auch Sammlung von Entscheidungen und Gutachten des Kartellgerichts (1924–1938)
Keidel/Kuntze/Winkler	Freiwillige Gerichtsbarkeit, Kommentar, 11. Aufl. München 1978
Keidel/Schmatz/Stöber	Registerrecht, 3. Aufl. München 1976

KG	Kammergericht, Kommanditgesellschaft
KGaA	Kommanditgesellschaft auf Aktien
KGJ	Jahrbuch für Entscheidungen des Kammergerichts (Band, Abteilung A, Seite)
KO	Konkursordnung
Korintenberg-Ackermann-Lappe	Kostenordnung, Kommentar, 9. Aufl. 1978
KostO	Gesetz über die Kosten in Angelegenheiten der freiwilligen Gerichtsbarkeit (Kostenordnung)
KostRsp.	Kostenrechtsprechung; Nachschlagewerk wichtiger Kostenentscheidungen mit kritischen Anmerkungen von Tschischgale u. a., Köln 1961 ff.
KostVfg	Kostenverfügung
Krakenberger	Kommentar zum Genossenschaftsgesetz 1932
Krieger/Lenz	Firma und Handelsregister von Karl Krieger und Otto Lenz
KTS	Zeitschrift für Konkurs-, Treuhand- u. Schiedsgerichtswesen (Jahr u. Seite)
Lange	Bürgerliches Gesetzbuch, Allgem. Teil
Lang/Weidmüller	Genossenschaftsgesetz, Kommentar, 30. Aufl. 1974
LG	Landgericht
LM	Das Nachschlagewerk des Bundesgerichtshofs in Zivilsachen, herausgegeben von Lindenmaier und Möhring (Gesetzesstelle und Nummer der Entscheidung)
LS	nur mit dem Leitsatz abgedruckt
LVG	Landesverwaltungsgericht
LZ	Leipziger Zeitschrift für Deutsches Recht (Jahr u. Seite)
MDR	Monatsschrift für Deutsches Recht (Jahr u. Seite)
Meyer-Cording	Die Vereinsstrafe, Tübingen 1957
Meyer-Meulenbergh	Genossenschaftsgesetz, Kurzkommentar, 11. Aufl. München 1970
Michel-Weber-Gries	Das Rabattgesetz 2. Aufl. München 1957
MittBayNot	Mitteilungen des bayerischen Notarvereins und der Notarkasse (Jahr u. Seite)
MittRhNotK	Mitteilungen der Rheinischen Notarkammer (Jahr u. Seite)
MünchKomm	Münchener Kommentar zum Bürgerlichen Gesetzbuch, München 1978, Bearbeiter: Reuter
Mummenhoff	Gründungssysteme und Rechtsfähigkeit, Köln 1979
Nachw.	Nachweise einschlägiger Rechtsprechung und/oder Literatur
NdsRpfl	Niedersächsische Rechtspflege (Jahr u. Seite)
NJW	Neue Juristische Wochenschrift (Jahr u. Seite)
NVwZ	Neue Zeitschrift für Verwaltungsrecht (Jahr u. Seite)
Obermüller-Werner-Winden	Die Hauptversammlung der Aktiengesellschaft, 3. Aufl. 1967
Obermüller-Werner-Winden (L)	Leitfaden für die Hauptversammlung der Aktiengesellschaft, 2. Aufl. 1964
Oertmann	Kommentar zum Bürgerlichen Gesetzbuch Bd. I 3. Aufl. 1927
OHG	Offene Handelsgesellschaft
OLG	Oberlandesgericht; Sammlung der Rechtsprechung der Oberlandesgerichte in Zivilsachen (Band u. Seite)
OLGZ	Entscheidungen der Oberlandesgerichte in Zivilsachen (ab 1965; Jahr u. Seite)
OVG	Oberverwaltungsgericht; Entscheidungen des Preußischen Oberverwaltungsgerichts

Palandt	Bürgerliches Gesetzbuch, Kurzkommentar, 41. Aufl. München 1982, Bearbeiter: Heinrichs
Planck	Kommentar zum Bürgerlichen Gesetzbuch, 4. Aufl. 1913, Bearbeiter: Knoke
PrOVG	Preußisches Oberverwaltungsgericht und Entscheidungen des Preußischen Oberverwaltungsgerichts (Band u. Seite)
RabG	Gesetz über Preisnachlässe (Rabattgesetz)
RAG	Reichsarbeitsgericht
RBerG	Rechtsberatungsgesetz
RdJ, RdJB	Recht der Jugend und des Bildungswesens (Zeitschrift, Jahr u. Seite)
RdL	Recht der Landwirtschaft (Jahr u. Seite)
Rdnr.	Randnummer
Recht	Zeitschrift ,,Das Recht" (Jahr u. Nummer der Entscheidung)
Reichert-Dannecker-Kühr	Handbuch des Vereins- und Verbandsrechts, Neuwied u. Darmstadt 2. Aufl. 1977
R-D-K	Kurzbezeichnung für Reichert-Dannecker-Kühr
Reinhard	in Festschrift für Heinz Paulick, 1973
RG	Reichsgericht
RGBl	Reichsgesetzblatt
RGZ	Entscheidungen des Reichsgerichts in Zivilsachen (Band u. Seite)
RJA	Entscheidungen in Angelegenheiten der freiwilligen Gerichtsbarkeit, zusammengestellt im Reichs-Justizamte (Band u. Seite)
Rittner	Die werdende juristische Person, Tübingen 1973
Rohs-Wedewer	Kostenordnung, Kommentar, Loseblattausgabe, 2. Aufl. mit Ergänzungslieferungen
Rpfleger	Der Deutsche Rechtspfleger (Jahr u. Seite)
RPflG	Rechtspflegergesetz vom 5. 11. 1969
RV	Die Verfassung des Deutschen Reichs vom 11. 8. 1919
SchlHAnz	Schleswig-Holsteinische Anzeigen (Jahr u. Seite)
Schlosser	Schlosser, Coester-Waltjen, Graba, Kommentar zum AGB-Gesetz, 1. Aufl. 1977
Schnorr	Öffentliches Vereinsrecht. Kommentar zum Vereinsgesetz, Köln 1965
Scholz	Kommentar zum GmbH-Gesetz, 6. Aufl. 1978
Schwab	Schiedsgerichtsbarkeit, Kommentar, 3. Aufl. München 1979
Seuff Arch	Seuffert's Archiv für Entscheidungen der obersten Gerichte in den deutschen Staaten (Band u. Nummer)
SJZ	Süddeutsche Juristenzeitung
Soergel	Kommentar zum Bürgerlichen Gesetzbuch, begründet von Soergel, neu herausgegeben von Siebert, 11. Aufl. 1978, Bearbeiter: Schultze-v. Lasaulx
Staudinger	Kommentar zum Bürgerlichen Gesetzbuch, 12. Aufl. 1978/1980, Bearbeiter: Coing
Stein/Jonas	Stein-Jonas-Pohle, Kommentar zur Zivilprozeßordnung, 19. Aufl., teilw. 20. Aufl. ab 1977
StGB	Strafgesetzbuch
Stöber	Vereinsrecht, 4. Aufl. Bonn 1980
Thomas-Putzo	Zivilprozeßordnung 11. Aufl. München 1981
v. Tuhr	Der Allgemeine Teil des Deutschen Bürgerlichen Rechts, 1. Bd., Berlin 1957

UWG	Gesetz gegen den unlauteren Wettbewerb
VAG	Gesetz über die Beaufsichtigung der privaten Versicherungsunternehmen und Bausparkassen (Versicherungsaufsichtsgesetz)
VereinsG	Gesetz zur Regelung des öffentlichen Vereinsrechts (Vereinsgesetz)
VersR	Versicherungsrecht, Juristische Rundschau für die Individualversicherung (Jahr u. Seite)
VGBest	Bestimmungen des Bundesrats über das Vereinsregister und das Güterrechtsregister
VGH	Verwaltungsgerichtshof
vgl.	vergleiche
VO	Verordnung
Vollmer	Satzungsmäßige Schiedsklauseln, Bad Homburg v. d. H. 1970
VVaG	Versicherungsverein auf Gegenseitigkeit
Warn.	Warneyer, Die Rechtsprechung des Reichsgerichts (Jahr u. Nummer)
WEG	Gesetz über das Wohnungseigentum und das Dauerwohnrecht v. 15. 3. 1951
WM	Wohnungswirtschaft und Mietrecht (Zeitschrift, Jahr u. Seite)
WPM	Wertpapier-Mitteilungen Teil IV B (Jahr u. Seite)
WRP	Wettbewerb in Recht und Praxis (Zeitschrift, Jahr u. Seite)
WuW	Wirtschaft und Wettbewerb (Zeitschrift, Jahr u. Seite)
WZG	Warenzeichengesetz
ZBlFG	Zentralblatt für freiwillige Gerichtsbarkeit, Notariat und Zwangsversteigerung (Jahr u. Seite)
ZBlJR	Zentralblatt für Jugendrecht und Jugendwohlfahrt (Jahr u. Seite)
ZgGenW	Zeitschrift für das gesamte Genossenschaftswesen (Jahr u. Seite)
ZIP	Zeitschrift für die gesamte Insolvenzpraxis (Jahr u. Seite)
ZMR	Zeitschrift für Miet- und Raumrecht (Jahr u. Seite)
Zöller	Kommentar zur ZPO, 13. Aufl., Köln 1981
Zöllner	Die Schranken mitgliedschaftlicher Stimmrechtsmacht bei den privatrechtlichen Personenverbänden, München 1963
ZGR	Zeitschrift für Unternehmens- und Gesellschaftsrecht, seit 1972 (Jahr u. Seite)
ZPO	Zivilprozeßordnung
ZZP	Zeitschrift für Zivilprozeß (Band u. Seite)

Erster Teil.
Darstellung des Vereinsrechts

I. Der Begriff des Vereins und die Bedeutung der Rechtsfähigkeit für ihn

Der Begriff des Vereins

1 Das Bürgerliche Gesetzbuch enthält keine Aussage darüber, was unter einem Verein zu verstehen ist. Zwar ist in § 54 BGB bestimmt, daß auf Vereine, die nicht rechtsfähig sind, die Vorschriften über die Gesellschaft Anwendung finden. Damit ist aber die Frage nach dem Wesen des Vereins nicht beantwortet. Das Reichsgericht hat sich in einer Reihe von Entscheidungen der Klärung dieses Begriffs angenommen.[1] Danach ist ein Verein ein auf eine gewisse Dauer angelegter, **körperschaftlich organisierter Zusammenschluß** einer Anzahl von Personen, die ein gemeinschaftliches Ziel verfolgen. Eine körperschaftliche Organisation liegt vor, wenn die sich zusammenschließenden Einzelpersonen künftig als eine Einheit auftreten wollen, die einen Gesamtnamen führt, durch einen Vorstand vertreten wird und die ihren Willen grundsätzlich durch Beschlußfassung ihrer Angehörigen nach **Stimmenmehrheit** äußert.[1a] Ferner gehört zum Wesen des Vereins, daß ein Wechsel im Mitgliederbestand stattfinden kann.[2]

Um aber einer solchen körperschaftlich organisierten Personenvereinigung die sichere Erreichung ihres sich selbst gesteckten Zieles zu gewährleisten, war es notwendig, ihr die Möglichkeit zu geben, einen eigenen Vermögensbereich zu erhalten, der sowohl der Verfügung ihrer einzelnen Mitglieder als auch dem Zugriff deren Gläubiger entzogen ist. Sie mußte also rechtlich in die Lage versetzt werden, eine Eigenschaft zu erlangen, die sie als selbständige Persönlichkeit – wie den einzelnen Menschen – im Rechtsleben ausweist, und das ist die **Rechtsfähigkeit.** Da sich die Formung der Personenvereinigung zu einer rechtsfähigen, selbständigen Person mit Hilfe einer vom Gesetz geschaffenen, also einer juristischen Konstruktion, vollzieht, wird sie als ,,juristische Person" – im Gegensatz zum Menschen als einer natürlichen Person – bezeichnet.

Die Bedeutung der Rechtsfähigkeit für den Verein

2 Rechtsfähig sein heißt, wie schon das Wort sagt, die Fähigkeit zu besitzen, Träger von Rechten und auch von Pflichten zu sein. Rechte gegen sich selbst kann der Verein jedoch nicht haben. Die Rechtsfähigkeit stellt ihn auf eine

---

[1] RGZ 60, 94/99; 74, 371/372, 373; 76, 25/27; 165, 140/143; vgl. auch § 2 VereinsG

[1a] zur ,,Mitgliedschaft" in einem sogenannten Fitnessclub siehe LG Freiburg MDR 1981, 56 (kein vereinsmäßiger Zusammenschluß, sondern Mietvertrag)

[2] Für den eingetragenen Verein ergibt sich das aus § 58 Nr. 1 BGB (so zutreffend Ballerstedt, Festschrift für Knur, S. 3)

Stufe mit der natürlichen Person. Eine völlige Gleichstellung ist damit aber nicht verbunden; sie bleibt der juristischen Person in den Bereichen versagt, in denen Rechte und Verantwortung nach der Natur der Sache nur ein Mensch und nicht eine künstlich geschaffene Rechtsperson haben kann.

Aus der Rechtsfähigkeit leitet sich für den eingetragenen Verein das Recht auf einen eigenen Namen ab. Ferner erlangt der rechtsfähige Verein die **Grundbuchfähigkeit.** Das bedeutet, daß der Verein selbst (nicht die einzelnen Mitglieder) als Eigentümer, Hypotheken- oder Grundschuldgläubiger oder als Inhaber eines sonstigen dinglichen Rechts (z. B. einer Reallast) im Grundbuch eingetragen wird.[3] Der rechtsfähige Verein ist im Prozeß **parteifähig;** er kann also klagen und verklagt werden. Er ist vermögensfähig, kann eigenes Vermögen erwerben, Erbe oder Vermächtnisnehmer werden.

Das Vereinsvermögen kann auch Gegenstand der **Zwangsvollstreckung** sein. Als Vermögen der Mitglieder darf jedoch das Vereinsvermögen des rechtsfähigen Vereins auch dann nicht aufgefaßt werden, wenn der Verein nicht zu den gemeinnützigen Vereinen gehört, sondern nur den Interessen seiner Mitglieder dient, denen aus diesem Grunde in § 45 Abs. 3 BGB ein Anfallrecht gewährt ist.[4] Daraus ist zu schließen, daß auch eine Vermögensverteilung unter die Mitglieder während des Bestehens des Vereins nicht erfolgen darf.

3 Der rechtsfähige Verein kann Verbindlichkeiten eingehen, für die regelmäßig nur das Vermögen des Vereins haftet. Es stehen ihm ferner Urheber-, Erfinder- und Zeichenrechte zu. Er ist andererseits auch **steuerpflichtig.**[4a] Der Verein kann zum Testamentsvollstrecker, auch zum Mitglied eines Gläubigerausschusses in einem Konkursverfahren bestellt werden. Er kann auch Kommanditist einer Kommanditgesellschaft, Gesellschafter einer GmbH, Aktionär einer Aktiengesellschaft, Mitglied einer Genossenschaft werden. Es bestehen auch keine rechtlichen Bedenken dagegen, daß der rechtsfähige Verein als solcher Vorstandsmitglied eines anderen Vereins werden kann.[5] Ihm ist auch **Prozeßkostenhilfe** (früher Armenrecht genannt) unter bestimmten Voraussetzungen zu bewilligen; dazu gehört, daß die Kosten weder vom Verein noch von den Vereinsmitgliedern aufgebracht werden können.[6] Der Verein kann als solcher bevollmächtigt werden; die Vollmacht übt dann der jeweilige Vorstand aus.

Ein Wirtschaftsverband kann Ansprüche seiner Mitglieder nach entsprechender Ermächtigung im eigenen Namen einklagen, nicht jedoch Ansprüche anderer, ihm nicht angehörender Firmen und Verbände.[7] Für die Klagebefugnis eines Verbraucherschutzverbandes genügt es nicht, daß seine Satzung als Vereinszweck die Wahrnehmung der Verbraucherinteressen

---

[3] Zur Eintragung der Satzung einer Interessengemeinschaft in das Grundbuch vgl. OLG Hamm MittBayNot 1973, 89

[4] dazu vgl. RGZ 153, 267/270; 165, 140/143

[4a] Über Steuerfolgen bei Vereinen siehe Enders MDR 1981, 984 und 1982, 107; ferner Weber/Endlich BB 1981, 1330; zur Steuerhaftung der gesetzlichen Vertreter juristischer Personen siehe BFH NJW 1980, 2151

[5] Soergel § 27 RdNr. 8; nun h. M.

[6] siehe §§ 114–127a, insbesondere § 116 ZPO; dazu Egon Schneider MDR 1981, 1/3

[7] BGH BB 1955, 1008

durch Aufklärung und Beratung ausweist, sondern der Verband muß auch entsprechend seinem Vereinszweck wirklich tätig sein. Dem Verband kommt aber die tatsächliche Vermutung zu Hilfe, daß er seinen Satzungszweck auch in Wirklichkeit verfolgt.[8]

4 Ein Verband zur Förderung gewerblicher Interessen kann nach § 13 UWG in den Fällen der §§ 1 und 3 UWG Ansprüche auf Unterlassung geltend machen. Die Klagebefugnis setzt lediglich voraus, daß die Rechtsverletzung in den satzungsmäßigen Interessenbereich des Verbandes eingreift.[9] Vor Klageerhebung muß aber grundsätzlich eine Verwarnung ausgesprochen werden. Dies gilt auch für den Antrag auf Erlaß einer einstweiligen Verfügung.[10]

Eine als eingetragener Verein organisierte Bürgergemeinschaft ist nach § 47 VwGO im Hinblick auf einen Bebauungsplan nicht antragsbefugt, wenn nur ihre Mitglieder, nicht aber sie selbst, Grundbesitz im Auswirkungsbereich des Bebauungsplans haben.[11]

5 **Keine Rechtsfähigkeit** besitzt der eingetragene Verein im Familienrecht und im Recht der Wohnsitzbegründung; der Verein hat keinen Wohnsitz, sondern einen „Sitz".[12] Er kann auch **nicht** als **Schiedsrichter** tätig werden, weil das Schiedsrichteramt die Fähigkeit, die persönliche Verantwortung für den Schiedsspruch zu übernehmen, voraussetzt.[13]

In Art. 19 Abs. 3 des Grundgesetzes ist der Verein in bestimmtem Umfang als Träger von **Grundrechten** anerkannt.[14] Einzelheiten bringen die Kommentare zum Grundgesetz.

6 **Strafrechtlich verantwortlich** ist der Verein grundsätzlich nicht, weil ihn ein sozialethischer Schuldvorwurf nicht treffen kann.[15] Er kann deshalb nicht verantwortlicher Redakteur einer Presseschrift sein.[16] Dagegen können gegen den Verein als solchen **Geldbußen** nach dem Wirtschaftsstrafgesetz, dem Gesetz über Ordnungswidrigkeiten und dem Gesetz gegen Wettbewerbsbeschränkungen (Kartellgesetz) verhängt werden.[17]

7 Der Schutz der **persönlichen Ehre** im Strafgesetzbuch besagt nicht, daß Personenvereinigungen, deren Ehrfähigkeit im Leben jedermann annimmt, keinen Ehrenschutz beanspruchen können.[18] Mensch und Gemeinschaft ste-

---

[8] OLG Frankfurt NJW 1970, 2068; zum Streitwert vgl. BGH BB 1977, 1061; zur Beschränkung der Klagebefugnis der Verbraucherverbände nach dem AGB-Gesetz siehe OLG München BB 1978, 1183; ferner zur Zulässigkeit einer einstw. Verfügung OLG Düsseldorf Betrieb 1978, 1730

[9] OLG Hamburg GRUR 1954, 588; zum Mißbrauch der Prozeßführungsbefugnis siehe BGH WM 1977, 1234

[10] OLG Köln GRUR 1971, 419

[11] VGH Mannheim NJW 1972, 1101

[12] Soergel vor § 21 BGB Rdnr. 24

[13] Stein/Jonas § 1032 Bem. I 2; Soergel vor § 21 BGB Rdnr. 26

[14] vgl. BVerfGE 3, 383/390 (Gleichheitsgrundsatz); BVerfG MDR 1954, 282 (Recht auf den gesetzlichen Richter); BVerfG NJW 1971, 1123 (Namensführung und satzungsgemäße Betätigung); ferner BVerwG BayVBl 1973, 132; dazu Leisner DÖV 1973, 272 und Seifert DVBl. 1973, 705; siehe auch Bethge AöR 104, 54 und Stürner NJW 1979, 2334

[15] Soergel vor § 21 Rdnr. 29

[16] OLG Hamm OLG 8, 16

[17] BGH MDR 1959, 320; OLG Celle BB 1957, 628; OLG Hamm JR 1971, 383 m. Anm. von Göhler; Soergel vor § 21 Rdnr. 29; ausführlich Bode NJW 1969, 1286

[18] vgl. BGH NJW 1971, 1655 und 1974, 1762 (Deutschland-Stiftung e. V.); Mezger

hen in unlösbarer Beziehung. Deshalb sind gewisse Personengesamtheiten auch beleidigungsfähig. Es genügt hierzu, daß sie eine rechtlich anerkannte gesellschaftliche (auch wirtschaftliche) Aufgabe (soziale Funktion) erfüllen und einen einheitlichen Willen bilden können. Die Aufgabe braucht keine öffentliche zu sein; sie muß nur im täglichen Leben üblicherweise mit rechtlicher Billigung erfüllt werden. Auf die Rechtsform der Personenvereinigung kommt es dabei nicht an; sie stimmt mit ihrer sozialen Aufgabe oft nicht überein und richtet sich nach anderen Grundsätzen.[19] Den Strafantrag können bei Vereinen die Vorstandsmitglieder in der zur Vertretung des Vereins erforderlichen Zahl stellen.

Vereine erlangen die Rechtsfähigkeit entweder durch die Eintragung in das Vereinsregister (§ 21 BGB) oder durch staatliche Verleihung (§ 22 BGB). Für politische Parteien hat das Parteiengesetz[20] nichts daran geändert, daß sie die Rechtsfähigkeit nur durch Eintragung in das Vereinsregister erwerben.

Im nachfolgenden ist nur die Rede von Vereinen, die durch Eintragung in das Vereinsregister rechtsfähig werden.

II. Entstehung des eingetragenen Vereins

Der Gründungsakt

8 Der erste Schritt ist die **Gründung** des (rechtsfähigen) Vereins. Dazu ist erforderlich, daß die für den künftigen Verein verbindlichen Regelungen in einer Satzung niedergelegt werden. Der eigentliche Gründungsakt besteht dann in der Einigung der Gründer, daß die Satzung nunmehr verbindlich sein soll; hierin ist die Einigung darüber eingeschlossen, daß der Verein in das Vereinsregister eingetragen und damit Rechtsfähigkeit erlangen soll. An der Gründung müssen sich mindestens zwei Personen beteiligen. Da jedoch nach §§ 56, 60 BGB der Verein in das Vereinsregister nur eingetragen werden darf, wenn er mindestens sieben Mitglieder hat, ist es zweckmäßig, mit der Gründung des Vereins so lange zu warten, bis wenigstens sieben Personen bereit sind, sich zu beteiligen.

9 Über die Rechtsnatur des Gründungsaktes herrscht wissenschaftlicher Streit, der im Rahmen dieser Darstellung nicht näher erörtert zu werden braucht. Dabei überwiegt die Meinung, daß es sich um einen Vertrag[1] (besonderer Art)[2] zwischen den Gründern handelt, der auf die Errichtung eines sozialen Gemeinschaftsgebildes mit bestimmter Organisation gerichtet ist.[2]

10 Die Gründer müssen zum Abschluß von Verträgen fähig, d. h. regelmäßig

---

JZ 1951, 522; Welzel MDR 1951, 503; vgl. Lessmann AcP 170, 266; zum zivilrechtl. Ehrenschutz vgl. OLG Bamberg WM 1977, 1417 (GmbH); ferner Frotscher JuS 1978, 505

[19] BGHSt 6, 186; BGH BB 1954, 645; LG Würzburg NJW 1959, 1934

[20] vom 24. 7. 1967 (BGBl. I S. 773)

[1] Palandt § 25 Anm. 2b; vgl. auch RGZ 153, 267/270; 165, 140/143; BGHZ 47, 179; BayObLGZ 1977, 9

[2] Soergel § 25 Rdnr. 10

volljährig sein und dürfen nicht entmündigt sein. **Minderjährige**[3] (vom 7. bis 18. Lebensjahr) können selbständig als Gründer eines Vereins auftreten, wenn sie durch die Gründung lediglich einen rechtlichen Vorteil erlangen. Bei Vereinsgründungen, die den Minderjährigen vermögensrechtlich belasten, bedarf er der Zustimmung seines gesetzlichen Vertreters (Eltern, Vormund), sofern ihm nicht eigene Mittel zur freien Verfügung überlassen sind (Taschengeld usw.). In der Einwilligung zum Eintritt eines Minderjährigen in einen Verein ist nach einer älteren Entscheidung des Kammergerichts auch bereits die im voraus erteilte Einwilligung zu allen Handlungen zu erblicken, die der Minderjährige in Ausübung seiner Mitgliedschaft vornehmen wird.[4] Gegen die Annahme, die Zustimmung des gesetzlichen Vertreters des Minderjährigen zum Beitritt bedeute **stets** die Einwilligung, daß der Minderjährige an Mitgliederversammlungen teilnehme und abstimme, haben sich Braun[5] und Hamelbeck[6] vor allem mit Rücksicht auf noch im Kindesalter stehende Minderjährige gewandt. Mit Recht kommt Hamelbeck zu dem Ergebnis, daß der gesetzliche Vertreter auch nach dem gebilligten Vereinsbeitritt des Minderjährigen zu bestimmen hat, ob dieser an Vereinsversammlungen teilnehmen und ob und an welchen Abstimmungen er sich beteiligen darf.

Diese Einwilligung kann der gesetzliche Vertreter generell oder von Fall zu Fall erteilen. Ist ein Minderjähriger mit Genehmigung des Vormundschaftsgerichts von seinem gesetzlichen Vertreter zum selbständigen Betrieb eines Erwerbsgeschäftes ermächtigt, so ist er auch befugt, sich an der Gründung eines Vereins zu beteiligen, dessen Zweck mit seinem Erwerbsunternehmen in Zusammenhang steht (Standesvereine u. ä.). Hätte sich der Minderjährige fälschlich als volljährig ausgegeben, so würde, wenn nach den obigen Ausführungen die Zustimmung seines gesetzlichen Vertreters erforderlich gewesen wäre, sein Vereinsbeitritt unwirksam sein.

11 Neben natürlichen Personen können auch juristische Personen,[7] gleich welcher Art, sowie Offene Handelsgesellschaften und Kommanditgesellschaften als Gründer auftreten. Die Offene Handelsgesellschaft bzw. Kommanditgesellschaft wird dann als solche Mitglied, nicht die einzelnen Gesellschafter, sofern diese nicht ausdrücklich persönlich beitreten.[8] Bei einer Einzelfirma kann lediglich der Inhaber sich an der Vereinsgründung beteiligen, nicht etwa die Firma als solche, da diese keine eigene Rechtspersönlichkeit besitzt.[9] Auch nichtrechtsfähige Vereine können nach nunmehr herrschender Meinung im Schrifttum Vereinsmitglieder, also auch Vereinsgründer sein. Wenn auch der nichtrechtsfähige Verein keine juristische Person ist, so kann er kraft seiner besonderen rechtlichen Stellung als korporativ gestaltetes Gebilde Träger der Rechte und Pflichten sein, die sich aus der Mitgliedschaft bei

[3] Zur Rechtsstellung eines Minderjährigen in einem Verein ausführlich Reichert RdJ 1971, 234 sowie Kunz ZBlJR 1978, 453

[4] KG OLG 15, 324

[5] NJW 1962, 92

[6] NJW 1962, 722

[7] Zur Mitgliedschaft von Gemeinden und gemeindlichen Einrichtungen im eingetragenen Idealverein vgl. Wirth, Der Städtetag, 1976, 626ff.

[8] RG DJZ 1923, 370

[9] RG Warn. 1918 Nr. 48

einem eingetragenen Verein ergeben.[10] Zu beachten ist jedoch, daß er durch den Anschluß an eine Spitzenorganisation (Vereinsverband)[11], die Rechtsfähigkeit besitzt, selbst keine Rechtsfähigkeit erlangt.[12] Behörden als solche können nicht Mitglied eines Vereins sein, da sie selbst nur Organe eines öffentlichrechtlichen Rechtsträgers sind.[13] Läßt jedoch die Satzung Behörden als Mitglieder zu, so kann dies dahin ausgelegt werden, daß Mitglied der betreffende Rechtsträger werden kann, der seine Mitgliedschaftsrechte durch die angegebene Behörde ausübt. Dagegen ist die Zugehörigkeit einer Nachlaßverwaltung oder einer Erbengemeinschaft zu einem Verein rechtlich nicht möglich; hier können lediglich die Erben persönlich die Mitgliedschaft erwerben.[14]

Rechtsmängel des Gründungsakts

12 Es kann vorkommen, daß die Willenserklärung eines Gründers beim Gründungsgeschäft nichtig ist, z. B. weil der Betreffende geschäftsunfähig ist. In diesem Fall hat dieser Umstand auf die Wirksamkeit der Gründung nur dann einen Einfluß, wenn mit dem Wegfall dieser Person die Mindestzahl rechtlich einwandfreier Gründungserklärungen, also die von mindestens zwei Personen, nicht mehr gegeben ist.[15] Ficht sonst ein Gründer seine Gründungserklärung wegen Irrtums, Täuschung oder Drohung (§§ 119, 123 BGB) berechtigterweise an, so hat dies lediglich die Wirkung einer Austrittserklärung; der Gründungsakt selbst wird davon nicht berührt.[16]

Absolut nichtig und auch durch eine Eintragung des Vereins in das Vereinsregister nicht zu heilen ist jedoch ein Gründungsvertrag dann, wenn er gegen ein gesetzliches Verbot oder gegen die guten Sitten verstößt (§§ 134, 138 BGB).

Das Stadium von der Gründung bis zur Eintragung des Vereins

13 Mit der Feststellung der Satzung durch die Gründer ist zwar die rechtliche Grundlage des Vereins geschaffen, aber seine Organisation, die ihn erst zur Körperschaft macht, noch nicht vollendet. Dazu gehört, daß dem Verein das wesentliche Organ gegeben wird, ohne das er nicht handlungsfähig ist, nämlich der Vorstand. Die Gründer haben deshalb den ersten Vorstand des Vereins zu bestellen, und zwar unter Beachtung der eben von ihnen errichteten Satzung. Zur Wahl des Vorstands genügt daher, wenn die Satzung hierüber nichts anderes bestimmt, die Mehrheit der abgegebenen gültigen Stimmen.[16a] Besteht der Vorstand aus mehreren Personen, so müssen alle in der Satzung vorgesehenen Vorstandsposten besetzt werden, sonst ist der Vor-

---

[10] LG Duisburg NJW 1933, 2167
[11] dazu Näheres bei Rdnr. 323
[12] RG JW 1906, 7
[13] so zutreffend Reuter ZHR 1981, 273 („Probleme der Mitgliedschaft beim Idealverein"); a. A. die Vorauflage und wohl auch Staudinger § 32 Rdnr. 33
[14] vgl. KG OLG 400, 200 für Genossenschaft
[15] Staudinger § 21 Rdnr. 19
[16] Staudinger § 21 Rdnr. 19
[16a] vgl. BGH DNotZ 1982, 171 (mehrheitliche Bestellung des Geschäftsführers vor Eintragung der GmbH); zur Bewertung von Stimmenthaltungen siehe bei Rdnr. 206

stand als Organ nicht gebildet. Der Hergang der Gründung und der Bestellung des Vorstands ist in einer Niederschrift festzuhalten; die Niederschrift ist von den nach der Satzung für die Beurkundung der Beschlüsse des Vereins zuständigen Personen zu unterzeichnen. Eine Abschrift dieser Niederschrift muß später mit der Anmeldung des Vereins beim Amtsgericht (Registergericht) vorgelegt werden (§ 59 Abs. 2 Nr. 2 BGB).

14 Mit der Bestellung des Vorstands ist nunmehr der Verein **errichtet.** Als **rechtsfähiger** Verein entsteht er jedoch erst mit der Eintragung in das Vereinsregister. In diesem Zwischenstadium spricht man von einem **„Vorverein"**,[17] der die Rechtsform eines nichtrechtsfähigen Vereins hat.[17a] Der Vorverein wird durch den Vorstand oder durch einen mit Vertretungsmacht ausgestatteten „besonderen Vertreter" (§ 30 BGB) vertreten. In der Regel beschränkt sich der Vorstand darauf, unverzüglich die Eintragung des Vereins in das Vereinsregister herbeizuführen. Es steht aber nichts entgegen, daß der Vorverein bereits die Tätigkeit des Vereins, das Vereinsleben, in Gang setzt. Dann kann sich bereits Vereinsvermögen bilden, es können Forderungen des Vereins und Schulden entstehen.[18] Da der später durch die Eintragung in das Vereinsregister entstehende rechtsfähige Verein mit dem Vorverein identisch ist,[19] setzen sich in seiner Person die vom Vorverein erworbenen Rechte fort. Besondere Einzelübertragungsakte der Vermögensgegenstände des Vorvereins sind nicht erforderlich. Auch die vom Vorverein gemachten Schulden gehen auf den rechtsfähigen Verein über. Für außervertragliches schadenstiftendes Verhalten haftet der spätere rechtsfähige Verein, wenn er die rechtlichen Wirkungen anerkennt und zugleich die aus dem Verhalten dem Vorverein erwachsenen Vorteile übernimmt.[20] Der Werdegang eines rechtsfähigen Vereins kann auch so verlaufen, daß der Verein zunächst ohne die Absicht, in das Vereinsregister eingetragen zu werden, errichtet wird, später aber aus irgendeinem Grunde (z. B. um Grundbesitz erwerben zu können) doch die Rechtsfähigkeit erlangen will. Dann muß der nichtrechtsfähige Verein seine Satzung so gestalten, daß sie den Satzungserfordernissen für rechtsfähige Vereine genügt, jedenfalls aber die Bestimmung aufnehmen, daß der Verein in das Vereinsregister eingetragen werden soll (§ 57 Abs. 1 BGB). Damit mündet der nichtrechtsfähige Verein in den Entstehungsgang eines rechtsfähigen Vereins ein und stellt nun ebenfalls einen Vorverein dar.

Die Eintragung des Vereins in das Vereinsregister

15 Aus der Satzungsbestimmung, daß der Verein in das Vereinsregister einzutragen ist, ergibt sich für den Vereinsvorstand gegenüber dem Verein – nicht dem Gericht – die Pflicht, den Verein zur Eintragung anzumelden.

---

[17] BGH WM 1978, 115/116; sie auch Rittner, Die werdende juristische Person, Tübingen 1973

[17a] BayObLGZ 1972, 29/32 = Rpfleger 1972, 132

[18] Zur Haftung des für einen nichtrechtsfähigen Verein Handelnden, wenn der Verein alsbald in das Vereinsregister eingetragen wird: OLG Celle NJW 1976, 806

[19] RGZ 85, 256; BGHZ 17, 385/387; BGH WPM 1978, 115/116; siehe auch Büttner, Identität und Kontinuität bei der Gründung jur. Personen, Bielefeld 1967

[20] RGZ 151, 86/91; Soergel vor § 21 Rdnr. 67

Beim mehrgliedrigen (mehrköpfigen) Vorstand muß die Anmeldung nicht durch sämtliche Vorstandsmitglieder erfolgen; es genügt vielmehr, daß sie von so vielen Vorstandsmitgliedern vorgenommen wird, wie nach der Satzung oder dem Gesetz zur Vertretung des Vereins erforderlich sind.[21] Voraussetzung dafür ist jedoch, daß der Vorstand mit der nach der Satzung erforderlichen Zahl von Vorstandsmitgliedern besetzt ist. Ist dies nicht der Fall, müßte die Anmeldung auch dann zurückgewiesen werden, wenn die anmeldenden Vorstandsmitglieder an sich zur Vertretung des Vereins ausreichen würden. Würde die Eintragung trotzdem vorgenommen, könnte sie unter den allgemeinen Voraussetzungen einer Amtslöschung wieder gelöscht werden.[22]

Form der Anmeldung

16 Die Anmeldung muß mit Rücksicht auf die Bedeutung dieses Schrittes in öffentlich beglaubigter Erklärung erfolgen.[23] Da § 128 FGG durch das Beurkundungsgesetz vom 28. 8. 1969 (BGBl. I S. 1513) aufgehoben wurde, ist die bisherige Möglichkeit, die Anmeldung bei dem Registergericht zu Protokoll zu geben, weggefallen. Nunmehr müssen die Vorstandsmitglieder ihre Unterschrift unter der Anmeldung regelmäßig von einem Notar beglaubigen lassen. Der Notar ist aber nicht kraft Gesetzes ermächtigt, die Eintragung des Vereins im Namen der Vorstandsmitglieder bei dem Registergericht zu beantragen, da eine **gesetzliche** Pflicht zur Anmeldung des Vereins nicht besteht; § 129 FGG greift nicht ein.[24] Hierzu bedarf er einer besonderen Ermächtigung durch die Vorstandsmitglieder, die sich aber das Registergericht regelmäßig nicht nachweisen zu lassen braucht.

Erfolgt die Anmeldung durch einen Bevollmächtigten, der auch ein anderes Vorstandsmitglied sein kann, so muß die Vollmacht ebenfalls notariell beglaubigt sein, denn die Vollmacht ist in diesem Fall denselben Formvorschriften unterworfen wie die Anmeldung selbst.[25] Es ist nicht notwendig, daß in der Vollmacht der genaue Inhalt der Anmeldung bezeichnet ist; es genügt, daß sie allgemein zu Anmeldungen zum Vereinsregister ermächtigt.[26]

Beilagen zur Anmeldung

17 Der Anmeldung sind nach § 59 Abs. 2 BGB beizufügen:

1. die Satzung im Original und in Abschrift;
2. eine Abschrift der Urkunden über die Bestellung des Vorstands.[27]

Die Originalsatzung soll von mindestens sieben Personen unterzeichnet sein. Die Abschrift der Satzung braucht zwar nicht die Originalunterschrif-

---

[21] Näheres dazu bei Rdnr. 395

[22] §§ 159, 142 FGG; BayObLG JFG 1, 273; KG HRR 1930 Nr. 765

[23] § 77 BGB

[24] BayObLGZ 1971, 266/269; vgl. BayObLG Rpfleger 1978, 143; KG OLGZ 1969, 501; a. A. R-D-K Rdnr. 88

[25] KGJ 26, 232

[26] KGJ 33, 143

[27] Eine Beglaubigung der Abschriften ist nicht erforderlich

ten der Unterzeichner zu enthalten, aber sie muß ergeben, von wem die Satzung im Original unterzeichnet ist (z. B. gez. Müller usw.). Zweckmäßig ist es, eine zweite Abschrift der Satzung beizufügen, da die Verwaltungsbehörde häufig ein Satzungsexemplar für ihre Akten benötigt.

Abänderung der Satzung nach gerichtlicher Beanstandung

18 Nicht selten weist eine Satzung Mängel auf, so daß sie vom Registerrechtspfleger beanstandet werden muß. Wie in einem solchen Fall die etwa erforderliche Ergänzung oder Abänderung der Satzung zustande kommt, ist umstritten. Nach der vom Bayer. Obersten Landesgericht[28] vertretenen Meinung handele es sich um eine Abänderung des Gründungsvertrags, so daß hierzu ein einstimmiger Beschluß erforderlich sei; an der – wieder aufgenommenen – Gründungsversammlung müßten aber nicht sämtliche Personen teilnehmen, die an der ersten Gründungsversammlung beteiligt waren. Dem wird mit Recht entgegengehalten, daß mit der Feststellung der Satzung und der Bestellung des Vorstands durch die Gründer der Gründungsvorgang (die Errichtung) des Vereins abgeschlossen sei[29], so daß auf den damit entstandenen Vorverein die gesetzlichen Bestimmungen für den rechtsfähigen Verein anzuwenden seien, soweit diese nicht das Vorhandensein der Rechtsfähigkeit voraussetzten.[30] Danach bedarf es zur Änderung der Satzung nur der in dieser selbst bestimmten Mehrheit oder, falls eine entsprechende Regelung in der Satzung fehlt, einer Mehrheit von drei Viertel der abgegebenen gültigen Stimmen (§ 33 Abs. 1 Satz 1 BGB).[30a] Ebenso gelten für eine Änderung des Vereinszwecks die allgemeinen Grundsätze für eine solche Beschlußfassung (Zustimmung aller Mitglieder, sofern die Satzung nichts anderes bestimmt).

Eine förmliche Anmeldung der Änderung der Gründungssatzung durch den Vorstand ist nicht erforderlich. Denn anzumelden ist nach § 59 BGB der Verein, nicht die Satzung. Der Verein ist aber in diesem Fall bereits angemeldet worden; es genügt die Einreichung der geänderten Satzung.[31]

Rechtsmittel gegen die Ablehnung der Eintragung

19 Die Anmeldung ist, wenn sie den gesetzlichen Erfordernissen nicht entspricht oder wenn die Satzung nicht die vom Gesetz verlangten Bestimmungen enthält, vom Amtsgericht (Rechtspfleger) unter Angabe von Gründen zurückzuweisen (§ 60 BGB). Regelmäßig geht der Ablehnung allerdings eine **Zwischenverfügung** voraus, mit der den Beteiligten Gelegenheit gegeben wird, das Eintragungshindernis zu beseitigen.[31a] Der ablehnende Beschluß ist sämtlichen Personen, die die Anmeldung vorgenommen haben,

---

[28] BayObLGZ 1972, 29 = Rpfleger 1972, 132; auch Rittner S. 344; Wiedemann JurA 1970, 439

[29] vgl. Soergel vor § 21 Rdnr. 29

[30] BGB-RGRK § 21 Rdnr. 9

[30a] a. A. Staudinger § 33 Rdnr. 18, der dem BayObLG – Fn. 28 – zustimmt

[31] BayObLG aaO; vgl. BayObLG MittBayNot 1974, 228; Rpfleger 1978, 143 (GmbH)

[31a] siehe dazu Rdnr. 21

förmlich **durch Zustellung** bekanntzumachen.[32] Gegen den Beschluß des Rechtspflegers findet die fristgebundene Erinnerung zum Amtsrichter statt.[33] Die Erinnerung muß innerhalb einer Notfrist von zwei Wochen ab Zustellung des Beschlusses beim Amtsgericht schriftlich oder zur Niederschrift der Geschäftsstelle eingelegt werden.[34] Der Rechtspfleger ist nicht berechtigt, der Erinnerung abzuhelfen, sondern muß die Entscheidung in jedem Fall dem Amtsrichter überlassen.[35] Hält dieser die Erinnerung für begründet, so hebt er den Beschluß des Rechtspflegers auf und ordnet an, daß die Anmeldung zuzulassen ist. Das weitere Eintragungsverfahren überläßt er dann dem Rechtspfleger. Hält er aber die Erinnerung für unbegründet, so darf er sie nicht zurückweisen, sondern muß sie dem übergeordneten Landgericht (Zivilkammer) zur Entscheidung vorlegen. In diesem Fall gilt die Erinnerung als sofortige Beschwerde gegen die Entscheidung des Rechtspflegers.[36] Von der Vorlage der Erinnerung zum Landgericht hat der Richter die Beteiligten zu unterrichten, damit sie wissen, daß das Verfahren nunmehr beim Landgericht anhängig ist. In der Praxis ist es üblich, daß der Amtsrichter bei der Vorlage der Akten an das Landgericht Ausführungen macht, warum er die Erinnerung für unbegründet hält. Diese Ausführungen sind den Beteiligten zur Wahrung ihres **rechtlichen Gehörs** mitzuteilen.[37] Wird dies vom Amtsrichter unterlassen, so hat das Landgericht die Unterrichtung der Beteiligten nachzuholen. Für die Einlegung der Erinnerung besteht kein Anwaltszwang. Da die anmeldenden Vorstandsmitglieder als Vertretungsorgan des Vereins tätig werden,[38] sind zur Einlegung der Erinnerung die Vorstandsmitglieder in vertretungsberechtigter Zahl befugt; diese Vorstandsmitglieder brauchen mit jenen, die angemeldet haben, nicht identisch zu sein.[39] Erachtet das Landgericht die Beschwerde für begründet, so hebt es den Beschluß des Rechtspflegers auf, ordnet die Zulassung der Anmeldung an und überläßt sodann das weitere Eintragungsverfahren dem Rechtspfleger. Weist das Landgericht die Beschwerde zurück, so kann diese Entscheidung mit der sofortigen weiteren Beschwerde angefochten werden. Über dieses Rechtsmittel entscheidet das Oberlandesgericht.[40] Das Rechtsmittel muß innerhalb einer Frist von zwei Wochen ab Zustellung des landgerichtlichen Beschlusses bei dem Amtsgericht oder bei dem Landgericht oder bei dem Oberlandesgericht[40] eingelegt werden.[41] Dies kann zu Protokoll der

---

[32] § 16 Abs. 2 Satz 1, § 160a Abs. 1 FGG; allgemein zur Zustellung an Verfahrensbevollmächtigte im Verfahren der freiwilligen Gerichtsbarkeit siehe Walchshöfer Rpfleger 1974, 254; vgl. auch BGH FamRZ 1975, 690; LG Berlin MDR 1978, 410

[33] § 11 Abs. 1 Satz 1 RPflG

[34] § 11 Abs. 1 Satz 2 RPflG, § 160a Abs. 1 FGG

[35] § 11 Abs. 2 Sätze 1 und 2 RPflG

[36] § 11 Abs. 2 Sätze 4 und 5 RPflG

[37] Art. 103 Abs. 1 GG

[38] BayObLG Rpfleger 1981, 487 = MDR 1981, 1015; vgl. Schnorr v. Carolsfeld ZgGenW 1974, 344 (Beschwerderecht der Genossenschaft)

[39] a. A. noch die Vorauflage und KGJ 41, 134/135; BayObLGZ 1979, 303/305; Jansen § 160a Rdnr. 10

[40] in Bayern das Oberste Landesgericht (§ 199 Abs. 1 FGG, Art. 23 Nr. 1 BayAGGVG); in Rheinland-Pfalz das OLG Zweibrücken; in West-Berlin das Kammergericht

[41] § 29 Abs. 1 FGG

Geschäftsstelle oder schriftlich geschehen. Für die **schriftliche** Einlegung besteht grundsätzlich **Anwaltszwang.** Der Zuziehung eines Rechtsanwalts bedarf es aber nicht, wenn die „weitere Beschwerde" von einem Notar eingelegt wird, der für die Beschwerdeführer einen Antrag bei dem **Amtsgericht** gestellt hatte.[41] Die weitere Beschwerde ist eine sogenannte **Rechtsbeschwerde.** Sie kann nur darauf gestützt werden, daß die Entscheidung des Landgerichts auf einer Gesetzesverletzung beruht.[42] Hat am Landgericht fälschlich die Kammer für Handelssachen statt der Zivilkammer entschieden, so ist diese Entscheidung wegen Verstoßes gegen § 551 Nr. 4 ZPO, § 27 Satz 1 FGG aufzuheben und die Sache an die zuständige Zivilkammer zurückzuverweisen. Neue Tatsachen dürfen vom Rechtsbeschwerdegericht nicht mehr berücksichtigt werden. Wird die weitere Beschwerde zurückgewiesen, so ist damit dem Verein der Weg in das Vereinsregister nicht endgültig versperrt. Vielmehr kann der Verein, nachdem die in dem Vorverfahren beanstandeten Mängel behoben sind, erneut zur Eintragung beim Amtsgericht angemeldet werden. Dagegen ist die erneute Anmeldung als unzulässig zurückzuweisen, wenn sie sich eindeutig nur als eine „Neuauflage" der ersten unbegründeten Anmeldung darstellt.

20 Auch gegen die Eintragungsverfügung kann schon der Rechtsmittelweg beschritten werden, wenn sie noch nicht vollzogen und den Beteiligten bekanntgegeben worden ist.[43]

Zwischenverfügung statt Ablehnung der Eintragung

21 Der Rechtspfleger ist nicht verpflichtet, eine mangelhafte Anmeldung, sei es in formeller Hinsicht, sei es bezüglich des Inhalts der Satzung, sofort zurückzuweisen. Vielmehr entspricht es dem Grundsatz der freiwilligen Gerichtsbarkeit, den Antragstellern Gelegenheit zu geben, die bestehenden Eintragungshindernisse zu beseitigen.[44] Dies geschieht durch eine sogenannte **Zwischenverfügung.** Diese soll sämtliche Eintragungshindernisse **auf einmal** bezeichnen und außerdem ergeben, **wie** diese zu beseitigen sind.[45] Sie ist ferner so zu fassen, daß die Antragsteller klar erkennen können, daß die Anmeldung abgelehnt wird, falls die Beanstandungen nicht behoben werden. Wendungen, die nur erkennen lassen, daß der Rechtspfleger gewisse Bedenken hat, oder die lediglich als Einladung zu einem Rechtsgespräch aufgefaßt werden können, sind zu vermeiden. Damit soll nicht gesagt sein, daß es dem Rechtspfleger verwehrt wäre, auf unkonventionelle Weise (z. B. durch persönliche oder telefonische Aussprache) die Vollziehbarkeit der Anmeldung mit den Beteiligten zu erörtern. Hier geht es darum, den Begriff der Zwischenverfügung als einer Vorentscheidung über die Anmeldung klarzustellen.

Wird den Beteiligten, was regelmäßig angebracht ist, zur Beseitigung der aufgezeigten Eintragungshindernisse eine Frist gesetzt, so ist ihnen die Zwischenverfügung förmlich zuzustellen (§ 16 Abs. 2 FGG). Das Fehlen einer

---

[41] § 29 Abs. 1 FGG
[42] § 27 Satz 1 FGG
[43] OLG Stuttgart Rpfleger 1970, 283
[44] vgl. BayObLG Rpfleger 1969, 130
[45] BayObLG 30. 3. 1972 BReg. 2Z 132/71

Fristsetzung nötigt aber nicht, wie in Grundbuchsachen (§ 18 GBO), zur Aufhebung der Zwischenverfügung im Rechtsmittelweg.[46] Die Beteiligten können bereits gegen die Zwischenverfügung den Rechtsmittelweg beschreiten; sie brauchen also nicht abzuwarten, bis die Anmeldung vom Rechtspfleger abgelehnt wird;[47] eine bestimmte Frist braucht bei der Einlegung der Erinnerung gegen die Zwischenverfügung nicht eingehalten zu werden, auch nicht im Fall des § 160a Abs. 1 FGG.[48] Gegenstand der Überprüfung im Rechtsmittelweg sind aber nur die in der Zwischenverfügung erhobenen Beanstandungen, nicht die Entscheidung über die Anmeldung selbst.[49]

Beteiligung der Verwaltungsbehörde

22 Entspricht die Anmeldung den gesetzlichen Erfordernissen, so wird sie vom Rechtspfleger **zugelassen** und der zuständigen Verwaltungsbehörde mitgeteilt. Für die Zulassung ist keine Form vorgeschrieben. Üblich und zweckmäßig ist es, in den Registerakten eine Feststellung zu treffen, daß die Anmeldung zugelassen wird.[50] Den anmeldenden Vorstandsmitgliedern braucht die Zulassung der Anmeldung nicht mitgeteilt zu werden. Die Verwaltungsbehörde (Zuständigkeit regelt das Landesrecht)[51] kann gegen die Eintragung **Einspruch** erheben, wenn der Verein nach dem öffentlichen Vereinsrecht unerlaubt ist oder verboten werden kann.[52] Die Eintragung des angemeldeten Vereins in das Vereinsregister darf, sofern nicht die Verwaltungsbehörde dem Amtsgericht mitteilt, daß kein Einspruch erhoben werde, erst erfolgen, wenn seit der Mitteilung der Anmeldung an die Verwaltungsbehörde sechs Wochen verstrichen sind oder wenn der erhobene Einspruch seine Wirksamkeit verloren hat.[53] Der Einspruch wird unwirksam, wenn die nach den Bestimmungen des Vereinsgesetzes zuständige Behörde nicht binnen eines Monats nach Einspruchserhebung ein Verbot des Vereins ausgesprochen hat oder wenn das rechtzeitig ausgesprochene Verbot zurückgenommen oder unanfechtbar aufgehoben worden ist.[54]

23 Die Verwaltungsbehörde hat zu prüfen, ob der Verein nach seinem satzungsmäßigen Zweck oder nach seiner Tätigkeit den Strafgesetzen zuwiderläuft oder ob er sich gegen die verfassungsmäßige Ordnung oder gegen den Gedanken der Völkerverständigung richtet.[55] Die Prüfung erstreckt sich auch darauf, ob der angemeldete Verein eine **Ersatzorganisation** eines ver-

---

[46] BayObLGZ 1972, 24/26 = Rpfleger 1972, 138

[47] vgl. KG Recht 1929 Nr. 1823

[48] Jansen § 160a Rdnr. 6; Keidel/Kuntze/Winkler § 160a Rdnr. 15; vgl. KG OLG 41, 10; KG OLGZ 1974, 385; BayObLGZ 1976, 21 und 232; BayObLGZ 1979, 303/305

[49] siehe dazu die Abhandlung von Jansen (DNotZ 1971, 531) mit Rechtsprechungsnachweisen; ferner BayObLGZ 1971, 266/269 = Rpfleger 1971, 352; BayObLGZ 1979, 303/306; KG OLGZ 1974, 385/386

[50] Siehe Muster Nr. 6 bei Rdnr. 445

[51] Übersicht über die jeweils zuständige Behörde bei R-D-K Rdnr. 104.

[52] § 61 Abs. 2 BGB

[53] § 63 Abs. 1 BGB

[54] § 63 Abs. 2 BGB

[55] Art. 9 Abs. 2 GG; § 3 VereinsG

botenen Vereins darstellt. Darunter ist ein Personenzusammenschluß zu verstehen, der anstelle der aufgelösten Organisation deren verfassungsfeindliches Nah-, Teil- oder Endziel kürzere oder längere Zeit, örtlich oder überörtlich, offen oder verhüllt, weiterverfolgt oder weiterverfolgen will.[56] Eine weitergehende Prüfungspflicht hat die Verwaltungsbehörde nicht.[57] Sie ist nicht berechtigt, von ihrem Einspruchsrecht deshalb Gebrauch zu machen, weil nach ihrer Auffassung es sich um einen Verein handelt, dessen Zweck auf einen wirtschaftlichen Geschäftsbetrieb gerichtet ist.[58] Damit ist aber nur gesagt, daß die Verwaltungsbehörde mit dieser Begründung keinen Einspruch einlegen **darf.** Tut sie es dennoch, ist das Registergericht nicht berechtigt, sich über den Einspruch einfach hinwegzusetzen; denn die Berechtigung der Einspruchseinlegung kann im Verfahren vor dem Registergericht nicht nachgeprüft werden.

24 Erhebt die Verwaltungsbehörde Einspruch gegen die Eintragung des Vereins, so muß das Amtsgericht den Einspruch dem Vorstand (d. h. den anmeldenden Vorstandsmitgliedern) mitteilen.[59] Eine förmliche Zustellung ist nicht vorgeschrieben. Sachdienlich ist es, daß dem Vorstand auch mitgeteilt wird, wann der Einspruch der Verwaltungsbehörde beim Amtsgericht eingegangen ist, da von diesem Zeitpunkt an die Frist von einem Monat für den Erlaß der Verbotsverfügung läuft. Der Einspruch der Verwaltungsbehörde ist vom Amtsgericht auch zu beachten, wenn er später als nach sechs Wochen seit der Mitteilung der Zulassung an die Verwaltungsbehörde erhoben wird, aber die Eintragung des Vereins noch nicht vollzogen ist. Dem § 63 BGB ist nicht zu entnehmen, daß es sich bei dem dort genannten Zeitraum von sechs Wochen um eine der Verwaltungsbehörde gesetzte Ausschlußfrist handelt.[60] Würde vor Ablauf von sechs Wochen seit der Mitteilung der Zulassung des Vereins an die Verwaltungsbehörde der Verein eingetragen worden sein, müßte er grundsätzlich von Amts wegen wieder gelöscht werden (§§ 159, 142 FGG).[61] Vor der Einleitung des Amtslöschungsverfahrens ist aber abzuwarten, ob innerhalb der Sechs-Wochen-Frist ein Einspruch der Verwaltungsbehörde eingeht. Erfolgt kein Einspruch, so ist von einem Amtslöschungsverfahren abzusehen.

25 Die Streitfrage, ob es sich bei dem Einspruch der Verwaltungsbehörde um einen Verwaltungsakt[62] oder um einen Bestandteil des Verfahrens der freiwilligen Gerichtsbarkeit[63] handelt, ist für das Eintragungsverfahren letztlich ohne praktische Bedeutung. Entscheidend ist für das Registergericht, ob innerhalb eines Monats nach Einspruchserhebung die zuständige Verbotsbehörde ein Verbot des Vereins verfügt oder nicht. Wird das Verbot rechtzeitig erlassen, darf der Verein nicht eingetragen werden, solange es besteht, und es ist Sache des Vereins, es mit den im Verwaltungsverfahren gegebenen

---

[56] BGH NJW 1961, 2218
[57] vgl. LVG Schleswig DÖV 1950, 60
[58] KG RJA 12, 240/243
[59] § 62 BGB
[60] h. M.
[61] BGB-RGRK § 63 Rdnr. 1
[62] so z. B. BGB-RGRK § 61 Rdnr. 2
[63] so Schnorr § 1 Rdnr. 28

Rechtsmitteln zu beseitigen. Wird das Verbot nicht ausgesprochen, verliert der Einspruch seine Wirksamkeit und bildet kein Eintragungshindernis mehr. An sich ist es Sache der Verbotsbehörde, dem Registergericht nachzuweisen, daß die Verbotsverfügung innerhalb der Monatsfrist erlassen wurde.[64] Gleichwohl dürfte es zweckmäßig sein, daß der Rechtspfleger, ehe er nach Ablauf der Monatsfrist die Eintragung des Vereins veranlaßt, sich von kurzer Hand (telefonisch) bei der Verbotsbehörde vom Sachstand vergewissert. Der rechtzeitige Erlaß der Verbotsverfügung hat zur Folge, daß das durch die Einlegung des Einspruchs geschaffene **vorläufige** Eintragungshindernis weiter bestehen bleibt. Es fällt weg, wenn das Verbot zurückgenommen oder unanfechtbar aufgehoben worden ist (§ 63 Abs. 2 BGB). Erlangt die Verbotsverfügung die Rechtskraft, wird das vorläufige Eintragungshindernis zum endgültigen. Die Anmeldung ist dann zurückzuweisen.[64]

26 Wird eine **politische Partei** als Verein zur Eintragung in das Vereinsregister angemeldet, so **unterbleibt** die Beteiligung der Verwaltungsbehörde.[65]

Inhalt und Rechtsfolgen der Eintragung

27 Einzutragen sind lediglich der Name und der Sitz des Vereins, der Tag der Errichtung der Satzung sowie die Mitglieder des Vorstands, ferner Bestimmungen, die den Umfang der Vertretungsmacht des Vorstands beschränken oder die Beschlußfassung des Vorstands abweichend von der Vorschrift des § 28 Abs. 1 BGB regeln (§ 64 BGB).[66] Einzutragen sind ferner jene Bestimmungen der Satzung, durch die einzelnen Mitgliedern des Vorstands Einzelvertretungsbefugnis oder eine andere von der gesetzlichen Regelung abweichende Vertretungsmacht eingeräumt ist.[67] Auch die ,,besonderen Vertreter" nach § 30 BGB sind einzutragen.[68]

Mit der Eintragung erhält der Name des Vereins den Zusatz ,,eingetragener Verein" (§ 65 BGB). Der Verein ist damit rechtsfähig und eine juristische Person geworden. Der Zusatz ,,eingetragener Verein" muß in deutscher Sprache geführt werden, selbst wenn der Vereinsname in einer fremden Sprache gewählt ist.[69] Der Umstand, daß der Vereinsname mit der Eintragung des Vereins in das Vereinsregister diesen Zusatz erhält, bedeutet keine Namensänderung.[70]

28 Die Eintragung des Vereins in das Vereinsregister bewirkt als staatlicher Hoheitsakt die Rechtsfähigkeit des Vereins, auch wenn sie zu Unrecht oder fehlerhaft vorgenommen wurde.[71] Dabei wird allerdings vorausgesetzt, daß wenigstens der Name und der Sitz des Vereins eingetragen sind. Fehlen

---

[64] Jansen § 159 Rdnr. 20

[65] § 37 des Parteiengesetzes vom 24. 7. 1967 (BGBl. I S. 773)

[66] Zur Frage, ob durch eine einstw. Verfügung die Eintragung eines Vereins verhindert werden kann, vgl. Baur ZGR 72, 421

[67] KGJ 31, 220

[68] KG JFG 2, 280; BayObLG Rpfleger 1981, 310 = MDR 1981, 668 = NJW 1981, 2068 (LS)

[69] KG JFG 8, 199

[70] RG JW 1927, 1584

[71] RGZ 81, 206; vgl. Richert NJW 1958, 894 zur Frage der Heilbarkeit mangelhafter Anmeldungen durch Eintragung in das Vereinsregister

sogar diese Angaben, so liegt lediglich ein für jedermann erkennbares beziehungsloses Schreibwerk vor, an das sich keinerlei Rechtsfolgen knüpfen. Wird die Eintragung von einem unzuständigen Gericht vorgenommen, hat dies nach den allgemeinen Vorschriften des § 7 FGG, die für den besonderen Fall des § 55 BGB nicht beseitigt sind, nicht die Ungültigkeit der Eintragung zur Folge;[72] jedoch kann eine Löschung vom Amts wegen nach §§ 142, 159 FGG in Betracht kommen.[73]

Öffentliche Bekanntmachung der Eintragung

29 Vom Registergericht werden im örtlichen Amtsblatt des Amtsgerichts folgende Tatsachen bekanntgemacht: der Name, der Sitz des Vereins und der Tag der Eintragung (§ 66 Abs. 1 BGB). Die Vorstandsmitglieder, eine etwaige Beschränkung ihrer Vertretungsmacht oder eine vom Gesetz abweichende Regelung ihrer Vertretungsbefugnis (z. B. Einzelvertretungsbefugnis) werden nicht bekanntgemacht.

Benachrichtigung des Vorstands

30 Von der Eintragung ist der Vorstand zu benachrichtigen (§§ 159, 130 Abs. 2 FGG). Das Original der Satzung ist, mit der Bescheinigung der Eintragung versehen, dem Vorstand zurückzugeben. Die Abschrift der Satzung wird vom Amtsgericht beglaubigt und mit den übrigen Schriftstücken zu den Registerakten genommen (§ 66 Abs. 2 BGB).

Kosten

31 Im Eintragungsverfahren entstehen regelmäßig Kosten
a) für die notarielle Beglaubigung der Anmeldung;
b) für die Eintragung des Vereins in das Vereinsregister (Eintragungsgebühr);
c) für die Bekanntmachung der Eintragung im Amtsblatt (Auslagen des Gerichts).

Wegen der Höhe der Kosten wird auf Rdnrn. 428, 429 verwiesen.

III. Die Vereinssatzung

1. Vereinsverfassung und Vereinssatzung

32 Diese beiden Begriffe sind nicht inhaltsgleich. Unter der Verfassung eines rechtsfähigen Vereins sind nach der Rechtsprechung des Bundesgerichtshofs[1] alle **wesentlichen,** das Vereinsleben bestimmenden **Grundentscheidungen** zu verstehen. Dazu gehören die Bestimmungen über den Namen, den Sitz und den Zweck des Vereins, ferner die **grundsätzlichen** Regeln über

---

[72] BGB-RGRK § 55 Rdnr. 3
[73] über das Verfahren siehe Rdnr. 410, 411
[1] BGHZ 47, 172/177 = NJW 1967, 1268 = WPM 1967, 606 = BB 1967, 602

den Erwerb und den Verlust der Mitgliedschaft, die Beitragspflicht, über Bestehen und Ausmaß von Vereinsgewalt, über Bildung, Aufgaben und Tätigkeit der Vereinsorgane[2] und deren Zusammensetzung, schließlich über die Auflösung des Vereins und das Schicksal des Vereinsvermögens beim Abschluß der Liquidation. Auch im Bereich der Vermögensverwaltung und der Vereinsorganisation (z. B. hinsichtlich der Einrichtung von Untergliederungen) kommen Entscheidungen von grundsätzlicher Bedeutung in Betracht.[3]

Ein, wenn auch dürftiges Grundmodell der Verfassung eines rechtsfähigen Vereins stellen die Vorschriften in den §§ 26ff. BGB dar. Diese sind zum Teil „zwingend", d. h. die Vereinssatzung darf zu ihnen nicht in Widerspruch stehen; zum Teil lassen sie der Satzung den Vorrang und greifen erst ein, „soweit die Satzung nicht ein anderes bestimmt". Die Verfassung eines rechtsfähigen Vereins besteht demnach aus den zwingenden Vorschriften des BGB, der Vereinssatzung und, falls die Satzung zu bestimmten Punkten schweigt, aus den hilfsweise eingreifenden Bestimmungen des BGB.[4]

33 Die Vereinssatzung ist daher der Teil der Vereinsverfassung, der von den Gründern des Vereins oder – nach der Entstehung des Vereins – durch Willensbildung der zuständigen Vereinsorgane im Wege der Satzungsänderung geschaffen wird. Beim nichtwirtschaftlichen Verein (Idealverein), der die Rechtsfähigkeit nur durch Eintragung in das Vereinsregister erlangen kann, verlangt das Gesetz, daß die Satzungsregeln schriftlich niedergelegt und mit der Anmeldung des Vereins beim Amtsgericht (im Original und in einer Abschrift) eingereicht werden. Die Zusammenstellung der Satzungsbestimmungen geschieht in aller Regel in *einer* Satzungsurkunde, sie kann sich aber auch auf mehrere Urkunden verteilen.[5] Die Einreichung der Satzungsurkunde (oder der mehreren) beim Amtsgericht ist nicht nur eine Formalität; sie hat vielmehr auch rechtliche Wirkung insofern, als sie Inhalt und Umfang der Satzung verbindlich feststellt. Das bedeutet, daß Vereinsbestimmungen, die in der beim Amtsgericht eingereichten Satzungsurkunde nicht enthalten sind, nicht zur Satzung gehören, und zwar auch dann nicht, wenn sie nach ihrem Inhalt „Verfassungsqualität" haben.[6] Das gleiche gilt für Herkommen, Übung und sogenannte Vereinsobservanz.[7]

34 Aus dem Verständnis des Begriffs der Vereinsverfassung wird zutreffend gefolgert, daß Vereinsbestimmungen, die wesentliche, das Vereinsleben bestimmende Grundentscheidungen enthalten, nur wirksam sind, wenn sie in der Satzung enthalten sind. Jedoch ist der Umkehrschluß, daß Satzungsbestimmungen, die keine Verfassungsqualität haben, ohne Einhaltung der für Satzungsänderungen bestehenden Bestimmungen und Eintragung in das Vereinsregister geändert werden können,[8] jedenfalls in dieser Allgemeinheit

---

[2] Palandt § 25 Anm. 1
[3] zum ganzen Abschnitt siehe insbesondere Soergel § 25 Rdnr. 3
[4] Soergel aaO Rdnr. 4
[5] RGZ 73, 187/192, 193
[6] vgl. RG aaO; zum Satzungsinhalt und zur Abgrenzung von sonstigen Vereinsregelungen ausführlich Lukes NJW 1972, 121; ferner Lohbeck MDR 1972, 381
[7] Soergel aaO und Rdnr. 8
[8] vgl. Soergel aaO Rdnr. 9 a. E.

bedenklich. Dem steht zunächst der Gesichtspunkt entgegen, daß auch die bloße Änderung des Wortlauts der Satzung eine Satzungsänderung darstellt und als solche den allgemeinen Regeln für Satzungsänderungen unterliegt. Ferner ist die Abgrenzung von Satzungsbestimmungen mit und ohne Verfassungsqualität im Einzelfall mitunter äußerst schwierig, so daß es aus Gründen der Rechtssicherheit nicht angängig ist, die Wirksamkeit eines Beschlusses über die Aufhebung oder Abänderung einer Satzungsbestimmung von der Beurteilung ihrer Qualität abhängig zu machen, einer Beurteilung, die im Streitfall vom Prozeßgericht möglicherweise nicht gebilligt wird. Satzungsbestimmungen können demnach **nur** dann durch ,,einfachen" Beschluß des zuständigen Vereinsorgans aufgehoben oder geändert werden, wenn sie **offensichtlich** nur **bei Gelegenheit** der Ausarbeitung des Satzungstextes in diesen aufgenommen wurden und von vorneherein als eindeutige **Fremdkörper** in der Satzung erscheinen. Ein solcher Fall ist z. B. gegeben, wenn in der Gründungssatzung die Mitglieder des ersten Vereinsvorstands namentlich bezeichnet sind und kein Anhaltspunkt dafür besteht, daß sie ein Sonderrecht auf das Vorstandsamt haben sollen.

35 Die Satzung muß in deutscher Sprache abgefaßt sein. Unter ,,Deutsch" ist zwar auch das Plattdeutsche zu verstehen; der Zweck des Vereinsregisters als einer jedermann zugänglichen Informationsquelle über die Verhältnisse eines eingetragenen Vereins erfordert es aber, daß zumindest neben der in Plattdeutsch gehaltenen Satzung eine Fassung in Hochdeutsch bei der Anmeldung des Vereins beim Registergericht eingereicht wird.[9]

Die Rechtsnatur der Satzung – Auslegung der Satzung[10]

36 Die Satzung ist zunächst ein von den Gründern des Vereins geschlossener Vertrag.[11] Mit der Entstehung des Vereins löst sie sich aber völlig von der Person der Gründer. Sie erlangt ein unabhängiges rechtliches Eigenleben, wird Bestandteil der körperschaftlichen Verfassung des Vereins und objektiviert fortan das rechtliche Wollen des Vereins als der Zusammenfassung seiner Mitglieder. Gründerwille und Gründerinteressen treten zurück; an ihrer Stelle gewinnen der Vereinszweck und die Mitgliederinteressen die rechtsgestaltende Kraft, auf die es allein noch ankommen kann.[11] Da die Satzung für einen unbestimmten Personenkreis, vor allem für die künftigen Mitglieder, bestimmend und auch für das Verhältnis des Vereins zu Dritten maßgebend ist, darf sie nur aus sich heraus und nur einheitlich ausgelegt werden.[12] Nur objektive Gesichtspunkte, wie z. B. Zweck und Sinnzusammenhang einzelner Bestimmungen – das objektiv als Ziel Erstrebte – dürfen bei der Auslegung berücksichtigt werden. Außerhalb der Satzung liegende

---

[9] vgl. Keidel/Kuntze/Winkler § 9 Rdnr. 4; a. A. LG Osnabrück Rpfleger 1965, 304 mit abl. Anmerkung von Schweyer

[10] dazu grundsätzlich Wiedemann DNotZ Sonderheft 1977, 99*; siehe auch Rogier, ,,Die Auslegung von Gesellschaftsverträgen und Satzungen privatrechtlicher Personenverbände", Diss. Köln 1981

[11] BGHZ 47, 172/179 = NJW 1967, 1268 = WPM 1967, 606 = BB 1967, 602; BayObLGZ 1977, 6/9 = MDR 1977, 491

[12] RGZ 101, 246/247; 137, 305/309; 140, 303/306; BGHZ 14, 25/36; BGH WPM 1971, 538/540; BayObLGZ 1971, 178/181 = Rpfleger 1971, 311

Sachzusammenhänge dürfen unter Umständen berücksichtigt werden, wenn deren Kenntnis allgemein bei den Mitgliedern und Organen des Vereins vorausgesetzt werden kann.[13] Nicht in Betracht zu ziehen sind dagegen Willensäußerungen und Interessen der Gründer, sonstige Vorgänge aus der Entstehungsgeschichte des Vereins oder subjektive Vorstellungen der Beteiligten und für die Allgemeinheit nicht übersehbare Erwägungen und Absichten.[14] Etwaige Willensmängel der Gründer können die Satzung in ihrem Bestand nicht mehr beeinträchtigen. Ebenso ist es nicht möglich, die Fortgeltung der Satzung nach dem Willen der Gründer zu beurteilen, wenn sich einzelne Satzungsbestimmungen als nichtig erweisen, nachdem der Verein entstanden ist. Dem Gedanken des § 139 BGB, für den Fortbestand eines teilnichtigen Rechtsgeschäftes solle der Wille der Erklärenden ebenso Gestaltungskraft besitzen wie für den Abschluß des Rechtsgeschäftes, ist die Grundlage entzogen, wenn der Gründerwille hinter dem in der Satzung objektivierten Vereinswillen zurückgetreten ist. Damit ist der objektive Inhalt der Satzung der sachgerechte Anknüpfungspunkt, nach dem allein entschieden werden kann, ob die teilnichtige Satzung im übrigen fortgilt. Kann aus dem Satzungsinhalt, insbesondere aus dem Vereinszweck und den satzungsmäßigen Mitgliederbelangen, geschlossen werden, der verbleibende Teil der Satzung werde auch ohne den nichtigen Teil diesen Zwecken und Belangen gerecht und bleibe eine in sich sinnvolle Regelung des Vereinslebens, dann hat es bei der Teilnichtigkeit sein Bewenden, und die Satzung ist im übrigen rechtswirksam.[15]

37 Eine ständige Handhabung der Satzung in einem bestimmten Sinn, z. B. die Regelung gewisser Angelegenheiten stets durch ein bestimmtes Vereinsorgan, kann bei der Auslegung der Satzung mit herangezogen werden.[16] Eine satzungsbildende Gestaltungskraft hat ein solches Herkommen beim eingetragenen Verein aber nicht.[17]

38 Ist eine Bestimmung der Satzung infolge veränderter Umstände unausführbar geworden, kommt sie mit den an sie geknüpften Folgen ohne weiteres in Wegfall, ohne daß sie durch Vereinsbeschluß förmlich aufgehoben werden müßte.[18]

39 Die Vereinssatzung ist keine Rechtsnorm. Sie ist deshalb auch kein Statut im Sinn des § 293 ZPO.[19]

Vereinsautonomie und ordentlicher Rechtsweg

40 Wenn auch dem Verein das Recht zusteht, in gewissem Umfang Vereinsrecht zu setzen, so bedeutet das nicht, daß eine Unterordnung unter die Gerichte nicht mehr bestünde. Daher kann der Rechtsweg zum Gericht für die Rechtsbeziehungen zu den Mitgliedern und der Mitglieder untereinander

---

[13] BGHZ 63, 282 = NJW 1975, 771
[14] RG HRR 1932 Nr. 1287; BAG NJW 1965, 887; BayObLGZ 1971, 178/181
[15] BGHZ 47, 172/180
[16] RG JW 1936, 2387; OLG Nürnberg VersR 1955, 226
[17] Soergel Rdnr. 8 zu § 25 BGB
[18] RGZ 104, 349 für den Fall einer Gesetzesänderung
[19] BayObLGZ 1977, 6 mit eingehender Begründung = MDR 1977, 491

nicht ausgeschlossen werden, es sei denn, daß satzungsgemäß ein Schiedsgericht bestimmt ist.[20]

Mußvorschriften und Sollvorschriften in der Satzung

41 Das Gesetz verlangt, daß bestimmte Vorschriften in der Satzung enthalten sein **müssen** (sog. Mußvorschriften); von anderen Bestimmungen verlangt es, daß sie in der Satzung enthalten sein **sollen** (sog. Sollvorschriften). Zur Gruppe der Mußvorschriften gehören die Bestimmungen über den Zweck des Vereins, seinen Namen, seinen Sitz sowie darüber, daß er in das Vereinsregister eingetragen werden soll. Zur Gruppe der Sollvorschriften gehören jene über den Eintritt und Austritt der Mitglieder, ob und gegebenenfalls welche Beiträge zu leisten sind, ferner Bestimmungen über die Bildung des Vorstands, über die Voraussetzungen, unter denen die Mitgliederversammlung einzuberufen ist, sowie über die Form der Einberufung und über die Beurkundung der gefaßten Beschlüsse.

Vom Standpunkt derer, die einen rechtsfähigen Idealverein (§ 21 BGB) gründen wollen, ist der Unterschied der beiden Gruppen nicht besonders bedeutsam. Denn auch fehlende Sollvorschriften haben zur Folge, daß der Rechtspfleger den angemeldeten Verein nicht in das Vereinsregister eintragen darf (§ 60 BGB). In rechtlicher Hinsicht ist der Unterschied allerdings wesentlicher Natur: wird der Verein eingetragen, obwohl eine der „Mußvorschriften" in der Satzung fehlt, so muß der Rechtspfleger in der Regel die Eintragung in einem besonders geregelten Verfahren (§§ 159, 142 FGG) von Amts wegen wieder löschen. Bis zur Löschung behält der Verein jedoch die Rechtsfähigkeit. Das Fehlen einer „Sollvorschrift" läßt dagegen die Eintragung unangefochten bestehen. Dem Verein kann lediglich nahegelegt werden, die fehlende Bestimmung bei nächster Gelegenheit im Wege der Satzungsänderung nachträglich in die Satzung aufzunehmen.

2. Der Zweck des Vereins

42 Das Gesetz eröffnet mit § 21 BGB den Weg, die Rechtsfähigkeit durch Eintragung in das Vereinsregister zu erwerben, nur jenen Vereinen, „deren Zweck nicht auf einen wirtschaftlichen Geschäftsbetrieb gerichtet ist". Man ist sich heute darüber einig, daß diese Definition des eintragungsfähigen Vereins mißlungen ist. Denn der Zweck eines Vereins ist die Aufgabe, die ihm in der Satzung gestellt wird. Diese kann eine wirtschaftliche oder eine nichtwirtschaftliche sein. Die zweite Frage ist, ob sich die (beabsichtigte) Art und Weise der satzungsgemäßen Betätigung des Vereins als „wirtschaftlicher Geschäftsbetrieb" darstellt oder nicht.

Infolge der unklaren Begriffsbestimmung im Gesetz gehört die Frage, welcher der beiden Vereinsklassen ein Verein zuzuordnen ist und welche Kriterien dabei entscheidend sind, zu den umstrittensten Problemen des Vereinsrechts.[1] Es ist jedoch festzustellen, daß der von K. Schmidt als „Grund-

---

[20] RG JW 1925, 224; RGZ 153, 267; 165, 140; siehe auch Rdnr. 316

[1] vgl. aus dem neueren Schrifttum: Mohrbutter, Rpfleger 1953, 611 (Zur Gefahr des rechtlichen „Unterlaufens" des § 21 BGB; Meltendorf JR 1954, 410 (Zur Wahrung

typus des wirtschaftlichen Vereins" entwickelte Begriff der „vereinsmäßig strukturierten Mitunternehmerschaft"[2] sowohl von der Rechtsprechung[3] als auch von der neueren Kommentarliteratur[4] (mit Differenzierungen) angenommen wird.

Jenen Vereinen, die als Hauptzweck Gewinnerzielung oder sonstige Vermögensvorteile mittels eines wirtschaftlichen Geschäftsbetriebs für sich oder für ihre Mitglieder erstreben, ist der Zugang zum Vereinsregister verschlossen. Der Grund für die Entscheidung des Gesetzgebers, Vereine mit solcher Zielsetzung, wenn sie die Rechtsfähigkeit erwerben wollen, einer besonderen staatlichen Prüfung zu unterwerfen (§ 22 BGB)[5] oder sie auf andere Rechtsformen mit besonderen Schutzvorschriften für die Gläubiger zu verweisen, z. B. auf die Rechtsform der GmbH, der AG oder der Genossenschaft, ist darin zu sehen, daß die planmäßige Beteiligung solcher Vereine am Wirtschaftsverkehr in unternehmerischer Funktion für Dritte, aber auch für den Verein selbst, besondere Risiken mit sich bringt, denen allein mit den vereinsrechtlichen Bestimmungen des BGB nicht wirksam begegnet werden kann.[6] Der „Sperrfunktion" des § 22 BGB aus Gründen des Gläubigerschutzes kommt daher bei der Prüfung, ob ein Verein nach seinem Zweck und der (voraussichtlichen) Art und Weise seiner Betätigung in das Vereinsregister eingetragen werden darf, besondere Bedeutung zu.[7]

---

wirtschaftlicher Aufgaben durch Vereine); Bücker-Flürenbrock Diss. Münster 1963 (Wirtschaftliche Betätigung unter der Rechtsform des e. V.); Strickrodt NJW 1964, 2085 (Der rechtsfähige Verein stiftungsartiger Struktur); Schroif, Genossenschaftliche Gebilde in der Rechtsform des rechtsfähigen Vereins, 1965; Dobroschke, Der ideelle Familienverein als vermögensverwaltende Holding, Selbstverlag München 1966; Hornung Diss. Göttingen 1972 (Der wirtschaftliche Verein nach § 22 BGB); K. Schmidt Rpfleger 1972, 286 und 343 (Die Abgrenzung der beiden Vereinsklassen); Reinhardt, Festschrift f. Paulick 1973, 3 (Die Abgrenzung zwischen Vereinigungen mit oder ohne „wirtschaftlichen Geschäftsbetrieb"); Sack ZGR 1974, 179 (Der „vollkaufmännische" Idealverein usw.); K. Schmidt ZGR 1975, 477 (Sieben Leitsätze zum Verhältnis zwischen Vereinsrecht und Handelsrecht); Knauth JZ 1978, 339 (Die Ermittlung des Hauptzwecks bei eingetragenen Vereinen); Heckelmann AcP 179, 1 (Der Idealverein als Unternehmer); Mummenhoff (Gründungssysteme und Rechtsfähigkeit, Köln 1979); Hemmerich (Möglichkeiten und Grenzen wirtschaftlicher Betätigung von Idealvereinen, Heidelberg 1982); K. Schmidt AcP 182 (1982), 1 (Der bürgerlich-rechtliche Verein mit wirtschaftlicher Tätigkeit); Schwierkus, Der rechtsfähige ideelle und wirtschaftliche Verein, (Diss. Berlin 1981)

[2] Rpfleger 1972, 286 ff.

[3] BayObLGZ 1973, 303 = BB 1974, 980 = MDR 1974, 400 = Rpfleger 1974, 13 (Werkskantine); BayObLGZ 1974, 242 = MDR 1974, 842 = Rpfleger 1974, 307 (Erzeugergemeinschaft) mit Anm. von Hornung Rpfleger 1974, 339; OLG Oldenburg NdsRpfl 1975, 285 = Rpfleger 1976, 11 (Betriebsarztzentrum); LG Regensburg Rpfleger 1976, 356 (Forstbetriebsgemeinschaft); BayObLG Rpfleger 1977, 19 (Werbegemeinschaft); BayObLG Rpfleger 1978, 249 (Wasserbezugsgemeinschaft); OLG Düsseldorf Rpfleger 1979, 259 (Urlaubsgestaltung)

[4] z. B. Soergel §§ 21, 22 Rdnrn. 25–31; MünchKomm §§ 21, 22 Rdnr. 13; BGB-RGRK § 21 Rdnr. 4

[5] Zur Frage eines Rechtsanspruchs auf Verleihung: VGH Baden-Württemberg JR 1974, 242; OVG Lüneburg GewA 1976, 377; K. Schmidt BB 1974, 254 und NJW 1979, 2239

[6] BGHZ 45, 395/397 = NJW 1966, 2007; BayObLG Rpfleger 1977, 19; K. Schmidt Rpfleger 1972, 286/291; Reinhardt aaO S. 3/7

[7] Soergel §§ 21, 22 Rdnr. 30

Im Gegensatz zu diesen wirtschaftlichen Vereinen werden jene Vereine, die in das Vereinsregister eingetragen werden dürfen, üblicherweise als „Idealvereine" bezeichnet. Diese Bezeichnung trifft allerdings nicht immer den Kern der Sache. Sie rührt daher, daß ursprünglich an eine positive Aufzählung der zur Eintragung in das Vereinsregister zugelassenen Vereine gedacht war, nämlich an jene, die sich einer politischen, religiösen, wissenschaftlichen, künstlerischen, wohltätigen, geselligen oder anderen nichtwirtschaftlichen Aufgabe widmen.[8] Mit jener Bezeichnung werden zwar sicher viele für die Eintragung in das Vereinsregister geeigneten Vereine zutreffend erfaßt, für die Grenzfälle aber, die in der Praxis die großen Schwierigkeiten bereiten, ist das Schlagwort „Idealverein" eher geeignet, die Grenzziehung zum wirtschaftlichen Verein zu „vernebeln". Viele Vereine, die mit Recht (mangels Unterhaltung eines „wirtschaftlichen Geschäftsbetriebs") in das Vereinsregister eingetragen sind, verfolgen keineswegs „ideale", sondern recht handfeste wirtschaftliche Ziele (z. B. Verbände zur Förderung gewerblicher Interessen i. S. von § 13 UWG; Interessenvertretungen eines Berufsstands oder Wirtschaftszweigs). Die Prüfung der Eintragungsfähigkeit eines Vereins wird daher etwas leichter, wenn die Fragestellung „wirtschaftlicher Verein" oder „nichtwirtschaftlicher Verein" lautet. Das führt zwanglos zu einem Prüfungsverfahren, bei dem untersucht wird, ob im Einzelfall die Merkmale eines wirtschaftlichen Vereins gegeben sind. Wird dies bejaht, muß die Eintragung in das Vereinsregister abgelehnt werden. Fehlt es an einem der Merkmale des wirtschaftlichen Vereins, so handelt es sich um einen nichtwirtschaftlichen Verein, der eingetragen werden darf.

Dabei erhebt sich die in den theoretischen Erörterungen über den Begriff des nichtwirtschaftlichen Vereins vernachlässigte Frage, **wie** das Registergericht zu der Feststellung gelangt, daß der angemeldete Verein als ein nichtwirtschaftlicher einzustufen ist. Da es für diese Feststellung entscheidend auf die beabsichtigte Betätigung des Vereins ankommt,[8a] muß diese – als eine wesentliche Voraussetzung der beantragten Eintragung – sich aus der Satzung ergeben. Da nach § 21 BGB nur ein Verein in das Vereinsregister eingetragen werden darf, dessen Zweck nicht auf einen wirtschaftlichen Geschäftsbetrieb gerichtet ist, ist es Sache des Vereins, den Vereinszweck in der Satzung so darzustellen, daß sich daraus die Berechtigung der Eintragung des Vereins in das Vereinsregister ergibt. Ob und inwieweit die Satzung in dieser Beziehung genügend bestimmt ist, läßt sich nur im Einzelfall beurteilen. In gewissen Fällen mag die bloße Angabe des Vereinsziels genügen, wenn sich daraus erfahrungsgemäß ein sicherer Anhaltspunkt ergibt, was der Gegenstand der hauptsächlichen Betätigung des Vereins ist. Wenn dagegen mit der bloßen Angabe des Vereinsziels offen bleibt, ob sich der Verein in der Hauptsache wirtschaftlich oder nichtwirtschaftlich betätigt, bildet die dem Registergericht mit der Anmeldung vorgelegte Satzung keine ausreichende Grundlage für eine Eintragung des Vereins. In diesem Fall kann nicht auf das Prinzip der Amtsermittlung (§ 12 FGG) verwiesen werden.[8b] Denn

---

[8] vgl. BGB-RGRK § 21 Rdnr. 2

[8a] vgl. KGJ 26, 37; BayObLGZ 1953, 309/311; BVerwG Rpfleger 1979, 413; Mummenhoff S. 104/105

[8b] a. A. Staudinger § 21 Rdnr. 21

Ermittlungen des Gerichts können die notwendige eindeutige Festsetzung des Vereinszwecks in der Satzung nicht ersetzen.

Der Begriff des „wirtschaftlichen Geschäftsbetriebs“

43 Charakteristisch für den wirtschaftlichen Verein ist, wie sich aus § 22 BGB ergibt, das Vorhandensein eines „wirtschaftlichen Geschäftsbetriebs“. Darunter ist nach zutreffender neuerer Rechtsauffassung das planmäßige und auf Dauer angelegte Auftreten des Vereins **am Markt in unternehmerischer Funktion**[9] durch Einschaltung in wirtschaftliche Umsatzprozesse mit einer regelmäßig entgeltlichen Tätigkeit zu verstehen. Die wirtschaftliche Betätigung muß in der planmäßigen Teilnahme am unternehmerischen Wettbewerb bestehen.[10] Daher scheiden zunächst alle Aktivitäten aus, die der inneren Verwaltung des Vereins und der Gestaltung des Vereinslebens dienen (z. B. Betrieb einer Vereinsgeschäftsstelle, Unterhaltung des Vereinshauses und anderer Einrichtungen; Durchführung von Vereinsveranstaltungen). Ferner müssen jene Tätigkeiten außer Betracht gelassen werden, die der Verein bei der **Nachfrage** nach Wirtschaftsgütern entwickelt.[10] Denn „die Teilnahme am Wettbewerb durch bloße Nachfrage kennzeichnet die Konsumentenrolle, nicht die Rolle des Unternehmers in der Marktwirtschaft“.[11] Diese wird vielmehr durch die **anbietende** Tätigkeit am Markt bestimmt.[12] Führen die genannten Kriterien im Einzelfall zu dem Ergebnis, daß eine unternehmerische Betätigung des Vereins vorliegt, so vermag auch die „ideale“ Zielsetzung des Vereins an seiner Einstufung als wirtschaftlicher Verein nichts zu ändern.[13] Allenfalls kann der Gesichtspunkt, daß sich der Verein nach seiner Satzung gemeinnützigen oder ähnlichen Aufgaben widmet und hierfür die Gewinne aus seiner unternehmerischen Tätigkeit verwendet, bei der Prüfung berücksichtigt werden, ob diese Tätigkeit noch als – den Status eines nichtwirtschaftlichen Vereins nicht gefährdende – Nebentätigkeit[14] angesehen werden kann.[15]

44 Die unternehmerische Betätigung des Vereins kann sich in jeder Form der Teilnahme am Wirtschaftsverkehr, insbesondere auch durch Dienstleistungen oder Vermittlertätigkeit äußern.[16] Ein wirtschaftlicher Geschäftsbetrieb im Sinne des § 22 BGB liegt auch vor, wenn sich die Tätigkeit des Vereins als **ausgelagerter** organisierter Teilbetrieb der gewerblichen Unternehmen der Vereinsmitglieder oder auf andere Weise als **Hilfsgeschäft** für die Betriebe der Mitglieder darstellt.[17] In diesen Fällen kommt es nicht dar-

---

[9] BayObLGZ 1974, 242/246; BayObLG Rpfleger 1977, 19; OLG Oldenburg Rpfleger 1976, 11/12; K. Schmidt Rpfleger 1972, 286ff. Reinhardt aaO S. 3ff. BGB-RGRK § 21 Rdnr. 4

[10] MünchKomm. §§ 21, 22 Rdnr. 17

[11] so die treffende Formulierung in MünchKomm. aaO

[12] vgl. BayObLG Rpfleger 1978, 249/250; MünchKomm. aaO; dazu kritisch Mummenhoff S. 112, 150

[13] BGB-RGRK § 21 Rdnr. 4

[14] dazu unten Rdnr. 47

[15] Soergel §§ 21, 22 Rdnr. 24

[16] RGZ 154, 343/351

[17] BGHZ 45, 395/397 (Taxi-Zentrale); LG Hagen Rpfleger 1959, 348; BGB-RGRK § 21 Rdnr. 5

auf an, ob die Tätigkeit des Vereins, für sich betrachtet, gegen Entgelt erfolgt.[18]

Gleichgültig ist, ob der erstrebte Vorteil, worunter jede vermögenswerte Besserstellung, also auch die Ersparnis von Aufwendungen oder die Abwendung von Vermögensnachteilen, zu verstehen ist, dem Verein selbst oder seinen Mitgliedern zugute kommen soll.[19]

45 Aus dem Zweck des § 22 BGB, Vereine mit wirtschaftlichem Geschäftsbetrieb zur Erlangung der Rechtsfähigkeit auf die staatliche Konzessionierung oder Rechtsinstitute mit besserem Gläubigerschutz, als sie das Recht des eingetragenen Vereins bietet, zu verweisen, folgt auch, daß Vereine mit den **typischen** Tätigkeitsformen einer **Genossenschaft** nicht in das Vereinsregister eingetragen werden dürfen.[20] Für lediglich genossenschaftsähnliche Vereine ist die Eintragungsfähigkeit grundsätzlich zu bejahen; sie ist aber zu vereinen, wenn ein Verein wegen seiner Organisation und seines Umfangs seinen Mitgliedern als Unternehmer dergestalt gegenübersteht, daß sich diese wie beliebige anonyme Marktteilnehmer fühlen müssen.[21]

46 Die Beteiligung des Vereins an einem in einer anderen Rechtsform betriebenen Unternehmen stellt keinen Geschäftsbetrieb dar, wenn damit nur eine vermögensverwaltende oder vermögensbildende Funktion verbunden ist.[22] Dies ist z. B. bei der Beteiligung des Vereins als Kommanditist an einer KG oder als Gesellschafter an einer GmbH oder einer AG regelmäßig der Fall.[23] Es ist daher für zulässig zu halten, daß ein Verein ausschließlich zu dem Zweck gegründet wird, die Arbeiter und Angestellten eines als Kommanditgesellschaft betriebenen Unternehmens in der Weise an den Erträgnissen des Unternehmens zu beteiligen, daß ihnen als Vereinsmitgliedern der vom Verein als Kommanditist erzielte Gewinnanteil zukommt.[24]

Dagegen ist die Beteiligung des Vereins als Gesellschafter an einer Offenen Handelsgesellschaft oder als Komplementär an einer Kommanditgesellschaft als Geschäftsbetrieb im Sinn der §§ 21, 22 BGB anzusehen. Das gleiche ist anzunehmen, wenn mit der Beteiligung des Vereins an einer Kapitalgesellschaft geschäftsleitende Befugnisse verbunden sind.[23]

Unternehmerische Nebentätigkeit des Vereins

47 An sich müßte jede unternehmerische Betätigung eines Vereins ohne Rücksicht auf ihre Beziehung zum Vereinszweck und ihre Bedeutung im Vergleich mit der ideellen Betätigung des Vereins den betreffenden Verein als wirtschaftlichen Verein (§ 22 BGB) qualifizieren. Dieser Grundsatz ist jedoch in der Rechtsprechung[25] seit langem aufgrund der Tatsache vernachlässigt worden, daß viele Vereine, um das durch ihren idealen Zweck vorge-

---

[18] BGB-RGRK aaO

[19] RGZ 83, 231/235; 154, 343, 349, 351; BGB-RGRK aaO

[20] BGB-RGRK aaO; BayObLG Rpfleger 1978, 249/250; insoweit zustimmend Mummenhoff ZfgG 31 (1981), 334

[21] OLG Oldenburg Rpfleger 1976, 11/12; BayObLG Rpfleger 1978, 249/250

[22] BGB-RGRK § 21 Rdnr. 6

[23] Dobroschke – oben Fn. 1 –

[24] zustimmend BGB-RGRK § 21 Rdnr. 6; Soergel §§ 21, 22 Rdnr. 16

[25] RGZ 83, 231; 154, 343/354

gebene Aktionsfeld voll zu erfassen[26] oder ihre Anziehungskraft auf neue Mitglieder zu erhöhen, sich zur Eröffnung eines „wirtschaftlichen Geschäftsbetriebs", also zur Aufnahme einer unternehmerischen Tätigkeit, veranlaßt sehen. Klassische Beispiele hierfür sind die Bewirtschaftung von Alpenvereinsunterkünften, der Restaurationsbetrieb eines Geselligkeitsvereins, die Buchhandlung eines religiösen Vereins oder das Reisebüro eines Kulturvereins. Damit diese unternehmerische Betätigung **toleriert**[27] werden kann und somit den Status des Vereins als eines nichtwirtschaftlichen Vereins nicht gefährdet oder aufhebt, müssen bestimmte Voraussetzungen erfüllt sein. Zunächst darf die unternehmerische Betätigung des Vereins im Vergleich zu seiner ideellen Betätigung nur eine eindeutig **untergeordnete Rolle** spielen. Die Hauptbetätigung des Vereins muß nach wie vor die ideelle Tätigkeit sein. Außerdem muß sich die unternehmerische Tätigkeit im Rahmen des Vereinszwecks halten und sich bei natürlicher Betrachtungsweise als ein die ideelle Betätigung ergänzendes, noch objektiv sinnvolles Mittel zur Förderung des Vereinszwecks darstellen.[28] Bei der Prüfung, ob diese Voraussetzungen gegeben sind, ist ein strenger Maßstab anzulegen.[29]

Mit dem Problem der unternehmerischen Nebentätigkeit des Vereins wird das Registergericht im Eintragungsverfahren des Vereins befaßt, wenn sich aus der Satzung oder aus anderen, dem Registergericht bekanntgewordenen Umständen Anhaltspunkte dafür ergeben, daß der Verein auch die Aufnahme einer unternehmerischen Tätigkeit beabsichtigt. Das Problem kann ferner akut werden, wenn ein Verein längere Zeit als nichtrechtsfähiger Verein agiert hat und nun seine Eintragung in das Vereinsregister beantragt. In diesen Fällen muß der Verein dem Registergericht durch entsprechende Darlegung der Verhältnisse die Überzeugung verschaffen, daß die beabsichtigte oder bereits aufgenommene wirtschaftliche Tätigkeit unter den oben genannten Gesichtspunkten hingenommen werden kann. Auch Ermittlungen von Amts wegen kommen hierbei – im Gegensatz zur mangelnden Bestimmtheit des in der Satzung angegebenen Vereinszwecks – in Betracht. Im Zweifelsfall ist die Eintragung abzulehnen.

Häufiger ist der Fall, daß ein Verein, der sich bei der Eintragung in das Vereinsregister als nichtwirtschaftlicher Verein erwiesen hatte, später ein wirtschaftliches Unternehmen betreibt. Hier ist von der Verwaltungsbehörde gemäß § 43 Abs. 2 BGB anhand der erwähnten Kriterien zu entscheiden, ob es sich bei der wirtschaftlichen Betätigung des Vereins um ein „unschädliches" Unternehmen handelt und dem Verein die durch die Registereintragung erlangte Rechtsfähigkeit belassen werden kann oder ob sie ihm zu entziehen ist.

Der Umstand, daß sich das Vereinsunternehmen als ein vollkaufmännisches (§§ 1, 2, 4 HGB) darstellt, schließt es nicht schlechthin aus, den Verein als Idealverein zu qualifizieren. Die hiernach gebotene Eintragung des Ver-

[26] so Soergel § 21 Rdnr. 17

[27] sogenanntes Nebenzweckprivileg für Idealvereine; dazu ausführlich K. Schmidt Rpfleger 1972, 343/350; MünchKomm. §§ 21, 22 Rdnr. 14, Soergel § 21 Rdnr. 17–23, Staudinger § 21 Rdnr. 12, Mummenhoff S. 135, Hemmerich S. 78–113

[28] vgl. Soergel § 21 Rdnr. 19; K. Schmidt Rpfleger 1972, 343/353

[29] Staudinger § 21 Rdnr. 15

eins in das Handelsregister (§ 33 HGB) gibt aber berechtigten Anlaß für die Prüfung, ob die Toleranzgrenze des Nebenzweckprivilegs überschritten ist.[30]

48 Stellt sich nach der Eintragung des Vereins in das Vereinsregister heraus, daß die Voraussetzungen des § 21 BGB bei der Eintragung nicht gegeben waren, kann das Registergericht die Eintragung des Vereins von Amts wegen löschen (§§ 159, 142 FGG).[31] Von dieser Befugnis ist regelmäßig Gebrauch zu machen, da die Beseitigung der Rechtsformverfehlung im öffentlichen Interesse liegt. So lange der Verein nicht gelöscht oder ihm die Rechtsfähigkeit nicht entzogen ist, hat auch der Prozeßrichter von der Rechtsfähigkeit des Vereins auszugehen und zwar auch im Verhältnis des Vereins zu seinen Mitgliedern.[31a]

Einzelfälle aus der Rechtsprechung[32]

Wirtschaftlicher Verein:

49
1. Funktaxi-Zentrale (BGHZ 45, 395 = NJW 1966, 2007)
2. Einkaufszentrale für Gewerkschaftsmitglieder (AG Alzenau BB 1961, 8)
3. Privatärztliche Verrechnungsstelle (LG Hagen Rpfleger 1959, 348)
4. Erzeugergemeinschaft i. S. des Marktstrukturgesetzes vom 16. 5. 1969 (BGBl. I S. 423) mit „Andienungspflicht" (BayObLGZ 1974, 242 = Rpfleger 1974, 307; dazu ausführlich Hornung Rpfleger 1974, 339; kritisch: Pelhak u. Wüst AgrarR 1975, 161)
5. Verein zum Betrieb von Skischleppliften und Seilbahnen (OLG Stuttgart OLGZ 1971, 465)
6. Gewinnsparverein (LG Stuttgart NJW 1952, 1139)
7. Eine Selbsthilfe-Siedlergemeinschaft, die durch einen Bauträger Eigenheime für ihre Mitglieder errichten läßt (LG Hagen Rpfleger 1969, 297 mit Anm. von Schweyer)
8. Technische Prüf- und Vertriebsstelle des Schornsteinfegerhandwerks (LG Oldenburg Rpfleger 1978, 371)
9. Werbegemeinschaft (BayObLG Rpfleger 1977, 20)
10. Mähdreschverein (LG Lübeck SchlHA 1962, 102)
11. Inkassoverein (LG Hagen Rpfleger 1959, 348; a. A. OLG Braunschweig 42, 251)
12. Abrechnungsstelle für Angehörige der Heilberufe (KG OLGZ 1979, 279)
13. Verein zur Förderung der Urlaubsgestaltung, der überwiegend die gewerbliche Nutzung eines Segelschiffs zum Gegenstand hat (OLG Düsseldorf 1979, 259)

Nichtwirtschaftlicher Verein:

50
1. Verein zur Förderung gewerblicher Interessen (RGZ 78, 80)
2. Warenhausverband (BayObLGZ 1953, 309)
3. Rabattsparverein (BayObLGZ 14, 638)
4. Verein zum Betrieb einer Werkskantine, wenn Vorteile ausschließlich den

---

[30] vgl. Mummenhoff S. 139 ff.
[31] Einzelheiten bei Rdnr. 410
[31a] OLG Köln OLGZ 1977, 65
[32] Weitere Fälle bei Stöber Rdnrn. 28, 29 und Soergel §§ 21, 22 Rdnrn. 34–37

Betriebsangehörigen zugute kommen (BayObLGZ 1973, 303 = Rpfleger 1974, 13 = BB 1974, 980)
5. Verein zum Betrieb eines Betriebsarztzentrums (OLG Oldenburg Rpfleger 1976, 11 = BB 1975, 1639)
6. Lohnsteuerhilfeverein[33] (OLG Stuttgart Rpfleger 1970, 334; OLG Celle NJW 1976, 197; dazu kritisch Mummenhoff S. 146
7. Haus- und Grundbesitzerverein (RGZ 88, 333)
8. Betrieblicher Unterstützungsverein (BayObLGZ 1975, 435)

Gesetzwidrige Vereinszwecke

51 Der Zweck des Vereins darf nicht gegen die guten Sitten[33a] oder gegen ein Gesetz verstoßen (§§ 134, 138 BGB). Der Zweck oder die Tätigkeit einer Vereinigung wäre schon dann gegen die verfassungsmäßige Ordnung gerichtet, wenn sie sich darin erschöpfte, unter Festhaltung an Gedankengängen, die der Staatsauffassung der freiheitlichen Demokratie völlig entgegengesetzt sind, die Mitglieder in der beharrlichen Ablehnung der freiheitlich-demokratischen Ordnung zu bestärken.[34]

Nach Art. 9 Abs. 2 GG sind Vereinigungen, deren Zweck oder Tätigkeit den Strafgesetzen zuwiderläuft oder die sich gegen die verfassungsmäßige Ordnung richten, verboten, d. h. diesen Vereinigungen steht der Schutz des Grundrechts der Vereinsfreiheit (Art. 9 Abs. 1 GG) nicht zur Seite. Für ein Vorgehen gegen sie bedarf es nicht erst eines Ausspruchs des Bundesverfassungsgerichtes gemäß Art. 18 GG darüber, daß sie das Grundrecht der Vereinsfreiheit verwirkt haben. Die Feststellung hat in der Form einer Auflösungsverfügung gemäß § 3ff. VereinsG zu ergehen.

Ein Verein, dessen Zweck die Vermittlung von Wohnraum ist, und der von den Mitgliedern eine Aufnahmegebühr und einen Jahresbeitrag erhebt, kann, abgesehen davon, daß er ohnehin ein wirtschaftlicher Verein ist, auch im Hinblick auf § 3 Abs. 2 des Gesetzes zur Regelung der Wohnungsvermittlung vom 4. 11. 1971 (BGBl. I S. 1745, 1747) nicht in das Vereinsregister eingetragen werden.[35]

Die Gründung eines Vereins – auch eines in das Vereinsregister einzutragenden – durch Gefangene, der nach seinem Zweck gemeinschaftliche Interessen der Insassen der betreffenden Justizvollzugsanstalt gegenüber der Anstaltsleitung vertreten und durchsetzen soll, ist zwar durch § 160 des Strafvollzugsgesetzes nicht schlechthin ausgeschlossen;[35a] jedoch bedürfen die Vereinsgründung und die Änderung der Satzung nach Sinn und Zweck des § 160 StVollzG der Zustimmung der Anstaltsleitung.

---

[33] Zur Anerkennung als Lohnsteuerhilfeverein siehe Völzke Betrieb 1975, 2389; zum Werbeverbot für Lohnsteuerhilfevereine siehe BGH Betrieb 1978, 250; zum Verbot der wirtschaftlichen Betätigung nach § 26 Abs. 2 StBerG siehe BFH Bundessteuerblatt 1982 Teil II S. 360

[33a] siehe dazu den vom RG in JW 1920, 961 entschiedenen Fall

[34] LG München I NJW 1956, 879

[35] LG Karlsruhe Rpfleger 1974, 221

[35a] so aber BayObLG Rpfleger 1981, 488; dazu abl. Anm. von Seebode, NStZ 1982, 86; wie BayObLG auch AG Mannheim NStZ 1982, 136

Lohnsteuerhilfevereine dürfen kein besonderes Entgelt für Hilfeleistungen in Lohnsteuersachen verlangen.[36] Ein Lohnsteuerhilfeverein verstößt gegen das Verbot, sich wirtschaftlich zu betätigen (§ 26 Abs. 2 StBerG), wenn er die Vermittlung der Vorfinanzierung von Lohnsteuererstattungsansprüchen durch unterstützende Tätigkeit und Zusammenarbeit mit einem Unternehmen, das solche Kredite vermittelt, entscheidend und nachhaltig fördert.[36a]

Ärzten, Rechtsanwälten und Notaren ist es nach ihrem Standesrecht nicht erlaubt, Praxisgemeinschaften in der Rechtsform des Vereins zu bilden.[37]

Was gegen die guten Sitten verstößt, ist nach der allgemein herrschenden Volksmeinung und den Anschauungen der Beteiligten zu beurteilen. Es ist hierbei nicht erforderlich, daß der Zweck des Vereins auch gegen die Sittlichkeit verstößt, um als gegen die guten Sitten gerichtet angesehen werden zu können. Die Hingabe von Schmiergeldern durch den Vorstand an Dritte, um beim Abschluß von Verträgen oder Aufträgen bevorzugt zu werden, ist sittenwidrig und daher unzulässig, und dies selbst dann, wenn eine solche Handlungsweise für den Verein keine Nachteile nach sich gezogen hat.[38]

Die Sittenwidrigkeit einer Satzung kann sich auch aus dem Zusammenhalt mehrerer, für sich betrachtet, zulässiger Einzelbestimmungen ergeben.[39]

Verfolgt der Verein nachträglich einen sittenwidrigen Zweck, bildet er sich z. B. in einen Glücksspielklub um, so tritt die Auflösung erst in dem Zeitpunkt ein, in dem die Eintragung vom Registerrechtspfleger von Amts wegen gelöscht oder die Nichtigkeit des Vereins auf Klage eines Mitglieds durch rechtskräftiges Urteil ausgesprochen ist.[40]

Rabattsparvereine

52 Als Rabattsparvereine werden Vereine bezeichnet, die gemäß § 4 Abs. 2 des Gesetzes über Preisnachlässe (Rabattgesetz) vom 25. 11. 1933 und der Durchführungsverordnung hierzu vom 21. 2. 1934 ausgegebene Gutscheine (Rabattmarken) einlösen. Sie können Rechtsfähigkeit durch Eintragung in das Vereinsregister erlangen, sofern sie sich alljährlich einer auf die gesamte Geschäftsgebarung bezogenen Prüfung unterziehen. Die Prüfung hat durch einen sachverständigen Prüfer zu erfolgen und sich insbesondere darauf zu erstrecken, ob die Einlösung der ausgegebenen Gutscheine gesichert ist. Der Prüfer muß einen schriftlichen Bericht erstatten, den die Vereinigung ihren Mitgliedern zugänglich zu machen hat. Ist die Vereinigung in das Vereinsregister eingetragen, so hat sie jeweils dem zuständigen Registergericht einen Abdruck des Prüfungsberichts zu übersenden und mitzuteilen, wann die Prüfung stattgefunden hat. Das Registergericht hat darüber zu wachen, daß die Pflichtprüfung alljährlich stattfindet. Es kann nach Ablauf des Geschäfts-

---

[36] § 102 Abs. 3 Nr. 41 AO

[36a] BFH Bundessteuerblatt 1982 Teil II S. 360

[37] Soergel §§ 21, 22 Rdnr. 13 mit Nachweisen; siehe auch Rosenau, Die Praxisgemeinschaften der Ärzte, Betrieb 1970 Beilage 2; ferner Lach, Formen freiberuflicher Zusammenarbeit, Diss. München 1970

[38] BGH BB 1962, 536

[39] LG Bremen MDR 1974, 134 (Lohnsteuerberatungsverein für ausländische Arbeitnehmer); Soergel aaO Rdnr. 10

[40] RG JW 1921, 1527

jahres den Beteiligten unter Androhung eines Zwangsgeldes aufgeben, innerhalb einer bestimmten Frist den Bericht einzureichen. Die Vorschriften der §§ 132–139 FGG gelten entsprechend.

Rechtsberatung durch Vereine

53 Ein Verein darf die Besorgung fremder Rechtsangelegenheiten einschließlich der Rechtsberatung und der Einziehung fremder oder zu Einziehungszwecken abgetretener Forderungen geschäftsmäßig – ohne Unterschied zwischen haupt- und nebenberuflicher oder entgeltlicher und unentgeltlicher Tätigkeit – grundsätzlich nur betreiben, wenn ihm dazu von der zuständigen Behörde (Präsident des Amtsgerichts oder des Landgerichts) die **Erlaubnis** erteilt ist.[41] Einer Erlaubnis bedarf es jedoch nicht, wenn auf berufsständischer oder ähnlicher Grundlage gebildete Vereinigungen im Rahmen ihres Aufgabenbereichs[42] ihren Mitgliedern Rat und Hilfe in Rechtsangelegenheiten gewähren. Diese Tätigkeit kann ihnen jedoch untersagt werden.[43] Ein berufsständischer Verein hat im Falle einer Ablehnung seines Antrags, bestimmte Vorstandsmitglieder zu Prozeßagenten zu bestellen, keinen Anspruch auf gerichtliche Entscheidung nach § 23 Abs. 1 EGGVG.[44] Es muß sich um einen Zusammenschluß von Personen handeln, die nach ihrer gewerblichen oder sonstigen beruflichen Betätigung oder auch nach ihrer Stellung als Konsumenten im Wirtschaftsleben wirtschaftlich gleiche oder ähnliche Interessen haben (Zusammenschlüsse auf dem Gebiet der Industrie, insbesondere auch Kartelle, Haus- und Grundbesitzervereine, Mietervereine,[45] ärztliche Einziehungsstellen u. dgl.). Ob der Zusammenschluß im einzelnen auf regionaler Grundlage, auf Zugehörigkeit zur gleichen Branche, auf Interessengemeinschaft der Kundschaft gegenüber oder auf ähnlichen Gründen beruht, ist gleich. Andere, auf einer sonstigen Interessengemeinschaft beruhende Zusammenschlüsse gehören nicht hierher (z. B. Sportvereine, Unfallschutzverbände, Vereine von Wohnungssuchenden[45a]) und erst recht nicht Gebilde, wie sie früher bisweilen zur Tarnung offensichtlicher Rechtskonsulentenbetriebe geschaffen wurden (Verband der Vorbestraften u. ä.). Hinzukommen muß eine gewisse Größe der Organisation. Wenn es auch keineswegs notwendig ist, daß der die Beratungsstelle tragende Zusammenschluß alle oder auch nur die Mehrzahl der der Interessengemeinschaft angehörigen Personen oder der Betriebe des betreffenden Bezirks umfaßt, so ist doch eine gewisse absolute wie relative Zahl von Mitgliedern wesentlich; wieviele, ist Tatfrage. Wer, ohne im Besitz der erforderlichen Erlaubnis zu sein, fremde

---

[41] § 1 Abs. 1 RBerG

[42] dazu: OLG Celle NJW 1973, 2028 (Einziehung von Forderungen durch Kreditreformvereine)

[43] § 7 RBerG

[44] OLG Hamm AnwBl 1967, 360

[45] Zur Rechtsberatung durch Mietervereine vgl. LG Lübeck SchlHAnz 1968, 187; zur gerichtlichen Vertretung von Mietern durch Mieterverein siehe LG Flensburg MDR 1975, 408; zur mietrechtlichen Beratung und Rechtsvertretung durch Interessenvereinigungen vgl. Lau ZMR 1975, 165; vgl. auch OLG Düsseldorf NJW 1969, 2289

[45a] OLG Frankfurt NJW 1982, 1003

Rechtsangelegenheiten geschäftsmäßig besorgt oder sonst gegen die Vorschriften des Rechtsberatungsgesetzes verstößt, kann mit einer Geldbuße bis zu 10000 DM belegt werden.[46] Der Erlaubnisvorbehalt ist mit dem Grundrecht der freien Berufswahl vereinbar.[47]

Der Anspruch auf Zahlung eines Entgelts für Rechtsberatung ist nur insoweit berechtigt, als Ersatz der tatsächlich entstandenen Auslagen und Aufwendungen beansprucht wird. Es ist nicht zulässig, daß z. B. ein Mieterverein das Leistungsentgelt auf der Grundlage eines Gebührensystems berechnet, das nur bestimmten Berufsständen (Rechtsanwälten, Rechtsbeiständen) vorbehalten ist. Durch diese Art der Bemessung des Entgelts würde nämlich mindestens die Neigung begünstigt werden, aus der Rechtsbesorgungstätigkeit ein Geschäft zu machen. Damit würden aber alle diejenigen Gefahren für die Rechtssuchenden heraufbeschworen, die den Gesetzgeber dazu bewogen haben, die geschäftsmäßige Besorgung fremder Rechtsangelegenheiten grundsätzlich unter Erlaubniszwang zu stellen.[48] Ein Geschäftsbesorgungsvertrag, den ein nicht zugelassener Rechtsberater unter Verstoß gegen das Rechtsberatungsgesetz mit einem Rechtssuchenden geschlossen hat, ist nichtig (§ 134 BGB).[49]

Das Verbot, Rechtsberatung unaufgefordert Dritten in schriftlichen, mündlichen oder sonstigen Ankündigungen anzubieten (z. B. in Zeitungsinseraten oder mit Aufdrucken auf Briefbogen[49a]), gilt auch für berufsständische oder auf ähnlicher Grundlage gebildete Vereine, die für die Rechtsberatung im Rahmen ihres Aufgabenbereichs keiner behördlichen Erlaubnis bedürfen.[49b]

Versicherungsvereine

54 Manche Vereine betreiben eine Kranken-, Unfall- oder eine ähnliche Versicherung. Der Betrieb derartiger Unternehmen würde an sich unter die Bestimmungen des Reichsgesetzes über die Beaufsichtigung der privaten Versicherungsunternehmen fallen und könnte nur dann als **Nebentätigkeit** eines eingetragenen Vereins in Frage kommen, wenn der Rechtsanspruch der Vereinsmitglieder bzw. deren Erben auf Auszahlung der Unterstützung oder des Sterbegeldes satzungsgemäß ausgeschlossen wäre. Verpflichten sich die Vereinsmitglieder, beim Ableben eines Mitglieds je einen gewissen Betrag zu bezahlen, um den Hinterbliebenen eine schnelle Hilfe zu gewähren, ohne daß diese einen Rechtsanspruch auf das Sterbegeld haben, so ist eine solche Einrichtung kein Versicherungsunternehmen im Sinne des § 1 Abs. 1 Versicherungsaufsichtsgesetz (VAG). § 1 Abs. 1 VAG bezieht sich nur auf Versicherungsunternehmen, gegen die ein **Rechtsanspruch** besteht, während Absatz 3 die Personenvereinigungen ausschließt, die ihren Mitgliedern Unter-

---

[46] § 8 RBerG

[47] BGH 28. 4. 1953 1 StR 755/52

[48] BGH BB 1954, 1043; 1955, 76; LG Hof NJW 1959, 2017; LG Lüneburg AnwBl 1961, 317; zur Abgrenzung zwischen einem als Rechtsbeistand zugelassenen Verein und anwaltlicher Tätigkeit vgl. BGH NJW 1976, 424; ferner Reifner JZ 1976, 504

[49] vgl. dazu BGH BB 1962, 898; LG Augsburg NJW 1961, 2216

[49a] Altenhoff/Busch/Kampmann Rdnr. 889

[49b] OLG Frankfurt NJW 1982, 1003

stützung gewähren, ohne daß ein Rechtsanspruch besteht. Versicherungsunternehmen, gegen die kein Rechtsanspruch besteht, unterliegen nicht der Versicherungsaufsicht.[50] Voraussetzung für die Eintragung in das Vereinsregister ist aber, daß der Hauptzweck (die Haupttätigkeit) des Vereins ein „idealer" ist. Wäre der Hauptzweck dagegen die Versicherung seiner Mitglieder, so würde der Verein auch dann nicht zur Eintragung in das Vereinsregister geeignet sein, wenn ein Rechtsanspruch seiner Mitglieder auf die Versicherungsleistungen nicht bestünde. Denn in diesem Fall handelte es sich um einen wirtschaftlichen Verein[51]. Den Mitgliedern solcher Vereine steht selbst dann kein Klagerecht auf Auszahlung der Unterstützung zu, wenn ihnen die Unterstützung zugesagt oder sogar zeitweilig bezahlt worden ist.[52]

Firmen-Unterstützungsvereine[53]

55 In den meisten größeren Betrieben besteht eine Sozialeinrichtung,[54] die den Zweck verfolgt, den Betriebsangehörigen und deren Familienmitgliedern in Fällen der Not und Bedürftigkeit freiwillige Unterstützungen zu gewähren. Diese werden in der Regel aus den freiwilligen Zuwendungen des Betriebsinhabers bestritten. Die Betriebsangehörigen selbst dürfen weder zu laufenden Beiträgen noch zu sonstigen Zuschüssen herangezogen werden. Häufig werden solche Unterstützungseinrichtungen in der Rechtsform eines eingetragenen Vereins betrieben (sog. Firmen-Unterstützungsvereine)[54a]. Die Satzung eines solchen Vereins schreibt meistens eine bestimmte Höchstzahl von Mitgliedern vor, die sämtlich Betriebsangehörige sein müssen. Eine solche Verknüpfung von Mitgliedschaft und Arbeitsverhältnis ist bei der Auslegung der Satzung zu beachten. Bestimmt z. B. die Satzung, daß die Mitgliedschaft endet, wenn das Mitglied aus den Diensten der Firma ausscheidet, so greift eine solche Bestimmung regelmäßig nicht ein, wenn bei einem Betriebsinhaberwechsel die Arbeitnehmer vom Betriebsnachfolger übernommen werden und dieser in die bestehenden Arbeitsverhältnisse eintritt.[55] Daß der Betriebsinhaber durch einzelne Satzungsbestimmungen einen Einfluß auf den Verein ausübt, z. B. das Recht besitzt, den Vorstand zu bestellen, ist an sich nicht zu beanstanden.[56] Seine Einflußnahme auf den Verein[56a] darf aber nicht so weit ausgedehnt werden, daß dem Verein als Personenverband gar keine eigene Bedeutung mehr zukommt, er sich viel-

---

[50] BGH BB 1963, 170; OVG Hamburg BB 1954, 563; zur registerrechtlichen Behandlung von Vereinen, die Versicherungsgeschäfte betreiben, nimmt die AV des JM. von Baden-Württemberg vom 30. 6. 1956 (Justiz 1956, 191) Stellung.

[51] siehe dazu auch Rdnrn. 44, 47

[52] RG LZ 1931, 1314

[53] siehe dazu das Gesetz zur Verbesserung der betrieblichen Altersversorgung vom 19. 12. 1974 (BGBl. I S. 3610) und hierzu Fenge Betrieb 1975, 50

[54] vgl. § 87 Abs. 1 Nr. 8 BetrVG (1972)

[54a] Zum Mitbestimmungsrecht des Betriebsrats siehe BAG NJW 1979, 2534 und Hanau BB 1976, 91

[55] BayObLG Rpfleger 1971, 311 = Betrieb 1971, 1428

[56] LG Krefeld Rpfleger 1968, 17

[56a] Zu den Möglichkeiten und Grenzen satzungsmäßiger Absicherung des Trägerunternehmens siehe Dütz in Festschrift für W. Herschel (1982) S. 55 („Tendenzaufsicht im Vereinsrecht")

mehr nur noch als eine Verwaltungsabteilung des Betriebs in einer besonderen Rechtsform darstellt.[57] Das ist allerdings nicht bereits dann der Fall, wenn eine Änderung der Satzung nur mit Zustimmung des Betriebsinhabers herbeigeführt werden kann. Denn der Arbeitgeber, der für seine Arbeitnehmer eine Unterstützungseinrichtung gründet und sie allein finanziert, hat ein legitimes Interesse daran, die zweckentsprechende Verwendung seiner Geldmittel durch bestimmte Satzungsvorschriften sicherzustellen.[58] Diese satzungsmäßigen Sicherungsvorkehrungen dürfen jedoch nicht so weit ausgedehnt werden, daß sie den Vereinsmitgliedern, die nicht der Betriebsleitung zuzurechnen sind, keinen Raum mehr für eine **angemessene Mitwirkung** an den wesentlichen Vereinsangelegenheiten lassen. Ob dies der Fall ist, läßt sich nur aus dem **Gesamtinhalt der Satzung** beurteilen. Ferner ist bei der Gestaltung der Satzung eines Firmen-Unterstützungsvereins streng darauf zu achten, daß der Verein nicht den Charakter eines der staatlichen Aufsicht unterliegenden **privaten Versicherungsunternehmens** erhält. Dafür ist es ganz wesentlich, daß in der Satzung klar zum Ausdruck kommt, daß ein **Rechtsanspruch** auf Gewährung von Unterstützung **nicht besteht.**[58a] Dies geschieht zweckmäßigerweise durch folgende Satzungsbestimmungen: „Der Verein ist eine Einrichtung ohne Rechtsanspruch der Leistungsempfänger. Die Leistungsempfänger haben keinen Rechtsanspruch auf Leistungen der Unterstützungseinrichtung. Auch durch wiederholte oder regelmäßige Zahlung von Unterstützungen an Witwen und Waisen, von Sterbebeihilfen und anderen Unterstützungen kann ein Rechtsanspruch gegen die Unterstützungseinrichtung nicht begründet werden. Alle Zahlungen werden freiwillig und mit der Möglichkeit jederzeitigen Widerrufs geleistet. Jeder Leistungsempfänger hat eine schriftliche Erklärung darüber abzugeben, daß ihm die freiwillige Natur der Leistungen bekannt ist. Die Erklärung hat sich auch darauf zu erstrecken, daß der Leistungsempfänger mit dem Ausschluß jeden Rechtsanspruchs und der Unmöglichkeit des Erwerbs von Rechtsansprüchen durch wiederholte oder regelmäßige Zahlungen einverstanden ist. Die Erklärung muß folgenden Wortlaut haben: „Es ist mir bekannt, daß alle Leistungen aus der Unterstützungseinrichtung freiwillig gewährt werden. Es ist mir ferner bekannt, daß mir auch durch wiederholte oder regelmäßige Leistungen kein Anspruch gegen die Unterstützungseinrichtung erwächst."

In der Satzung sind Wörter wie Altersrente, Witwen- und Waisenrente, Sterbegelder zu vermeiden und durch Begriffe zu ersetzen, die bei Versicherungsunternehmen nicht gebräuchlich sind, wie Altershilfe, Witwen- und Waisenunterstützung, Sterbebeihilfe und dergleichen.[59] Gegen die früher verpönte Bezeichnung der Unterstützungseinrichtung als „Unterstützungs-

[57] BayObLGZ 1975, 435 = Rpfleger 1976, 56; LG Hildesheim NJW 1965, 2400

[58] BayObLGZ 1975, 435/440 = Rpfleger 1976, 56; a. A. LG Siegen Rpfleger 1964, 267

[58a] In arbeitsrechtlicher Hinsicht kommt dem Ausschluß des Rechtsanspruchs nach der Rechtsprechung des Bundesarbeitsgerichts aber nur die Bedeutung eines eingeschränkten Widerrufsrechts des Arbeitgebers zu. Dazu Blomeyer, BB 1980, 789 („Betriebliche Altersversorgung und Unterstützungskassen")

[59] Ausführlich über „Rechtsverhältnisse bei betrieblichen Unterstützungskassen" Detzer, Diss. Würzburg 1972

kasse" sind keine Bedenken mehr zu erheben, nachdem das Gesetz über die Verbesserung der betrieblichen Altersversorgung vom 19. 12. 1974 in § 1 Abs. 4 diese Bezeichnung verwendet.

Zu beachten ist, daß der Ausschluß des Rechtsanspruchs nicht dazu führen darf, daß bei der Gewährung von Unterstützungen willkürlich verfahren wird.[60]

Beschlüsse über Satzungs- oder Leistungsänderungen, die den Gesamtcharakter des Vereins als aufsichtsfreie Unterstützungseinrichtung ändern, insbesondere die Bestimmungen über das Vereinsvermögen, die Leistungen des Vereins und den Ausschluß des Rechtsanspruchs, unterliegen der Prüfung durch die Versicherungsaufsichtsbehörde und sind ihr mitzuteilen.[61]

Wohnungsbauvereine

56 Vereine, deren Zweck darin besteht, ihren Mitgliedern zum Erwerb von Wohnungen, Einfamilienhäusern und sonstigem Grundbesitz zu verhelfen, sind regelmäßig wirtschaftliche Vereine und daher zur Eintragung in das Vereinsregister nicht geeignet. Das Bayer. Oberste Landesgericht hat allerdings in einer älteren Entscheidung[62] die Auffassung vertreten, ein Wohnungsbauverein könne ausnahmsweise als „Idealverein" angesehen werden, wenn nach der Satzung ausschließlich bestimmte Organisationen mit caritativer Zielsetzung Mitglieder des Vereins werden könnten. Es spiele dann keine Rolle, wenn die zu errichtenden Wohnungen bzw. Häuser den Mitgliedern dieser Organisationen zufallen sollten, denn ein unmittelbarer wirtschaftlicher Vorteil für die Vereinsmitglieder (die Organisationen) werde nicht erstrebt. Der Nutzen, der der jeweiligen Organisation selbst durch die Unterbringung ihrer Angehörigen zukomme, sei lediglich eine Folge der caritativen Tätigkeit der Organisation, falle aber nicht unter den maßgebenden Hauptzweck.

Diese Auffassung vernachlässigt die Tatsache, daß die Haupttätigkeit eines solchen Vereins unternehmerischer Natur ist. Ihr kann daher nach den neuen Grundsätzen zur Abgrenzung zwischen nichtwirtschaftlichen und wirtschaftlichen Vereinen,[63] die auch in der späteren Rechtsprechung dieses Gerichts ihren Niederschlag gefunden haben,[64] nicht mehr gefolgt werden.

57 Hausbauvereine, Vereine zur Errichtung von Erholungsheimen, alpine Vereine u. ä. nehmen häufig von den Mitgliedern Darlehen entgegen und geben dafür **Anteilscheine** aus. Das ist zulässig. Der Verein kann als juristi-

---

[60] BAG NJW 1956, 806; zum Verhältnis des Ruhegeldempfängers gegenüber einer betrieblichen Versorgungseinrichtung, welche Rechtsfähigkeit besitzt, vgl. BAG MDR 1968, 1044. Zur Zuständigkeit der Arbeitsgerichte für Ansprüche gegen Unterstützungseinrichtungen ohne Rechtsanspruch siehe Meilicke und Gumpert BB 1974, 371; zum Widerruf von Leistungen einer Unterstützungskasse siehe BAG BB 1978, 762

[61] Mustersatzung eines Firmenunterstützungsvereins siehe Rdnr. 442; vgl. auch Entschl. des Bayer. Staatsmin. d. Justiz über Unterstützungseinrichtungen in der Rechtsform der GmbH (BayJMBl 1959, 177)

[62] BayObLGZ 1953, 309; ablehnend Schmidt Rpfleger 1972, 287/293; Stöber Rdnr. 29; Soergel aaO Rdnr. 24

[63] siehe Rdnr. 43

[64] BayObLG Rpfleger 1977, 19; 1978, 249/250

sche Person beliebig Darlehen aufnehmen und hierfür Schuldscheine auf den Namen ausstellen. Staatliche Genehmigung ist nur dann erforderlich, wenn die Schuldurkunden auf den Inhaber lauten (§ 795 BGB).

3. Der Name des Vereins

58 Der Name des eingetragenen Vereins kann vom Vereinszweck entlehnt oder nach einer anderen, dem Verein wesentlich erscheinenden Beziehung (z. B. Ortsname; Firmenname bei betrieblichen Unterstützungseinrichtungen; Gründungsjahr) gebildet werden; es kann aber auch ein **Phantasiename** gewählt werden. Bei aller Freiheit der Namensbildung muß die gewählte Zusammenstellung von Wörtern, bloßen Buchstaben oder Zahlen aber als ein **Name** verstanden werden können (Namensfunktion der Bezeichnung des Vereins).[1] Der Name muß nicht der deutschen Sprache entnommen sein; der Zusatz ,,eingetragener Verein" (Abkürzung: e. V.) muß jedoch in jedem Fall deutsch sein.[2] Das BGB bestimmt nur, daß der Name des eingetragenen Vereins sich von den Namen der an demselben Ort oder in derselben Gemeinde bestehenden **eingetragenen** Vereine deutlich unterscheiden soll (§ 57 Abs. 2 BGB). Unter Gemeinde wird hier die politische Gemeinde, die auch mehrere Orte umfassen kann, verstanden. Ohne Bedeutung ist es, ob der Zweck der kollidierenden Vereine gleich oder verschieden ist. Es kann vorkommen, daß zwei Vereine gleichzeitig oder kurz hintereinander die Eintragung eines gleichen oder verwechselbaren Namens in das Vereinsregister beantragen. Dann entscheidet darüber, welcher Verein mit seinem Namen ,,ausweichen" muß, nicht der Zeitpunkt der Anmeldung sondern der der Eintragung. Eine andere Priorität besteht für das Eintragungsverfahren nicht. Der Rechtspfleger des Registergerichts soll zwar regelmäßig die Anmeldungen nach der zeitlichen Reihenfolge bearbeiten,[3] aber eine Verschiebung kann schon dadurch eintreten, daß für die beiden Anmeldungen verschiedene Rechtspfleger nach der Geschäftsverteilung zuständig sind. Außerdem kann es sein, daß sich bei dem zuerst angemeldeten Verein ein Eintragungshindernis herausstellt, während die Anmeldung des späteren Vereins vollzugsreif ist. In diesen Fällen wird dann dem früher angemeldeten Verein durch § 57 Abs. 2 BGB der Weg in das Vereinsregister dadurch versperrt, daß der später angemeldete inzwischen eingetragen wurde. Der auf diese Weise ,,überholte" Verein hat nun zwei Möglichkeiten: er kann seinen Namen so ändern, daß keine Verwechslungsgefahr mehr besteht. Er kann aber auch, wenn er der ältere Verein ist, auf sein besseres Namensrecht pochen und den schon eingetragenen Verein zwingen, seinerseits eine Namensänderung vorzunehmen. Im letzteren Fall wird der Verein, da die Durchsetzung seines Namensrechts mittels Unterlassungsklage regelmäßig längere Zeit dauert, in Kauf nehmen müssen, daß seine Eintragung in das Vereinsregister vom Registergericht zunächst abgelehnt wird.

---

[1] BayObLGZ 1971, 329/332 = NJW 1972, 957 = Rpfleger 1972, 14; siehe auch LG Aachen MittRhNotK 1979, 13 (Buchstabenkombination)
[2] KGJ 8, 23 (für die Firma einer Genossenschaft); KG JW 1930, 3777 (für Verein)
[3] vgl. KG OLGE 43, 281

Da es sich bei der Vorschrift des § 57 Abs. 2 BGB um eine **im öffentlichen Interesse** geschaffene Bestimmung handelt, darf ein Verein mit einem verwechslungsfähigen Namen auch dann nicht eingetragen werden, wenn der andere Verein, gegenüber dem die Verwechslungsgefahr besteht, mit der Eintragung einverstanden ist.

„Deutlich" ist die Unterscheidung dann, wenn sie auch ohne gesteigerte Aufmerksamkeit wahrgenommen zu werden pflegt.[4] Wenn ein Verein in das Vereinsregister eingetragen wurde, so ist damit keineswegs entschieden, daß er zu dieser Namensführung **befugt** ist. Denn zum einen erstreckt sich die Prüfung des Registergerichts nur auf den Bereich desselben Orts bzw. derselben Gemeinde, so daß außerhalb dieses Bereichs eine Vereinigung mit einem besseren Namensrecht bestehen kann; zum anderen kann der Rechtspfleger die deutliche Unterscheidbarkeit des Vereinsnamens von anderen Vereinsnamen zu Unrecht bejaht haben. Der Verein erlangt also nicht schon deshalb einen Namensschutz, weil er ohne Beanstandung durch das Registergericht eingetragen wurde.[5] Er muß vielmehr mit der Möglichkeit rechnen, daß er dem Namensrecht eines anderen, älteren Vereins oder dem eines eingetragenen kaufmännischen Unternehmens weichen und seinen Namen ändern muß.[6]

Eine deutliche Unterscheidbarkeit des Vereinsnamens von den an demselben Ort oder in derselben Gemeinde bestehenden, in das Handels- oder Genossenschaftsregister eingetragenen **Firmen** verlangt § 57 Abs. 2 BGB nicht.

Ein Verein kann nicht gleichzeitig mehrere Namen führen.[7] Er darf aber ein Handelsgeschäft, das er mit dem Recht der Firmenfortführung erworben hat, unter der bisherigen Firma mit oder ohne Nachfolgezusatz weiterbetreiben.[8]

Nach Eintragung des Vereins in das Vereinsregister bedarf es zur **Änderung des Vereinsnamens** in jedem Fall einer Satzungsänderung.[8a]

59 Der Vereinsname darf nicht **geeignet** sein, über die Art, den Zweck, die Größe, das Alter oder die sonstigen Verhältnisse des Vereins **Täuschungen** hervorzurufen. Dabei braucht durchaus keine Täuschungsabsicht vorzuliegen. Es ist dies zwar im BGB nicht ausdrücklich bestimmt, aber die Rechtsprechung wendet auf den Vereinsnamen die Vorschrift des § 18 Abs. 2 HGB über die Firmenwahrheit entsprechend an, weil keine Eintragung in ein öffentliches Register einer Täuschung der Öffentlichkeit Vorschub leisten darf.[9] Für die Beurteilung, ob die Möglichkeit einer Täuschung der Öffentlichkeit besteht, ist allein der Eindruck maßgebend, den der Name des Vereins unter Anlegung objektiver Maßstäbe bei der Allgemeinheit – nicht

---

[4] Staudinger § 57 BGB Rdnr. 4
[5] vgl. RG Warn, 1927 Nr. 9
[6] vgl. BGH WM 1976, 122
[7] vgl. RGZ 85, 397/399 (zur Firma einer GmbH)
[8] § 22 HGB; KG JW 1932, 62 mit abl. Anm. von Bondi
[8a] BayObLGZ 1982 Nr. 43
[9] KG JFG 3, 259; KG DNotV 1927, 125 („Reichshauptstelle"); BayObLGZ 1959, 287 („Privilegierte Schützengesellschaft"); 1971, 329 = NJW 1972, 957; 1972, 340 = NJW 1973, 249; 1974, 299 = Rpfleger 1975, 18 mit Anm. von Kirberger; BayObLG Rpfleger 1975, 400; OLG Celle Rpfleger 1974, 222; OLG Frankfurt BB 1974, 577

nur im Rechtsverkehr[9a] – erweckt oder erwecken kann. Es kommen aber nur Vorstellungen in Betracht, die sich im Rahmen durchschnittlicher Überlegungen halten; sie dürfen also nicht ganz weithergeholt sein. Auch die sprachwissenschaftliche Bestimmung eines bei der Bildung des Vereinsnamens verwendeten Begriffs ist allein nicht maßgebend; vielmehr kommt es – auch bei neuartigen Wortschöpfungen – auf die allgemeine Verkehrsauffassung an.[10]

Ob in diesem Sinn eine Täuschungsgefahr vorliegt, können die mit dem Registereintragungsverfahren befaßten Rechtspflegeorgane grundsätzlich selbst beurteilen, ohne hierfür weitere Ermittlungen anstellen zu müssen.[10a]

Mit der Bezeichnung **„Stiftung“** verbindet sich meist die Vorstellung eines gemeinnützigen oder wohltätigen Vereinszwecks. Zumindest kann es aber sein, daß an eine behördliche Kontrolle der Organisation gedacht wird, wie sie bei allen echten Stiftungen besteht (Stiftungsaufsicht).[11] Ein Verein, der einen gemeinnützigen Zweck allein mit Hilfe von laufenden Mitgliedsbeiträgen und in Erwartung von Spenden verfolgt, darf sich in seinem Namen nicht als „Stiftung“ bezeichnen.[12]

Die Bezeichnung **„Kammer“** erweckt den Eindruck einer öffentlich-rechtlichen Organisation und ist daher einem privatrechtlichen Verein versagt, sofern nicht durch einen entsprechenden Zusatz die Sachlage eindeutig klargestellt ist.[13]

Über die Zulässigkeit der Bezeichnung **„Gemeinde“** entscheidet im Hinblick auf ihre vielfältige Verwendung im Sprachgebrauch,[13a] mit welchen Zusätzen oder Wortverbindungen dieser Begriff bei der Bildung des Vereinsnamens verwendet wird.

Die Verwendung der Bezeichnung **„Akademie“** in einem Vereinsnamen ist nur in Ausnahmefällen zulässig. Unter einer Akademie verstand man ursprünglich eine Vereinigung von Wissenschaftlern. Später wurde diese Bezeichnung zunehmend für Lehranstalten aller Art gebraucht. Wenn sich auch die Zahl der Einrichtungen, die sich als „Akademie“ bezeichnen, stark vergrößert hat, so kann als gemeinsames Kennzeichen doch immerhin gelten, daß sie einer auf einem gewissen Niveau stehenden wissenschaftlichen oder künstlerischen Aus- bzw. Fortbildung dienen. Diese Vorstellung verbindet auch die Öffentlichkeit mit der Bezeichnung „Akademie“.[14] Wenn nun ein privater Verein, der weder eine Vereinigung von Wissenschaftlern darstellt, noch eine Unterrichtseinrichtung in dem oben bezeichneten Sinne

---

[9a] BayObLGZ 1971, 329 = NJW 1972, 957 (Jahreszahl im Namen eines Schützenvereins); Staudinger § 57 Rdnr. 6

[10] LG Lüneburg BB 1979, 135 („Baugruppe“)

[10a] vgl. BGHZ 53, 339/341; OLG Frankfurt OLGZ 1974, 331/333; BayObLGZ 1982 Nr. 43

[11] a. A. OLG Stuttgart NJW 1964, 1231

[12] BayObLG NJW 1973, 249 = Rpfleger 1973, 20; vgl. Strickrodt, Der rechtsfähige Verein stiftungsartiger Struktur, NJW 1964, 2085

[13] KG JW 1925, 2013; BayObLG 13. 7. 1950 2W 664/50; OLG Frankfurt BB 1974, 577 („Wirtschaftskammer“) = Rpfleger 1974, 261 und 309 (Anm, von Kirberger); allgemein zum Begriff „Kammer“: Meltendorf JR 1955, 91; Bremer JR 1955, 332

[13a] dazu eingehend BayObLGZ 1982 Nr. 43

[14] dazu: OLG Bremen NJW 1972, 164

betreibt, die Bezeichnung „Akademie" führt, so besteht die Gefahr einer Irreführung der Öffentlichkeit.

Ist im Vereinsnamen dem Wort **„Institut"** eine Tätigkeitsangabe hinzugefügt, die normalerweise Gegenstand wissenschaftlicher Forschung und Behandlung ist, dann neigt das Publikum zu der Annahme, daß es sich um eine öffentliche oder unter öffentlicher Aufsicht stehende wissenschaftliche Einrichtung mit entsprechend geschultem Personal handelt.[15] Für die Zulässigkeit einer solchen Namensbildung kommt es daher sowohl auf den in der Satzung des Vereins bestimmten Zweck des Vereins als auch auf seine tatsächlich aufgenommene oder beabsichtigte Tätigkeit an. Eine kritische Prüfung ist vor allem angebracht, wenn der Verein seinen Sitz in einer Universitätsstadt hat.

Mit der Bezeichnung eines Vereins als **„Verband"** verbindet der durchschnittliche Teil des Publikums nicht ohne weiteres die Vorstellung, daß es sich um eine öffentlich-rechtliche oder öffentlich kontrollierte Einrichtung handelt.[16] Dagegen erweckt diese Bezeichnung den Eindruck, daß der Verein entweder eine größere Anzahl von Mitgliedern hat, oder daß sich in ihm mehrere Vereine zusammengeschlossen haben (Vereinsverband)[17]. Auf die Zahl der Vereinsmitglieder ist jedoch nicht entscheidend abzustellen, wenn der Verein nach seiner Aufgabenstellung und seinen sonstigen „Startbedingungen", insbesondere nach der Person der Gründer, als befähigt erscheint, in seinem Interessenbereich in absehbarer Zeit eine wesentliche, überregionale Bedeutung zu erlangen. Ein erst nach 1945 gegründeter Verein darf sich nicht als „Reichsverband" bezeichnen, weil dadurch der Eindruck entsteht, es handle sich um eine Organisation aus der Zeit vor 1945.[18] Im Namen eines **Lohnsteuerhilfevereins** darf die Bezeichnung „Steuerberatungsgemeinschaft" nicht verwendet werden.[18a] Der Vereinsname ist auch dann zur Täuschung geeignet, wenn sich mit ihm die Vorstellung verbinden kann, daß der betreffende Verein den Zusammenschluß aller Gruppen einer bestimmten Gesellschaftsschicht darstellt.[19] Durch die Beifügung eines **geographischen Zusatzes** (z. B. „Deutsche Gesellschaft ...") kann hinsichtlich des Gebiets, auf das sich die Vereinstätigkeit erstreckt, oder hinsichtlich der Größe oder der Bedeutung des Vereins ein falsches Bild entstehen.[20] Das gleiche gilt für Wortverbindungen mit **„Euro-"**.[21] Von einem Verein, der sich als **„Partei"** bezeichnet,[22] wird man verlangen müssen, daß seine

---

[15] BayObLG BB 1968, 313 („Verkehrs-Institut"); OLG Düsseldorf WRP 1976, 317 u. 1977, 796; OLG Frankfurt Rpfleger 1981, 359 = MDR 1981, 938 (GmbH-Firma)

[16] LG Mainz BB 1956, 939

[17] BayObLGZ 1974, 299 = Rpfleger 1975, 18 mit Anm. von Kirberger; zur Verwechselbarkeit von Verbandsnamen siehe OLG Frankfurt WRP 1980, 564

[18] LG Berlin JR 1956, 24

[18a] BGH Betrieb 1981, 1919

[19] BayObLG 25. 8. 1959 2Z 105/59 („Verband der freien Berufe"); OLG Hamm Rpfleger 1978, 132 (Aktionsgemeinschaft der deutschen Rechtsanwälte")

[20] LG München I MittBayNot 1971, 75 („Bayerische Gesellschaft ..."); LG Hagen Rpfleger 1971, 428 („Internationaler Wassersport-Club"); OLG Celle Rpfleger 1974, 222 („hanseatischer ..."); OLG Hamm MDR 1982, 673 (Firmenzusatz „Hanseat")

[21] vgl. OLG Hamm NJW 1970, 2171; BGH NJW 1972, 255 (zum Firmenbestandteil „Euro") ; BGH WRP 1978, 209

[22] Zum Begriff der politischen Partei vgl. BVerfG DÖV 1969, 60

Satzung den Vorschriften des Gesetzes über die politischen Parteien (Parteiengesetz) vom 24. 7. 1967 (BGBl. I S. 773) entspricht, andernfalls der Vereinsname zu beanstanden ist. In diesem Fall liegt es regelmäßig im öffentlichen Interesse, gegen den schon eingetragenen Verein das Löschungsverfahren nach §§ 159, 142 FGG einzuleiten.

Daß ein Verein mit einem unsittlichen oder sonst ärgerniserregenden Namen nicht in das Vereinsregister eingetragen werden darf, ist selbstverständlich.

60 Bei der Namensbildung muß der Verein darauf achten, daß er nicht das **Namensrecht einer anderen Person** verletzt (§ 12 BGB). Eine unbefugte Namensführung liegt auch vor, wenn im Vereinsnamen der Name einer verstorbenen Person der Zeitgeschichte erscheint; denn damit wird in das Namensrecht der Witwe oder anderer Familienangehörigen, die diesen Namen tragen, eingegriffen.[23] Der Registerrechtspfleger ist allerdings nicht verpflichtet, bei der Eintragung eines Vereins auf den Schutz des etwaigen Namensrechts dritter Personen Rücksicht zu nehmen; diese können aber ihre Ansprüche wegen Verletzung ihrer Namensrechte gegen den Verein geltend machen.[24]

Der Schutz des Vereinsnamens

61 Der Name des eingetragenen Vereins steht unter dem Schutz des § 12 BGB.[25] Der Verein kann also von jedermann, insbesondere von einem anderen Verein, sei er nun rechtsfähig oder nicht, verlangen, daß er die Führung des gleichen Namens unterläßt. Dafür ist jedoch außer dem zeitlichen Vorrang erforderlich, daß durch eine unbefugte Führung seines Namens das **berechtigte Interesse** des Vereins verletzt wird. Als ein solches Interessse ist auch ein rein persönliches, ideelles, sogar ein Affektionsinteresse anzusehen.[26] Der Namensschutz ist in aller Regel nicht auf den Gemeindebezirk beschränkt, in dem der Verein seinen Sitz hat.[27] In manchen Fällen, z. B. bei großer Entfernung und jeweils eng begrenzter Vereinstätigkeit, mag es allerdings an einem berechtigten Interesse des Vereins fehlen, einem gleichnamigen Verein die Führung seines Namens zu verbieten.

Bei schuldhafter Verletzung seines Namensrechts kann der Verein Schadensersatz fordern, wenn ihm durch den unbefugten Gebrauch seines Namens ein Schaden entstanden ist (§ 823 BGB).[28] Der Verein kann sich auch dagegen zur Wehr setzen, daß ein für ihn **charakteristischer Teil seines Namens** von einer anderen Person verwendet wird, z. B. zur Bezeichnung einer Gaststätte.[29] Denn für den Schutz eines Namensbestandteils gegenüber einer jüngeren, mit diesem Bestandteil übereinstimmenden Bezeichnung reicht es im Rahmen des Schutzes des vollständigen Namens des älteren

---

[23] BGH NJW 1953, 577

[24] BGH NJW 1953, 577; RGZ 104, 343

[25] RGZ 74, 114; 78, 101; BGH LM § 16 UWG Nr. 6; zum Namensschutz polit. Parteien im Wahlkampf vgl. OLG Karlsruhe NJW 1972, 1810; dazu Schlüter JuS 1975, 558; ferner BGH NJW 1981, 914

[26] BGH NJW 1953, 577; RGZ 74, 310f.

[27] OLG Hamburg HRR 1929 Nr. 557

[28] Zur Schadensberechnung vgl. BGH NJW 1973, 622

[29] BGH NJW 1970, 1270 („Weserklause")

Namensträgers aus, wenn dieser Bestandteil seiner Art nach im Vergleich zu den übrigen, farblosen Namensteilen geeignet erscheint, sich im Verkehr als schlagwortartiger Hinweis auf den älteren Namensträger durchzusetzen.[29] Das Namensrecht eines eingetragenen Vereins ist auch dann verletzt, wenn der Vereinsname anderweitig ohne den Zusatz „e. V." verwendet wird, z. B. als Titel einer Zeitschrift.[30] Der Schutz des Vereinsnamens ist nicht nur auf den Fall beschränkt, daß der Name zur Bezeichnung einer anderen **Person** gebraucht wird; er erfaßt vielmehr auch jeden **sonstigen Gebrauch,** sofern dadurch der Anschein erweckt wird, es bestünden Beziehungen zwischen dem Verein und dem mit dem Vereinsnamen bezeichneten Gegenstand.[31] Der Namensschutz greift auch ein, wenn der Name mit so geringfügigen Abweichungen gebraucht wird, daß im gewöhnlichen Verkehr ein Unterschied nicht wahrgenommen wird. Ob bei einer besonders darauf gerichteten sachkundigen Prüfung ein Unterschied wahrnehmbar ist, spielt keine Rolle.[32]

Für die Frage der Verwechselbarkeit von Namen jener Vereine, welche zur Erfüllung ihrer satzungsmäßigen Zwecke einen gewissen Geschäftsbetrieb unterhalten und damit am allgemeinen Verkehr teilnehmen, kommt es nicht allein darauf an, ob die ungekürzten Namensbezeichnungen sich deutlich unterscheiden, sondern auch darauf, ob dies für die im Verkehr **abgekürzten** Bezeichnungen zutrifft. Dies hat das Reichsgericht in zahlreichen Entscheidungen für diejenigen Fälle anerkannt, in denen als Abkürzung des Namens im Verkehr ein schlagwortartiger Bestandteil des Namens verwendet wird, sei dies ein frei erfundenes, bisher unbekannt gewesenes Phantasiewort[33] oder ein aus der Umgangssprache des täglichen Lebens entnommener Ausspruch[34] oder eine geographische Bezeichnung. Als ausschlaggebend wurde dabei angesehen, daß **der** Bestandteil des Namens nachgeahmt wurde, der im Verkehr für den Träger des Namens kennzeichnend war. Auch die Verwendung einer schlagwortartigen Abkürzung des Vereinsnamens als Gattungsbegriff in wissenschaftlichen Schriften kann eine Verletzung des Namensrechts im Sinne des § 12 BGB darstellen.[35]

62 Im Bereich **des geschäftlichen Verkehrs** kann der Verein sich zum Schutz seines Namens auch auf den § 16 UWG berufen.[36] Diese Vorschrift stellt in besonderer Weise die Verwechslungsgefahr in den Vordergrund; sie kann auch gegeben sein, wenn der Verletzende nicht den gleichen Namen gebraucht wie der Verein. Stellt sich aber der Name des Vereins nur als eine Zusammenstellung von Wörtern allgemeiner Bedeutung ohne besondere Unterscheidungskraft dar,[37] so kann der Verein einer anderen Vereinigung die Verwendung derartiger Wörter zur Namensbildung nicht verbieten, so-

[29] BGH NJW 1970, 1270 („Weserklause")
[30] RG JW 1927, 1584
[31] wie Fn. 29 und 30 und Adler JW 1927, 1585
[32] RGZ 74, 116; Warn. 1927 Nr. 9; 1930 Nr. 48
[33] RGZ 109, 213
[34] RGZ 115, 401; 117, 215
[35] KG in Verbandsrecht und Verbandspraxis 30, 231
[36] BGH BB 1953, 369
[37] z. B. Verband der steuerberatenden Berufe

fern keine besonderen Vereinbarungen bestehen. Nur wenn der Vereinsname im Verkehr **Unterscheidungskraft** gewonnen hat und weitere Kreise in dem Namen des jüngeren Vereins einen Hinweis auf den älteren Verein erblicken, kann dieser gegen den anderen Verein Ansprüche aus § 12 BGB und § 16 UWG erheben.[36] Dazu ist aber nachzuweisen, daß der Name des älteren Vereins durch dessen ständige Verwendung nach allgemeiner Verkehrsauffassung für ihn gleichsam **zum Begriff** geworden ist, wenn auch nur im örtlichen Bereich seines Sitzes.[36]

63 Umgekehrt steht aber auch dem **nicht rechtsfähigen** Verein gegenüber dem rechtsfähigen Verein ein Anspruch auf Schutz seines Namens zu. Auch der nicht rechtsfähige Verein, der ja ebenfalls ein vereinsmäßiges Gebilde mit korporativer Verfassung darstellt, hat das Recht, den Anspruch auf Schutz seines Namens im Wege des zivilgerichtlichen Streitverfahrens geltend zu machen.[38]

64 Der namensrechtliche Beseitigungs- und Unterlassungsanspruch kann jedoch nicht auf § 57 Abs. 2 BGB gestützt werden. Es kann daher kein Recht zur Führung des streitigen Namens daraus hergeleitet werden, daß das Registergericht den Namen als deutlich unterscheidbar vom Namen eines bereits eingetragenen Vereins angesehen und ihn in das Vereinsregister eingetragen hat. Die Vorschrift des § 57 Abs. 2 BGB ist (wie die entsprechende Vorschrift im § 30 HGB) im wesentlichen öffentlich-rechtlicher Natur. Die Entschließung des Gerichts der freiwilligen Gerichtsbarkeit über ihre Anwendung bindet den Prozeßrichter nicht bei seiner Entscheidung darüber, ob der Verein durch den Gebrauch des in das Vereinsregister eingetragenen Namens das Namensrecht einer anderen Person verletzt.[39]

4. Der Sitz des Vereins

65 Wie der Verein zur Formung seiner Persönlichkeit einen Namen braucht, so braucht er auch für sein Erscheinen im Rechtsverkehr einen Standort innerhalb der Gesellschaft. Diese rechtliche Beziehung zu einem bestimmten Ort, an dem der Verein „sich befindet“, bezeichnet das Gesetz als „Sitz“ des Vereins. Er entspricht dem Wohnsitz der natürlichen Person (§ 7 BGB). Nach § 24 BGB gilt als Sitz des Vereins, wenn nicht ein anderes bestimmt ist, der Ort, an dem die Verwaltung des Vereins geführt wird. Regelmäßig besteht für die Gründer eines Vereins keine Veranlassung, einen anderen Ort zum Sitz des Vereins zu bestimmen, als den, an dem die Verwaltung geführt wird. Das Gesetz läßt ihnen aber bei der Wahl des Vereinssitzes völlig freie Hand. Sie können also in der Satzung als Vereinssitz einen beliebigen Ort im Inland bezeichnen, selbst wenn dort keinerlei Vereinstätigkeit ausgeübt oder beabsichtigt ist.[1] Für eine solche Wahl des Vereinssitzes lassen sich alle möglichen Beweggründe denken, z. B. die Erwägung, daß es nach dem Zweck,

---

[38] RGZ 78, 101
[39] RG HRR 1928 Nr. 1556
[1] RG JW 1918, 305; BayObLGZ 30, 102; a. A. Staudinger § 24 Rdnr. 3: rein fiktiver Sitz ist rechtsmißbräuchlich

den der Verein verfolgt, sachdienlich sein kann, den Vereinssitz an demselben Ort zu haben, an dem bestimmte Behörden ihren Sitz haben. Als „Ort“ des Vereinssitzes muß nach neuerer zutreffender Auffassung nicht in jedem Fall die betreffende politische Gemeinde bestimmt werden;[2] vielmehr ist es zulässig, als den Ort des Sitzes nicht die politische Gemeinde oder die kleinste örtliche Einheit der allgemeinen Verwaltung, sondern eine begrenzte Fläche zu bestimmen, die sich als eine Ortschaft (Wohnplatz; evtl. auch Ortsteil) mit eigenem Namen darstellt und deren geographische Lage sowie Zuordnung zu den für den Rechtsverkehr maßgebenden Gerichts- und Verwaltungsbezirken aus allgemein zugänglichen Schriftwerken, Verzeichnissen (z. B. Müllers Großes Deutsches Ortsbuch), Karten oder dergleichen für jedermann feststellbar ist.[3] Ein Bedürfnis für eine solche Sitzbestimmung innerhalb eines Gemeindebezirks ist vor allem durch die **Gebietsreformen** der Länder zutage getreten; es kann sich aber auch bei Vereinen mit bestimmter Zielsetzung (z. B. zur Pflege der Geschichte, der Tradition und der Heimatverbundenheit) ergeben. Danach kann – unter den angegebenen Voraussetzungen – als Vereinssitz ein durch die Gebietsreform gebildeter Gemeindeteil (die vordem selbständige Gemeinde) bestimmt werden.[4] Ferner kann der Vereinssitz mit dem früheren Namen einer Gemeinde bezeichnet werden, die mit anderen Gemeinden zu einer neuen Gemeinde mit neuem Namen zusammengeschlossen worden ist, wenn die frühere Gemeinde vollständig in die neue Gemeinde aufgenommen worden ist und ihre Lage und rechtliche Zuordnung, wie oben dargelegt, von jedermann festgestellt werden kann.[5]

Der Sitz des Vereins **muß** in der Satzung bezeichnet werden (§ 57 Abs. 1 BGB). Besteht die Vereinsverwaltung an einem anderen Ort, so braucht dieser sogenannte Verwaltungssitz in der Satzung nicht angegeben zu werden. Fallen der Sitz des Vereins und sein Verwaltungssitz örtlich auseinander, so ist für die Rechtsbeziehungen des Vereins zu Dritten nur der Sitz maßgebend;[6] daher bezeichnet man ihn zur Unterscheidung vom Verwaltungssitz herkömmlich als Rechtssitz. Der Verwaltungssitz hat nur Bedeutung für das interne Vereinsleben.[7] Nach dem Rechtssitz bestimmt sich u. a. die Staatszugehörigkeit des Vereins, sein allgemeiner Gerichtsstand (§ 17 Abs. 1 ZPO), die Frage, welches Amtsgericht ihn in das Vereinsregister einträgt, und schließlich die Notwendigkeit, einen von den Namen der an demselben Ort oder in derselben Gemeinde bestehenden eingetragenen Vereine deutlich unterscheidbaren Namen zu führen (§ 57 Abs. 2 BGB). Neben dem allgemeinen Gerichtsstand, der sich nach dem Sitz des Vereins be-

---

[2] BayObLG Rpfleger 1976, 179 mit ausführlicher Erörterung der auf RGZ 59, 106/109 gestützten Gegenmeinung; ebenso OLG Hamm Rpfleger 1977, 275 (Rechtsgutachten für das BVerfG); vgl. auch Glaser MittBayNot 1976, 17

[3] OLG Hamm aaO

[4] BayObLG aaO (die Einschränkung im Leitsatz „jedenfalls dann ...“ beruht offenbar darauf, daß im entschiedenen Fall die Gemeinde, zu der der Gemeindeteil gehört, in der Satzung bezeichnet war)

[5] OLG Hamm aaO

[6] RG JW 1918, 305

[7] BayObLGZ 30, 102/104

stimmt, kann die Satzung noch einen weiteren Gerichtsstand bestimmen (§ 17 Abs. 3 ZPO).

Die Begründung eines **Doppelsitzes,** also zweier Rechtssitze, wird in der Rechtsprechung überwiegend nicht für zulässig gehalten.[8] Allerdings läßt es die Rechtsprechung zu, daß eine Aktiengesellschaft oder eine GmbH außer ihrem Erstsitz in Berlin oder in der DDR einen Zweitsitz an einem Ort in der Bundesrepublik errichtet.[9] Für diese Rechtsprechung sind aber vornehmlich wirtschaftliche und wirtschaftspolitische Erwägungen maßgebend, die nicht ohne weiteres auf den nichtwirtschaftlichen Verein zutreffen. Sie beruhen auf einem mit der Teilung Deutschlands entstandenen unabweisbaren Bedürfnis. Gleichwohl lassen sich auch bei Idealvereinen Fälle denken, in denen die Verhältnisse so gelagert sind, daß ausnahmsweise neben dem Erstsitz in der DDR oder in Ost-Berlin die Errichtung eines zweiten Sitzes in der Bundesrepublik zu rechtfertigen ist. Dagegen besteht kein Bedürfnis, den Grundsatz, daß ein Verein nur **einen** Sitz haben kann, gänzlich aufzugeben und etwa einen Doppelsitz an zwei Orten in der Bundesrepublik (z. B. Frankfurt und Hamburg) zuzulassen.

66 Umstritten ist auch die Frage, ob es zulässig ist, daß in der Satzung als Sitz des Vereins der **jeweilige Wohnort des 1. Vorsitzenden** (oder einer anderen Person) bezeichnet wird, ohne diesen Wohnort zu benennen. Dies wird vereinzelt bejaht.[10] Wir halten jedoch eine solche Satzungsbestimmung für unvereinbar mit der zwingenden Vorschrift des § 57 Abs. 1 BGB, wonach die Satzung den Sitz des Vereins enthalten muß. Das kann nicht anders verstanden werden, als daß ein **bestimmter** Ort genannt sein muß.[11] Es genügt also nicht, daß der Ort, an dem der Verein seinen Sitz hat, sich erst an Hand von Umständen, die außerhalb der Satzung liegen, bestimmen läßt. Aus § 24 BGB läßt sich die Zulässigkeit eines solchen nur bestimmbaren Sitzes nicht herleiten. Nach dieser Vorschrift gilt zwar der Ort der Vereinsverwaltung als Sitz des Vereins, wenn die Satzung nichts anderes bestimmt. Damit ist aber nicht gesagt, daß die Satzung, wenn sie von der Möglichkeit, einen anderen Ort zum Vereinssitz zu bestimmen, keinen Gebrauch macht, den Sitz nicht **bezeichnen** müßte. Abgesehen davon würde ein solcher variabler Vereinssitz zu einer unerträglichen Rechtsunsicherheit führen. Was geschieht beispielsweise, wenn der erste Vorsitzende, an dessen Wohnort der Vereinssitz geknüpft ist, sein Amt niederlegt und ein Nachfolger nicht sogleich gewählt wird? Welche Rechtsfolge tritt ein, wenn dieselbe Person ihren Wohnort in das Ausland verlegt? Welches Amtsgericht ist zuständig, wenn der Verein keine Vorstandsmitglieder mehr hat und ein Notvorstand nach § 29 BGB bestellt werden soll? Es ist daher daran festzuhalten, daß sich der Sitz des Vereins **unmittelbar** aus der Satzung und ebenso unmittelbar aus dem Vereinsregister ergeben muß. Deshalb sind auch andere unbestimmte

---

[8] KG OLG 44, 117; BayObLGZ 1915, 147; KG MDR 1950, 740; OLG Hamburg MDR 1972, 417

[9] BayObLGZ 1962, 107 = NJW 1962, 1014 = Rpfleger 1962, 378 (für AG); KG BB 1973, 1001; AG Heidelberg BB 1949, 24; LG Köln MDR 1950, 47; vgl. auch Klug AcP 151, 66; ferner Balser Betrieb 1972, 2049 (auch zur registergerichtlichen Behandlung)

[10] LG Breslau Breslau AK 25,41 = JDR 24 Nr. 2 zu § 57 BGB

[11] zustimmend nun R-D-K Rdnr. 166

Bezeichnungen des Vereinssitzes wie etwa „der Sitz des Vereins befindet sich am Ort der Geschäftsführung des Vereins" unzulässig. Dagegen wird man gegen eine Satzungsbestimmung nichts einwenden können, die z. B. einen bestimmten Ort als Vereinssitz bezeichnet, aber außerdem vorschreibt, daß der Sitz des Vereins sich am Wohnort des ersten Vorsitzenden befinden **soll.** Dann ist mit der bestimmten Bezeichnung des Sitzes dem § 57 Abs. 1 BGB genügt, und die weitere Satzungsbestimmung bedeutet nur, daß die Mitgliederversammlung gegebenenfalls die Verlegung des Sitzes beschließen soll.

67 Die **Verlegung des Vereinssitzes**[12] kann, da der Sitz in der Satzung festgelegt ist, nur durch eine **Satzungsänderung** vorgenommen werden, die erst wirksam wird, wenn der satzungsändernde Beschluß in das Vereinsregister eingetragen wird (§ 71 Abs. 1 BGB). Die Sitzverlegung eines Vereins ist also kein tatsächlicher Vorgang, sondern ein Rechtsakt. Wechselt der Verein nur das Vereinslokal, so stellt das keine Sitzverlegung dar; dem Amtsgericht ist lediglich die neue Anschrift des Vereins mitzuteilen. Wegen der Einzelheiten einer Satzungsänderung wird auf Rdnrn. 133ff. verwiesen.

68 Über das **registertechnische Verfahren** der Sitzverlegung besteht in der Gerichtspraxis keine Einigkeit. Nach der einen Meinung[13] wird die Änderung des Sitzes im Vereinsregister des bisherigen Sitzes eingetragen; damit ist die Sitzverlegung an den neuen Ort wirksam geworden. Das bisher zuständige Amtsgericht gibt sodann die Registerakten an das für den neuen Sitz zuständige Amtsgericht ab, das den Verein in sein Register einträgt. Dieses Verfahren führt dann zu Schwierigkeiten, wenn im Register des neuen Sitzes bereits Vereine eingetragen sind, von denen sich der hinzukommende Verein in seinem Namen nicht deutlich unterscheidet.

Demgegenüber wird von anderen Gerichten[14] für die technische Durchführung der Sitzverlegung das Verfahren entsprechend angewendet, das in § 13c HGB und in § 45 AktG für die Behandlung der Sitzverlegung von Handelsgesellschaften vorgeschrieben ist. Bei diesem Verfahren wird die Anmeldung der Sitzverlegung vom bisherigen Registergericht an das Registergericht des neuen Sitzes abgegeben und **dort** die Sitzverlegung (zusammen mit dem bisherigen Registerinhalt) eingetragen. Daß dieser Weg rechtlich einwandfrei ist und erhebliche praktische Vorteile bietet, hat Schmatz[15] überzeugend dargelegt. Abgesehen von diesen Vorteilen würde es der Vereinfachung dienen, wenn auf diese Weise ein einheitliches Verfahren bei der Sitzverlegung in Handels-, Genossenschafts- und Vereinsregistersachen zustande käme.

---

[12] Zur Sitzverlegung aus Gebieten, in denen keine deutsche Gerichtsbarkeit mehr ausgeübt wird, und aus der DDR vgl. Soergel 9. Aufl. § 24 RdNr. 7 und Karl AcP 159, 293. Zur Sitzverlegung einer sudetendeutschen Genossenschaft vgl. BGH Rpfleger 1970, 331.

[13] OLG Düsseldorf MDR 1956, 607; OLG Hamm NJW 1963, 254; OLG Hamburg HansJVBl 1970, 63

[14] OLG Schleswig SchlHAnz 1955, 165; 1965, 106; OLG Köln JMBlNRW 1963, 201 und Rpfleger 1976, 243; KG WM 1966, 330/331; OLG Bremen Rpfleger 1981, 67 unter Aufgabe seiner bisherigen Rechtsprechung (NJW 1957, 714)

[15] Rpfleger 1963, 109; vgl. auch Jansen § 159 Rdnr. 9; Keidel/Kuntze/Winkler § 159 Rdnr. 20 und Keidel/Schmatz/Stöber Rdnr. 1111; zustimmend ferner Palandt § 24 Anm. 1c; Staudinger § 55 Rdnr. 2; MünchKomm. § 24 Rdnr. 4

Wenn der Verein seinen Verwaltungssitz ins **Ausland** verlegt, so verliert er seine Rechtsfähigkeit nach deutschem Recht; er tritt in Liquidation. Ob er sie in dem ausländischen Staat behält oder neu erwirbt, bestimmt sich grundsätzlich nach dessen Recht.[15a]

5. Satzungsbestimmung über die Eintragung des Vereins in das Vereinsregister

69 Da ein Verein mit seiner Eintragung in das Vereinsregister Rechtsfähigkeit erlangt und zu einer selbständigen Rechtsperson wird, verlangt das Gesetz in § 57 Abs. 1 BGB, daß sich aus der Satzung der Wille der Vereinsgründer ergibt, einen **rechtsfähigen** Verein zu gründen. Ergibt sich aus der Satzung nicht, daß der Verein in das Vereinsregister eingetragen werden soll, ist er als ein nicht rechtsfähiger Verein – ohne das Zwischenstadium eines Vorvereins – errichtet. Es genügt nicht, daß lediglich die Vorstandsmitglieder, indem sie den Verein zur Eintragung anmelden, zum Ausdruck bringen, daß der Verein rechtsfähig werden soll. Denn auf ihren Willen kommt es nicht an; vielmehr muß hierfür eine Grundlage in der Satzung vorhanden sein. Ein bestimmter Wortlaut der Satzung ist nicht vorgeschrieben. Sie kann den Wortlaut des § 57 Abs. 1 BGB übernehmen und sagen, ,,daß der Verein in das Vereinsregister eingetragen werden soll". Gebräuchlich und zulässig sind aber auch folgende Formulierungen: ,,Der Verein erlangt Rechtsfähigkeit durch Eintragung im Vereinsregister" oder: ,,Der Verein ist rechtsfähig gemäß § 21 BGB", womit zwar an sich die Eintragung bereits als geschehen bezeichnet wird, aber doch das Verlangen nach Eintragung genügend deutlich zum Ausdruck kommt. Zu empfehlen ist folgende Fassung: ,,Der Verein soll in das Vereinsregister eingetragen werden. Nach der Eintragung führt er zu seinem Namen den Zusatz e. V." Ob die Eintragungsabsicht allein dadurch genügend deutlich wird, daß in der Satzung der Vereinsname mit dem Zusatz e. V. erscheint, ist bestritten. Die Praxis der Registergerichte ist hier unterschiedlich. Man wird dies genügen lassen können, wenn nicht besondere Umstände, etwa ein großer zeitlicher Abstand zwischen der Errichtung der Satzung und der Anmeldung des Vereins, Zweifel aufkommen lassen.

Fehlt in der Satzung eine Bestimmung, daß der Verein eingetragen werden soll, völlig, ergibt sich dies aber aus anderen Unterlagen, z. B. aus dem Protokoll über die Gründungsversammlung, eindeutig, so wird man die Vorstandsmitglieder als stillschweigend von den Gründern bevollmächtigt ansehen können, die Satzung entsprechend zu ergänzen.[1] Hierzu sollte ihnen im Wege der Zwischenverfügung Gelegenheit gegeben werden.

Kommt es nach der Eintragung des Vereins zu einer Neufassung der Satzung, kann die Bestimmung, daß der Verein in das Vereinsregister eingetragen werden soll, als überholt weggelassen werden.[2] Es genügt dann, daß

[15a] so Staudinger § 24 Rdnr. 9 unter Bezugnahme auf RGZ 88, 53 und BGHZ 25, 134

[1] zu dieser Frage vgl. Spitzenberg Rpfleger 1971, 242

[2] a. A. Stöber Rdnr. 48

in der neugefaßten Satzung der Vereinsname mit dem inzwischen erworbenen Zusatz ,,e. V.“ angegeben wird.

Wurde der Verein zunächst als nichtrechtsfähiger Verein gegründet, ergibt sich aber später das Bedürfnis nach Erlangung der Rechtsfähigkeit, etwa wegen Erwerbs eines Grundstücks, muß im Wege der **Satzungsänderung** eine Bestimmung in die Satzung aufgenommen werden, daß der Verein nunmehr in das Vereinsregister eingetragen werden soll.

6. Eintritt von Mitgliedern

70 Das Gesetz enthält keine Bestimmung, wie sich der Eintritt eines Mitglieds in einen Verein vollzieht. Es verlangt aber, daß die Satzung hierüber eine bestimmte Vorschrift enthält (§ 58 Nr. 1 BGB).[1] Fehlt sie, muß die Anmeldung des Vereins vom Amtsgericht (Rechtspfleger) zurückgewiesen werden (§ 60 BGB). Vor der Zurückweisung der Anmeldung ist aber regelmäßig eine Zwischenverfügung angebracht, mit der den Vorstandsmitgliedern des Vereins Gelegenheit gegeben wird, eine entsprechende Ergänzung der Satzung zu veranlassen.

Aus der Satzung soll sich zunächst ergeben, ob jede beliebige Person dem Verein beitreten kann, oder ob nur ein bestimmter Personenkreis die Mitgliedschaft erwerben kann. So kann z. B. bestimmt werden, daß nur natürliche Personen zugelassen werden; das bedeutet dann, daß juristische Personen oder sonstige Personenvereinigungen als solche nicht Mitglied werden können. Umgekehrt kann es nach dem Zweck, den der Verein verfolgt, angebracht sein, nur juristische Personen (z. B. rechtsfähige Vereine, Gemeinden) in den Verein aufzunehmen. Ferner kann bestimmt werden, daß der Bewerber bestimmte Eigenschaften haben oder sonstige Voraussetzungen erfüllen muß (Geschlecht, Alter, Beruf, Wohnsitz, Staatsangehörigkeit u. ä.). Die Satzung kann auch nur eine begrenzte Zahl von Mitgliedern vorsehen, so daß dann, wenn diese Zahl erreicht ist, eine zeitweilige **Aufnahmesperre** eintritt. Es ist auch zulässig, zu bestimmen, daß die Mitglieder von der Mitgliederversammlung, vom Vorstand oder von einem sonstigen Vereinsorgan berufen werden. Eine solche ,,Berufung“ hat aber selbstverständlich nicht zur Folge, daß die betreffende Person auf diese Weise ohne ihr Einverständnis Mitglied wird; vielmehr bedeutet eine solche Bestimmung, daß jemand nur Mitglied werden kann, wenn er in der vorgesehenen Weise zum Beitritt aufgefordert wurde.

Nicht möglich ist es, in der Satzung zu bestimmen, daß jemand bereits aufgrund seiner beruflichen Stellung oder einer bestimmten Funktion (z. B. als Betriebsratsvorsitzender) Mitglied des Vereins ist.[2] Die Satzung kann auch nicht bestimmen, daß die Mitgliedschaft eines weggefallenen Mitglieds auf einen außenstehenden Dritten übergeht, auch wenn dieser Funktionsnachfolger dieses Mitglieds ist. Eine solche Satzungsvorschrift kann aber

---

[1] Aus dieser Bestimmung ergibt sich, daß der eingetragene Verein nach der Satzung keinen geschlossenen Mitgliederbestand haben darf (so zutreffend Ballerstedt, Festschrift für Knur, S. 3)

[2] BayObLG Betrieb 1973, 2518 = BayObLG 1973, 303 = Rpfleger 1914, 13

dahin ausgelegt werden, daß dem Funktionsnachfolger ein Eintrittsrecht gewährt wird.[2a]

Bloße **Spendenzahlungen** an einen Verein führen auch in Verbindung mit einer Satzungsbestimmung, wonach jeder Spender automatisch förderndes Mitglied des Vereins wird, nicht zur Mitgliedschaft des Spenders.[2b]

71 Wesentlich ist, daß in der Satzung festgelegt wird, auf welche Weise sich der Beitritt vollzieht.[3] Dabei müssen sich die Gründer des Vereins bei der Errichtung der Satzung darüber schlüssig werden, ob es zum Erwerb der Mitgliedschaft genügen soll, daß jemand eine Beitrittserklärung abgibt, oder ob über den Aufnahmeantrag erst in einem besonderen **Aufnahmeverfahren** entschieden werden soll. Regelmäßig empfiehlt es sich, die Satzung so zu gestalten, daß dem Verein die Freiheit der Entscheidung bleibt, ob er eine bestimmte Person als Mitglied aufnehmen will oder nicht. Läßt es nämlich die Satzung genügen, daß jemand schon dadurch Mitglied wird, daß er eine Beitrittserklärung abgibt, kann der Verein sozusagen über Nacht sich in der Hand von Leuten befinden, denen es nur darum geht, das Vereinsleben in ihrem Sinne umzugestalten. Der Gefahr einer solchen **Unterwanderung des Vereins** kann durch ein Aufnahmeverfahren begegnet werden.[4] So kann die Satzung bestimmen, daß über den Aufnahmeantrag ein bestimmtes Vereinsorgan entscheidet. Die Entscheidung kann dem Vorstand, einem besonderen Aufnahmeausschuß oder der Mitgliederversammlung übertragen werden. Wenn das Organ, das über die Aufnahme eines Mitglieds entscheiden soll, in der Satzung nicht bezeichnet ist, hat die Mitgliederversammlung über den Aufnahmeantrag zu beschließen. Die Satzung kann geheime Beschlußfassung (mit Stimmzetteln oder durch Kugelung) oder offene Abstimmung (z. B. durch Zuruf oder Handzeichen) vorschreiben. Fehlt eine Bestimmung über die Abstimmungsart, wird über den Aufnahmeantrag in der gleichen Weise entschieden, in der das betreffende Vereinsorgan sonst seine Beschlüsse faßt. Die Satzung kann aber auch den Aufnahmeakt so regeln, daß der Name des Bewerbers allen Mitgliedern in bestimmter Weise (schriftlich, Anschlag am Schwarzen Brett) bekanntzugeben ist und die Aufnahme als vollzogen gilt, wenn nicht innerhalb einer bestimmten Frist ein Mitglied oder eine bestimmte Anzahl von Mitgliedern gegen die Aufnahme des Bewerbers Einspruch erhebt. Wenn die Entscheidung über die Aufnahme nicht dem obersten Organ des Vereins, der Mitgliederversammlung, überlassen ist, kann in der Satzung bestimmt werden, daß gegen die Ablehnung des Aufnahmegesuchs die Berufung an ein anderes Organ des Vereins (z. B die Mitgliederversammlung) zulässig ist, das dann endgültig über die Aufnahme entscheidet. Wenn das Gesuch um Aufnahme nicht an das nach der Satzung für die Aufnahme zuständige Vorstandsmitglied gelangt, sondern an ein anderes Vorstandsmitglied, gilt der Aufnahmeantrag doch als ordnungsgemäß gestellt.[5]

72 Nicht selten findet man in Vereinssatzungen die Bestimmung, daß ein

---

[2a] BGH MDR 1981, 27 = NJW 1980, 2708 (LS)
[2b] BayObLG BayVBl. 1982, 474
[3] BayObLG NJW 1972, 1323; vgl. LG Münster MDR 1974, 309
[4] Weimar MDR 1974, 310
[5] § 28 Abs. 2 BGB

Bewerber um die Mitgliedschaft einen oder mehrere **Bürgen,** zumeist aus dem Kreis der Mitglieder, zu benennen hat. Eine solche Satzungsvorschrift ist unbedenklich zulässig. Sie enthält lediglich eine weitere Voraussetzung für den Erwerb der Mitgliedschaft. Damit ist aber in aller Regel nicht die Übernahme einer Bürgschaft i. S. des BGB (§§ 765ff.) gemeint, sondern nur die Angabe von Gewährsleuten dafür, daß der Bewerber einen einwandfreien Leumund besitzt und sich auch im übrigen für den Verein als Mitglied eignet. Wenn der Bewerber wirkliche Bürgen beibringen soll, also Personen, die dem Verein gegenüber für die Verbindlichkeiten des neuen Mitglieds haften (z. B. für die Mitgliedsbeiträge), müßte dies in der Satzung unmißverständlich zum Ausdruck kommen. In diesem Fall bedürfte es einer schriftlichen Bürgschaftserklärung des Bürgen gegenüber dem Verein (§ 766 BGB).

73 Eine bestimmte **Form** für die Beitrittserklärung ist im Gesetz nicht vorgeschrieben. Sie kann daher auch mündlich abgegeben werden. Die Satzung kann aber schriftliche Erklärung verlangen. Die Vereinssatzung verstößt jedoch nicht schon deshalb gegen § 58 Nr. 1 BGB, weil sie keine ausdrückliche Bestimmung über die Form der Beitrittserklärung bzw. des Aufnahmeantrags enthält.[6] Die Schriftform sollte stets vorgeschrieben werden, weil sonst später Streit über das Bestehen der Mitgliedschaft oder über den Zeitpunkt des Beitritts entstehen kann. Die Beitrittserklärung kann auch von einem Bevollmächtigten abgegeben werden, der entweder mit dem Namen des Vollmachtgebers oder mit seinem eigenen Namen unterzeichnet. Im letzteren Fall muß der Bevollmächtigte bei der Unterzeichnung der Beitrittserklärung zum Ausdruck bringen, daß er nur als Verteter handelt.[7] Ein Ehegatte kann nicht allein kraft seiner Schlüsselgewalt (§ 1357 BGB) den Beitritt des anderen Ehegatten zu einem Verein erklären.[8]

74 Der Beitritt zu einem Verein kann auch unter einer **Bedingung** erklärt werden.[9] So kann der Bewerber z. B. seinen Beitritt davon abhängig machen, daß ihm bestimmte Sonderrechte, etwa ein erhöhtes Stimmrecht oder ein Vorzug bei der Benützung der Vereinseinrichtungen, eingeräumt werden.

Aber auch seitens des Vereins kann die Wirksamkeit des Beitritts von der Erfüllung bestimmter Voraussetzungen, z. B. von der Zahlung einer „Aufnahmegebühr", eines „Eintrittsgeldes" oder des nächsten Mitgliedsbeitrags abhängig gemacht werden. Hierfür bedarf es aber einer entsprechenden Grundlage in der Satzung.[9a]

Ein Versprechen, einem zu errichtenden Verein beizutreten, ist nur dann klagbar, wenn es schriftlich abgegeben wird, und wenn zur Zeit der Abgabe des Versprechens die wesentlichen Grundlagen der Satzung bereits feststehen.[10]

---

[6] BayObLGZ 1972, 114 = NJW 1972, 1323 = Rpfleger 1972, 222; dazu kritisch Stöber Rdnr. 55

[7] OLG Rostock OLG 32, 123

[8] AG Münster MDR 1970, 142

[9] RG JW 1938, 3229

[9a] a. A. OLG Bamberg BB 1982, 272, wonach ein Eintrittsgeld auch ohne entsprechende Satzungsbestimmung verlangt werden darf. Diese Auffassung ist jedoch mit § 58 Nr. 1 BGB nicht zu vereinbaren.

[10] RGZ 30,94

75 Die Aufnahme in den Verein kann sowohl von dem Mitglied als auch vom Verein wegen Irrtums, arglistiger Täuschung oder Drohung **angefochten** werden. Umstritten ist aber, welche Rechtsfolgen sich daraus für die Mitgliedschaft der betreffenden Person ergeben. Nach der einen Meinung führt eine wirksame Anfechtung entsprechend dem allgemeinen Grundsatz (§ 142 BGB) dazu, daß die Aufnahme in den Verein als von Anfang an nichtig anzusehen ist.[11] Nach anderer Rechtsauffassung fällt die Mitgliedschaft erst von dem Zeitpunkt an weg, in dem die Anfechtungsgründe geltend gemacht werden.[12] Eine obergerichtliche Entscheidung dieser Streitfrage ist bisher nicht bekannt geworden. Mit Rücksicht vor allem auf die möglichen Auswirkungen auf die in der Zwischenzeit gefaßten Vereinsbeschlüsse, an denen das Mitglied mitgewirkt hat, verdient die oben genannte zweite Rechtsauffassung den Vorzug.

Nach der Auflösung des Vereins ist ein Beitritt nicht mehr möglich.[13]

Das Recht auf Aufnahme in den Verein[14]

76 Es gilt der Grundsatz, daß niemand ein Recht auf Aufnahme in einen Verein hat.[15] Deshalb besteht auch grundsätzlich für den Verein keine Aufnahmepflicht. Der Bewerber um die Mitgliedschaft hat auch dann kein Recht, in den Verein aufgenommen zu werden, wenn er alle in der Satzung festgelegten Voraussetzungen für den Erwerb der Mitgliedschaft erfüllt.[16]

Ein Anspruch auf Aufnahme kann sich jedoch aus der Satzung ergeben, wenn darin festgelegt ist, daß jemand schon dann als Mitglied betrachtet wird, sobald er eine Beitrittserklärung abgegeben hat.[17] Ist aber in der Satzung ein Aufnahmeverfahren vorgesehen, dann bedeutet das, daß sich der Verein die Entscheidung über den Aufnahmeantrag in jedem Fall vorbehalten und keinen Anspruch auf Aufnahme begründen will.

Ein Recht auf Aufnahme ist in der Rechtsprechung in dem Fall anerkannt worden, daß die Satzung die Bestimmung enthält, daß die Mitgliedschaft auf eine andere Person, z. B. den Geschäftsnachfolger, übergeht.[18]

77 Ein Rechtsanspruch auf Aufnahme kann vor allem bei denjenigen Vereinen gegeben sein, die eine **Monopolstellung** besitzen. Dazu gehören insbesondere die Wirtschaftsverbände und die Berufsvereinigungen. Diese können eine solche Bedeutung haben, daß derjenige, der die Mitgliedschaft nicht

---

[11] So z. B. BGB-RGRK § 38 Rdnr. 7; differenzierend Soergel § 25 Rdnr. 19 und § 38 Rdnrn. 10, 17

[12] So z. B. Palandt § 38 Anm. 1 b in Anlehnung an die handelsrechtliche Rechtsprechung (vgl. BGHZ 63, 338/344); Walter NJW 1975, 1033 mit beachtlicher Begründung.

[13] RGZ 50, 130

[14] dazu grundsätzlich Galperin Betrieb 1969, 704 und Birk JZ 1972, 343 m. zahlr. Nachweisen; ferner Nicklisch, Der verbandsrechtliche Aufnahmezwang und die Inhaltskontrolle satzungsmäßiger Aufnahmevoraussetzungen, JZ 1976, 105

[15] vgl. BGH MDR 1960, 109

[16] vgl. RGZ 60, 103; OLG Köln OLGZ 1966, 133 (Genossenschaft)

[17] RGZ 106, 120/126

[18] RG Recht 1929 Nr. 1822; siehe auch BGH MDR 1981, 27 (Eintrittsrecht des Funktionsnachfolgers)

besitzt, in seinem wirtschaftlichen Fortkommen erheblich behindert ist.[19] Nach § 27 Abs. 1 GWB (Kartellgesetz) kann die Kartellbehörde auf Antrag eines Unternehmens dessen Aufnahme in eine Wirtschafts- oder Berufsvereinigung anordnen, wenn die Ablehnung der Aufnahme eine sachlich nicht gerechtfertigte ungleiche Behandlung darstellt und zu einer unbilligen Benachteiligung des Unternehmens im Wettbewerb führt.[20] Diese Regelung schließt aber nicht aus, daß das Unternehmen gegen einen Wirtschaftsverband den Anspruch auf Aufnahme **unmittelbar** gerichtlich geltend macht.[21] Es ist nicht notwendig, daß die Kartellbehörde vorher die Aufnahme des betroffenen Unternehmens in den Wirtschaftsverband anordnet. Der Anspruch auf Aufnahme in einen Wirtschaftsverband ist, wenn die in § 27 GWB bestimmten Voraussetzungen vorliegen, schon als sogenannter quasinegatorischer Unterlassungs- und Beseitigungsanspruch begründet. Ein Verschulden auf seiten des Wirtschaftsverbandes braucht nicht vorzuliegen.[21]

Ein von einem Berufs- oder Wirtschaftsverband geäußerter bloßer **Verdacht,** die Aufnahme eines Unternehmens als Mitglied könne die sachgerechte Erfüllung der einen oder anderen Verbandsaufgabe gefährden, ist kein hinreichend sachlich gerechtfertigter Grund, die Bewerbung des Unternehmens abzulehnen. Zurückweisungsgrund kann nur eine **begründete Befürchtung** sein, die sich auf bestimmte Tatsachen stützt und die auch ein objektiver Beurteiler für angebracht halten würde. Unter diesen Gesichtspunkten kann z. B. ein Verband von Buch-, Zeitungs- und Zeitschriftengrossisten die Bewerbung eines – formell selbständigen – Großhandelsunternehmens dieser Branche zurückweisen, wenn ein Großverlag auf dieses Unternehmen einen beherrschenden Einfluß auszuüben vermag.[22]

Aber auch Vereine, die nicht den berufsständischen Interessen ihrer Mitglieder dienen, können eine so überragende Bedeutung haben, daß sie in ihrem Bereich eine Monopolstellung einnehmen. Dazu rechnen z. B. die großen Sportverbände. Wenn ein solcher Verband ohne sachlichen Grund in einer gegen die guten Sitten verstoßenden Weise den Aufnahmeantrag eines Vereins ablehnt, kann dieser ein Recht auf Aufnahme, gestützt auf die §§ 826, 249 BGB, geltend machen.[21] Erfüllt aber der Bewerber die satzungsmäßigen Voraussetzungen nicht, dann ist in der Regel die Ablehnung des Aufnahmeantrags nicht rechtswidrig. Auch einem Verein mit Monopolstel-

---

[19] BGHZ 21, 1; 29, 344/347; BGH NJW 1969, 316; KG NJW 1962, 1917; zum Anspruch eines Redakteurs einer sozialistischen Zeitung auf Aufnahme in einen Verein, in dem sich die Journalisten der wesentlichen Presseorgane eines Landes zusammengeschlossen haben („Landespressekonferenz e V."), vgl. OLG Stuttgart NJW 1972, 877; dazu Anm. von Kübler JZ 1972, 492. Zum Anspruch auf Aufnahme in einen örtlichen Mieterverein vgl. LG Münster MDR 1974, 309 mit Anm. von Weimar. Zur Aufnahmepflicht eines das gesamte Hundewesen vertretenden Zuchtverbandes mit in der Satzung verankertem „Ein-Platz-Prinzip" siehe BGH WuW 1980, 827. Einen Aufnahmeanspruch gegenüber einem örtlichen Anwaltverein (vorwiegend Geselligkeitsverein) verneint BGH NJW 1980, 186 mit Anm. von Redeker

[20] dazu: Fuchs, Satzungsautonomie und Aufnahmezwang nach dem GWB, NJW 1965, 1509

[21] BGHZ 29, 344 = NJW 1959, 880

[22] BGH Betrieb 1970, 293

lung kann nicht zum Vorwurf gemacht werden, daß er auf der Einhaltung der satzungsmäßigen Aufnahmebedingungen besteht, sofern sich der Bewerber, gegebenenfalls durch Änderung seiner eigenen Satzung, diesen Bedingungen anpassen könnte, ohne unverhältnismäßige Nachteile auf sich nehmen zu müssen.[23] Der Bewerber kann sich aber in der Regel nicht darauf berufen, daß der Monopolverband in einem anderen Fall auf der Erfüllung seiner satzungsmäßigen Aufnahmebedingungen nicht bestanden habe.[24]

Umgekehrt muß aber auch dem Monopolverband, soweit möglich und zumutbar, angesonnen werden, den mit der Aufnahmebeschränkung verfolgten, an sich gerechtfertigten Zweck, durch eine andere, „mildere" Ausgestaltung seiner Satzung zu erreichen und durch eine entsprechende Satzungsänderung dem Bewerber den Zugang zu den Verbandsvorteilen zu eröffnen. Wenn der Monopolverband eine solche ihm zumutbare Satzungsänderung nicht innerhalb angemessener Frist vornimmt, wäre eine Klage des Bewerbers auf Aufnahme begründet.[24]

78 Für die Klage auf Aufnahme ist der **Rechtsweg** zu den ordentlichen Gerichten, nicht zu den Verwaltungsgerichten, gegeben. Dies gilt auch dann, wenn es sich um die Aufnahme in eine politische Partei handelt.[25] Die Klage ist jedoch erst dann zulässig, wenn der Bewerber den Instanzenweg innerhalb des Vereins erschöpft hat.[26] Er muß sich also vor Klageerhebung vergewissern, ob gegen die Ablehnung seines Aufnahmeantrags ein vereinsinternes Rechtsmittel, z. B. die Berufung an die Mitgliederversammlung, gegeben ist.[27]

Doppelmitgliedschaft

79 Gehört der Verein einem Verband als Mitglied an, so erhebt sich die Frage, ob durch den Beitritt zum Verein zugleich ein Mitgliedschaftsverhältnis zum Verband entsteht. Es ist allgemein anerkannt, daß der Erwerb der Mitgliedschaft in einem Verein nicht von selbst zur Mitgliedschaft in dem Verband führt, dessen Mitglied der Verein ist.[28] Eine solche Doppelmitgliedschaft entsteht nur, wenn zum einen in der **Vereinssatzung** bestimmt ist, daß jedes Vereinsmitglied zugleich Mitglied des Verbandes ist, und wenn zum anderen die **Verbandssatzung** vorsieht, daß die Mitglieder eines Mitgliedsvereins ohne weiteres Einzelmitglieder des Verbandes sind.[29] Es kann also weder der Verein noch der Verband allein darüber entscheiden, ob die Vereinsmitglieder auch die Verbandsmitgliedschaft erwerben.[30] Fehlen in der Vereinssatzung und in der Verbandssatzung solche wechselbezüglichen Bestimmungen, kann das Vereinsmitglied die Einzelmitgliedschaft beim Verband nur

---

[23] BGH NJW 1969, 316; dazu Pappermann RdJB 1969, 240

[24] BGHZ 63, 282 = WPM 1975, 269 = Betrieb 1975, 592; dazu Nicklisch JZ 1976, 105

[25] VGH Mannheim NJW 1977, 72

[26] RGZ 106, 120/127

[27] einschränkend Birk JZ 1972, 343 Fußn. 12

[28] vgl. z. B. Schopp Rpfleger 1959, 335/337

[29] Fischer Anm. zu BGH LM Nr. 2 zu § 25 BGB; BGHZ 28, 131/134 = NJW 1958, 1867 und 1959, 379 m. Anm. von Bauernfeind

[30] Ernst S. 79

erlangen, wenn die Verbandssatzung eine Einzelmitgliedschaft überhaupt vorsieht und wenn außerdem das Vereinsmitglied einen eigenen Aufnahmevertrag mit dem Verband schließt.

Die rechtlichen Folgen des Beitritts

80 Mit der Aufnahme in den Verein ist das neue Mitglied an die Verfassung des Vereins, so wie sie im Zeitpunkt des Beitritts besteht, gebunden. Das Mitglied[31] unterwirft sich insbesondere der Satzung und den etwa bestehenden Nebenordnungen. Dafür ist es ohne Bedeutung, ob ihm diese bekannt sind oder nicht. Etwa vorhandene Sonderrechte anderer Mitglieder hat es zu respektieren. Alle früher von Vereinsorganen gefaßten Beschlüsse sind ohne weiteres für das neue Mitglied verbindlich.

7. Der Austritt aus dem Verein

81 Die Freiheit,[1] die Mitgliedschaft durch Austritt zu beenden, ist für das Vereinsrecht von besonderer Bedeutung. Sie wird durch § 39 BGB unabdingbar gewährleistet und kann auch durch die Satzung nur geringfügig durch begrenzte Kündigungsfristen eingeschränkt werden. Sinn dieser Vorschrift ist es, einen Ausgleich dafür zu schaffen, daß für Beschlüsse des Vereins das Mehrheitsprinzip gilt und auf diese Weise den Mitgliedern Pflichten auferlegt werden können, die eine Minderheit nicht billigt. Mitglieder, die mit den durch die Mehrheit bestimmten Entschließungen des Vereins nicht einverstanden sind, sollen das nicht unbegrenzt hinnehmen müssen, sondern ein Mittel an der Hand haben, sich in nicht zu ferner Zeit der Vereinsmacht zu entziehen und für die Zukunft Pflichten abzuschütteln, die sie nicht tragen können oder wollen.[2]

Das Gesetz begnügt sich mit der grundsätzlichen Bestimmung, daß die Mitglieder zum Austritt aus dem Verein berechtigt sind (§ 39 Abs. 1 BGB). Wie sich im einzelnen der Austritt vollzieht, soll aber in der Satzung bestimmt sein (§ 58 Nr. 1 BGB). Die Eintragung eines Vereins, in dessen Satzung eine Bestimmung über den Austritt der Mitglieder fehlt, muß vom Registerrechtspfleger abgelehnt werden (§ 60 BGB). Bei der Regelung des Austritts aus dem Verein ist der Satzung in engen Grenzen freie Hand gelassen. Sie darf anordnen, daß der Austritt nur am Schluß eines Geschäftsjahres oder erst nach dem Ablauf einer Kündigungsfrist zulässig ist. Jedoch verbietet das Gesetz eine längere Kündigungsfrist als zwei Jahre (§ 39 Abs. 2 BGB). Es ist zulässig, daß sowohl die Einhaltung einer Kündigungsfrist vorgeschrieben, als auch bestimmt wird, daß der Austritt nur zum Schluß eines Geschäftsjahres möglich ist. Bei einer solchen Kombination der Austrittsvoraussetzungen ist aber streng darauf zu achten, daß dadurch das Mitglied nicht länger als zwei Jahre, vom Zeitpunkt der Abgabe der Austrittser-

---

[31] Zur Verbindlichkeit der Satzung für Nichtmitglieder vgl. OLG Frankfurt NJW 1973, 2208 m. Anm. v. Westermann

[1] Zur sog. negativen Vereinigungsfreiheit als Ausfluß des Grundrechts nach Art. 9 Abs. 1 GG vgl. KG OLGZ 1969, 77/79

[2] BGHZ 48, 210

klärung an gerechnet, am Verein festgehalten wird. Nicht zu beanstanden ist daher eine Satzungsvorschrift, daß der Austritt unter Einhaltung einer einjährigen Kündigungsfrist nur zum Schluß des Kalenderjahres erfolgt.[3] Auch gegen eine Satzungsbestimmung, daß von dem Austrittsrecht erst nach einer gewissen Zeit nach dem Beitritt Gebrauch gemacht werden darf, bestehen keine Bedenken, sofern nicht auf diese Weise eine Mitgliedschaft von mehr als zwei Jahren aufgezwungen wird.[4] In einer Vereinigung zur Wahrung der Arbeits- und Wirtschaftsbedingungen darf aber die für das Austrittsrecht des Mitglieds geltende Kündigungsfrist wegen des durch Art. 9 Abs. 3 GG geschützten Rechts auf Wechsel der Koalition nur kurz bemessen werden.[4a] Enthält die Satzung eine längere Kündigungsfrist, als sie nach dem Gesetz zulässig ist, so verkürzt sie sich kraft Gesetzes auf eine Kündigungsfrist von zwei Jahren. Eine übermäßige Kündigungsfrist ist also nur für den überschießenden Teil ungültig und bewirkt keine Nichtigkeit der Kündigungsbeschränkung im ganzen.[5]

82 Zu unterscheiden ist zwischen der Austritts**erklärung** und dem Austritt. Die Austrittserklärung wird als einseitige empfangsbedürftige Willenserklärung wirksam mit ihrem Zugang an ein Vorstandsmitglied oder an das in der Satzung für zuständig erklärte sonstige Vereinsorgan (§ 130 BGB, § 28 Abs. 2 BGB). Ist in der Satzung die Einhaltung einer Kündigungsfrist vorgesehen, so vollzieht sich der rechtzeitig erklärte Austritt mit dem Ablauf der Kündigungsfrist oder in dem in der Satzung bestimmten Zeitpunkt (z. B. Schluß des Kalenderjahres). Ist weder eine Kündigungsfrist noch ein Austrittstermin bestimmt, so wird der Austritt mit dem Zugang der Austrittserklärung sofort vollzogen. Wenn nach der Satzung der Austritt nur zu einem bestimmten Termin (z. B. zum Ende des Kalenderjahres) zulässig ist, aber die Einhaltung einer besonderen Kündigungsfrist nicht vorgeschrieben ist, dann kann das Mitglied seinen Austritt noch am Terminstag (z. B. am 31. Dezember) erklären.[6] In diesem Fall muß aber die Austrittserklärung, damit der Austritt termingerecht wirksam wird, noch am selben Tag dem Verein zugehen. Es kann vorkommen, daß die in der Satzung bestimmte Kündigungsfrist durch einen satzungsändernden Beschluß der Mitgliederversammlung auf die gesetzliche Höchstdauer verlängert wird. In diesem Fall hat die Verlängerung der Kündigungsfrist keine Bedeutung für diejenigen Mitglieder, die vor der Eintragung der Satzungsänderung in das Vereinsregister (wenn auch erst nach der Beschlußfassung über die Satzungsänderung) bereits eine Austrittserklärung abgegeben haben. Sie haben nämlich durch die rechtzeitige, dem Verein zugegangene Austrittserklärung bereits das Recht erworben, zu einem bestimmten Zeitpunkt aus dem Verein ausscheiden zu können. Dieses Recht kann durch eine spätere Verlängerung der Kündigungsfrist nicht beeinträchtigt werden.[7] Anders liegt der Fall, wenn

---

[3] RGZ 90, 306/311

[4] OLG Stuttgart Recht 1910 Nr. 3882

[4a] nach BGH MDR 1978, 29 ist eine Kündigungsfrist von drei Monaten zulässig; nach BGH NJW 1981, 340 = MDR 1981, 291 = BB 1981, 238 darf die Frist jedenfalls nicht länger als sechs Monate betragen

[5] KartG JW 1937, 3226

[6] so zutreffend R-D-K Rdnr. 299

[7] KG RJA 14, 160

nach Abgabe der Austrittserklärung die bisherige Kündigungsfrist durch eine Satzungsänderung verkürzt wird. Es sind dann zwei Berechnungen anzustellen: Zunächst ist zu errechnen, wann das Mitglied ausscheiden würde, wenn man von der bisherigen Kündigungsfrist ausginge. Sodann ist der Austrittstermin zu bestimmen, der sich ergäbe, wenn das Mitglied in dem Zeitpunkt gekündigt hätte, in dem die Satzungsänderung in Kraft getreten ist (Eintragung in das Vereinsregister). Der frühere der beiden Austrittstermine ist dann der gültige.

83 Eine Austrittserklärung, die unter einer **Bedingung** abgegeben wird, ist nur dann zulässig, wenn es ausschließlich vom Willen des Vereins abhängt, die Bedingung zu erfüllen.[8] Nur in diesem Falle kann der Empfänger der Austrittserklärung, also der Verein, eindeutig feststellen, ob und wann die Austrittserklärung wirksam geworden ist.

84 Nach dem Gesetz ist für die Austrittserklärung keine bestimmte **Form** vorgeschrieben; sie kann daher auch mündlich abgegeben werden. Die Satzung kann aber vorschreiben, daß der Austritt schriftlich zu erklären ist.[9] Nicht selten findet man in Vereinssatzungen die Bestimmung, daß die Austrittserklärung mittels **eingeschriebenen Briefs** zu erfolgen hat. Wenn damit die **Wirksamkeit** des Austritts von der Einhaltung dieser speziellen Übersendungsform abhängig gemacht werden soll, handelt es sich um eine nicht mehr als unerheblich zu bezeichnende, also unzulässige Erschwerung des Austrittsrechts. Regelmäßig verfolgt aber eine solche Satzungsvorschrift nur den Zweck, den Eingang der Austrittserklärung beim Verein **nachzuweisen.**[10] Der Verein kann daher die Wirksamkeit des Austritts nicht mit der Begründung bestreiten, daß die Austrittserklärung nur mit „einfachem Brief", aber nicht „eingeschrieben" übersandt worden sei.[10] Es kommt auch vor, daß das Mitglied in einem Prozeß, den es gegen den Verein führt, seinen Austritt erklärt. In diesem Fall ist mit der Zustellung des betreffenden Schriftsatzes an den Verein die Austrittserklärung auch dann formgerecht abgegeben, wenn die Satzung für die Kündigung der Mitgliedschaft einen eingeschriebenen Brief verlangt.[11] Das gleiche gilt, wenn die Austrittserklärung statt mit Einschreiben einem Vorstandsmitglied persönlich übergeben wird.[12] Verlangt die Satzung eine schriftliche Austrittserklärung, so wird dieser Formvorschrift auch durch telegrafische Übermittlung oder durch Fernschreiben genügt.[13]

85 Die Austrittserklärung (Kündigung der Mitgliedschaft) kann mit Zustimmung des Vereins **zurückgenommen** werden, solange der Austritt noch nicht vollzogen ist[14] (z. B. weil der Zeitpunkt, zu dem nach Satzung der Austritt zulässig ist, noch nicht herangerückt ist). Ist aber der Austritt bereits

---

[8] OLG Dresden Seuff Arch. 62 Nr. 248

[9] OLG Stuttgart Recht 1911 Nr. 2498; OLG Colmar Recht 1909 Nr. 1964

[10] RGZ 77, 70; BAG NJW 1957, 358; vgl. auch BAG Betrieb 1980, 547 (Kündigung eines Arbeitsverhältnisses durch eingeschriebenen Brief)

[11] RGZ 77, 70

[12] RG JW 1914, 460

[13] so zutreffend R-D-K Rdnr. 297 unter Hinweis auf § 127 Satz 2 BGB gegen KG JW 1934, 3294

[14] auch ohne diese Einschränkung R-D-K Rdnr. 299 unter Bezugnahme auf LAG Düsseldorf BB 1975, 1305

wirksam geworden, bedarf es zur Beibehaltung der Mitgliedschaft eines neuerlichen Beitritts. Ob in der einvernehmlichen Zurücknahme der Kündigung, nachdem der Austritt wirksam geworden ist, eine Wiederaufnahme der Person in den Verein zu erblicken ist, hängt von den Umständen des Einzelfalls und von der Ausgestaltung der Satzung ab.

Unzulässige Erschwerung des Austritts

86 Das unabdingbare Recht (vgl. § 40 BGB) des Mitglieds, die Mitgliedschaft aufzukündigen, darf nicht durch irgendwelche Satzungsbestimmungen, sei es offen oder versteckt, erschwert werden, noch dürfen dem Mitglied durch die Ausübung des Austrittsrechts Nachteile entstehen.[15] Solche Bestimmungen verstoßen gegen § 39 Abs. 1 BGB und sind nichtig. Sie werden auch nicht dadurch wirksam, daß sie bei der Eintragung des Vereins nicht beanstandet werden.[16] Das gleiche gilt, wenn sie später durch eine Satzungsänderung eingeführt werden und diese unbeanstandet in das Vereinsregister eingetragen wird.

Demnach ist es z. B. unzulässig, zu verlangen, daß die Unterschrift unter die Austrittserklärung notariell beglaubigt ist, oder daß der Austritt nur in einer Mitgliederversammlung erklärt werden kann. Ferner darf die Wirksamkeit des Austritts nicht davon abhängig gemacht werden, daß rückständige Beiträge oder sonstige Schulden (z. B. Vereinsgeldstrafen) bezahlt sind. Auch ein Austrittsgeld darf nicht verlangt werden. Unzulässig ist es auch, zu bestimmen, daß der Austritt vom Vorstand oder einem anderen Vereinsorgan genehmigt sein muß,[17] oder daß er nur aus wichtigem Grund erklärt werden darf. Eine unzulässige Erschwerung des Austritts bedeutet es, wenn die Satzung eine Austrittserklärung nur gelten lassen will, die eine Begründung enthält. Nichtig ist die Bestimmung, daß ein Mitglied in dem Zeitraum zwischen der Abgabe der Austrittserklärung und seinem Ausscheiden (z. B. am Schluß des Kalenderjahres) zwar noch bestimmte Mitgliedspflichten, aber keine Mitgliedsrechte mehr haben soll.[18] Das gleiche gilt für eine Satzungsvorschrift, nach der ein freiwilliges Ausscheiden aus dem Verein nicht mehr möglich sein soll, sobald gegen ein Mitglied das Ausschlußverfahren oder ein sonstiges Disziplinarverfahren eingeleitet ist.[19] Unzulässig ist die Androhung von Maßregeln für den Fall des Austritts, z. B. einer Vereinsstrafe oder von Wettbewerbsbeschränkungen.[20] Der Austritt eines korporativen Mitglieds (z. B. eines eingetragenen Vereins) darf nicht davon abhängig gemacht werden, daß außer der Austrittserklärung der gesetzlichen Vertreter (z. B. des Vorstandes) auch noch der Beschluß der Mitgliederversammlung, der den Austritt billigt, vorgelegt wird.[21] Davon zu unterscheiden ist jedoch der Fall, daß in der Satzung des kündigenden Mitglieds die Vertretungsmacht seines gesetzlichen Vertreters dahin beschränkt ist, daß er zur Kündi-

---

[15] RGZ 108, 160
[16] OLG Stuttgart Recht 1911 Nr. 2498
[17] KG LZ 1930, 994
[18] RG LZ 1927, 1531
[19] RGZ 108, 160; 143, 3
[20] RGZ 71, 391; JW 1914, 1084
[21] KG JW 1928, 240; LZ 1930, 994

gung der Mitgliedschaft der Zustimmung der Mitgliederversammlung bedarf (siehe dazu für den Verein § 26 Absatz 2 Satz 2 BGB).[21a] Eine mittelbare, aber ebenfalls unzulässige Erschwerung des Austritts bedeutet es, wenn für den Wiedereintritt besonders harte Bedingungen gestellt werden.[22]

Manche Vereine (z. B. Studentenverbindungen) schreiben in ihren Satzungen vor, daß die Mitgliedschaft **auf Lebenszeit** besteht. Auch in diesem Fall ist das Mitglied nicht daran gehindert, seinen Austritt aus dem Verein zu erklären.[23] Es ist eine Frage der Auslegung der Satzung, ob das Mitglied wenigstens so lange an den Verein gebunden sein soll, wie es nach dem Gesetz zulässig ist (zwei Jahre), oder ob überhaupt keine Kündigungsfrist einzuhalten ist. Dabei kommt der bisherigen Übung im Verein ausschlaggebende Bedeutung zu.

Der fristlose Austritt

87 Wenn die Satzung den freiwilligen Austritt eines Mitglieds nur für den Schluß eines Geschäftsjahres oder unter Einhaltung einer bestimmten Kündigungsfrist zuläßt, hat das Mitglied im allgemeinen kein Recht, durch sofortigen Austritt die Mitgliedschaft zu beenden. Der leitende Gedanke des Bürgerlichen Rechts, daß ein in die Lebensbetätigung der Beteiligten stark eingreifendes Rechtsverhältnis dann vor Ablauf der festgesetzten Zeit gelöst werden kann, wenn ein **wichtiger Grund** es erfordert, hat nur in Fällen ganz besonderer Art auch für das Vereinsrecht und für die Frage des fristlosen Austritts Gültigkeit, wenn bei Berücksichtigung der gesamten Umstände des einzelnen Falles ein Verbleib im Verein bis zum Ablauf der satzungsgemäßen Kündigungsfrist eine unerträgliche Belastung bedeuten würde, die dem Mitglied nicht zugemutet werden kann.[24] Im allgemeinen wird das Mitglied darauf zu verweisen sein, daß der Austritt in der Satzung an eine bestimmte Frist gebunden ist, und daß es sich dem durch den Beitritt zum Verein unterworfen hat. Daher ist eine **Beitragserhöhung** in der Regel kein Grund für einen fristlosen Austritt.[25] Bei Beurteilung der Frage, ob die Einhaltung der Frist zumutbar ist, müssen in erster Linie die Belange und der Zweck des Vereins, im Zusammenhang damit auch die Folgen eines sofortigen Austritts für ihn und der Grund für die Festsetzung einer Kündigungsfrist in Betracht gezogen werden. Diese Umstände werden in der Regel den Interessen des Mitglieds vorzugehen haben, gegen die sie abzuwägen sind.[26] Die Satzung kann jedoch dem Vorstand oder einem anderen Vereinsorgan das Recht einräumen, in besonderen Fällen die Kündigungsfrist abzukürzen oder auch einen sofortigen Austritt zuzulassen.

Erklärt ein Mitglied, ohne dazu berechtigt zu sein, seinen sofortigen Austritt, so enthält diese Erklärung in aller Regel das Verlangen, zu dem nach der Satzung frühestmöglichen Zeitpunkt auszuscheiden.

[21a] dazu bei Rdnr. 234
[22] R-D-K Rdnr. 298 unter Hinweis auf AG Mannheim ZgGenW 13, 258
[23] RG Recht 1912 Nr. 543
[24] RGZ 130, 375; BGHZ 9, 157, 162; vgl. auch AG Leverkusen WM 1980, 254
[25] AG Essen DWW 1961, 119
[26] RGZ 130, 375; BGHZ 9, 157, 162

Wenn eine Gruppe von Mitgliedern sich absondert und eine Vereinigung für sich bildet, die den übrigen Mitgliedern gegenüber eigene Vereinszwecke verfolgt, so ist ein solches nachhaltiges Verhalten einem Austritt gleichzustellen.[27] Die Anwendung des Grundsatzes, daß eine Vereinsmehrheit als aus dem Verein ausgeschieden gilt, wenn sie gegen den Willen einer Minderheit eine nicht wirksam beschlossene Änderung des Vereinszwecks tatsächlich durchsetzt, kommt jedoch nur dann in Betracht, wenn die Minderheit keine andere Möglichkeit hat, die Mehrheit mit rechtlichen Mitteln auf den Boden der Satzung zurückzuführen.[28]

8. Der Ausschluß aus dem Verein

Allgemeines

88 Das Gesetz verlangt nur, daß die Satzung eine Bestimmung über den **freiwilligen Austritt** der Mitglieder enthält (§ 58 Nr. 1 BGB). Dagegen ist es nicht erforderlich, daß die Satzung eine Regelung trifft, ob und unter welchen Voraussetzungen ein Mitglied aus dem Verein ausgeschlossen werden kann. Die Eintragung eines Vereins darf also nicht deshalb abgelehnt werden, weil die Satzung keine Vorschrift über den Ausschluß von Mitgliedern enthält.

Die Gründer eines Vereins sollten aber im Interesse der inneren Ordnung des Vereins und des Vereinsfriedens in jedem Fall von der Möglichkeit Gebrauch machen, in die Satzung eine Bestimmung über den Ausschluß eines Mitglieds aufzunehmen.[1] Dabei können entweder einzelne Tatbestände (auch in summarischer Beschreibung) als Ausschließungsgründe bezeichnet werden (z. B. grobe Zuwiderhandlung gegen die Vereinsinteressen, ehrloses Verhalten, Konkurs eines Mitglieds), oder es kann allgemein bestimmt werden, daß ein Mitglied „aus wichtigem Grund" oder bei Vorliegen „triftiger Gründe" ausgeschlossen werden kann. Wenn in der Satzung einzelne Ausschließungsgründe angegeben sind, bedeutet das regelmäßig nicht, daß sich der Verein damit des Rechtes begeben will, ein Mitglied bei Vorliegen eines „wichtigen Grundes" auszuschließen.[2] Denn ebenso, wie sich ein Mitglied bei Vorliegen eines wichtigen Grundes sofort vom Verein lösen kann, hat auch der Verein das ungeschriebene Recht, sich seinerseits von dem Mitglied zu lösen, wenn in dessen Person ein wichtiger Grund gegeben ist.[3] Es bedarf also eines ausdrücklichen Anhaltspunktes in der Satzung, daß die Ausschließung eines Mitglieds **nur** aus den aufgezählten Gründen zulässig sein soll. Verlangt die Satzung zur Ausschließung eines Mitglieds eine **schuldhafte** Schädigung des Vereins, so kann ein Vorstandsmitglied, das gleichzeitig Vereinsmitglied ist, wegen Verletzung seiner Vorstandspflichten nur dann ausgeschlossen werden, wenn ihm nach seinem Bildungsgrad und seinen

---

[27] RG Recht 1912 Nr. 541
[28] BGH NJW 1968, 545; BayObLGZ 1970, 120/125; siehe auch bei Rdnr. 148
[1] dazu ausführlich Zinken MittRhNotK 1976 Anlage S. 67
[2] Planck/Knoke Anm. 3 zu § 39 BGB
[3] RGZ 130, 375; 169, 334; BGHZ 9, 157; BGH NJW 1971, 880; 1972, 1893

persönlichen Fähigkeiten ein Verschulden zur Last fällt.[4] Es wird auch die Auffassung vertreten, daß die Ausschließung eines Mitglieds in das pflichtgemäße Ermessen,[5] ja sogar in das Belieben[6] eines Vereinsorgans (z. B. des Vorstands) gestellt werden dürfe. Dies kann jedoch keinesfalls für politische Parteien (vgl. § 10 Abs. 4 ParteiG) und für Vereine mit Aufnahmepflicht gelten. Aber auch für alle übrigen Vereine lassen sich solche Satzungsbestimmungen schwerlich mit dem Rechtssatz von Treu und Glauben (§§ 157, 242 BGB), der auch für das Verhältnis zwischen Verein und Mitglied gilt, vereinbaren.[6a] Der Ausschluß darf nicht auf Vorgänge gestützt werden, die den maßgebenden Vereinsorganen seit langem bekannt waren, aber bisher keinen Anlaß zum Einschreiten gegeben haben.[7]

Ein Verein darf in der Satzung den Ausschluß eines Mitglieds unabhängig von einem Verschulden für den Fall vorsehen, daß es dem Verein und seinen Mitgliedern unzumutbar ist, mit ihm die Vereinskameradschaft fortzusetzen. Der Ausschluß ist aber dann offenbar unbillig und daher unwirksam, wenn er allein darauf beruht, daß Angehörige des Mitglieds in erheblichem Umfang gegen die Vereinsordnung verstoßen haben.[8]

89 Ein **bedingter Ausschluß** ist wegen der Ungewißheit über den Eintritt der Bedingung regelmäßig nicht zulässig.[9] Die Rechtsprechung[10] läßt ihn ausnahmsweise dann zu, wenn die Sache so liegt, daß für das auszuschließende Mitglied kein Zweifel entstehen kann, ob die Bedingung eingetreten ist oder nicht (z. B. Ausschluß, wenn das Mitglied nicht innerhalb einer bestimmten Frist eine bestimmte Erklärung abgibt). Spricht ein Vereinsorgan einen bedingten Ausschluß aus, so hat dasselbe Organ darüber zu befinden, ob die Bedingung eingetreten ist. Die Entscheidung darf nicht schon im voraus einzelnen Mitgliedern des Organs übertragen werden, weil es sonst letzten Endes diese – und nicht das Organ als solches – wären, die über den Ausschluß entschieden.[11] Ausnahmsweise ist es auch für zulässig zu erachten, falls die Satzung bei Nichtbeachtung einer Vereinsstrafe den Ausschluß vorsieht, im voraus den Ausschluß für den Fall auszusprechen, daß das bestrafte Mitglied die festgesetzte Geldstrafe innerhalb einer bestimmten Frist nicht bezahlt hat.[12] Kein bedingter Ausschluß, sondern ein unbedingter liegt vor, wenn dem ausgeschlossenen Mitglied die Wiederaufnahme in den Verein nur unter einer näher bezeichneten Voraussetzung zugesichert wird.[13]

---

[4] BGH BB 1963, 407
[5] Soergel Rdnr. 29 zu § 25 BGB
[6] RGZ 73, 190; 147, 13; 151, 229
[6a] anders noch die Vorauflage
[7] RG HRR 1930 Nr. 2164
[8] BGH NJW 1972, 1892 (Taubenzüchterverband); dort auch zur Frage, ob ein Mitglied wegen vereinswidrigen Verhaltens seiner Angehörigen ausgeschlossen werden kann, wenn die Satzung hierüber nichts enthält. Dazu Anm. von Westermann JR 1973, 193
[9] RGZ 82, 248/250, 251
[10] RG HRR 1930 Nr. 199
[11] RGZ 82, 248/251
[12] RG 22. 5. 1913 – IV 695/12 –
[13] RG 24. 4. 1913 – IV 626/12 –

Der Ausschluß auf Zeit

90 Sieht die Satzung vor, daß ein Mitglied für eine bestimmte Zeit aus dem Verein ausgeschlossen werden kann, so hat eine solche Maßregel nicht das zeitweilige Erlöschen der Mitgliedschaft zur Folge, was begrifflich nicht denkbar wäre, sondern sie bedeutet, daß sämtliche Mitgliedsrechte und Mitgliedspflichten während dieser Zeit **ruhen.**[13a] Problematisch ist es aber, ob dann, wenn die Satzung zwar den Ausschluß vorsieht, hinsichtlich eines Ausschlusses auf Zeit aber keine Bestimmung trifft, ein zeitweiliger Ausschluß als mildere Maßregel verhängt werden darf. Diese Frage ist grundsätzlich zu bejahen. Voraussetzung für den zeitweiligen Ausschluß ist es in diesem Fall allerdings, daß ein Tatbestand gegeben ist, der nach der Satzung den (endgültigen) Ausschluß des Mitglieds rechtfertigte. Keinesfalls geht es an, die mildere Strafe des Ausschlusses auf Zeit nur deshalb auszusprechen, weil Zweifel bestehen, ob die Voraussetzungen für den endgültigen Ausschluß des Mitglieds bestehen.[14] Werden jedoch dem Mitglied für eine bestimmte Zeit nur gewisse Mitgliedschaftsrechte entzogen (z. B. das Recht auf Benützung der Vereinseinrichtungen), ohne es ebensolang aus den Mitgliedschaftspflichten (z. B. der Beitragszahlung) zu entlassen, so handelt es sich nicht um einen Ausschluß des Mitglieds auf Zeit, sondern um eine Disziplinarmaßnahme ganz anderer Art.[15] Diese kann also nur getroffen werden, wenn sie in der Satzung als Vereinsstrafe ausdrücklich vorgesehen ist.

Das Ausschlußverfahren

91 Der Ausschluß kann nur während der Zugehörigkeit des Mitglieds zum Verein erfolgen. Die Ausschließung einer Person, die nicht oder nicht mehr Mitglied des Vereins ist, ist sinnlos und satzungswidrig.[16] Dagegen kann der Ausschluß beschlossen werden, wenn das Mitglied zwar bereits seinen Austritt **erklärt** hat, der Austritt aber wegen einer in der Satzung vorgeschriebenen Kündigungsfrist noch nicht **vollzogen** ist.[17] Wird jedoch nach der Satzung der Ausschluß seinerseits nicht sofort mit der Beschlußfassung bzw. mit der Bekanntmachung an das Mitglied wirksam, sondern erst mit dem Ablauf einer „Rechtsmittelfrist", so kann es zu einem „Wettlauf" zwischen der Kündigungsfrist und der Rechtsmittelfrist kommen. Liegt das Ende der Kündigungsfrist zeitlich früher, so kann der Ausschließungsbeschluß nicht mehr wirksam werden und fällt als gegenstandslos in sich zusammen. Nach dem tatsächlichen Ausscheiden eines Mitglieds infolge freiwilligen Austritts ist seine Ausschließung unzulässig und unwirksam.[18] Nach dem vollzogenen

---

[13a] Zur Frage, ob die Satzung bestimmen kann, daß während des Ausschließungsverfahrens oder im Falle eines Rechtsstreits des Mitglieds mit dem Verein seine Mitgliedschaftsrechte ruhen, siehe einerseits OLG Celle BB 1973, 1140, andererseits BayObLG Rpfleger 1980, 15

[14] Ebenso OLG Frankfurt NJW 1974, 189

[15] RG JW 1929, 847; vgl. RGZ 143, 1/5

[16] RGZ 51, 66; 122, 266; BGH NJW 1958, 1867 (dort auch zur Ausschließung von Ehrenmitgliedern)

[17] vgl. RG JW 1927, 2996

[18] RGZ 51, 66; 78, 134; 108, 160; 122, 266; RG JW 1927, 2996; 1929, 245

Austritt darf das für die Ausschließung zuständige Vereinsorgan auch keinen Beschluß des Inhalts erlassen, daß die Ausschließung beschlossen worden wäre, wenn das Mitglied nicht bereits ausgetreten wäre. Das ehemalige Mitglied könnte in diesem Fall durch Gerichtsurteil die Unwirksamkeit des Beschlusses feststellen lassen.[19] Unzulässig und nichtig wäre eine Satzungsbestimmung, daß ein Mitglied als ausgeschlossen gilt, wenn es sich dem Ausschluß durch Austritt entzieht.[20] Dem Mitglied steht es jederzeit frei, während des Ausschließungsverfahrens freiwillig seinen Austritt zu erklären und damit unter Umständen seinen Ausschluß zu verhindern, falls ein so kurzfristiger Austritt nach der Satzung möglich ist. Ist das nicht möglich, kann sich ein austretendes Mitglied für die Zeit, die zwischen der Austritterklärung und dem satzungsgemäßen Wirksamwerden des Austritts liegt, gegen die Einleitung eines Ausschließungsverfahrens nicht dadurch schützen, daß es für die Restzeit seiner Mitgliedschaft auf seine Mitgliedsrechte verzichtet.[21]

92 Ein **gruppenweiser Ausschluß** von Vereinsmitgliedern (z. B. einer Oppositionsgruppe innerhalb des Vereins) ist unstatthaft; auch die Satzung könnte ihn nicht vorsehen.[22] Es kann immer nur jeweils über den Ausschluß eines einzelnen Mitglieds entschieden werden. Das folgt aus dem Begriff der Einzelmitgliedschaft als eines individuellen Rechtsverhältnisses zwischen eben diesem Mitglied und dem Verein. Ein Gruppenausschluß würde auch eine sachgemäße und korrekte Willensbildung bei der Abstimmung nicht zulassen, weil die Abstimmenden nicht zwischen den als Gruppe bezeichneten Mitgliedern variieren könnten, wenn sie sich für den Ausschluß gewisser Mitglieder, aber für den Verbleib anderer im Verein entschließen wollen. Für den Ausschluß von Mitgliedern politischer Parteien gilt die spezielle Regelung in den §§ 10, 14 des Parteiengesetzes.[22a]

93 Die Satzung kann bestimmen, daß die Mitgliedschaft durch **Streichung aus der Mitgliederliste** beendet wird.[23] Ein solches Verfahren ist rechtlich als ein vereinfachtes Ausschließungsverfahren anzusehen. Wenn es in manchen Vereinssatzungen neben einem besonders geregelten Ausschließungsverfahren eingeführt ist, so hat das darin seinen Grund, daß die Zulässigkeit der Streichung aus der Mitgliederliste zumeist an einfach gelagerte und leicht feststellbare Tatbestände geknüpft ist (z. B. Beitragsrückstände, Verlegung des Wohnsitzes, Nichtteilnahme an einer bestimmten Zahl von Vereinsveranstaltungen), während das besondere Ausschließungsverfahren für die Fälle gedacht ist, in denen die in der Satzung bezeichneten Ausschließungsgründe (z. B. Verstoß gegen die Vereinsinteressen) eine nähere Erforschung des meistens bestrittenen Sachverhalts erfordern. Die Streichung erfolgt auf Be-

---

[19] RGZ 122, 266; RG JW 1929, 245
[20] RGZ 143, 1
[21] RG Recht 1928 Nr. 1
[22] OLG Köln NJW 1968, 992 mit anschließend wiedergegebener Begründung; zustimmend BGB-RGRK § 39 Rdnr. 7 a. E.; a. A. Wolfsteiner NJW 1982, 867/868 (Buchbesprechung)
[22a] Palandt § 25 Anm. 4g
[23] RG Warn. 1912 Nr. 147

schluß des hierfür in der Satzung für zuständig erklärten Vereinsorgans (z. B. des Vorstands), andernfalls auf Beschluß der Mitgliederversammlung.

94 **Zur Rechtswirksamkeit des Ausschließungsbeschlusses** ist erforderlich, daß der Beschluß ordnungsgemäß zustande gekommen ist. Es müssen also die in der Satzung für die Ausschließung eines Mitglieds vorgesehenen Bestimmungen eingehalten sein.[24] Der Beschluß muß von dem zuständigen Vereinsorgan gefaßt sein, und zwar unter Einhaltung der für die Beschlußfassung dieses Organs bestehenden gesetzlichen oder satzungsmäßigen Vorschriften.[25] Verlangt die Satzung für den Ausschließungsbeschluß eine größere Mehrheit als für sonstige Beschlüsse des betreffenden Vereinsorgans, so muß diese vorgelegen haben. Außerdem muß das Mitglied vor der Beschlußfassung über seinen Ausschluß Gelegenheit gehabt haben, sich zu äußern.[26] Schließlich muß der Ausschließungsbeschluß den satzungsmäßigen Ausschließungsgrund in einwandfreier Weise bezeichnen. Gestattet die Satzung die Ausschließung „aus triftigen Gründen" oder „aus wichtigem Grund", so genügt es nicht, daß in dem Ausschließungsbeschluß lediglich auf den betreffenden Paragraphen der Satzung Bezug genommen ist; vielmehr muß, wenn auch in kurzen Umrissen, der Tatbestand angegeben werden, in welchem der triftige oder der wichtige Grund gefunden wurde.[27] Die Angabe muß so gehalten sein, daß der Ausgeschlossene die Vorgänge, auf die sich der Ausschluß stützt, in unzweideutiger Weise erkennen kann.[27] Schreibt die Satzung vor dem Ausschluß eines Mitglieds einen Sühneversuch vor, ist der Ausschließungsbeschluß unwirksam, wenn ein Sühneversuch nicht stattgefunden hat.[28]

95 **Zuständig** für die Ausschließung ist in erster Linie das in der Satzung hierfür bestimmte Vereinsorgan. Ist die Zuständigkeit in der Satzung nicht geregelt, hat über den Ausschluß das Organ zu befinden, das nach der Satzung über die Aufnahme von Mitgliedern zu entscheiden hat. Findet ein Aufnahmeverfahren nicht statt, entscheidet letztlich die Mitgliederversammlung über den Ausschluß. Diese kann das Ausschlußverfahren aber nicht an sich ziehen, wenn sich aus der Satzung die Zuständigkeit eines anderen Vereinsorgans (z. B. des Vorstands) ergibt.[29] Sieht jedoch die Satzung den Ausschluß eines Mitglieds überhaupt nicht vor, so ist dennoch die Mitgliederversammlung befugt, den fristlosen Ausschluß eines Mitglieds **aus wichtigem Grund** zu beschließen.[30]

Die Ausschließungsbefugnis kann durch die Satzung auch einem Dritten übertragen werden, z. B. einem bestimmten Organ des übergeordneten Verbandes.

96 Enthält die Satzung für die **Einberufung** des Organs, das für die Ausschließung zuständig ist, keine Bestimmung, so finden die satzungsmäßigen

---

[24] RG HRR 1928 Nr. 1552
[25] vgl. Schopp Rpfleger 1959, 335/339f.
[26] RG JW 1925, 49; BGHZ 27, 297/298f.; BGH NJW 1960, 1861 und h. M.
[27] BayObLG JFG 6, 230
[28] RG 10. 4. 1913 – IV 152/13 –
[29] RG Warn. 1913 Nr. 392
[30] RGZ 169, 330/333; BGHZ 9, 157/162; 27, 297/302; BGH NJW 1971, 879 und 1972, 1892; ferner Anm. von Fischer zu LM § 25 Nr. 3

Vorschriften über die Einberufung der Mitgliederversammlung entsprechende Anwendung. Nach diesen Bestimmungen beantwortet sich auch grundsätzlich die Frage, ob bei der Einberufung die Tagesordnung bekanntzugeben ist und ob eine bestimmte Einladungsfrist einzuhalten ist. Bedarf es danach der Mitteilung der Tagesordnung, so muß diese so gefaßt sein, daß die Mitglieder des Ausschließungsorgans, dem ja auch noch andere Vereinsangelegenheiten übertragen sein können, aus der Einladung entnehmen können, daß über den Ausschluß eines Mitglieds verhandelt werden soll.[31] Die bloße Angabe „Verschiedenes" genügt keinesfalls.[32]

Sieht aber die Satzung für die Einberufung der Mitgliederversammlung eine so lange Frist vor, daß sie offensichtlich nur auf die Einberufung dieses Vereinsorgans zugeschnitten ist (z. B. bei einem Berufsverband), so wird man bei der Auslegung der Satzung zu dem Ergebnis kommen können, daß diese Frist bei der Einberufung des Ausschließungsorgans nicht eingehalten werden muß. Statt dessen ist eine angemessene Frist zu wahren, die im Regelfall auf zwei Wochen zu bemessen ist.

97 Mit welcher **Stimmenmehrheit** das Ausschließungsorgan beschließt, bestimmt sich wiederum in erster Linie danach, ob die Satzung hierüber eine ausdrückliche Regelung enthält. Fehlt sie, sind die Satzungsvorschriften über die Beschlußfassung der Mitgliederversammlung heranzuziehen. Sind auch solche nicht vorhanden, greift die gesetzliche Regelung (§ 32 Abs. 1 BGB) entsprechend ein, nach der die Mehrheit der abgegebenen gültigen Stimmen entscheidet; Stimmenthaltungen bleiben also außer Betracht.[33]

98 Der **Antrag** auf Einleitung des Ausschlußverfahrens kann von jedem Vereinsmitglied bei dem für die Ausschließung zuständigen Vereinsorgan gestellt werden, sofern nicht die Satzung das Antragsrecht anders regelt. Durch die Satzung kann auch dem Ausschlußorgan selbst die Befugnis eingeräumt werden, von sich aus ein Verfahren gegen ein Vereinsmitglied einzuleiten und auch selbst über den Ausschluß zu entscheiden.[34] Ist aber in der Satzung vorgesehen, daß der Ausschluß durch den Vorstand erfolgt, so greift diese Vorschrift in der Regel nicht ein, wenn sich das Ausschlußverfahren gegen ein Vorstandsmitglied richtet.[35] Wenn nämlich nach der Satzung, wie es die Regel ist, nur ein Vereinsmitglied zum Vorstandsmitglied bestellt werden kann, würde der Ausschluß aus dem Verein auch den Verlust des Vorstandamts zur Folge haben. Für die Abberufung eines Vorstandsmitglieds ist aber meistens nicht der Vorstand, sondern die Mitgliederversammlung zuständig. Deren Entschließung darf der Vorstand nicht vorgreifen. Daher hat in diesem Fall die Mitgliederversammlung über den Ausschluß zu entscheiden.[35a] Entsprechendes gilt für den Ausschluß von Vereinsmitgliedern, die ein anderes Vereinsamt bekleiden, das nach der Satzung durch die Mitgliederversammlung vergeben und entzogen wird.

---

[31] siehe dazu die Ausführungen bei Rdnr. 178
[32] BayObLGZ 1928, 492
[33] siehe dazu die Ausführungen bei Rdnr. 206
[34] BGH BB 1967, 732; OLG München MDR 1973, 405
[35] RG HRR 1932 Nr. 1638; BGH NJW 1960, 193; KG OLGZ 1978, 272/275 = Rpfleger 1978, 133 = MDR 1978, 576
[35a] OLG Celle OLGZ 1980, 359

Am Ausschließungsverfahren dürfen jedoch die Mitglieder des Ausschließungsorgans (z. B. des Vorstands) nicht teilnehmen, die selbst durch das Verhalten, das Gegenstand des Verfahrens ist, verletzt worden sind.[35b] Wenn in der Satzung keine Bestimmung getroffen ist, welche Personen an die Stelle der ausgeschlossenen Organmitglieder treten und dies zur Beschlußunfähigkeit des Ausschließungsorgans führt, hat die Mitgliederversammlung die erforderlichen Ersatzmitglieder zu bestellen.

Ob ein Ausschlußorgan wie ein Gericht stets nur in voller Besetzung verhandeln und entscheiden kann oder ob es auch dann verhandlungs- und entscheidungsbefugt ist, wenn einige Mitglieder fehlen, ist eine Frage, die der Verein nach eigenem Ermessen in der Satzung regeln kann und die, wenn die Satzung darüber nichts Näheres enthält, im Wege der Auslegung der Satzung geklärt werden muß. Dabei kann es auch eine Rolle spielen, wie die Sache bisher im Verein gehandhabt wurde. Besteht das Ausschlußorgan aus einer großen Zahl von Mitgliedern, wäre die Annahme, es sei immer nur bei Anwesenheit aller Mitglieder beschlußfähig, sehr ungewöhnlich und unpraktikabel.[36] Eine vernünftige Auslegung der Satzung wird daher in diesem Fall dazu führen, daß die Abwesenheit einer verhältnismäßig kleinen Zahl von Mitgliedern (im Verhältnis zur Vollbesetzung) das Ausschlußorgan nicht beschlußunfähig macht.

99 **Der Gang des Ausschlußverfahrens** (zu vergleichen mit dem Prozeßverlauf des staatlichen Gerichts) kann außerhalb der Satzung von der Mitgliederversammlung oder von dem Ausschließungsorgan selbst in einer **Verfahrensordnung** („Ehrengerichtsordnung" oder ä.) festgelegt werden. Hierbei handelt es sich nur um die Geschäftsordnung eines Vereinsorgans, an die dieses gebunden ist und auf deren Beachtung das Mitglied nur unter dem Gesichtspunkt der Gleichbehandlung aller betroffenen Mitglieder einen Anspruch hat, ohne daß sie ihm Verpflichtungen auferlegt. Solche Geschäftsordnungen gehören nicht zu den das Vereinsleben bestimmenden Grundentscheidungen, die als „Verfassung des Vereins" kraft zwingender Vorschrift in die Satzung aufgenommen werden müssen (§§ 25, 71 Abs. 1 Satz 1 BGB).[37] Dagegen dürfen die **Ausschließungsgründe** nicht erst in der Verfahrensordnung des Ausschließungsorgans bezeichnet werden; sie müssen vielmehr in der Satzung niedergelegt sein. Ebenso müssen Bestimmungen, die nicht selbstverständlich sind und mit denen ein in den Verein eintretendes Mitglied nicht ohne weiteres rechnen muß, eine Grundlage in der Satzung haben. Dies ist zum Beispiel bei der Anordnung der Fall, daß ein Ausschließungsbeschluß im Mitteilungsblatt des Vereins zu veröffentlichen ist, oder daß das ausgeschlossene Mitglied die Kosten des Ausschlußverfahrens zu tragen hat.[37] Sind solche über eine rein geschäftsordnungsmäßige Verfahrensregelung hinausgehende, das Mitglied beschwerende Bestimmungen **nur** in der Verfahrensordnung des Ausschlußorgans enthalten, sind sie unwirksam.

[35b] BGH NJW 1981, 744 = MDR 1981, 291 = BB 1981, 868; OLG Düsseldorf MDR 1981, 843

[36] BGH BB 1967, 732

[37] BGH BB 1967, 602; siehe dazu bei Rdnr. 32 und 151

100 Das betroffene Mitglied hat im Ausschlußverfahren **Anspruch auf rechtliches Gehör.**[38] Dieser Anspruch besteht auch dann, wenn hierüber weder in der Satzung noch in einer etwa aufgestellten Verfahrensordnung etwas verlautet. Er ergibt sich allerdings nicht aus dem Grundgesetz (Art. 103 Abs. 1), denn der verfassungsrechtlich garantierte Anspruch auf Gewährung des rechtlichen Gehörs betrifft nur das Verfahren vor den staatlichen Gerichten.[39] Daß dem Beschuldigten auch vor einem Vereinsgericht rechtliches Gehör zu gewähren ist, folgt aber aus den das Rechtsverhältnis zwischen dem Mitglied und dem Verein beherrschenden Grundsätzen des materiellen Rechts, insbesondere aus dem Grundsatz von Treu und Glauben und der Rücksichtnahme auf die Verkehrssitte,[40] und ist ein Gebot natürlicher Gerechtigkeit.[39] Wie nun im einzelnen das für die Ausschließung eines Mitglieds zuständige Vereinsorgan zu verfahren hat, um das rechtliche Gehör zu gewähren, hängt von einer Reihe von Umständen des Einzelfalles ab. Der leitende Gedanke muß sein, das Verfahren **fair** zu handhaben. Dazu gehört auf alle Fälle, daß dem Mitglied eröffnet wird, welche Vorwürfe gegen es erhoben werden, und daß ihm Gelegenheit gegeben wird, sich dazu zu äußern. Die „Anklage" darf sich nicht nur in allgemeinen Behauptungen, wie „vereinsschädigendes Verhalten", erschöpfen, sondern muß die Tatsachen erkennen lassen, in denen der Ausschließungsgrund gefunden wird. Einen Anspruch auf **persönliche Anhörung** durch das Vereinsgericht hat das auszuschließende Mitglied zwar grundsätzlich nicht,[41] insbesondere, wenn das Ausschlußverfahren ohne mündliche Verhandlung vor sich gehen kann. Die Notwendigkeit, das Mitglied an der Verhandlung über seinen Ausschluß teilnehmen zu lassen und dabei gegebenenfalls auf seine berufliche Zeiteinteilung oder Erkrankung[42] Rücksicht zu nehmen, kann sich aber daraus ergeben, daß das Vereinsgericht Zeugen vernehmen will. Denn von einer Gelegenheit zur ausreichenden Verteidigung wird man schwerlich sprechen können, wenn es dem betroffenen Mitglied verwehrt wird, seinerseits Fragen an die Zeugen zu stellen und, je nach dem Verlauf der Beweisaufnahme, weitere Beweismittel beizubringen.[43] Ist die Mitgliederversammlung für die Entscheidung über den Ausschluß zuständig, ist das auszuschließende Mitglied schon auf Grund seines noch bestehenden Mitgliedschaftsrechts befugt, an der Versammlung teilzunehmen. Hat bereits ein Vereinsorgan den Ausschluß verfügt und ist nach der Satzung zwar die Berufung an die Mitgliederversammlung zulässig, dem Mitglied aber die Teilnahme daran verwehrt, so muß es trotzdem zur Versammlung zugelassen werden, wenn ihm in erster Vereinsinstanz eine ordnungsgemäße Verteidigung nicht ermöglicht wurde. Wenn so verfahren wird, wird die bisherige Versagung des rechtlichen Gehörs geheilt.[44]

101 Ob sich ein Vereinsmitglied im Ausschlußverfahren **vertreten** lassen, ins-

[38] BGHZ 29, 352/355; OLG München MDR 1973, 405; OLG Hamm Betrieb 1976, 910 = BB 1976, 663; h. M.; a. A. Wolfsteiner NJW 1982, 867/868 (Buchbesprechung)
[39] BGH NJW 1959, 982
[40] Heinsheimer JW 1925, 49; RGZ 171, 205/206
[41] RG JW 1937, 555; BGH NJW 1959, 982
[42] OLG Stuttgart HRR 1929 Nr. 79
[43] so zutreffend R-D-K Rdnr. 673
[44] In RGZ 171, 205/208 offen gelassen

besondere ob es zu der Verhandlung über seinen Ausschluß mit einem **Rechtsanwalt** oder sonst einem vereinsfremden **Beistand** erscheinen darf, ist umstritten. Geklärt ist lediglich, daß die Zulässigkeit der Vertretung im Ausschlußverfahren nicht davon abhängt, ob die Satzung es gestattet, die Ausübung der Mitgliedschaftsrechte einem anderen zu überlassen (§§ 38, 40 BGB).[45] Denn ein begrifflich an die Person des Mitglieds gebundenes Mitgliedschaftsrecht, wie z. B. das Stimmrecht, liegt hier nicht vor. Vielmehr handelt es sich um das grundlegende Recht jedes Angegriffenen, sich zu verteidigen.[45] Gleichwohl läßt sich daraus nicht generell das Recht des Mitglieds ableiten, sich in jedem Fall eines Ausschlußverfahrens anwaltlich vertreten zu lassen.[46] Im allgemeinen muß vorausgesetzt werden, daß sich das angegriffene Vereinsmitglied in vereinsinternen Konflikten selbst mit den übrigen Mitgliedern auseinandersetzen und dabei seine Interessen wahren kann.[47] Dieser Grundsatz versagt aber dann, wenn eine ausreichende Verteidigung – gemessen an dem Erfordernis eines **fairen Verfahrens** – ohne fremden Beistand nicht gewährleistet ist. Solche Umstände können in der Person des auszuschließenden Mitglieds (z. B. Alter, Unbeholfenheit)[48] oder in der Sache, die Gegenstand der Ausschlußverhandlung ist (z. B. umstrittene Auslegung der Satzung, rechtliche Vorfragen für die Zulässigkeit des Ausschlusses, verwickelter Sachverhalt), liegen. Das Recht auf Beiziehung eines Anwalts kann sich auch daraus ergeben, daß sich das Vereinsorgan, das den Ausschluß betreibt, selbst eines Rechtsanwalts bedient und sich so einseitiges Übergewicht verschaffen könnte.[47] Schließlich sind auch die wirtschaftlichen Folgen, die sich aus einem Vereinsausschluß des betroffenen Mitglieds ergeben, in Betracht zu ziehen: Je härter das Mitglied durch den Ausschluß in seiner wirtschaftlichen Existenz betroffen wird, desto mehr muß ihm die Möglichkeit gegeben werden, sich gegen den Ausschluß zur Wehr zu setzen und sich dabei eines Rechtsberaters zu bedienen.

102 Richtet sich das Ausschlußverfahren gegen einen **Minderjährigen,** so wird der Grundsatz des rechtlichen Gehörs regelmäßig verletzt, wenn der gesetzliche Vertreter daran gehindert wird, den Minderjährigen zu vertreten.[49] Das gilt auch dann, wenn der gesetzliche Vertreter beim Eintritt des Minderjährigen in den Verein damit einverstanden war, daß der Minderjährige alle Mitgliedsrechte selbständig ausübt.

103 Die Mitglieder des Ausschlußorgans können von dem betroffenen Mitglied nur **abgelehnt** werden, wenn das in der Satzung oder in der Verfahrensordnung zugelassen ist.[50] Die Ablehnung kann aber nicht mehr erklärt

---

[45] OLG Frankfurt HRR 1928 Nr. 1181; RG Recht 1928 Nr. 2244; BGH NJW 1971, 879

[46] a. A. Kirberger BB 1978, 1390/1393f.: Zuziehung eines Rechtsanwalts nach freier Wahl des Mitglieds ist stets zulässig; entgegenstehende Satzungsbestimmung ist nichtig.

[47] vgl. BGH NJW 1971, 879/882; BGH NJW 1975, 160; dazu kritisch Reinicke NJW 1975, 2048 und Kirberger BB 1978, 1390; abweichend auch LG Köln BB 1975, 342 (für die Kommanditgesellschaft)

[48] vgl. LG Köln BB 1975, 342

[49] zutreffend R-D-K Rdnr. 675

[50] Jonas JW 1936, 2550; Meyer-Cording S. 79ff.; zur Zulässigkeit der Selbstablehnung eines Mitglieds des Ausschließungsorgans vgl. OLG München MDR 1973, 405

werden, wenn sich das Mitglied widerspruchslos auf die Verhandlung über seinen Ausschluß eingelassen hat.[51]

104 Der Ausschließungsbeschluß muß eine **Begründung** enthalten. Sie muß, wenn auch in aller Kürze, so gehalten sein, daß das betroffene Mitglied die Vorgänge, auf die sich der Beschluß stützt, in eindeutiger Weise erkennen kann. Ein nicht oder nur unzulänglich begründeter Ausschließungsbeschluß ist unwirksam.[52]

Die Entscheidung des Ausschließungsorgans wird mit der Bekanntmachung an das betroffene Mitglied wirksam.[53] Sieht aber die Satzung vor, daß der Ausschließungsbeschluß auf Antrag innerhalb des Vereins von einem zweiten Organ zu überprüfen ist (vereinsinternes Rechtsmittel), so ergibt sich daraus regelmäßig, daß das Mitglied erst dann aus dem Verein ausscheidet, wenn es entweder von dem vereinsinternen Rechtsmittel keinen Gebrauch gemacht oder die zweite Vereinsinstanz den Ausschluß bestätigt hat.

105 Das Recht, **Berufung** gegen den Ausschließungsbeschluß bei einem anderen Vereinsorgan (z. B. der Mitgliederversammlung) einzulegen, hat das Mitglied nur, wenn eine solche zweite Vereinsinstanz in der Satzung überhaupt vorgesehen ist. Die Satzung kann die Berufung nur bei bestimmten Ausschließungsgründen zulassen, bei anderen nicht. Von der Zahlung eines Kostenvorschusses oder von anderen belastenden Voraussetzungen kann nur die Satzung – nicht die Verfahrensordnung – die Zulässigkeit der Berufung abhängig machen.[54] Wenn das zuständige Vereinsorgan den Ausschluß eines Mitglieds abgelehnt hat, sind damit die Ausschließungsgründe, die vorlagen, erledigt. Der Ausschluß kann nunmehr nur aus einem neuen Grund in einem neuen Ausschlußverfahren beschlossen werden. Es ist nicht zulässig, daß das Ausschließungsorgan einfach seine frühere (ablehnende) Entscheidung abändert.[55] Das gilt auch, wenn das Ausschlußorgan die Mitgliederversammlung ist. Der Grundsatz, daß diese ihre Beschlüsse wieder aufheben kann, versagt gegenüber dem Recht des Mitglieds, daß ihm die Mitgliedschaft nur in dem satzungsgemäßen Verfahren entzogen werden kann.

Die Anrufung des Gerichts durch das ausgeschlossene Vereinsmitglied[56]

106 Wenn es sich auch bei dem Ausschluß eines Mitglieds aus dem Verein um eine Maßnahme der inneren Ordnung des Vereins handelt, so unterliegt dieser Akt der Vereinsverwaltung doch in bestimmten Grenzen der Kontrol-

---

[51] R-D-K Rdnr. 682

[52] BayObLGZ 1928, 492; OLG Hamburg Recht 1936 Nr. 4191; RG HRR 1932 Nr. 600

[53] vgl. BGHZ 43, 261/265

[54] vgl. BGB-RGRK § 25 Rdnr. 4

[55] OLG Hamburg HRR 1928 Nr. 1695

[56] dazu speziell: Meyer-Cording, Die Vereinsstrafe, Tübingen 1957; Schlosser MDR 1967, 884; ders., Vereins- u. Verbandsgerichtsbarkeit, München 1972; Beuthien BB Beilage 12/1968; Wiedemann JZ 1968, 219; Preis Betrieb 1971, 1570 (zur Problematik der priv. Gerichtsbarkeit); Westermann JZ 1972, 537 (zur Legitimität der Verbandsgerichtsbarkeit); Weitnauer Festschr. Reinhardt 1972, 179 (Vereinsstrafe, Vertragsstrafe u. Betriebsstrafe); Bruder MDR 1973, 897; Kirberger NJW 1973, 1732 (Die Vereinsstrafe gegenüber Mitgliedern aufgrund vereinswidrigen Verhaltens Dritter)

le durch die staatlichen Gerichte. Dieser **„ordentliche Rechtsweg"** kann in der Satzung nicht gänzlich ausgeschlossen werden. Anderslautende Satzungsbestimmungen sind nichtig.[57] Die Satzung kann aber die Entscheidung über die Rechtswirksamkeit des Ausschlusses aus dem Verein einem **Schiedsgericht** gemäß den §§ 1025ff. ZPO übertragen. Dessen Entscheidung tritt an die Stelle der Entscheidung des Staatsgerichts.[58]

Handelt es sich bei dem Verein aber um eine Religionsgesellschaft oder um eine zu Religionsausübungen gebildete geistliche Gesellschaft (z. B. katholischer Orden), so unterliegt der Ausschluß **in keiner Beziehung** der Nachprüfung im ordentlichen Rechtsweg.[59] Dieser Grundsatz beruht auf der Erwägung, daß die Frage der Ausschließung aus einer solchen Gemeinschaft regelmäßig mit den dogmatischen und sittlichen Auffassungen der betreffenden Kirche oder Religionsgesellschaft derart verknüpft ist, daß ihre Entscheidung durch staatliche Behörden eine Einmischung in die innersten Angelegenheiten der Kirchen und Religionsgesellschaften bedeuten würde.[60] Der Ausschluß des Rechtswegs gilt aber nicht für die religiösen Vereine.[61]

107 Der Rechtsbehelf, mit dem sich das ausgeschlossene Mitglied an das ordentliche Gericht[61a] wenden kann, ist die Klage auf Feststellung der Unwirksamkeit des Ausschließungsbeschlusses (§ 256 ZPO). Die Klage ist gegen den Verein zu richten, nicht gegen das Vereinsorgan (z. B. Vorstand), das den Ausschluß beschlossen hat. Bei welchem Gericht sie zu erheben ist, hängt davon ab, ob das Mitglied durch den Ausschluß aus dem Verein (auch) in seinem wirtschaftlichen Fortkommen behindert ist (vermögensrechtlicher Anspruch),[62] oder ob es nur in seinen persönlichen Beziehungen zur Gesellschaft (Ehre, Achtung) betroffen wird (nichtvermögensrechtlicher Anspruch).[63] Im ersten Fall ist bei einem Streitwert bis 5000 DM das Amtsgericht, bei einem höheren Streitwert das Landgericht zuständig, in dessen Bezirk der Verein seinen Sitz hat.[64] Im zweiten Fall ist ausschließlich das Landgericht zuständig.[65]

108 Die Feststellungsklage ist an keine Frist gebunden. Sie ist aber erst zulässig, nachdem das Mitglied die ihm nach der Satzung zustehenden vereinsinternen Rechtsbehelfe ausgeschöpft hat. Das Reichsgericht vertrat dazu in ständiger Rechtsprechung[66] den Standpunkt, die gerichtliche Nachprüfung eines Ausschließungsbeschlusses sei unzulässig, wenn das betroffene Vereinsmitglied innerhalb der in der Satzung festgelegten Ausschlußfrist keinen

---

[57] RGZ 49, 153; 57, 154; 80, 190; 140, 25; 147, 15; BGHZ 29, 354; 47, 172; OLG Stuttgart NJW 1955, 883; KG Rpfleger 1963, 292; OLG Karlsruhe OLGZ 1970, 300

[58] Thomas/Putzo Anm. 3d zu § 1025 ZPO; siehe auch Rdnr. 316; vgl. ferner Schopp Rpfleger 1959, 335/339

[59] BVerfGE 18, 385; RGZ 26, 277; 62, 254; 113, 125

[60] OLG Hamm JW 1906, 125; s. auch Flume Festschr. Coing Bd. II S. 97

[61] R-D-K Rdnr. 1208 unter Hinweis auf Art. 124 Abs. 1 und 137 RV

[61a] dabei wird vorausgesetzt, daß die Entscheidung über die Wirksamkeit des Ausschlusses in der Satzung nicht einem Schiedsgericht übertragen ist

[62] vgl. dazu den Fall BGHZ 47, 172; BGHZ 13, 5; siehe ferner BGHZ 71, 126 = NJW 1978, 1370 sowie BGH NJW 1981, 2178 (Ausschluß aus einer Gewerkschaft)

[63] RGZ 163, 202

[64] § 17 ZPO; § 23 Nr. 1 GVG

[65] § 71 Abs. 1 GVG

[66] vgl. z. B. RGZ 85, 355

Gebrauch von einem vereinsinternen Rechtsmittel (z. B. Berufung an die Mitgliederversammlung) gemacht habe. Diese Rechtsprechung hat der Bundesgerichtshof erheblich eingeschränkt.[67] Er hält zwar nach wie vor an dem Grundsatz fest, daß die gerichtliche Nachprüfung des Vereinsausschlusses nur zulässig ist, wenn das Mitglied die satzungsmäßigen Rechtsmittel ausgeschöpft hat. Voraussetzung ist jedoch, daß sich das Vereinsmitglied durch Einblick in die Satzung die Erkenntnis verschaffen konnte, daß es gegen den Ausschluß nicht mehr gerichtlich vorgehen könne, wenn es das in der Satzung vorgesehene Rechtsmittel nicht ergreife. Insoweit besteht nach der Auffassung des Bundesgerichtshofs ein Bedürfnis, die Mitglieder zu schützen. Sie müssen, wenn sie die Satzung kennen, in der Lage sein, sich zu entscheiden, ob sie den Rechtsnachteil hinnehmen wollen oder nicht, und sie müssen ihr Verhalten danach einrichten können. Die Satzung muß daher für jedes Mitglied auch ohne juristische Beratung deutlich erkennen lassen, welche rechtlichen Folgen es hat, wenn es von der Möglichkeit, den Ausschluß durch Anrufung einer weiteren Vereinsinstanz zu Fall zu bringen, nicht oder nicht rechtzeitig Gebrauch macht. Fehlt in der Satzung ein solcher belehrender Hinweis,[68] ist die Feststellungsklage schon gegen den in erster Vereinsinstanz verhängten Ausschluß zulässig.

Der Grundsatz, daß das Mitglied, ehe es sich an das Gericht wendet, den vereinsinternen Rechtsmittelweg bis zum Ende zu gehen hat, greift aber nicht ein, wenn ein Vereinsorgan die Durchführung des in der Satzung vorgesehenen Rechtsmittelverfahrens pflichtwidrig verhindert oder ungebührlich verzögert.[69] Dagegen ist die vorzeitige Anrufung des Gerichts nicht schon deshalb zulässig, weil die letzte Rechtsmittelinstanz des Vereins, etwa der Verbandstag, nur in größeren zeitlichen Abständen zusammentritt. Ob es allerdings mit dem Grundsatz von Treu und Glauben zu vereinbaren ist, daß der Verein ein in erster Vereinsinstanz ausgeschlossenes Mitglied auf die satzungsmäßige Möglichkeit verweist, Berufung zu einem Vereinsorgan einzulegen, das nach der Satzung nur alle 3 Jahre tagt, erscheint doch recht zweifelhaft.[70] Man wird dies jedenfalls dann verneinen müssen, wenn die Berufung nach der Satzung keine aufschiebende Wirkung hat. Denn eine so weit hinausgeschobene Berufungsverhandlung stellt für das betroffene Mitglied nur noch einen formalen, aber keinen praktisch bedeutsamen Rechtsschutz mehr dar. Der Weg zum ordentlichen Gericht kann ihm durch eine solche Gestaltung des Vereinsinstanzenzuges nicht verlegt werden.

109 Voraussetzung für die Zulässigkeit der Klage ist grundsätzlich, daß das Mitglied ein **rechtliches Interesse** daran hat, daß die Unwirksamkeit des Ausschlusses alsbald durch richterliche Entscheidung festgestellt wird (§ 256 ZPO). Dieses sogenannte **Feststellungsinteresse** muß noch im Zeitpunkt der letzten mündlichen Verhandlung vor dem Prozeßgericht bestehen. Es geht aber nicht dadurch verloren, daß das Mitglied längere Zeit verstreichen

---

[67] BGHZ 47, 172 = BB 1967, 602; BGHZ 49, 396; zur prozessualen Behandlung siehe auch Scheyhing JZ 1958, 343

[68] siehe dazu § 4 letzter Satz der ausführlichen Mustersatzung bei Rdnr. 441

[69] RG LZ 1932, 170; RG JW 1936, 2071; OLG Stuttgart NJW 1955, 833; OLG Saarbrücken JMBl. Saar 1967, 12

[70] In RG LZ 1932, 170 grundsätzlich bejaht

läßt, bis es sich zur Erhebung der Klage entschließt.[71] Denn der richterliche Urteilsspruch, der die Unwirksamkeit des Ausschlusses feststellt, gewährt dem Mitglied dauernd einen Schutz dagegen, daß sich der Verein ihm gegenüber darauf berufen kann, es sei gemaßregelt worden, und diese Maßregel bestehe noch immer zu Recht.[72] Selbst wenn der Verein bereits aufgelöst wäre und sich in Liquidation befände, könnte ein ausgeschlossenes Mitglied noch auf Feststellung klagen, daß der Ausschluß unwirksam ist, weil diese Feststellung für die Ehre des Mitglieds, seine gesellschaftliche Stellung und sein wirtschaftliches Fortkommen nach wie vor von Bedeutung ist.[73] Hat das Mitglied, nachdem sein Ausschluß beschlossen wurde, satzungsgemäß seinen freiwilligen Austritt vollzogen, kann es Klage auf Feststellung erheben, daß es nicht infolge des Ausschlusses, sondern erst infolge späteren freiwilligen Austritts aus dem Verein ausgeschieden ist.[74] Deshalb erledigt sich die Feststellungsklage nicht dadurch, daß das Mitglied nach Klageerhebung aus dem Verein freiwillig ausgetreten ist.[75]

Der Umfang der gerichtlichen Nachprüfung des Ausschlusses

110 Auf die Feststellungsklage des Mitglieds gegen den Ausschluß aus dem Verein kann das Prozeßgericht den Ausschließungsbeschluß nur in einem eingeschränkten Umfang auf seine Rechtmäßigkeit nachprüfen.[76] Nach der **formellen Seite** ist der Ausschließungsbeschluß allerdings unbeschränkt nachprüfbar.[77] Dagegen findet eine **sachliche Nachprüfung** nur in engen Grenzen statt.

111 In **formeller** Beziehung hat das Gericht im Rahmen des Klagevorbringens zu prüfen, ob der Ausschluß nach der Satzung zulässig ist[78] und ob eine solche Satzungsvorschrift auch schon zu der Zeit bestanden hat, als der Sachverhalt sich ereignete, auf den sich der Ausschließungsbeschluß stützt. Ferner erstreckt sich die Prüfung darauf, ob das Vereinsorgan, das den Ausschluß beschlossen hat, hierfür zuständig war, ob es ordnungsgemäß besetzt und einberufen war, ob es beschlußfähig war und ob der Ausschließungsbeschluß mit der erforderlichen Stimmenmehrheit zustande gekommen war.[79] Dabei kann sich nach einem Urteil des Oberlandesgerichts Hamm[80] die Unwirksamkeit eines Ausschlusses trotz der satzungsmäßigen Zuständigkeit des Vereinsvorsitzenden daraus ergeben, daß zwischen ihm und dem ausgeschlossenen Mitglied erhebliche private Auseinandersetzungen stattgefunden hatten, die eine Befangenheit des Vorsitzenden bewirkten. Darf nach der Satzung der Ausschluß erst nach einem erfolglosen Sühneversuch erfolgen,

---

[71] RG JW 1926, 2283
[72] RG LZ 1916, 54; RG JW 1926, 2283
[73] RG JW 1925, 1392
[74] RGZ 80, 189/191 f.; RG JW 1926, 2283
[75] vgl. RGZ 80, 189/191
[76] RGZ 80, 189/191; 82, 248; BGH MDR 1966, 819; KG JW 1920, 1039; BayObLGZ 1959, 457/465
[77] vgl. RGZ 80, 189/191
[78] RGZ 80, 191; 129, 45; 147, 11; BGH LM Nr. 3/4 zu § 39 BGB
[79] RGZ 82, 248; RG HRR 1929 Nr. 792; KG JW 1920, 1039
[80] OLG Hamm BB 1976, 1191

kann mit der Feststellungsklage gerügt werden, daß ein Sühneversuch nicht stattgefunden hat.[81] Ferner kann das Gericht nachprüfen, ob dem Mitglied im Ausschlußverfahren das rechtliche Gehör gewährt[82] wurde und ob der Ausschließungsbeschluß ausreichend begründet ist.[83] Rechtserheblich ist auch die Behauptung des Mitglieds, es sei in dem Zeitpunkt, in dem sein Ausschluß beschlossen wurde, nicht mehr Mitglied gewesen, oder es sei bereits vor dem Ausschließungsbeschluß wegen derselben Angelegenheit mit einer Vereinsstrafe belegt worden.[84] Das gleiche gilt für das Vorbringen, der Ausschluß sei ausschließlich wegen solcher Vorfälle erfolgt, die den maßgebenden Vereinsorganen seit langem bekannt gewesen seien, ohne daß diese dagegen eingeschritten wären.[85]

Sind im Ausschlußverfahren von der ersten nach der Satzung zuständigen Vereinsinstanz Verfahrensverstöße begangen worden, ist aber der Ausschluß von einer weiteren in der Satzung vorgesehenen Instanz in einem ordnungsgemäßen Verfahren bestätigt worden, so sind die Fehler der ersten Instanz für das Prozeßgericht ohne Bedeutung.[86]

112 Die **sachliche Berechtigung** des Ausschlusses aus dem Verein kann das Prozeßgericht mit Rücksicht auf die Vereinsautonomie regelmäßig nur **beschränkt** nachprüfen.[87] Nachprüfbar ist zunächst, ob die für den Ausschluß angegebene sachliche Begründung auf satzungsmäßiger Grundlage beruht.[88] Der Grund dafür, daß überhaupt die sachliche Berechtigung des Ausschlusses durch das ordentliche Gericht nachgeprüft werden kann, liegt darin, daß die Vereinsgewalt ihre Schranke an der Satzung findet, und daß sich die Mitglieder mit ihrem Beitritt zum Verein nur innerhalb des Wirkungsbereichs der Satzung der Vereinsgewalt unterworfen haben.[89] Die ordentlichen Gerichte können daher nachprüfen, ob der **vorgeworfene** Sachverhalt generell, abstrakt eine Pflichtverletzung darstellt, die nach der Satzung einen Ausschließungsgrund abgibt. Hat also z. B. das Vereinsorgan den Ausschluß eines Mitglieds damit begründet, es habe durch ein näher dargelegtes Verhalten gröblich gegen die Vereinsinteressen verstoßen, so hat das Prozeßgericht nur zu prüfen, ob ein gröblicher Verstoß gegen die Vereinsinteressen in der Satzung als Ausschließungsgrund vorgesehen ist. Dagegen hat es nicht zu prüfen, ob das Mitglied die ihm zur Last gelegten Handlungen tatsächlich begangen hat und ob diese als gröblicher Verstoß gegen die Vereinsinteressen zu bewerten sind. Denn die Feststellung des Sachverhalts und die Beurteilung, ob er einen satzungsmäßigen Ausschlußtatbestand erfüllt, gehören

---

[81] RG Recht 1913 Nr. 2925

[82] RGZ 49, 150/153; RG JW 1925, 49; RG Recht 1928 Nr. 1801 und HRR 1942 Nr. 779; BGH NJW 1960, 1861; OLG Nürnberg MDR 1963, 497; siehe auch Rdnr. 100

[83] OLG Hamburg Recht 1936 Nr. 4191

[84] vgl. KG Recht 1929 Nr. 475

[85] RGZ 129, 45/49 = HRR 1930 Nr. 2164

[86] RG Warn. 1913 Nr. 182; RG JW 1926, 2283; RG Recht 1929 Nr. 2

[87] BGHZ 13, 5/11; 21, 370/373; 29, 352/354; 47, 381/384; BGH NJW 1966, 1751; vgl. aber OLG Frankfurt NJW 1973, 2208 m. Anm. v. Westermann

[88] RGZ 88, 193/196; 129, 45/48; 147, 11/15; RG JW 1932, 1010; BGHZ 27, 297/298; BGH LM Nr. 3/4 zu § 39 BGB

[89] BGH LM Nr. 3/4 zu § 39 BGB

zu den Maßnahmen, die ein Verein in Ausübung seiner Vereinsgewalt eigenverantwortlich zu treffen hat und die grundsätzlich gerichtlich nicht nachgeprüft werden können.[90] Anders liegt der Fall aber, wenn das Ausschlußorgan des Vereins bei der Feststellung des Sachverhalts oder bei der Entscheidung, daß ein bestimmter Sachverhalt einen in der Satzung bezeichneten Ausschließungsgrund darstellt, willkürlich verfahren ist[91] oder wenn der vom Ausschlußorgan festgestellte Sachverhalt **offenbar unrichtig** ist.[91a] Vor einem solchen Mißbrauch der Vereinsgewalt muß das ordentliche Gericht die Vereinsmitglieder schützen. Macht also das ausgeschlossene Mitglied unter Darlegung der einzelnen Umstände geltend, daß der Verein den Ausschluß willkürlich verhängt habe oder daß bei der Entscheidung über den Ausschluß ein offenbar unrichtiger Sachverhalt zugrunde gelegt worden sei, so ist ein solches Klagevorbringen rechtserheblich. Dagegen wird man dem Gericht das Recht zur unbeschränkten Nachprüfung der sachlichen Berechtigung des Ausschlusses nicht schon deshalb zugestehen dürfen, weil es sich um einen Verein von überragender wirtschaftlicher oder sozialer Bedeutung handelt.[92] Eine solche Ausweitung der sachlichen Nachprüfung ließe sich mit dem Recht des Vereins, im Rahmen seiner Satzung über das weitere Verbleiben eines Mitglieds im Verein in eigener Zuständigkeit zu entscheiden, nicht vereinbaren. Außerdem würden so die ordentlichen Gerichte mehr und mehr zu Berufungsinstanzen gegen Entscheidungen der Vereinsgerichte, was sie gerade nicht sein sollen.

Fehlt in der Satzung eine Bestimmung über den Ausschluß eines Mitglieds, so kann es nur aus „wichtigem Grund" ausgeschlossen werden. In diesem Fall erstreckt sich die Nachprüfung des Ausschlusses durch das Gericht darauf, ob das dem Mitglied vorgeworfene Verhalten – die Richtigkeit der Vorwürfe unterstellt – einen wichtigen Grund darstellt.

Nachprüfbar ist der Ausschluß ferner darauf, ob er gesetzwidrig, sittenwidrig oder offenbar unbillig ist oder ob er den Tatbestand des § 826 BGB erfüllt.[93]

113 Die Frage, ob der Ausschluß **offenbar unbillig** und deshalb unwirksam ist, haben die Gerichte bei **jeder Art** von Vereinen zu prüfen. Es kommt nicht darauf an, ob der Verein in der sozialen Ordnung eine besondere Bedeutung hat.[94] Die frühere einschränkende Rechtsprechung ist aufgegeben. Die Abgrenzung, wann im Einzelfall der Ausschluß aus dem Verein offenbar unbillig ist, bereitet mitunter Schwierigkeiten. Dabei ist zunächst regelmäßig von dem Sachverhalt auszugehen, den das Ausschließungsorgan des Vereins festgestellt hat. Dann ist zu prüfen, ob zwischen den festgestellten Verfehlungen des Mitglieds und dem Ausschluß aus dem Verein als der

---

[90] BGH NJW 1966, 1751; vgl. BGHZ 75, 159

[91] vgl. BGH JZ 1967, 31

[91a] Palandt § 25 Anm. 4f.

[92] a.A. LG Hamburg MDR 1971, 132 für den Fall des Ausschlusses aus einer Gewerkschaft; zur Ausschließung eines Gewerkschaftsmitglieds wegen „Streikbrecherarbeit" siehe BGH NJW 1978, 990; zum Gewerkschaftsausschluß wegen Kandidatur auf unabhängiger Liste siehe BGH NJW 1981, 2178

[93] RGZ 147, 11/15; BGHZ 13, 5/11; BGH LM Nr. 3/4 zu § 39 BGB; BGH NJW 1972, 1892 und 1973, 35; OLG Karlsruhe OLGZ 1970, 300

[94] BGHZ 47, 381

schwersten Vereinsstrafe ein **offensichtliches Mißverhältnis** besteht.[95] Dabei sind nicht nur die unmittelbaren Auswirkungen in Betracht zu ziehen, die sich für den Betreffenden durch den Verlust der Mitgliedschaft ergeben; vielmehr sind auch die mittelbaren Folgen in Rechnung zu stellen, die nach der Lebenserfahrung normalerweise eintreten.[96] So kann im Einzelfall der Persönlichkeitswert des Betroffenen in der Öffentlichkeit infolge des Ausschlusses aus dem Verein, je nach dessen Bedeutung, erheblich gemindert werden, oder es ist damit zu rechnen, daß das ausgeschlossene Mitglied eine bestimmte berufliche Stellung verliert. Offenbar unbillig ist der Ausschluß eines Mitglieds, wenn der Verein andere Mitglieder, obwohl diese unter denselben Umständen den gleichen Verstoß gegen die Satzung begangen haben, ohne sachlichen Grund, der eine unterschiedliche Behandlung rechtfertigte, nicht ausgeschlossen hat[96] (Verletzung des Grundsatzes der Gleichbehandlung aller Mitglieder). Der Ausschluß kann ferner offenbar unbillig sein, wenn ihn der Verein auf an sich vereinsschädigende Behauptungen des Mitglieds stützt, die dieses aber in einem Prozeß gegen den Verein zu seiner Verteidigung aufgestellt hatte.

Bei der gerichtlichen Auseinandersetzung darüber, ob der Ausschluß grob unbillig ist, können beide Parteien (Verein, Mitglied) neue, im Ausschlußverfahren nicht behandelte Tatsachen vorbringen; der Grundsatz, daß der Verein im Prozeß über die Rechtswirksamkeit einer Ausschließung keine neuen Tatsachen nachschieben darf, steht dem nicht entgegen. Seine Bedeutung erschöpft sich darin, daß ein Ausschließungsbeschluß der gerichtlichen Nachprüfung nur mit dem Inhalt unterliegen kann, wie er im vereinsrechtlichen Ausschließungsverfahren zustande gekommen ist. Der Verein kann nur insoweit keine neuen Tatsachen in den Prozeß einführen, als er damit die Ausschließung auf eine neue tatsächliche Grundlage stellen und sich auf einen neuen Ausschließungsgrund berufen würde, der nach der Satzung zunächst Gegenstand des vereinsinternen Verfahrens hätte sein müssen. Hiermit haben aber Tatsachen, aus denen sich die offenbare Unbilligkeit des Ausschlusses ergeben oder mit denen diese offenbare Unbilligkeit widerlegt werden soll, nichts zu tun.[97]

Eine offenbare Unbilligkeit des Ausschlusses kann aber nicht darin gesehen werden, daß das vom Verein praktizierte Ausschlußverfahren nicht einem gerichtlichen Strafverfahren angepaßt war. Der Bundesgerichtshof[97] hat keinen Anstoß daran genommen, daß ein Vereinsvorstand einerseits den Ausschließungsantrag gestellt, andererseits dem Vereinsorgan angehört hatte, das über den Ausschluß entschieden hatte; er hat nur verlangt, daß ein solches Verfahren eine Grundlage in der Satzung hat. Der Grundsatz, daß niemand zugleich Ankläger und Richter sein kann, gilt im Vereins-Disziplinarverfahren nicht.[97a]

114 Kommt das Gericht zu dem Ergebnis, daß die Klage des ausgeschlossenen

---

[95] RGZ 147, 11/15

[96] BGHZ 13, 5/12

[97] zum ganzen: BGHZ 47, 381/387 = NJW 1967, 1657; BGHZ 45, 314/321 = NJW 1966, 1751; BGH NJW 1972, 1892

[97a] OLG München MDR 1973, 405; dazu kritisch Staudinger § 35 Rdnr. 47; vgl. auch Reinicke NJW 1975, 2048

Mitglieds begründet ist, so stellt es fest, daß der Ausschließungsbeschluß unwirksam ist. Dagegen ist es dem Gericht verwehrt, an Stelle des Ausschlusses eine etwa in der Satzung vorgesehene mildere Vereinsstrafe auszusprechen,[98] mag diese sachlich noch so berechtigt sein. Wenn der Ausschließungsbeschluß wegen eines Verfahrensfehlers für unwirksam erklärt wurde, kann der Verein wegen desselben Sachverhalts ein neues Ausschlußverfahren einleiten.[99] Ist dagegen im Urteil des Gerichts festgestellt, daß der Ausschluß sachlich nicht berechtigt war, darf der Verein diesen Sachverhalt nicht mehr als Ausschließungstatbestand verwerten.[100]

115 Sehr oft ist das Ausschlußverfahren in der Satzung so geregelt, daß gegen den Ausschließungsbeschluß eines bestimmten Vereinsorgans (z. B. des Vorstandes) Berufung zu einem zweiten Vereinsorgan (z. B. zur Mitgliederversammlung) eingelegt werden kann. Hat diese zweite Vereinsinstanz den Ausschluß bestätigt, so wird durch das Urteil des Gerichts, das die Unwirksamkeit des Ausschlusses feststellt, nicht in jedem Fall auch der Ausschließungsbeschluß beseitigt, der von der ersten Vereinsinstanz (z. B. vom Vorstand) erlassen worden war. Wurde z. B. der Ausschluß nur deshalb für unwirksam erklärt, weil dem Mitglied in der zweiten Vereinsinstanz das rechtliche Gehör nicht gewährt wurde, so muß lediglich das Verfahren in der zweiten Vereinsinstanz (z. B. die Berufungsverhandlung in der Mitgliederversammlung) wiederholt werden.[100]

116 Wenn das ausgeschlossene Mitglied mit der Klage gegen den Ausschluß Erfolg hat, so steht damit fest, daß es nach wie vor dem Verein angehört (wenn es nicht in der Zwischenzeit freiwillig ausgetreten ist). Es bedarf also nicht etwa einer Neuaufnahme. Daher sind die Beschlüsse, die Vereinsorgane seit dem unwirksamen Ausschließungsbeschluß gefaßt haben, auch Satzungsänderungen, für das Mitglied verbindlich.[101] Wenn aber mit dem Ausschluß der Verlust eines Vereinsamtes verbunden war, tritt das zu Unrecht ausgeschlossene Mitglied nicht automatisch in dieses Amt wieder ein;[101a] es bedarf vielmehr einer Neubestellung, soweit diese nicht an der zwischenzeitlichen anderweiten Besetzung des Vereinsamtes scheitert.

117 Ist dem rechtswidrig ausgeschlossenen Mitglied durch den Ausschluß ein **Schaden** entstanden, kann es vom Verein Ersatz verlangen, wenn der Ausschließungsbeschluß durch ein Verschulden eines Vereinsorgans herbeigeführt worden war. Das zu Unrecht ausgeschlossene Mitglied kann ferner verlangen, daß die Feststellung des Gerichts über die Unwirksamkeit des Ausschlusses in derselben Weise bekanntgemacht wird, wie seinerzeit der Ausschluß bekanntgemacht wurde.[102] Diese Ansprüche kann das Mitglied zugleich mit der Klage auf Feststellung der Unwirksamkeit des Ausschlusses gerichtlich geltend machen.

---

[98] vgl. BayObLGZ 1959, 457/468
[99] RGZ 85, 358
[100] BGH NJW 1954, 833
[101] RG Recht 1910 Nr. 204 (Genossenschaft)
[101a] BGHZ 31, 192/195; BGB-RGRK § 39 Rdnr. 11
[102] RGZ 56, 287; RG JW 1915, 1424/1427

Beendigung der Mitgliedschaft aus anderen Gründen

118 Der **Tod eines Mitglieds** hat regelmäßig die Beendigung der Vereinsmitgliedschaft zur Folge, weil nach § 38 Satz 1 BGB die Mitgliedschaft nicht vererblich ist. Von dieser gesetzlichen Regelung kann aber die Satzung abweichen (vgl. § 40 BGB). In diesem Fall tritt der Erbe mit dem Erbfall in die Mitgliedschaft ein. Wenn eine Handelsgesellschaft oder eine juristische Person Vereinsmitglied ist, wird die Mitgliedschaft grundsätzlich nicht schon mit der Auflösung, sondern erst mit der Beendigung der Liquidation (Abwicklung), also erst mit dem Erlöschen der Gesellschaft bzw. Korporation beendet. Die Regelung in § 77a des Genossenschaftsgesetzes, wonach die Mitgliedschaft einer aufgelösten Handelsgesellschaft oder juristischen Person in einer Genossenschaft mit dem Abschluß des Geschäftsjahrs endet, in dem die Auflösung wirksam geworden ist, hat ihren Grund in der Erwägung, es lasse sich mit dem Zweck einer Genossenschaft, den Erwerb oder die Wirtschaft ihrer Mitglieder zu fördern, nicht vereinbaren, daß eine in Liquidation getretene und damit nicht mehr ,,werbende" Gesellschaft bzw. juristische Person weiterhin Genossin bleibe.[103] Da diese Erwägungen beim nichtwirtschaftlichen Verein regelmäßig nicht Platz greifen, wird man es hier bei dem Grundsatz belassen müssen, daß der dem Tod einer natürlichen Person vergleichbare Zustand bei Handelsgesellschaften und juristischen Personen (z. B. eingetragenen Vereinen) erst mit deren Erlöschen (Vollbeendigung) gegeben ist. In besonders gelagerten Fällen, beispielsweise bei Vereinen, deren Zweck in der Förderung der wirtschaftlichen Interessen ihrer Mitglieder besteht, kann jedoch eine entsprechende Anwendung des § 77a GenG in Betracht gezogen werden.

119 Die Mitgliedschaft erlischt ferner ohne weitere Maßnahmen seitens des Vereins **(automatisch),** wenn nach der Vereinssatzung der Erwerb der Mitgliedschaft von besonderen Voraussetzungen in der Person des Bewerbers abhängig ist (z. B. von der Zugehörigkeit zu einer bestimmten Berufsgruppe) **und außerdem** in der Satzung bestimmt ist, daß mit dem Wegfall dieser Voraussetzungen die Mitgliedschaft endet.[104] Darüber hinaus ist auch eine Satzungsvorschrift für zulässig zu halten, wonach die Mitgliedschaft erlischt, sobald irgend ein näher bezeichneter Tatbestand gegeben ist[105] (z. B. Verlust einer Amtsstellung, Konkurs des Mitglieds, Erreichen einer bestimmten Altersgrenze bei einer Jugendorganisation, Austritt aus einer Religionsgemeinschaft bei einem religiösen Verein, Ausscheiden aus dem Betrieb bei einem Firmen-Unterstützungsverein[106]).

---

[103] vgl. RGZ 87, 408/411; 122, 253/257

[104] BGH WPM 1978, 1066 = Rpfleger 1978, 362 = DNotZ 1978, 724 = Betrieb 1978, 1973

[105] in BGH Fn. 104 offen gelassen; zur automatischen Beendigung der Mitgliedschaft in einer politischen Partei siehe BGHZ 73, 275 = NJW 1979, 1402

[106] siehe aber BayObLGZ 1971, 178 = Rpfleger 1971, 311

9. Beiträge

120 Nach § 58 Nr. 2 BGB soll die Satzung Bestimmungen darüber enthalten, **ob und welche** Beiträge von den Mitgliedern zu leisten sind. Das Gesetz verlangt damit eine klare Aussage im positiven oder negativen Sinne. Fehlt sie, muß der Rechtspfleger die Eintragung des Vereins nach erfolglos gebliebener Zwischenverfügung[1] ablehnen (§ 60 BGB). Unter „Beiträgen" sind alle mitgliedschaftlichen Pflichten zur Förderung des Vereinszwecks zu verstehen, die ein Mitglied zu erfüllen hat.[1a] Sie können in Geldzahlungen, in Sachleistungen oder in der Leistung von Diensten (auch in der Pflicht zur Übernahme eines Vereinsamts) bestehen. An finanziellen Leistungen kommen die Zahlung einer Aufnahmegebühr (Eintrittsgeld), in regelmäßigen Abständen zahlbare Geldbeiträge, von Fall zu Fall zu erhebende Umlagen sowie Geldstrafen (Disziplinarstrafen) in Betracht. Es ist grundsätzlich nicht erforderlich, daß die Höhe der Beiträge in der Satzung festgesetzt wird;[1a] lediglich die Höhe der Geldstrafen muß nach oben begrenzt werden.[2] Falls eine Aufnahmegebühr und regelmäßige Mitgliedsbeiträge verlangt werden, ist es nicht zweckmäßig, die entsprechenden Beträge in der Satzung festzulegen, weil dann zu jeder Erhöhung oder Ermäßigung eine besondere Satzungsänderung erforderlich ist. Zweckmäßig ist es vielmehr, es einem bestimmten Vereinsorgan (Vorstand, Mitgliederversammlung usw.) zu überlassen, die Höhe dieser Zahlungen festzusetzen.[3] Bei Vereinen mit caritativer Zielsetzung wird es nicht selten dem Mitglied selbst überlassen, zu bestimmen, welchen Beitrag es leisten will. Dagegen ist rechtlich nichts einzuwenden. Wesentlich ist nur, daß die Satzung ein solches Verfahren ausdrücklich gestattet. Schreibt die Satzung nur vor, daß Mitgliedsbeiträge in bestimmten Zeitabständen (monatlich, vierteljährlich, jährlich) erhoben werden, so können daneben nicht noch besondere **Umlagen** oder als außerordentliche Beiträge bezeichnete Zahlungen verlangt werden. Ein solches Verlangen ließe sich auch nicht damit rechtfertigen, daß der Verein zur Erfüllung seiner satzungsmäßigen Aufgaben bestimmte Maßnahmen treffen müsse, die mit den in der Satzung vorgesehenen ordentlichen Mitgliedsbeiträgen nicht finanziert werden könnten.[4] Die Satzung kann nicht bestimmen, daß die Mitglieder für die Schulden des Vereins unmittelbar den Gläubigern des Vereins haften. Eine solche Satzungsbestimmung wäre mit dem Wesen des Vereins als Körperschaft nicht zu vereinbaren und würde, falls sie tatsächlich getroffen wäre, ein Schuldverhältnis zwischen den Vereinsmitgliedern und den Vereinsgläubigern nicht begründen.[5] Ist in der Satzung ursprünglich keine Beitragspflicht vorgesehen, so kann sie später nur durch eine Satzungsänderung eingeführt werden. Dasselbe gilt für sonstige bisher in der Satzung nicht vorgesehenen Leistungen, z. B. die Erhebung von Um-

---

[1] dazu näher bei Rdnr. 21
[1a] Soergel Rdnr. 3 zu § 58 BGB
[2] so wohl Meyer-Cording S, 56
[3] RG JW 1916, 128
[4] a. A. BGH NJW 1968, 543
[5] h. M.

lagen oder die Zahlung eines Aufnahmebeitrags.[6] Dabei ist aber zu beachten, daß eine Satzungsänderung erst mit der Eintragung in das Vereinsregister wirksam wird. Die **rückwirkende** Einführung einer Beitragspflicht oder einer Beitragserhöhung ist jedenfalls dann nicht zulässig, wenn eine etwa darauf hin ausgesprochene Kündigung die Beendigung der Mitgliedschaft erst zu einem späteren Zeitpunkt herbeiführen würde, als es bei einer Kündigung der Fall wäre, die in dem Zeitpunkt ausgesprochen worden wäre, auf den der Beschluß zurückwirkt. Nach Auflösung des Vereins sind die Liquidatoren (Abwickler) berechtigt, Mitgliedsbeiträge gemäß der Satzung insoweit zu erheben, als dies zur Deckung der Vereinsschulden nötig ist.[7]

121 Die Beiträge brauchen nicht für alle Mitglieder gleich hoch zu sein. Im Vereinsrecht gilt zwar der Grundsatz der Gleichbehandlung aller Mitglieder. Danach ist es nicht statthaft, ohne Zustimmung der betroffenen Mitglieder durch eine nachträgliche Änderung der Satzung oder, wenn die Beitragsfestsetzung einem Vereinsorgan überlassen ist, durch Beschluß dieses Organs (z. B. des Vorstands) die Mitgliedsbeiträge so festzusetzen, daß sie ein einzelnes Mitglied oder eine Gruppe von Mitgliedern in einer willkürlichen und sachfremden Weise gegenüber den anderen Mitgliedern besonders belasten.[8] Dieser Grundsatz schließt jedoch nicht die Notwendigkeit ein, daß die Beiträge bei jedem Mitglied in ihrer tatsächlichen ziffernmäßigen Höhe gleich sind; er verlangt nur, daß die Mitglieder zu den Beiträgen auf einer gleichen Grundlage herangezogen werden. So ist es z. B. nicht zu beanstanden, daß der Beitrag, den die Mitglieder eines Gewerbevereins zu zahlen haben, mit einem bestimmten Prozentsatz ihres Umsatzes festgesetzt wird. Ebenso kann die Satzung nur eine bestimmte **Gruppe** von Mitgliedern (z. B. in einem Beamtenverein die aktiven Beamten) zu Beiträgen heranziehen, andere Mitgliedergruppen dagegen von der Beitragspflicht ganz oder teilweise freistellen (z. B. Ehrenmitglieder, außerordentliche Mitglieder, Pensionisten, Studenten usw.). Auch eine Änderung der **Bemessungsgrundlage** für die Beiträge (durch eine Satzungsänderung) ist zulässig, wenn dafür sachliche Gesichtspunkte maßgebend sind. Dabei ist zu beachten, daß Vereinsbeiträge dazu bestimmt sind, den Vereinszweck zu fördern. Deshalb ist es sachlich nur gerechtfertigt, von einzelnen Mitgliedern aufgrund der Umsätze, die sie auf einem bestimmten Teilgebiet eines Industriezweigs erzielen, eine Zusatzumlage zu erheben, wenn nach dem Vereinszweck gerade die besonderen Interessen dieses Teilgebiets – nicht nur die des Industriezweigs im allgemeinen – zu fördern sind.[8a]

122 Zwischen der Erfüllung der Beitragspflicht und den Rechten des Mitglieds besteht nach dem Gesetz keine rechtliche Beziehung. Es ist aber zulässig, daß in der Satzung die Ausübung der Mitgliedschaftsrechte von der Bezahlung der fälligen Beiträge abhängig gemacht wird. So kann die Satzung z. B. bestimmen, daß das **Stimmrecht** eines Mitglieds solange **ruht,** wie es mit

---

[6] OLG Hamm Betrieb 1976, 93; a. A. OLG Bamberg BB 1982, 272, wonach ein Eintrittsgeld auch ohne entsprechende Bestimmung in der Satzung verlangt werden darf.

[7] BGB-RGRK § 49 Rdnr. 1; in RG HRR 1937 Nr. 429 offen gelassen

[8] BGH NJW 1954, 953 = LM Nr. 2 zu § 39 BGB = BB 1954, 329

[8a] BGH LM Nr. 2 zu § 39 BGB; Staudinger § 35 Rdnr. 13a

dem Beitrag im Rückstand ist, oder daß während eines Beitragsrückstandes kein Anspruch auf den Bezug der Vereinszeitschrift oder auf die Benützung der Vereinseinrichtungen besteht. Zulässig ist ferner eine Satzungsbestimmung, wonach ein Mitglied von der Mitgliederliste gestrichen wird, wenn es eine bestimmte Zeit lang keinen Beitrag entrichtet hat.

123 Die Beitragspflicht besteht grundsätzlich solange, bis das Mitglied aus dem Verein ausscheidet. Hierbei kommt es nicht auf den Zeitpunkt an, in dem das Mitglied seinen Austritt **erklärt,** sondern auf den Zeitpunkt, in dem die Mitgliedschaft aufgrund der Austrittserklärung satzungsgemäß **endet.** Schreibt die Satzung die Einhaltung einer Kündigungsfrist vor (längstens zwei Jahre), bleibt das Mitglied während dieser Frist zur Zahlung der Beiträge, auch der während der Kündigungsfrist erhöhten, verpflichtet. Dagegen besteht keine Zahlungspflicht für jene Beiträge, die zwar noch vor dem Ausscheiden des Mitglieds beschlossen worden sind, die aber erst zu einem Zeitpunkt fällig werden, der nach dem Ausscheiden liegt.[9]

Diese Grundsätze gelten entsprechend, wenn ein Mitglied aus dem Verein ausgeschlossen wird. Wird nach der Satzung der Ausschluß nicht sofort, sondern erst nach Ablauf einer ,,Rechtsmittelfrist" wirksam, besteht die Beitragspflicht bis dahin fort.

Zur Zahlung der im Zeitpunkt des Ausscheidens bestehenden Beitragsschulden bleibt das ausgeschiedene Mitglied verpflichtet. Laufende, jeweils an bestimmten Terminen zahlbare Mitgliedsbeiträge verjähren nach vier Jahren, vom Ende des Jahres an gerechnet, in dem der Beitrag zu zahlen war[10] (Beispiel: Die am 1. 1. 1977 fällig gewesenen Beiträge verjährten am 31. 12. 1981).

10. Bildung des Vorstands

124 Das Gesetz verlangt weiter, daß die Satzung eine Bestimmung über die Bildung des Vorstands enthält (§ 58 Nr. 3 BGB). Fehlt sie, so ist dies ein Grund, die Anmeldung des Vereins zu beanstanden (Zwischenverfügung) und sie letztlich zurückzuweisen (§ 60 BGB). Unter ,,Bildung des Vorstands" ist die eindeutige Festlegung zu verstehen, wie sich der Vorstand zusammensetzt.[1] Es ist also wenigstens eine Aussage darüber erforderlich, ob der Vorstand aus einer oder aus mehreren Personen besteht, gegebenenfalls aus wievielen (vgl. § 26 Abs. 1 Satz 2 BGB).[2] Mit Rücksicht auf die Bedeutung, die dem Vorstand als dem gesetzlichen Vertretungs- und Geschäftsführungsorgan zukommt, ist zu fordern, daß die Satzung keine begründeten Zweifel darüber aufkommen läßt, welche Inhaber der in der Satzung bezeichneten Vereinsämter oder welche Mitglieder eines Vereinsorgans den Vorstand des Vereins bilden. Ohne die eindeutige Feststellung des Vereinsvorstandes kann das Vereinsregister seine gesetzliche Bestimmung nicht erfüllen.[3] Bestimmt z. B. die Satzung einerseits, daß der Vorstand aus

[9] BGHZ 48, 207 = NJW 1967, 2303 = MDR 1967, 909
[10] AG Köln WM 1980, 206; Soergel § 197 Rdnr. 14
[1] BayObLGZ 1969, 33/36; BayObLG MittBayNot 1976, 210; Palandt § 58 Anm. 2
[2] BayObLGZ 1971, 266 = Rpfleger 1971, 352
[3] Staudinger § 26 Rdnr. 5

den drei Vorsitzenden und zwei weiteren Vorstandsmitgliedern besteht, und ordnet sie andererseits an, daß der Verein gerichtlich und außergerichtlich durch die drei Vorsitzenden, und zwar durch jeden allein, vertreten wird, so läßt sich der Satzung mangels sonstiger Anhaltspunkte nicht zweifelsfrei entnehmen, welche Personen den Vorstand im Sinne des Gesetzes bilden.[4] In diesem Fall ist eine Zwischenverfügung des Registergerichts angebracht, durch die auf eine eindeutige Fassung der Satzung hingewirkt wird.[4] Wenn ein Verein zwei „Vorstände" haben will, den einen als Vertretungsorgan, den anderen als geschäftsführendes Organ, müssen die beiden Organe mindestens durch eine entsprechende Bezeichnung voneinander abgegrenzt werden, z. B. durch die Bezeichnung des einen Organs als „Vorstand im Sinn des § 26 BGB".[5] Will dagegen die Satzung unter ein und derselben Bezeichnung „Vorstand" bald das Vertretungsorgan, bald das Geschäftsführungsorgan verstanden wissen, ist sie in einem auch für die Allgemeinheit wesentlichen Punkt verschiedener Deutung ausgesetzt und geeignet, zur Verwirrung über die Rechtsverhältnisse des Vereins beizutragen. Einer solchen Satzung fehlt die in § 58 Nr. 3 BGB geforderte Bestimmtheit über die Zusammensetzung des Vorstands.[4] Durch die Satzung kann angeordnet werden, daß der Vorstand aus einer Mindest- oder/und einer Höchstzahl von Mitgliedern besteht. In diesem Fall bleibt es der Mitgliederversammlung überlassen, innerhalb dieser Grenzen so viele Vorstandsmitglieder zu bestellen, wie sie für erforderlich hält.[6]

11. Voraussetzung und Form der Berufung der Mitgliederversammlung

125 Nach § 58 Nr. 4 BGB soll die Satzung die Voraussetzungen bestimmen, unter denen die Mitgliederversammlung einzuberufen ist; ferner soll sie bestimmen, **wie** die Mitglieder zur Versammlung einzuladen sind. Fehlen in der Satzung diese Vorschriften, darf der Verein nicht in das Vereinsregister eingetragen werden (§ 60 BGB). Nach dem Gesetz (§§ 36, 37 BGB) ist die Mitgliederversammlung einzuberufen, wenn das Interesse des Vereins es erfordert oder wenn $\frac{1}{10}$ der Mitglieder die Einberufung schriftlich unter Angabe des Zwecks und der Gründe verlangt. Die Satzung soll nun unter Berücksichtigung der individuellen Verhältnisse des Vereins **konkrete** Vorschriften über die Einberufung der Mitgliederversammlung aufstellen. Hier ist der Satzung weiter Spielraum gelassen. So kann bestimmt werden, daß die Mitgliederversammlung in bestimmten Zeitabständen, zu festen Terminen oder beim Eintritt bestimmter Ereignisse einzuberufen ist.

Das gesetzliche Minderheitsrecht auf Einberufung der Mitgliederversammlung kann durch die Satzung in gewissem Umfang verschlechtert, aber auch verbessert werden.[1]

126 Über die **Form** der Einberufung spricht sich das Gesetz nicht aus. Die

---

[4] BayObLGZ 1971, 266 = Rpfleger 1971, 352
[5] vgl. KG RJA 11, 265; BayObLGZ 1916, 134; BayObLG MittBayNot 1976, 210
[6] Näheres über den Vereinsvorstand Rdnrn. 224ff.
[1] siehe Rdnrn. 159, 160

Satzung soll sie aber in bestimmter Weise festlegen. Sie kann dabei unter den verschiedensten Möglichkeiten wählen. Diese sind im Abschnitt „Die Mitgliederversammlung" behandelt.[2]

12. Beurkundung der Beschlüsse der Mitgliederversammlung

127 § 58 Nr. 4 BGB schreibt schließlich vor, daß die Satzung eine Bestimmung über die Beurkundung der Beschlüsse der Mitgliederversammlung enthalten soll. Das Fehlen einer solchen Bestimmung muß der Rechtspfleger im Eintragungsverfahren beanstanden (§ 60 BGB). „Beurkundung" bedeutet, daß die Beschlüsse schriftlich niederzulegen sind. Daß die Niederschrift von einer amtlichen Urkundsperson, etwa einem Notar, aufzunehmen ist, verlangt das Gesetz nicht. Es überläßt es vielmehr der Satzung, die Form der Beurkundung zu bestimmen. Das Gesetz verlangt auch nicht, daß über den Hergang der Mitgliederversammlung ein Protokoll aufgenommen wird oder daß sich aus der Niederschrift ergibt, wie die Beschlüsse der Mitgliederversammlung zustande gekommen sind. Andererseits muß bei denjenigen Versammlungsbeschlüssen, die zum Vereinsregister anzumelden sind (z. B. Änderung des Vorstands, Satzungsänderungen), das Registergericht prüfen, ob die Beschlußfassung in formeller Hinsicht ordnungsgemäß vonstatten ging. Diese Prüfung ist aber nur anhand der eingereichten Unterlagen möglich. Es ist daher zweckmäßig, über **jede** Mitgliederversammlung ein Protokoll zu führen, das folgende Angaben enthält:

1. Ort, Tag und Stunde der Versammlung;
2. Die Namen des Versammlungsleiters und des Protokollführers;
3. Die Zahl der erschienenen Mitglieder;
4. Die Feststellung, daß die Versammlung satzungsgemäß einberufen wurde;
5. Die Tagesordnung mit der Feststellung, daß sie bei der Einberufung der Versammlung mitgeteilt wurde bzw., daß diese Mitteilung nach der Satzung nicht notwendig war;
6. Die Feststellung, daß die Versammlung beschlußfähig ist (diese Feststellung ist nur erforderlich, wenn die Satzung besondere Vorschriften über die Beschlußfähigkeit enthält, z. B. eine Mindestzahl anwesender Mitglieder verlangt);
7. Die gestellten Anträge (Angabe der Begründung ist entbehrlich);
8. Die Art der Abstimmung (schriftlich, Zuruf, Handzeichen);
9. Das genaue Abstimmungsergebnis (Ja-Stimmen, Nein-Stimmen, Stimmenthaltungen, ungültige Stimmen);
10. bei Wahlen die genauen Personalien der Gewählten, ihre Anschrift und, soweit geschehen, ihre Erklärung, daß sie die Wahl annehmen;
11. Die Unterschrift des Protokollführers, ggf. der in der Satzung bestimmten Personen.

128 **Einzelheiten:** Die Angabe des Abstimmungsergebnisses „mit großer Mehrheit", „fast einstimmig", „mit überwältigender Mehrheit" und ähnliche unklare Wendungen sind zu vermeiden. Vor allem bei Beschlüssen, die

---

[2] Einzelheiten Rdnr. 171

mit qualifizierter Mehrheit[1] zu fassen sind, führen sie häufig zu streitigen Auseinandersetzungen, ob der Beschluß zustande gekommen ist oder nicht. Bei Wahlen sind die gewählten Personen und die ihnen zugewiesenen Vereinsämter (z. B. Kassier, Schriftführer, Sportwart) genau zu bezeichnen. Bei Satzungsänderungen ist es wesentlich, den genauen Wortlaut der Änderung festzuhalten. Auch bei sonstigen wichtigen Beschlüssen empfiehlt sich eine wörtliche Protokollierung. Wenn der Beschluß, z. B. eine neue Fassung der Satzung, in einer Anlage zum Protokoll niedergelegt wird, muß die Zusammengehörigkeit der beiden Urkunden erkennbar sein. Das ist der Fall, wenn im Protokoll auf die Anlage verwiesen wird und die Anlage von denselben Personen unterschrieben ist wie das eigentliche Protokoll.[2] Ein Widerspruch gegen einen Beschluß sollte stets im Protokoll vermerkt werden, ebenso sonstige konkrete Beanstandungen. Anträge, die später wieder zurückgezogen wurden, brauchen im Protokoll nicht zu erscheinen. Ebensowenig ist es erforderlich, die gehaltenen Reden zu vermerken, auch nicht auszugsweise; ein Mehr in dieser Beziehung ist selbstverständlich unschädlich. Der Protokollführer sollte aber stets bedenken, daß der Zweck des Protokolls darin besteht, die **wesentlichen** Vorgänge festzuhalten.

Zur Protokollierung kann ein ständiges Protokollbuch (Beschlußbuch) verwendet werden; es können aber auch lose Blätter benützt werden. Die Protokolle können hand- oder maschinengeschrieben sein. Bestimmte Vorschriften hierüber bestehen nicht. Eine **Anwesenheitsliste** (Präsenzliste) kann, muß aber nicht dem Protokoll als Anlage beigefügt werden.

Die Beurkundung der Versammlungsbeschlüsse kann während oder nach der Versammlung geschehen. In der Praxis wird sie meistens erst nach der Versammlung anhand der während der Versammlung gemachten Aufzeichnungen vorgenommen. Sie muß die tatsächlichen Vorgänge so darstellen, wie sie sich abgespielt haben. Das Protokoll ist ein reiner Bericht, ein Zeugnis des Protokollführers über den Versammlungshergang.[3]

Die Satzung kann sich mit der grundsätzlichen Anordnung begnügen, daß die in der Mitgliederversammlung gefaßten Beschlüsse schriftlich niederzulegen und von dem Protokollführer zu unterschreiben sind, und die näheren Anordnungen der Geschäftsordnung überlassen. Nicht zweckmäßig ist es, vorzuschreiben, daß der Inhaber eines bestimmten Vereinsamtes (z. B. der erste Vorsitzende) die Niederschrift zu unterzeichnen hat. Eine solche Regelung bringt Schwierigkeiten mit sich, wenn der Betreffende an der Versammlung nicht teilgenommen hat. Sieht die Satzung vor, daß das Protokoll von dem Versammlungsleiter mit zu unterzeichnen ist, so kann sich bei einem Wechsel der Versammlungsleitung die Notwendigkeit ergeben, daß ein Teil des Protokolls von dem ersten, der andere Teil von dem späteren Versammlungsleiter zu unterschreiben ist.

129 Nach dem Gesetz ist die Beurkundung eines Versammlungsbeschlusses keine Voraussetzung für dessen **Wirksamkeit.**[4] Der Zweck der Beurkun-

---

[1] Zu diesem Begriff siehe Rdnr. 208
[2] KG RJA 13, 24/26
[3] Josef BayNotV 1930, 369/377
[4] RGZ 104, 413/415

dung ist es lediglich, ein **Beweismittel** für die Beschlußfassung zu erhalten.[5] Wenn die Satzung, was sie kann, nur ordnungsgemäß protokollierte Beschlüsse gelten lassen will, muß sie das ausdrücklich so bestimmen. Zur Gültigkeit der Niederschrift ist eine **Genehmigung** durch dieselbe oder eine spätere Mitgliederversammlung nicht erforderlich. In vielen Vereinssatzungen findet sich allerdings die Vorschrift, daß die Niederschrift von der nächsten Mitgliederversammlung zu genehmigen ist. Das bedeutet aber nur, daß der nächsten Mitgliederversammlung Gelegenheit zu geben ist, von der Niederschrift über die frühere Versammlung Kenntnis zu nehmen und Erklärungen dazu abzugeben. Der Zweck einer solchen Regelung besteht darin, möglichst bald Klarheit darüber zu schaffen, ob gegen die Beschlüsse einer Mitgliederversammlung irgendwelche Einwendungen erhoben werden.

Wird die Niederschrift genehmigt, so hat das rechtlich die Bedeutung, daß Mitglieder, die keinen Widerspruch angemeldet haben, die Vermutung gegen sich gelten lassen müssen, die in der Niederschrift festgestellten Abstimmungen und Beschlüsse seien satzungsgemäß zustandegekommen, es sei denn, aus der Niederschrift selbst ergäbe sich etwas anderes. Das hat die für das Vereinsleben sachgerechte und den Mitgliedern zumutbare Auswirkung, daß Beweisschwierigkeiten das Mitglied treffen, das die formelle Fehlerhaftigkeit des Beschlusses erst nachträglich rügt. Es ist nunmehr seine Sache, diejenigen Tatsachen darzutun und zu beweisen, aus denen sich die Rechtsunwirksamkeit des Beschlusses ergeben soll.[6]

13. Möglichkeiten der individuellen Gestaltung der Satzung

130 In den vorhergehenden Kapiteln wurde der Mindestinhalt einer Vereinssatzung behandelt, wie er in den §§ 57 und 58 BGB festgelegt ist. Dabei mußte an vielen Stellen die jeweils aufgezeigte gesetzliche Regelung mit der Einschränkung versehen werden: „Soweit die Satzung nichts anderes bestimmt". Von den zahllosen Möglichkeiten der freien Gestaltung der Satzung, die sich insbesondere durch § 40 BGB eröffnen, sollen hier die in der Vereinspraxis gebräuchlichsten herausgegriffen werden:

1. Die Bestellung des Vorstandes kann einem anderen Organ als der Mitgliederversammlung überlassen werden, auch einer außerhalb des Vereins stehenden Stelle oder Person.[1]
2. Die Abberufung (Abwahl) des Vorstands kann auf den Fall beschränkt werden, daß ein wichtiger Grund vorliegt, insbesondere bei grober Pflichtverletzung oder Unfähigkeit.
3. Soll für die Amtsdauer des Vorstandes ein bestimmter Zeitraum festgesetzt werden, z. B. zwei Jahre, kann gleichzeitig angeordnet werden, daß der Vorstand so lange im Amt bleibt, bis ein Nachfolger gewählt ist. Diese „Übergangsklausel" hat sich in vielen Fällen bewährt.
4. Besteht der Vorstand aus mehreren Personen, so kann einem Vorstandsmitglied oder mehreren oder allen Vorstandsmitgliedern die Befugnis

[5] Wegen der Beweiskraft des Protokolls als einer Privaturkunde vgl. § 416 ZPO

[6] Zum ganzen Absatz: BGHZ 49, 209/212 = NJW 1968, 543 = Rpfleger 1968, 147 = MDR 1968, 387

[1] Näheres Rdnr. 251, 255

erteilt werden, den Verein allein zu vertreten (sog. Einzelvertretungsbefugnis). Bei mehr als zwei Vorstandsmitgliedern kann auch die Regelung in Betracht kommen, daß jeweils zwei zusammen den Verein vertreten.

5. Die Formalitäten bei der Einberufung der Mitgliederversammlung und des Vorstands können durch eine Satzungsvorschrift erleichtert werden, die besagt, daß die Tagesordnung nicht angekündigt zu werden braucht.[2] Vor allem für die Einberufung des Vorstands ist dies zweckmäßig.
6. Um Zufallsergebnisse bei der Abstimmung zu vermeiden, kann bestimmt werden, daß die Mitgliederversammlung nur beschlußfähig ist, wenn eine bestimmte Anzahl oder ein bestimmter Bruchteil von Mitgliedern bei der Abstimmung anwesend ist. Das gleiche kann für die Abstimmung im Vorstand angeordnet werden.[3]
7. Für Satzungsänderungen kann die nach dem Gesetz erforderliche ¾-Mehrheit durch eine kleinere oder größere Mehrheit ersetzt werden. Ebenso kann für eine Änderung des Vereinszwecks statt der gesetzlich notwendigen Zustimmung aller Vereinsmitglieder eine andere Regelung getroffen werden.[4]
8. Bei kleineren Vereinen kann eine Bestimmung zweckmäßig sein, die es erlaubt, schriftliche Beschlüsse mit **Mehrheit** zu fassen (nicht nur mit Zustimmung aller Mitglieder).
9. Die Übertragung des Stimmrechts kann generell oder mit bestimmten Einschränkungen zugelassen werden.
10. Das Minderheitsrecht auf Einberufung einer Mitgliederversammlung kann gegenüber der gesetzlichen Regelung erweitert oder eingeschränkt werden.[5]
11. Das Recht, aus dem Verein auszutreten, kann in bestimmten Grenzen erschwert werden.[6]
12. Die Auflösung des Vereins kann erleichtert oder erschwert werden (geringere oder größere Mehrheit als die gesetzliche Dreiviertel-Mehrheit).

131 Eine Bestimmung über das **Geschäftsjahr** zu treffen, ist nicht erforderlich, aber zweckmäßig. Enthält die Satzung keine abweichende Bestimmung, so ist das Kalenderjahr das Geschäftsjahr. Es darf keinen längeren Zeitraum als zwölf Monate umfassen (§ 39 Abs. 1 Satz 1 HGB wird man entsprechend anwenden müssen). Ob die nachträgliche Einführung eines vom Kalenderjahr abweichenden Geschäftsjahres nur im Wege einer Satzungsänderung (Ergänzung der Satzung) möglich ist, oder ob ein ,,einfacher" Beschluß der Mitgliederversammlung genügt, ist bestritten. Wir sind der Meinung, daß eine Satzungsänderung erforderlich ist.[7] Wenngleich die Bedeutung des Geschäftsjahres für den Normalfall beim Idealverein nicht die gleiche ist wie bei einer Handelsgesellschaft, so handelt es sich dabei doch um eine Bestimmung, die über das rein Geschäftsordnungsmäßige hinausgeht und die Ver-

---

[2] Näheres Rdnr. 178, 245
[3] Näheres Rdnr. 245
[4] Näheres Rdnr. 146
[5] Näheres Rdnr. 159, 160
[6] Näheres Rdnr. 81
[7] Hachenburg Anm. 26 zu § 53; a. A. KG JW 1926, 599

fassung des Vereins berührt, jedenfalls dann, wenn der jeweilige Lauf des Geschäftsjahres für die Amtszeit des Vorstands oder eines anderen Vereinsorgans oder für den Zeitpunkt des Austritts aus dem Verein von Bedeutung ist. Eine rückwirkende Änderung des Geschäftsjahres ist nicht zulässig.[8]

132 Wenn in einer Satzung auf bestimmte Stellen der Satzung eines anderen Vereins, z. B. des Dachverbandes, verwiesen wird, ist es nicht erforderlich, diese Bestimmungen wörtlich anzuführen.[9] Es genügt eine Verweisung, die aber so bestimmt gehalten sein muß, daß kein Zweifel darüber aufkommen kann, welche Bestimmungen der anderen Satzung gemeint sind. Da die Bestimmungen, auf die verwiesen ist, Bestandteil der beim Registergericht eingereichten Satzung sind, ist es erforderlich, sie ebenfalls zu den Registerakten zu geben.

14. Die Satzungsänderung

133 Eine Satzungsänderung kommt grundsätzlich immer dann in Betracht, wenn eine Satzungsvorschrift aufgehoben, geändert, ergänzt oder durch eine andere ersetzt werden soll. Außer diesen sachlichen Änderungen fallen unter den Begriff „Satzungsänderung" aber auch solche, die keine Änderung der bisherigen Rechtslage bezwecken, sondern lediglich dem Wortlaut der jeweiligen Satzungsvorschrift eine andere Fassung geben wollen (sog. redaktionelle Änderung).[1] Allerdings ist nicht alles, was in der beim Registergericht eingereichten Satzung steht, echter (materieller) Satzungsbestandteil.[2] Deshalb ist auch nicht jede Änderung der dort aufgeführten Bestimmungen eine Satzungsänderung. Die Abgrenzung zwischen echten und unechten Satzungsbestandteilen ist nicht immer einfach.[3] Typischer echter Satzungsinhalt sind zunächst alle Vorschriften, die nach dem Gesetz in der Satzung enthalten sein **müssen** (§ 57 Abs. 1 BGB)[4] oder enthalten sein **sollen** (§ 58 BGB).[5] Ferner sind echte Satzungsbestimmungen solche, die die körperschaftliche Verfassung des Vereins betreffen, also insbesondere Vorschriften über die Bildung von Vereinsorganen, deren Zuständigkeit, Rechte und Pflichten sowie über die Rechte und Pflichten der Mitglieder gegenüber dem Verein und umgekehrt. Nun gibt es aber in vielen Vereinssatzungen Vorschriften, die ebensogut außerhalb der Satzung durch die Vereinsorgane hätten erlassen werden können. Dazu zählen vor allem jene, die das Verfahren der Vereinsorgane regeln (z. B. Geschäftsordnung des Vorstands, der Mitgliederversammlung, des Ehrengerichts usw.). Ferner sind häufig Vorschrif-

---

[8] OLG Hamburg JFG 2, 230; AG München BB 1959, 57; Hachenburg Anm. 26 zu § 53

[9] Ernst S. 85; a. A. Stöber Rdnr. 17

[1] RG Warn. 1933 Nr. 90; KG OLGZ 1974, 385/386; BayObLGZ 1975, 435/438 = Rpfleger 1976, 56; vgl. BayObLGZ 1971, 242/244 (für GmbH); OLG Celle GmbHRdsch 1959, 113 (für GmbH)

[2] BGHZ 18, 205/207 (für GmbH); vgl. ferner RGZ 74, 277 und BGH NJW 1969, 131

[3] vgl. BGH DNotZ 1970, 300; dazu ausführlich: Lukes NJW 1972, 121; vgl. ferner Lohbeck MDR 1972, 381

[4] wegen Änderung des Vereinsnamens vgl. BGHZ 23, 128

[5] wegen Änderung der Satzungsvorschrift über die Zusammensetzung des Vorstandes vgl. BayObLGZ 10, 81/84

ten über die Gestaltung des Vereinslebens (z. B. Spielordnung) oder über die Benützung von Vereinseinrichtungen (z. B. Hüttenordnung) in die Satzung aufgenommen, obwohl diese an sich bloße Maßnahmen der Geschäftsführung des Vereins sind. Gleichwohl wird man nicht einfach an der Tatsache vorübergehen können, daß diese Bestimmungen nun einmal in der Satzung stehen. Ihre Aufnahme in die Satzung braucht nämlich durchaus nicht unbedacht geschehen zu sein. So kann sie z. B. ihren Grund darin haben, diese Vorschriften der Disposition des sonst zuständigen Organs (regelmäßig des Vorstands) zu entziehen und ihre künftige Gestaltung der Beschlußfassung des für Satzungsänderungen zuständigen Vereinsorgans (regelmäßig der Mitgliederversammlung) zu unterwerfen. Als unechte Satzungsbestandteile, die ohne Beachtung der Vorschriften über eine Satzungsänderung geändert werden können, kommen daher nur jene Bestimmungen in Betracht, bei denen es **ganz offensichtlich** ist, daß sie nur **bei Gelegenheit** der Errichtung der Satzung in den Satzungstext aufgenommen worden sind und daher von Anfang an als **Fremdkörper** in der Satzung erscheinen. Das ist z. B. der Fall, wenn in der Gründungssatzung die Vorstandsmitglieder namentlich genannt sind.[6] Im übrigen wird man an dem Grundsatz festhalten müssen, daß im Zweifel jede Änderung der zum Vereinsregister eingereichten Satzung nur im Wege der Satzungsänderung möglich ist. Auch die Annahme einer völlig neuen Satzung bedeutet rechtlich eine Änderung der bisherigen Satzung.[7] Ebenso ist die nachträgliche Einführung einer Schiedsgerichtsordnung nur durch eine Satzungsänderung möglich, auch wenn deren Erlaß in der Satzung vorbehalten ist.[8] Auch nach Eintritt des Vereins in die Liquidation ist eine Satzungsänderung grundsätzlich nicht ausgeschlossen. Sie darf aber nicht im Widerspruch mit der Liquidation stehen.[9] Keine Bedenken bestehen, daß im Liquidationsstadium z. B. die Bestimmung der Satzung über den Anfall des Vereinsvermögens (§ 45 BGB) geändert oder der Sitz des Vereins an den Wohnort des Liquidators verlegt wird. Eine Satzungsänderung liegt auch vor, wenn ein Punkt, über den die Satzung bisher schweigt, für den also das Gesetz gilt, nunmehr abweichend vom Gesetz geregelt werden soll.[10] Dieser Fall ist z. B. dann gegeben, wenn in der Satzung über die Vertretungsbefugnis mehrerer Vorstandsmitglieder nichts enthalten ist und nunmehr jedem Vorstandsmitglied **Einzelvertretungsbefugnis** erteilt werden soll. Ebenfalls um eine Satzungsänderung handelt es sich, wenn eine ohnehin eingreifende gesetzliche Regelung nunmehr ausdrücklich in die Satzung aufgenommen werden soll.[11]

134 Weicht ein Beschluß von der geltenden Satzung ab, ohne daß der Wille zum Ausdruck kommt, die Satzung zu ändern, so handelt es sich um eine **Satzungsverletzung,** und dies auch dann, wenn der Beschluß mit der für eine Satzungsänderung erforderlichen Mehrheit gefaßt wurde.[12] Das für die

[6] OLG Oldenburg OLG 42, 223 (für GmbH); vgl. Hachenburg § 53 Anm. 1
[7] KG Recht 1914 Nr. 1166
[8] RGZ 88, 395
[9] RGZ 121, 246; KG JW 1935, 3636; R-D-K Rdnr. 176
[10] Hachenburg § 53 Anm. 1
[11] Hachenburg § 53 Anm. 3
[12] Baumbach/Hueck vor § 53 GmbHG Anm. 1 B; Hachenburg § 53 Anm. 5; R-D-K Rdnr. 177

Satzungsänderung zuständige Vereinsorgan (regelmäßig die Mitgliederversammlung) ist aber nicht daran gehindert, eine Satzungsbestimmung für den Einzelfall außer Kraft zu setzen, z. B. ein Nichtmitglied in den Vorstand zu wählen. Jedoch müssen alle Erfordernisse einer Satzungsänderung, insbesondere die Eintragung des Beschlusses in das Vereinsregister (§ 71 Abs. 1 BGB) erfüllt werden.[13] Ein solcher Ausnahmebeschluß könnte etwa dahin lauten, daß die (genau zu bezeichnende) Satzungsbestimmung bei der Bestellung des Herrn X. zum Vorstandsmitglied keine Anwendung findet. Mit der Eintragung dieses Beschlusses in das Vereinsregister würde die Wahl des Nichtmitglieds X. zum Vorstandsmitglied wirksam werden. Eine stillschweigende Satzungsänderung in der Weise, daß einzelne Satzungsbestimmungen durch dauernde Nichtanwendung außer Kraft treten, ist angesichts der zwingenden Vorschrift des § 71 Abs. 1 BGB nicht denkbar.[14]

Wie kommt eine Satzungsänderung zustande?

135 Zunächst ist erforderlich, daß das zuständige Vereinsorgan einen entsprechenden Beschluß faßt. Das zuständige Organ ist nach dem Gesetz die Mitgliederversammlung (§ 32 Abs. 1 Satz 1 BGB). Es ist jedoch zulässig, daß die Satzung ein anderes Vereinsorgan für zuständig erklärt, die Satzung zu ändern (§ 40 BGB). Die Befugnis, die Satzung zu ändern, kann von dem betreffenden Vereinsorgan ohne Ermächtigung in der Satzung grundsätzlich nicht auf ein anderes Organ übertragen werden, auch nicht auf einen etwa gebildeten Ausschuß des eigenen Organs. Dies ist nur ausnahmsweise bei bloßen Fassungsänderungen zulässig, also bei Änderungen, die den bisherigen sachlichen Inhalt der Satzung nicht berühren. Eine entsprechende Anwendung des § 179 Abs. 1 Satz 2 AktG erscheint vertretbar.[15]

Der satzungsändernde Beschluß ist nur wirksam, wenn die für die Beschlußfassung des betreffenden Organs im Gesetz oder in der Satzung vorgeschriebenen Förmlichkeiten gewahrt sind. In dieser Beziehung kann auf die Ausführungen über die Einberufung und Beschlußfähigkeit der Mitgliederversammlung verwiesen werden.[16] An dieser Stelle ist jedoch hervorzuheben, daß die Ankündigung einer Satzungsänderung im Einladungsschreiben, sofern die Mitteilung der Tagesordnung nach der Satzung nicht entbehrlich ist, so gehalten sein muß, daß die Mitglieder aus der Tagesordnung im wesentlichen erkennen können, um was es sich bei der geplanten Satzungsänderung handelt. Die bloße Ankündigung „Satzungsänderung" genügt in aller Regel nicht.[17]

Nach dem Wortlaut des Gesetzes (§ 33 Abs. 1 Satz 1 BGB) kommt ein satzungsändernder Beschluß nur zustande, wenn dreiviertel der **erschienenen** Mitglieder dem betreffenden Antrag zustimmen. Danach würden sich, wie bisher überwiegend (auch in den Vorauflagen dieses Buchs) angenommen wurde, Stimmenthaltungen praktisch als Nein-Stimmen auswirken.

---

[13] Baumbach/Hueck vor § 53 GmbHG Anm. 1 B; a. A. Boesebeck NJW 1960, 2267
[14] a. A. Hachenburg § 53 Anm. 6
[15] vgl. Baumbach/Hueck AktG § 179 Rdnr. 5
[16] siehe Rdnrn. 157, 203
[17] dazu Näheres bei Rdnr. 178

Demgegenüber versteht nun der Bundesgerichtshof[18] den Hinweis des Gesetzes auf die Mehrheit der ,,erschienenen" Mitglieder lediglich als Klarstellung, daß Beschlüsse nicht von der Mehrheit der überhaupt dem Verein angehörenden Mitglieder gefaßt zu werden brauchen. Die Entscheidung des Bundesgerichtshofs betrifft zwar formell nicht die Beschlußfassung über eine Satzungsänderung, sondern einen ,,einfachen" Beschluß der Mitgliederversammlung (nach § 32 BGB), aber ihre Aussage über die Behandlung von Stimmenthaltungen bei Vereinsbeschlüssen ist grundsätzlicher Natur und erfaßt somit auch den Fall der Beschlußfassung über eine Satzungsänderung. Damit ist der bisherige Meinungsstreit für die Vereinspraxis entschieden, so daß auch bei einer Beschlußfassung über eine Satzungsänderung Stimmenthaltungen und ungültige Stimmen nicht zu berücksichtigen sind; vielmehr ist die dreiviertel-Mehrheit nur an Hand der abgegebenen gültigen Ja- und Nein-Stimmen zu errechnen.

Diese Regelung greift aber nur ein, wenn und soweit die Satzung nichts anderes bestimmt (§ 40 BGB). Die Satzung kann dabei die gesetzlichen Erfordernisse mildern, aber auch verschärfen. Sie kann z. B. für einen satzungsändernden Beschluß vorschreiben, daß er einer Mehrheit von ⅘, $\frac{9}{10}$ oder gar der Einstimmigkeit bedarf oder daß außer einer bestimmten Mehrheit die Zustimmung eines anderen Vereinsorgans oder bestimmter einzelner Vereinsmitglieder erforderlich ist. Die Satzung kann aber auch eine geringere als die gesetzliche dreiviertel-Mehrheit genügen lassen (z. B. ⅔ oder gar die einfache Mehrheit).[19]

Wenn nun in einer Vereinssatzung bestimmt ist, daß für Satzungsänderungen eine bestimmte Mehrheit ,,der erschienenen Mitglieder" erforderlich ist, ist damit in aller Regel nur der Wortlaut des Gesetzes übernommen worden. Eine solche Satzungsbestimmung ist daher ebenfalls dahin auszulegen, daß die geforderte Mehrheit nur aus der Summe der gültigen Ja- und Nein-Stimmen zu errechnen ist. Jedoch sollte, wenn aus anderen Gründen ohnehin eine Satzungsänderung ansteht, auch diese Bestimmung zur Klarstellung neu gefaßt werden. Es ist nämlich zu bedenken, daß die Rechtsprechung des Bundesgerichtshofs bezüglich der Bedeutung des Passus ,,erschienene Mitglieder" nunmehr die Möglichkeit eröffnet, daß die Satzung, was sie gemäß § 40 BGB kann, mit der Verwendung dieser Worte **bewußt** eine positive Entscheidung der erschienenen Mitglieder verlangen und demgemäß Stimmenthaltungen wie Nein-Stimmen behandelt wissen will.

136 Umstritten ist die Frage, ob die Wirksamkeit einer Satzungsänderung von der **Genehmigung eines Nichtmitglieds** oder einer sonstigen Stelle außerhalb des Vereins abhängig gemacht werden darf.[20] In jüngerer Zeit hat sie das Kammergericht bejaht.[21] Es hat dabei überzeugend dargelegt, daß eine solche Regelung lediglich eine Einschränkung der Satzungsautonomie des

---

[18] BGH MDR 1982, 551 = NJW 1982, 1585 = DNotZ 1982, 631 = Rpfleger 1982, 291 m. kritischer Anm. von Pulte; siehe ferner Rdnrn. 206, 207

[19] so zutreffend R-D-K Rdnr. 185

[20] verneinend: LG Siegen Rpfleger 1964, 267; differenzierend Soergel § 33 Rdnr. 3

[21] OLGZ 1974, 385 = Rpfleger 1974, 394 = MDR 1975, 140; ebenso LG Aachen DVBl 1976, 914; siehe auch BayObLGZ 1979, 303/308f.

Vereins darstellt, die zu den wesentlichen Grundsätzen des Vereinsrechts nicht in Widerspruch steht.[21a]

Es ist jedoch stets zu prüfen, ob außer dem genannten Genehmigungsvorbehalt durch weitere Satzungsbestimmungen dem Nichtmitglied oder der sonstigen Stelle außerhalb des Vereins ein so starker **Fremdeinfluß** auf die Vereinsentscheidungen eingeräumt wird, daß dem Verein nach dem Gesamtinhalt der Satzung als Personenverband keine eigene Bedeutung mehr zukommt.[22]

137 Eine Unabänderlichkeit von Satzungsbestimmungen gibt es nicht. Würde die Satzung einzelne Bestimmungen für unabänderlich erklären, so wäre das so zu verstehen, daß eine Änderung nur mit Zustimmung aller Vereinsmitglieder (auch der in der Mitgliederversammlung nicht anwesenden) erfolgen kann.[23] Je nach dem Inhalt der für unabänderlich erklärten Satzungsvorschriften kann die Satzung auch dahin ausgelegt werden, daß es zur Satzungsänderung der Zustimmung der Gründungsmitglieder bedarf, sofern diese im gegebenen Zeitpunkt noch Mitglieder des Vereins sind.

138 Wenn die Satzung für bestimmte Beschlüsse besondere Erfordernisse aufstellt, so können diese nur unter denselben Voraussetzungen aufgehoben oder abgeändert werden.[24] Beispiel: Schreibt die Satzung vor, daß zur Änderung der Satzung eine ⅘-Mehrheit der abgegebenen Stimmen erforderlich ist, so ist für die Einführung einer anderen Regelung, gleichgültig ob diese eine Erschwerung oder eine Erleichterung darstellt, eine Mehrheit von ⅘ der abgegebenen Stimmen notwendig. Entsprechendes gilt z. B. für den Fall, daß nach der bisherigen Satzung zur Auflösung des Vereins ein einstimmig gefaßter Beschluß der Mitgliederversammlung erforderlich ist. Eine Abänderung dieser Bestimmung kann nur einstimmig beschlossen werden. Enthält die Satzung hinsichtlich der Beschlußfassung über eine Satzungsänderung keine Vorschrift, so gilt die gesetzliche Regelung (¾-Mehrheit der abgegebenen gültigen Stimmen). Soll nun an die Stelle der gesetzlichen Regelung eine andere treten, so muß dieser satzungsändernde Beschluß noch mit der gesetzlich vorgeschriebenen Mehrheit gefaßt werden.

139 Damit eine Satzungsänderung rechtswirksam zustande kommt, genügt ein ordnungsgemäß gefaßter Beschluß der Mitgliederversammlung (oder des sonst zuständigen Vereinsorgans) allein nicht. Die Satzungsänderung wird vielmehr erst vollzogen, wenn der satzungsändernde Beschluß **in das Vereinsregister eingetragen wird** (§ 71 Abs. 1 BGB). Die Eintragung im Vereinsregister hat also rechtserzeugende (konstitutive) Wirkung. Eine zwar beschlossene, aber nicht in das Vereinsregister eingetragene Satzungsänderung ist sowohl für das Verhältnis des Vereins zu Dritten wie für das interne

---

[21a] Zustimmend und grundsätzlich zum ganzen Problemkreis Dütz in Festschrift für Wilhelm Herschel (1982) S. 55ff. („Tendenzaufsicht im Vereinsrecht")

[22] BayObLGZ 1975, 435/439 (betriebl. Unterstützungseinrichtung) = Rpfleger 1976, 56; siehe auch OLG Düsseldorf Rpfleger 1979, 259

[23] Baumbach/Hueck AktG § 179 Rdnr. 4; nicht eindeutig Staudinger § 33 Rdnr. 6, der anscheinend eine gewöhnliche Satzungsänderung genügen läßt

[24] RG HRR 1932 Nr. 1639; Sommermeyer SchlHAnz 1967, 319 mit weiteren Belegen; vgl. auch LG Stuttgart Die Justiz 1971, 144/145

Vereinsleben ohne Wirkung.[25] Es können aber zugleich mit dem satzungsändernden Beschluß ausführende Beschlüsse gefaßt werden, also solche, bei denen bereits von der rechtlichen Existenz der eben beschlossenen Satzungsänderung ausgegangen wird.[26] Solche Beschlüsse sind rechtlich als bedingte Beschlüsse anzusehen. Sie werden in dem gleichen Zeitpunkt wirksam, in dem die Satzungsänderung in das Vereinsregister eingetragen wird.[27] Wird z. B. die Änderung der Satzung dahin beschlossen, daß der Vorstand statt aus einer künftig aus zwei Personen bestehen soll, so kann sogleich das zweite Vorstandsmitglied gewählt werden. Diese Wahl wird dann mit der Eintragung der Satzungsänderung wirksam. Für die Anmeldung der Satzungsänderung ist daher noch der Vorstand in der bisherigen Zusammensetzung zuständig. Auch andere Vereinsorgane können auf der Grundlage der beschlossenen Satzungsänderung Beschlüsse fassen, die mit der Eintragung der Satzungsänderung wirksam werden.[28]

140 **Die Eintragung der Satzungsänderung in das Vereinsregister** erfolgt ausnahmslos nur aufgrund einer **Anmeldung** der Satzungsänderung durch den Vorstand, niemals von Amts wegen. Zur Anmeldung der Satzungsänderung ist der Vorstand dem Verein gegenüber verpflichtet, da er die Beschlüsse der Mitgliederversammlung durchzuführen hat. Außerdem besteht auch eine öffentlich-rechtliche Pflicht zur Anmeldung. Das Registergericht kann die Vorstandsmitglieder durch Zwangsgeld bis zu 1000 DM zur Anmeldung anhalten (§ 78 Abs. 1 BGB). Nach der hier vertretenen Auffassung genügt es aber, daß soviele Vorstandsmitglieder die Anmeldung tätigen, wie zur Vertretung des Vereins erforderlich sind.[29] Es genügt also die Anmeldung durch ein einziges Vorstandsmitglied, wenn diesem nach der Satzung Einzelvertretungsbefugnis erteilt ist. Die Anmeldung muß öffentlich beglaubigt sein (§ 77 BGB), d. h., die Unterschriften der Vorstandsmitglieder müssen, sofern die Zuständigkeit für die öffentliche Beglaubigung nach Landesrecht nicht anderen Personen oder Stellen übertragen ist (§ 63 des Beurkundungsgesetzes), von einem **Notar** beglaubigt werden. Eine Beglaubigung durch die Polizei oder durch eine andere Behörde genügt nicht.[30] Seit dem 1. 1. 1970 ist die zweckmäßige und bewährte Möglichkeit, die Anmeldung zu Protokoll der Geschäftsstelle des Registergerichts zu erklären, leider weggefallen.[31] Der Anmeldung sind die Urschrift und die Abschrift des satzungsändernden Beschlusses beizufügen (§ 71 Abs. 1

[25] BGHZ 23, 122 = LM Nr. 4 zu § 33 BGB m. Anm. Fischer = NJW 1957, 497; OLG Köln NJW 1964, 1575

[26] Hachenburg § 54 Anm. 8

[27] vgl. RGZ 77, 152/156; 82, 375/379; 119, 339/341; vgl. OLG Bremen NJW 1955, 1925

[28] Hachenburg § 54 Anm. 8

[29] zu dieser Frage siehe Rdnr. 395

[30] Palandt § 129 Anm. 1; für die Ortsgerichtsvorsteher in Hessen siehe aber § 17 des Hessischen Ortsgerichtsgesetzes vom 16. 7. 1952 (GVBl. S. 214), geändert durch Gesetz vom 2. 5. 1972 (GVBl. S. 162), mit § 63 des Beurkundungsgesetzes; weitere Ausnahmen vgl. Keidel/Kuntze/Winkler Teil B § 63 BeurkG Rdnr. 1 und LG Mainz Rpfleger 1974, 20

[31] § 128 FGG ist durch das Beurkundungsgesetz vom 28. 8. 1969 aufgehoben. Hinsichtlich der damit eingetretenen Erschwerungen für die Praxis vgl. Jansen § 128 Rdnr. 1

BGB). Die Urschrift soll in der Form erstellt sein, welche die Satzung für die Beurkundung der Beschlüsse der Mitgliederversammlung vorschreibt (vgl. § 58 Nr. 4 BGB). Wesentlich ist, daß sie von demjenigen unterschrieben ist, der nach der Satzung für die Aufnahme des Versammlungsprotokolls zuständig ist. Es ist nicht erforderlich, daß das vollständige Sitzungsprotokoll in Urschrift vorgelegt wird. Es genügt ein **Auszug,** der eingangs die allgemeinen Formalien und unter Weglassung der nur für das interne Vereinsleben bedeutsamen Vorgänge lediglich noch den satzungsändernden Beschluß enthält. Die Abschrift braucht nicht notariell beglaubigt zu sein.

141 Die **Prüfungspflicht** des Rechtspflegers und der Gang des Eintragungsverfahrens (Beteiligung der Verwaltungsbehörde) sind im wesentlichen die gleichen wie bei der Eintragung des Vereins. Der Rechtspfleger hat zu prüfen, ob der satzungsändernde Beschluß formell ordnungsgemäß zustande gekommen ist, insbesondere, ob er mit der nach dem Gesetz oder nach der Satzung erforderlichen Mehrheit gefaßt wurde. Eine Pflicht zur Prüfung, ob die Versammlung ordnungsgemäß einberufen und beschlußfähig war, besteht grundsätzlich nicht.[32] Ergeben sich aber in dieser Beziehung aus den vorgelegten Unterlagen oder aufgrund von sonstigen dem Gericht zugegangenen Erklärungen Zweifel, so muß der Rechtspfleger den Sachverhalt aufklären (§ 12 FGG). Eine inhaltliche Prüfung des satzungsändernden Beschlusses ist in der Richtung geboten, ob er gegen das Gesetz oder offensichtlich gegen die Satzung verstößt. Besondere Sorgfalt ist bei Beschlüssen erforderlich, die eine Änderung (Streichung, Ergänzung) der in §§ 57 und 58 BGB genannten Satzungsbestimmungen betreffen.[33] Ferner ist darauf zu achten, daß die Änderung einer Satzungsbestimmung (z. B. eines einzelnen Satzes) nicht dazu führt, daß der anschließende nicht geänderte Satzungstext sinnlos wird.[34] Da jede sachliche Satzungsänderung zugleich eine Änderung des Satzungswortlauts ist, sind Beschlüsse zur Eintragung in das Vereinsregister nicht geeignet, die nur den Gegenstand der Änderung allgemein beschreiben, aber den Wortlaut, den die Satzung erhalten soll, nicht fixieren.

Wird die **Neufassung** der Satzung angemeldet, so erstreckt sich die Prüfung des Registergerichts auf den gesamten urkundlichen Inhalt der Neufassung, und zwar ohne Rücksicht darauf, ob und inwieweit die Neufassung mit der bisherigen Satzung übereinstimmt. Daher können auch Bestimmungen, die bei der Eintragung des Vereins (oder bei einer früheren Satzungsänderung) fälschlich unbeanstandet geblieben waren, bei der Anmeldung der Neufassung beanstandet werden.[35]

Es kommt nicht selten vor, daß schon vor der Anmeldung der Satzungsänderung durch den Vorstand oder vor der Entscheidung des Rechtspflegers über die Anmeldung Zuschriften von Vereinsmitgliedern bei dem Registergericht eingehen, in denen gegen die Eintragung der Satzungsänderung protestiert oder förmlich beantragt wird, die Anmeldung zurückzuweisen. Sol-

---

[32] Keidel/Schmatz/Stöber Rdnr. 1109

[33] z. B., ob der Verein durch die Satzungsänderung den Charakter eines nichtwirtschaftlichen Vereins (§ 21 BGB) verliert; vgl. OLG Stuttgart OLGZ 1971, 465

[34] KG DR 1942, 1059; BayObLGZ 1971, 242/245 = Rpfleger 1971, 360 = WPM 1971, 1104

[35] KG OLGZ 1974, 385/386; BayObLGZ 1975, 435/439 = Rpfleger 1976, 56

che oft sehr zahlreichen Eingaben und Anträge stellen lediglich Beiträge zur Prüfung des Rechtspflegers dar, ob der Anmeldung stattzugeben ist. Einer gesonderten Verbescheidung bedürfen sie nicht. Es empfiehlt sich aber, die Betreffenden von dem Ergebnis des Eintragungsverfahrens (Eintragung der Satzungsänderung oder Zurückweisung der Anmeldung) zu unterrichten.

142 Wenn mehrere Änderungen der Satzung angemeldet werden, zwischen denen ein sachlicher Zusammenhang besteht, kann es vorkommen, daß ein Teil der Änderungen unzulässig ist (z. B. wegen Verstoßes gegen den Grundsatz der Gleichbehandlung der Mitglieder). In diesem Fall ist es nicht zulässig, die Anmeldung teilweise zu vollziehen und im übrigen zurückzuweisen; vielmehr ist sie im ganzen Umfang zu beanstanden.[36]

143 Da die Satzungsänderung erst mit ihrer Eintragung in das Vereinsregister rechtswirksam wird, ist es nicht möglich, sie **rückwirkend** inkraftzusetzen. Das schließt aber nicht aus, daß der satzungsändernde Beschluß selbst eine Regelung enthält, die auf einen bestimmten Zeitpunkt zurückwirkt.[37]

144 Bei der **Eintragung** der Satzungsänderung ist zu unterscheiden: Wird der Name oder der Sitz des Vereins geändert, so sind die neuen Bezeichnungen wörtlich einzutragen. Betrifft die Satzungsänderung die Vertretungsmacht des Vorstandes oder die Beschlußfassung des Vorstands oder der Liquidatoren, so muß zwar nicht der Wortlaut, aber wenigstens der sachliche Inhalt der Änderung eingetragen werden.[38] Bei allen anderen Satzungsänderungen genügt eine allgemeine Bezeichnung des Gegenstandes der Änderung.[38] In jedem Fall ist der Tag einzutragen, an dem die Satzungsänderung beschlossen wurde.[38] Beispiel für eine qualifizierte Eintragung: ,,Die Mitgliederversammlung vom ... hat die Änderung des § 4 der Satzung (Vertretungsmacht des Vorstandes) beschlossen. Zum An- und Verkauf von Grundstükken bedarf der Vorstand der Zustimmung der Mitgliederversammlung.“ Beispiel für die Eintragung einer sonstigen Satzungsänderung: ,,Die Mitgliederversammlung vom ... hat die Änderung des § 9 der Satzung (Jahresbeitrag) beschlossen.“ Die Eintragung, die Mitgliederversammlung habe die Änderung der Satzung nach Maßgabe des eingereichten Protokolls beschlossen, ist nichtssagend und unwirksam. Die Eintragung muß wenigstens ersehen lassen, welche Satzungsbestimmungen geändert worden sind.[39]

145 Gegen die **Zurückweisung der Anmeldung** durch den Rechtspfleger sind dieselben, jeweils an eine Frist von zwei Wochen gebundenen, Rechtsmittel gegeben wie gegen den Beschluß, mit dem die Eintragung des Vereins abgelehnt wird (§ 160a Abs. 1 FGG und § 11 RPflG).[40]

---

[36] KG JFG 5, 237; OLG Hamm NJW 1963, 1554; Jansen § 128 Rdnr. 31

[37] vgl. Dempewolf NJW 1958, 1212

[38] siehe die Vorschriften der Landesjustizverwaltungen über die Führung des Vereinsregisters (z. B. für Bayern: JMBek. vom 4. 9. 81 – JMBl. 1981, 170; für Hessen: RdErl. vom 4. 11. 81 – JMBl. 1981, 587); BGHZ 18, 303/307 = NJW 1955, 1916; OLG Bremen NJW 1955, 1916; OLG Schleswig SchlHAnz 1955, 165; OLG München MDR 1955, 160

[39] RG HRR 1933 Nr. 1635; BGHZ 18, 303 = NJW 1955, 1916; OLG München MDR 1955, 160; Keidel/Schmatz/Stöber Rdnr. 1109; a. A. Soergel § 71 Rdnr. 6; Palandt § 71 Anm. 1

[40] Siehe Rdnr. 19

Die Änderung des Vereinszwecks

146 Da der satzungsmäßig festgelegte Zweck des Vereins (§ 57 Abs. 1 BGB) für das Wesen des Vereins und seine Identität maßgebend ist,[41] läßt das **Gesetz** eine Änderung des Vereinszwecks nur zu, wenn **sämtliche** Vereinsmitglieder dazu ihre Zustimmung geben (§ 33 Abs. 1 Satz 2 BGB). Zur Beschlußfassung über eine Zweckänderung genügt also ein Mehrheitsbeschluß der Mitgliederversammlung selbst dann nicht, wenn die für eine sonstige Satzungsänderung gesetzlich erforderliche ¾-Mehrheit erreicht ist. Vielmehr ist erforderlich, daß alle in der Mitgliederversammlung erschienenen Mitglieder zustimmen und außerdem die Nichterschienenen **schriftlich** zustimmen. Telegrafische Zustimmung genügt.[42] Jene Mitglieder, die in der Mitgliederversammlung gegen die Zweckänderung gestimmt haben, können noch nachträglich ihre Zustimmung geben.[43] Diese außerordentlich strenge gesetzliche Regelung kann aber in der Satzung durch eine andere ersetzt werden (§ 40 BGB). Die Satzung kann dabei so weit gehen, daß eine Zweckänderung bereits mit der einfachen Mehrheit der abgegebenen gültigen Stimmen beschlossen werden kann. Andererseits kann die Satzung die Voraussetzungen, unter denen eine Zweckänderung beschlossen werden kann, gegenüber der gesetzlichen Regelung noch verschärfen. So kann z. B. bestimmt werden, daß die Zweckänderung nur bei Anwesenheit und Zustimmung aller Mitglieder in der Mitgliederversammlung beschlossen werden kann. In diesem Fall scheitert die Zweckänderung bereits an dem Ausbleiben eines einzigen Mitglieds.[44] In manchen Vereinssatzungen ist nun zwar für Satzungsänderungen eine bestimmte, vom Gesetz abweichende Regelung getroffen, aber die Zweckänderung ist dabei nicht erwähnt. Bei einer solchen Fassung der Satzung läßt sich nicht ohne weiteres sagen, daß die gesetzliche Regelung einer Zweckänderung durch die Satzung abgeändert sei. Aus § 33 Abs. 1 BGB ergibt sich vielmehr deutlich, daß das Gesetz zwischen einer „gewöhnlichen" Satzungsänderung und einer Änderung des satzungsmäßigen Vereinszwecks unterscheidet und die letztere als eine besonders qualifizierte Satzungsänderung behandelt. Deshalb muß die Satzung, wenn sie auch für diese besondere Satzungsänderung eine vom Gesetz abweichende Regelung treffen will, dies erkennbar anordnen. Dazu ist allerdings nicht unbedingt eine sich wörtlich auf die Änderung des Vereinszwecks beziehende Satzungsbestimmung erforderlich. Notwendig ist aber, daß nach allgemeinen Grundsätzen für die Auslegung einer Vereinssatzung der Wille **deutlich** zum Ausdruck kommt, daß es zur Änderung des Vereinszwecks nicht der Zustimmung aller Vereinsmitglieder bedarf.[45]

Demgegenüber hat das Oberlandesgericht Karlsruhe[46] die Auffassung vertreten, daß dann, wenn die Satzung nur eine Bestimmung über Satzungsänderungen enthält, ohne nach deren Inhalt zu differenzieren, daraus nicht

---

[41] RGZ 119, 184/186
[42] § 127 BGB; vgl. KG JW 1938, 1824
[43] BGB-RGRK § 33 Anm. 2 (11. Aufl.)
[44] RGZ 76, 170/174
[45] Stöber Rpfleger 1976, 377
[46] Rpfleger 1976, 396

entnommen werden könne, daß eine Änderung des Vereinszwecks davon nicht erfaßt werden solle. Diese Rechtsmeinung hätte zur Folge, daß in vielen Fällen gegen den Widerstand einer beachtlichen Minderheit (z. B. wenn für eine „Satzungsänderung" eine Zweidrittelmehrheit oder gar die einfache Mehrheit der abgegebenen Stimmen genügen soll) der Vereinszweck geändert werden könnte. Der außerordentlichen Tragweite, die eine Änderung des Vereinszwecks für den Bestand eines jeden Vereins hat, wird eine solche Rechtsauffassung nicht gerecht. Ihr ist auch sogleich Stöber[45] mit überzeugenden Argumenten entgegengetreten. Diese können an dieser Stelle nur nachdrücklich unterstrichen werden.[45a]

Da noch keine Erkenntnisse vorliegen, ob sich die Rechtsprechung des Oberlandesgerichts Karlsruhe bei den Registergerichten allgemein durchsetzen wird, sollte bei der Ausarbeitung von Vereinssatzungen auf die Unterscheidung der gewöhnlichen Satzungsänderungen von Änderungen des Vereinszwecks geachtet werden, wenn vermieden werden soll, daß über beide Gegenstände nach den gleichen Abstimmungsmodalitäten Beschlüsse gefaßt werden können.

147 Eine Änderung des Vereinszwecks liegt vor, wenn statt der bisher in der Satzung festgelegten Ziele andere angestrebt werden oder wenn eine bisher untergeordnete Aufgabe zum Hauptzweck gemacht werden soll. Es muß sich dabei aber um eine wesentliche Verschiebung der bisherigen Grundlage des Vereins handeln, nicht nur um eine dem Wandel der Zeit angepaßte Verfolgung der alten Ziele mit anderen Mitteln; das für den Verein Charakteristische muß von der Änderung betroffen werden. Besteht das bisher für den Verein Typische in einer Spezialisierung auf ein bestimmtes Aufgabengebiet, so bedeutet es eine Zweckänderung, wenn der Tätigkeitsbereich des Vereins nunmehr auf weitere Gegenstände erstreckt werden soll. Umgekehrt kann in einer Einschränkung der bisher weitgespannten Betätigung eine Zweckänderung liegen. Werden dagegen nur die Mittel zur Erreichung des Vereinszwecks geändert, so stellt das in der Regel keine Zweckänderung dar. Eine solche ist aber anzunehmen, wenn es gerade die bisher eingesetzten Mittel sind, die das Wesen des Vereins prägen.

148 Ein den Vereinszweck ändernder Beschluß, dem nicht die nach dem Gesetz oder nach der Satzung erforderliche Zahl von Vereinsmitgliedern zugestimmt hat, ist unwirksam. Es kommt jedoch vor, daß nach einem solchen fehlgeschlagenen Versuch, den Vereinszweck zu ändern, im Verein sich zwei Gruppen bilden: eine Mehrheit, die ungeachtet des Widerstandes der Minderheit den neuen (illegalen) Vereinszweck verfolgt, und eine Minderheit, die am satzungsmäßigen Zweck festhält. Diese Situation beurteilt das Reichsgericht[47] so: Das Vorgehen einer Mehrheit, die sich über die gedachte, den Schutz der Minderheit bezweckende Vorschrift des § 33 Abs. 1 Satz 2 BGB hinwegsetzt und einen anderen als den satzungsmäßig festgelegten

---

[45] Stöber Rpfleger 1976, 377

[45a] ablehnend ferner Staudinger § 33 Rdnr. 6 a. E. und Palandt § 33 Anm. 2; auch das OLG Hamm will der Entscheidung des OLG Karlsruhe nicht folgen und hat die Sache dem Bundesgerichtshof nach § 28 Abs. 2 FGG zur Entscheidung vorgelegt (Rpfleger 1980, 417 = OLGZ 1980, 326)

[47] RGZ 119, 184/186

Vereinszweck verfolgt, kann nur in dem Sinn aufgefaßt werden, daß die Mehrheit sich vom Verein lossagen und einen neuen Verein mit verändertem Vereinszweck gründen will. Das Verhalten der Mehrheit ist somit einem Austritt aus dem Verein gleichzustellen. Treten nunmehr die Organe des Vereins auf, um den ungesetzlichen Beschluß durchzuführen, so sind ihre Handlungen der Minderheit gegenüber unwirksam; sie haben ihr gegenüber kein Recht mehr, über das Vereinsvermögen zu verfügen. Aus der Loslösung der Mehrheit vom Verein aber folgt, daß die Minderheit, die an der Satzung, insbesondere am alten Vereinszweck festhält und sich ihrerseits neu konstituiert, indem sie neue Organe wählt, in Wirklichkeit den Verein fortsetzt. Sie kann daher die Herausgabe des Vereinsvermögens von der Mehrheit verlangen. Nehmen dagegen alle Mitglieder die Durchführung einer gesetz- oder satzungswidrig beschlossenen Zweckänderung hin und kommt es demzufolge nicht zu einer Spaltung des Vereins, so bleibt der Verein bestehen und wird mit dem veränderten Zweck fortgesetzt.[48] Dieser Rechtsprechung hat sich der Bundesgerichtshof[49] im wesentlichen angeschlossen. Er erkennt jedoch die Abspaltung der den neuen (satzungswidrigen) Vereinszweck verfolgenden Mehrheit erst dann als vollzogen an, wenn die Minderheit keine andere Möglichkeit hat, die Mehrheit mit rechtlichen Mitteln auf den Boden der Satzung zurückzuführen.[50] Es ist daher Sache der Minderheit, dem Registergericht durch entsprechende tatsächliche Angaben die Feststellung zu ermöglichen, daß sie sich mit den nichtigen Beschlüssen der Mehrheit bzw. der Vereinsorgane und den daraufhin getroffenen Maßnahmen nie abgefunden, vielmehr alles getan hat, um die Spaltung durch Zurückführung der Mehrheit auf den Boden des Rechts zu überwinden.[51]

149 Wenn infolge Veränderung der tatsächlichen Verhältnisse die Durchführung des satzungsmäßigen Vereinszwecks **unmöglich** wird (z. B. durch Bebauung der nach der Satzung kleingärtnerischen Zwecken dienenden Grundstücke), so hat das weder die Auflösung des Vereins noch die Entstehung eines neuen, an die gewandelten Verhältnisse angepaßten Vereinzweckes zur Folge; vielmehr schrumpft der Vereinszweck auf die ihm noch unterzuordnenden Restaufgaben, insbesondere die Verwaltung des Vereinsvermögens, zusammen.[50]

150 Nach Auffassung des Reichsgerichts[52] kommt es für die Annahme, daß der Zweck eines Vereins geändert worden sei, nicht ausschlaggebend darauf an, ob und inwieweit die Fassung der Satzung geändert sei; auch Maßnahmen, die außerhalb der Satzung getroffen werden, könnten eine Zweckänderung enthalten. Wenn damit gesagt sein sollte, daß durch bestimmte Maßnahmen der in der Satzung festgelegte Vereinszweck geändert werden könne, ohne daß es einer Änderung der Satzung bedürfte, vermöchten wir dem nicht zuzustimmen. Wir sehen keinen Grund, hinsichtlich der Änderung des Ver-

---

48 vgl. RG JW 1925, 237
49 BGHZ 16, 143/150 = NJW 1955, 457; dazu Anm. von Fischer LM Nr. 2 zu § 33 BGB
50 BGHZ 49, 175 = NJW 1968, 545 = MDR 1968, 387
51 BayObLGZ 1970, 120/125; Soergel § 33 Rdnr. 6 a. E.
52 SeuffArch 84 Nr. 135

einszwecks anders zu verfahren als bei der Änderung einer anderen Satzungsbestimmung (§ 71 Abs. 1 BGB). Eine Änderung des Vereinszwecks ohne Satzungsänderung, also auch ohne Eintragung der Änderung in das Vereinsregister erscheint daher nicht möglich. Freilich können bestimmte Maßnahmen der Vereinsorgane, z. B. der Beschluß, aus dem bisherigen Dachverband auszutreten und einem anderen Dachverband mit entgegengesetzter Zielrichtung beizutreten,[53] so beschaffen sein, daß sie mit dem satzungsmäßigen Vereinszweck nicht zu vereinbaren sind; das hat aber dann nicht schon die Änderung des satzungsmäßigen Vereinszwecks zur Folge, vielmehr handelt es sich um satzungswidrige Maßnahmen, wenn nicht gleichzeitig eine entsprechende Änderung der Satzung beschlossen und anschließend in das Vereinsregister eingetragen wird.

15. Vereinsvorschriften außerhalb der Vereinssatzung

151 In den meisten größeren Vereinen, vor allem aber in den sogenannten Dachverbänden bestehen außer der Vereinssatzung noch weitere Vorschriften zur Regelung des inneren Vereinslebens. Diese haben für die tägliche Vereinspraxis oft größere Bedeutung als die Vereinssatzung selbst. Sie führen die verschiedensten, meist nach ihrem Zweck gewählten Bezeichnungen, beispielsweise Geschäftsordnung (mit Angabe des betreffenden Vereinsorgans), Wahlordnung, Finanzordnung, Ehrengerichtsordnung, Disziplinarordnung, Spielordnung, Spielerstatut, Wettkampfordnung, Hüttenordnung, Gartenordnung. Für diese rechtlich im Rang unter der Vereinssatzung stehenden Vereinsvorschriften („nachrangige körperschaftliche Normen" – „körperschaftliche Normen zweiten Ranges") hat sich der Sammelbegriff **„Vereinsordnungen"** wohl inzwischen durchgesetzt.[1] Begriffe wie Nebensatzungen oder Vereinsgesetze lassen die Unterscheidung von der Vereinssatzung weniger deutlich erkennen.[2] Die Vereinsordnungen sind, je nach dem, an wen sie sich richten, nur für die Mitglieder eines Vereinsorgans (z. B. des Vorstands) oder nur für einen bestimmten Kreis von Mitgliedern (z. B. eine Wettkampfordnung nur für die an Wettkämpfen teilnehmenden Mitglieder) oder aber für alle Vereinsmitglieder **ebenso verbindlich wie die Vereinssatzung** selbst. Im Gegensatz zur Vereinssatzung können aber in den Vereinsordnungen wirksam **nur** solche Bestimmungen getroffen und Gegenstände geregelt werden, **die nicht zur Vereinsverfassung**[3] **gehören**.[4] Damit ist der Regelungsbereich in den Vereinsordnungen auf die Erläuterung, nähere Ausgestaltung und geschäftsmäßige Durchführung[5] der in der Vereinsverfassung getroffenen **Grundentscheidungen** und **Leitprinzipien** des Vereinslebens beschränkt. Ob sich eine Regelung in einer Vereinsordnung in

---

[53] vgl. RGZ 119, 184/185 = JW 1928, 644 m. Anm. Heinsheimer

[1] Lohbeck MDR 1972, 381; Soergel § 25 Rdnrn. 2, 6

[2] zutreffend R-D-K- Rdnr. 208

[3] zu diesem Begriff siehe Rdnr. 32

[4] Lukes NJW 1972, 121/126 („Der Satzungsinhalt beim eingetragenen Verein und die Abgrenzung zu sonstigen Vereinsregelungen"); vgl. auch BGHZ 47, 172/177 f. = NJW 1967, 1268 = BB 1967, 602

[5] Soergel § 25 Rdnr. 6

diesen Grenzen bewegt oder in den der Vereinsverfassung vorbehaltenen Bereich übergreift, kann nur nach den Umständen des Einzelfalls beurteilt werden. Nach einer Entscheidung des Bundesgerichtshofs[6] soll für die Beantwortung der Frage, ob eine bestimmte Regelung in einer Vereinsordnung getroffen werden kann oder ob sie **„Verfassungsqualität"** besitzt und damit nur durch Aufnahme in die Vereinssatzung für die Vereinsmitglieder verbindlich werden kann, auch der Gesichtspunkt bedeutungsvoll sein, ob es sich dabei um Rechtsnachteile handelt, die nicht selbstverständlich sind und mit denen ein eintretendes Mitglied, das die Satzung kennt, nicht ohne weiteres rechnen muß. Die mangelnde Vorhersehbarkeit einer in einer Vereinsordnung enthaltenen „lästigen" Bestimmung besagt aber noch nicht, daß sie Verfassungsqualität besitzt und daher überhaupt nicht außerhalb der Vereinssatzung wirksam getroffen werden kann. Eine solche bei Kenntnis der Satzung nicht vorhersehbare Bestimmung in einer Vereinsordnung scheitert aber daran, daß sie keine ausreichende Grundlage in der Vereinssatzung hat.[7]

Voraussetzung für die Wirksamkeit einer Vereinsordnung ist nämlich, daß für ihren Erlaß eine ausreichende **Ermächtigung** in der Vereinssatzung enthalten ist; Zweck, Struktur und Reichweite der Vereinsordnung müssen durch die Ermächtigung vorgezeichnet sein.[8]

152 **Zuständig** für den Erlaß einer Vereinsordnung ist, wenn die Satzung nichts anderes bestimmt, regelmäßig die Mitgliederversammlung. Jedoch kann, solange die Mitgliederversammlung von ihrer Zuständigkeit keinen Gebrauch gemacht hat, jedes Vereinsorgan für seinen **eigenen Geschäftsbereich** selbst eine **Geschäftsordnung** aufstellen.[9] So kann z. B. der Vorstand die Arbeitsverteilung unter seinen Mitgliedern in einer Geschäftsordnung regeln, wenn in der Satzung nicht ohnehin den einzelnen Vorstandsmitgliedern jeweils ein fest umrissenes Aufgabengebiet zugewiesen ist. Ferner kann der Vorstand unbedenklich die Tätigkeit der **Vereinsgeschäftsstelle** in einer Geschäftsordnung regeln. Dagegen würde die Regelung der Beschlußfähigkeit des Vorstands den zulässigen Rahmen einer Geschäftsordnung überschreiten.

153 Verbindlichkeit für die Vereinsmitglieder kann eine Vereinsordnung erst beanspruchen, wenn sie in einer den Verhältnissen des Vereins angemessenen Weise **bekannt gemacht** wird, z. B. durch Hinweis in der Vereinszeitschrift auf den Erlaß der Vereinsordnung und auf die Möglichkeit, von ihrem Inhalt an einem bestimmten Ort (z. B. auf der Vereinsgeschäftsstelle) Kenntnis zu nehmen.[10] Zu weit dürfte allerdings die Forderung gehen, daß beim Vereinsbeitritt die bestehenden Vereinsordnungen dem neuen Mitglied, um ihm gegenüber verbindlich zu sein, ausgehändigt werden müssen.[11]

154 Da Vereinsordnungen nicht zum notwendigen Inhalt der Vereinssatzung gehören, können sie ohne Einhaltung der für Satzungsänderungen bestehen-

---

[6] BGHZ 47, 172/178 = NJW 1967, 1268
[7] zutreffend BGH aaO Leitsatz Nr. 3
[8] BGB-RGRK § 25 Rdnr. 4 a. E.
[9] BGHZ 47, 172/177 = NJW 1967, 1268; Soergel § 25 Rdnr. 6 m. w. Nachw.
[10] Lohbeck MDR 1972, 381/384
[11] Lohbeck MDR 1972, 381/384

den gesetzlichen oder satzungsmäßigen Vorschriften erlassen, abgeändert und aufgehoben werden. Es genügt also ein Beschluß des zuständigen Vereinsorgans. Der Verein kann sich jedoch dieses leicht und flexibel zu handhabenden Ordnungsinstruments[12] freiwillig begeben und auch Vereinsordnungen – wie sonstige Regelungen ohne Verfassungsqualität auch – in die Satzung aufnehmen.[13] Ist dies geschehen, so bedarf es zu ihrer Änderung oder Aufhebung – wie bei jeder sonstigen Satzungsänderung – der Beschlußfassung des zuständigen Vereinsorgans (regelmäßig der Mitgliederversammlung) und der Eintragung in das Vereinsregister.

IV. Die Organe des Vereins

1. Die Mitgliederversammlung

Grundsätzliches

155 Die Mitgliederversammlung ist ein unentbehrliches Organ des Vereins.[1] Die Satzung kann zwar die Rechte der Mitgliederversammlung weitgehend einschränken, sie kann sie aber nicht ganz beseitigen.[2] In der Mitgliederversammlung formt sich durch die Stimmabgabe der Mitglieder der Gesamtwille des Vereins.[3] Wie dieses Willensbildungsorgan in der Satzung bezeichnet ist, ist nebensächlich. Gebräuchliche Bezeichnungen sind neben der schlichten Bezeichnung „Mitgliederversammlung", Hauptversammlung, Generalversammlung, Vollversammlung,[4] Verbandstag, Tagung, Konvent. Das Gesetz spricht von einer „Versammlung der Mitglieder" (§ 32 Abs. 1 BGB). Damit ist nicht ein zufälliges Zusammentreffen der Mitglieder gemeint, sondern eine nach Ort und Zeit vom Vorstand bzw. vom sonst zuständigen Vereinsorgan festgesetzte Zusammenkunft. Ohne Versammlung der Mitglieder kann nach dem Gesetz ein Mitgliederbeschluß nur durch schriftliche Zustimmung sämtlicher Mitglieder zustande kommen (§ 32 Abs. 2 BGB). Die Satzung kann jedoch eine andere Regelung treffen, so z. B. generell oder für bestimmte Angelegenheiten schriftliche Abstimmung vorsehen (§ 40 BGB). Das Gesetz macht keinen Unterschied zwischen einer „ordentlichen" und einer „außerordentlichen" Mitgliederversammlung. Als ordentliche wird meistens die Versammlung verstanden, die nach der Satzung zu bestimmten Zeiten regelmäßig stattfinden soll, z. B. die Jahresversammlung. Als außerordentliche Mitgliederversammlung werden Versammlungen bezeichnet, die nicht von vorneherein periodisch festgelegt

---

[12] Lukes NJW 1972, 121/125

[13] ebenso Lukes NJW 1972, 121/127; a. A. Stöber Rdnr. 243

[1] BayObLG JW 1930, 2723; vgl. RGZ 137, 305/309 (bezüglich der Gesellschafterversammlung einer GmbH)

[2] a. A. KG DJ 1936, 1948

[3] vgl. Zöllner S. 11 und R-D-K Rdnr. 309

[4] Diese Bezeichnung ist möglichst zu vermeiden, da man sie auch für eine Versammlung verwendet, zu der sämtliche Mitglieder erschienen sind.

sind, sondern aus einem besonderen Anlaß einberufen werden oder einberufen werden sollen. Die Satzung kann aber formelle oder sachliche Unterscheidungen zwischen einer ordentlichen und einer außerordentlichen Mitgliederversammlung treffen. Sie kann z. B. die Formalitäten,[5] die bei der Einberufung der Versammlung einzuhalten sind, oder die Gegenstände[6] der Beschlußfassung unterschiedlich regeln.

Der Zuständigkeitsbereich der Mitgliederversammlung[6a]

156 Nach dem Gesetz (§ 32 Abs. 1 S. 1 BGB) werden die Angelegenheiten des Vereins, soweit sie nicht dem Vorstand oder einem anderen Organ des Vereins in der Satzung zugewiesen sind, durch Beschlußfassung in einer Mitgliederversammlung geordnet. Die Zuständigkeit der Mitgliederversammlung zur Regelung einer bestimmten Vereinsangelegenheit ist daher nur dann nicht gegeben, wenn sie ihr durch die Satzung weggenommen und einem anderen Vereinsorgan (oder auch einer Einzelperson) zugeteilt wurde. Die häufig gebrauchte Formel, die Mitgliederversammlung sei das oberste Willensorgan des Vereins, ist daher nur dann richtig, wenn ihr der vom Gesetz zugeteilte umfassende Zuständigkeitsbereich durch die Satzung nicht wesentlich beschnitten ist.[7] Dabei kommt es vor allem darauf an, ob ihr die Befugnis zur Bestellung und Abberufung des Vorstands und die Beschlußfassung über eine Änderung der Satzung sowie über eine Änderung des Vereinszwecks verblieben sind.[8] Nicht genommen werden kann ihr die Zuständigkeit zur Beschlußfassung über die Auflösung des Vereins und die Bestimmung des Anfallberechtigten im Falle des § 45 Abs. 2 S. 2 BGB.[9] Die Mitgliederversammlung kann nicht eine Angelegenheit an sich ziehen, wenn nach der Satzung hierfür ein anderes Vereinsorgan zuständig ist.[10] Sie hat aber zu entscheiden, wenn zwischen Mitgliedern eines anderen Vereinsorgans Streit darüber besteht, ob sich die Willensbildung in diesem Vereinsorgan (z. B. im Vorstand) satzungsgemäß vollzieht; denn diese Frage ist eine Angelegenheit der inneren Ordnung im Verein.[11] Die Mitgliederversammlung kann diese Entscheidung entweder generell durch den Erlaß einer Geschäftsordnung für das betreffende Vereinsorgan treffen oder die Streitfrage verbindlich durch einen Einzelbeschluß klären. Zur Zuständigkeit der Mitgliederversammlung gehört regelmäßig die Beaufsichtigung und Entlastung der übrigen Vereinsorgane.[12] Inwieweit die Mitgliederversammlung gegenüber dem Vorstand ein **Weisungsrecht** besitzt, hängt davon ab, wie der Zuständigkeitsbereich des Vorstands in der Satzung festgelegt ist. Ist der Vorstand nach der Satzung für bestimmte Angelegenheiten allein zuständig, dann besteht insoweit kein Weisungsrecht der Mitgliederversammlung. Es bestehen aber keine Bedenken dagegen, daß die Mitgliederversammlung in

[5] BayObLGZ 20, 328/332
[6] R-D-K Rdnr. 318
[6a] dazu grundsätzlich Flume, Festschrift f. Coing Bd. II S. 97 ff.
[7] vgl. RGZ 117, 203/206 (für die Hauptversammlung einer Aktiengesellschaft)
[8] vgl. § 27 Abs. 1, §§ 33, 40 BGB
[9] Soergel § 32 Rdnr. 5; R-D-K Rdnr. 312
[10] RG Warn. 1913 Nr. 392; RG JW 1936, 2387
[11] BGHZ 49, 396 = NJW 1968, 1131
[12] Soergel § 32 Rdnr. 6

diesen Fällen dem Vorstand empfiehlt, sich in einer bestimmten Weise zu verhalten, und so Einfuß auf die Entscheidungen des Vorstands nimmt. Die Mitgliederversammlung kann, sofern ihr das Recht zur Satzungsänderung nicht genommen ist, ihren bisherigen Zuständigkeitsbereich durch eine entsprechende Satzungsänderung erweitern oder auch beschränken. Eine Satzungsbestimmung, daß die Mitgliederversammlung endgültig unter Ausschluß des Rechtswegs über alle Vereinsangelegenheiten entscheidet, ist zwar, was den Ausschluß des Rechtswegs betrifft, wirkungslos,[13] die Bestimmung behält aber insofern ihre Bedeutung, als sie zum Ausdruck bringt, daß nur die Mitgliederversammlung – und nicht andere Vereinsorgane – über alle Vereinsangelegenheiten entscheidet und vorher eine Anrufung der Gerichte nicht zulässig ist.[14] Von der Mitgliederversammlung ist die Gesamtheit der Vereinsmitglieder zu unterscheiden. Der Unterschied wird vor allem in den Fällen deutlich, in denen nach dem Gesetz oder nach der Satzung die Beschlußfassung der in der Mitgliederversammlung erschienenen Mitglieder nicht genügt, sondern das Einverständnis aller Vereinsmitglieder erforderlich ist, so z. B. regelmäßig zur Änderung des Vereinszwecks.

Die Einberufung der Mitgliederversammlung

157 Zuständig für die Einberufung der Mitgliederversammlung ist, wenn die Satzung nichts anderes bestimmt, der Vorstand, d. h. die Einberufung ist von den vertretungsberechtigten Personen, nicht dagegen von den nicht mit Vertretungsmacht ausgestatteten Mitgliedern eines „erweiterten" oder „Gesamtvorstands" zu bewirken.[15] Besteht er aus mehreren Personen (§ 26 Abs. 1 S. 2 BGB), so ist nach der älteren obergerichtlichen Rechtsprechung[16] zur wirksamen Einberufung der Mitgliederversammlung stets ein gültiger Vorstandsbeschluß erforderlich. Diese Rechtsprechung ist durch die Rechtsprechung des Bundesgerichtshofs[17] zur Frage, ob die Wirksamkeit der Vertretungshandlungen des Vorstands von der ordnungsgemäßen internen Beschlußfassung des Vorstands abhängt, wesentlich eingeschränkt worden. Danach sind folgende Fälle zu unterscheiden: Enthält die Satzung eine Regelung, wie beim mehrgliedrigen Vorstand der Verein rechtsgültig vertreten wird, so sind die mit dieser satzungsmäßigen Vertretungsmacht ausgestatteten Vorstandsmitglieder auch **ohne** entsprechenden **Vorstandsbeschluß** zur Einberufung der Mitgliederversammlung legitimiert. Bestimmt z. B. die Satzung, daß jedes Vorstandsmitglied einzelvertretungsberechtigt ist, so kann jedes Vorstandsmitglied die Mitgliederversammlung wirksam einberufen. Entsprechendes gilt, wenn nach der Satzung nur einem Vorstandsmitglied oder mehreren Vorstandsmitgliedern die Befugnis erteilt ist, den Verein allein zu vertreten, oder wenn zur Vertretung des Vereins mehrere Vorstandsmitglieder zusammenwirken müssen. Diese generellen Bestimmun-

[13] RGZ 55, 326; 80, 189/191
[14] siehe auch Rdnr. 311
[15] KG Rpfleger 1978, 133 = MDR 1978, 576 = OLGZ 1978, 272
[16] OLG Schleswig NJW 1960, 1862; BayObLGZ 1963, 15/18
[17] BGHZ 69, 250 = Rpfleger 1977, 406 = NJW 1977, 2310 = DNotZ 1978, 88 = MDR 1978, 29; siehe dazu Rdnr. 232

gen über die Vertretungsmacht der Vorstandsmitglieder kommen jedoch nicht zum Zug, wenn die Satzung speziell für die Einberufung der Mitgliederversammlung eine Bestimmung trifft, z. B. vorschreibt, daß die Mitgliederversammlung vom Vorstandsvorsitzenden einberufen wird.[17a] Ist jedoch in der Satzung vorgesehen, daß ein Vorstandsmitglied als stellvertretender Vorsitzender fungiert, so wird man dieses Vorstandsmitglied kraft seiner Stellung als Stellvertreter als berechtigt ansehen dürfen, bei Verhinderung des Vorstandsvorsitzenden die Mitgliederversammlung einzuberufen.[18] In allen diesen Fällen hängt die Wirksamkeit der Einberufung, wenn sie jeweils von den mit satzungsmäßiger Vertretungsmacht oder spezieller Einberufungsbefugnis ausgestatteten Personen bewirkt wird, nicht von einer Beschlußfassung des Vorstands über die Einberufung der Mitgliederversammlung ab. Eine ganz andere Frage ist es, ob das jeweils einberufende Vorstandsmitglied, wenn es ohne Vorstandsbeschluß handelt, gegen eine interne Vereinsordnung (z. B. die Geschäftsordnung des Vorstands) verstößt, und welche Konsequenzen (Schadensersatzpflicht, Vereinsstrafe) sich etwa aus einem solchen Verhalten ergeben. Stets wirksam ist die Einberufung der Mitgliederversammlung, wenn sie von sämtlichen Vorstandsmitgliedern vorgenommen wird. Somit ist für die Wirksamkeit der Einberufung der Mitgliederversammlung ein Vorstandsbeschluß nur erforderlich, wenn – beim Fehlen entgegenstehender Satzungsregelung – die Versammlung von der Mehrheit der Vorstandsmitglieder in Ausübung ihrer im Gesetz begründeten Vertretungsmacht[18a] einberufen wird. Das für die Einberufung zuständige Vereinsorgan oder die hierfür zuständige Einzelperson braucht aber die Mitglieder nicht persönlich einzuberufen. Es ist zulässig, daß die jeweils nach der Satzung erforderlichen Maßnahmen (Einladungsschreiben usw.) von einem Beauftragten ausgeführt werden.[19] Ist der Vorstand oder ein einzelnes Vorstandsmitglied für die Einberufung der Mitgliederversammlung zuständig, so ist die Einberufung grundsätzlich nur wirksam, wenn jene ihrerseits rechtsgültig bestellt wurden und im Zeitpunkt der Einberufung noch im Amt sind.[20] Eine fehlerhafte Vorstandsbestellung, die Abberufung oder Amtsniederlegung sowie der Ablauf der Amtsdauer sind aber unschädlich, wenn die betreffenden Vorstandsmitglieder im Zeitpunkt der Einberufung der Versammlung noch im Vereinsregister eingetragen sind.[21] Die Einberufung der Mitgliederversammlung durch eine nach dem Gesetz oder nach der Satzung hierfür nicht zuständige Person hat schwerwiegende Folgen: Die in der Mitgliederversammlung gefaßten Beschlüsse sind regelmäßig nichtig.[22]

[17a] BayObLG Recht 1921 Nr. 4

[18] BayObLG JFG 6, 230/232, wonach der stellv. Vorsitzende zur Einberufung auch dann ermächtigt ist, wenn der Vorsitzende die Einberufung grundlos unterläßt. Vgl. ferner BGHZ 18, 334/336

[18a] siehe Rdnr. 231

[19] BayObLG JFG 6, 230/232

[20] BGHZ 18, 334/339

[21] Richert NJW 1957, 1545; Stöber Rpfleger 1967, 342/344; Palandt § 32 BGB Anm. 2 und § 68 Anm. 2; siehe auch die Ausführungen bei Rdnr. 266

[22] RG Recht 1908 Nr. 3385; BGHZ 11, 231/236; 18, 334/339; BayObLGZ 1963, 15/18 und Rpfleger 1970, 240; KG OLGZ 1971, 480; KG Rpfleger 1978, 133 = MDR 1978, 576 = OLGZ 1978, 272/277

Soll eine bereits einberufene Mitgliederversammlung aus irgendwelchen Gründen nicht stattfinden, so kann sie von demjenigen, der für die Einberufung zuständig ist, **abgesagt** werden.[22a] Aus Gründen der Rechtssicherheit ist jedoch erforderlich, daß eine solche Absage, wenn sie auch nicht unbedingt in der gleichen Form geschehen muß wie die Einberufung, doch auf alle Fälle eindeutig zu formulieren ist. Andernfalls können die auf der dennoch abgehaltenen Versammlung gefaßten Beschlüsse nicht mit der Begründung angefochten werden, daß die Einberufung rückgängig gemacht worden sei.[23]

Aus der Zulässigkeit der Absage einer einberufenen Mitgliederversammlung folgt, daß sie vom Einberufungsorgan auch – auf einen früheren oder späteren Termin – **verlegt** werden kann, denn der Tatbestand der Verlegung schließt die Absage der Versammlung ein: die Verlegung ist Einberufung der Versammlung zu einem neuen Termin, verbunden mit der Absage (dem Widerruf) der Versammlung zum alten Termin.[23a] Eine Verlegung der Versammlung durch das Einberufungsorgan ist aber nur bis zum Beginn der Versammlung möglich. Nach Eröffnung der Mitgliederversammlung kann nur die Versammlung selbst über eine Verlegung (Vertagung) der Versammlung durch Beschluß befinden.

158 Eine **Pflicht zur Einberufung** der Mitgliederversammlung besteht für den Vorstand oder das sonst zuständige Einberufungsorgan in den in der Satzung genannten Fällen[24] sowie stets dann, wenn das Interesse des Vereins es erfordert (§ 36 BGB). Letzteres hat das Einberufungsorgan in eigener Verantwortung zu prüfen und zu entscheiden. Bei schuldhafter, wenn auch nur fahrlässiger Verletzung dieser Pflicht ist das Einberufungsorgan dem Verein – nicht den Mitgliedern – für einen etwaigen Schaden haftbar.[25] In Angelegenheiten, die für den Verein von besonders großer Bedeutung sind, muß die Mitgliederversammlung auch dann einberufen werden, wenn sie nach der Satzung letztlich über die betreffende Angelegenheit nicht zu entscheiden hat.[26] Das gebietet schon die Pflicht, die Mitglieder über ungewöhnliche Vorkommnisse unverzüglich zu informieren.[27] Nach der älteren Rechtsprechung des Reichsgerichts[28] kann der Vorstand, wenn er die Einberufung der Mitgliederversammlung pflichtwidrig unterläßt, mittels Klage zur Einberufung angehalten werden. Demgegenüber nimmt das neuere Fachschrifttum einhellig an, daß die Einberufung der Mitgliederversammlung nicht im Prozeßwege, sondern nur mit Hilfe des Registergerichts im Verfahren der freiwilligen Gerichtsbarkeit durchgesetzt werden kann. Auch durch einstweilige Verfügung kann der Vorstand weder zur Einberufung der Mitgliederversamm-

---

[22a] vgl. Merle ZMR 1980, 225 (Zur Absage einer einberufenen Versammlung der Wohnungseigentümer)
[23] RGZ 166, 129/134
[23a] vgl. OLG Hamm MDR 1980, 1022 (Verlegung einer Versammlung der Wohnungseigentümer)
[24] vgl. § 58 Nr. 4 BGB
[25] Soergel § 36 BGB Rdnr. 3
[26] R-D-K Rdnr. 327 m. Nachweis
[27] siehe dazu Rdnr. 281
[28] RGZ 79, 409/411

lung noch zur Aufstellung einer bestimmten Tagesordnung angehalten werden.[29]

Das Recht der Minderheit auf Einberufung der Mitgliederversammlung

159 Das Gesetz gibt in § 37 BGB einer Minderheit von Vereinsmitgliedern das Recht, die Einberufung einer Mitgliederversammlung zu verlangen und sie auch gegen den Willen des Einberufungsorgans zu erzwingen. Dieses Recht kann durch die Satzung nicht ausgeschlossen werden. Die Satzung kann aber bestimmen, wie groß der Teil der Mitglieder sein muß, damit er dieses Recht in Anspruch nehmen kann. Er darf aber nur so groß bemessen werden, daß er noch immer eine Minderheit der Mitglieder bedeutet. Er darf also keinesfalls größer festgesetzt werden als auf die Hälfte der Mitglieder. Im Fachschrifttum[1] wird teilweise die Meinung vertreten, die Satzung dürfe als „Teil der Mitglieder" genau die Hälfte der Mitglieder festsetzen. Dieser Ansicht kann nicht zugestimmt werden. Die Hälfte der Mitglieder stellt zwar keine Mehrheit, aber auch keine Minderheit dar. Da aber die angeführte Gesetzesbestimmung den Schutz einer Minderheit von Vereinsmitgliedern bezweckt, muß der in der Satzung festgelegte Teil der Mitglieder immer eine Minderheit repräsentieren, also weniger als die Hälfte der Mitglieder erfassen.[2] Die Satzung soll den Maßstab für die Berechnung der erforderlichen Zahl von Mitgliedern so wählen, daß der Minderheitsschutz nicht nur im Zeitpunkt der Vereinsgründung gewährleistet ist, sondern auch dann, wenn später weniger Mitglieder dem Verein angehören. Ein Beispiel soll dies verdeutlichen: Wenn ein Verein bei der Gründung 15 Mitglieder hat, dann soll die Satzung nicht bestimmen, daß 5 Mitglieder das Recht haben, die Einberufung der Mitgliederversammlung zu verlangen. In diesem Zeitpunkt stellen zwar 5 Mitglieder eine Minderheit dar; das ist aber nicht mehr der Fall, sobald die Mitgliederzahl auf 10 oder weniger absinkt. Korrekt ist es daher, daß die Satzung statt 5 Mitgliedern einem Drittel das Minderheitsrecht einräumt.[3]

160 Enthält die Satzung über das Minderheitsrecht überhaupt keine Bestimmung oder setzt sie den Teil der Mitglieder, dem das Recht zustehen soll, zu groß fest, dann greift das Gesetz ein, das einem Zehntel der Mitglieder das besprochene Recht gibt. Die Satzung kann jedoch den Bruchteil auch kleiner festsetzen und damit das Minderheitsrecht großzügiger gestalten, als es nach dem Gesetz der Fall ist. So kann beispielsweise das Minderheitsrecht in der Satzung schon einem Zwanzigstel der Mitglieder oder sogar jedem einzelnen Mitglied zugestanden werden. Maßgebend für die Berechnung der Zahl von Mitgliedern, die das Minderheitsrecht haben, ist der Mitgliederstand in dem Zeitpunkt, in dem das Verlangen nach Einberufung der Mitgliederversammlung beim zuständigen Einberufungsorgan eingeht.[4] Die vorgeschriebene Mindestzahl kann auch dadurch erreicht werden, daß neu in den Verein

---

[29] OLG Hamm MDR 1973, 929
[1] vgl. Soergel § 37 Rdnr. 3
[2] so auch KG NJW 1962, 1917; siehe auch BayObLGZ 1972, 314 zu § 24 WEG
[3] a. A. Staudinger § 37 BGB Rdnr. 3
[4] R-D-K Rdnr. 331

eintretende Personen der Aufforderung an das Einberufungsorgan ihre Beitrittserklärungen beifügen.[5] Ein solches Verfahren ist aber nur dann zulässig, wenn im Einzelfall der Beitritt zum Verein durch bloße Abgabe einer Beitrittserklärung möglich ist. Dagegen genügt es nicht, wenn weitere Mitglieder später im Verfahren vor dem Amtsgericht den Antrag unterstützen, ohne sich das Verlangen nach Einberufung der Mitgliederversammlung zu der Zeit, als es gegenüber dem Vorstand geltend gemacht wurde, zu eigen gemacht zu haben.[6]

161 Wenn die satzungsgemäße oder die gesetzliche Minderheit die Einberufung einer Mitgliederversammlung durchsetzen will, muß sie ihr Verlangen zunächst innerhalb des Vereins geltend machen. An wen sie sich dabei zu wenden hat, ist im Gesetz nicht geregelt.[7] In Betracht kommt der Vorstand oder, falls dieser nach der Satzung für die Einberufung der Mitgliederversammlung nicht zuständig ist, das hierfür in der Satzung bestimmte Organ (z. B. der Aufsichtsrat). Ist der Vorstand nicht zugleich das zuständige Einberufungsorgan, so erscheint es wenig sinnvoll, zu verlangen, daß sich die Minderheit mit ihrem Begehren an den Vorstand zu wenden hat. Es würde ihr wenig nützen, beim Vorstand Verständnis für ihr Anliegen zu finden, wenn andererseits sich das für die Einberufung maßgebende Organ negativ verhielte. Der Ausweg, daß der Vorstand das ihm unterbreitete Verlangen der Minderheit dem zuständigen Vereinsorgan zuzuleiten habe,[8] vermag nicht recht zu befriedigen. Um einerseits dem für die Vereinspraxis letzten Endes unfruchtbaren Meinungsstreit aus dem Wege zu gehen, andererseits aber nicht Gefahr zu laufen, sich an das falsche Organ zu wenden, empfiehlt es sich in diesem Fall, beiden Möglichkeiten Rechnung zu tragen und das Verlangen nach Einberufung einer Mitgliederversammlung sowohl an den Vorstand als auch an das satzungsgemäße Einberufungsorgan zu richten.

Das Verlangen muß von den Angehörigen der Minderheit **schriftlich** gestellt werden. Die Schriftform ist auch durch ein Telegramm gewahrt, das die Namen der Mitglieder enthält, die die Einberufung der Mitgliederversammlung verlangen. Die Minderheitsangehörigen können ihr Verlangen einzeln erheben oder, was zweckmäßiger ist, in einem von allen unterschriebenen Schriftstück.[9] Sie können sich auch durch Bevollmächtigte vertreten lassen. Der Vorstand (bzw. das zuständige Einberufungsorgan) kann jedoch verlangen, daß ihm die Vollmachten nachgewiesen werden.[10] Um Verzögerungen zu vermeiden, ist es zweckmäßig, wenn die Vollmachten sogleich dem Antrag an den Vorstand beigefügt werden. Vor allem bei Vereinen mit größerer Mitgliederzahl hat sich folgendes Verfahren bewährt: Ein Angehöriger der Minderheit nimmt die Sache in die Hand, formuliert den Antrag an den Vorstand (Einberufungsorgan) in zweifacher Fertigung, läßt die übrigen Angehörigen der Minderheit mitunterschreiben und sich von diesen in demselben Schriftstück die Vollmacht geben, beim Amtsgericht den Antrag auf

---

[5] BayObLG Recht 1921 Nr. 9
[6] OLG Frankfurt Rpfleger 1973, 54; Soergel § 37 Rdnr. 6
[7] zweifelnd auch KG HRR 1935 Nr. 250
[8] vgl. R-D-K Rdnr. 330
[9] KG HRR 1935 Nr. 250
[10] KG HRR 1935 Nr. 250

Ermächtigung zur Einberufung der Mitgliederversammlung zu stellen. Die eine Ausfertigung des Antrags reicht der Bevollmächtigte der Minderheit beim Vorstand (Einberufungsorgan) ein, die zweite behält er vorsorglich zurück, da es schon vorgekommen ist, daß der Vorstand den an ihn gerichteten Antrag nebst den Vollmachten für den Antrag bei Gericht nicht mehr zurückgegeben hat, und es dann Schwierigkeiten gab, die Vollmachten der einzelnen Mitglieder für den Antrag bei Gericht nachzuweisen.

Bei der Formulierung des Antrags an den Vorstand (Einberufungsorgan) ist streng darauf zu achten, daß er den vom Gesetz geforderten **Inhalt** hat. Erstens muß der Antrag den **Zweck** der Mitgliederversammlung eindeutig erkennen lassen, also **worüber** diese beschließen soll.[11] Es empfiehlt sich, die betreffenden Angelegenheiten als Tagesordnungspunkte der einzuberufenden Mitgliederversammlung zu formulieren. Zweitens müssen die **Gründe** angegeben werden, also **warum** die Beschlußfassung der Mitgliederversammlung zu den vorher angegebenen Tagesordnungspunkten verlangt wird. Ausnahmsweise ergeben sich die Gründe bereits aus dem Zweck der beantragten Versammlung. Dann erübrigt es sich, diese erkennbaren Gründe noch besonders anzugeben.[12] Auf solche Ausnahmefälle sollte sich die Minderheit aber nicht verlassen, sondern stets die von ihr gewünschte Tagesordnung **und** die Begründung dafür in ihrem Antrag darstellen. Der Vorstand bzw. das Einberufungsorgan ist nämlich nur dann verpflichtet, dem Verlangen der Minderheit zu entsprechen, wenn **beide** Angaben in dem Verlangen zum Ausdruck kommen.

162 Manchmal liegt der Fall so, daß der Vorstand an sich bereit ist, die Mitgliederversammlung einzuberufen, sich aber weigert, einen bestimmten Punkt auf die Tagesordnung zu setzen. In diesem Fall kann die Minderheit ebenfalls verlangen, daß dieser Punkt in die Tagesordnung aufgenommen wird. Der entsprechende Antrag hat im übrigen den gleichen Inhalt (Zweck, Gründe). Obliegt die Beschlußfassung über die Einberufung der Mitgliederversammlung, wie regelmäßig, dem Vorstand, so genügt es, wenn der Antrag **einem** Vorstandsmitglied zugeht (§ 28 Abs. 2 BGB).

Das Verhalten des Vorstands zum Minderheitsverlangen

163 Umstritten ist die Frage, ob der Vorstand (Einberufungsorgan) berechtigt ist, den Antrag der Minderheit abzulehnen, wenn er ihn für unbegründet hält, oder ob er sozusagen automatisch verpflichtet ist, die Mitgliederversammlung einzuberufen, wenn der Antrag der Minderheit die formellen gesetzlichen Voraussetzungen (Mindestzahl von Mitgliedern, Angabe von Zweck und Gründen) erfüllt. Will man dem gesetzlich garantierten Minderheitsschutz nicht wesentlichen Abbruch tun, dann muß der Minderheit das Recht zustehen, auch ein objektiv unbegründetes Anliegen der Mitgliederversammlung zu unterbreiten. Andererseits findet der gesetzliche Minderheitsschutz dort seine Grenze, wo er dazu benützt werden soll, offensichtlich rechtswidrigen Bestrebungen Vorschub zu leisten. In diesem engsten Rah-

---

[11] KG JFG 2, 220/222
[12] KG HRR 1929 Nr. 2071

men wird man dem Vorstand das Recht zugestehen müssen, sich einem Verlangen der Minderheit zu widersetzen;[13] denn schließlich besteht zwischen dem Verhalten des Vorstands, das er auf den Antrag der Minderheit hin einnimmt, und der späteren Entscheidung des von der Minderheit angerufenen Gerichts eine sachliche Beziehung. Es ist daher (vom Standpunkt der Gegenmeinung) widersprüchlich, einerseits dem Gericht das Recht zuzubilligen, einen mißbräuchlichen Antrag der Minderheit abzulehnen, andererseits aber vorher den Vorstand für verpflichtet zu halten, ohne jede sachliche Prüfung des Minderheitsverlangens die Mitgliederversammlung einzuberufen.

Das gerichtliche Verfahren

164 Wenn es der Minderheit nicht gelungen ist, auf dem dargestellten vereinsinternen Weg die Einberufung einer Mitgliederversammlung mit der gewünschten Tagesordnung zu erreichen, kann sie nunmehr beim Amtsgericht den Antrag stellen, sie zu ermächtigen, selbst die Mitgliederversammlung einzuberufen. Zuständig ist das Amtsgericht, das für den Verein das Vereinsregister führt. Über den Antrag entscheidet der Rechtspfleger.[14] Der Antrag ist schriftlich einzureichen oder zu Protokoll der Geschäftsstelle des Amtsgerichts zu geben.[15] Er kann darauf beschränkt werden, die Minderheit zu ermächtigen, zu der vom Vorstand inzwischen einberufenen Mitgliederversammlung einen bestimmten zusätzlichen Tagesordnungspunkt anzukündigen.[16] Der Rechtspfleger muß zunächst zu dem Antrag den Vereinsvorstand hören, soweit dies irgend möglich ist. Die Anhörung des Vorstands ist auch dann geboten, wenn der Rechtspfleger beabsichtigt, den Antrag abzulehnen.[17] Das Gesetz verlangt zwar in § 160 Abs. 1 FGG nur, daß der Vorstand, „soweit tunlich", zu hören ist. Da aber jedem von einer gerichtlichen Verfügung Betroffenen rechtliches Gehör gewährt werden muß,[18] darf die Anhörung nur unterbleiben, wenn sie aus Gründen, die der Vorstand selbst zu vertreten hat, oder die in seiner Person liegen, nicht möglich ist, etwa dann, wenn sich der Vorstand mit unbekanntem Ziel in Urlaub befindet. Stets muß aber der Rechtspfleger wenigstens den Versuch machen, dem Vorstand Gelegenheit zur Stellungnahme zu geben. Ist der Vorstand nicht zugleich das zuständige Einberufungsorgan, so ist das rechtliche Gehör auch den Mitgliedern dieses Organs zu gewähren, da die von der Minderheit beantragte Ermächtigung in ihre satzungsmäßigen Rechte eingreift. Die Mitglieder des Einberufungsorgans sind daher der Sache nach am Ermächtigungsverfahren beteiligt. Sodann hat der Rechtspfleger zu prüfen, ob dieselben Mitglieder, die den Antrag gestellt haben, zuvor vom Vorstand (Einberufungsorgan) die Einberufung der Mitgliederversammlung schriftlich unter Angabe des

---

[13] BGB-RGRK § 37 Rdnr. 2
[14] § 3 Nr. 1a) RPflG
[15] § 11 FGG
[16] Jansen § 160 Rdnr. 2
[17] Keidel/Kuntze/Winkler § 160 Rdnr. 5
[18] Art. 103 Abs. 1 GG; dazu ausführlich Röhl NJW 1958, 1268 und Helmut Keidel, Der Grundsatz des rechtlichen Gehörs im Verfahren der Freiwilligen Gerichtsbarkeit, Diss. Köln 1964

Zwecks und der Gründe verlangt hatten.[19] Ferner muß er feststellen, ob die Antragsteller ihrer Zahl nach die satzungsmäßige oder, wenn die Satzung hierzu keine Bestimmung enthält, die gesetzliche Minderheit darstellen. Die Mindestzahl muß in dem Zeitpunkt, in dem das Gericht die Ermächtigung erteilt, noch gegeben sein.[20] Um die Mindestzahl zu errechnen, muß der Rechtspfleger wissen, wieviele Mitglieder der Verein hat. Diese Kenntnis kann er sich dadurch verschaffen, daß er vom Vorstand eine Bescheinigung über die Zahl der Vereinsmitglieder verlangt (§ 72 BGB). Notfalls muß der Vorstand durch Zwangsgeld[21] zur Vorlage dieser Bescheinigung angehalten werden, oder es muß durch andere Ermittlungen[22] (z. B. durch Befragen des Vereinskassiers) die Mitgliederzahl festgestellt werden. Schließlich ist zu prüfen, ob ein **Rechtsschutzbedürfnis** für die beantragte Ermächtigung besteht. Dieses fehlt, wenn ein offenbar gesetz- oder satzungswidriges Verlangen der Minderheit vorliegt, insbesondere, wenn die angestrebten Beschlüsse der Mitgliederversammlung ungültig sein würden.[23] Das gleiche gilt, wenn die jährliche ordentliche Mitgliederversammlung kurz bevorsteht und der Vorstand glaubhaft versichert, daß er die von der Minderheit genannten Angelegenheiten mit auf die Tagesordnung setzen werde. Der Antrag ist auch dann abzulehnen, wenn der Gegenstand, über den Beschluß gefaßt werden soll, nicht zur Zuständigkeit der Mitgliederversammlung gehört.[24] Eine Abwägung der Interessen der Antragsteller und des Aufwandes an Zeit, Mühe und Kosten, den eine außerordentliche Mitgliederversammlung für den Verein mit sich brächte, ist dem Gericht nicht verwehrt. Hat der Vorstand zwar schon eine Versammlung einberufen, aber zu einem so weit hinausgeschobenen Zeitpunkt, daß dies praktisch einer Verweigerung des Minderheitsverlangens gleichkommt, ist es gerechtfertigt, die Minderheit zur Einberufung einer früheren Versammlung zu ermächtigen. Entsprechend ist zu verfahren, wenn der Vorstand entgegen einem Beschluß der letzten Mitgliederversammlung die nächste Versammlung an einen anderen Ort oder zu einer ungewöhnlichen und unzumutbaren Zeit einberufen will.[25] Dagegen ist es nicht Sache des Gerichts, zu prüfen, ob das Verlangen der Antragsteller dem Interesse des Vereins oder dem der übrigen Vereinsmitglieder widerstreitet. Das Gericht hat weder die Zweckmäßigkeit des Antrags nachzuprüfen noch wirtschaftliche Erwägungen anzustellen noch sich damit zu befassen, ob begründete Aussicht besteht, daß die Antragsteller ihr Ziel erreichen.[26]

Die Ermächtigung kann auch noch nach Konkurseröffnung über das Vermögen des Vereins erteilt werden, wenn die Tagesordnung einen Gegenstand betrifft, über den die Mitgliederversammlung auch noch in diesem Stadium Beschlüsse fassen kann, z. B. über das Weiterbestehen des Vereins

---

[19] OLG Frankfurt OLGZ 1973, 137/139 = Rpfleger 1973, 54
[20] RGZ 170, 83/93
[21] § 78 Abs. 1 BGB
[22] § 12 FGG
[23] KG JW 1935, 3636 = HRR 1935 Nr. 1653; OLG Frankfurt OLGZ 1973, 137/140 = Rpfleger 1973, 54
[24] KG JFG 1, 247/249; BayObLGZ 33, 16
[25] BayObLG Recht 1921 Nr. 6
[26] KG JFG 1, 247; 2, 220; BayObLG 2. 8. 1968 BReg. 2Z 54/68

als nichtrechtsfähiger Verein oder über eine Änderung der Satzung bezüglich des Anfallrechts (§ 45 BGB).[27]

165 In der **gerichtlichen Entscheidung,** die dem Antrag stattgibt, sind die (einzeln namentlich aufzuführenden) Antragsteller zur Einberufung einer Mitgliederversammlung mit einer bestimmten (im einzelnen anzugebenden) Tagesordnung zu ermächtigen. Das Amtsgericht kann gleichzeitig eine Bestimmung über die Führung des **Vorsitzes** in der Versammlung treffen (§ 37 Abs. 2 BGB). Das ist zweckmäßig, wenn zwischen der Minderheit und dem Vorstand starke Spannungen bestehen oder wenn sich die Anträge der Minderheit, über die die Versammlung beschließen soll, unmittelbar oder mittelbar gegen die Geschäftsführung des Vorstands richten. In diesem Fall dient es dem Vereinsfrieden, wenn mit der Leitung der Versammlung kein Angehöriger der Minderheit, sondern ein anderes, möglichst langjähriges Vereinsmitglied beauftragt wird; dessen Einverständnis ist vorher einzuholen. Das Gericht kann auch, falls es zunächst davon abgesehen hat, eine Anordnung über den Vorsitz in der Versammlung zu treffen, seinen Beschluß später ergänzen, wenn sich dafür erst später ein Bedürfnis herausstellt. Hat das Gericht über die Versammlungsleitung keine Anordnung getroffen, so ist hierfür die Satzung oder, falls diese schweigt, ein Beschluß der Mitgliederversammlung maßgebend. Die Minderheit, die ihrerseits einen Sprecher bestellen kann, hätte dann lediglich die von ihr einberufene Versammlung zu eröffnen.

166 Die Ermächtigung wird mit der förmlichen **Zustellung** (nach den Vorschriften der Zivilprozeßordnung) an die Antragsteller wirksam (§ 16 Abs. 1 und 2 FGG). Eine Vorschrift, wonach sie erst mit der Rechtskraft der Verfügung wirksam wird, besteht nicht.[28] Die förmliche Zustellung der Ermächtigungsverfügung an die Antragsteller ist auch dann erforderlich, wenn ihrem Antrag voll entsprochen wurde.[29] Wurde der Ermächtigungsbeschluß vom Amtsgericht nicht förmlich zugestellt, so wird er nachträglich in dem Zeitpunkt wirksam, in dem ein die sofortige Beschwerde zurückweisender Beschluß des Landgerichts zugestellt wird.[30]

Die Rechtsbehelfe gegen die Entscheidung des Gerichts

167 Gegen die Ermächtigungsverfügung des Rechtspflegers kann innerhalb von 2 Wochen ab Zustellung „Erinnerung" zum Amtsrichter eingelegt werden. Zur Erinnerung berechtigt ist der Vorstand, aber auch das sonst nach der Satzung zuständige Einberufungsorgan. Hat der Rechtspfleger den Antrag der Minderheit abgelehnt, so kann die Erinnerung gegen diese Verfügung nur von den Angehörigen der Minderheit **gemeinsam** eingelegt werden; von einzelnen Minderheitsangehörigen kann dieser Rechtsbehelf nicht ergriffen werden.[31] Über die Erinnerung entscheidet der Amtsrichter, wenn

---

[27] KG JW 1935, 3636
[28] KG OLG 43, 197/198; BayObLG Rpfleger 1970, 240; RGZ 170, 83/90
[29] BayObLG Rpfleger 1970, 240; vgl. BGHZ 6, 232/234, 235; a. A. Jansen § 16 Rdnr. 25
[30] BayObLGZ 1971, 187 = NJW 1971, 2179
[31] Jansen § 160 FGG Rdnr. 4

er sie für zulässig und begründet hält; andernfalls legt er sie dem Landgericht vor und unterrichtet davon die Beteiligten (Antragsteller, Vorstand). Die dem Landgericht vorgelegte Erinnerung gilt dann als sofortige Beschwerde gegen die Entscheidung des Rechtspflegers.[32] Hat der Amtsrichter der Erinnerung stattgegeben – also entweder auf die Erinnerung der Minderheit den ablehnenden Beschluß des Rechtspflegers aufgehoben und die beantragte Ermächtigung erteilt oder auf die Erinnerung des Vorstands die erteilte Ermächtigung aufgehoben und den Antrag der Minderheit abgelehnt –, so kann die jeweils durch den Beschluß des Amtsrichters benachteiligte „Partei" sofortige Beschwerde zum Landgericht erheben,[33] und zwar wiederum innerhalb einer Frist von zwei Wochen ab Zustellung des amtsrichterlichen Beschlusses. Gegen die Entscheidung des Landgerichts ist in allen Fällen innerhalb von zwei Wochen ab Zustellung sofortige weitere Beschwerde (Rechtsbeschwerde) zum Oberlandesgericht[34] statthaft.[35] Die eben dargestellten Rechtsbehelfe und Rechtsmittel haben aber keine aufschiebende Wirkung. Das bedeutet, daß die vom Rechtspfleger der Minderheit erteilte Ermächtigung zur Einberufung einer Mitgliederversammlung so lange in Kraft bleibt, bis sie etwa durch den Amtsrichter oder durch das Beschwerdegericht aufgehoben wird. Die Minderheit ist also dadurch, daß der Vorstand gegen den Ermächtigungsbeschluß des Rechtspflegers Erinnerung oder im weiteren Verlauf des Verfahrens Beschwerde und weitere Beschwerde eingelegt hat, nicht gehindert, die Mitgliederversammlung einzuberufen. Jedoch kann das **Beschwerdegericht** vor seiner Entscheidung durch eine einstweilige Anordnung die Einberufung der Mitgliederversammlung untersagen oder, falls die Versammlung bereits einberufen wurde, deren Abhaltung verbieten.[36] Dagegen kommt eine „Aussetzung der Vollziehung" des Ermächtigungsbeschlusses nach § 24 Abs. 2 FGG weder durch den Rechtspfleger noch durch den Amtsrichter in Betracht, weil nur solche Verfügungen aussetzungsfähig sind, die außer ihrem Wirksamwerden noch eines Vollzuges bedürfen. Bei einem Ermächtigungsbeschluß nach § 37 BGB tritt aber die Rechtsfolge (nämlich die Ermächtigung) schon allein mit dem Wirksamwerden des Beschlusses, also mit dessen Bekanntmachung an die Antragsteller ein; ein zusätzlicher Vollzugsakt ist begrifflich ausgeschlossen.[37] Würde gleichwohl der Rechtspfleger oder der Amtsrichter anordnen, daß die Vollziehung des Ermächtigungsbeschlusses bis zur Entscheidung über die Erinnerung des Vorstands ausgesetzt wird, so ginge eine solche Verfügung ins Leere.[38]

168 In der Praxis besteht die Neigung, die Ermächtigung nur **befristet** zu erteilen, also die Minderheit nur zu ermächtigen, bis zu einem bestimmten Zeitpunkt die Mitgliederversammlung einzuberufen. Wird in diesem Falle bis zu dem bezeichneten Zeitpunkt von der Ermächtigung kein Gebrauch

---

[32] § 11 Abs. 2 RPflG
[33] § 11 Abs. 3 RPflG, § 160 Satz 2 FGG
[34] In Bayern zum Obersten Landesgericht
[35] §§ 27, 29 Abs. 2 FGG, § 160 Satz 2 FGG
[36] § 24 Abs. 3 FGG; vgl. RGZ 170, 83/92; OLG Frankfurt OLGZ 1973, 137/138
[37] RGZ 170, 83/92; Jansen § 24 FGG Rdnr. 7; Keidel/Kuntze/Winkler § 24 FGG Rdnr. 10
[38] BayObLGZ 1971, 84 = Rpfleger 1971, 176

gemacht, so erlischt sie ohne weiteres; eine förmliche Aufhebung des Ermächtigungsbeschlusses ist nicht erforderlich.[39] Im gleichen Zeitpunkt wird die etwa vom Vorstand erhobene Beschwerde gegen den Ermächtigungsbeschluß unzulässig, sofern sie nicht nur noch auf den Kostenpunkt beschränkt wird.[39]

Die Rechtsstellung der Minderheit aufgrund der gerichtlichen Ermächtigung

169 Durch die Ermächtigung zur Einberufung einer Mitgliederversammlung erlangt die Minderheit die Rechtsstellung des gesetzlichen oder des satzungsmäßigen Einberufungsorgans. Sie muß sich daher, was die Form und die Frist der Einberufung betrifft, an das Gesetz und an die etwa bestehenden Satzungsvorschriften halten. Außerdem muß sie in dem Einladungsschreiben (oder bei der satzungsmäßigen anderen Form der Einberufung, z. B. bei der Bekanntmachung in einer Zeitung) **auf die Ermächtigung des Amtsgerichts Bezug nehmen.** Wird das unterlassen, kann die Versammlung keine gültigen Beschlüsse fassen. Als Einberufungsorgan hat die Minderheit bzw. ein von ihr Beauftragter das Recht, Einsicht in diejenigen Vereinsunterlagen zu nehmen, deren Kenntnis für eine ordnungsgemäße Einberufung der Mitgliederversammlung erforderlich ist, also vor allem in die Mitgliederliste oder Mitgliederkartei. Wird die Einsichtnahme vom Vorstand verweigert, kann die Minderheit ihr Recht im Klagewege gegen den Vorstand persönlich – nicht gegen den Verein – durchsetzen.[40] Es wird auch die Auffassung vertreten, das Amtsgericht (Registergericht) könne anordnen, daß der Vorstand eine Aufstellung der Namen und Anschriften der einzuladenden Vereinsmitglieder herauszugeben habe.[40a] Für eine solche Anordnung durch das Amtsgericht im Verfahren nach § 37 Abs. 2 BGB fehlt jedoch die erforderliche Rechtsgrundlage. Für die durch die Einberufung entstandenen Kosten (z. B. Porto, Miete für den Versammlungsraum) kann die Minderheit vom Verein Ersatz verlangen, da es sich bei der Einberufung um eine Maßnahme der Geschäftsführung des Vereins handelt (§ 670 BGB).[41] Wurde die Versammlung von der Minderheit fehlerhaft einberufen, so daß die Versammlung keine gültigen Beschlüsse fassen konnte, so erstreckt sich die gerichtliche Ermächtigung auf die ordnungsgemäße Einberufung einer weiteren Versammlung.[42] Dagegen wird man den Fall anders zu beurteilen haben, wenn die von der Minderheit einberufene Versammlung nur deshalb keine wirksamen Beschlüsse fassen konnte, weil die nach der Satzung zur Beschlußfähigkeit erforderliche Zahl von Mitgliedern nicht erschienen war. Hier wird man das Fernbleiben der erforderlichen Mitglieder, wenn nicht überhaupt als Votum gegen das Minderheitsverlangen, so jedenfalls als mangelndes Interesse der Mitglieder zu werten und daher die gerichtliche Ermächtigung als verbraucht anzusehen haben. Dies gilt jedoch nicht, wenn die Satzung bestimmt, daß im Falle der Beschlußunfähigkeit der Mitgliederversammlung

---

[39] BayObLGZ 1971, 84 = Rpfleger 1971, 176
[40] zur Vollstreckung eines solchen Urteils siehe OLG Hamm Betrieb 1973, 2443
[40a] Stöber Rdnr. 173
[41] so jetzt ausdrücklich § 122 Abs. 4 AktG
[42] KG OLG 41, 207; BayObLG Rpfleger 1978, 377 (Genossenschaft)

innerhalb einer bestimmten Frist eine zweite Versammlung mit der gleichen Tagesordnung einzuberufen ist, die dann unter erleichterten Voraussetzungen beschlußfähig ist.[42a] Bei einer solchen Satzungsregelung erstreckt sich die gerichtliche Ermächtigung auf die Einberufung einer zweiten Versammlung.

Die der Minderheit durch das Gericht erteilte Ermächtigung hindert den Vorstand oder das sonst nach der Satzung zuständige Einberufungsorgan nicht, seinerseits eine Mitgliederversammlung mit der gleichen Tagesordnung einzuberufen, und zwar auch zeitlich vor der durch die Minderheit einberufenen Versammlung anzusetzen.[43]

Minderheitsverlangen auf Einberufung der Vertreterversammlung

170 Wenn die Satzung statt der Mitgliederversammlung eine Vertreterversammlung[44] (Delegiertenversammlung) als oberstes Willensbildungsorgan vorsieht, wird dadurch das Minderheitsrecht nach § 37 BGB nicht beseitigt. Es besteht dann für die Vertreter (Delegierten) ebenso wie für die Vereinsmitglieder darin, unter den gleichen gesetzlichen oder in der Satzung niedergelegten Voraussetzungen die Einberufung der Vertreterversammlung vom Vorstand zu verlangen und gegebenenfalls die gerichtliche Ermächtigung zu beantragen.[45] Ein Recht auf Teilnahme an der Vertreterversammlung erlangen die nicht zu Vertretern bestellten Vereinsmitglieder dadurch aber nicht.[46]

Form der Einberufung der Mitgliederversammlung

171 Die Satzung muß hierüber eine konkrete Bestimmung treffen, kann diese aber nach Belieben wählen (z. B. schriftlich, per Einschreiben, mündlich, fernmündlich, durch Bekanntmachung in einer bestimmten Zeitung[46a] oder Zeitschrift, durch Anschlag im Clublokal). Ungenaue Regelungen, wie „durch die Tagespresse" u. ä. sind unzulässig. Alternativbestimmungen (entweder ... oder ...) sind jedenfalls dann unzulässig, wenn sie dem einzelnen Mitglied die Kenntnisnahme von der Einberufung der Versammlung wesentlich erschweren würden.[46b] Unbedenklich ist jedoch die Bestimmung, daß die Einberufung der Versammlung entweder schriftlich oder durch Bekanntmachung in einem näher bezeichneten Blatt erfolgt.[47] An welcher Stelle einer satzungsmäßig bestimmten Zeitung die Einladung zur Versammlung erscheint, ist für die Wirksamkeit der Einberufung ohne Bedeutung.[48] Die

---

[42a] dazu Näheres bei Rdnr. 204

[43] OLG Naumburg JW 1938, 1827; Meyer/Meulenbergh § 45 GenG Anm. 3a

[44] siehe Rdnr. 216ff.

[45] vgl. KG JW 1930, 1224; OLG Frankfurt OLGZ 1973, 137 = Rpfleger 1973, 54 (sehr instruktiv!); Lang/Weidmüller § 43a GenG Anm. 3; Soergel § 37 Rdnr. 4

[46] Meyer/Meulenbergh § 43a GenG a. E.

[46a] LG Köln MittRhNotK 1979, 191

[46b] für absolute Unzulässigkeit: Stöber Rdnr. 179; vgl. auch OLG Stuttgart Rpfleger 1978, 57 (Veröffentlichungsblatt der Genossenschaft) und Hornung Rpfleger 1978, 46

[47] KG JFG 18, 358

[48] LG München I 4. 12. 53 – 1 T 440/53 –

Form der Einberufung muß sich aus der Satzung selbst ergeben; sie kann nicht einem Vereinsorgan überlassen werden.[49]

Einberufungsfrist (Ladungsfrist)

172 Über die Frist, die zwischen der Einladung und dem Termin der Mitgliederversammlung liegen soll (auch Ladungsfrist genannt), spricht sich das Gesetz nicht aus. Ist die Einberufungsfrist in der Satzung festgelegt, muß sie in jedem Fall eingehalten werden. Bei schriftlicher Einladung beginnt die Frist nicht schon mit der Aufgabe zur Post, sondern erst mit dem Zugang des Schreibens, sofern sich aus der Satzung nichts anderes ergibt.[50] Deshalb sollten Verzögerungen bei der Postzustellung sowie die unterschiedliche Beförderungszeit bei auswärtigen Mitgliedern einkalkuliert werden. Bei Einladung mit eingeschriebenem Brief ist in der Rechtsprechung[51] die Auffassung vertreten worden, daß bei dieser Form der Einladung die Frist bereits mit der Aufgabe der eingeschriebenen Briefe zur Post beginne. Fehlt in der Satzung eine Bestimmung über die Einberufungsfrist, so ist diese so zu veranschlagen, daß es jedem Mitglied möglich ist, sich auf die Versammlung vorzubereiten und an ihr teilzunehmen. Eine ordnungsgemäße Einladung liegt nur vor, wenn die Frist nicht zu kurz bemessen wird. Eine unangemessene Frist kann die Wirksamkeit der in der Versammlung gefaßten Beschlüsse in Frage stellen.[52] Welche Ladungsfrist angemessen ist, läßt sich allgemein nicht sagen. Ein wesentlicher Gesichtspunkt ist, ob die Vereinsmitglieder alle am Versammlungsort wohnen oder ob sie von weit her anreisen müssen. Auch die bei beruflich stark belasteten Mitgliedern vorhersehbaren Terminschwierigkeiten sind in Rechnung zu stellen. Das Einberufungsorgan sollte daher die Ladungsfrist eher zu großzügig als zu knapp bemessen. Bei reinen Geselligkeitsvereinen, die nur ortsansässige Mitglieder haben, wird man eine Ladungsfrist von 3 Tagen noch angehen lassen können. Bei Großvereinen, insbesondere solchen mit berufsständischer Zielsetzung, sollte sie mindestens 4 Wochen betragen.[53]

Ort und Zeit der Versammlung

173 Über den Ort, an dem die Mitgliederversammlung zusammentritt, schweigt das Gesetz. Daher kann die Satzung den Versammlungsort bestimmen, sie muß es aber nicht.[54] In der Wahl des Versammlungsortes ist die Satzung völlig frei. Sie kann das aber auch der Mitgliederversammlung oder einem anderen Vereinsorgan überlassen. Bestimmt die Mitgliederversammlung, wie regelmäßig, nur allgemein den Ort (z. B. Frankfurt), so ist es Aufgabe des Vorstands, einen angemessenen Versammlungsraum bereitzustellen. Sehr oft enthält aber die Satzung weder eine Bestimmung über den Ort der Versammlung noch sagt sie etwas darüber aus, wer diese Bestim-

---

[49] OLG Hamm MDR 1966, 48 = OLGZ 1965, 65 = Rpfleger 1966, 177
[50] RG Recht 1912 Nr. 3257; OLG Frankfurt NJW 1974, 189
[51] RGZ 60, 144; vgl. aber auch OLG Frankfurt NJW 1974, 189
[52] RGZ 53, 101/104
[53] R-D-K Rdnr. 358
[54] BayObLG NJW 1930, 2723

mung zu treffen hat. Dann ist zunächst die Mitgliederversammlung dazu berufen, zu beschließen, wo generell die Mitgliederversammlungen stattfinden. Sie kann sich aber darauf beschränken, jeweils den Ort der nächsten ordentlichen Versammlung festzulegen. Liegt auch ein solcher Beschluß der Mitgliederversammlung nicht vor, ist es Sache des Vorstands oder des satzungsmäßigen Einberufungsorgans, den Versammlungsort jeweils zu bestimmen. Das bedeutet aber nicht, daß der Vorstand den Versammlungsort nach Belieben wählen kann. Hat der Verein einen vom satzungsmäßigen Sitz verschiedenen **Verwaltungssitz,** so ist dieser der gegebene Ort[55] für die Mitgliederversammlung; andernfalls ist es der Ort, an dem der Verein nach der Satzung seinen Sitz hat. Davon abzuweichen, ist dem Einberufungsorgan nur erlaubt, wenn triftige Gründe vorliegen.[56] Keinesfalls darf aber die Wahl eines abweichenden Versammlungsortes dazu führen, daß einem Teil der Mitglieder die Teilnahme an der Mitgliederversammlung über ein erträgliches Maß hinaus erschwert wird.[57] Das Einberufungsorgan hat ferner dafür zu sorgen, daß ein ausreichender Versammlungsraum zur Verfügung steht, in dem alle Mitglieder Platz finden und in dem die Abhaltung der Versammlung in angemessener Weise möglich ist. Sind diese Voraussetzungen nicht erfüllt, kann die Versammlung keine gültigen Beschlüsse fassen.[58] Erweist es sich, daß die Mitgliederversammlung an dem vorgesehenen Ort nicht ordnungsgemäß abgehalten werden kann, so ist eine **Verlegung** zulässig. Die Verlegung muß aber so deutlich gekennzeichnet werden (z. B. durch Anschläge oder durch Bereitstellung von Führungspersonal), daß alle Mitglieder ohne Schwierigkeiten zu dem neuen Versammlungsort gelangen können. Die Abhaltung einer Mitgliederversammlung in zeitlich oder örtlich getrennten Abteilungen ist unzulässig.

174 Hinsichtlich des **Zeitpunktes** der Mitgliederversammlung ist zu unterscheiden: Ist in der Satzung für die Abhaltung der ordentlichen Mitgliederversammlung ein bestimmter Zeitraum angegeben (z. B.: ,,Die Mitgliederversammlung findet jährlich in den ersten 3 Monaten des Jahres statt"), so ergibt sich hieraus für das Einberufungsorgan zwar die Pflicht, diesen Zeitraum einzuhalten (§ 36 BGB). Wird aber der in der Satzung bestimmte Zeitraum aus irgendwelchen Gründen vom Einberufungsorgan nicht eingehalten, so wird man in aller Regel nicht annehmen dürfen, daß eine früher oder später einberufene Mitgliederversammlung keine gültigen Beschlüsse fassen könne. Eine andere Frage ist es, ob sich das Einberufungsorgan durch die Wahl eines satzungswidrigen Zeitpunktes schadensersatzpflichtig macht oder einen wichtigen Grund für seine Abberufung liefert. Enthält die Satzung über den Zeitpunkt der Mitgliederversammlung keine Bestimmung, so ist dieser grundsätzlich dem pflichtgemäßen Ermessen des Einberufungsorgans überlassen. Dabei kann aber eine langjährige Übung im Verein von Bedeutung sein, über die sich das Einberufungsorgan nur aus besonderem Anlaß hinwegsetzen sollte. Wie bei der Wahl des Versammlungsortes

---

[55] BayObLG NJW 1930, 2724
[56] Locher NJW 1930, 2723
[57] vgl. BayObLG NJW 1959, 485/486
[58] Mit einem besonders krassen Fall befaßt sich RG Seuff Arch 84 Nr. 38

muß auch bei der Wahl des Zeitpunktes für das Einberufungsorgan der entscheidende Gesichtspunkt sein, daß allen Mitgliedern die Teilnahme an der Versammlung ermöglicht wird. Dabei kann die Eigenart des Vereins eine gewichtige Rolle spielen. So wird man z. B. bei einem Verein, dessen Mitglieder überwiegend Gewerbetreibende sind, es für unzulässig halten, wenn die Mitgliederversammlung während einer einschlägigen Messe einberufen würde. Auch die Ansetzung zu einer äußerst ungewöhnlichen Stunde kann die Unwirksamkeit der in der Versammlung gefaßten Beschlüsse begründen.

Einladung sämtlicher Mitglieder

175 Wenn die Einberufung der Mitgliederversammlung nach der Satzung nicht in allgemeiner Form (z. B. Anschlag, Vereinszeitung), sondern durch Einzelverständigung der Mitglieder zu geschehen hat, ist **sorgfältigst** darauf zu achten, daß **sämtliche** Mitglieder eingeladen werden. Erfolgt die Einladung schriftlich, so ist sie an die zuletzt bekannte Adresse des jeweiligen Mitglieds zu richten.[59] Die Nichteinladung von Mitgliedern, auch nur eines einzigen, hatte nach früherer Rechtsprechung,[60] sofern nicht ausnahmsweise sämtliche Mitglieder (also auch die Nichteingeladenen) erschienen waren (sogenannte Vollversammlung), die Ungültigkeit der in der Mitgliederversammlung gefaßten Beschlüsse zur Folge. Diesen Grundsatz hat der Bundesgerichtshof[61] eingeschränkt. Danach ist ein Vereinsbeschluß auch für den Fall, daß einzelne Vereinsmitglieder infolge einer vom Verein zu vertretenden Nachlässigkeit keine Einladung erhalten haben, wirksam – soweit keine weiteren Umstände hinzukommen –, wenn einwandfrei feststeht, daß der Beschluß bei ordnungsgemäßer Einladung ebenso ausgefallen wäre. Hierfür genügt allerdings nicht die bloße Wahrscheinlichkeit des gleichen Ergebnisses; vielmehr muß der Verein den ,,sicheren Nachweis" führen, daß der beanstandete Beschluß nicht auf der unterbliebenen Einladung der betreffenden Mitglieder beruhen kann. Diesen Beweis hält der Bundesgerichtshof schon dann für gescheitert, wenn vor der Beschlußfassung (Abstimmung) eine Aussprache vorgesehen war und sich im Einzelfall nicht ausschließen läßt, daß die nicht eingeladenen Mitglieder, wären sie erschienen, die Stimmabgabe auch der anderen Mitglieder in einer dem tatsächlichen Ergebnis entgegengesetzten Richtung beeinflußt hätten.

176 Für das Registergericht ergibt sich aus dieser neuen Rechtsprechung folgendes: Eine Eintragung in das Vereinsregister darf nunmehr nicht schon deshalb abgelehnt werden, weil feststeht, daß zu der fraglichen Mitgliederversammlung einzelne Mitglieder nicht eingeladen wurden. Vielmehr müssen Ermittlungen angestellt werden (§ 12 FGG),[62] ob der Beschluß oder die Abstimmung auch dann ebenso ausgefallen wäre, wenn der Einberufungsfehler nicht passiert wäre. Dabei wird eine wesentliche Rolle das Zahlenver-

---

[59] RG BlGenW 1934, 269
[60] RG Seuff Arch 77 Nr. 53; BayObLGZ 1963, 15/18
[61] BGHZ 59, 369/375, 376 = NJW 1973, 235 = Rpfleger 1973, 86 = WPM 1973, 113; dazu Anm. von Kirberger NJW 1973, 1732
[62] a. A. Stöber Rdnr. 301 a. E.

hältnis der nicht eingeladenen zu den erschienenen Mitgliedern spielen. Läßt sich nach dem Ergebnis der Ermittlungen die völlige Bedeutungslosigkeit der unterbliebenen Einladungen nicht feststellen, so ist die auf dem Versammlungsbeschluß beruhende Anmeldung abzulehnen; je nach Lage des Falles kann auch eine Aussetzung des Eintragungsverfahrens gemäß §§ 159, 127 FGG in Betracht kommen, wobei die ,,Klagelast" dem Verein zuzuschieben wäre.

177 Die fahrlässige Nichteinladung von Mitgliedern kann u. U. für das Einberufungsorgan zur Folge haben, daß es wegen der nutzlos aufgewendeten Kosten der nicht beschlußfähigen Versammlung bzw. wegen der Kosten, die die Einberufung einer neuen Versammlung verursacht, haftbar gemacht wird. Nicht selten besteht aufgrund der Vereinsunterlagen keine völlige Klarheit, ob einzelne Personen noch Mitglieder sind. In diesen Zweifelsfällen sollten die Betreffenden vorsorglich eingeladen werden, um sich nicht der Gefahr auszusetzen, daß ihre Nichteinladung zur Ungültigkeit der Beschlüsse der Mitgliederversammlung führt.

Mitteilung der Tagesordnung

178 Auch hierbei ist, wie so oft im Vereinsrecht, zwischen der gesetzlichen Regelung und etwaigen in der Satzung enthaltenen Vorschriften zu unterscheiden. Das Gesetz (§ 32 Abs. 1 S. 2 BGB) verlangt für die Gültigkeit eines Beschlusses der Mitgliederversammlung, daß der ,,Gegenstand der Beschlußfassung", also die sogenannte Tagesordnung, bei der Einberufung der Mitgliederversammlung bezeichnet wird. Der Zweck dieser Bestimmung ist es, die Mitglieder vor Überraschungen zu schützen und ihnen die Möglichkeit zu geben, sich auf die Angelegenheiten vorzubereiten, über die in der Mitgliederversammlung Beschlüsse gefaßt werden sollen.[63] Erforderlich, aber auch genügend, ist jede Ankündigung der Tagesordnung, die diesem Zweck gerecht wird.[64] Dabei ist zu beachten, daß die Tagesordnung nur die Aufgabe zu erfüllen hat, die Mitglieder im allgemeinen zu unterrichten, worüber verhandelt werden soll.[65] Das Einberufungsorgan sollte jedoch, um späteren Streitigkeiten aus dem Wege zu gehen, eher eine zu ausführliche als eine zu knappe Beschreibung der zu behandelnden Angelegenheiten geben. Soll die Satzung geändert werden, genügt es in aller Regel nicht, in die Tagesordnung lediglich die Bezeichnung ,,Satzungsänderung" aufzunehmen.[66] Zumindest muß hinzugefügt werden, welche Bestimmungen der Satzung geändert werden sollen.[67] Auch eine stichwortartige Angabe des wesentlichen Inhalts der Satzungsänderung genügt. Sehr bewährt hat es sich, in der Mitteilung der Tagesordnung den derzeitigen Wortlaut der zu ändernden Satzungsvorschriften und den Wortlaut, wie diese Vorschriften in Zukunft gefaßt sein sollen, einander gegenüberzustellen. Soll die gesamte **Satzung neu gefaßt** werden, genügt es nicht, dies lediglich mit der Bezeich-

[63] BayObLG Recht 1916 Nr. 381; RGZ 147, 11/12
[64] vgl. BayObLGZ 1973, 253 (zu § 24 WEG)
[65] BGH NJW 1975, 1559/1560; vgl. OLG Stuttgart OLGZ 1974, 404/406
[66] BayObLG Rpfleger 1979, 196 = MittBayNot 1979, 63; vgl. aber den Ausnahmefall in BayObLGZ 1972, 29/33 = Rpfleger 1972, 132
[67] KG JW 1934, 2161

nung „Neufassung der Satzung" anzukündigen, weil damit für die Mitglieder nicht erkennbar ist, ob es sich bloß um redaktionelle Änderungen oder um sachliche Neuerungen handelt.[68] Die Ankündigung eines Tagesordnungspunktes mit der Bezeichnung „Anträge" ist nichtssagend und ermöglicht es nicht, Beschlüsse zu fassen.[69] Das gleiche gilt für einen mit „Verschiedenes" angekündigten Punkt der Tagesordnung.[70] Bei einer derart unbestimmten Bezeichnung von Angelegenheiten kann die Mitgliederversammlung nur eine allgemeine Aussprache halten, aber keine gültigen Beschlüsse fassen. Besondere Sorgfalt ist auf die Formulierung eines Tagesordnungspunktes zu verwenden, der den **Ausschluß** eines Mitglieds oder die Verhängung einer **Vereinsstrafe** zum Gegenstand hat. Denn die Erfahrung hat gezeigt, daß solche Beschlüsse der Mitgliederversammlung sehr oft mit der Begründung gerichtlich angefochten werden, daß der „Gegenstand der Beschlußfassung" nicht ordnungsgemäß angekündigt worden sei. Andererseits ist jede unnötige Bloßstellung des Mitglieds, das ausgeschlossen oder bestraft werden soll, zu vermeiden. Der Name des betreffenden Mitglieds braucht daher in der Tagesordnung nicht genannt zu werden. Die Ankündigung „Beschlußfassung über den Ausschluß (Bestrafung) eines Mitglieds" ist genügend bestimmt. Soll ein Vorstandsmitglied abberufen werden, genügt als Tagesordnungspunkt die Ankündigung „Abberufung eines Vorstandsmitglieds". Es ist weder erforderlich, anzugeben, daß die Abberufung aus wichtigem Grund geschehen, noch auf welche Vorkommnisse sie gestützt werden soll.[71] Dagegen genügt es in dem genannten Fall nicht, als Tagesordnungspunkt „Neuwahl des Vorstandes" anzukündigen, weil damit verschleiert wird, daß zunächst der derzeitige Vorstand abberufen werden soll.[72]

Mit Nachdruck ist jedoch darauf hinzuweisen, daß die vorstehenden Ausführungen nur den Fall betreffen, daß die **Satzung** keine von der gesetzlichen Regelung abweichenden Vorschriften enthält. Das Einberufungsorgan wird sich daher zunächst zu vergewissern haben, ob die Satzung bezüglich der Mitteilung der Tagesordnung eine Bestimmung enthält. Ist dies der Fall, dann hat die Satzungsbestimmung Vorrang vor der oben dargestellten gesetzlichen Regelung (§ 40 BGB). Die Satzung kann z. B. das Einberufungsorgan von der Pflicht, die Tagesordnung bei der Einberufung der Mitgliederversammlung mitzuteilen, ganz entbinden oder die Mitteilungspflicht auf bestimmte Angelegenheiten (z. B. Vorstandswahl, Satzungsänderung) beschränken. Auch die Form der Mitteilung kann individuell geregelt sein. Möglich ist es aber auch, daß die Satzung über die gesetzliche Regelung hinausgeht und strengere Anforderungen an die Bekanntgabe der Tagesordnung stellt, z. B. daß Satzungsänderungen im vollen Wortlaut angekündigt werden müssen und dgl.

---

[68] a. A. Stöber Rdnr. 181

[69] BayObLG OLG 32, 331

[70] KG OLGZ 1974, 399/401 zu § 23 Abs. 2 WEG; dort auch zur Frage, ob nachträglich auf die Mitteilung der Tagesordnung verzichtet werden kann.

[71] BGH NJW 1962, 393 = MDR 1962, 199 = BB 1962, 110 (GmbH-Geschäftsführer)

[72] RG Recht 1915 Nr. 2575; R-D-K Rdnr. 364

Anträge zur Tagesordnung

179 Der Begriff „Anträge zur Tagesordnung" ist mehrdeutig. Damit können einmal diejenigen Anträge gemeint sein, die in der Mitgliederversammlung bei der Beratung der angekündigten Tagesordnungspunkte gestellt werden (Anträge **zur** Tagesordnung). Solche Anträge sind ohne weiteres zulässig. Sie müssen sich nur sachlich innerhalb der Grenzen des in der Tagesordnung bezeichneten Gegenstands der Beschlußfassung halten. Sie dürfen nicht mit der Begründung zurückgewiesen werden, daß sie vorher angekündigt hätten werden müssen. Die Zurückweisung der Anträge ist aber gerechtfertigt, wenn die Anträge zwar an einen Punkt der Tagesordnung anknüpfen, aber in ihrer Tragweite darüber hinausgehen.[73] Unter „Anträgen zur Tagesordnung" können ferner solche Anträge gemeint sein, die in der Mitgliederversammlung gestellt werden und darauf abzielen, die Reihenfolge der Tagesordnungspunkte zu ändern. Dann handelt es sich um Anträge, welche die Geschäftsordnung der Mitgliederversammlung betreffen (Geschäftsordnungsanträge). Mit der hier zu behandelnden Frage, ob Anträge zur Tagesordnung bei der Einberufung der Mitgliederversammlung angekündigt werden müssen, haben sie nichts zu tun. Dazu wird im Abschnitt „Aufgaben und Befugnisse des Versammlungsleiters" Stellung genommen. Unter dem genannten Begriff können aber auch Anträge der Mitglieder verstanden werden, die **vor** der Festsetzung der Tagesordnung durch den Vorstand bei diesem eingehen, etwa dann, wenn der Termin der jährlichen ordentlichen Mitgliederversammlung in der Satzung festgesetzt ist und die Mitglieder daher wissen, daß demnächst die Mitgliederversammlung abzuhalten ist. Diese Anträge bezwecken, daß die darin bezeichneten Angelegenheiten vom Vorstand bei der Aufstellung der Tagesordnung berücksichtigt werden, daß sie also **auf** die Tagesordnung kommen. Weigert sich der Vorstand, so können die Antragsteller, falls die gesetzlichen oder satzungsmäßigen Voraussetzungen vorliegen, im Wege des Minderheitsverlangens, notfalls mit Hilfe des Registergerichts, erreichen, daß die betreffenden Angelegenheiten auf die Tagesordnung kommen. Hierzu wird auf Rdnr. 162 verwiesen. Schließlich kann unter „Anträgen zur Tagesordnung" in der Satzung ein Verfahren gemeint sein, das den Mitgliedern **nach** Einberufung der Mitgliederversammlung, also dann, wenn sie regelmäßig die Einladung und die vom Vorstand aufgestellte Tagesordnung in Händen haben, das Recht gibt, innerhalb einer bestimmten Frist dem Vorstand mitzuteilen, daß bestimmte näher bezeichnete Angelegenheiten in der Mitgliederversammlung behandelt werden sollen. Der Sinn einer solchen Regelung, die in der Satzung verankert sein muß, besteht darin, über die vom Vorstand in der Tagesordnung bezeichneten Angelegenheiten hinaus weitere Angelegenheiten zur Beschlußfassung der Mitgliederversammlung zu stellen. Es handelt sich also um eine **Ergänzung der Tagesordnung** aus dem Kreis der Mitglieder. Ob nun diese satzungsgemäß „nachgeschobenen" Gegenstände der Beschlußfassung (Tagesordnungspunkte) den Mitgliedern noch vor der Versammlung mitgeteilt werden müssen, hängt davon ab, wie im Einzelfall die Satzung gefaßt ist.

[73] Baumbach/Hueck § 125 Rdnr. 4

Fehlt, wie meistens, in der Satzung hierüber eine ausdrückliche Anordnung, so ist es nicht notwendig, die Mitglieder vor der Versammlung über den Inhalt dieser Anträge zu unterrichten.[74] Die Mitgliederversammlung kann also über diese nach der förmlichen Einberufung der Versammlung fristgerecht beim Vorstand eingebrachten Anträge gültige Beschlüsse fassen. Das eben geschilderte Verfahren hat den Vorteil, daß dem Vorstand die sachgerechte Vorbereitung der Versammlung und außerdem die Übersicht erleichtert wird, mit welcher Dauer der Versammlung ungefähr zu rechnen ist. Allerdings wird man die Satzung, wenn sie für die nachträgliche Einbringung von Anträgen eine Frist setzt, regelmäßig so zu verstehen haben, daß nach Fristablauf keine weiteren Angelegenheiten mehr auf die Tagesordnung der bevorstehenden Versammlung gelangen können. Für sogenannte **Dringlichkeitsanträge** in der Versammlung selbst wäre dann nur noch Raum, wenn die Satzung das ausdrücklich zuließe.[75]

Leitung der Mitgliederversammlung[75a]

180 Wer die Mitgliederversammlung zu leiten hat, bestimmt zunächst die Satzung. Eine solche Satzungsbestimmung hat aber regelmäßig nicht die Bedeutung, daß dann, wenn keine der zum Vorsitz berufenen Personen vorhanden oder anwesend ist, eine Mitgliederversammlung überhaupt nicht abgehalten werden darf. Die Satzung ist in diesem Punkt vielmehr so zu verstehen, daß sie zwar den genannten Personen ein **Vorrecht** auf den Vorsitz in der Mitgliederversammlung einräumt, aber die Versammlungsleitung durch eine andere Person nicht schlechthin verbietet. Sonst hätten es nämlich diese Personen in der Hand, durch ihr bloßes Fernbleiben die Durchführung einer ordnungsgemäß einberufenen Mitgliederversammlung zu verhindern. Ein Verstoß gegen die Satzungsbestimmung über die Führung des Vorsitzes liegt demnach nur vor, wenn die nach der Satzung hierzu Berechtigten an der Wahrnehmung ihres Rechtes gehindert wurden.[76] Fehlt eine solche Satzungsbestimmung, so fällt die Aufgabe, die Versammlung zu leiten, zunächst dem Vorstand als dem geschäftsführenden Organ des Vereins zu. Besteht der Vorstand aus mehreren Personen, ist der Vorsitzende des Vorstands kraft dieser Stellung der gegebene Versammlungsleiter; bei dessen Verhinderung ist es der stellvertretende Vorsitzende. Ist auch dieser verhindert, kann jedes weitere Vorstandsmitglied die Versammlungsleitung übernehmen. Nach dem Grundsatz aber, daß die Mitgliederversammlung für die Regelung aller Vereinsangelegenheiten zuständig ist, wenn ihr die Zuständigkeit nicht ausdrücklich durch die Satzung genommen und einem anderen Vereinsorgan übertragen ist (siehe Rdnr. 156), kann die Mitgliederversammlung, wenn die Satzung über die Person des Versammlungsleiters schweigt, aus ihrer Mitte einen Versammlungsleiter wählen.[77] Wurde die Mitglieder-

---

[74] BayObLG OLG 32, 331
[75] ähnlich R-D-K Rdnr. 360
[75a] Schrifttum: Martens WPM 1981, 1010 („Die Leitungskompetenzen auf der Hauptversammlung einer Aktiengesellschaft")
[76] BayObLGZ 1972, 329/330 = Rpfleger 1973, 20 = MDR 1972, 134
[77] vgl. RG JW 1909, 411; Stöber Rdnr. 188

versammlung aufgrund gerichtlicher Ermächtigung (§ 37 BGB) durch eine Minderheit von Vereinsmitgliedern einberufen und hat das Gericht den Versammlungsleiter bestimmt, so ist nur dieser befugt, die Versammlung zu leiten. Beschlüsse, welche die Mitgliederversammlung unter einer gesetz- oder satzungswidrigen Leitung faßt, sind ungültig.[78]

Bestimmte Regeln über den Verlauf der Mitgliederversammlung enthält das Gesetz nicht. Solche können aber in der Satzung oder in einer Geschäftsordnung festgelegt werden. Dann ist danach zu verfahren. Ein Gewohnheitsrecht, daß die Mitgliederversammlung eines Vereins nach **parlamentarischen Gepflogenheiten** vor sich zu gehen habe, besteht nicht.[79] Die Versammlungsleitung stellt, vor allem bei großen Vereinen, erhebliche Anforderungen an die Persönlichkeit des Leiters. Seine Hauptaufgabe besteht darin, für die sachgemäße Erledigung der in der Mitgliederversammlung anstehenden Geschäfte zu sorgen.[80] Aus dieser Aufgabe ergeben sich seine Befugnisse und deren Grenzen. Er hat alle Rechte, die er braucht, um einen ordnungsgemäßen Ablauf der Mitgliederversammlung herbeizuführen.[81] Hierbei muß er nach unparteiischen und sachdienlichen Gesichtspunkten verfahren; er darf nicht einseitig die Interessen des Vereins, des Vorstands oder einzelner Mitglieder vertreten.[82] Unsachliche Erörterungen, gleichgültig von welcher Seite sie kommen, hat er zu unterbinden und dafür zu sorgen, daß die Verhandlung gestrafft und nicht über Gebühr in die Länge gezogen wird.[82] Er soll alles vermeiden, was den Eindruck entstehen lassen könnte, als wolle er der Versammlung hinsichtlich der Beratungsgegenstände seinen Willen aufzwingen.[83] Es ist ihm aber nicht verwehrt, seine Meinung auch zu den Sachfragen zu äußern und Empfehlungen zur Beschlußfassung zu geben, auch wenn er damit gegen eine Gruppe von Versammlungsteilnehmern Stellung bezieht.[84]

Aufgaben und Befugnisse des Versammlungsleiters im einzelnen

a) Eröffnung der Versammlung

181 Die förmliche Eröffnung der Mitgliederversammlung durch den Versammlungsleiter ist ein wesentlicher Akt. Denn er macht deutlich, daß von jetzt an die Betätigung der Erschienenen rechtserhebliche Bedeutung hat.[85] Gleichzeitig setzt mit dem Beginn der Mitgliederversammlung die Ordnungsgewalt des Versammlungsleiters ein. Üblich ist eine kurze Begrüßung der Erschienenen. Die Versammlung ist pünktlich zu dem bei der Einberufung angekündigten Zeitpunkt zu eröffnen. Eine verspätete, aber insbesondere eine vorzeitige Eröffnung kann zur Unwirksamkeit der Beschlüsse füh-

---

[78] vgl. RG JW 1909, 411
[79] KG NJW 1957, 1680; zur Zulässigkeit und den Grenzen einer politischen Diskussion in der Mitgliederversammlung vgl. Günther, Festschrift für Fechner, S. 117 (bezüglich der Hauptversammlung einer AG)
[80] RGZ 119, 245
[81] BGHZ 44, 245/248
[82] Obermüller-Werner-Winden S. 85
[83] vgl. RG JW 1936, 181
[84] KG NJW 1957, 1680
[85] KG OLG 40, 202

ren, wenn Versammlungsteilnehmer dadurch gehindert wurden, an der Beratung und Beschlußfassung mitzuwirken. Die Führung einer **Anwesenheitsliste** (Präsenzliste) ist zwar gesetzlich nicht vorgeschrieben, aber zu empfehlen, vor allem dann, wenn nach der Satzung die Beschlußfähigkeit der Versammlung von der Anwesenheit einer bestimmten Zahl von Mitgliedern abhängt. Es empfiehlt sich ferner, im Versammlungsprotokoll festzuhalten, daß der Versammlungsleiter die Versammlung formell eröffnet hat und wann das geschehen ist.

b) Feststellung der Beschlußfähigkeit

182 Diese Feststellung ist nicht nur dann zweckmäßig, wenn nach der Satzung die Beschlußfähigkeit von der Anwesenheit einer bestimmten Mindestzahl von Mitgliedern abhängt, sondern in jedem Fall. Sie gibt nämlich den Mitgliedern ausdrücklich Gelegenheit, etwaige Mängel der Einberufung zu rügen. Erhebt sich gegen die Feststellung des Versammlungsleiters, daß die Versammlung beschlußfähig ist, kein Widerspruch, so kann das für den Fall, daß später von Mitgliedern, die an der Versammlung teilgenommen haben, die Formalitäten der Einberufung beanstandet werden, von Bedeutung sein.

c) Bekanntgabe der Tagesordnung

183 Nunmehr gibt der Versammlungsleiter die Tagesordnung bekannt, sofern sie den Teilnehmern nicht schon mit der Einladung übermittelt wurde. Von der angekündigten Reihenfolge der Tagesordnungspunkte darf der Versammlungsleiter nach seinem pflichtgemäßen Ermessen abweichen. Wer eine Versammlung leiten soll, muß auch die Berechtigung haben, den Gegenstand und die Reihenfolge der Beratungen so zu gestalten, wie sie ihm sinnvoll und zweckmäßig erscheinen. Dazu gehört die Befugnis, einen Punkt der Tagesordnung vorzuziehen oder zurückzustellen.[86] Gleichwohl ist es ratsam, daß der Leiter über eine Änderung der Reihenfolge der Tagesordnungspunkte einen Beschluß der Mitgliederversammlung oder auch nur eine unverbindliche Meinungsäußerung[87] herbeiführt, vor allem dann, wenn die Änderung Angelegenheiten betrifft, an denen er selbst, etwa in seiner Eigenschaft als Vorstandsmitglied, unmittelbar interessiert ist. Nicht selten schürt nämlich eine solche Änderung der Tagesordnung den Argwohn von Mitgliedern, die darin eine „Taktik“ vermuten. Hieraus können sich unliebsame und vor allem zeitraubende Erörterungen ergeben. Eine veränderte Reihenfolge der Tagesordnungspunkte kann auch von Mitgliedern beantragt werden. Über solche Anträge zur Geschäftsordnung darf der Leiter nicht einfach hinweggehen, sondern muß sie zur Abstimmung stellen. Denn die Mitgliederversammlung steht über ihm und kann ihm durch Beschluß eine bestimmte Reihenfolge der Tagesordnung vorschreiben.[86] Ebenso hat der Leiter zu verfahren, wenn von einem Mitglied die Vertagung der Versammlung beantragt wird. Auch ein solcher Antrag betrifft die Geschäftsordnung und ist zur Abstimmung zu stellen. Mitunter wird der Antrag gestellt, eine bestimmte Angelegenheit zusätzlich auf die Tagesordnung zu setzen, diese also

---

[86] KG NJW 1957, 1680
[87] vgl. BGHZ 44, 245/248

zu erweitern. Die Zulässigkeit eines solchen Begehrens hängt von der Gestaltung der Satzung im Einzelfall ab (siehe dazu Rdnr. 179). Ist nach der Satzung die Erweiterung der Tagesordnung in der Mitgliederversammlung selbst unzulässig, wird der Versammlungsleiter den Antragsteller und die Mitgliederversammlung hierauf ausdrücklich hinzuweisen haben. Wird der Antrag gleichwohl aufrechterhalten, darf er die Versammlung nicht daran hindern, hierüber einen Beschluß zu fassen. Eine andere Frage ist es, ob der Vorstand, falls die Versammlung zu dem satzungswidrig auf die Tagesordnung gesetzten Punkt einen Beschluß faßt, verpflichtet ist, ihn auszuführen.

d) Eintritt in die Tagesordnung

184 Besteht nunmehr Klarheit über die Tagesordnung und über die Reihenfolge, in der sie zu erledigen ist, hat der Versammlungsleiter Punkt für Punkt aufzurufen und zur Erörterung und Beschlußfassung zu stellen. Jedes Mitglied hat das Recht, zu dem aufgerufenen Punkt der Tagesordnung Anträge zu stellen. Der Leiter hat aber darauf zu achten, daß der Antrag sich im Rahmen der unter diesem Punkt der Tagesordnung zu behandelnden Angelegenheit hält. Es ist auch zulässig, daß der Antrag eines Mitglieds nicht die Sachfrage betrifft, sondern das einzuschlagende Verfahren. So kann z. B. die Absetzung dieses Punktes von der Tagesordnung, die Überweisung an einen etwa bestehenden besonderen Vereinsausschuß oder die Zurückstellung bis zur Beschlußfassung über einen anderen Punkt der Tagesordnung beantragt werden. Derartige Geschäftsordnungsanträge kann der Versammlungsleiter vor den zur Sache gestellten Anträgen zur Abstimmung stellen, er muß es aber nicht. Denn kraft seines Leitungsrechts kann er die Reihenfolge bestimmen, in der über die einzelnen Anträge abgestimmt wird.[88] Regelmäßig wird es aber zweckmäßig sein, Anträge zur Geschäftsordnung vor den Anträgen zur Sache zu behandeln. Liegen zu einem Punkt mehrere Sachanträge vor, soll zuerst über den weitestgehenden Antrag abgestimmt werden. Werden zu einem Antrag Zusatzanträge oder Abänderungsanträge gestellt, wird zuerst über diese Beschluß gefaßt; erst dann erfolgt die Abstimmung über den Hauptantrag, gegebenenfalls in der durch die angenommenen Zusatz- oder Abänderungsanträge erweiterten oder abgeänderten Fassung. Ausdrücklich ist hervorzuheben, daß das Recht der Mitglieder, zu jedem Punkt der Tagesordnung Anträge zu stellen, auch dann besteht, wenn es sich um eine in der Einladung angekündigte und formulierte Satzungsänderung handelt. Hier können die Mitglieder eigene Vorschläge machen. Diese dürfen jedoch nur diejenigen Angelegenheiten betreffen, die mit der auf der Tagesordnung stehenden Satzungsänderung geregelt werden sollen. Solange über einen Punkt der Tagesordnung noch kein abschließender Beschluß gefaßt ist, kann ein schon gestellter, aber zurückgenommener Antrag von demselben oder einem anderen Mitglied wieder gestellt werden. Ist dagegen über einen Sachantrag Beschluß gefaßt, so ist der betreffende Punkt der Tagesordnung erledigt; ein Antrag, den Beschluß wieder aufzuheben, kann in dieser Versammlung regelmäßig nicht zugelassen werden. Denn inzwischen können Mitglieder die Versammlung verlassen haben, und zwar gera-

---

[88] Obermüller-Werner-Winden S. 88; Jacobs BB 1958, 726

de mit Rücksicht auf die Erledigung dieses Punktes. Nur wenn feststeht, daß dies nicht der Fall ist, kann in eine nochmalige Behandlung des an sich erledigten Tagesordnungspunktes eingetreten werden, falls die Versammlung das beschließt.

e) Wortmeldungen

185 Regelmäßig wird der Versammlungsleiter den Mitgliedern das Wort in der Reihenfolge erteilen, in der sie sich gemeldet haben. Eine Verpflichtung, sich an diese Reihenfolge zu halten, besteht für den Leiter jedoch nicht. Wenn ihm eine andere, z. B. eine nach Sachgebieten zusammengefaßte Reihenfolge zweckdienlicher erscheint, kann er von der zeitlichen Reihenfolge der Wortmeldungen abweichen.[89] Zum Leitungsrecht gehört es auch, daß der Leiter für Wortmeldungen eine bestimmte Form vorschreiben kann. So kann er z. B. anordnen, daß diejenigen Mitglieder, die das Wort ergreifen wollen, dies dem Protokollführer anzusagen haben. Ferner ist es zulässig, daß die Verwendung von „Meldezetteln", die vor der Versammlung ausgegeben wurden, verlangt wird. Dies wird allerdings wohl nur bei größeren Vereinen mit einer für den Versammlungsleiter nicht mehr überschaubaren Zahl von Versammlungsteilnehmern in Betracht kommen.

f) Festsetzung der Redezeit

186 Hat der Versammlungsleiter Anhaltspunkte dafür, daß mit zahlreichen Wortmeldungen zu rechnen ist, so wird sich für ihn, bevor er dem ersten Redner das Wort erteilt, die Frage nach einer allgemeinen Begrenzung der Redezeit stellen. Der Bundesgerichtshof[90] hat es offen gelassen, ob für diese Entscheidung der Versammlungsleiter oder die Mitgliederversammlung zuständig ist. Wir meinen, daß sie demjenigen zusteht, der für eine sachgemäße Abwicklung der Mitgliederversammlung verantwortlich ist, und das ist eben der Versammlungsleiter.[91] Er hat auch wohl den besten Überblick, welche Zeit insgesamt etwa die Erledigung der Tagesordnung beanspruchen wird, welcher der einzelnen Tagesordnungspunkte voraussichtlich zu einer längeren Aussprache führen wird und welcher kürzer abzuhandeln ist. Viele Mitgliederversammlungen leiden darunter, daß die Aussprache zu den ersten Punkten der Tagesordnung zu breit angelegt wird, was zur Folge hat, daß später angesetzte Angelegenheiten entweder überhaupt nicht mehr behandelt werden können oder in großer Zeitnot „durchgepeitscht" werden. Eine solche Erledigung der Tagesordnung zu vermeiden, ist mit die wichtigste Aufgabe des Versammlungsleiters. Daher ist es sachdienlicher, wenn er von Anfang an mit der Redezeit haushält und nicht genötigt wird, später zu drastischen Redezeitverkürzungen zu greifen, bei denen die Gefahr besteht, daß die Gleichbehandlung der Versammlungsteilnehmer nicht mehr gewahrt wird. Ein umsichtiger Versammlungsleiter wird aber die Beschränkung der Redezeit mit der Versammlung erörtern und erst dann die Entscheidung

---

[89] Obermüller-Werner-Winden S. 85
[90] BGHZ 44, 245/247
[91] zustimmend Soergel § 32 Rdnr. 17; Martens WPM 1981, 1010/1013 („Die Leitungskompetenzen auf der Hauptversammlung einer Aktiengesellschaft")

treffen. Bewährt hat es sich, wenn vor jedem umfangreicheren Tagesordnungspunkt die Frage, ob eine Beschränkung der Redezeit erforderlich ist, erneut zur Diskussion gestellt wird; auf diese Weise wird eine zu starre Handhabung vermieden. Auf welches Zeitmaß die Redezeit zu begrenzen ist, läßt sich naturgemäß nur von Fall zu Fall entscheiden. Als Faustregel wird man etwa 10 Minuten gelten lassen können.[92]

g) Entziehung des Wortes

187 Von der von vornherein angeordneten beschränkten Redezeit, sei es für alle, sei es für einzelne Tagesordnungspunkte, ist der Fall zu unterscheiden, daß sich der Versammlungsleiter genötigt sieht, einem Redner das Wort zu entziehen. Daß der Leiter hierzu berechtigt ist, wird allgemein anerkannt. Von diesem Recht wird er Gebrauch machen, wenn ein Redner die festgesetzte Redezeit überschritten hat und keine Anstalten macht, zum Ende zu kommen. Der förmlichen Wortentziehung soll jedoch eine Ermahnung und ein Hinweis auf diese Maßnahme vorausgehen. Zur Wortentziehung wird der Leiter auch bei an sich nicht begrenzter Redezeit greifen, wenn ein Redner trotz Verwarnung sich wiederholende, beleidigende oder unsachliche Ausführungen macht.[93] Es empfiehlt sich, die Tatsache der Wortentziehung und den Anlaß hierfür kurz im Versammlungsprotokoll festzuhalten.

h) Verweisung aus dem Versammlungsraum

188 Kraft seiner Ordnungsgewalt ist der Versammlungsleiter auch berechtigt, Versammlungsteilnehmer von der weiteren Teilnahme an der Versammlung auszuschließen und sie aus dem Versammlungsraum zu weisen.[94] Zu diesem äußersten Mittel,[94] die Ordnung wiederherzustellen, soll aber nur gegriffen werden, wenn sich schwächere Maßnahmen (z. B. Ermahnungen, Wortentziehung, u. U. auch kurzfristige Unterbrechung der Versammlung) als erfolglos erwiesen haben. Es ist nämlich zu bedenken, daß die Verweisung eines Mitglieds aus der Versammlung einen schweren Eingriff in seine Mitgliedsrechte darstellt, weil mit ihm praktisch der Entzug des Stimmrechts verbunden ist.[94] Der förmlichen Hinausweisung soll daher in jedem Fall eine unmißverständliche **Androhung** dieser Maßnahme vorangehen. Je nach Lage des Einzelfalls kann zur Wiederherstellung der Ordnung auch ein befristeter Ausschluß von der Mitgliederversammlung genügen (z. B. bis zur Erledigung eines besonders umstrittenen Punktes der Tagesordnung). Das Recht, Störer hinauszuweisen, steht dem Versammlungsleiter nicht nur dann zu, wenn sein „Hausrecht" verletzt ist, sondern es beruht auf seinem Leitungsrecht.[95] Es braucht also nicht abgewartet zu werden, bis die Störung sich zu einer ausgesprochenen Notwehrsituation entwickelt hat.[95] Selbstverständlich können auch Gäste, wenn sie die Versammlung stören, aus dem Saal gewiesen werden. Ihnen gegenüber braucht der Versammlungsleiter nicht die gleiche Rücksicht zu üben wie gegenüber stimmberechtigten Mitgliedern. Als störende Handlungen, die letztlich zur Saalverweisung führen kön-

---

[92] Obermüller-Werner-Winden (L) S. 61
[93] wie Fußn. 92, S. 62
[94] BGHZ 44, 245/248
[95] BGHZ 44, 245/248; Martens – wie Fn. 91 – S. 1011

nen, kommen übermäßige Zwischenrufe, sinnloses Lärmen, Einschalten von Musik- oder Sprechapparaten, unsachliche Dauerreden und dergleichen mehr in Betracht.[96] Das gleiche gilt, wenn den übrigen Versammlungsteilnehmern, z. B. wegen Beleidigungen, das weitere Verbleiben nicht mehr zuzumuten ist.[97] Auch die Verwendung eines Tonbandes gegen den Willen des Versammlungsleiters oder der anderen Teilnehmer kann nach erfolgloser Abmahnung den Ausschluß des Betreffenden von der Versammlung rechtfertigen.[98] Da Teilnehmer, die des Saales verwiesen wurden, nicht selten die nach ihrem Ausschluß gefaßten Beschlüsse der Mitgliederversammlung anfechten, empfiehlt es sich, den Vorgang, der zum Ausschluß führte, so im Versammlungsprotokoll festzuhalten, daß sich daraus ein anschauliches Bild von dem Verhalten des Störers ergibt. Wenn nach der Satzung die Übertragung des Stimmrechts zulässig ist, sollte dem Störer, ehe er aus dem Saal gewiesen wird, Gelegenheit gegeben werden, sein Stimmrecht auf ein anderes Mitglied zu übertragen.[97]

i) Rauchen in der Versammlung

188a Mit zunehmender Zahl von Nichtrauchern und angesichts der Diskussion über die Folgen des sogenannten Passivrauchens gewinnt auch für Mitgliederversammlungen von Vereinen die Frage an Bedeutung, ob dort das Rauchen untersagt werden kann oder sogar untersagt werden muß. Das Rauchverbot kann sich bereits aus dem Vereinszweck (z. B. bei Vereinen zur Förderung der Gesundheit), aus einer speziellen Satzungsvorschrift, aus der Geschäftsordnung für die Mitgliederversammlung oder aus einer nachhaltigen Übung im Verein ergeben. Auch die jeweils zusammentretende Mitgliederversammlung kann beschließen, daß nicht geraucht werden darf. Im übrigen ist ein Rechtsanspruch einzelner Versammlungsteilnehmer darauf, daß nicht geraucht wird, grundsätzlich zu verneinen. Es bestehen jedoch keine rechtlichen Bedenken dagegen, daß der Versammlungsleiter, solange die Mitgliederversammlung nicht durch Beschluß das Rauchen gestattet, das Rauchen untersagt. Selbst nach einer von der Mitgliederversammlung beschlußmäßig erteilten Raucherlaubnis ist er aufgrund seiner Pflicht, für eine ordnungsgemäße Durchführung der Versammlung zu sorgen, zur Anordnung berechtigt, das Rauchen einzustellen, wenn sich für Nichtraucher nicht mehr zumutbare Zustände ergeben.

k) Beendigung der Debatte

189 Daß der Versammlungsleiter befugt ist, den Mißbrauch der Redefreiheit durch Ordnungsmaßnahmen zu unterbinden, wurde bereits dargelegt. Eine andere Frage ist es aber, ob das Leitungsrecht des Versammlungsleiters ihn auch dazu befähigt, zu bestimmen, daß der betreffende Tagesordnungspunkt ausdiskutiert ist und weitere Wortmeldungen nicht mehr zugelassen werden. Wir meinen, daß hierüber nicht der Versammlungsleiter, sondern nur die Versammlung selbst zu befinden hat.[99] Der Leiter kann zwar darauf hinwei-

---

[96] wie Fußn. 95
[97] Obermüller-Werner-Winden (L) S. 62
[98] Roellecke BB 1959, 514; Obermüller-Werner-Winden (L) S. 62
[99] a. A. wohl Obermüller-Werner-Winden (L) S. 62; wie hier Martens – Fn. 91 – S. 1013

sen, daß bei einer derart breiten Erörterung einer einzelnen Angelegenheit die noch auf der Tagesordnung stehenden Gegenstände nicht mehr behandelt werden können, aber er kann nicht von sich aus die Debatte abschließen, wenn die Versammlung einen entsprechenden Beschluß nicht faßt. Etwas anderes gilt allerdings dann, wenn dem Versammlungsleiter durch die Satzung oder in einer von der Mitgliederversammlung beschlossenen Geschäftsordnung eine solche über das allgemeine Leitungsrecht hinausgehende Befugnis erteilt ist. Aber auch dann wird er, ehe er weitere Wortmeldungen zurückweist und die Debatte für beendet erklärt, darauf zu achten haben, daß auch die Anhänger einer Gegenmeinung Gelegenheit hatten, ihre Ansicht zu vertreten.

l) Unterbrechung der Versammlung

190 Das Leitungsrecht schließt die Befugnis des Versammlungsleiters ein, die Mitgliederversammlung zu unterbrechen.[100] Eine Unterbrechung wird er in Betracht ziehen, wenn das Aufnahmevermögen der Versammlungsteilnehmer, sei es durch die bisherige Dauer der Versammlung, sei es durch die Schwierigkeit der Erörterungen, strapaziert wurde.[101] Aber auch als Ordnungsmaßnahme zur ,,Beruhigung der Gemüter" und zur Wiederherstellung einer sachlichen Atmosphäre kann eine Unterbrechung der Versammlung zweckmäßig sein. Schließlich kann sich aus bestimmten Vorgängen in der Versammlung das Bedürfnis ergeben, ein anderes Vereinsorgan (z. B. den Gesamtvorstand) sofort mit einer bestimmten Angelegenheit zu befassen. Auch das rechtfertigt eine Unterbrechung der Versammlung. Sie darf aber nicht so lange ausgedehnt werden, daß die wiederaufgenommene Versammlung bei natürlicher Betrachtungsweise nicht mehr als unmittelbare Fortsetzung der unterbrochenen Versammlung erscheint.[100] Eine Unterbrechung auf mehrere Tage ist jedenfalls unzulässig. Wird die Versammlung unterbrochen, so ist bekanntzugeben, wann sie fortgesetzt wird. Zeitpunkt und Grund der Unterbrechung sollen im Versammlungsprotokoll festgehalten werden, ebenso der Zeitpunkt der Fortsetzung. Von der Unterbrechung ist die Vertagung der Mitgliederversammlung zu unterscheiden (siehe dazu Rdnr. 195. Eine solche Maßnahme kann nur die Mitgliederversammlung beschließen; das Leitungsrecht des Versammlungsleiters reicht dafür nicht aus. Ebensowenig ist er berechtigt, die Versammlung vor Erledigung der Tagesordnung aus eigener Machtvollkommenheit zu schließen oder einen Punkt der Tagesordnung abzusetzen und späterer Beschlußfassung vorzubehalten.

m) Überwachung der Protokollführung

191 Wenn auch der von der Versammlung gewählte oder sonstwie bestimmte Protokollführer selbst die Verantwortung für eine korrekte Protokollführung trägt, so gehört es doch auch zu den Aufgaben des Versammlungsleiters, darauf zu achten, daß im Protokoll der wesentliche Gang der Verhandlung festgehalten wird. Vor allem bei Abstimmungen und bei der Fassung von Beschlüssen soll sich der Versammlungsleiter vergewissern, daß das

[100] RGZ 81, 334
[101] Obermüller-Werner-Winden (L) S. 63

Stimmenverhältnis und möglichst der genaue Wortlaut der Beschlüsse in der Niederschrift festgehalten werden.

n) Verkündung der Beschlüsse

192 Auch ohne ausdrückliche Vorschrift in der Satzung gehört es zu den Aufgaben des Versammlungsleiters, das Ergebnis der Abstimmungen bekanntzugeben und eine eindeutige Erklärung darüber abzugeben, welche Folge das Abstimmungsergebnis hat. Er wird also bekanntzugeben haben, ob der zur Abstimmung gestellte Antrag angenommen oder abgelehnt ist.[102] Wenn mehrere Anträge zur Diskussion standen, empfiehlt es sich, den Inhalt des Antrags, der angenommen bzw. abgelehnt wurde, nochmals mitzuteilen. Die Verkündung eines Beschlusses der Mitgliederversammlung durch den Versammlungsleiter ist aber im Regelfall keine Voraussetzung für die Wirksamkeit des Beschlusses.[103] Bestimmt die Satzung, daß der Versammlungsleiter die Beschlüsse der Mitgliederversamlung zu verkünden hat, so ist das regelmäßig nur als Ordnungsvorschrift, nicht als Voraussetzung für die Wirksamkeit des Beschlusses zu verstehen. Für Abstimmungen aber, die geheim (mit verdeckten Stimmzetteln) erfolgen, wird jedoch mit Recht die Ansicht vertreten, daß auch ohne besondere Satzungsbestimmung ein Beschluß nur dann gültig gefaßt ist, wenn das Abstimmungsergebnis ermittelt und verkündet worden ist.[104] Hat der Versammlungsleiter einen Beschluß der Mitgliederversammlung verkündet und zu Protokoll gegeben, so darf er die Abstimmung aus eigener Machtvollkommenheit selbst dann nicht wiederholen lassen, wenn er die erste Abstimmung für fehlerhaft hält. Die Abstimmung darf nur dann wiederholt werden, wenn die Mitgliederversammlung das beschließt.[105]

o) Förmliche Schließung der Versammlung

193 Wie die förmliche Eröffnung der Mitgliederversammlung, so ist auch die eindeutige Erklärung des Versammlungsleiters, daß die Versammlung geschlossen ist, ein wesentlicher Akt.[106] Er beseitigt nämlich jeden Zweifel darüber, daß jede weitere Betätigung der Versammelten, insbesondere eine eigenmächtige Fortsetzung der Tagung, außerhalb der Mitgliederversammlung erfolgt.[106] Die Wiedereröffnung einer bereits geschlossenen Versammlung ist nur dann zulässig, wenn noch sämtliche Teilnehmer anwesend sind und diese die Wiedereröffnung beschließen.

Anfechtung von Maßnahmen des Versammlungsleiters

194 Leitungs- und Ordnungsmaßnahmen des Versammlungsleiters als solche können nicht gerichtlich angefochten werden.[107] Eine andere Frage ist es, ob die in der Sache gefaßten Beschlüsse der Mitgliederversammlung deshalb

---

[102] Soergel § 32 BGB Rdnr. 30; Zöllner S. 392; R-D-K Rdnr. 421
[103] RGZ 125, 149; RG JW 1926, 1813 Nr. 5; BGH NJW 1975, 2100 = Rpfleger 1975, 426 = WPM 1975, 1041
[104] R-D-K S. 132 (1. Aufl.)
[105] KG NJW 1957, 1680
[106] vgl. KG OLG 40, 202
[107] Obermüller-Werner-Winden (L) S. 63

angefochten werden können, weil ihnen eine unberechtigte Geschäftsordnungsmaßnahme des Versammlungsleiters vorausgegangen war (z. B. eine Wortentziehung oder die Saalverweisung eines Mitglieds). Diese Frage beantwortet sich nach den allgemeinen Grundsätzen über die Anfechtbarkeit von Beschlüssen der Mitgliederversammlung (siehe Rdnrn. 212, 213).

Die Vertagung der Mitgliederversammlung

195 Die Vertagung der Mitgliederversammlung kommt begrifflich nur in Betracht, wenn die Versammlung zusammengetreten ist. Wird sie vorher vom Einberufungsorgan „vertagt“, so handelt es sich in Wirklichkeit um die Absetzung der anberaumten und Einberufung einer neuen Versammlung. Letztere ist nach den allgemeinen Grundsätzen vorzunehmen. Dabei ist eine etwa vorgeschriebene Ladungsfrist erneut einzuhalten. Nach Eröffnung der Mitgliederversammlung können die Teilnehmer jederzeit mit einfacher Mehrheit der abgegebenen gültigen Stimmen die Vertagung der Versammlung beschließen, sofern die Satzung nicht eine andere Stimmenmehrheit für einen Vertagungsbeschluß vorschreibt. Der Versammlungsleiter kann von sich aus die Vertagung nicht anordnen.[107a] Der Vertagungsbeschluß muß aber den neuen Versammlungstermin und den Versammlungsort bezeichnen. In diesem Fall bedarf es keiner erneuten Einberufung der Mitgliederversammlung durch das Einberufungsorgan. Es besteht auch keine Verpflichtung, die bei der Fassung des Vertagungsbeschlusses nicht anwesenden Mitglieder zu verständigen, aber es steht diesen frei, sich zu der vertagten Versammlung einzufinden und ihre Mitgliedsrechte auszuüben. Wäre nur grundsätzlich Vertagung der Versammlung beschlossen worden, ohne zu bestimmen, wann und wo die Versammlung fortgesetzt wird, läge eine wirksame Vertagung nicht vor. In diesem Fall handelte es sich um den **Abbruch** der Versammlung, verbunden mit der (stillschweigenden) Aufforderung an das Einberufungsorgan, eine neue Mitgliederversammlung einzuberufen. Das Einberufungsorgan hätte dann die normalen Einberufungsformalitäten zu beachten.

Teilnahmeberechtigung

196 Teilnahmeberechtigt an der Mitgliederversammlung ist jedes Vereinsmitglied, gleichgültig, ob es Stimmrecht besitzt oder nicht. Daher haben auch sogenannte **außerordentliche** Mitglieder (passive Mitglieder, fördernde Mitglieder, korrespondierende Mitglieder) grundsätzlich das Recht, an der Mitgliederversammlung teilzunehmen. Das gleiche gilt für **Ehrenmitglieder**. Würde die Satzung eine Kategorie von Mitgliedern vorsehen, die weder das Stimmrecht noch das Recht zur Teilnahme an der Mitgliederversammlung haben, so könnte im Rechtssinne von einer Mitgliedschaft nicht gesprochen werden. Es ist aber unbedenklich zulässig, daß die Teilnahmeberechtigung an der Mitgliederversammlung in der Satzung oder in einer Geschäftsordnung von bestimmten förmlichen Voraussetzungen abhängig gemacht wird, z. B. vom Vorzeigen der Mitgliedskarte.

[107a] Martens – Fn. 91 – S. 1013

Die Teilnahme an der Mitgliederversammlung kann auch **Nichtmitgliedern** gestattet werden. Solche Personen werden herkömmlich als **Gäste** bezeichnet. So ist es nicht unüblich, daß Personen, ehe sie sich zum Beitritt entschließen, sich zunächst durch die Teilnahme an einer Mitgliederversammlung einen gewissen Einblick in das Vereinsleben verschaffen wollen. Auch Vertreter von Behörden, politischen Parteien oder befreundeten Vereinen werden häufig zur Mitgliederversammlung eingeladen. Wenn die Satzung die Zulassung von Gästen nicht ausdrücklich verbietet, ist es dem Ermessen des satzungsgemäßen Einberufungsorgans überlassen, Gäste zur Mitgliederversammlung einzuladen. Wird die Frage der Zulassung eines Gastes erst in der Mitgliederversammlung akut, entscheidet hierüber der Versammlungsleiter.[108] In Zweifelsfällen wird er zweckmäßigerweise sich der Zustimmung der Mitgliederversammlung vergewissern. Auch die Vertreter übergeordneter Organisationen (z. B. des Landesverbandes oder des Bundesverbandes) haben nicht ohne weiteres ein Zutrittsrecht zu den Versammlungen des nachgeordneten Vereins. Maßgebend ist hierfür, wie das Verhältnis des Mitgliedsvereins zu dem des Verbandes in den beiden Satzungen geregelt ist. Ein solches Zutrittsrecht kann sich aber auch durch langjährige entsprechende Übung gebildet haben. Einen Anspruch auf **Öffentlichkeit** der Mitgliederversammlung oder auf Anwesenheit bestimmter Personen haben weder das einzelne Vereinsmitglied noch dritte Personen.[108] Das gilt auch, vorbehaltlich einer anderslautenden Satzungsbestimmung, für Presse, Rundfunk und Fernsehen. Auch über deren Zulassung entscheidet in erster Linie der Versammlungsleiter.[108] Wird aus der Versammlung Widerspruch laut, empfiehlt es sich, über die Zulassung die Mitgliederversammlung entscheiden zu lassen.[108] Werden Gäste zur Versammlung zugelassen, so hat der Versammlungsleiter darauf zu achten, daß sie sich nicht an der Diskussion (auch nicht durch Zwischenrufe) beteiligen. Ein Eingreifen des Gastes in die Diskussion kann zu einer Beeinflussung einzelner Mitglieder und damit zu einer Beeinflussung der Abstimmung führen. Jedenfalls reicht das Leitungsrecht des Versammlungsleiters nicht so weit, daß er Gästen die Beteiligung an der sachlichen Aussprache gestatten kann. Erweist es sich als sachdienlich, zu einer bestimmten Angelegenheit die Meinung eines anwesenden Behördenvertreters oder die des Vertreters des übergeordneten Verbandes zu hören, so bedarf es hierzu der Zustimmung der Mitgliederversammlung. Damit ist nicht gesagt, daß hierüber jedesmal ein förmlicher Beschluß gefaßt werden muß. Es genügt, wenn der Versammlungsleiter an die Versammlung die Frage richtet, ob der Beteiligung des Gastes an der Diskussion widersprochen wird, und sich sodann kein Widerspruch erhebt.

197 Einen Anspruch auf Hinzuziehung einer fachkundigen Person (z. B. eines Rechtsanwalts) zur Mitgliederversammlung hat ein Vereinsmitglied – außer im Ausschluß – und Vereinsstrafverfahren –[109] in aller Regel nicht. Nur bei Vorliegen **ganz außergewöhnlicher Umstände,** die das Mitglied darzulegen hätte,[110] könnte in der Zurückweisung des Beistands ein Ermessensfehlge-

[108] Obermüller-Werner-Winden (L) S. 47 und die dort angegebene Literatur
[109] siehe dazu Rdnr. 101
[110] vgl. Kirberger BB 1978, 1390/1393f.

brauch erblickt werden. Bei der Entscheidung über die Zulassung des Beistands wird es darauf ankommen, ob die zur Beschlußfassung anstehende Angelegenheit so kompliziert und von so wesentlicher Bedeutung ist, daß dem Mitglied eine sachgerechte Mitwirkung an der Willensbildung der Mitgliederversammlung ohne fachkundige Beratung, und zwar gerade in der Versammlung selbst, vernünftigerweise nicht zugemutet werden kann. Fälle derartiger eindeutiger Überforderung von Mitgliedern sind beispielsweise bei Vereinen, bei denen Vereinsmitgliedschaft und berufliches Fortkommen miteinander verquickt sind, immerhin denkbar.

Je nach dem Inhalt der Tagesordnung kann es genügen, den Beistand nur zu bestimmten Punkten der Tagesordnung zur Versammlung zuzulassen.

Wird dem Zulassungsantrag entsprochen, so hat sich der Beistand auf die **Beratung** des Mitglieds zu beschränken, und zwar so, daß dabei die übrigen Versammlungsteilnehmer nicht gestört werden; an der Aussprache darf er sich ohne spezielle Genehmigung nicht beteiligen.

Das Stimmrecht

198 In der Mitgliederversammlung hat jedes Mitglied, gleichgültig, ob es eine natürliche oder eine juristische Person (z. B. GmbH, AG, e. V., Gemeinde) oder eine handelsrechtliche Personengesellschaft (OHG, KG) ist, grundsätzlich nur **eine** Stimme. Die Zuteilung eines mehrfachen Stimmrechts an einzelne Mitglieder oder an Angehörige bestimmter Kategorien von Mitgliedern (z. B. Gründungsmitglieder) ist als Sonderrecht nur durch eine entsprechende Satzungsbestimmung möglich. Es ist auch zulässig, daß in der Satzung bestimmten Mitgliedern ein mehrfaches Stimmrecht nur für einzelne Angelegenheiten eingeräumt wird (z. B. für den Beschluß über die Auflösung des Vereins oder für Vorstandswahlen). Andererseits kann das Stimmrecht einzelnen Gruppen von Mitgliedern wie den außerordentlichen, auswärtigen, fördernden, passiven Mitgliedern, den Ehrenmitgliedern und dgl. verwehrt werden. Im Regelfall wird man, wenn die Satzung schweigt, davon ausgehen dürfen, daß das Stimmrecht nur den ordentlichen Mitgliedern (Vollmitgliedern) zusteht. Gleichwohl empfiehlt es sich, die Frage des Stimmrechts in der Satzung ausdrücklich zu regeln, wenn verschiedene Klassen von Mitgliedern vorgesehen sind. Dabei ist jedoch zu beachten, daß weder einem Vereinsorgan als solchem (z. B. dem Vorstand) noch einer Gruppierung von Mitgliedern als solcher (unselbständige Untergliederung, Fachgruppe) ein prozentual festgelegter Stimmanteil an der Summe aller in der Mitgliederversammlung wahrnehmbarer Stimmrechte eingeräumt werden kann.[111]

199 Nach dem Gesetz ist das Stimmrecht **persönlich** auszuüben. Die Übertragung des Stimmrechts auf eine andere Person ist nur zulässig, wenn die Satzung dies ausdrücklich zuläßt (§§ 38, 40 BGB).[112] Die Satzung kann dabei die Einschränkung machen, daß das Stimmrecht nur auf ein Vereinsmitglied, nicht auf einen Außenstehenden, übertragen werden darf. In diesem Fall wäre die Bevollmächtigung eines Nichtmitglieds unzulässig und dessen

---

[111] Kirberger BB 1974, 1000 mit zutreffender ausführlicher Begründung
[112] RG Recht 1928, 2244

Stimmabgabe unwirksam. Erlaubt die Satzung die Ausübung des Stimmrechts durch Bevollmächtigte, so ist es diesen nicht ohne weiteres gestattet, ihrerseits Unterbevollmächtigte zu bestellen; eine solche Weiterübertragung des Stimmrechts müßte in der Satzung zugelassen sein. Keine Stimmrechtsübertragung bedeutet es, daß für ein in der Geschäftsfähigkeit beschränktes Mitglied (z. B. für einen Minderjährigen) das Stimmrecht durch dessen gesetzlichen Vertreter auszuüben ist. Die Satzung kann aber die Ausübung des Stimmrechts durch gesetzliche Vertreter ausschließen[113] (denkbar bei Vereinen mit ausschließlich oder überwiegend jugendlichen Mitgliedern). In diesem Fall liegt in der Einwilligung des gesetzlichen Vertreters zum Beitritt des Minderjährigen zu einem solchen Verein die generelle Einwilligung zur selbständigen Ausübung des Stimmrechts durch den beschränkt Geschäftsfähigen. Bei juristischen Personen oder handelsrechtlichen Personengesellschaften wird man auch ohne besondere Satzungsvorschrift annehmen dürfen, daß deren Stimmrecht nicht nur durch ihre gesetzlichen Vertreter, sondern auch durch von diesen bevollmächtigte Personen ausgeübt werden darf.

200 Besitzt ein Mitglied aufgrund der Satzung mehrere Stimmen, so kann es diese nur einheitlich abgeben; es darf nicht mit der einen Stimme für, mit der weiteren Stimme gegen den Antrag stimmen.[114] Anders liegt der Fall, wenn ein Mitglied sein eigenes Stimmrecht ausübt und außerdem in zugelassener Stimmvollmacht für weitere Mitglieder abstimmt. Hier ist es zulässig, daß die Stimmen verschieden abgegeben werden. Läßt die Satzung die Übertragung des Stimmrechts auf ein Nichtmitglied zu, so darf sich dieses selbstverständlich an der Diskussion beteiligen.

201 In der Ausübung des Stimmrechts ist das einzelne Mitglied ganz frei. Es kann sich bei seinem Entschluß, für oder gegen den Antrag zu stimmen oder sich der Stimme zu enthalten, völlig durch seine persönlichen Interessen leiten lassen. Weder dem Verein noch den übrigen Mitgliedern braucht es hierfür Rechenschaft abzulegen.[115] Grundsätzlich bestehen keine rechtlichen Bedenken dagegen, daß mehrere Mitglieder eine Vereinbarung treffen, wie sie abstimmen.[116] Die Satzung kann aber solche Absprachen verbieten. In diesem Fall sind die aufgrund der Absprache abgegebenen Stimmen ungültig, und der Beschluß ist unwirksam, wenn die betreffenden Stimmen für sein Zustandekommen ausschlaggebend waren. Aber auch ohne ein ausdrückliches Satzungsverbot können Abstimmungsvereinbarungen und die in ihrem Vollzug abgegebenen Stimmen nichtig sein, wenn sie gegen die guten Sitten verstoßen.[117] Das ist z. B. der Fall, wenn es der Zweck der Abstimmungsvereinbarung ist, den Verein einseitig im eigenen Interesse auszunutzen.[118] In diesem Fall ist der Beschluß unwirksam, wenn im Sinne der Vereinbarung abgestimmt wurde und dadurch der Beschluß zustande kam. Un-

---

[113] Soergel § 38 BGB Rdnr. 6

[114] RGZ 118, 67; Staudinger § 32 BGB Rdnr. 20; vgl. aber RGZ 137, 305 und 157, 57

[115] RGZ 119, 386/389 für AG

[116] RGZ 165, 68/78 für GmbH; zur Problematik von Stimmrechtsabkommen: Tank, Die AG, 1977, 34; differenzierend Staudinger § 32 Rdnr. 21; ferner: Immenga BB 1975, 1042

[117] vgl. RGZ 69, 134/137

[118] RG JW 1916, 575

ter der gleichen Voraussetzung ist ein Beschluß der Mitgliederversammlung unwirksam, wenn ein Mitglied sich dafür, daß es in einem bestimmten Sinn stimme, Vorteile versprechen oder gewähren ließ.[119] Eine Abstimmungsvereinbarung kann aber, soweit sie nicht wegen Sittenwidrigkeit oder Verstoßes gegen die Satzung nichtig ist, rechtliche Bedeutung nur für die an der Vereinbarung Beteiligten haben. Im Verhältnis zum Verein ist sie ohne Wirkung. Hat sich also ein Mitglied nicht an die Abstimmungsvereinbarung gehalten, so berührt das die Gültigkeit seiner Stimmabgabe nicht.[120] Es ist aber nicht ausgeschlossen, daß sich ein Mitglied, das gegen die Vereinbarung seine Stimme abgegeben hat, dadurch gegenüber dem oder den Vertragspartnern schadensersatzpflichtig macht.[121] Dagegen ist eine Klage, mit der die Verurteilung eines Mitglieds verlangt wird, im Sinne der Vereinbarung zu stimmen, unzulässig.[122]

Stimmrechtsausschluß

202 Nach § 34 BGB ist ein Mitglied nicht stimmberechtigt, wenn der zu fassende Beschluß die Vornahme eines Rechtsgeschäfts mit diesem Mitglied oder die Einleitung oder die Erledigung eines Rechtsstreits zwischen ihm und dem Verein betrifft. Gleich bleibt, ob es sich um ein einseitiges Rechtsgeschäft (z. B. die Kündigung eines Mietvertrages) oder um ein zweiseitiges (z. B. Abschluß eines Kaufvertrags) oder um eine Rechtshandlung (z. B. Mahnung, Fristsetzung) handelt.[123] Die Interessenkollision, auf der das gesetzliche Stimmverbot beruht, muß aber eine unmittelbare sein. Ein nur mittelbares Interesse hat den Stimmrechtsausschluß nicht zur Folge.[123a] So kann ein Mitglied mitstimmen, wenn es sich um ein Rechtsgeschäft mit einem anderen Verein handelt, bei dem es ebenfalls Mitglied ist;[124] anders aber, wenn das Vereinsmitglied mit der juristischen Person, mit der der Verein ein Rechtsgeschäft tätigen will, identisch ist (z. B. Einmann-GmbH) oder sie beherrscht.[124] Ob sich das Mitglied tatsächlich in einem Interessenwiderstreit befindet, ist nicht entscheidend.[125] Es genügt für das Stimmverbot, daß der Gegenstand der Beschlußfassung eine Angelegenheit ist, bei der auf der einen Seite der Verein und auf der anderen Seite das Mitglied in seinem privaten Rechtsbereich beteiligt ist. Darunter fällt auch ein Beschluß über die Entlastung als Vorstandsmitglied, weil dieser wie ein rechtsgeschäftlicher Verzicht des Vereins wirkt.[126] Stimmverbot besteht für ein Ver-

---

[119] R-D-K Rdnr. 404

[120] RGZ 57, 205/208; Gruch 69, 617

[121] RGZ 165, 68/78; R-D-K Rdnr. 406

[122] RGZ 119, 386/390

[123] Zöllner S. 225; R-D-K Rdnr. 394

[123a] a. A. Staudinger § 34 Rdnr. 12 (auch bei Rechtsgeschäften mit dem Ehegatten oder nahen Verwandten des Mitglieds oder bei erheblicher Berührung der privaten Interessen des Mitglieds)

[124] BGH GmbHRdsch 1971, 254/255 = NJW 1971, 1267 = BGHZ 56, 47/53; v. Tuhr S. 510; R-D-K Rdnr. 394

[125] vgl. RG Recht 1913, 1089; R-D-K Rdnr. 395

[126] RGZ 49, 142/146; vgl. OLG Nürnberg GmbHRdsch 1975, 111; Soergel § 34 BGB Rdnr. 4

einsmitglied ferner, wenn über die Höhe seiner Bezüge als Vorstandsmitglied zu beschließen ist.[127]

Dagegen ist ein Mitglied nicht deshalb vom Stimmrecht ausgeschlossen, weil der zu fassende Beschluß seine Stellung innerhalb des Vereins oder Art und Umfang seiner Mitgliedschaftsrechte betrifft. So kann das Mitglied bei seiner Wahl in ein Vereinsamt mitstimmen, sich also selbst wählen.[128] Ebenso kann es mitstimmen, wenn es abgewählt,[129] aus dem Verein ausgeschlossen[130] oder mit einer Vereinsstrafe belegt werden soll.[131]

Der gesetzliche Stimmrechtsausschluß kann durch die Satzung weder gemildert noch ganz beseitigt werden (§ 40 BGB). Dagegen kann er auch auf andere Tatbestände als die gesetzlich erfaßten ausgedehnt werden. Voraussetzung ist jedoch, daß dabei der Grundsatz der Gleichbehandlung aller Mitglieder gewahrt ist. So könnte bestimmt werden, daß ein Mitglied kein Stimmrecht hat, solange es mit dem Vereinsbeitrag im Rückstand ist. Ebenso zulässig ist es, das Stimmrecht davon abhängig zu machen, daß das Mitglied dem Verein eine bestimmte Mindestzeit angehört.

Trotz Ausschluß vom Stimmrecht hat das Mitglied jedoch das Recht, an der Mitgliederversammlung teilzunehmen.[132] Es kann aber weder sein Stimmrecht auf einen anderen übertragen, noch für andere Mitglieder in deren Vollmacht das Stimmrecht ausüben oder als Delegierter in der Delegiertenversammlung mitstimmen. Hat ein vom Stimmrecht ausgeschlossenes Mitglied gleichwohl seine Stimme abgegeben, so ist nicht schon deshalb der Beschluß ungültig. Er bleibt vielmehr bestehen, wenn die ungültige Stimme nachweisbar ohne Einfluß auf das Abstimmungsergebnis war.[133]

Die Beschlußfassung[1]

203 Bei der Beschlußfassung der Mitgliederversammlung handelt es sich nicht um einen Vertragsabschluß oder ein sonstiges Rechtsgeschäft der Mitglieder untereinander, sondern um einen Akt der **körperschaftlichen Willensbildung** durch Mehrheitsentscheid, bei dem jedes mitstimmende Vereinsmitglied sein satzungsmäßiges Recht auf Mitgestaltung der Vereinsangelegenheiten wahrnimmt. Ein Beschluß der Mitgliederversammlung (oder eines sonstigen Vereinsorgans) fällt daher nicht in den Anwendungsbereich des § 181 BGB.[2] Von der Ordnungsmäßigkeit der Einberufung der Mitglieder-

---

[127] Soergel § 34 Rdnr. 4; Staudinger § 34 Rdnr. 14; Erman § 34 Rdnr. 2; a. A. aber RGZ 74, 276/280; BGHZ 18, 205/210f.

[128] RGZ 104, 186; OLG Hamm OLGZ 1978, 184/187 (Wahl eines WE-Verwalters); BGHZ 18, 205/210 (GmbH)

[129] RGZ 81, 37/39; 104, 182/186; RG LZ 1925, 1166

[130] RG Recht 1913, 1087 u. 1089; OLG Köln OLGZ 1968, 248 = NJW 1968, 992 = MDR 1968, 665

[131] Soergel § 34 Rdnr. 3; vgl. auch BGH NJW 1969, 841/844

[132] Soergel § 34 Rdnr. 5; vgl. BGH NJW 1971, 2225

[133] RGZ 65, 241/242; 106, 258/263; Soergel § 34 Rdnr. 6

[1] Spezialliteratur: Baltzer, Der Beschluß als rechtstechnisches Mittel organschaftlicher Funktion im Privatrecht, Köln u. Berlin, 1965; derselbe GmbHRdsch 1972, 57; ferner Winnefeld Betrieb 1972, 1053

[2] vgl. BGHZ 52, 316/318 (für Gesellschafterversammlung einer GmbH); dazu kritisch Wiedemann JZ 1970, 291; vgl. auch BGH BB 1975, 1452 mit Anm. von Klam-

versammlung ist die **Beschlußfähigkeit** der Mitgliederversammlung zu unterscheiden.[3] Nach dem **Gesetz** ist zur Beschlußfähigkeit der Mitgliederversammlung die Anwesenheit einer bestimmten Mindestzahl von Mitgliedern nicht erforderlich. Es könnte also in einer ordnungsgemäß einberufenen Mitgliederversammlung das einzige erschienene Mitglied rechtsgültige Beschlüsse fassen.

Jedoch kann die **Satzung** die Beschlußfähigkeit davon abhängig machen, daß bestimmte Voraussetzungen erfüllt sind. So kann z. B. bestimmt werden, daß die Mitgliederversammlung nur beschlußfähig ist, wenn eine bestimmte Zahl oder ein bestimmter Bruchteil von Mitgliedern anwesend ist. Dabei ist bei der Feststellung, ob das sogenannte Quorum erreicht ist, regelmäßig auf die Zahl der erschienenen stimmberechtigten Mitglieder abzustellen.[4] Nicht selten ist eine Satzungsbestimmung, welche die Beschlußfähigkeit davon abhängig macht, daß bestimmte Mitglieder eines Vereinsorgans (z. B. des Vorstandes) anwesend sind. Sind diese satzungsmäßigen Voraussetzungen nicht gegeben, so sind die gleichwohl gefaßten Beschlüsse nur dem Anschein nach „Beschlüsse", also ohne weiteres nichtig.[3]

204 Viele Vereinssatzungen enthalten aber eine Regelung, die besagt, daß im Falle der Beschlußunfähigkeit der Mitgliederversammlung innerhalb einer bestimmten Frist eine **zweite Versammlung** mit der **gleichen** Tagesordnung einzuberufen ist, die dann unter erleichterten Voraussetzungen beschlußfähig ist.[5] Diese Erleichterungen können darin bestehen, daß die für die erste Versammlung aufgestellten Bedingungen ganz entfallen, oder daß nur eine geringere Anzahl von Mitgliedern anwesend zu sein braucht, um die Versammlung beschlußfähig zu machen. Gegen eine solche Regelung ist rechtlich nichts einzuwenden. Es ist aber streng darauf zu achten, daß die gesetzlichen oder in der Satzung bezeichneten Formalitäten bei der Einberufung der zweiten Versammlung eingehalten werden. Außerdem muß die Einladung zur zweiten Versammlung einen **Hinweis** darauf enthalten, daß es sich um eine Versammlung mit geringeren Anforderungen an die Beschlußfähigkeit handelt.[6] Im Laufe der Zeit hat sich allerdings bei manchen Vereinen die Praxis eingebürgert, **zusammen** mit der Einberufung der ersten Versammlung (für den Fall, daß diese nicht beschlußfähig ist) die zweite Versammlung einzuberufen, die dann unter erleichterten Bedingungen beschlußfähig sein soll. Meistens wird in der Einladung angegeben, daß die zweite Versammlung eine Stunde später beginnt. Ein solches Verfahren ist unzulässig. Die Beschlüsse, die in einer solchen „zweiten Versammlung" gefaßt werden, sind regelmäßig nichtig.[3] Die Rechtsprechung hat sie lediglich dann als wirksam behandelt, wenn in der zweiten Versammlung die Voraussetzungen für die Beschlußfähigkeit gegeben waren, die bei der ersten

---

roth; zur Anwendung des § 181 BGB im Bereich des Gesellschaftsrechts siehe Fischer, Festschrift f. Hauß (1978) S. 61

[3] KG NJW 1935, 715; Stöber Rpfleger 1978, 10, Tasche DNotZ 1974, 581/582ff., je zu § 25 WEG

[4] vgl. auch die Regelung in § 25 Abs. 3 WEG und dazu KG OLGZ 1974, 419/420

[5] zum Verfahren, wenn eine Regelung fehlt, vgl. Hoffmann-Riem, „Hilfsbeschlußfähigkeit von Kollegialorganen", NJW 1978, 393

[6] BGH NJW 1962, 394 = DNotZ 1962, 416 = MDR 1962, 282; Muster einer solchen Einladung siehe Rdnr. 449

Versammlung zunächst gefehlt hatten.[3] Ein solcher Fall ist denkbar, wenn sich eine bestimmte Anzahl von Mitgliedern erst verspätet eingefunden hat. Von diesem Ausnahmefall abgesehen, sind die in der zweiten Versammlung gefaßten Beschlüsse nur gültig, wenn die Einladung zu dieser Versammlung **nach Abhaltung** der ersten, beschlußunfähigen Versammlung ergangen ist.[7]

205 Die **Stimmabgabe** ist eine Willenserklärung,[8] die den allgemeinen Vorschriften über Rechtsgeschäfte unterliegt.[9] Sie kann daher auch wegen Irrtums (§ 119 BGB) angefochten werden. Die Anfechtung hat das betreffende Mitglied gegenüber dem Versammlungsleiter zu erklären, bei später entdecktem Irrtum gegenüber einem Mitglied des Vorstands.[10] Die begründete Anfechtung der Stimmabgabe hat zur Folge, daß diese von Anfang an nichtig ist. Davon wird aber die Wirksamkeit des Beschlusses nur berührt, wenn der Wegfall der Stimme das Stimmenverhältnis entscheidend verändert.[11]

206 Nach § 32 BGB entscheidet bei der Beschlußfassung[12] der Mitgliederversammlung „die Mehrheit der **erschienenen** Mitglieder". Die Bedeutung dieser Vorschrift ist seit langem umstritten. In der Rechtsprechung und von einem Teil des Schrifttums – so auch in allen früheren Auflagen dieses Buchs – wurde entsprechend dem Wortlaut der Vorschrift die Auffassung vertreten, daß bei der Ermittlung der Mehrheit von der Zahl der bei der Abstimmung anwesenden stimmberechtigten Mitglieder auszugehen sei und Stimmenthaltungen sowie ungültige Stimmen von dieser Zahl nicht vorweg abgezogen werden dürften; Stimmenthaltungen und ungültige Stimmen würden sich demnach praktisch als Nein-Stimmen auswirken. Hätten beispielsweise von 60 anwesenden stimmberechtigten Mitgliedern 30 mit „Ja" gestimmt, 25 sich der Stimme enthalten und 5 ungültige Stimmzettel abgegeben, so sei die erforderliche Mehrheit der erschienenen Mitglieder (31 Ja-Stimmen) nicht erreicht und der Antrag abgelehnt. Nunmehr hat der Bundesgerichtshof[13] entschieden, daß bei der Beschlußfassung im Verein die Mehrheit nur nach der Zahl der abgegebenen Ja- und Nein-Stimmen zu berechnen sei; **Enthaltungen** seien **nicht mitzuzählen.** Danach ist ein Antrag angenommen, wenn die Zahl der Ja-Stimmen größer ist als die der Nein-Stimmen. Dieser höchstrichterlichen Entscheidung ist – unter Aufgabe der früheren Meinung – jedenfalls im Ergebnis zuzustimmen, weil damit Stimmenthaltungen (und auch ungültige Stimmen) so gewertet werden, wie dies von den betreffenden Mitgliedern regelmäßig gewollt ist, nämlich als Bekundung der Unentschiedenheit,[14] des Desinteresses oder der Erwägung,

---

[7] a. A. LG Wuppertal Rpfleger 1978, 23 m. abl. Anmerkung Stöber Rpfleger 1978, 10

[8] RGZ 118, 67/69; BGHZ 14, 264/267; allgem. Meinung

[9] allgem. Meinung

[10] R-D-K Rdnr. 414 m. Nachweisen

[11] RGZ 115, 378/385; BGHZ 14, 264/267, 268

[12] zur Bedeutung des Abstimmungsprinzips für die Gültigkeit von Kollektiventscheidungen vgl. Baltzer GmbHRdsch 1972, 57

[13] BGH NJW 1982, 1585 = MDR 1982, 551 = Rpfleger 1982, 291 m. krit. Anm. von Pulte gegen OLG Hamburg HRR 1930 Nr. 1044 und OLG Frankfurt NJW 1954, 802 sowie BGB-RGRK, Staudinger, Erman, Palandt, Jauernig – alle zu § 32 BGB – und Stöber Rdnr. 196a

[14] BGH wie Fn. 13

sich aus der zur Abstimmung anstehenden Sache ,,heraushalten" zu sollen. Zugleich wird damit eine allgemeine Vereinsübung über die Bedeutungslosigkeit von Stimmenthaltungen gerechtfertigt. Für die vereinsrechtliche Praxis dürfte mit dieser Grundsatzentscheidung des Bundesgerichtshofs der Meinungsstreit beendet und Klarheit geschaffen sei, wie nach dem **Gesetz** ein Beschluß der Mitgliederversammlung zustande kommt. Gleichwohl halten wir es nach wie vor für ratsam, in der Satzung klarzustellen, daß die Beschlüsse der Mitgliederversammlung ,,mit Stimmenmehrheit" oder ,,mit der Mehrheit der abgegebenen Stimmen" gefaßt werden. Es ist nämlich zu bedenken, daß die Satzung nach § 40 BGB von der gesetzlichen Regelung der Beschlußfassung, wie sie jetzt der Bundesgerichtshof festgestellt hat, abweichen kann und infolgedessen auch bestimmen kann, daß bei der Beschlußfassung die Mehrheit der erschienenen Mitglieder entscheidet, mit der Folge, daß sich Stimmenthaltungen und ungültige Stimmen als Nein-Stimmen auswirken. Jedenfalls für Satzungen, die nach der Veröffentlichung der genannten Entscheidung des Bundesgerichtshofs errichtet werden, können bei der Formulierung ,,Mehrheit der erschienenen Mitglieder" Zweifel entstehen, ob damit lediglich der Wortlaut des § 32 BGB mit der ihm vom Bundesgerichtshof gegebenen Bedeutung oder eine davon abweichende Regelung gewollt ist.

Bei **Stimmengleichheit** ist der Antrag abgelehnt, wenn nicht die Satzung[15] für diesen Fall eine besondere Regelung enthält. So könnte beispielsweise bestimmt werden, daß dann die Stimme des Versammlungsleiters oder die des Vorstandsvorsitzenden den Ausschlag gibt. Auch ein Stichentscheid durch ein Nichtmitglied, z. B. durch den Rechtsberater des Vereins[16] kann in der Satzung vorgesehen werden, ebenso die Entscheidung durch das Los.[17]

207 Für Beschlüsse, die eine **Änderung der Satzung** oder die **Auflösung des Vereins** zum Gegenstand haben, verlangt das Gesetz eine ¾ Mehrheit der ,,erschienenen Mitglieder".[18] Auch hier ist dieser Begriff im Sinne der erwähnten Entscheidung des Bundesgerichtshofs dahin auszulegen, daß bei der Berechnung der Mehrheit Stimmenthaltungen und ungültige Stimmen außer Betracht bleiben. Für eine **Änderung des Vereinszwecks** ist nach dem Gesetz sogar die Zustimmung sämtlicher Vereinsmitglieder, also auch der in der Versammlung nicht erschienenen Mitglieder erforderlich.[19] Aber für alle diese Fälle – für ,,einfache" Beschlüsse (§ 32 BGB), für satzungsändernde, zweckändernde und die Vereinsauflösung betreffende Beschlüsse der Mitgliederversammlung – kann die Satzung eine andere Regelung treffen (§ 40 BGB). Diese kann sowohl in einer Erleichterung als auch in einer Verschärfung der gesetzlichen Erfordernisse bestehen. So kann z. B. für eine Satzungsänderung – erleichternd – bestimmt werden, daß statt der ¾-Stimmenmehrheit eine geringere qualifizierte (z. B. ⅔ Mehrheit) oder sogar die einfache (absolute) Stimmenmehrheit genügt. Andererseits können eine

---

[15] vgl. § 40 BGB
[16] RGZ 49, 142/147
[17] Staudinger § 32 BGB Rdnr. 13
[18] § 33 Abs. 1 Satz 1, § 41 BGB
[19] § 33 Abs. 1 Satz 2 BGB

Satzungsänderung und die Vereinsauflösung dadurch erschwert werden, daß statt der im Gesetz geforderten ¾-Stimmenmehrheit eine größere Mehrheit bis hin zur Einstimmigkeit und zur Zustimmung aller Vereinsmitglieder verlangt wird. Es ist also zunächst festzustellen, ob die Satzung für die Beschlußfassung über die jeweilige Angelegenheit eine Regelung enthält; erst wenn diese fehlt, kommen die gesetzlichen Bestimmungen zum Zug. Für Beschlüsse, die gewisse in der Satzung begründete **Sonderrechte** von Mitgliedern (z. B. ein Mehrstimmenrecht oder das Recht auf ein Vorstandsamt) beeinträchtigen, gilt eine weitere Besonderheit: Zunächst bedarf der Beschluß der für ihn im Gesetz oder in der Satzung vorgesehenen Stimmenmehrheit. Außerdem muß die Zustimmung des Mitglieds vorliegen, dessen Sonderrecht aufgehoben oder geschmälert werden soll.[20]

208 Unter **„qualifizierter Mehrheit"** versteht man eine Stimmenmehrheit, die größer ist als die einfache (absolute) Stimmenmehrheit (z. B. ⅔-, ¾-, ⅘-Stimmenmehrheit). Die **„relative Stimmenmehrheit"** kann dagegen hinter der einfachen Stimmenmehrheit zurückbleiben. Sie ist häufig in den Satzungen vorgesehen, wenn Personalentscheidungen unter mehreren Kandidaten zu treffen sind, etwa durch folgende Vorschrift: „Als gewählt gilt, wer die meisten Stimmen auf sich vereinigt." Nimmt aber derjenige, der die meisten Stimmen erhielt, die Wahl nicht an, so ist nicht etwa der Bewerber mit der nächsthöheren Stimmenzahl gewählt. Hier ist die Wahl zu wiederholen.

209 Die **Abstimmung** selbst kann auf die verschiedenste Art und Weise vorgenommen werden. Eine gesetzliche Vorschrift besteht nicht. Die Abstimmungsart richtet sich also zunächst nach der Satzung. In Betracht kommen mündliche Abstimmung, Abstimmung durch Zuruf (Akklamation), schriftliche, schriftlich-geheime Abstimmung (mit verdeckten Stimmzetteln) oder Abstimmung durch Kugelung.[21] Enthält die Satzung keine Bestimmung über die Abstimmungsart, so kann der Versammlungsleiter anordnen, auf welche Weise die Abstimmung vor sich geht. Er kann vor seiner Entscheidung auch die Mitgliederversammlung befragen oder hierüber einen Beschluß der Mitgliederversammlung herbeiführen. Einen Rechtssatz des Inhalts, daß die Abstimmung schriftlich oder mit verdeckten Stimmzetteln erfolgen muß, wenn ein Mitglied oder mehrere dies beantragen, gibt es nicht.[22] Natürlich kann das die Satzung anordnen. Hat der Versammlungsleiter die Abstimmungsart zu bestimmen, so soll er bedenken, daß bestimmte Abstimmungsweisen die Freiheit der Mitglieder bei der Stimmabgabe beeinträchtigen können. Eine Abstimmung etwa in der Weise, daß diejenigen, die mit „Nein" stimmen, vorzutreten haben, gewährleistet die unbefangene Stimmabgabe nicht. Derartige Praktiken sind zu vermeiden. Ebenso bedenklich ist es, Stimmzettel zu verteilen, auf denen die Abstimmungsfrage so formuliert ist, daß sie die Stimmabgabe beeinflußt.[23]

210 Nach dem **Gesetz** sind die Beschlüsse in einer **Versammlung** der Mitglieder zu fassen. Auf **schriftlichem Wege** läßt das Gesetz eine Beschlußfassung

[20] § 35 BGB
[21] sogenannte Ballotage
[22] vgl. BGH NJW 1970, 46 = MDR 1970, 46
[23] vgl. RGZ 119, 243

nur zu, wenn alle Mitglieder ihre Zustimmung zu dem Beschluß erklären; das gilt auch für die Wahl von Vereinsorganen.[24] Diese gesetzliche Vorschrift ist aber nicht zwingend (§ 40 BGB). Die **Satzung** kann daher für alle Beschlüsse oder für bestimmte einzelne Angelegenheiten **schriftliche** Beschlußfassung mit Mehrheit der Stimmen (einfacher oder qualifizierter Mehrheit) vorsehen.[25] Erforderlich ist allerdings, daß die Satzung dann auch das gesamte Verfahren genau regelt, insbesondere, wie lange die Überlegungsfrist für die Mitglieder ist, wann die schriftlichen Stimmen spätestens eingegangen sein müssen, an wen sie zu richten sind, wer die Stimmen auszählt und wie das Abstimmungsergebnis bekanntgemacht wird. Ein solches Verfahren empfiehlt sich aber allenfalls für Vereine mit wenigen, örtlich verstreuten Mitgliedern.

211 Auch eine **kombinierte Abstimmung** (teils persönlich in der Mitgliederversammlung, teils durch schriftliche Stimmabgabe) ist bei entsprechender Gestaltung der Satzung zulässig.[26] Auch hier soll die Satzung das Abstimmungsverfahren genau regeln. Daß eine Kombination von Stimmabgabe in der Versammlung und schriftlicher Stimmabgabe dem Gesetz nicht grundsätzlich fremd ist, ergibt sich z. B. aus § 74 Abs. 1 Nr. 1 der Vergleichsordnung.

Fehlerhafte Versammlungsbeschlüsse

212 Es liegt in der Natur der Sache, daß die Mitgliederversammlung oder ein anderes Vereinsorgan zuweilen Beschlüsse faßt, die durch ihren Inhalt oder durch die Art und Weise ihres Zustandekommens gegen gesetzliche Vorschriften oder gegen Bestimmungen der Satzung verstoßen. Welche rechtlichen Folgen solche Verstöße haben, ist im Vereinsrecht des BGB nicht geregelt. Anders als im Aktien- und Genossenschaftsrecht[27] fehlt es hier an einer Unterscheidung zwischen nichtigen und anfechtbaren Beschlüssen. Auch das GmbH-Gesetz kennt eine solche Unterscheidung nicht. Während nun die Rechtsprechung für Beschlüsse der Gesellschafterversammlung einer GmbH die Bestimmungen des Aktiengesetzes über die Geltendmachung von Beschlußmängeln heranzieht,[28] mit der Folge, daß in den meisten Fällen ein fehlerhafter Beschluß gültig ist, wenn er nicht innerhalb einer angemessenen Frist durch eine Anfechtungklage beanstandet wird, hat sie es bisher abgelehnt, fehlerhafte Vereinsbeschlüsse in gleicher Weise zu behandeln.[29] Dies wird damit begründet, daß die Interessenlage verschieden sei. Angesichts dieser gefestigten Rechtsprechung ist es im Rahmen dieser Darstellung nicht angezeigt, der Auffassung, die allein in der entsprechenden Anwendung der aktien- und genossenschaftsrechtlichen Regelung auf fehlerhafte

---

[24] § 32 Abs. 2 BGB; LG Ansbach MittBayNot 1971, 304 m. Anm. v. Rapp

[25] vgl. BGHZ 28, 355/358

[26] OLG München BB 1978, 471; zur Stimmabgabe durch Boten siehe Lutter, Festschrift f. Duden (1977) S. 269

[27] §§ 241 ff. AktG; § 51 GenG

[28] RGZ 166, 129; BGHZ 11, 231/237

[29] BGH NJW 1971, 879; BGHZ 59, 369/372 = LM Nr. 4 zu § 32 mit Anm. von Fleck = NJW 1973, 235 = Rpfleger 1973, 86 = WPM 1973, 113 (ausführlich); BGH NJW 1975, 2101; KG OLGZ 1971, 480; OLG Schleswig NJW 1960, 1862

Vereinsbeschlüsse eine befriedigende Lösung sieht,[30] weiter nachzugehen. Zu bemerken ist aber, daß auch nach dem Wohnungseigentumsgesetz, das in mancher Hinsicht dem Vereinsrecht nachgebildete Vorschriften enthält, die Ungültigkeit eines Beschlusses, sofern er nicht nach §§ 134 oder 138 BGB nichtig ist, innerhalb einer Frist von einem Monat durch entsprechende Antragstellung beim Amtsgericht geltend zu machen ist.[31]

Im Anschluß an die Rechtsprechung steht auch das Schrifttum,[32] wenn auch keineswegs mehr geschlossen, auf dem Standpunkt, daß es hinsichtlich der Gültigkeit von Vereinsbeschlüssen bei den allgemeinen Vorschriften verbleibt, also der Beschluß entweder gültig oder ungültig ist.[33] Danach müßte jeder Verstoß gegen das Gesetz oder die Satzung zur Ungültigkeit (Nichtigkeit) des Vereinsbeschlusses führen. Soweit der Beschluß gegen ein gesetzliches Verbot verstößt (§ 134 BGB) oder sittenwidrig ist (§ 138 BGB) oder in Widerspruch mit unabdingbaren vereinsrechtlichen Vorschriften des BGB[34] oder zwingenden Bestimmungen des öffentlichen Vereinsrechts steht, stellt die Nichtigkeitsfolge kein Problem dar. Dagegen erscheint es als unerträglich, daß auch jeder sonstige Verstoß, insbesondere gegen einzelne minder wichtige Verfahrensvorschriften[34a] in der Satzung schlechthin zur Nichtigkeit des Beschlusses führen soll.[35] Im Schrifttum[36] wird versucht, diese Konsequenz damit abzumildern, daß nur Verstöße gegen „zwingende" Satzungsbestimmungen die Nichtigkeit des Beschlusses zur Folge haben sollen. Ob eine Satzungsbestimmung zwingend ist, ob sie also keine noch so geringfügige Abweichung duldet oder ob sie eine Regelung darstellt, die zwar grundsätzlich eingehalten, bei der es aber hingenommen werden soll, wenn sie ausnahmsweise vernachlässigt wird, läßt sich zwar in bestimmten Fällen durch Auslegung der Satzung feststellen. Auf diese Weise ist es möglich, gewisse Satzungsverstöße als unschädlich zu beurteilen. Damit ist aber das Problem nicht gelöst. Dieses stellt sich mit aller Schärfe gerade bei Verstößen gegen Satzungsbestimmungen (oder die hilfsweise eingreifenden vereinsrechtlichen Bestimmungen des BGB), deren zwingender Charakter nicht zu leugnen ist. Soll nun hier jeder auch noch so geringfügige Verstoß die Nichtigkeit des Vereinsbeschlusses zur Folge haben? Schon aus dieser Fragestellung ergibt sich das Bedürfnis für eine „mittlere Lösung", die es vermeidet, entweder das Nichtigkeitsurteil zu fällen oder den Verstoß einfach folgenlos hinzunehmen. Es drängt sich daher auf, bei bestimmten Satzungsverstößen die Rechtsbeständigkeit des Vereinsbeschlusses davon abhängig zu machen, ob der Verstoß **gerügt** wird. Dies kommt bei einer Verletzung von Vorschriften in Betracht, die sich als Schutzbestimmungen zugunsten der Mitglieder darstellen und kein irgendwie geartetes übergeordnetes Interesse

---

[30] K. Schmidt, Die AG 1977, 205 ff.; 243/249 (Fehlerhafte Beschlüsse in Gesellschaften und Vereinen)
[31] § 23 Abs. 4 WEG
[32] Zöllner S. 382 mit Nachweisen in Fußn. 3
[33] R-D-K Rdnr. 442; Soergel § 32 Rdnr. 11; OLG Hamm OLGZ 1965, 65 = Rpfleger 1966, 177; KG JW 1934, 2161; OLG Hamburg OLG 45, 106
[34] vgl. § 40 BGB
[34a] dazu: Staudinger § 32 Rdnr. 26
[35] davon geht jetzt auch BGHZ 59, 369 – oben Fn. 29 – aus
[36] Staudinger § 32 Rdnr. 26

wahrnehmen.[37] Bei Satzungsbestimmungen dieser Art ist kein vernünftiger Grund ersichtlich, im Falle ihrer Nichteinhaltung den Versammlungsbeschluß selbst dann als unheilbar nichtig zu beurteilen, wenn sich kein Mitglied in seinen Rechten beeinträchtigt fühlt.[38] Als ein Verzicht auf das Rügerecht (Widerspruchsrecht) ist es aber anzusehen, wenn der Satzungsverstoß **in der Versammlung** nicht gerügt wird oder wenn diejenigen Mitglieder, die an der Versammlung nicht teilgenommen haben, sich nach Kenntnis des Beschlusses nicht innerhalb einer angemessenen Frist auf den Beschlußmangel berufen.[39] **Außerhalb der Mitgliederversammlung** ist die Rüge beim Vorstand anzubringen; auch gegenüber dem Registergericht[40] kann sie erhoben werden, wenn dieses mit der Prüfung des beanstandeten Beschlusses befaßt ist oder befaßt werden kann (bei allen Beschlüssen, die zu einer Eintragung im Vereinsregister führen). Ist die Rüge ordnungsgemäß erhoben und sachlich begründet, so ist der beanstandete Beschluß als von Anfang an ungültig zu behandeln.[41] Im Streitfall kann jedes Mitglied, dessen Recht von dem Verstoß betroffen ist, die Unwirksamkeit des Beschlusses durch eine Festellungsklage (§ 256 ZPO) gerichtlich feststellen lassen.

213 Zu den Schutzbestimmungen im Sinne der vorstehenden Ausführungen rechnen die Vorschriften über den **Ort** und den **Zeitpunkt** der Mitgliederversammlung[42] und über die bei der Einberufung der Versammlung einzuhaltende **Frist**.[43] Ob auch die Verletzung der für die **Form** der Einberufung bestehenden Vorschrift nur auf besondere Rüge hin beachtlich ist oder ohne weiteres zur Nichtigkeit des Beschlusses führt, hängt von der Regelung dieses Punktes in der Satzung und von der Art des Verstoßes ab.[44] Das gleiche gilt von Vorschriften über die **Versammlungsleitung** und den Ablauf der Mitgliederversammlung. Ein maßgeblicher allgemeiner Gesichtspunkt dafür, ob ein Satzungsverstoß die Nichtigkeit des Beschlusses ohne weiteres oder nur auf besondere Rüge hin zur Folge hat, ist schließlich auch die Art und die Schwere des Verstoßes.[45]

214 Dagegen haben Verstöße gegen Bestimmungen, die dem gemeinschaftlichen Interesse der Mitglieder an einer recht- und ordnungsgemäßen Willensbildung dienen,[46] regelmäßig die Nichtigkeit des Beschlusses zur Folge, ohne daß es hier zu einer besonderen Rüge bedürfte. Hierzu ist zunächst der Fall zu rechnen, daß **nicht sämtliche Mitglieder** zur Versammlung eingeladen wurden. Nach der Rechtsprechung des Bundesgerichtshofs[47] hat jedoch die versehentlich unterbliebene Einladung weniger Mitglieder nicht ohne weiteres die Nichtigkeit des Beschlusses zur Folge; der Beschluß ist vielmehr

---

[37] Staudinger aaO Rdnr. 16
[38] Staudinger § 32 Rdnr. 8 (11. Aufl.)
[39] Soergel § 32 Rdnr. 13
[40] KG OLGZ 1971, 480/483
[41] Soergel § 32 Rdnr. 13
[42] LG Mönchengladbach MittRhNotK 1971, 473
[43] vgl. KG Rpfleger 1971, 396; Soergel aaO
[44] siehe unten Rdnr. 214
[45] vgl. Zöllner S. 384
[46] Soergel § 32 Rdnr. 15
[47] BGHZ 59, 369 – oben Fn. 29 –

gültig, wenn der Verein beweist, daß der beanstandete Beschluß nicht auf der unterbliebenen Einladung der betreffenden Mitglieder beruhen kann.[48]

Regelmäßig nichtig ist ferner ein Beschluß, wenn bei der Einladung der Mitglieder der **Gegenstand der Beschlußfassung** – sofern die Satzung nicht davon befreit – nicht oder so ungenau bezeichnet ist,[49] daß den Mitgliedern eine sachgerechte Vorbereitung auf die Versammlung und eine Entscheidung, ob sie an der Versammlung teilnehmen oder ihr fernbleiben, nicht möglich ist. Die Bezeichnung des Gegenstandes, über den Beschluß gefaßt werden soll, dient dem Gesamtinteresse aller Mitglieder an einer sachgerechten Willensbildung. Ein Verstoß hiergegen ist daher als nicht weniger schwer zu beurteilen als die unterbliebene Einladung einiger Mitglieder.

Auch ein Verstoß gegen die **Form der Einladung** zur Mitgliederversammlung, kann **in bestimmten Fällen** der Nichteinladung von Mitgliedern gleichzusetzen sein. So wird man den Fall zu beurteilen haben, daß statt der in der Satzung vorgeschriebenen schriftlichen Einladung die Mitglieder durch eine Bekanntmachung in der Zeitung zur Mitgliederversammlung eingeladen werden.

Behandlung nichtiger Versammlungsbeschlüsse

215 Was Nichtigkeit bedeutet, sagt das BGB nicht. Nach dem von der ersten Kommission ausgearbeiteten Entwurf des BGB ist ein nichtiges Rechtsgeschäft so anzusehen, als ob es überhaupt nicht vorgenommen worden ist. Demnach erzeugt ein nichtiger Beschluß der Mitgliederversammlung keinerlei Rechtswirkungen, auch nicht im internen Vereinsbereich. Die Wirksamkeit kann auch nicht nachträglich eintreten. An der Nichtigkeit des Beschlusses ändert es auch nichts, wenn mit Sicherheit anzunehmen ist, daß der Rechtsverstoß keinen Einfluß auf die Beschlußfassung hatte.[50] Ein in einer früheren Versammlung herbeigeführter, aber nichtiger Beschluß kann nicht dadurch geheilt werden, daß ihn die Mitgliederversammlung nachträglich so behandelt, als sei er wirksam zustande gekommen; der Beschlußgegenstand muß vielmehr in satzungsmäßig einwandfreier Form erneut zur Abstimmung gestellt werden.[51] Die Nichtigkeit eines Beschlusses der Mitgliederversammlung kann von jedem Vereinsmitglied, aber auch von jedem Außenstehenden geltend gemacht werden. Dazu bedarf es keiner Nichtigkeitsklage. Zulässig ist jedoch eine Feststellungsklage nach § 256 ZPO gegen den Verein, sofern deren allgemeine Voraussetzungen gegeben sind.[52] Stellt auf positive Feststellungsklage das Urteil die Gültigkeit des Beschlusses fest, so wirkt es nur unter den Prozeßparteien; stellt es aber auf negative Feststellungsklage die Ungültigkeit des Beschlusses fest, so ist das Urteil allgemein verbindlich,[53] auch für das Registergericht. Auch ohne Vorliegen eines Feststellungsurteils ist die Nichtigkeit eines Versammlungsbeschlusses vom Re-

[48] dazu auch Rdnr. 175
[49] vgl. Soergel § 32 Rdnr. 15
[50] vgl. RG JW 1912, 741; beachte aber die Durchbrechung dieses Grundsatzes in BGHZ 59, 369 – wie oben Fn. 29 –; Näheres Rdnrn. 175, 214
[51] BGH NJW 1968, 543
[52] RGZ 122, 266/269
[53] RG JW 1929, 2708; R-D-K Rdnr. 453 mit Nachweisen

gistergericht von Amts wegen zu berücksichtigen. Wird die Nichtigkeit vom Rechtspfleger nicht erkannt und aufgrund des nichtigen Beschlusses eine Eintragung in das Vereinsregister vorgenommen, so erzeugt die Eintragung keine Wirksamkeit des Beschlusses.[54]

Nichtige Versammlungsbeschlüsse darf der Vorstand oder das sonst zuständige Vereinsorgan bei Vermeidung eigener Haftung nicht ausführen.[55] Soweit durch die Ausführung eines nichtigen Beschlusses Dritte geschädigt werden, haftet der Verein nach § 31 BGB.[55]

2. Die Vertreterversammlung (Delegiertenversammlung)

Allgemeines

216 Nach dem **Gesetz** kann die Ausübung der Mitgliedschaftsrechte, also vor allem das Recht auf Teilnahme an der Mitgliederversammlung und das Stimmrecht, nicht einem anderen überlassen werden (§ 38 BGB), aber die **Satzung** kann dies gestatten (§ 40 BGB). Daher kann auch in der Satzung anstelle der Mitgliederversammlung eine Vertreterversammlung (Delegiertenversammlung) eingerichtet werden, in der die Rechte der Mitglieder ausschließlich durch von den Mitgliedern bestellte Vertreter (Delegierte) ausgeübt werden. Eine Vertreterversammlung wird immer dann erforderlich sein, wenn es sich um einen großen Verein mit Tausenden von Mitgliedern handelt, für die normalerweise ein ausreichender Versammlungsraum nicht vorhanden ist. Wenn das System der Vertreterversammlung nicht bereits in der Ursatzung verankert ist, darf bei Vereinen mit schnell wachsender Mitgliederzahl nicht versäumt werden, rechtzeitig durch eine entsprechende **Satzungsänderung** an die Stelle der Mitgliederversammlung eine Vertreterversammlung treten zu lassen. Es sind Fälle vorgekommen, in denen Großvereine diese ,,Umschaltung" auf das System der Vertreterversammlung versäumt haben und es dann die größten technischen Schwierigkeiten gab, die satzungsmäßig vorgeschriebene schriftliche Einladung zur Mitgliederversammlung einwandfrei zu bewerkstelligen.

Die Satzung muß bestimmen, aus welchen Personen die Vertreterversammlung sich zusammensetzt und wie die Vereinsmitglieder die Vertreter (Delegierten) bestimmen.[1] Hat der Verein keine Untergliederungen, so ist entweder in der Satzung eine feste Zahl von Vertretern zu bestimmen oder es ist das Verhältnis zwischen der Zahl der Mitglieder und der Zahl der Vertreter festzusetzen. Im letzteren Falle ist es zweckmäßig, diejenige Mitgliederzahl für maßgebend zu erklären, die der Verein am 1. Januar des Jahres aufweist, in dem jeweils die Wahl der Vertreter stattfindet. Stets ist jedoch darauf zu achten, daß die Zahl der Vertreter so groß ist, daß die Vertreterversammlung eine ausreichende Repräsentation der Gesamtheit der Vereinsmitglieder darstellt. Eine zu geringe Zahl kann zur Nichtigkeit der entsprechenden Satzungsbestimmung führen.[2]

---

[54] RGZ 140, 178; BayObLGZ 1963, 15/19
[55] Staudinger § 32 BGB Rdnr. 28
[1] LG Berlin RdJ 1969, 24
[2] vgl. Meyer/Meulenbergh § 43a Anm. 2a

Die Einführung einer Vertreterversammlung anstelle der Mitgliederversammlung kommt ferner bei Vereinen mit Untergliederungen (Landesverbänden, Bezirksverbänden, Ortsgruppen usw.) in Betracht. Hier kann die Satzung des Gesamtvereins den einzelnen Untergliederungen eine bestimmte Zahl von Vertretern zuweisen oder auch anordnen, daß auf eine bestimmte Zahl von Angehörigen der Untergliederung ein Vertreter entfällt. Auch hier ist auf eine annähernd gleichmäßige Repräsentation der oft recht verschieden großen Untergliederungen zu achten. Eine Bestimmung, daß jede Untergliederung ohne Rücksicht auf die Zahl ihrer Angehörigen *einen* Vertreter in die Vertreterversammlung entsendet, verstößt gegen den Grundsatz der Gleichbehandlung der Mitglieder.[1] Deshalb ist es auch bedenklich, die Vertreterversammlung in der Satzung in der Weise einzurichten, daß sie aus den jeweiligen Leitern der Untergliederungen besteht. In diesem Fall müßte das regelmäßig bestehende Ungleichgewicht der Untergliederungen wenigstens dadurch beseitigt werden, daß den jeweiligen Leitern in ihrer Eigenschaft als Mitglieder der Vertreterversammlung ein verschieden großes Stimmrecht eingeräumt wird.

Die Bestellung der Vertreter (Delegierten)

217 Aus der Satzung muß sich ergeben, wie die Vertreter gewählt werden. Bei Vereinen ohne Untergliederung sind die Vertreter in der Mitgliederversammlung zu wählen, sofern die Satzung nicht die schriftliche Wahl zuläßt (§ 32 Abs. 2, § 40 BGB). Im letzteren Fall sind genaue Bestimmungen in der Satzung über die Durchführung der Wahl erforderlich. Die Wahl kann aufgrund sog. ,,gebundener Listen" durchgeführt werden,[2a] d.h. es werden Wahlvorschläge eingereicht, auf denen soviele Personen als Kandidaten aufgeführt sind, wie Vertreter gewählt werden sollen. Die stimmberechtigten Vereinsmitglieder haben dann nur die Auswahl unter den verschiedenen Wahlvorschlägen im ganzen. Das Wahlverfahren bei der Listenwahl muß jedoch nach dem Grundsatz der Gleichbehandlung der Mitglieder so gestaltet werden, daß auch eine Minderheit von Vereinsmitgliedern die Möglichkeit erhält, Vertreter ihres Vertrauens in die Vertreterversammlung zu entsenden und insbesondere bei qualifizierten Mehrheitsentscheidungen (z.B. bei Satzungsänderungen) ihre Auffassung zur Geltung zu bringen. Daher stellt eine Satzungsbestimmung (oder die Bestimmung in einer Wahlordnung), wonach diejenige Liste gewählt ist, die die meisten Stimmen auf sich vereinigt, einen Verstoß gegen den Gleichbehandlungsgrundsatz dar, weil sie einer (relativen) Mehrheit der Vereinsmitglieder die Möglichkeit eröffnet, sich in der Vertreterversammlung alle Sitze zu sichern und der Minderheit sogar das Recht zu nehmen, durch Ausübung ihrer Sperrminorität (z. B. im Fall der Satzungsänderung) ihre Interessen bei der Abstimmung wahren zu können.[2b] Die Listen-Mehrheitswahl zur Vertreterversammlung ist daher unzulässig.[2b] Dagegen bestehen gegen die Wahl mit gebundenen Listen keine rechtlichen Bedenken, wenn sie als **Verhältniswahl** durchzuführen ist, so

---

[2a] vgl. OLG Nürnberg BB 1978, 1380 m. Anm. Schaffland

[2b] vgl. BGH BB 1982, 1073 = MDR 1982, 647 (Vertreterversammlung einer Genossenschaft)

daß eine angemessene Vertretung der Wähler aller Listen gewährleistet ist.[2b] Bei Großvereinen kann die Zulassung eines Wahlvorschlags davon abhängig gemacht werden, daß er von einer bestimmten Mindestzahl von Mitgliedern (z. B. von fünfzig) unterschriftlich unterstützt wird.[2a] Eine Bestimmung des Inhalts, daß dann, wenn nur ein einziger gültiger Wahlvorschlag eingereicht wird, die auf diesem Wahlvorschlag bezeichneten Personen als gewählt gelten, ist nicht zu beanstanden.[3]

Bei Vereinen mit Untergliederungen soll die Satzung die Einzelheiten regeln, wie die Vertreterwahlen in den Untergliederungen vor sich zu gehen haben (Form und Frist der Einladung zur Wahlversammlung). Hat jedoch der Verein nur korporative Mitglieder (Verbandsverein), kann das Wahlverfahren den Mitgliedsvereinen überlassen werden.

In vielen Satzungen findet sich die Bestimmung, daß die Vorstandsmitglieder des Gesamtvereins kraft Amtes, also ohne besondere Wahl, Mitglieder der Vertreterversammlung sind (sogenannte geborene Vertreter bzw. Delegierte). Dagegen ist grundsätzlich nichts einzuwenden. In diesem Fall muß die Satzung jedoch durch eine entsprechende Anordnung über die Zahl der Vertreter und deren Stimmrechte sicherstellen, daß auch gegen die Stimmen der Vorstandsmitglieder eine satzungsändernde Mehrheit zustande kommen kann.[4]

Bestimmungen über die Wählbarkeit der Vertreter

218 Wenn es auch nicht zwingend vorgeschrieben ist, so ist es doch zweckmäßig, daß die Satzung die Wählbarkeit eines Vereinsmitglieds zum Vertreter an bestimmte Voraussetzungen knüpft. Also solche kommen in erster Linie ein bestimmtes Lebensalter oder eine gewisse Dauer der Vereinszugehörigkeit in Betracht. Grundsätzlich sind auch die Vorstandsmitglieder als Vertreter wählbar. Die Satzung sollte diese Frage aber im bejahenden oder verneinenden Sinn klarstellen.

Die Amtsdauer der Vertreter

219 Die Satzung soll weiter eine Bestimmung über die Amtsdauer der Vertreter enthalten. Dabei sollte die Wahlperiode nicht zu lang bemessen werden, um dem Wechsel der Mitglieder Rechnung zu tragen[5] und den später eintretenden Mitgliedern Gelegenheit zu geben, sich durch Teilnahme an der Vertreterwahl alsbald an der Willensbildung des Vereins zu beteiligen. Eine dreijährige Amtsdauer sollte möglichst nicht überschritten werden. Um die Vertreterversammlung dauernd in Funktion zu halten, kann die Satzung bestimmen, daß ihre Amtsdauer über die Wahlperiode hinaus solange währt, bis die Ergebnisse der Neuwahlen bekanntgegeben werden (sog. Übergangsbestimmung). Die Vertreter bleiben dann im Amt, auch wenn die Neuwahl oder die Bekanntgabe ihrer Ergebnisse ungebührlich lang hinausgezögert wird.[6] Die Vertreterversammlung kann zwar durch satzungsän-

---

[3] vgl. Meyer/Meulenbergh § 43a Anm. 2c
[4] LG Berlin RdJ 1969, 24; vgl. KG NJW 1962, 1917
[5] vgl. Meyer/Meulenbergh § 43a Anm. 2d
[6] KG ZBlfG 37, 134

dernden Beschluß die Satzung dahin ändern, daß die Wahlperiode verlängert wird. Sie kann aber nicht beschließen, daß diese neue Bestimmung schon auf die derzeitigen Vertreter anzuwenden ist. Deren Amt endet vielmehr grundsätzlich mit dem Ablauf der Zeit, für die sie gewählt sind. Die neue Bestimmung ist erst auf die Wahl anzuwenden, die nach der Eintragung der Satzungsänderung in das Vereinsregister stattfindet.[7]

Die Rechtsstellung der Vertreter (Delegierten)

220 Eine Verpflichtung, die Wahl zum Vertreter (Delegierten) anzunehmen, besteht nicht. Deshalb sollte man sich vor der Vertreterwahl des Einverständnisses der vorgeschlagenen Personen versichern. Der Vertreter ist kein Beauftragter der Vereinsmitglieder oder derer, die ihn gewählt haben. An Weisungen ist er daher nicht gebunden.[8] Er bekleidet vielmehr ein Vereinsamt, das ihm von der Gesamtheit der Mitglieder übertragen ist. Er tritt in ein auftragsähnliches Vertragsverhältnis zum Verein[8] und ist diesem zur Erfüllung seiner Obliegenheiten, insbesondere zur Teilnahme an der Vertreterversammlung, verpflichtet.[9] In der Satzung kann jedoch die Rechtsstellung der Vertreter anders gestaltet und insbesondere bestimmt werden, daß die Vertreter Weisungen zu befolgen haben, die ihnen bei ihrer Wahl gegeben werden. Die Wirksamkeit der von den Vertretern in der Vertreterversammlung abgegebenen Stimmen wird aber – ähnlich wie bei einer Abstimmungsvereinbarung – nicht davon berührt, ob sich die Vertreter an die Weisungen gehalten haben.[9a] Der Vertreter kann jederzeit sein Amt niederlegen (§ 671 Abs. 1 BGB); allerdings macht er sich dem Verein gegenüber schadensersatzpflichtig, wenn er das „zur Unzeit" tut (§ 671 Abs. 2 BGB). Die Erklärung, das Amt niederzulegen, ist gegenüber dem Vorsitzenden des Gremiums abzugeben, das die Vertreterwahl vorgenommen hat.[8] Das Amt des Vertreters endet im übrigen durch Ablauf der Amtszeit, durch Tod oder durch Ausscheiden aus dem Verein.

Verhältnis zwischen Mitgliederversammlung und Vertreterversammlung

221 Sofern eine Vertreterversammlung nicht bereits im Gründungsstatut des Vereins vorgesehen ist, behält die Mitgliederversammlung ihre satzungsmäßige Funktion, bis die Satzungsänderung über die Einrichtung einer Vertreterversammlung in das Vereinsregister eingetragen ist (§ 71 Abs. 1 BGB).[10] Bis dahin ist sie auch berechtigt, zur Einführung der Vertreterversammlung bereits beschlossene Bestimmungen zu ändern. Mit der Beschlußfassung über die Einführung einer Vertreterversammlung (Satzungsänderung) kann die Mitgliederversammlung die Wahl der Vertreter verbinden. In diesem Fall muß aber bei der Einberufung der Mitgliederversammlung nicht nur die beabsichtigte Satzungsänderung, sondern auch die sogleich vorzunehmende Vertreterwahl angekündigt werden.[10]

---

[7] RGZ 119, 243 = JW 1927, 2995 = Recht 1928 Nr. 43
[8] RGZ 155, 21/25
[9] vgl. Meyer/Meulenbergh § 43a Anm. 2b
[9a] siehe Rdnr. 201
[10] BGH Betrieb 1960, 752 = NJW 1960, 1447/1450 (Genossenschaft)

Ist mit der Eintragung der Satzungsänderung die Vertreterversammlung als Vereinsorgan gebildet, so besitzt sie nunmehr alle Befugnisse, die nach dem Gesetz und der Satzung der Mitgliederversammlung zustehen. Die für die Mitgliederversammlung geltenden Vorschriften über die Einberufung, Beschlußfähigkeit und Beschlußfassung sind auf die Vertreterversammlung entsprechend anzuwenden.[11] Die Mitglieder des Vorstands sind zur Teilnahme an der Vertreterversammlung berechtigt, auch wenn sie nicht zu Vertretern bestellt oder gewählt sind.[12] Die Leitung der Vertreterversammlung obliegt dem Vorstand, sofern die Satzung nicht eine andere Regelung enthält. Neben der Vertreterversammlung besteht die Mitgliederversammlung nur dann weiter, wenn die Satzung dies für einzelne Angelegenheiten ausdrücklich zuläßt. Der Fortbestand der Mitgliederversammlung unter Beschränkung auf ihre Funktion als Wahlkörper für die Wahl der Vertreter ist unbedenklich zulässig.[13] Ebensowenig ist es zu beanstanden, daß die Satzung für den Beschluß über die Auflösung des Vereins weiterhin die Zuständigkeit der Mitgliederversammlung anordnet.

Die Rechte der Vereinsmitglieder

222 Wenn der Verein eine Vertreterversammlung besitzt, beschränkt sich das Recht der nicht zu Vertretern gewählten Mitglieder, an der Willensbildung des Vereins teilzunehmen, auf die Wahl der Vertreter. Sie haben kein Recht, die Unwirksamkeit eines von der Vertreterversammlung gefaßten Beschlusses geltendzumachen,[14] sofern sie nicht in ihrer persönlichen Rechtsstellung betroffen werden (z. B. durch einen von der Vertreterversammlung beschlossenen Ausschluß aus dem Verein). Sie haben auch kein Recht, an der Vertreterversammlung teilzunehmen; allenfalls können sie vom Leiter der Versammlung als Beobachter oder als Gäste zugelassen werden.

Abstimmung in der Vertreterversammlung

223 Bei Vereinen mit Untergliederungen haben die Vertreter häufig unterschiedliche Stimmrechte. Hier ist vor der Abstimmung genau festzustellen, wieviele Stimmen jeder Vertreter hat. Hat ein Vertreter mehrere Stimmen, so kann er sie nur einheitlich abgeben. Er kann nicht seine Stimmen teilen und teils dafür, teils dagegen stimmen; wir halten es auch nicht für zulässig, daß mit einem Teil der Stimmen Stimmenthaltung geübt wird. Die unterschiedliche Abgabe mehrerer Stimmen würde voraussetzen, daß es sich bei einem Mehrfachstimmrecht um mehrere selbständige Stimmrechte handelt. Das Mehrfachstimmrecht ist jedoch nur als ein einziges Stimmrecht anzusehen, dem lediglich gegenüber dem einfachen Stimmrecht ein größeres Gewicht zukommt. Problematisch ist, wie bei Mehrfachstimmrechten eine etwa satzungsmäßig vorgeschriebene **geheime Abstimmung** durchzuführen ist. Einerseits erfordert die Wahrung des Abstimmungsgeheimnisses, daß

---

[11] KG HRR 1929 Nr. 2071; Soergel § 32 Rdnr. 4
[12] RG JW 1927, 2995
[13] RGZ 119, 339/341 (Genossenschaft)
[14] RGZ 155, 21/24

geheim bleibt, **wer** in einer bestimmten Weise abgestimmt hat. Andererseits macht es das Mehrfachstimmrecht erforderlich, es also solches zu kennzeichnen und außerdem die Einheitlichkeit der Stimmabgabe zu garantieren. Ein geheimer Abstimmungsmodus, der beiden Erfordernissen voll entspricht, ließe sich, wenn überhaupt, nur mit einem äußerst komplizierten und daher praktisch nicht anwendbaren Verfahren darstellen. Der Vorschlag, den einzelnen Vertretern eine ihrer Stimmenzahl entsprechende Vielzahl von Stimmzetteln auszuhändigen,[15] würde zwar die Anonymität des Abstimmenden wahren, jedoch könnte dabei nicht einwandfrei festgestellt werden, ob mit der Vielzahl der dem einzelnen Vertreter zugeteilten Stimmzettel das Mehrfachstimmrecht einheitlich ausgeübt wurde. Bei Vorhandensein von Mehrfachstimmrechten ist daher das satzungsmäßige Gebot der geheimen Abstimmung notwendigerweise auf den äußeren Vorgang der Stimmabgabe reduziert. Es ist daher nicht schon deshalb verletzt, weil auf dem Stimmzettel die Mehrzahl der Stimmen vermerkt ist, zumal in bestimmten Fällen, je nach der Größe der einzelnen Mehrfachstimmrechte, aus dem Abstimmungsergebnis geschlossen werden kann, wie einzelne Vertreter abgestimmt haben. Um dennoch die Anonymität der Abstimmenden möglichst zu wahren, empfiehlt es sich, die Stimmenzähler zu besonderer Vertraulichkeit zu verpflichten. Anders liegt der Fall, wenn eine Untergliederung mit mehreren Delegierten in der Vertreterversammlung vertreten ist. Hier ist gegen eine uneinheitliche Stimmabgabe nichts einzuwenden.

3. Der Vereinsvorstand

Allgemeines

224 Neben der Mitgliederversammlung ist der Vorstand ein weiteres unerläßliches **Organ** des Vereins, ohne das eine körperschaftliche Vereinigung begrifflich nicht denkbar ist. Denn als juristische Person braucht der Verein Menschen, die für ihn in tatsächlicher und rechtlicher Beziehung den Kontakt zur Umwelt herstellen und zwar so, daß ihre Handlungen und Willensäußerungen die des Vereins sind. Das Gesetz hat deshalb in § 26 BGB dem Vorstand die rechtliche Stellung eines gesetzlichen Vertreters des Vereins gegeben. Er vertritt den Verein gerichtlich und außergerichtlich. Das Gesetz überläßt es der Vereinssatzung, zu bestimmen, ob der Vorstand aus einer oder aus mehreren Personen besteht. Bei mehrgliedrigem Vorstand kann die Zahl der Mitglieder in der Satzung festgelegt werden; es kann aber auch lediglich eine Mindest- oder Höchstzahl oder beides bestimmt werden.[1] In diesem Fall ist es Sache der Mitgliederversammlung, wieviele Vorstandsmitglieder sie bestellen will, wenn sie nur die Mindestzahl wahrt und die Höchstzahl nicht überschreitet. Die Satzung des Vereins soll, wie sich aus § 58 Nr. 3 BGB ergibt, Bestimmungen über die „Bildung des Vorstandes" enthalten. Das bedeutet, daß sich aus der Satzung zumindest ergeben soll, ob der Vorstand aus einer oder aus mehreren – gegebenenfalls aus wievielen –

---

[15] so die Vorauflage
[1] KGJ 34, 175; BayObLGZ 1969, 33/36 = Rpfleger 1969, 130

Personen besteht.[2] Verschiedentlich wird im Schrifttum die Auffassung vertreten, daß die Satzung eine solche Bestimmung nicht zu enthalten brauche, weil § 58 Nr. 3 BGB nur eine Sollvorschrift sei. Daran ist richtig, daß die Bestimmung über die Bildung des Vorstands nicht zu den elementaren Mindesterfordernissen gehört, die das Gesetz von einer Vereinssatzung verlangt; andererseits ist der Registerrechtspfleger bei der Prüfung der Satzung verpflichtet, darauf zu achten, daß auch die Sollvorschriften des § 58 BGB beachtet sind; er muß die Eintragung ablehnen, wenn die Satzung in diesem Punkt mangelhaft ist (§ 60 BGB). Lediglich die Folgen eines vom Rechtspfleger bei der Eintragung des Vereins übersehenen Satzungsmangels dieser Art sind andere als beim nicht entdeckten Fehlen einer ,,Mußvorschrift". Man kann also nicht sagen, daß die Satzung über die Bildung des Vorstands keine Bestimmung zu enthalten brauche, wenn sie wegen Fehlens einer solchen Bestimmung im Eintragungsverfahren vom Amtsgericht beanstandet werden muß.[3]

Eine Satzungsbestimmung, wonach die Personengleichheit des Vorstands mit dem Vorstand eines anderen Vereins nur bei Anwesenheit von mindestens der Hälfte der Vereinsmitglieder abgeändert werden kann, widerspricht Treu und Glauben, wenn sie praktisch bewirkt, daß die Zusammensetzung des Vorstands nicht abänderbar ist.[3a]

Gelangt ausnahmsweise ein Verein zur Eintragung, dessen Satzung keine Bestimmung über die Bildung des Vorstands enthält – was nur bei nachlässiger Prüfung durch den Rechtspfleger geschehen kann –, so besteht der Vorstand des Vereins nur aus **einer** Person. Wären in einem solchen Falle mehrere Personen als Mitglieder des Vorstands eingetragen, müßte die Eintragung nach §§ 159, 142 FGG wieder gelöscht werden, weil es an einer satzungsmäßigen Grundlage für die Bestellung mehrerer Vorstandsmitglieder fehlte.

Der mehrgliedrige (mehrköpfige) Vorstand

225 Da der Vorstand die rechtliche Stellung eines gesetzlichen Vertreters hat, dürfen ihm **nur** Personen angehören, die zur Vertretung des Vereins – einzeln oder zusammen mit anderen Vorstandsmitgliedern – befugt sind. Es verträgt sich nicht mit der Zugehörigkeit einer Person zum Vertretungsorgan des Vereins, von der Vertretung gänzlich ausgeschlossen zu sein. Dieser Grundsatz ist bei der GmbH und der AG seit langem anerkannt. Er muß auch für den rechtsfähigen Verein Geltung beanspruchen. Daran ändert es auch nichts, daß nach § 26 Abs. 2 Satz 2 BGB (im Gegensatz zum GmbH- und Aktienrecht) der Umfang der Vertretungsmacht des Vorstands durch die Satzung mit Außenwirkung beschränkt werden kann. Denn damit ist eben nur eine Beschränkung, nicht aber eine gänzliche Entziehung der Vertretungsbefugnis eines Mitglieds des Vorstands gestattet. Bestimmt z. B. die Vereinssatzung, daß der ,,Vorstand" aus den drei Vorsitzenden und zwei

---

[2] BayObLGZ 1969, 33/36 = Rpfleger 1969, 130

[3] Vgl. BayObLGZ 1971, 266/269 = Rpfleger 1971, 352

[3a] OLG Frankfurt Rpfleger 1979, 60 = DNotZ 1979, 620; siehe auch OLG Frankfurt OLGZ 1981, 391

weiteren Mitgliedern besteht, ordnet sie aber an, daß der Verein gerichtlich und außergerichtlich durch die drei Vorsitzenden, und zwar durch jeden allein, vertreten wird, so kann nicht ohne weiteres angenommen werden, daß lediglich die drei Vorsitzenden den Vorstand (im Sinne des Gesetzes) bilden und außerdem unter der Bezeichnung „Vorstand" ein weiteres Vereinsorgan bestehen soll, dem neben den drei Vorsitzenden noch zwei weitere Mitglieder angehören. In diesem Fall ist auf die Anmeldung des Vereins durch die drei Vorsitzenden hin eine Zwischenverfügung[4] des Registergerichts gerechtfertigt, mit der eine eindeutige Fassung der Satzung in bezug auf die Zusammensetzung des Vorstands verlangt wird.[5] Dabei ist es nicht unbedingt erforderlich, daß für das Vertretungsorgan gerade die Bezeichnung „Vorstand" gewählt wird. Es muß sich aber aus der diesem Organ in der Satzung zugewiesenen Funktion eindeutig ergeben, daß ihm die Vertretung des Vereins obliegt.

226 In vielen Vereinssatzungen ist außer dem Vorstand, wie ihn das Gesetz versteht, ein **weiteres Vereinsorgan** vorgesehen, dem außer den eigentlichen Vorstandsmitgliedern (nämlich den mit Vertretungsmacht nach außen ausgestatteten) noch weitere Personen angehören oder das sogar nur mit Personen zu besetzen ist, die nicht zugleich dem Vorstand (im Sinne des Gesetzes) angehören. Bezeichnungen dieses Organs mit **Gesamtvorstand, erweiterter Vorstand** oder gar **Vorstandschaft** sind häufig anzutreffen. Gegen diese oder sonstige mit der Wortverbindung – „vorstand" gewählten – offenbar auch der besseren Reputation der Mitglieder dienenden – Bezeichnungen eines Vereinsorgans ist rechtlich nichts einzuwenden. Sie dürfen jedoch nicht dazu führen, daß zwischen den Funktionen dieses Organs und denen des Vorstands bei der weiteren Gestaltung der Satzung die erforderliche klare Abgrenzung verloren geht.

227 Problematisch ist folgende, vor allem in älteren Vereinssatzungen nicht selten enthaltene Bestimmung: „Der Verein wird durch den Vorsitzenden, **im Fall seiner Verhinderung** durch den stellvertretenden Vorsitzenden (oder ähnliche Bezeichnung) vertreten". Damit kann eine bedingte Zugehörigkeit des stellvertretenden Vorsitzenden zum Vorstand gewollt sein. Dies wäre unzulässig.[6] Diese Satzungsbestimmung kann aber auch so ausgelegt werden, daß der Vorstand aus dem Vorsitzenden **und** (ständig; nicht nur von Fall zu Fall) dem stellvertretenden Vorsitzenden bestehen soll, daß beide Einzelvertretungsbefugnis besitzen, von der aber der stellvertretende Vorsitzende nur Gebrauch machen darf, wenn der Vorsitzende verhindert ist. In diesem Sinn wäre die Satzungsbestimmung zulässig. Der Rechtspfleger wird aber im Eintragungsverfahren darauf dringen müssen, daß sie dann auch eine diesem Sinn entsprechende Fassung erhält.[7]

228 Eine Satzungsbestimmung, wonach der Vorstand im Sinne des BGB **entweder** der Vorsitzende **oder** der stellvertretende Vorsitzende ist (oder eine

---

[4] dazu bei Rdnr. 21

[5] BayObLGZ 1971, 266 = Rpfleger 1971, 352

[6] BayObLGZ 1969, 33 = Rpfleger 1969, 130; LG Köln Rpfleger 1970, 240; LG Essen JW 1934, 2800; LG München I DNotZ 1972, 667

[7] wie unter 6 und LG Bremen NJW 1949, 345; ebenso Soergel § 26 Rdnr. 7; vgl. Palandt § 26 Anm. 1

sonstige alternative Zugehörigkeit zum Vorstand), ist mit § 26 BGB unvereinbar und kann nicht in das Vereinsregister eingetragen werden.[8]

229 Nach der Rechtsprechung des Oberlandesgerichts Hamm[9] kann einem „Geschäftsführer", der nach der Satzung die laufenden Geschäfte des Vereins zu erledigen hat, aber nicht Mitglied des Vorstands ist, in der Satzung nicht die Befugnis erteilt werden, den Verein zusammen mit dem Vorstandsvorsitzenden (oder einem anderen Vorstandsmitglied) zu **vertreten.** Dem ist entgegen der Meinung von Kirberger[10] zuzustimmen. Dem Anliegen Kirbergers, durch „notwendiges Zusammenwirken von Vorstandsmitglied und Geschäftsführer dessen spezielle Sachkenntnis mit dem nach der Erwartung der Vereinsmitglieder in der Person des Vorstandsmitglieds ausgeprägteren allgemeinen Verantwortungsbewußtsein für den Verein einschließlich der verbandlich-fachspezifischen Sachkompetenz"[11] zu verknüpfen, kann aber durch eine Satzungsbestimmung entsprochen werden, wonach einem Vorstandsmitglied (oder mehreren oder allen) zwar Einzelvertretungsbefugnis erteilt wird, aber mit der ausdrücklichen (nach § 26 Abs. 2 Satz 2 BGB zulässigen) Bestimmung, daß es zur Wirksamkeit der Vertretungshandlung der Zustimmung des Geschäftsführers bedarf. Diese Beschränkung der Vertretungsmacht der betreffenden Vorstandsmitglieder muß zwar, um gegen Dritte Wirksamkeit zu erlangen, in das Vereinsregister eingetragen werden (§§ 64, 70 BGB). Der Geschäftsführer wird dadurch aber nicht zum Gesamtvertreter des Vereins (zusammen mit einem Vorstandsmitglied) „erhoben"; er ist daher auch nicht in das Vereinsregister einzutragen.

230 Wenn ein mehrgliedriger Vorstand in der Satzung in der Weise gebildet ist, daß er aus den Inhabern klar abgegrenzter **Vereinsämter** besteht, ist eine **Zusammenlegung** von Vereinsämtern in der Person eines Vorstandsmitglieds durch Vorstandsbeschluß (ohne Satzungsänderung) nicht zulässig, weil das auf eine eigenmächtige Verkleinerung des Vorstands durch diesen selbst hinausliefe.[12] Die Satzung kann aber für den Fall, daß der Inhaber eines Vorstandsamts wegfällt, bestimmen, daß das freigewordene Vereinsamt von einem bestimmten anderen Vorstandsmitglied übernommen wird oder diese Bestimmung dem Vorstand selbst oder einem anderen Vereinsorgan (z. B. der Mitgliederversammlung) überlassen.[13]

Die Vertretungsmacht des Vorstands

231 Besteht der Vorstand aus drei oder noch mehreren Personen, stellt sich die Frage, ob, wenn die Satzung keine besondere Regelung enthält, zur wirksamen Vertretung des Vereins das Handeln **aller** Vorstandsmitglieder erforderlich ist oder ob es genügt, daß die **Mehrheit** von ihnen handelt. Beim nur aus zwei Personen bestehenden Vorstand stellt sich das Problem – Gesamt-

---

[8] OLG Celle NJW 1969, 326 = Rpfleger 1968, 282

[9] OLGZ 1978, 21 = DNotZ 1978, 292; ferner OLGZ 1978, 26 = DNotZ 1978, 295

[10] Rpfleger 1979, 5 und 1979, 48 („Gemischte Gesamtvertretung und organschaftliches Prinzip")

[11] Rpfleger 1979, 5/6

[12] ebenso Soergel § 26 Rdnr. 8

[13] LG Frankenthal Rpfleger 1975, 354; Soergel § 26 Rdnr. 8

vertretung oder Vertretung durch die Mehrheit – dagegen nicht. Mit der überwiegenden Meinung der Kommentarliteratur,[14] die sich insbesondere auf die Entstehungsgeschichte[15] der §§ 26 und 28 BGB berufen kann, wird der Standpunkt vertreten, daß das Mehrheitsprinzip nach dem Gesetz nicht nur für die interne Beschlußfassung des Vorstands, sondern auch für seine Vertretungshandlungen nach außen gilt. Auch der Bundesgerichtshof scheint dieser Auffassung zuzuneigen.[16]

Von der gesetzlichen Regel, daß der Verein durch die Mehrheit seiner Vorstandsmitglieder wirksam vertreten wird,[16a] kann aber die **Satzung** abweichen. Sie kann erschwerend bestimmen, daß zur Vertretung des Vereins das Handeln aller Vorstandsmitglieder erforderlich ist; sie kann aber auch anordnen, daß Vertretung durch je zwei Vorstandsmitglieder oder durch ein bestimmtes Vorstandsmitglied oder durch jedes Vorstandsmitglied einzeln genügt.[17] Dagegen ist es nicht zulässig, die Vertretung des Vereins in der Satzung so zu regeln, daß einzelne Vorstandsmitglieder von der Vertretung gänzlich ausgeschlossen werden.[18] Dies wäre z. B. der Fall, wenn bei einem mehrgliedrigen Vorstand die Satzung bestimmte, daß der Verein **nur** durch den 1. Vorsitzenden vertreten wird.

Sind zur Vertretung des Vereins – sei es aufgrund der gesetzlichen Regelung, sei es aufgrund der Satzung – mehrere Vorstandsmitglieder erforderlich, so müssen diese ihre Willenserklärungen nicht gleichzeitig abgeben. Bei Mehrvertretung genügt auch die Genehmigung eines von einem Vorstandsmitglied geschlossenen Vertrags durch die übrigen zur Vertretung erforderlichen Vorstandsmitglieder. Für einseitige Rechtsgeschäfte (Kündigung, Anfechtung, Rücktritt usw.) kommt eine Genehmigung allerdings nur in Betracht, wenn der Erklärungsgegner die von dem einzelnen Vorstandsmitglied behauptete Vertretungsmacht bei Vornahme des Rechtsgeschäfts nicht beanstandet oder wenn er mit dessen Handeln einverstanden ist.[18a] Ferner können Vorstandsmitglieder, die nur zusammen zur Vertretung des Vereins berechtigt sind, ihre Gesamtvertretungsmacht in der Weise ausüben, daß sie einen von ihnen zur Abgabe der Willenserklärung ermächtigen und dieser dann die Erklärung allein abgibt. Bei einseitigen Rechtsgeschäften ist darauf zu achten, daß von dem allein handelnden Vorstandsmitglied die Ermächtigungsurkunde vorgelegt wird, weil andernfalls der Gegner (z. B. der Arbeitnehmer, dem gekündigt wird) das Rechtsgeschäft (z. B. die Kündigung) zurückweisen kann.[18b] Dagegen wird ein Geschäft, das ein nicht allein ver-

---

[14] Palandt § 26 Anm. 2; BGB-RGRK § 26 Rdnr. 4; Soergel § 26 Rdnr. 15 m. weit. Nachweisen; a. A. Staudinger § 26 Rdnr. 13

[15] Prot. I 512; vgl. Soergel § 26 Rdnr. 15

[16] darauf deuten gewisse Ausführungen im Beschluß vom 19. 9. 1977 auf S. 6 hin (BGHZ 69, 250 = NJW 1977, 2310 = DNotZ 1978, 88 = WPM 1977, 1256)

[16a] zur Frage, ob es dazu außerdem eines Vorstandsbeschlusses bedarf, siehe Rdnr. 232

[17] vgl. BayObLG OLG 15, 306; KG Recht 1929 Nr. 1455; BGH – wie Fußn. 16 –

[18] vgl. KG OLG 12, 4; BayObLGZ 1971, 266 = Rpfleger 1971, 352; LG Bremen 1949, 345; Danckelmann NJW 1973, 735/738

[18a] BGH NJW 1982, 1036/1037

[18b] vgl. §§ 174, 180 BGB; dazu BAG Betrieb 1981, 1044 = WPM 1981, 800 = NJW 1981, 2374

tretungsberechtigtes Vorstandsmitglied getätigt hat, für den Verein nicht schon dadurch verbindlich, daß es die Mitgliederversammlung genehmigt. Bestimmt die Satzung, daß der Vorstand des Vereins aus zwei Personen besteht, die den Verein nur gemeinsam vertreten (so in diesem Fall auch die gesetzliche Regel), dann wird beim Wegfall des einen Vorstandsmitglieds das andere nicht alleinvertretungsberechtigt.[19] Solange ein zweites Vorstandsmitglied nicht bestellt ist, gegebenenfalls durch das Amtsgericht (§ 29 BGB), ist der Verein ohne gesetzlichen Vertreter.

Weicht die Satzung von der Regelung des Gesetzes über die Vertretung des Vereins ab, so sind diese Bestimmungen in das Vereinsregister einzutragen (entsprechend § 64 BGB).

232 Die Frage, ob Vertretungshandlungen des Vorstands nach außen (z. B. der Abschluß eines Mietvertrags) **generell** nur wirksam sind, wenn sie durch einen gültigen Vorstandsbeschluß gedeckt sind, war lange heftig umstritten.[20] Die Streitfrage kann aber durch die inzwischen ergangene Rechtsprechung des Bundesgerichtshofs[21] jedenfalls für die Fälle – im verneinenden Sinn – als geklärt angesehen werden, in denen entweder alle Vorstandsmitglieder gehandelt (oder das Handeln einzelner genehmigt) haben oder den Handelnden durch die **Satzung** Vertretungsmacht verliehen wurde. Der Bundesgerichtshof hat es allerdings offengelassen, ob eine ordnungsgemäße interne Beschlußfassung des Vorstands Voraussetzung für die Wirksamkeit seiner Außentätigkeit ist, wenn die Satzung keine besonderen Bestimmungen über die Vertretungsmacht der Vorstandsmitglieder enthält. Er meint, § 64 BGB hätte auch dann noch einen, freilich recht begrenzten Sinn, wenn die Satzung die Vertretungsmacht des Vorstands ausdrücklich von internen Beschlüssen abhängig machen und das Zustandekommen wirksamer Beschlüsse abweichend von § 28 Abs. 1 BGB regeln würde. Mit dem Hinweis auf solche mögliche, vom Gesetz abweichende Satzungsgestaltung läßt sich jedoch die Frage nach dem Sinn des Eintragungsgebots in § 64 BGB nicht beantworten, da dieses doch nur Ausfluß der **gesetzlichen** Regelung der Vertretungsmacht des Vorstands sein kann. Diese Frage spitzt sich daher darauf zu, ob dann, wenn die Vertretungsmacht des Vorstands allein nach den gesetzlichen Bestimmungen zu beurteilen ist, sie von der ordnungsgemäßen internen Beschlußfassung abhängt oder unabhängig davon besteht. Sie ist nunmehr im ersteren Sinn zu beantworten.[22] Auch der Bundesgerichtshof neigt offenbar dieser Auffassung zu. Die Anordnung in § 64 BGB an das Registergericht, abweichende Satzungsbestimmungen über die Beschlußfassung des Vorstands in das Vereinsregister einzutragen, läßt mit

---

[19] BGH NJW 1961, 526 für die GmbH

[20] **bejahend:** KG JW 1936, 2929; BayObLGZ 1971, 266/273 = Rpfleger 1971, 352; BayObLGZ 1972, 286 = Rpfleger 1972, 440; Staudinger (11. Aufl.) § 28 Rdnr. 8; Soergel (10. Aufl.) § 27 Rdnr. 6; Mergelmeyer Rpfleger 1966, 197; **verneinend:** Wolfsteiner DNotZ 1972, 81; Klamroth Betrieb 1972, 1953; Danckelmann NJW 1973, 735; Kirberger Rpfleger 1975, 277; KG OLG 42, 196; LG Schweinfurt DNotZ 1975, 599 = MittBayNot 1975, 10; BayObLGZ 1976, 230, 238 = MittBayNot 1976, 166 m. Anm. Götz

[21] wie Fußn. 16; dazu Kirberger NJW 1978, 415

[22] vgl. Palandt § 26 Anm. 2

genügender Deutlichkeit den Standpunkt des Gesetzes erkennen, daß bei einem ordnungsgemäß zustandegekommenen Vorstandsbeschluß die Mehrheit der Vorstandsmitglieder – entsprechend dem Mehrheitsprinzip bei der Beschlußfassung – die sonach erforderlichen Rechtshandlungen nach außen vornehmen kann. Die gegenteilige Auffassung[22a] müßte zwangsläufig zu dem nach allgemeinen Registergrundsätzen unverständlichen Ergebnis führen, daß in das Vereinsregister Satzungsbestimmungen eingetragen werden müssen, obwohl diese für den Rechtsverkehr des Vereins mit Dritten ohne Bedeutung sind.[22b]

Der Umfang der Vertretungmacht des Vorstands

233 Die dem Vorstand durch das Gesetz (§ 26 Abs. 1 Satz 1 BGB) verliehene Vertretungsmacht ist grundsätzlich unbeschränkt. Sie erstreckt sich auf alle Rechtsgeschäfte und Handlungen, die im Rahmen des Vereinszwecks liegen. Da jedoch der Zweck eines Vereins häufig für Außenstehende, mit denen der Vorstand in Rechtsbeziehungen tritt, schwer abzugrenzen ist und außerdem auch auf mittelbare Weise verfolgt werden darf, wird man eine am **Vereinszweck** gemessene **Überschreitung der Vertretungsmacht** des Vorstands auf die Fälle beschränken müssen, in denen es für den Geschäftsgegner auch ohne nähere Kenntnis der internen Verhältnisse des Vereins ohne weiteres erkennbar ist, daß das betreffende Geschäft nach der ganzen Anlage und dem typischen Betätigungsfeld des Vereins[23] **ganz außerhalb** des Vereinszwecks liegt.[24] In der Rechtsprechung wird noch immer auf eine Entscheidung des Reichsgerichts aus dem Jahr 1907[25] verwiesen,[26] die im Leitsatz zitiert werden soll, weil sie zeigt, welches Risiko derjenige eingeht, der mit dem Vorstand eines Vereins ein Rechtsgeschäft tätigt: „... Der Umfang der Vertretungsbefugnis (des Vorstands) ist in erster Linie aus der Verfassung, insbesondere der Satzung und sodann aus dem Zweck der juristischen Person zu entnehmen. Wer sich in ein Rechtsgeschäft mit den Vertretern einer juristischen Person einläßt, muß sich daher über die Grenzen der Befugnisse unterrichten. Sind diese Grenzen von den Vertretern überschritten worden, so ist darin, daß die Korporation dieserhalb sich auf die Nichtigkeit des Rechtsgeschäfts beruft, nicht ohne weiteres eine Verletzung von Treu und Glauben zu finden." Gegen die Übertragung dieser – offenbar für die Vertretung einer juristischen Person des öffentlichen Rechts aufgestellten – Grundsätze auf die Vertretung eines rechtsfähigen Vereins bestehen erhebliche Bedenken.

Der Umfang der Vertretungsmacht des Vorstands wird ferner durch die **Organisationsform** des Vereins begrenzt.[27] Der Vorstand kann daher den Verein gegenüber einem Dritten nicht verpflichten, den Vereinsnamen zu

---

[22a] so noch die Vorauflage und Soergel § 26 Rdnr. 17
[22b] siehe auch Rdnr. 246
[23] Soergel § 26 Rdnr. 22
[24] Soergel § 26 Rdnr. 22; Staudinger § 26 Rdnr. 9; vgl. RG Recht 1907 Nr. 2497; RGZ 145, 311/314; BGH LM § 16 UWG Nr. 6
[25] RG Recht 1907 Nr. 2497; dazu auch BGH NJW 1972, 940
[26] BGH BB 1953, 368
[27] Soergel § 26 Rdnr. 21

ändern[28] oder eine andere Satzungsänderung einschließlich der Änderung des Vereinszwecks vorzunehmen, wenn hierfür ein anderes Vereinsorgan (im Regelfall die Mitgliederversammlung) zuständig ist.[29]

234 Außerdem kann die Vertretungsmacht des Vereinsvorstands (anders als die der Vertretungsorgane der juristischen Personen des Handelsrechts – GmbH, AG, KGaA und VVaG –) mit Wirkung gegen Dritte **weiter beschränkt** werden. Dazu ist erforderlich, daß die Beschränkung in der Satzung niedergelegt und im Vereinsregister eingetragen ist (§§ 64, 68, 70 BGB). Daß beim Verein im Gegensatz zu den genannten Handelsgesellschaften die Vertretungsmacht des Vorstands beschränkbar ist, läßt sich damit erklären, daß sein Betätigungsfeld nicht auf wirtschaftlichem Gebiet liegt, so daß die Sicherheit und die Erleichterung des Geschäftsverkehrs dem Interesse der Vereinsmitglieder an einem größeren Schutz des Vereinsvermögens nicht übergeordnet zu werden brauchten.

Die Satzung kann die Vertretungsmacht des Vorstands beliebig beschränken, sie kann sie jedoch nicht vollständig entziehen, weil eine solche „Entmachtung" des Vorstands mit seiner Stellung als Vertretungsorgan des Vereins nicht vereinbar wäre.[30] Die Beschränkung kann darin bestehen, daß der Vorstand zur Vornahme bestimmter Geschäfte entweder überhaupt nicht befugt sein soll, weil hierfür ein „besonderer Vertreter" (vgl. § 30 BGB)[31] vorgesehen ist, oder daß er der Zustimmung anderer Vereinsorgane (z. B. des Gesamtvorstands, des erweiterten Vorstands, des Beirats, der Mitgliederversammlung) oder bestimmter Einzelpersonen (Geschäftsführer, Kassenwart, Schatzmeister, Sportwart, Hausverwalter u. ä.) bedarf. Satzungsbestimmungen des Inhalts, daß der Vorstand Geschäfte, die einen bestimmten Wert übersteigen (z. B. 3000 DM), nur mit Zustimmung eines anderen Vereinsorgans vornehmen darf, sind vor allem bei kleineren Vereinen gebräuchlich. Wenn die Satzung vorschreibt, daß der Vorstand rechtsgeschäftliche Erklärungen persönlich abzugeben hat, dann bedeutet das insofern eine Beschränkung seiner Handlungsfreiheit, als er sich nicht durch Bevollmächtigte vertreten lassen darf.

Ob in einer Satzungsbestimmung eine Beschränkung der Vertretungsmacht im Außenverhältnis enthalten ist oder ob es sich lediglich darum handelt, dem Vorstand ein bestimmtes vereinsinternes Verhalten zur Pflicht zu machen, ehe er nach außen von seiner Vertretungsmacht Gebrauch macht, ist oft nicht leicht zu beurteilen. Es bedarf hierzu einer Auslegung der Satzung. Dabei genügt für die Beschränkung der Vertretungsmacht mit Wirkung gegen Dritte nicht schon, daß in der Satzung eine den Handlungsspielraum einschränkende Regelung getroffen ist, vielmehr muß sich aus der betreffenden Satzungsbestimmung eindeutig ergeben, daß damit die Vertretungsmacht des Vorstands beschränkt sein soll.[31a] Hierfür ist auch ein maßgeblicher Gesichtspunkt, ob der Zweck, den die fragliche Satzungsbestim-

---

[28] BGH JZ 1953, 475 = LM § 21 BGB Nr. 1; zur Wirksamkeit eines Prozeßvergleichs über Änderung eines Vereinsnamens vgl. OLG München ZIP 1981, 615

[29] Soergel § 26 Rdnr. 21

[30] BayObLGZ 1971, 266 = Rpfleger 1971, 352

[31] dazu Näheres bei Rdnr. 313

[31a] BGH MDR 1981, 26 = NJW 1980, 2799 = DNotZ 1981, 381

mung verfolgt, allein durch eine Beschränkung der Vertretungsmacht des Vorstands erreicht werden kann. Eine Satzungsbestimmung, wonach ,,der Verein dem Landesverband X angehört" bedeutet für sich allein nicht, daß eine vom Vorstand ohne Zustimmung der Mitgliederversammlung erklärte Kündigung der Mitgliedschaft des Vereins beim Landesverband unwirksam ist.[31a] Wenn es in der Satzung heißt, dem Vorstand obliegt die Führung des Vereins nach der Satzung und den Beschlüssen der Mitgliederversammlung, so bedeutet diese Regelung für sich allein keine Beschränkung der Vertretungsmacht des Vorstands; sie stellt lediglich klar, daß die Mitgliederversammlung dem Vorstand Weisungen erteilen kann.[32]

Wie schwierig die Abgrenzung zwischen einer Beschränkung der Vertretungsmacht nach außen und einer nur als interne Ordnungsvorschrift gedachten Satzungsbestimmung ist, zeigen auch zwei Entscheidungen des Kammergerichts. In der einen Entscheidung[33] hat das Kammergericht folgenden Grundsatz aufgestellt: ,,Vorschriften in der Satzung eines eingetragenen Vereins, daß Beschlüsse des Vorstands in gewissen Fällen der Zustimmung der Mitgliederversammlung bedürfen, bedeuten mangels besonderer Umstände nicht nur eine interne Bindung der Vorstandsmitglieder gegenüber dem Verein, sondern auch eine Beschränkung der Vertretungsmacht des Vorstands nach außen." Andererseits [34] hat das Kammergericht den vom Vorstand erklärten Austritt des Vereins aus einem Verband für rechtswirksam erklärt, obwohl nach der Satzung zu einer solchen Beschlußfassung die Ladung sämtlicher Vereinsmitglieder erforderlich war. Es fällt daher schwer, allgemeine Grundsätze dafür aufzustellen, ob eine das Geschäftsgebaren des Vorstands regelnde Satzungsvorschrift nur das ,,Innenverhältnis" betreffen oder ,,Außenwirkung" haben soll. Je bedeutungsvoller indes eine in der Satzungsbestimmung angesprochene Maßnahme für das Vermögen des Vereins oder für seine Stellung nach außen ist, desto mehr wird man in der satzungsmäßigen Verpflichtung des Vorstands, andere Organe des Vereins oder bestimmte Einzelpersonen an der Beschlußfassung zu beteiligen, auch eine Beschränkung der Vertretungsmacht des Vorstands erblicken dürfen. Besteht die Bedeutung einer Satzungsvorschrift aber weniger darin, die **Sachentscheidung** in der angegebenen Weise zu treffen, als vielmehr nur die **Form** zu bestimmen, wie der Vorstand Willenserklärungen gegenüber Dritten abgibt, so liegt darin regelmäßig keine Beschränkung der Vertretungsmacht. Die Bestimmung in der Satzung eines eingetragenen Vereins, daß der Vorstand außer mit seinem Namen mit dem Namen des Vereins zu unterzeichnen habe, stellt lediglich eine Ordnungsvorschrift dar, so daß das Fehlen des Vereinsnamens bei der Unterschrift des Vorstands die Erklärung nicht unwirksam macht.[35]

---

[32] vgl. OLG Frankfurt Rpfleger 1977, 103
[33] JW 1936, 2929
[34] LZ 1930, 994
[35] KG JW 1933, 1331

Wirksamkeit von Beschränkungen der Vertretungsmacht gegenüber Dritten

235 Auf eine durch die Satzung festgelegte Beschränkung der Vertretungsmacht des Vorstands kann sich der Verein nur berufen, wenn sie im Vereinsregister eingetragen oder dem Geschäftsgegner bekannt war. Der Geschäftsgegner braucht sie sogar in bestimmten Fällen selbst dann nicht gegen sich gelten zu lassen, wenn sie eingetragen war; hat nämlich der Geschäftsgegner, ohne daß ihm der Vorwurf der Fahrlässigkeit gemacht werden kann, keine Kenntnis von der Eintragung, dann braucht er die Vertretungsbeschränkung nicht gegen sich gelten zu lassen. Ein solcher Fall kann beispielsweise gegeben sein, wenn das Rechtsgeschäft wenige Stunden nach der Eintragung der Vertretungsbeschränkung abgeschlossen worden ist.[36] Von einer solchen ungewöhnlichen Situation abgesehen wird man regelmäßig sagen können, daß der Geschäftsgegner fahrlässig handelt, wenn er es unterläßt, vor dem Geschäftsabschluß das Vereinsregister einzusehen, und deshalb von einer eingetragenen Vertretungsbeschränkung keine Kenntnis hat. Die Vertretungsbeschränkung muß jedoch unmittelbar aus dem Vereinsregister ersichtlich sein; eine Eintragung, in der lediglich auf das Beschlußprotokoll verwiesen ist, genügt nicht.[37] Ist die Beschränkung in der Satzung enthalten und im Vereinsregister eingetragen, so wird der Geschäftspartner, der gutgläubig auf die unbeschränkte Vertretungsmacht des Vorstands vertraut, nicht geschützt.[38]

236 Eine **Veröffentlichung** der Eintragung im Vereinsregister über die Beschränkung der Vertretungsmacht des Vorstands findet nicht statt.

Erteilung von Vollmachten durch den Vorstand

237 Der Vorstand kann einem Dritten oder auch einem oder mehreren seiner Mitglieder die Vollmacht erteilen, die jeweiligen Vorstandsbeschlüsse nach außen zu erklären.[39] Über die Vollmachtserteilung beschließt intern der Vorstand durch Beschlußfassung, nach außen bedarf es zur Vollmachtserteilung wie bei jedem Rechtsgeschäft der Erklärung so vieler Vorstandsmitglieder, wie im speziellen Fall zur Vertretung des Vereins erforderlich sind. Ob dabei die Vertretungsmacht der handelnden Vorstandsmitglieder von der internen Beschlußfassung über die Vollmachtserteilung abhängt, bestimmt sich nach den allgemeinen Grundsätzen.[40] Entsprechend vollzieht sich der Widerruf der Vollmacht. Ein Wechsel der Vorstandsmitglieder berührt den Fortbestand der Vollmacht nicht.[41]

238 Hinsichtlich des **Inhalts** der Vollmacht ist jedoch zu beachten, daß dem Bevollmächtigten nicht Befugnisse eingeräumt werden können, die im Ergebnis auf die Übertragung der **Organstellung** eines Vorstandsmitglieds

[36] Lange S. 177; Mergelmeyer Rpfleger 1966, 197
[37] BGHZ 18, 303 = NJW 1955, 1916
[38] vgl. BayObLG NJW 1962, 2253; OLG Celle RdL 1965, 246
[39] BAG BB 1956, 79; KGJ 32, 187/190; Soergel § 26 Rdnr. 18
[40] dazu eingehend bei Rdnr. 232; differenzierend Soergel § 26 Rdnr. 17 a. E.; Danckelmann NJW 1973, 735
[41] BayObLG Recht 1913 Nr. 1996; KGJ 32, 187

oder **generell** auf die Umwandlung einer Mehr- oder Gesamtvertretungsmacht in eine Einzelvertretungsmacht hinauslaufen.[42] Der Vorstand kann deshalb eine **unwiderrufliche** Vollmacht nur für bestimmte Einzelgeschäfte erteilen, da andernfalls die Vorschriften über die Möglichkeit des Widerrufs der Vorstandsbestellung (§ 27 BGB) umgangen würden.[43] Unwirksam ist auch eine Vollmacht, mit der bei Gesamtvertretung ein Vorstandsmitglied von den übrigen Vorstandsmitgliedern *allgemein* zur Vertretung ermächtigt wird.[44]

„In-sich-Geschäfte" des Vorstands

239 Mitunter ergibt sich bei einem Verein die Situation, daß ein Vorstandsmitglied mit dem Verein ein Rechtsgeschäft abschließen will. Hier ist § 181 BGB zu beachten, der grundsätzlich verbietet, daß ein Vertreter im Namen des Vertretenen mit sich im eigenen Namen ein Rechtsgeschäft vornimmt, weil hierbei die Gefahr eines Mißbrauchs der Vertretungsmacht besteht. Allerdings kann der „Geschäftsherr", in unserem Fall der Verein, solche sogenannten In-sich-Geschäfte des Vorstands gestatten. Die Erlaubnis, In-sich-Geschäfte zu tätigen, kann bereits in der Satzung festgelegt sein; ist dies nicht der Fall, so ist für die Erteilung der Erlaubnis die Mitgliederversammlung zuständig.[45]

Entgegennahme von Willenserklärungen beim mehrgliedrigen Vorstand

240 Auch wenn alle Vorstandsmitglieder nur gemeinsam den Verein vertreten können oder wenn mehrere zur Vertretung zusammenwirken müssen, genügt es nach § 28 Abs. 2 BGB für die Wirksamkeit von Erklärungen **gegenüber dem Verein,** wenn diese nur **einem** Mitglied des Vorstands zugehen (sogenannte Passivvertretung). Dies ist vor allem für Austrittserklärungen von praktischer Bedeutung.

241 Die Regelung der Vertretung nach Gesetz oder Satzung spielt ferner keine Rolle, wenn es auf die Kenntnis bestimmter rechtserheblicher Tatsachen ankommt. Hier muß sich der Verein schon das Wissen eines einzelnen Vorstandsmitglieds zurechnen lassen.[46] Die Vorschrift des § 28 Abs. 2 BGB kann durch die Satzung nicht abgeändert oder ausgeschlossen werden (§ 40 BGB). Die Erklärung oder Zustellung ist auch dann dem Verein wirksam zugegangen, wenn das empfangende Vorstandsmitglied die Erklärung oder das zugestellte Schriftstück absichtlich unterdrückt.[47]

---

[42] vgl. BGH WPM 1978, 1047/1048; OLG Hamm OLGZ 1978, 21/24 und OLGZ 1978, 26 = MDR 1978, 224

[43] OLG München OLGZ 1965, 1; Soergel § 26 Rdnr. 18

[44] BGH WPM 1978, 1047/1048

[45] Staudinger § 181 Rdnr. 36 mit Nachw.

[46] RGZ 57, 94; 78, 354; 81, 436; 129, 49; BGH WPM 1959, 81; BGHZ 41, 282/287; BGH NJW 1971, 1358; zur „Kenntnis jur. Personen des Privatrechts von rechtserheblichen Tatsachen" siehe Baumann ZGR 1973, 284; zum Beginn der Ausschlußfrist des § 626 Abs. 2 BGB bei Kenntniserlangung durch Organmitglieder siehe Wiesner BB 1981, 1533

[47] RG JW 1927, 1675; BGHZ 20, 149 = NJW 1956, 869

Die Stellung des Vorstands in Prozessen des Vereins

242 Aus der Stellung des Vorstands als der eines gesetzlichen Vertreters ergibt sich, daß die Vorstandsmitglieder im Rechtsstreit des Vereins nicht als Zeugen vernommen werden dürfen;[48] nach Eröffnung des Konkursverfahrens über das Vermögen des Vereins ist jedoch ihre Vernehmung als Zeugen im Prozeß des Konkursverwalters zugelassen worden.[49] Von diesem Sonderfall abgesehen, nimmt der Vorstand im Prozeß des Vereins als dessen Vertretungsorgan die Parteirolle ein. Er kann daher nach den Vorschriften der ZPO als Partei vernommen werden. Beim mehrgliedrigen Vorstand bestimmt das Gericht unter entsprechender Anwendung von § 449 ZPO, wen es vernehmen will, alle oder nur einzelne Vorstandsmitglieder.[50] Der Vorstand ist auch berechtigt, für den Verein Strafantrag zu stellen.[51] Nach Staudinger[50] vertritt der Vorstand den Verein auch im Privatklageverfahren, nicht dagegen bei Beleidigung einzelner Vorstandsmitglieder, auch nicht, wenn sich die Beleidigung auf deren Vereinstätigkeit bezieht.[52] Daß ein Verein strafrechtlichen Ehrenschutz genießt, ist nunmehr in der Rechtsprechung des Bundesgerichtshofs anerkannt worden.[53] Wird nach dem Gesetz über Ordnungswidrigkeiten gegen den Verein eine Geldbuße festgesetzt (§ 26 Abs. 4 OWiG), so wird er in dem etwa sich anschließenden gerichtlichen Verfahren durch den Vorstand vertreten.[54]

Obwohl keine Besonderheit, soll der Vollständigkeit halber erwähnt werden, daß der Vorstand für den Verein Konkursantrag stellen oder das Vergleichsverfahren beantragen kann (§ 42 BGB).

Die Funktion des Vorstands im Offenbarungsverfahren[55] gegen den Verein

243 Wenn von einem Gläubiger des Vereins gegen diesen das Offenbarungsverfahren nach § 807 ZPO betrieben wird oder der Verein nach den Vorschriften des bürgerlichen Rechts zur Abgabe einer eidesstattlichen Versicherung verurteilt ist (vgl. § 889 ZPO), obliegt die Abgabe der Versicherung dem Vorstand als dem Vertretungsorgan des (selbst handlungsunfähigen) Vereins. Daher sind zum entsprechenden Gerichtstermin bei einem **mehrköpfigen Vereinsvorstand** so viele Vorstandsmitglieder zu laden, wie nach dem Gesetz oder der Vereinssatzung zur Vertretung des Vereins erforderlich sind oder genügen.[56] Das bedeutet: Bestimmt sich im Einzelfall die Vertretung des Vereins nach dem Gesetz, weil die Satzung hierüber schweigt, so sind so viele Vorstandsmitglieder zu laden, daß diese die Mehrheit[57] des

---

[48] Vgl. RGZ 46, 318
[49] RG LZ 14, 776
[50] § 455 Abs. 1 Satz 2 ZPO; Staudinger § 26 Rdnr. 21
[51] RGSt 15, 145; 35, 268; 44, 348
[52] Vgl. RGSt 68, 124
[53] BGHSt 6, 186 mit Übersicht über die frühere Rechtsprechung
[54] R-D-K Rdnr. 558; Bode S. 50ff.
[55] Seit 1. 7. 1970 ist der Offenbarungseid durch eine eidesstattliche Versicherung ersetzt (Gesetz vom 27. 6. 1970 – BGBl. I S. 911)
[56] Schweyer Rpfleger 1970, 406; Soergel § 26 Rdnr. 12; Stöber Rdnr. 262
[57] siehe dazu bei Rdnr. 231

Vorstands repräsentieren. Die **persönliche** Auswahl trifft das Gericht nach seinem pflichtgemäßen Ermessen; dabei sind nach Möglichkeit jene Vorstandsmitglieder heranzuziehen, von denen nach ihren Vereinsämtern anzunehmen ist, daß sie über die Vermögensverhältnisse des Vereins (oder die sonstigen zu offenbarenden Verhältnisse) am besten Bescheid wissen. Besteht aber eine von der gesetzlichen Regelung der Vertretungsmacht abweichende **Satzungsbestimmung**, so ist danach zu verfahren, unter Umständen also nur ein einziges (mit Einzelvertretungsbefugnis ausgestattetes) Vorstandsmitglied zu laden. Sind zur Vertretung des Vereins im Offenbarungsverfahren mehrere Vorstandsmitglieder erforderlich, so ist die Abgabe der eidesstattlichen Versicherung mit der Folge der Eintragung des Vereins in das Schuldnerverzeichnis erst abgeschlossen, wenn alle die eidesstattliche Versicherung – nicht notwendig in demselben Termin – abgegeben haben.[58] Die Auffassung des Landgerichts Köln,[59] daß die von einem Vorstandsmitglied abgegebene Versicherung auch bei bestehender Mehr- oder Gesamtvertretung die übrigen Vorstandsmitglieder von ihrer Offenbarungspflicht befreie, läßt sich mit dem Begriff der Vertretung eines prozeßunfähigen Schuldners (hier: des eingetragenen Vereins) nicht vereinbaren.[60]

Ist in der Vereinssatzung einem Vorstandsmitglied Einzelvertretungsmacht eingeräumt, so **genügt** zwar die Abgabe der Offenbarungsversicherung durch dieses Vorstandsmitglied, aber der Gläubiger des Vereins hat keinen Anspruch darauf, daß das Vorstandsmitglied von seiner **Befugnis** zur Einzelvertretung des Vereins Gebrauch macht. Weigert sich also das zunächst geladene einzelvertretungsberechtigte Vorstandsmitglied, **allein** über das Vermögen des Vereins Auskunft zu geben und die Versicherung abzugeben, so greift die gesetzliche Regelung der Vertretung des Vereins Platz, so daß nunmehr auch die weiteren erforderlichen Vorstandsmitglieder zur Abgabe der Versicherung zu laden sind. Offenbarungspflichtig sind diejenigen Personen, die im Zeitpunkt des Offenbarungstermins – nicht im Zeitpunkt der Ladung zum Termin – dem Vorstand angehören.[61] Das ist in den Fällen von Bedeutung, in denen während des Offenbarungsverfahrens ein Wechsel im Vorstand eingetreten ist.

Gegenüber der hier vertretenen Auffassung über die Vertretung des Vereins im Offenbarungsverfahren wird im Schrifttum vereinzelt[62] für die entsprechende Anwendung der Vorschriften über die Parteivernehmung (§ 455 Abs. 1, § 449 ZPO) eingetreten. Danach soll das Gericht ohne Rücksicht darauf, wie im Einzelfall bei einem mehrgliedrigen Vereinsvorstand die Vertretung des Vereins geregelt ist, bestimmen, welches Vorstandsmitglied oder welche mehreren Vorstandsmitglieder die Offenbarungsversicherung zu leisten haben.

In das Schuldnerverzeichnis darf nur der **Verein** eingetragen werden; dabei

---

[58] Schweyer Rpfleger 1970, 406; Zöller § 807 Anm. III 3a; vgl. Soergel § 26 Rdnr. 12

[59] Rpfleger 1970, 406

[60] ablehnend auch Soergel § 26 Rdnr. 12 und Palandt § 26 Anm. 2

[61] SchlHolstOLG Rpfleger 1979, 73 (GmbH)

[62] ausführlich Behr, Rpfleger 1978, 41 („Abgabe der Offenbarungsversicherung bei einer Mehrheit von gesetzlichen Vertretern")

dürfen die Vorstandsmitglieder, die die eidesstattliche Versicherung nach § 807 ZPO abgegeben haben, nicht miteingetragen werden.[62a]

Vertretung des Vereins gegenüber den Mitgliedern

244 Die Stellung des Vorstands als Handlungsorgan des Vereins äußert sich auch im Verhältnis des Vereins zu seinen Mitgliedern, also im internen, das Vereinsleben betreffenden Bereich.[63] Dabei ist es allerdings in erster Linie Sache der Vereinssatzung, welche Aufgaben hier dem Vorstand zugeteilt sind. Im Regelfall beruft der Vorstand die Mitgliederversammlung ein.[64]

Die Beschlußfassung des mehrgliedrigen Vorstands

245 Das Gesetz (§ 28 Abs. 1 BGB) bestimmt für die Beschlußfassung des mehrgliedrigen Vorstands, daß sie sich nach den Vorschriften richtet, die in den §§ 32 und 34 BGB für die Beschlußfassung der Mitgliederversammlung festgesetzt sind. Die **Satzung** kann jedoch von dieser Regelung abweichen.[1] Die gesetzlichen Vorschriften greifen also erst ein, wenn eine besondere Regelung in der Satzung fehlt. Im einzelnen ist auf folgendes hinzuweisen:

Ein Vorstandsbeschluß kann nach dem Gesetz nur in einer **Versammlung** des Vorstands (Vorstandssitzung) gefaßt werden; auf schriftlichem Wege ist er nur mit Zustimmung aller Vorstandsmitglieder zur Beschlußsache möglich. Von dieser gesetzlichen Regelung kann die Satzung jedoch abweichen. So kann sie beispielsweise bestimmen, daß ein Vorstandsbeschluß auch durch telefonische Absprache zustande kommen kann.

Zur **Beschlußfähigkeit** des Vorstands ist nach dem Gesetz nicht erforderlich, daß zur Vorstandssitzung eine Mindestzahl von Vorstandsmitgliedern erscheint. Häufig findet sich jedoch in der Vereinssatzung eine Bestimmung, daß zur Beschlußfähigkeit des Vorstands die Anwesenheit einer bestimmten Person (z. B. des Vorsitzenden oder des Stellvertreters), einer bestimmten Zahl von Vorstandsmitgliedern oder eines bestimmten Bruchteils der Mitglieder (z. B. eines Drittels) erforderlich ist. Im letzteren Fall ist bei der Feststellung, ob der Vorstand beschlußfähig ist, von der in der Satzung festgesetzten Zahl der Vorstandsmitglieder auszugehen, nicht etwa von der Zahl der Vorstandsmitglieder, die zur Zeit der Beschlußfassung dem Vorstand angehören.[2] Besteht beispielsweise nach der Satzung der Vorstand aus neun Personen und sind inzwischen drei Mitglieder ausgeschieden (durch Tod, Austritt, Ausschluß, Ablauf der Amtsdauer usw.), so ist in dem oben genannten Beispiel der Vorstand nur beschlußfähig, wenn mindestens drei Vorstandsmitglieder zur Vorstandssitzung erschienen sind.

Problematisch ist jedoch vorweg, ob der Vorstand schon dadurch beschlußunfähig wird, daß ein Vorstandsmitglied (oder mehrere) aus dem Vorstand ausscheidet und damit der Vorstand nicht mehr die satzungsmäßi-

---

[62a] LG Braunschweig NdsRpfl 1982, 139 (GmbH); a. A. Bondi ZZP Bd. 32 S. 235

[63] KG Rpfleger 1978, 133 = OLGZ 1978, 272/274 = MDR 1978, 576

[64] Näheres bei Rdnr. 157

[1] mit Ausnahme des in § 34 BGB geregelten Stimmrechtsausschlusses (vgl. § 40 BGB; dazu eingehend Soergel § 28 Rdnr. 2)

[2] BGHZ 4, 228 = NJW 1952, 343 für den Aufsichtsrat einer Genossenschaft

ge Zahl von Vorstandsmitgliedern hat. Zuzustimmen ist der Auffassung, daß ein nicht vollzählig besetzter Vorstand bis zu seiner Vervollständigung – unter Umständen auch durch das Gericht – keine Beschlüsse fassen kann.[3] Von einer Beschlußfassung des Vorstandes kann nur gesprochen werden, wenn der Vorstand überhaupt vorhanden ist, das heißt die nach der Satzung erforderlichen Mitglieder hat.[4] Wenn im Einzelfall etwas anderes gelten soll, also auch ein Rumpfvorstand Beschlüsse fassen darf, muß sich dies aus der Satzung ergeben. Dabei stellt sich die Frage, ob eine Satzungsbestimmung, wonach zur Beschlußfähigkeit des Vorstands die **Anwesenheit** einer bestimmten Anzahl oder eines Bruchteils der Vorstandsmitglieder notwendig ist, auch den Fall einschließt, daß im Zeitpunkt der Beschlußfassung dem Vorstand weniger Mitglieder angehören, als dies in der Satzung vorgeschrieben ist. Der Bundesgerichtshof hat dies im Fall eines unterbesetzten Aufsichtsrats einer Genossenschaft ohne weiteres bejaht.[5] Für den Aufsichtsrat einer Aktiengesellschaft ist das Problem im Gesetz (§ 108 Abs. 2 Satz 4 AktG) dahin gelöst, daß der Beschlußfähigkeit der Umstand nicht entgegensteht, daß dem Aufsichtsrat weniger Mitglieder als die durch Gesetz oder Satzung festgesetzte Zahl angehören. Als Ausdruck eines allgemeinen Rechtsgedankens des privaten Körperschaftsrechts ist diese Regelung jedoch nicht anzusehen; eine entsprechende Anwendung auf die Beschlußfassung des Vereinsvorstands erscheint daher nicht vertretbar. Es kommt daher darauf an, welchen Zweck eine Satzungsbestimmung, die die Beschlußfähigkeit des Vorstands betrifft, verfolgt. Dies ist durch Auslegung der Satzung – unter Umständen mit Heranziehung der Vereinsübung – festzustellen. Im Zweifelsfall ist anzunehmen, daß eine solche Bestimmung nur verhüten will, daß durch eine zu geringe Zahl der an der Beschlußfassung mitwirkenden Personen eine Zufallsentscheidung ergeht; eine weitergehende Bedeutung in dem Sinn, daß die Beschlußfähigkeit auch dann gegeben ist, wenn nur die geforderte Mindestzahl von Vorstandsmitgliedern vorhanden (und erschienen) ist, ist jedoch nicht anzunehmen.

Zur Vorstandssitzung müssen alle Vorstandsmitglieder unter Angabe des Ortes und der Zeit der Sitzung geladen werden. Hinsichtlich des **Ortes,** an dem die Vorstandssitzungen abgehalten werden, ist der Satzung weiter Spielraum gelassen. Fehlt eine solche Regelung in der Satzung und sagt auch eine Geschäftsordnung darüber nichts aus, so kann derjenige, der für die Einberufung des Vorstandes zu einer Sitzung zuständig ist, von Fall zu Fall bestimmen, wo die Sitzung stattfindet. Sein Ermessen ist lediglich insoweit eingeschränkt, als sich die Wahl des Versammlungsortes im Rahmen des den übrigen Vorstandsmitgliedern Zumutbaren halten muß. Diese Grundsätze gelten auch hinsichtlich des **Zeitpunktes** der Vorstandssitzung. Auf anderweite Verpflichtungen der Vorstandsmitglieder sowie bekannte oder vorhersehbare Verhinderungen ist bei der Terminierung der Vorstandssitzung, soweit dies die zu beschließende Angelegenheit gestattet, Rücksicht zu nehmen. Die Einladung zur Vorstandssitzung ist entbehrlich, wenn Zeit und

---

[3] OLG Hamburg Recht 1935 Nr. 6158 (Genossenschaft)
[4] so zutreffend Fuchs Recht 1912, 668
[5] BGH wie Fn. 2

Ort der Vorstandssitzung ein für allemal festgesetzt sind,[6] was in einer Geschäftsordnung geschehen kann (z. B. Vorstandssitzungen finden jeden 1. Mittwoch des Monats um 20 Uhr im Clubheim statt). Unterbleibt die erforderliche Ladung auch nur eines einzigen Vorstandsmitglieds und nimmt dieses nicht von sich aus an der Sitzung teil, so sind die gefaßten Beschlüsse regelmäßig nichtig.[7] Es erscheint jedoch vertretbar, in dem Fall, daß die Ladung eines Vorstandsmitglieds versehentlich unterblieben ist, die Rechtsprechung, die der Bundesgerichtshof[8] für die unterbliebene Ladung von Mitgliedern zur Mitgliederversammlung aufgestellt hat, entsprechend anzuwenden und den Vorstandsbeschluß ausnahmsweise für gültig zu erachten, wenn – was im Streitfall der Verein zu beweisen hätte – feststeht, daß der Beschluß auch bei Beteiligung des nicht geladenen Vorstandsmitglieds gefaßt worden wäre.

Für die **Form** der Einladung (z. B. schriftlich, telefonisch, telegrafisch, Anschlag im Clubheim) besteht keine gesetzliche Vorschrift. Anders als für die Berufung der Mitgliederversammlung (vgl. § 58 Nr. 4 BGB) verlangt das Gesetz nicht, daß in der Satzung bestimmt sein soll, in welcher Form die Einladung zur Vorstandssitzung zu geschehen hat. Natürlich kann die Satzung oder die Geschäftsordnung dies regeln; dann ist danach zu verfahren. Fehlt aber eine ausdrückliche Regelung, so liegt es näher, anzunehmen, daß die Form der Einladung zur Vorstandssitzung frei gewählt werden darf, als aus dem Schweigen der Satzung zu schließen, daß die Form einzuhalten sei, die für die Berufung der Mitgliederversammlung in der Satzung vorgeschrieben ist. Dafür spricht schließlich auch, daß die dem Vorstand regelmäßig übertragene Geschäftsführung des Vereins umso effektiver besorgt werden kann, je weniger sie in formeller Beziehung reglementiert ist.

Auch für die Ladungs**frist** wird aus einem Schweigen der Satzung nicht zwingend auf die Einhaltung der Frist zur Einberufung der Mitgliederversammlung geschlossen werden können, vor allem dann, wenn diese Frist ersichtlich auf die Verhältnisse der Vereinsmitglieder abgestellt ist und sie für ein häufiger tagendes Vereinsorgan, wie es der Vorstand in aller Regel ist, bei vernünftiger Auslegung der Satzung nicht gewollt sein kann. In einem solchen Falle wird die Ladungsfrist für Vorstandssitzungen in einer Geschäftsordnung geregelt werden dürfen, und bis zu ihrem Erlaß die Einhaltung einer angemessenen Frist Platz greifen.[9]

Die Anberaumung einer Vorstandssitzung und Ladung der Vorstandsmitglieder ist, wenn die Satzung nichts anderes bestimmt, Sache des Vorsitzenden des Vorstands. Ist nach der Satzung der erste Vorsitzende zur Einberufung der Versammlung zuständig, so ist eine Einberufung des Vorstandes gegen seinen Willen durch ein anderes Vorstandsmitglied ungültig.[10] Davon zu unterscheiden ist der Fall, daß ein Vorstandsmitglied durch die Satzung mit der Stellvertretung des Vorsitzenden betraut ist; hier ist der Stellvertreter des Vorsitzenden befugt, eine Vorstandssitzung einzuberufen, wenn der

---

6 RGZ 66, 369; vgl. BayObLGZ 7, 99
7 OLG Schleswig NJW 1960, 1862
8 BGHZ 59, 369; dazu im einzelnen bei Rdnr. 175
9 Mergelmeyer Rpfleger 1966, 197 Fußn. 13; von Zwehl NJW 1958, 1224
10 BayObLGZ 1928, 328/335

Vorsitzende verhindert ist oder die Berufung grundlos unterläßt.[11] Diese Befugnis wird aus der dem stellvertretenden Vorsitzenden eingeräumten Stellung hergeleitet, die ihn im Bedarfsfall zur Geschäftsführung anstelle des Vorsitzenden beruft. Derjenige, der zur Einberufung einer Vorstandsversammlung berechtigt ist, braucht die Einladung nicht persönlich vorzunehmen; er kann sich vielmehr eines anderen als sogenannten Erfüllungsgehilfen bedienen.[11] Es ist jedoch zweckmäßig, daß der Beauftragte bei der Unterzeichnung der Einladung deutlich macht, daß und in wessen Auftrag er handelt.

Voraussetzung eines gültigen Vorstandsbeschlusses ist ferner, daß die Gegenstände der Beschlußfassung des Vorstands (also die Tagesordnung) bei der Einladung mitgeteilt werden. Farblose Bezeichnungen wie z. B. „Verschiedenes" genügen nicht. Die Mitteilung ist, wenn auch in schlagwortartiger Form, so zu fassen, daß die Vorstandsmitglieder im wesentlichen erkennen können, worum es in der Vorstandssitzung geht, und sich entsprechend darauf vorbereiten können.[11] Die Mitteilung der **Tagesordnung** ist jedoch **entbehrlich**, wenn in der Satzung hierauf verzichtet ist. Enthält die Satzung nur für die Einberufung der Mitgliederversammlung eine solche Erleichterungsvorschrift, so bedarf es auch bei der Einberufung des Vorstandes der Angabe der Tagesordnung nicht.[11]

Sämtliche Vorstandsmitglieder können jedoch auch **ohne Einhaltung von Verfahrensvorschriften** zu einer Vorstandssitzung zusammentreten und dort wirksame Beschlüsse fassen, wenn kein Vorstandsmitglied dem widerspricht.[12]

Soll die bereits anberaumte Vorstandssitzung aus irgendwelchen Gründen nicht abgehalten werden, ist sie von demjenigen **abzusagen**, der zur Einberufung befugt ist. Aus Gründen der Rechtssicherheit wird in der Rechtsprechung verlangt, daß die Absetzung, auch wenn sie nicht unter allen Umständen in der für die Einberufung gesetzlich oder satzungsmäßig vorgeschriebenen Form geschehen muß, eindeutig vorgenommen wird.[13] Andernfalls können in der trotzdem abgehaltenen Vorstandssitzung Beschlüsse gefaßt werden.

Eintragung abweichender Bestimmungen in das Vereinsregister

246 Über die Beschlußfassung des Vorstandes enthält das Gesetz unmittelbar keine Vorschriften. Es verweist vielmehr in § 28 Abs. 1 BGB auf die für die Beschlüsse der Mitgliederversammlung bestehenden **gesetzlichen** Vorschriften (§ 32, 34). Soweit Satzungsbestimmungen **hiervon** Abweichungen enthalten, sind sie in das Vereinsregister einzutragen und erlangen damit in gewissen Fällen Außenwirkung.

Für die Beschlußfassung der Mitgliederversammlung stellt das **Gesetz** (§ 32 BGB) folgende Regeln auf:

1. Die Beschlußfassung erfolgt in einer **Versammlung** (mit Gelegenheit mündlicher Erörterung).

---

[11] BayObLG JFG 6, 230
[12] Soergel § 28 Rdnr. 5 a. E.
[13] RGZ 166, 129/133 (für GmbH); siehe auch bei Rdnr. 157

2. Der **Gegenstand der Beschlußfassung** muß bei der Einladung zur Versammlung bezeichnet werden.

3. Beschlüsse werden mit Stimmenmehrheit gefaßt.[13a]

4. Ohne Versammlung der Mitglieder ist ein Beschluß gültig, wenn alle Mitglieder ihre Zustimmung zu dem Beschluß **schriftlich** erklären.

Wenn die Satzung für die Beschlußfassung des Vorstands Bestimmungen enthält, in denen von diesen Regeln – erleichternd oder erschwerend – abgewichen wird, ist der Inhalt der abweichenden Bestimmung in das Vereinsregister einzutragen (§ 64 BGB). Dieses **Eintragungsgebot entfällt** jedoch, wenn es nach dem übrigen Inhalt der Satzung für die Wirksamkeit der Vertretungshandlungen des Vorstands nicht darauf ankommt, ob sie von einem ordnungsgemäßen Beschluß des Vorstands gedeckt sind. Das ist der Fall, wenn die Satzung – bei mehrgliedrigem Vorstand – eine eigene Regelung über die Vertretungsmacht der Vorstandsmitglieder enthält. Denn damit ist im Zweifel gewollt, ihnen die von weiteren Voraussetzungen, also auch von der internen Beschlußfassung, unabhängige Rechtsmacht zu verleihen, gegenüber Dritten zugunsten und zu Lasten des Vereins tätig zu werden.[14] Ein solcher Fall ist z. B. gegeben, wenn in der Satzung jedem Vorstandsmitglied Einzelvertretungsbefugnis erteilt[14] oder bestimmt ist, daß der Verein durch jeweils zwei Vorstandsmitglieder vertreten wird. Das gleiche gilt für alle sonst zulässigen Varianten der Vertretung ohne Rücksicht darauf, ob diese gegenüber der gesetzlichen Regelung der Vertretung (Vertretung durch die Mehrheit der Vorstandsmitglieder) eine Erleichterung oder eine Erschwerung darstellen. Das erwähnte Eintragungsgebot kann jedoch noch zum Zuge kommen, wenn die satzungsmäßige Regelung der Vertretungsmacht nur einen Teil der Vorstandsmitglieder betrifft. Ein solcher Fall liegt z. B. vor, wenn bei einem Vorstand, der aus drei oder mehr Mitgliedern besteht, in der Satzung einem einzelnen Vorstandsmitglied – etwa dem Vorsitzenden – das Recht eingeräumt ist, den Verein allein zu vertreten, und hinsichtlich der übrigen Vorstandsmitglieder nichts bestimmt ist. Dann bleibt für diese Vorstandsmitglieder die Möglichkeit bestehen, als Vorstandsmehrheit von der gesetzlichen Vertretungsmacht Gebrauch zu machen, so daß es hierfür auf die Erfordernisse einer ordnungsgemäßen Beschlußfassung des Vorstands ankommen kann.

Als abweichende Regelungen, die unter den soeben dargelegten Voraussetzungen in das Vereinsregister einzutragen sind, kommen hauptsächlich folgende in Betracht:

Eine Satzungsbestimmung, wonach bei der Einladung zur Vorstandssitzung der Gegenstand der Beschlußfassung (die Tagesordnung) nicht mitgeteilt werden muß. Ferner Bestimmungen, die gestatten, daß ein Vorstandsbeschluß außerhalb einer Vorstandssitzung auch telefonisch gefaßt werden kann, oder die bei einer schriftlichen Beschlußfassung eine bestimmte Mehrheit genügen lassen. Viele Satzungen enthalten auch Bestimmungen über die Beschlußfähigkeit des Vorstands und verlangen z. B. die Anwesenheit einer bestimmten Zahl der Vorstandsmitglieder oder eines bestimmten Vor-

---

[13a] BGH NJW 1982, 1585 = MDR 1982, 551; siehe auch Rdnr. 206

[14] BGHZ 69, 250 = NJW 1977, 2310 = DNotZ 1978, 88; siehe dazu auch bei Rdnr. 232

standsmitglieds (etwa des Vorsitzenden). Solche Bestimmungen sind einzutragen, da das Gesetz an die Beschlußfähigkeit der Mitgliederversammlung keine besonderen Anforderungen stellt. Zu erwähnen sind in diesem Zusammenhang schließlich Satzungsvorschriften über die Abstimmung in der Vorstandssitzung. Diese sind einzutragen, soweit dabei von der Regelung des Gesetzes über die Beschlußfassung der Mitgliederversammlung abgewichen wird. Hierzu ist in § 32 BGB bestimmt, daß bei der Beschlußfassung die Mehrheit der **erschienenen** Mitglieder entscheidet. Daraus wurde gefolgert, daß bei der Ermittlung der Mehrheit Stimmenthaltungen und ungültige Stimmen von der Zahl der bei der Beschlußfassung anwesenden Mitglieder nicht abgezogen werden dürfen, sodaß sich diese Stimmen wie Nein-Stimmen auswirkten. Dementsprechend wurden Satzungsbestimmungen, wonach bei der Beschlußfassung des Vorstands die Mehrheit der **abgegebenen Stimmen** entscheidet, als Abweichungen von der Regel in § 32 BGB angesehen und deren Eintragung in das Vereinsregister verlangt. Nunmehr hat jedoch der Bundesgerichtshof[15] entschieden, daß bei der Beschlußfassung der Mitgliederversammlung nach dem Gesetz (§ 32 BGB) die Mehrheit nur nach der Zahl der abgegebenen Ja- und Nein-Stimmen zu berechnen ist und Stimmenthaltungen nicht mitzuzählen sind. Aus dieser Grundsatzentscheidung ergibt sich für den Anwendungsbereich des § 64 BGB in der Registerpraxis, daß Satzungsbestimmungen, wonach die Beschlüsse des Vorstands mit der Mehrheit der abgegebenen Stimmen gefaßt werden, keine Abweichung von der Regelung in § 32 BGB darstellen und infolgedessen nicht in das Vereinsregister einzutragen sind. Dagegen fallen Bestimmungen, die für Vorstandsbeschlüsse eine größere als die absolute (einfache) Stimmenmehrheit fordern oder für Stimmengleichheit eine positive Regelung treffen, nach wie vor unter das Eintragungsgebot.

247 Ein fehlerhaft zustande gekommener Vorstandsbeschluß kann durch einen Beschluß der Mitgliederversammlung nur ,,geheilt" werden, wenn diese in der betreffenden Angelegenheit eine eigene Zuständigkeit besitzt, z. B. wenn sie als vereinsinterne Berufungsinstanz über den vom Vorstand beschlossenen Ausschluß eines Mitglieds zu befinden hat. Diese Zuständigkeit fehlt ihr aber bei Beschlüssen über Vertretungshandlungen des Vorstands.

Die Beschlußfassung des Vorstands im einzelnen

248 Bei der Beschlußfassung des Vorstands entscheidet nach dem Wortlaut des Gesetzes die Mehrheit der **erschienenen** Vorstandsmitglieder (§ 32 Abs. 1 Satz 3 in Verbindung mit § 28 Abs. 1 BGB), so daß Stimmenthaltungen und ungültige Stimmen sich praktisch als Nein-Stimmen auswirken würden.[16] Diese in den Vorauflagen dieses Buchs gezogene Folgerung wird nach der neuesten Rechtsprechung des Bundesgerichtshofs[15] nicht mehr aufrechterhalten. Danach ist bei der Abstimmung in der Vorstandssitzung – ebenso wie bei der Abstimmung in der Mitgliederversammlung – die Mehrheit nur nach der Zahl der **abgegebenen** (gültigen) **Ja- und Nein-Stimmen** zu be-

[15] BGH wie Fn. 13a
[16] Palandt § 32 Anm. 1b; siehe dazu bei Rdnr. 206

rechnen; Stimmenthaltungen und ungültige Stimmen sind nicht mitzuzählen. Ein in der Vorstandssitzung zur Abstimmung gestellter Antrag ist daher angenommen, wenn die Zahl der Ja-Stimmen größer ist als die Zahl der Nein-Stimmen. Haben beispielsweise von fünf anwesenden Vorstandsmitgliedern 2 sich der Stimme enthalten, so ist der Antrag angenommen, wenn von den übrigen drei Vorstandsmitgliedern mindestens zwei für den Antrag stimmen. Bei Gleichheit der Ja- und Nein-Stimmen ist der Antrag abgelehnt. Die Satzung kann jedoch von dieser gesetzlichen Regelung abweichen (§ 40 BGB), beispielsweise bestimmen, daß bei Stimmengleichheit die Stimme des Vorsitzenden den Ausschlag gibt. Die neue Rechtsprechung des Bundesgerichtshofs zur Auslegung des Begriffs „Mehrheit der erschienenen Mitglieder" veranlaßt uns, bei der Beurteilung, ob die Satzung für die Beschlußfassung des Vorstands eine vom Gesetz abweichende Regelung enthält, auf folgendes hinzuweisen: Bestimmt die Satzung, wie das in vielen Fällen so ist, daß bei der Beschlußfassung des Vorstands die Mehrheit der **erschienenen** Vorstandsmitglieder entscheidet, so wird damit lediglich der Wortlaut des Gesetzes übernommen. Daraus wird in aller Regel deutlich, daß die Satzung keine von der gesetzlichen Regelung abweichende Bestimmung treffen will, sondern diese lediglich – zur Klarstellung – wiedergibt. Der vom Bundesgerichtshof als die gesetzliche Regel für die Beschlußfassung im Verein aufgestellte Rechtssatz (Berechnung der Mehrheit nur nach der Zahl der Ja- und Nein-Stimmen) gilt daher auch für diese Satzungsvorschrift. Es empfiehlt sich jedoch, bei Gelegenheit den Wortlaut dieser Satzungsvorschrift diesem Rechtssatz anzupassen, um auch in Zukunft keinen Zweifel darüber aufkommen zu lassen, wie bei der Beschlußfassung des Vorstands die Mehrheit zu berechnen ist. Ist nur **ein** Vorstandsmitglied erschienen, so kann dieses, falls die Satzung nicht Teilnahme einer größeren Zahl von Mitgliedern zur Beschlußfassung verlangt, **einstimmig** beschließen.[17] Voraussetzung ist allerdings, daß der Gegenstand der Beschlußfassung weder die Vornahme eines Rechtsgeschäfts mit diesem Mitglied noch die Einleitung oder Erledigung eines Rechtsstreits zwischen ihm und dem Verein betrifft. Denn in diesem Fall hat das Mitglied kein Stimmrecht.[18]

Dem Dritten gegenüber wird der ordnungsgemäß gefaßte Beschluß – sofern die Wirksamkeit des Rechtsgeschäfts überhaupt davon abhängt – erst wirksam, wenn er ihm mitgeteilt wird. Bis dahin handelt es sich bei dem gefaßten Beschluß um eine innere Angelegenheit,[19] so daß der Beschluß jederzeit aufgehoben oder abgeändert werden kann.[20]

Über eine schriftliche Niederlegung der Vorstandsbeschlüsse enthält das Gesetz keine Vorschriften. Ist dies durch die Satzung vorgeschrieben, so wird man darin in der Regel keine Voraussetzung für die **Wirksamkeit** eines Vorstandsbeschlusses, sondern lediglich eine Ordnungsvorschrift mit Beweisfunktion zu erblicken haben. Der Beschluß ist dann trotz unterbliebener Aufzeichnung gültig. Um spätere unerquickliche Erörterungen über die Ge-

---

[17] KGJ 42, 164/166
[18] Staudinger § 28 Rdnr. 6
[19] RG Recht 1909 Nr. 3517 und 1920 Nr. 3229
[20] OLG Nürnberg ZgGenW 11, 454

schäftsführung des Vorstands zu vermeiden, ist jedoch dringend zu empfehlen, Beschlüsse des Vorstands schriftlich niederzulegen.

Stellvertretende Vorstandsmitglieder

249 Ob in der Satzung eines Vereins stellvertretende Vorstandsmitglieder vorgesehen werden können, ist zweifelhaft. Bei den privatrechtlichen Körperschaften des Handelsrechts (GmbH, AG) ist die Einrichtung von stellvertretenden Geschäftsführern bzw. stellvertretenden Vorstandsmitgliedern ausdrücklich zugelassen. Dabei handelt es sich jedoch um eine spezielle Regelung, die insbesondere der hierarchischen Ordnung der Großgesellschaften (z. B. Banken, Versicherungsgesellschaften) Rechnung trägt, in der das stellvertretende Vorstandsmitglied nicht etwa nur bedingt dem Vorstand angehört, wie es dem Begriff des Stellvertreters entspräche, sondern lediglich geringere Geschäftsführungsbefugnisse besitzt.[21] Für die Verhältnisse des Vereins sind solche Rücksichten nicht am Platze. Hier könnte es sich bei einem stellvertretenden Vorstandsmitglied nur um eine Person handeln, die unter bestimmten Voraussetzungen, also bedingt, dem Vorstand angehören soll. Eine solche bedingte Zugehörigkeit zum Vertretungsorgan ist nicht zulässig.[22]

Dagegen bestehen keine Bedenken, daß ein (ständiges) Mitglied des Vorstands mit der stellvertretenden Wahrnehmung eines **Vereinsamtes** betraut wird, z. B. als stellvertretender Vorsitzender bezeichnet wird. Der Stellvertreter rückt aber beim Ausscheiden des eigentlichen Amtsinhabers, z. B. des 1. Vorsitzenden, nicht ohne weiteres in dessen Vereinsamt ein. Denn in der Bestellung zum Stellvertreter kann in aller Regel nicht zugleich die (bedingte) Bestellung zum Nachfolger des betreffenden Amtsinhabers gefunden werden.[23]

Der Wirkungskreis des Vorstands

250 Der Vorstand ist nach dem Gesetz nicht nur das Vertretungsorgan des Vereins, sondern auch, wie sich aus § 27 Abs. 3 BGB ergibt, das Organ, dem die **Geschäftsführung**[24] des Vereins obliegt. In der älteren obergerichtlichen Rechtsprechung[25] wurden keine Bedenken dagegen erhoben, daß in der Vereinssatzung die Geschäftsführung des Vereins einem anderen Vereinsorgan übertragen wird und die Funktion des Vorstands (im Sinne des Gesetzes) auf die Vertretung des Vereins nach außen beschränkt bleibt. In neuerer Zeit ist die Zulässigkeit einer solchen Regelung bezweifelt worden.[26] Aus § 64 Satz 2 BGB, wonach Satzungsbestimmungen, die die Beschlußfassung des Vor-

---

[21] Zum Begriff des stellvertretenden Vorstandsmitglieds vgl. Schlaus Betrieb 1971, 1653

[22] vgl. dazu OLG Celle Rpfleger 1968, 282 = NJW 1969, 326; BayObLGZ 1969, 33 = Rpfleger 1969, 130

[23] BayObLG Rpfleger 1972, 400

[24] Einzelheiten bei Rdnr. 277

[25] KG OLG 42, 196; BayObLGZ 1916, 134

[26] Mergelmeyer Rpfleger 1966, 197; BayObLGZ 1971, 266 = DNotZ 1972, 79 mit abl. Anm. Wolfsteiner = Rpfleger 1971, 352; BayObLGZ 1972, 286 = Rpfleger 1972, 440 = DNotZ 1973, 47

stands abweichend von der Vorschrift des § 28 Abs. 1 BGB regeln, in das Vereinsregister einzutragen sind, wurde gefolgert, daß eine ordnungsgemäße Beschlußfassung des Vorstands Voraussetzung für die Wirksamkeit seiner Außentätigkeit sei;[27] daher könne nicht die gesamte Geschäftsführung einem anderen Vereinsorgan als dem Vorstand übertragen werden.[28] Demgegenüber hat der Bundesgerichtshof[29] entschieden, daß ein Verein, der durch seine Satzung den Vorstandsmitgliedern Einzelvertretungsmacht eingeräumt hat, in der Satzung die interne Beschlußfassung (Geschäftsführung) einem **anderen Organ** als dem Vorstand im Sinne des § 26 Abs. 2 BGB übertragen kann. Das ist im wesentlichen damit begründet worden, daß, wie sich aus § 40 BGB ergebe, die Abhängigkeit der Vertretungsmacht von der Beschlußfassung im Vereinsrecht durch die Satzung beseitigt werden könne. Verleihe aber die Satzung den Mitgliedern des Vorstands ausdrücklich Vertretungsmacht, so sei damit im Zweifel gewollt, ihnen die von weiteren Voraussetzungen unabhängige Rechtsmacht einzuräumen, gegenüber Dritten zugunsten und zu Lasten des Vereins rechtswirksam tätig zu werden; es solle dann insofern nichts anderes als etwa bei der Aktiengesellschaft, der GmbH, der Genossenschaft und den Personengesellschaften des Handelsrechts gelten, wo sich weder Dritte noch die Gesellschaft oder Genossenschaft auf abweichende oder fehlende Geschäftsführungsbeschlüsse berufen könnten, die Vertretungshandlung mithin in jedem Fall wirksam sei. Sei aber Einzelvertretungsmacht und Unabhängigkeit der Vertretungsmacht von der Beschlußfassung auch im Vereinsrecht möglich, dann sei der Argumentation, zwischen geschäftsführendem und vertretungsberechtigtem Vorstand müsse immer Identität bestehen, weil sonst der Vorstand entgegen § 26 Abs. 2 BGB allein nicht handlungsfähig sei, der Boden entzogen. Dieser Auffassung, die einer weit verbreiteten Vereinspraxis entspricht, wonach in der Satzung die Geschäftsführung des Vereins einem „erweiterten Vorstand" oder einem „Gesamtvorstand" übertragen ist, ist zuzustimmen.

Der dem Bundesgerichtshof vorgelegte Sachverhalt gab allerdings keinen Anlaß, grundsätzlich zu der Frage Stellung zu nehmen, ob die Übertragung der Geschäftsführung auf ein anderes Vereinsorgan so weit gehen darf, daß dem Vorstand auch die zur Vertretung nach außen erforderliche Bildung eines Erklärungswillens entzogen wird. Diese Frage ist weiterhin zu verneinen.[30] Denn zum Wesen des Vorstands gehört die Fähigkeit, an der internen Beschlußfassung (Geschäftsführung) wenigstens insoweit teilzuhaben, als diese mit der Vertretungshandlung nach außen untrennbar zusammenhängt.

Bei Aufteilung der Geschäftsführung innerhalb des Vorstands nach klar abgegrenzten Sachgebieten (Vereinsämtern) besteht grundsätzlich keine gegenseitige Aufsichtspflicht der Vorstandsmitglieder,[31] jedenfalls dann nicht,

---

[27] KG JW 1936, 2929 = HRR 1936 Nr. 1208; BayObLG – wie Fn. 26; Staudinger § 28 Rdnrn. 7, 8

[28] BayObLG wie Fn. 26

[29] BGHZ 69, 250 = Rpfleger 1977, 406 = WPM 1977, 1256 = NJW 1977, 2310 mit Anm. Kirberger NJW 1978, 415 = DNotZ 1978, 88 = BB 1977, 1518

[30] BayObLG wie Fn. 26; Danckelmann NJW 1973, 735/738; Soergel § 26 Rdnr. 2; Kirberger NJW 1978, 415/416

[31] Erman § 27 Anm. 6; Liebisch JherJ 83, 379

wenn die Geschäftsverteilung bereits in der Satzung geregelt ist. Da für die Geschäftsführung des Vorstands das Auftragsrecht des BGB heranzuziehen ist (§ 27 Abs. 3 BGB), kann die Mitgliederversammlung dem Vorstand auch für einzelne Geschäfte Weisungen erteilen, sofern die Entscheidung über die Vornahme bestimmter Geschäfte nicht ausdrücklich in der Satzung dem Vorstand allein übertragen ist.

Für die Erfüllung der besonderen bußgeldbewehrten Pflichten des Vereins haben jedoch alle Mitglieder des Vorstands unabhängig von der internen Geschäftsverteilung einzustehen.[31a]

Die Bestellung des Vorstands

251 Für die Bestellung des Vorstands ist in erster Linie das in der Satzung bestimmte Vereinsorgan zuständig. Dies wird regelmäßig die Mitgliederversammlung sein. Nicht selten überträgt jedoch die Satzung die Bestellung des Vorstands einem besonderen Organ (Präsidium, Beirat, Gesamtvorstand, Kuratorium, Direktorium usw.). Ergibt sich aus der Satzung nichts über die Zuständigkeit zur Vorstandsbestellung, so greift das Gesetz ein, das in § 27 BGB bestimmt, daß die Bestellung des Vorstands durch Beschluß der Mitgliederversammlung erfolgt. Über die Rechtsnatur der Bestellung werden im Fachschrifttum die verschiedensten Meinungen vertreten. Die wohl überwiegende Meinung geht dahin, in der Vorstandswahl einen Vereinsakt (Sozialakt der körperschaftlichen Willensbildung) zu erblicken.[32] Die Bestellung zum Vorstand wird aber nicht schon mit der Beschlußfassung, sondern erst mit der Annahme der Bestellungserklärung durch den Gewählten wirksam.[33] Diese Auffassung entspricht dem allgemeinen Grundsatz, daß niemand zur Besorgung fremder Angelegenheiten gezwungen werden kann, sowie der Überlegung, daß mit dem Amt eines Vorstands Pflichten und die Gefahr der Haftung verbunden sind.[33a] Auch durch die Satzung kann ein Vereinsmitglied nicht verpflichtet werden, die Wahl zum Vorstand anzunehmen.[34] Daher muß sich, wenn die Vorstandswahl zur Eintragung in das Vereinsregister ohne Mitwirkung des Gewählten angemeldet wird, aus den mit der Anmeldung vorzulegenden Urkunden ergeben, daß der Gewählte die Wahl angenommen hat; es bedarf also einer entsprechenden Feststellung in der Versammlungsniederschrift (Versammlungsprotokoll)[33a] oder, wenn der Vorstand in Abwesenheit gewählt wurde, der Vorlage seiner Annahmeerklärung. Die Bestellungserklärung obliegt dem Bestellungsorgan, das sich hierzu eines Bevollmächtigten bedienen kann. Einer besonderen Bestellungserklärung gegenüber dem Gewählten bedarf es aber nicht mehr, wenn dieser bei dem Beschlußakt zugegen ist.[35]

[31a] OLG Düsseldorf NStZ 1981, 265

[32] vgl. BGHZ 52, 316/321; RG Recht 1936 Nr. 5423

[33] Zur Unterscheidung zwischen dem Beschlußakt und der Bestellungserklärung vgl. BGHZ 52, 316/321; ferner ausführlich Plander GmbHRdsch 1968, 197 sowie Fleck Anm. zu LM § 181 BGB Nr. 13

[33a] BayObLG Rpfleger 1981, 487 = MDR 1981, 1015

[34] BGB-RGRK § 27 Rdnr. 3

[35] vgl. BGH WPM 1961, 799 zu III

252 Ein **Verzicht** des Gewählten zugunsten eines anderen, etwa eines Kandidaten mit der nächsthöheren Stimmenzahl, ist nicht möglich. In einem solchen Falle bedeutet der Verzicht die Nichtannahme der Wahl mit der Folge, daß ein neuer Wahlgang erforderlich wird.

Wählbarkeit

253 Es gibt keinen Rechtssatz, daß zum Vorstand einer Körperschaft nur ein Mitglied gewählt werden kann; sonst wäre § 9 Abs. 2 des Genossenschaftsgesetzes, der ausdrücklich bestimmt, daß der Vorstand einer Genossenschaft Genosse sein muß, überflüssig.[36] Deshalb kann auch ein Nichtmitglied in den Vorstand eines Vereins gewählt werden.[37] Selbstverständlich kann diese Möglichkeit durch die Satzung ausgeschlossen werden. Auch bei langer Vereinsübung, nur Vereinsmitglieder zum Vorstand zu bestellen, kann sich ein Gewohnheitsrecht gebildet haben, das beachtet werden muß. Auch aus der Eigenart eines Vereins (z. B. einer weltanschaulichen oder politischen Zielsetzung) kann sich auch ohne ausdrückliche Satzungsbestimmung aus dem Gesamtinhalt der Satzung das Verbot ergeben, einen Außenstehenden in den Vorstand zu wählen.[38]

Nach nunmehr herrschender Meinung kann auch eine juristische Person (z. B. Aktiengesellschaft, GmbH, Gemeinde) zum Vorstand bestellt werden,[39] nicht aber der Betriebsrat,[39a] weil er keine Rechtsfähigkeit besitzt. Das Vorstandsamt wird dann durch das Vertretungsorgan der betreffenden juristischen Person ausgeübt.

Geschäftsunfähige können nicht zum Vorstand bestellt werden, wohl aber beschränkt Geschäftsfähige (z. B. Minderjährige[40]); dann aber muß der gesetzliche Vertreter der Annahme des Vorstandsamtes zustimmen.

254 Mitunter werden in der Satzung für die Wählbarkeit zum Vorstand oder bei einem mehrgliedrigen Vorstand zur Bekleidung bestimmter Vorstandsämter gewisse **persönliche Voraussetzungen** verlangt (Lebensalter, Dauer der Vereinszugehörigkeit, bestimmter Beruf oder eine bestimmte fachliche Eignung). Dann kann nur eine Person gewählt werden, die diese Voraussetzungen besitzt. Ergeben sich dabei Schwierigkeiten, dann hilft nur eine Satzungsänderung. Es ist jedoch stets zu prüfen, ob eine die Wählbarkeit näher regelnde Satzungsbestimmung tatsächlich so eng auszulegen ist, daß die persönlichen Voraussetzungen in jedem Fall vorliegen **müssen,** oder ob sie lediglich vorliegen **sollen,** was die Möglichkeit eröffnen würde, ausnahmsweise von der verlangten besonderen Qualifikation abzusehen. Für die Auslegung im einen wie im anderen Sinne können die Größe des Vereins, die Anforderungen, die ein bestimmtes Vorstandsamt an seinen Inhaber stellt, und auch die bisherige Handhabung der Satzung in früheren Fällen von Bedeutung sein.

---

[36] vgl. Soergel § 27 Rdnr. 6
[37] BayObLG OLG 15, 306; OLG Stuttgart Rpfleger 1964, 20
[38] Soergel § 27 Rdnr. 6
[39] LG München I MittBayNot 1975, 9 mit ausführl. Begründung; BGB-RGRK § 27 Rdnr. 2; Soergel § 27 Rdnr. 8 mit weiteren Nachweisen
[39a] LG Augsburg Rpfleger 1975, 87
[40] KG JW 1934, 3000

Andere Formen der Bestellung des Vorstands

255 Statt durch die Wahl kann der Vorstand aufgrund der Satzung durch einen Außenstehenden bestellt werden, z. B. bei religiösen Vereinen durch die Kirchenbehörde.[41] Auch die Bestellung durch den Vorstand eines übergeordneten Verbandes wird für zulässig erachtet.[42] Auch der Arbeitgeber kann grundsätzlich in der Satzung einer in der Vereinsform geschaffenen betrieblichen Unterstützungseinrichtung zur Ernennung des Vorstands ermächtigt werden.[43] Der Mitgliederversammlung des Unterstützungsvereins müssen jedoch nach der Satzung noch Befugnisse verbleiben, die das erforderliche Maß an Eigenständigkeit des Vereins gewährleisten.[44] Auch eine Selbstergänzung des Vorstandes (Kooptation) kann durch die Satzung zugelassen werden. Ferner kann in der Satzung zum Vorstand der jeweilige Inhaber eines bestimmten öffentlichen oder kirchlichen Amtes berufen werden.[45] Dabei wird man allerdings die Einschränkung zu machen haben, daß der Mitgliederversammlung die Befugnis zur Änderung der Satzung verbleiben muß, weil sonst die Bindung des Vorstandsamtes an ein Amt außerhalb des Vereins praktisch zur Unabsetzbarkeit des jeweiligen Vorstandes führen würde, was einen Verstoß gegen die zwingende Vorschrift des § 27 Abs. 2 BGB bedeuten würde. Mit dieser Einschränkung ist es auch zulässig, daß die Satzung eines in einen größeren Verband eingegliederten Vereins den jeweiligen Vorstand des übergeordneten Verbandes zum Vorstand des Vereins bestimmt, falls in der Satzung des Verbandes dem Vorstandsamt diese Funktion zugeordnet ist.

Unbedenklich ist auch eine Satzungsvorschrift, die dem Inhaber eines Vorstandsamtes das Recht einräumt, seinen Nachfolger selbst zu bestimmen.

Das Wahlverfahren im Normalfall

256 Das in der Satzung für die Vorstandswahl vorgeschriebene Verfahren ist genau einzuhalten. Bei der Bedeutung, die der Vorstandswahl für den Verein zukommt, wird ein Satzungsverstoß regelmäßig zur Ungültigkeit der Wahl führen. Sofern in der Satzung nichts anderes bestimmt ist, ist nach der neuesten Rechtsprechung des Bundesgerichtshofs[46] gewählt, wer die **Mehrheit der abgegebenen gültigen Stimmen** erlangt hat. Die bis dahin herrschende Meinung, die auch in den Vorauflagen dieses Buchs vertreten wurde, daß es auf die Mehrheit der **erschienenen** Mitglieder ankomme, ist durch die Grundsatzentscheidung des Bundesgerichtshofs **überholt. Stimmenthaltungen** sind daher für das Wahlergebnis **ohne Bedeutung;** das gleiche gilt für ungültige Stimmen. Beispiel: Wenn von 100 erschienenen und bei der Abstimmung anwesenden Mitgliedern 48 für A mit „Ja", 47 mit „Nein"

---

[41] Pradzynski JW 1912, 1012; KG JW 1934, 3000
[42] Soergel § 27 Rdnr. 12
[43] BAG Betrieb 1965, 1364 = MDR 1965, 943 = BB 1965, 1028
[44] BayObLGZ 1975, 435 = Rpfleger 1976, 56; siehe auch Rdnr. 55
[45] BayObLG OLG 15, 306; vgl. KG WPM 1969, 706
[46] Siehe Rdnr. 206

gestimmt und 5 sich der Stimme enthalten oder ungültig abgestimmt haben, ist A gewählt.

Besondere Wahlverfahren

257 Wenn mehrere Vorstandsmitglieder zu wählen sind, erhebt sich die Frage, ob über die Besetzung sämtlicher Vorstandsposten in einem einzigen Wahlgang in Form einer Gesamtabstimmung über alle Kandidaten befunden werden kann oder ob über die Wahl jedes Kandidaten einzeln abgestimmt werden muß.[47] Wenn die Satzung nicht ein bestimmtes Wahlverfahren vorsieht, steht es im Ermessen des Versammlungsleiters, ob er eine Gesamt- oder eine Einzelabstimmung anordnet.[48] Sehr praktikabel erscheint uns der Vorschlag von Obermüller,[49] der auch den Wünschen jener Mitglieder Rechnung trägt, die lieber eine Einzelabstimmung sähen: Der Versammlungsleiter läßt zunächst über die Wahl aller Kandidaten gleichzeitig, also in **einem** Wahlgang abstimmen, fordert jedoch diejenigen Mitglieder, die auch nur einen Kandidaten nicht wählen wollen, auf, mit „Nein" zu stimmen bzw. ihren Willen durch Handzeichen kundzugeben. Wird hierbei die erforderliche Mehrheit erreicht, so sind alle Kandidaten gewählt und die Vorstandswahl ist beendet. Wird dagegen – infolge der Neinstimmen – die erforderliche Mehrheit nicht erreicht, so muß nunmehr über jeden Kandidaten einzeln abgestimmt werden. Es empfiehlt sich aber, daß der Versammlungsleiter die Mitgliederversammlung über dieses Wahlverfahren vorher ausführlich belehrt.[50] Dagegen ist ein Verfahren, bei dem mehr Kandidaten auf eine Liste gesetzt werden, als Vorstandsämter zu vergeben sind, und bei dem diejenigen gewählt sein sollen, welche die **relativ** meisten Stimmen bekommen haben, nur zulässig, wenn ein solcher Wahlmodus in der Satzung ausdrücklich zugelassen ist.

Auf **schriftlichem Wege** können Vorstandsmitglieder, wenn die Satzung keine besondere Regelung enthält,[51] nur durch Zustimmung aller Vereinsmitglieder gewählt werden.[52]

Wahlausschuß

258 Bei vielen Vereinen hat es sich auch ohne entsprechende Satzungsbestimmung eingebürgert, daß zur Durchführung der Vorstandswahlen ein sogenannter Wahlausschuß gebildet wird, der den Wahlgang leitet, die Stimmen auszählt und sodann das Wahlergebnis bekanntgibt. Darin liegt kein Satzungsverstoß, mag auch die Satzung bestimmen, daß die Versammlung vom 1. Vorsitzenden usw. zu leiten ist. Denn bei vernünftiger Auslegung der Satzung darf sich der Vorstand jedenfalls dann vorübergehend der Versammlungsleitung enthalten, wenn er selbst bei der anstehenden Vorstandswahl kandidiert. In diesem Fall ist in der zeitweiligen Tätigkeit eines Wahl-

---

[47] Zum sog. Blockwahlsystem WPrüfG Berlin DÖV 1972, 352; dazu Link DÖV 1972, 331; Seifert DÖV 1972, 334; ferner BGH NJW 1974, 183; dazu Anm. von Hahn NJW 1974, 848; vgl. auch Barz, Freundesgabe f. Hengeler (1972) S. 14 (Listenwahl zum Aufsichtsrat); ferner Naujoks, DVBl 1975, 244

[48] vgl. BGH Betrieb 1965, 1851

[49] Betrieb 1969, 2025

[50] Betrieb 1969, 2025

[51] dazu Rdnr. 210

[52] LG Ansbach MittBayNot 1971, 304 m. Anm. v. Rapp

ausschusses keine Versammlungsleitung durch einen Unbefugten zu erblikken.[53] Die Mitglieder des Wahlausschusses sind, vorausgesetzt, daß sie Vereinsmitglieder sind, berechtigt, sich an der Aussprache zu beteiligen, Anträge zur Wahl zu stellen und an der Abstimmung teilzunehmen. Nach Beginn der Wahlhandlung braucht der Wahlausschuß nicht mehr das Wort zur Frage der Wahl zu erteilen.[54] Die Tätigkeit des Wahlausschusses ist erst beendet, wenn sämtliche Wahlen, die auf der Tagesordnung stehen, durchgeführt sind. Der Vorsitzende des Wahlausschusses hat dann die Leitung der Versammlung wieder dem (neugewählten oder wiedergewählten) Vereinsvorstand zu übergeben.

Eintragung der Vorstandswahl in das Vereinsregister

259 Mit der ordnungsgemäßen Durchführung der Wahl und ihrer Annahme durch den oder die Gewählten ist die Vorstandsbestellung rechtswirksam; sie bedarf also zu ihrer Wirksamkeit nicht der Eintragung in das Vereinsregister. Gleichwohl sind die Vorstandsmitglieder gesetzlich verpflichtet, jede Änderung des Vorstandes, die sich durch die Wahl ergeben hat, zur Eintragung in das Vereinsregister **anzumelden**.[54a] Der Anmeldung ist eine Abschrift der Urkunde über die Änderung (z. B. des Versammlungsprotokolls) beizufügen. Die Anmeldung kann vom Registergericht durch Festsetzung eines Zwangsgeldes, das bis zu 1000 DM betragen kann, erzwungen werden. Die Eintragung hat nur die Wirkung einer an die Öffentlichkeit gerichteten Verlautbarung. Der nicht eingetragene, aber ordnungsgemäß bestellte Vorstand ist rechtmäßiger Vorstand des Vereins[55] und als solcher zu allen Rechtsgeschäften legitimiert, die im Rahmen des Vereinszwecks und innerhalb der Grenzen seiner durch die Satzung bestimmten Vertretungsmacht liegen. Die Eintragung im Vereinsregister erleichtert ihm jedoch die Legitimation wesentlich. Ihre besondere Bedeutung liegt aber darin, daß ein zwischen dem bisherigen, noch eingetragenen Vorstand und einem gutgläubigen Dritten vorgenommenes Rechtsgeschäft für den Verein verbindlich ist (§ 68 BGB).

260 Mitunter ist bei der Gründung eines Vereins der erste Vorstand in der Satzung und nicht in einem eigenen Wahlvorgang bestimmt. Dann ist zur Bestellung eines anderen Vorstandes **keine** Satzungsänderung erforderlich, sondern lediglich die Einhaltung des normalen Wahl- bzw. Bestellungsverfahrens.[56] Zu beachten ist, daß seit einer im Jahre 1964 vollzogenen Gesetzesänderung nur noch **Veränderungen** im Vorstand zur Eintragung in das Vereinsregister anzumelden sind, Wiederwahlen dagegen nicht mehr. Es empfiehlt sich aber, Wiederwahlen dem Registergericht formlos (Postkarte) mitzuteilen.

261 Gerichtlich bestellte Vorstandsmitglieder[57] werden von Amts wegen eingetragen.

---

[53] a. A. LG Bonn 29. 11. 1962 – 4 T 565/62 –, das sich zu Unrecht auf RG JW 1909, 411 beruft

[54] RG 19. 3. 1913 – IV 580/12

[54a] dazu ausführlich bei Rdnrn. 392–395

[55] BGH MittBayNot 1974, 199 (für den GmbH-Geschäftsführer)

[56] KG OLG 3, 64 (für GmbH)

[57] siehe Rdnr. 293

Das Rechtsverhältnis des Vorstands zum Verein

262 Von der Vorstandsbestellung als einseitigem Vereinsakt ist zu unterscheiden das Rechtsverhältnis zwischen dem Vorstand und dem Verein, das sogenannte Innenverhältnis. Dabei handelt es sich um einen Geschäftsbesorgungsvertrag eigener Art, auf den bestimmte Vorschriften des Auftragsrechts entsprechend anzuwenden sind. Soll der Vorstand nach der Satzung ein Entgelt für seine Tätigkeit erhalten, ist hierfür eine besondere Vereinbarung erforderlich.

263 Für den Abschluß des Anstellungsvertrags ist das Vereinsorgan zuständig, dem die Vorstandsbestellung obliegt, falls das Anstellungsverhältnis im zeitlichen Zusammenhang mit der Vorstandsbestellung geregelt wird. Alsdann bildet der das Organverhältnis betreffende Rechtsakt (die Vorstandsbestellung) mit der Regelung des Dienstverhältnisses eine Einheit, so daß es gerechtfertigt ist, die Vorschrift des § 27 Abs. 1 BGB, die an sich nur die Begründung (und Beendigung) des Organverhältnisses betrifft, auf die Gestaltung des Anstellungsverhältnisses entsprechend anzuwenden. Hat aber das für die Bestellung von Vorstandsmitgliedern zuständige Vereinsorgan (regelmäßig ist das die Mitgliederversammlung) die Regelung des Anstellungsverhältnisses einem aus seiner Mitte gebildeten Ausschuß übertragen, so darf dieser nicht durch den verfrühten Abschluß eines Anstellungsvertrages der Entscheidung des Gesamtorgans über die Bestellung vorgreifen.[57a] Dagegen fallen die Erneuerung und die Änderung des Anstellungsverhältnisses, wenn sie nicht mit der entsprechenden Neuregelung des Organverhältnisses einhergehen, grundsätzlich in den Zuständigkeitsbereich des Vorstands als des Vertretungsorgans des Vereins; u. U. muß hierfür ein Notvorstand durch das Gericht bestellt werden (§ 29 BGB). Diese Auffassung stützt sich im wesentlichen auf die Rechtsprechung, die der Bundesgerichtshof zum Abschluß eines Anstellungsvertrags mit dem Geschäftsführer einer GmbH entwickelt hat.[58]

Das Verhältnis zwischen dem Vereinsvorstand und den Vereinsmitgliedern

264 Der Vorstand steht nur zu dem Verein in einem Rechtsverhältnis, nicht dagegen zu den einzelnen Vereinsmitgliedern.[59] Bei Verletzung seiner Pflichten wird er daher nur dem Verein, nicht den Mitgliedern schadensersatzpflichtig.[60] Wenn ein Vereinsmitglied mit der Geschäftsführung des Vorstandes nicht einverstanden ist, so kann es sich lediglich an das dem Vorstand übergeordnete Vereinsorgan, in der Regel also an die Mitgliederversammlung, wenden. Zur unmittelbaren Auseinandersetzung mit einzelnen Vereinsmitgliedern über Beanstandungen seiner Geschäftsführung ist der Vorstand nicht verpflichtet.

[57a] BGH MDR 1981, 293

[58] BGH LM Nr. 3 zu § 45 GmbHG; RG HRR 1933 Nr. 849

[59] Richert Rpfleger 1957, 406/407 („Vereinsmitglied und Vereinsvorstand im Verhältnis zueinander")

[60] RGZ 59, 49/50 (Genossenschaft); RGZ 63, 203 (AG); OLG Hamburg OLG 12, 433 (AG); zum Anspruch eines vermögenslosen Vereins gegen ein Vorstandsmitglied, das die Entstehung einer Vereinsverbindlichkeit verschuldet hat, vgl. BGH WPM 1972, 1155

Die Amtsdauer des Vorstandes

265 Die Amtsdauer des Vorstandes richtet sich zunächst nach der Satzung, wobei es zulässig wäre, beim mehrgliedrigen Vorstand die Amtszeiten der einzelnen Vorstandsmitglieder unterschiedlich festzulegen; zu empfehlen ist jedoch eine solche Regelung nicht. Schreibt die Satzung eine bestimmte Amtsdauer vor, so kann die Mitgliederversammlung (oder das sonst für die Bestellung zuständige Vereinsorgan) den Vorstand nicht auf eine kürzere oder längere Zeit bestellen. Die Amtszeit beginnt regelmäßig mit der Wahl und deren Annahme. Soll sie erst mit dem nächsten Vereinsgeschäftsjahr beginnen, müßte dies in der Satzung so bestimmt sein. Um hier jeden Zweifel auszuschließen, ist eine Satzungsbestimmung über den Beginn der Amtszeit äußerst ratsam. Sieht die Satzung z. B. vor, daß die Amtszeit 3 Jahre beträgt, so ist damit regelmäßig nicht ein Zeitraum von 3 Geschäftsjahren gemeint. Eine **automatische Verlängerung** der Amtsdauer des Vorstandes gibt es nicht.[61] Mit dem Ablauf der satzungsmäßigen Amtsdauer endet das Amt des Vorstandes.[62] Deshalb ist darauf zu achten, daß rechtzeitig eine Beschlußfassung über die Neu- oder Wiederwahl des Vorstandes stattfindet. Der Verein läuft bei nicht rechtzeitig vorgenommener Wahl Gefahr, keinen gesetzlichen Vertreter mehr zu haben, was zur völligen Lähmung der Vereinstätigkeit in rechtlicher und tatsächlicher Beziehung führen kann. In diesem Fall bliebe nur der Weg, die Bestellung eines Vorstandes durch das Amtsgericht (§ 29) zu beantragen.[62a] Eine solche ,,Panne" ist nicht nur dem Ansehen des Vorstandes innerhalb des Vereins wenig zuträglich, sie verursacht auch Kosten, für die unter Umständen der bisherige Vorstand haftbar gemacht werden kann, da das Verstreichenlassen seiner Amtszeit ohne rechtzeitige Einberufung des für die Neuwahl zuständigen Vereinsorgans kaum zu entschuldigen sein dürfte. Die schlechten Erfahrungen, die sich in der Registergerichtspraxis bei Vereinen mit zeitlich festbestimmter Amtsdauer ergeben haben, ließen sich dadurch vermeiden, daß in der Satzung über die Amtsdauer des Vorstandes überhaupt keine Bestimmung getroffen wird, oder, wenn schon die Amtsdauer festgelegt werden soll, wenigstens zusätzlich eine Klausel aufgenommen wird, daß der Vorstand bis zur Bestellung eines neuen Vorstandes im Amt bleibt. Gegen einen Mißbrauch einer solchen Übergangsklausel durch Verzögerung der Neuwahl kann auf dem Weg des § 37 BGB eingeschritten werden.[63] Sollte aus irgendwelchen Gründen die rechtzeitige Abhaltung der Wahlversammlung nicht möglich sein, so hat der Vorstand noch vor Ablauf seiner Amtszeit die Versammlung wenigstens **einzuberufen,** selbst wenn der Zeitpunkt der Versammlung nach dem Ablauf der Amtsdauer liegt. Das Wesentliche dabei ist, daß die Versammlung noch von einem im Amt befindlichen Vorstand frist- und formgerecht einberufen war. Wer dann in der Versammlung, die nach dem Ablauf der Amtsdauer des Vorstandes stattfindet, den Vorsitz führt, bestimmt die Ver-

---

[61] Vgl. RGZ 78, 52
[62] BGH WPM 1960, 1272; OLG München WPM 1970, 770
[62a] siehe aber Rdnr. 266
[63] siehe Rdnr. 159

sammlung selbst durch Mehrheitsbeschluß. Die Eröffnung der Versammlung obliegt auf alle Fälle dem Einberufer, also dem bisherigen Vorstand, der dann sofort abstimmen lassen muß, wer weiterhin die Versammlung leiten soll.

266 An dieser Stelle ist jedoch darauf **hinzuweisen,** daß die entsprechende Anwendung einer aktienrechtlichen Vorschrift (§ 121 Abs. 2 AktG) viele Schwierigkeiten, die sich infolge des Ablaufs der Amtsdauer ergeben, beseitigen würde. Nach dieser Vorschrift „gelten Personen, die in das Handelsregister als Vorstand eingetragen sind, als befugt, die Hauptversammlung einzuberufen". Auf diese Weise wäre die Beschlußfassung einer Mitgliederversammlung, die von einem nicht mehr im Amt befindlichen, aber noch im Vereinsregister eingetragenen Vorstand einberufen wurde, gesichert und vielen Prozessen, die sich von einer oft Jahre zurückliegenden Beschlußfassung her aufrollen, der Boden entzogen. Ebenso oft würde sich die Bestellung eines Notvorstands[64] durch das Gericht erübrigen, weil der Verein in der Lage wäre, durch Einberufung seiner Organe die erforderlichen Vorstandsmitglieder selbst zu bestellen. Richert[65] und Stöber[66] haben überzeugend nachgewiesen, daß die Übertragung des dem § 121 Abs. 2 AktG innewohnenden Grundgedankens auf den Vereinsvorstand zulässig ist. Sie haben sich mit Recht auf eine Entscheidung des Bundesgerichtshofs[67] berufen, in der ausgesprochen ist, daß Vorstandsmitglieder einer Genossenschaft, die ihr Amt niedergelegt haben, aber noch im Genossenschaftsregister eingetragen sind, zur Einberufung einer Generalversammlung befugt sind. Dem Einwand, es handle sich bei § 121 Abs. 2 AktG um eine speziell aktienrechtliche Vorschrift, ist damit der Boden entzogen. Da der Verein die rechtliche Grundform des Korporationsrechts bildet, erscheint die entsprechende Anwendung dieser Vorschrift auf den Vereinsvorstand nicht weniger angebracht als auf den Vorstand einer Genossenschaft. Dieser Auffassung haben sich das Kammergericht[68] und das Bayer. Oberste Landesgericht[69] angeschlossen und entschieden, daß die im Vereinsregister als Vereinsvorstand eingetragenen Personen, unabhängig davon, ob ihre Berufung wirksam oder ihr Amt beendet ist, befugt sind, eine Mitgliederversammlung einzuberufen. Es wäre jedoch verfehlt, aus dieser Rechtsprechung den Schluß zu ziehen, daß damit das bewußte Verstreichenlassen der Amtszeit, ohne für eine rechtzeitige Neuwahl des Vorstands zu sorgen, gebilligt wird.

267 Enthält die Satzung keine Bestimmung über die Amtsdauer des Vorstandes, so liegt es im Ermessen der Mitgliederversammlung, den Vorstand auf eine bestimmte Zeit oder auf unbestimmte Zeit zu bestellen, in beiden Fällen mit der Möglichkeit des Widerrufs. Das Recht zum Widerruf der Vorstandsbestellung kann in der Satzung auf den Fall beschränkt werden, daß ein wichtiger Grund vorliegt. Ein weitergehender Ausschluß des Widerrufs-

---

[64] siehe Rdnr. 293
[65] NJW 1957, 1545
[66] Rpfleger 1967, 342/344; vgl. Palandt § 32 Anm. 2 und § 68 Anm. 2
[67] BGHZ 18, 334
[68] KG Rpfleger 1971, 396
[69] BayObLGZ 1972, 329 = Rpfleger 1973, 20

rechts ist nicht zulässig.[70] Mit dieser Einschränkung ist auch die Bestellung des Vorstands auf Lebenszeit rechtlich nicht zu beanstanden.

Der Widerruf der Vorstandsbestellung

268 **Zuständig** für den Widerruf ist grundsätzlich das Vereinsorgan, das für die Bestellung des Vorstands zuständig ist,[71] wenn nichts bestimmt ist, die Mitgliederversammlung. Problematisch ist die Frage, ob die Mitgliederversammlung auch ohne spezielle Satzungsbestimmung neben dem für die Bestellung des Vorstandes zuständigen Organ stets das Recht hat, die Vorstandsbestellung aus wichtigem Grund zu widerrufen.[72] Aus dem Gesetz läßt sich ein solches Widerrufsrecht der Mitgliederversammlung nicht ableiten. Die in § 27 Abs. 2 BGB von Gesetzes wegen eingebaute Sicherung will lediglich gewährleisten, **daß** der Vorstand in jedem Fall bei Vorliegen eines wichtigen Grundes abberufen werden kann. Zur Erreichung dieses Sicherungszweckes bedarf es keiner besonderen Zuständigkeit der Mitgliederversammlung neben dem Bestellungsorgan, zumal die Mitgliederversammlung regelmäßig die Macht besitzt, sich gegenüber dem einem Widerruf abgeneigten Bestellungsorgan, notfalls durch dessen Abberufung und Neubesetzung, durchzusetzen.[72a] Anders wird man den Fall zu beurteilen haben, daß die Bestellung des Vorstands nach der Satzung einer außerhalb des Vereins stehenden Person überlassen ist. Da nach dem Zweck des § 27 Abs. 2 BGB der Verein stets die Möglichkeit haben soll, mittels **seiner Organe** den Vorstand aus wichtigem Grund abzuberufen, wird man hier der Mitgliederversammlung das Widerrufsrecht zugestehen müssen, wenn die Satzung nicht ein anderes Organ des Vereins hierfür bestimmt hat.

269 Der Widerruf (die Abberufung des Vorstands) ist jederzeit zulässig. Die Widerruflichkeit kann aber durch die Satzung auf den Fall beschränkt werden, daß ein wichtiger Grund vorliegt (§ 27 Abs. 2 BGB). Ist die **Amtszeit** in der Satzung **festgelegt**, so rechtfertigt dies allein nicht den Schluß, daß der Vorstand nur aus wichtigem Grund abberufen werden kann.[73] Als wichtigen Grund nennt das Gesetz **beispielsweise** grobe Pflichtverletzung oder Unfähigkeit zur ordnungsgemäßen Geschäftsführung. Die Satzung kann weitere Umstände als wichtigen Grund qualifizieren. Ein **Verschulden** des Vorstandsmitglieds ist nicht erforderlich.[74] Der wichtige Grund kann daher auch in wesentlich veränderten organisatorischen Verhältnissen des Vereins gegeben sein. Auch ein Verhalten des Vorstands in seinem privaten Bereich kann einen wichtigen Grund für seine Abberufung darstellen.[75] Generell ist ein wichtiger Grund immer gegeben, wenn dem Verein die Beibehaltung des Vorstands (Vorstandsmitglieds) bis zum Ablauf seiner Amtszeit nicht mehr zuzumuten ist.[76]

---

[70] Vgl. RGZ 75, 234/238

[71] BayObLG OLG 32, 330

[72] bejahend Staudinger § 27 Rdnr. 16 und BGB-RGRK § 27 Rdnr. 5 unter Hinweis auf BayObLG OLG 32, 330; ebenso jetzt Soergel § 27 Rdnr. 18

[72a] ebenso MünchKomm § 27 Rdnr. 12

[73] Soergel § 27 Rdnr. 19; Staudinger § 27 Rdnr. 14

[74] vgl. BGH WPM 1955, 1222

[75] BGH WPM 1956, 865; R-D-K Rdnr. 497

[76] vgl. OLG Hamburg BB 1954, 978 (AG); R-D-K Rdnr. 497

Satzungsbestimmungen, die die Möglichkeit des Widerrufs praktisch ausschließen (z. B. die Festsetzung einer hohen Entschädigungs- oder Abfindungssumme) sind unwirksam.[77] Auch ein **Verzicht** des Vereins auf das Recht zum Widerruf ist unwirksam.[78]

Von der **Anhörung des Betroffenen** ist die Wirksamkeit des Widerrufs in aller Regel nicht abhängig.[79] In besonderen Fällen kann es jedoch die Treuepflicht des Vereins gegenüber dem Vorstand gebieten, ihn vor seiner Abberufung zu hören.[80]

Aus der zwingenden Vorschrift des § 27 Abs. 2 BGB (vgl. § 40 BGB), wonach die Widerruflichkeit der Vorstandsbestellung zwar beschränkt, aber nicht ausgeschlossen werden kann, ergibt sich, daß auch ein **Sonderrecht auf ein Vorstandsamt** (vgl. § 35 BGB) bei Vorliegen eines wichtigen Grundes entzogen werden kann.

An eine bestimmte **Form** ist der Widerruf nicht gebunden.

270 Die sachliche Berechtigung des Widerrufs hat der Rechtspfleger nicht zu prüfen.[81] Wenn nach der Satzung die Mitgliederversammlung über das Vorliegen eines wichtigen Grundes zu entscheiden hat, so hat das Gericht (Rechtspfleger) nur zu prüfen, ob die erhobenen Vorwürfe einen wichtigen Grund darstellen, nicht, ob sie berechtigt sind.[82]

Die Regelung in § 84 Abs. 3 AktG, wonach der Widerruf der Bestellung zum Vorstandsmitglied solange wirksam ist, bis seine Unwirksamkeit rechtskräftig festgestellt ist, kann auf den Vereinsvorstand nicht entsprechend angewandt werden.[83]

271 Der Ausschluß eines Vorstandsmitglieds aus dem Verein ist einem Widerruf der Vorstandsbestellung jedenfalls dann gleichzusetzen, wenn ein und dasselbe Vereinsorgan für den Ausschluß von Vereinsmitgliedern und den Widerruf der Vorstandsbestellung zuständig ist.[84] Fehlt es an dieser doppelten Zuständigkeit, dann wird man in aller Regel die Beendigung des Vorstandsamts in dem durch den Ausschluß bewirkten Verlust der Vereinsmitgliedschaft erblicken.[84a] Auch im Ausspruch des Mißtrauens durch die Mitgliederversammlung kann bereits ein Widerruf der Bestellung des Vorstands liegen.[85] Für die Löschung des Vorstands im Vereinsregister wird jedoch ein Versammlungsprotokoll, aus dem sich lediglich ergibt, daß dem Vorstand das Mißtrauen ausgesprochen wurde, keine genügende Grundlage bilden.

Vom Widerruf der Vorstandsbestellung ist die Kündigung des Anstellungsverhältnisses zu unterscheiden. Aber in der Abberufung eines Vorstandsmitglieds liegt vielfach zugleich die fristlose Kündigung des Anstel-

---

[77] RGZ 75, 234/238; Soergel § 27 Rdnr. 19
[78] RG LZ 1902, 309
[79] BGH NJW 1960, 1861; Soergel aaO
[80] zutreffend R-D-K Rdnr. 496
[81] BayObLG Recht 1914 Nr. 2963; Soergel aaO
[82] OLG Hamburg HansRGZ 1933 B 119; Soergel aaO
[83] BGH Betrieb 1977, 84
[84] vgl. RG SeuffArch 77 Nr. 17, wonach auch ein unwirksamer Ausschließungsbeschluß der Mitgliederversammlung einen wirksamen Widerruf der Vorstandsbestellung bedeuten kann.
[84a] OLG Celle OLGZ 1980, 359
[85] OLG Köln BlfG 1934, 243

lungsvertrags, wenn sie erkennbar der Ausdruck eines Vertrauensverlustes ist, der die Rechtsbeziehungen zu dem Entlassenen in ihrer Gesamtheit belastet.[86]

Beendigung des Vorstandsamts aus anderen Gründen

272 Eine automatische Beendigung des Vorstandsamts tritt außer durch Tod, Geschäftsunfähigkeit und Ablauf der Amtsdauer auch dann regelmäßig ein, wenn das Vorstandsmitglied durch freiwilligen Austritt aus dem Verein ausscheidet; jedoch sind Ausnahmefälle denkbar, in denen trotz Verlustes der Vereinsmitgliedschaft das Vorstandsamt beibehalten wird. Das der Bestellung zugrundeliegende Rechtsverhältnis würde hierbei den Ausschlag geben.[87] Ist der Austritt erst nach einer bestimmten Kündigungsfrist oder zu einem späteren Zeitpunkt möglich, wird man in der Abgabe der Austrittserklärung eines Vorstandsmitglieds zugleich die Erklärung finden, daß es sein Amt niederlegt. Wird ein Vereinsmitglied, das dem Vorstand angehört, aus dem Verein ausgeschlossen, so verliert es damit, wenn die Satzung nicht ausdrücklich etwas anderes bestimmt, auch das Vorstandsamt.[87a] Das Vorstandsamt endigt ferner bei **Wegfall der persönlichen Eigenschaften und Voraussetzungen**, die nach der Satzung für die Vorstandsbestellung zwingend erforderlich sind (z. B. Zugehörigkeit zu einem bestimmten Beruf).[88] Das gleiche gilt, wenn der Inhaber eines bestimmten Amtes Vorstand des Vereins ist und das Amt aufgelöst wird.

273 Wird durch eine Satzungsänderung die Zahl der Vorstandsmitglieder verringert, ist dies ein zwingender Grund, die überzähligen Vorstandsmitglieder abzuberufen. Welche das sind, steht völlig im Ermessen des Bestellungsorgans, sofern nicht ein Vorstandsmitglied ein satzungsmäßiges Sonderrecht auf ein Vorstandsamt besitzt.[89] Zu prüfen ist aber, ob der satzungsändernde Beschluß dahin auszulegen ist, daß die Verkleinerung des Vorstands erst nach Ablauf der Amtszeit der amtierenden Vorstandsmitglieder stattfinden soll.

Die Amtsniederlegung

274 Das Vorstandsamt endet auch durch wirksame Niederlegung.[90] Diese ist bei einem mehrköpfigen Vorstand die eigene Angelegenheit jedes Vorstandsmitglieds. Daher bindet eine mit Mehrheit beschlossene Amtsniederlegung des Gesamtvorstands die in der Minderheit gebliebenen Vorstandsmitglieder nicht.[91] Nach der Rechtsprechung bedeutet die Erklärung, das Vorstandsamt niederzulegen, die Kündigung des zwischen dem Verein und dem

---

[86] vgl. BGHZ 18, 334/340 (Genossenschaft); BGH WPM 1971, 1150 (GmbH); BGH WPM 1973, 639 = NJW 1973, 1122 (Genossenschaft); BGH Betrieb 1975, 1548 (AG)
[87] OLG Hamburg HansRGZ 1926 B 229
[87a] OLG Celle OLGZ 1980, 359
[88] Soergel § 27 Rdnr. 16
[89] RG SeuffArch 64 Nr. 154; vgl. BGH DNotZ 1969, 377
[90] allgemein zur Amtsniederlegung Richert SchlHAnz 1956, 194
[91] OLG Königsberg OLG 41, 86; Soergel § 27 Rdnr. 17 und § 28 Rdnr. 3

betreffenden Vorstandsmitglied bestehenden Innenverhältnisses (Geschäftsbesorgungsvertrag, Dienstvertrag), die gleichzeitig die mit diesem Rechtsverhältnis untrennbar verbundene Organstellung beseitigt.[92] Es ist jedoch möglich, daß der dienstvertraglich tätige Vorstand sein Amt aus einem vom Verein zu vertretenden wichtigen Grund niederlegt, ohne zugleich das Anstellungsverhältnis fristlos kündigen zu müssen.[93]

Der **ehrenamtlich** tätige Vorstand kann sein Amt zwar **jederzeit** niederlegen,[94] er darf dies aber ohne wichtigen Grund nicht **„zur Unzeit"** tun, d. h. er muß dem Verein die Möglichkeit lassen, das freiwerdende Vorstandsamt anderweitig zu besetzen. Eine zur Unzeit vorgenommene Amtsniederlegung ist zwar wirksam, verpflichtet aber zum Ersatz des dadurch dem Verein entstandenen Schadens. Wann eine Amtsniederlegung „unzeitig" ist, läßt sich nur aufgrund der Verhältnisse des betreffenden Vereins, insbesondere der mit dem niedergelegten Vorstandsamt verbundenen Pflichten beurteilen.

Besteht mit dem Vorstand ein **Dienstvertrag**, ist die Amtsniederlegung nur bei Vorliegen eines **wichtigen Grundes** wirksam.[95] Auch hierfür kommt es auf die Umstände des Einzelfalls an.

275 Unterschiedlich wird die Frage beantwortet, ob die Amtsniederlegung nur wirksam ist, wenn sie gegenüber einem anderen Vorstandsmitglied – unter Umständen einem erst nach § 29 BGB vom Amtsgericht bestellten – erklärt wird,[96] oder ob sie **auch** gegenüber dem für die Bestellung des Vorstands zuständigen Vereinsorgan (im Normalfall gegenüber der Mitgliederversammlung) wirksam erklärt werden kann.[97] Da nach allgemeiner Meinung für die Abberufung des Vorstands das Vereinsorgan zuständig ist, das den Vorstand zu bestellen hat, ist es nur folgerichtig, daß der Vorstand seinerseits die Beendigung seines Amtes durch eine entsprechende Erklärung gegenüber diesem Vereinsorgan herbeiführen kann.

276 Hat der Vorstand sein Amt wirksam niedergelegt, so kann er sich nicht später durch Widerruf seiner Erklärung wieder in das Vorstandsamt einsetzen.[98] Legt er sein Amt mit der Erklärung nieder, daß er die Vereinsgeschäfte noch bis zur Erledigung einer bestimmten Angelegenheit weiterführe, so kann er darüber hinaus nur durch neue Wahl sein Amt weiterbehalten.[99]

Die Geschäftsführung des Vorstands

277 Geschäftsführung ist jede im Dienst des Vereins stehende Tätigkeit, die sowohl rein tatsächlicher Art (z. B. Buch- und Kassenführung, Kontrollmaßnahmen) wie auch rechtsgeschäftlicher Art (z. B. Einstellung von Personal, Ein- und Verkäufe für den Verein, Einfordern von Mitgliedsbeiträgen)

---

[92] KG Recht 1907 Nr. 1366 und KGJ 29, 98
[93] vgl. BGH WPM 1978, 319 für den GmbH-Geschäftsführer
[94] OLG Frankfurt Rpfleger 1978, 134/135
[95] KGJ 29, 98
[96] so R-D-K Rdnr. 500
[97] so OLG Frankfurt Rpfleger 1978, 134; BGB-RGRK § 27 Rdnr. 6; differenzierend Soergel § 27 Rdnr. 17; Stöber Rdnr. 114
[98] OLG Hamburg HansRGZ 1925 B 10
[99] BayObLG Recht 1914 Nr. 734

sein kann.[1] Jede Vertretungshandlung des Vorstands nach außen stellt zugleich einen Akt der Geschäftsführung dar.

Für die Geschäftsführung des ehrenamtlich wie des gegen Entgelt tätigen Vorstands gelten nach § 27 Abs. 3 BGB im wesentlichen die Vorschriften, die das Gesetz für das Rechtsverhältnis zwischen dem Auftraggeber und dem Beauftragten aufstellt (§§ 664–670 BGB), entsprechend. Auf diese Grundregeln ist jedoch nur zurückzugreifen, soweit die Satzung keine andere Bestimmung trifft.[1a] In der Regel ergeben sich für den Vereinsvorstand aus der Geschäftsführung folgende Pflichten:[2]

Sorgfaltspflicht

278 Der Vorstand hat die ihm obliegenden Geschäfte grundsätzlich selbst zu besorgen. Er hat dabei nach allgemeinen Grundsätzen für ein Verschulden (Vorsatz, Fahrlässigkeit) einzustehen.[3] Mit dem Mangel an Befähigung, Gewandtheit und Erfahrung kann er sich regelmäßig nicht entschuldigen; er muß vielmehr für diese Fähigkeiten im Rahmen der an einen ordentlichen Sachwalter zu stellenden Anforderungen schlechthin einstehen;[4] jedoch entscheiden jeweils die Umstände des Einzelfalles. Bei der Frage, ob bei einer mangelhaften Buchführung ein Verschulden vorliegt, ist dem Bildungsgrad der Personen, um die es sich handelt, und der Größe des Vereins Rechnung zu tragen.[5] Der Vorstand kann sich darauf berufen, daß er die Geschäfte nach dem Willen der ihm vorgesetzten Vereinsorgane (z. B. Mitgliederversammlung, Aufsichtsrat) geführt habe.[6] Ein **satzungswidriges** Verhalten wird jedoch durch das Einverständnis der übrigen Vereinsorgane nicht entschuldigt.[7] Der Vorstand kann sich bei der Geschäftsführung eines Gehilfen bedienen, z. B. des Leiters der Vereinsgeschäftsstelle; für diesen haftet er aber nach § 278 BGB. Er darf jedoch die Geschäftsführung ohne ausdrückliche Erlaubnis in der Satzung nicht **allgemein** anderen Personen übertragen.[8]

Buchführung

279 Der Vorstand ist verpflichtet, ordnungsgemäß Buch zu führen oder durch Beauftragte führen zu lassen. Dies ergibt sich aus § 259 BGB; zudem muß er jederzeit in der Lage sein, über den Vermögensstand des Vereins Auskunft zu geben. Er muß schon im Hinblick auf § 42 Abs. 2 BGB imstande sein, festzustellen, ob der Verein überschuldet ist. Überläßt der Vorstand die

---

[1] Soergel § 26 Rdnr. 14
[1a] Staudinger § 27 Rdnr. 23
[2] vgl. Planck § 27 Anm. 6
[3] Zur Haftung des Vorstands gegenüber dem Geschädigten wegen Verletzung seiner Aufsichtspflicht vgl. BGH NJW 1974, 1371; dazu grundsätzlich Frank BB 1975, 588
[4] RG JW 1931, 41; BGH NJW 1957, 832; siehe auch Kust WPM 1980, 758 (zur Sorgfaltspflicht und Verantwortlichkeit eines ordentlichen und gewissenhaften Geschäftsleiters)
[5] Vgl. OLG Hamburg OLG 9, 266; OLG Colmar Recht 1910 Nr. 1666
[6] OLG Hamburg OLG 6, 190 und 9, 266
[7] RG SeuffArch 61 Nr. 160
[8] BGB-RGRK § 27 Rdnr. 7

Buchführung einem Dritten, so haftet der Verein für unerlaubte Handlungen des Dritten, dessen Stellung und Wirkungskreis auf den Auftrag des Vorstands oder eines verfassungsmäßigen Vertreters zurückgehen, wenn eine Pflichtverletzung des Vorstands oder des verfassungsmäßigen Vertreters hinzukommt. Das ist z. B. der Fall, wenn bei Auswahl der Angestellten oder Beschaffung der Einrichtungen oder bei Leitung der Verrichtung die im Verkehr erforderliche Sorgfalt nicht beobachtet wurde, wenn insbesondere die aus § 823 BGB herzuleitende allgemeine **Pflicht der Dienstaufsicht,** wozu namentlich auch die Pflicht gehört, die Dienstführung zu gewissen Zeiten nachzuprüfen, verletzt wurde, und dadurch eine Unordnung eingerissen ist, die den Boden für die Schädigung geschaffen hat.[9]

Erhaltung des Vereinsvermögens – Konkursantragstellung

280 Der Vorstand hat im Gläubigerinteresse auf die Erhaltung des zur Befriedigung der Gläubiger erforderlichen Vereinsvermögens zu achten. Er wird ihnen haftbar, wenn er schuldhaft ihre Befriedigung dadurch schmälert, daß er Vereinsvermögen unter die Mitglieder aufteilt, oder die zur Schuldentilgung benötigten Beiträge von den Mitgliedern nicht erhebt bzw. sie verjähren läßt. Ist Überschuldung eingetreten, worüber er sich nötigenfalls durch Aufstellung einer Bilanz zu vergewissern hat, so ist es seine **Pflicht, die Eröffnung des Konkursverfahrens oder des gerichtlichen Vergleichsverfahrens zu beantragen.** Diese Pflicht trifft jedes Vorstandsmitglied einzeln, auch wenn Gesamtvertretung besteht.[10] Hat die Verzögerung des Antrags zur Benachteiligung der Gläubiger geführt, so können diese die Vorstandsmitglieder, die schuldhaft gehandelt haben, als Gesamtschuldner in Anspruch nehmen.[11]

Überschuldung ist dann vorhanden, wenn bei richtiger Bilanzierung die Aktivposten die Passivposten nicht mehr decken, wenn die Verbindlichkeiten aus dem vorhandenen Vermögen nicht mehr getilgt werden können. Der Begriff deckt sich nicht mit dem der Zahlungsunfähigkeit.

Zahlungsunfähigkeit ist das auf dem Mangel an Zahlungsmitteln beruhende, nicht nur vorübergehende Unvermögen des Schuldners, seine sofort zu erfüllenden Geldschulden noch im wesentlichen zu berichtigen. Die Zahlungsunfähigkeit muß äußerlich in Erscheinung getreten sein, sei es im Verhalten des Schuldners selbst, sei es in einem von seinem Willen unabhängigen Vorgang.[12] Zahlungsunfähigkeit ist hiernach insbesondere zu vermuten, wenn **Zahlungseinstellung** erfolgt ist. Diese ist der häufigste Fall der Zahlungsunfähigkeit, aber nicht mit dieser identisch. Die Zahlungseinstellung ist die tatsächliche allgemeine und regelbildende Unterlassung der fälligen Schulderfüllungen aus dem Grunde der dauernden, nicht bloß vorübergehenden Unmöglichkeit zur Erfüllung aller vorkommenden Verbindlichkei-

---

[9] Vgl. RGZ 104, 141/147; RG JW 1906, 427; 1911, 939; 1915, 397; 1932, 1039; 1938, 2019

[10] Jaeger § 213 Anm. 7; LG Tübingen KTS 1961, 158

[11] Vgl. RG HRR 1936 Nr. 524; BGB-RGRK § 42 Rdnr. 4; vgl. auch K. Schmidt JZ 1978, 661 (Konkursantragspflichten bei der GmbH und bürgerliches Deliktrecht)

[12] Jaeger § 102 Anm. 2

ten.[13] Eine bloße Zahlungsstockung, die nur auf aller Voraussicht nach **vorübergehenden** Zahlungsschwierigkeiten beruht, ist noch keine Zahlungseinstellung.[14] Die Begleichung einzelner kleinerer, selbst fortlaufender Verpflichtungen schließt die Annahme der Zahlungseinstellung ebensowenig aus wie das Vorhandensein ausreichender Vermögensgegenstände, die nicht augenblicklich verwertbar sind.[15]

Verhältnis zur Mitgliederversammlung und anderen Vereinsorganen

281 Der Vorstand ist vor allem verpflichtet, die Beschlüsse der ihm übergeordneten Vereinsorgane mit der nötigen Sorgfalt auszuführen.[16] Ob und in welchem Umfang der Vorstand an Weisungen der Mitgliederversammlung oder eines anderen Vereinsorgans (Aufsichtsrat, Beirat, Gesamtvorstand usw.) gebunden ist, ergibt sich jeweils aus der Satzung. Gibt diese hierüber keinen Aufschluß, so spricht dies dafür, daß der Vorstand den Weisungen der Mitgliederversammlung, die ihm generell oder von Fall zu Fall erteilt werden, nachzukommen hat. Soll er dagegen einen eigenen ausschließlichen Zuständigkeitsbereich für bestimmte Vereinsangelegenheiten haben, und zwar in der Weise, daß er insoweit bei der Geschäftsführung keinerlei Weisungen anderer Vereinsorgane entgegenzunehmen braucht, so muß sich dies als eine Ausnahme von der Regel zweifelsfrei aus der Satzung ergeben. Der Vorstand muß jederzeit auf Verlangen der Mitgliederversammlung **Auskunft** über den Stand der Geschäfte, worunter alle Vereinsangelegenheiten zu verstehen sind, geben und nach Beendigung seines Amtes **Rechenschaft** ablegen. Während der Amtszeit besteht eine Pflicht zur Rechnungslegung stets dann, wenn die Satzung Vorschriften über das Geschäftsjahr und die Abhaltung einer Jahresmitgliederversammlung enthält. Auch ohne solche ausdrückliche Satzungsbestimmungen kann sich aus dem bisherigen Vereinsbrauch die Pflicht zur periodischen Berichterstattung ergeben. Zu einer ordentlichen Geschäftsführung gehört auch die **Information** der Vereinsmitglieder über die wesentlichen Vorkommnisse. Umfang und zeitlicher Abstand der Information richten sich nach dem Zweck des Vereins, seiner Größe und seinem organisatorischen Aufbau. Außerhalb der Mitgliederversammlung ist der Vorstand jedoch nicht verpflichtet, Mitgliedern Auskünfte zu erteilen.[17] Wird die Auskunft in der Mitgliederversammlung aus Rechtsgründen oder aus Gesichtspunkten verweigert, die nicht der Abwägung der Belange des Vereins gegen die Interessen des Mitglieds an der Beantwortung der Frage entspringen, so sind die Gerichte zur uneingeschränkten Nachprüfung berechtigt.[18] Um diese Nachprüfung durch das Gericht zu ermöglichen, hat der Vorstand seine Auskunftsverweigerung zu begründen. Dieser

---

[13] RGZ 50, 41 = JW 1905, 157

[14] RGSt 14, 222; 37, 326

[15] RGZ 100, 65; Krakenberger § 98 Anm. 3

[16] Zur Haftung von Vorstandsmitgliedern einer AG bei Ausführung von Hauptversammlungsbeschlüssen siehe Hefermehl, Festschrift für Schilling 1973 S. 159

[17] Lepke NJW 1966, 2099; Soergel § 27 Rdnr. 22; vgl. BGH NJW 1960, 1151; 1962, 104; BayObLG NJW 1972, 1377 = Rpfleger 1972, 262 (für den Verwalter einer Wohnungseigentümergemeinschaft)

[18] BGH NJW 1962, 104 für AG-Vorstand

Begründungszwang kann jedoch nicht so weit gehen, daß der Vorstand dabei Dinge offenlegen muß, die nach seinem pflichtgemäßen Ermessen geheimgehalten werden müssen. Die richterliche Nachprüfung erstreckt sich auch darauf, ob die Begründung für die Auskunftsverweigerung nur einen Teil der gestellten Frage deckt. In diesem Fall ist der Vorstand verpflichtet, den übrigen Teil der Frage zu beantworten.[19] Mißachtet der Vorstand einen Beschluß der Mitgliederversammlung, so ist es Sache der Versammlung selbst, ihrem Willen, notfalls durch Abberufung des Vorstandes, Nachdruck zu verschaffen. Dagegen würde es einen Eingriff in die inneren Vereinsangelegenheiten bedeuten und der Verfassung des Vereins zuwiderlaufen, wollte man zum Zweck der Ausübung eines Drucks auf den Vorstand es zulassen, daß unter Umgehung der Mitgliederversammlung der ordentliche Richter angerufen wird.[20]

Rechenschafts- und Geschäftsbericht des Vorstandes

282 Der Geschäftsbericht hat vor allem die Aufgabe, den Verlauf des Geschäftsjahres und die Lage des Vereins darzustellen und den buchmäßigen Jahresabschluß zu erläutern. Er ist das wesentlichste Mittel, die Vereinsmitglieder über die Lage des Vereins zu unterrichten. Er ist daher mit großer Sorgfalt zu erstellen. Der Bericht muß unmißverständlich, vollständig und wahr sein. Er soll ja der Jahresmitgliederversammlung die Grundlage für ihre Beschlüsse (Entlastungserteilung, Wahlen usw.) geben. Er muß alles erörtern, was nach vernünftigem Ermessen und nach der Verkehrsanschauung zur Beurteilung der Vereinsverhältnisse nötig ist. Auch nach Schluß des Vereinsjahres eingetretene oder erst dann bekannt gewordene Vorgänge von besonderer Bedeutung sind mitzuteilen, weil sie die Beschlußfassung beeinflussen können. Üblich, aber nicht notwendig, dürfte es sein, sich auch über die Aussichten im neuen Geschäftsjahr zu äußern. Der Bericht darf nichts Wesentliches verschweigen, auch nicht etwas dem Verein Nachteiliges. Unberechtigtes Verschweigen kann die Unwirksamkeit eines auf dem Bericht fußenden Beschlusses über die Entlastung des Vorstands zur Folge haben.

Wenn aus einem Geschäftsbericht nur die Gesamtbezüge der Vorstandsmitglieder ersichtlich sind, ist die Frage eines Vereinsmitglieds, wieviel davon auf die einzelnen Vorstandsmitglieder entfällt, zulässig. Die Auskunft kann im Klagewege erzwungen werden.[21]

Der Rechenschafts- und Geschäftsbericht darf sich nicht nur auf den Stand am Schluß des Geschäftsjahres erstrecken, er muß vielmehr die Gestaltung des Vermögensstandes und die Entwicklung der Verhältnisse des Vereins während des verflossenen Vereinsjahres ergeben. Er muß alle wichtigen Vereinsereignisse erwähnen, die von wesentlichem Einfluß auf das Vereinsleben waren. Dazu gehören z. B. der Ausgang eines wichtige Interessen des Vereins berührenden Prozesses, der Abschluß bedeutungsvoller Verträge, Unglücksfälle und sonstige Ereignisse, die ungünstig auf den Verein einwirkten, besondere Veranstaltungen, Wettbewerbe und ähnliches. Der Bericht

---

[19] BGH NJW 1960, 1151 für AG-Vorstand
[20] RGZ 79, 409/411
[21] BGH NJW 1962, 104 (AG)

hat ferner den Zu- und Abgang von Mitgliedern auszuweisen, bei Abgängen nach Möglichkeit auch den Grund des Ausscheidens der einzelnen Mitglieder. Er hat ferner die Einnahmen (Beiträge, Überschüsse aus Veranstaltungen, Schenkungen, Einnahmen aus Verpachtungen und dergl.) und die Ausgaben (Materialien-Ankauf, Schreib- und Portoauslagen, Gehälter, Aufwandsentschädigungen, Reisekosten, steuerliche Abgaben, Sitzungsgelder, Gratifikationen, Pauschalbeträge für Auslagen, Ausgaben für Miete, Pacht und dergl.) zu enthalten. Schwebende Verhandlungen, neuaufgenommene oder abgebrochene Beziehungen zu anderen Vereinen oder ganz allgemein zu Dritten sind zu erwähnen. Überschreitungen des von der Vorjahresmitgliederversammlung festgesetzten Voranschlags sind auf alle Fälle besonders anzuführen und zu begründen. Der Rechenschaftsbericht hat dann insbesondere auch den Jahresabschluß zu erläutern. Er braucht zwar nicht zu wiederholen, was sich aus dem Jahresabschluß selbst ergibt. Wesentliche Abweichungen von früheren Jahresabschlüssen sind aber zu erörtern. Dies kann für die Beurteilung der Lage des Vereins von besonderer Bedeutung sein.

Die Berichterstattung hat den Grundsätzen einer gewissenhaften und getreuen Rechenschaftslegung zu entsprechen; sie erfordert also auch eine Rechtfertigung getroffener Maßnahmen. Die Berichterstattung kann jedoch insoweit unterbleiben, als das überwiegende Interesse des Vereins oder der Allgemeinheit es erfordert. Das Verschweigen darf jedoch nicht zu falschen Angaben führen. Was der Bericht sagt, muß wahr sein; er braucht in diesem Ausnahmefall nur nicht vollständig zu sein. Ein überwiegendes Interesse des Vereins an der Geheimhaltung muß vorliegen. Schadet die Offenlegung dem Verein mehr, als sie einzelnen Vereinsmitgliedern nützt, so kann sie unterbleiben. Steuerliche Interessen oder die Möglichkeit unbequemer Anfragen und Erörterungen in der Presse entbinden jedoch im allgemeinen nicht von der Berichterstattung.

Der Bericht hat endlich die Beziehungen, die zu über- oder untergeordneten Vereinen bestehen, zu erwähnen. Er muß die Art der Beziehungen klar kennzeichnen. Auch wichtige Änderungen in der Art und dem Umfang dieser Beziehungen sind zu berichten. Aussichten und Zweck solcher Beziehungen sind nur anzugeben, wenn besondere Umstände eine Rechtfertigung hierfür erfordern.

Wird der Rechenschafts- und Geschäftsbericht in schuldhafter Weise nicht oder nicht ordnungsgemäß erstattet, so liegt Pflichtverletzung vor, welche die Abberufung des Vorstandes zur Folge haben kann, aber nicht muß. Trotz eines mangelhaften Berichtes könnte die Mitgliederversammlung Entlastung erteilen, weil sie in ihrer Beurteilung der Geschäftsführung des Vorstandes frei ist.

Schweigepflicht

283 Jedes Mitglied des Vorstandes hat auch eine Schweigepflicht über vertrauliche Vorgänge und Mitteilungen. Die Vertraulichkeit kann sich aus der Natur der Sache oder aus einem ausdrücklichen Vorbehalt dessen, der dem Vorstand eine Mitteilung machte, ergeben.[22]

[22] vgl. § 93 Abs. 1 AktG; Schilling in GroßKomm. AktG § 93 Anm. 11

Einberufung der Mitgliederversammlung

284 Der Vorstand hat die Pflicht, die Mitgliederversammlung in den durch die Satzung bestimmten Fällen sowie dann einzuberufen, wenn das Interesse des Vereins es erfordert, § 36 BGB.[23]

Anmeldung zum Vereinsregister

285 Der Vorstand ist verpflichtet, die im Gesetz vorgeschriebenen Anmeldungen zum Vereinsregister zu tätigen.[24]

Bescheinigung über die Mitgliederzahl

286 Der Vorstand hat dem Registergericht auf Verlangen jederzeit eine Bescheinigung über die Zahl der Mitglieder einzureichen, § 72 BGB.[25] Zur Bekanntgabe der Namen und Adressen der Mitglieder ist er aber gegenüber dem Registergericht nicht verpflichtet.

Pflichten des Vorstands nach Beendigung seines Amtes

287 Nach der Beendigung seines Amtes ist der Vorstand verpflichtet, alles, was er während seiner Amtszeit in dieser Eigenschaft erhalten hat, herauszugeben (Vereinsbücher, insbesondere die Mitgliederkartei, Korrespondenzen, Berichte, Protokolle, Geschäftsunterlagen aller Art, Bankauszüge, Geld, Wertsachen usw.).[26]

Aufwendungen des Vorstandes

288 Für die zu der Geschäftsbesorgung erforderlichen Aufwendungen (z. B. Reisekosten) kann der Vorstand vom Verein Vorschuß verlangen, soweit die Mittel des Vereins, über die er zu verfügen berechtigt ist, dazu nicht ausreichen (§ 669 BGB). Macht er zum Zwecke der ihm obliegenden Geschäftsbesorgung Aufwendungen, die er nach den Umständen für erforderlich halten darf, so kann er von dem Verein Ersatz verlangen (§ 670 BGB).[27] Ist in der Satzung festgelegt, daß die Vorstandsmitglieder ihr Amt ehrenamtlich zu führen haben, jedoch eine Aufwandsentschädigung erhalten, so kann keine Entschädigung für geleistete Arbeit oder entgangenen Verdienst verlangt werden. Die Vorstandsmitglieder können ihre Aufwandsentschädigung nicht selbst festsetzen.[28] Wenn die Satzung hierfür nicht ein anderes Organ bestimmt, ist dies Sache der Mitgliederversammlung.

---

[23] Näheres bei Rdnr. 158

[24] Näheres bei Rdnrn. 392, 395, 396

[25] Eine amtliche Bescheinigung über die Mitgliederzahl darf aber das Registergericht nicht erteilen.

[26] BGH NJW 1957, 832; Stöber Rdnr. 129

[27] Planck § 27 Anm. 6

[28] RG Recht 1936 Nr. 5421

Die Entlastung des Vorstandes

289 Einen **Anspruch** auf Entlastung hat der Vorstand nur, wenn hierfür eine Grundlage in der Satzung vorhanden ist; der Anspruch kann sich aber auch aus einem Vereinsbrauch, wie er wohl bei den meisten Vereinen besteht, ergeben.[29] Er kommt aber nur bei einwandfreier Geschäftsführung und nach Erfüllung aller Pflichten in Betracht.[30] Über die Entlastung sagt die Rechtsprechung etwa Folgendes: Die Entlastung stellt von allen Ansprüchen frei, die dem Verein bei sorgfältiger Prüfung aller Unterlagen erkennbar waren.[31] Die Unterlagen müssen vollständig, zudem weder durch Täuschung noch durch irreführende Vorlagen verschleiert gewesen sein.[32] Die Entlastung erstreckt sich auch auf Ersatzansprüche, die allen Mitgliedern des Vereins privat bekannt geworden sind.[33] Die aufgrund eines unrichtigen Berichts des Vorstands erteilte Entlastung ist nur bindend, soweit die Unrichtigkeit erkannt oder erkennbar war. Die Entlastung ist eine dem Personengesamtheitsrecht eigentümliche Erklärung, die verzichtsähnlich wirkt,[34] soweit nicht zwingende Vorschriften entgegenstehen; so auch für Ansprüche aus vorsätzlicher Verletzung. Sie wirkt, auch wo sie zu Unrecht erteilt ist, vorbehaltlich der Nichtigkeit wegen Sittenwidrigkeit, § 138 BGB. Eine Anfechtung wegen Willensmangels oder eine Rückforderung ist nicht möglich, nur eine Klage auf Feststellung der Unwirksamkeit des Entlastungsbeschlusses. Entlastung in Kenntnis von Verfehlungen kann sittenwidrig sein, insbesondere, wo sie auf Kosten der Vereinsgläubiger geht.[35] Hat der Vorstand im Rahmen seiner Vertretungsmacht ein Rechtsgeschäft bereits getätigt und „genehmigt" später die Mitgliederversammlung dieses Geschäft, so stellt das insoweit eine Entlastung des Vorstands dar.[36]

Die Entlastung kann sich auf ein einzelnes Geschäft beziehen oder auf die ganze Geschäftsführung; sie kann sich auf bestimmte Zeitabschnitte oder auf die ganze Amtsdauer des Vorstandes erstrecken. Die Vereinsmitglieder können sie einem von mehreren Vorstandsmitgliedern erteilen, einem anderen versagen, wobei es genügt, wenn bei der Einladung zur Mitgliederversammlung lediglich „Entlastungserteilung" angekündigt war.[37] Bei verschiedener Beantwortung der Entlastungsfrage ist auch getrennte Abstimmung zulässig. Beschließt die Mitgliederversammlung, gegen ein früheres Vorstandsmitglied wegen dessen schlechter Geschäftsführung keine Maßnahmen zu ergreifen, so bedeutet das lediglich eine interne Anweisung an den amtierenden Vorstand, aber keine Entlastung des früheren Vorstandsmitglieds.[38]

Wird die Entlastung den Vorstandsmitgliedern einheitlich erteilt, so sind jeweils sämtliche Vorstandsmitglieder vom Stimmrecht ausgeschlossen.

---

[29] Soergel § 27 Rdnr. 25
[30] BGH NJW 1957, 832
[31] RGZ 89, 396; BGH LM § 46 GmbHG Nr. 4; BGH MDR 1969, 204
[32] RG HRR 1941 Nr. 132
[33] BGH NJW 1959, 192
[34] BGH WPM 1977, 361
[35] RGZ 161, 144
[36] RGZ 115, 246/251
[37] RGZ 65, 241
[38] RG JW 1935, 921

Auch wenn über die Entlastung der einzelnen Vorstandsmitglieder gesondert abgestimmt wird, können die übrigen nur dann mitstimmen, wenn Sonderfälle in Frage stehen, an denen sie ganz unbeteiligt sind.[39] In den Fällen des Ausschlusses vom Stimmrecht können Vorstandsmitglieder auch nicht als Bevollmächtigte anderer Mitglieder mitstimmen.

Wann ein Vorstandsmitglied zu entlasten ist, ist gesetzlich nicht geregelt. Nach allgemeinem Vereinsbrauch geschieht dies im Anschluß an die Beschlußfassung über den Rechenschafts- und Geschäftsbericht des Vorstands. Die Zuständigkeit der Mitgliederversammlung zur Entlastung bedeutet aber nicht, daß der Verein vor einer Beschlußfassung über die Entlastung Ansprüche, die er aus der Geschäftsführung noch nicht entlasteter Vorstandsmitglieder gegen diese zu haben glaubt, nicht der gerichtlichen Klärung zuführen dürfe. Derartige Ansprüche entstehen kraft Gesetzes und sind als solche sofort fällig. Der Vorstand als Vertretungsorgan des Vereins hat darüber zu entscheiden, ob derartige Ansprüche erhoben werden sollen und macht sich u. U. regreßpflichtig, wenn er begründete Ansprüche nicht verfolgt. Die Mitgliederversammlung kann allerdings als das oberste Vereinsorgan beschließen, daß selbst berechtigte Ansprüche nicht verfolgt werden sollen.[40]

Soweit ein Anspruch auf Entlastung besteht, kann er vom Vorstand gegen den Verein im Klagewege verfolgt werden. Mit der Rechtskraft des Urteils gilt die Entlastung als erteilt.[41] Wird die Klage von einem einzelnen Vorstandsmitglied erhoben, so wird der Verein im Prozeß durch die übrigen Vorstandsmitglieder vertreten. Klagt der Gesamtvorstand, so ist Bestellung eines Hilfsvorstands, § 29 BGB, u. U. Bestellung eines Prozeßvertreters, § 57 ZPO, erforderlich. Die durch rechtskräftige Verurteilung erteilte Entlastung reicht weiter als ein von der Mitgliederversammlung gefaßter Entlastungsbeschluß; sie stellt fest, daß dem Verein gegen das klagende Vorstandsmitglied keinerlei Ersatzansprüche wegen dessen Geschäftsführung zustehen, und zwar ohne Rücksicht darauf, ob sie dem Verein bekannt oder erkennbar waren.[42]

Für die Entlastung des Vorstands ist, wenn die Satzung keine andere Regelung trifft, die Mitgliederversammlung **zuständig**; jedoch ist es nicht zulässig, die Entscheidung über die Entlastung einzelner Vorstandsmitglieder den anderen Vorstandsmitgliedern zu übertragen.

Für die Wirksamkeit der Entlastung ist es nicht erforderlich, daß bei der Beschlußfassung gerade das Wort „Entlastung" verwendet wird. Es genügt nach allgemeinen Auslegungsregeln jede Äußerung der Mitgliederversammlung (oder des satzungsgemäß zuständigen Vereinsorgans), aus der sich der Wille ergibt, aus der Geschäftsführung des Vorstands oder einzelner Vorstandsmitglieder keine Ansprüche zu erheben. Das ist beispielsweise der Fall, wenn im Anschluß an den Geschäfts- und Rechenschaftsbericht des Vorstands die Geschäftsführung „gebilligt" wird. Auch ein Beschluß, mit

---

[39] RGZ 55, 75; OLG Stuttgart LZ 25, 722
[40] BGH NJW 1957, 832
[41] § 894 ZPO; vgl. RGZ 89, 396
[42] zutreffend MünchKomm. § 27 Rdnr. 17 unter Hinweis auf RGZ 89, 396/397

dem dem Vorstand „das Vertrauen" ausgesprochen wird, kann nach den Umständen, unter denen er gefaßt wird, die Entlastung des Vorstands bedeuten.

Die Haftung des Vereins für seine Organe

Allgemeines

290 Aus der Stellung des Vorstandes als notwendiges Organ des Vereins muß sich konsequenterweise ergeben, daß der Verein für alle rechtsgeschäftlichen und tatsächlichen Handlungen des Vorstandes, die aus irgendeinem Rechtsgrund zum Schadensersatz verpflichten, haftet.[1] Die zum Schadensersatz verpflichtenden Handlungen des Vorstandes werden damit **dem Verein als eigene Handlungen zugerechnet**. Ob sich allerdings aus der einzelnen Handlungsweise des Vorstandes eine Schadensersatzpflicht ergibt, ist eine andere Frage; sie beantwortet sich nach den allgemeinen Grundsätzen; insbesondere muß ein Ursachenzusammenhang zwischen Handlung und Schaden sowie ein Verschulden (Vorsatz, Fahrlässigkeit) gegeben sein; letzteres natürlich nur dann, wenn im betreffenden Haftungstatbestand ein Verschulden erforderlich ist und es sich nicht etwa um eine sog. Gefährdungshaftung[1a] handelt. Im einzelnen handelt es sich bei der Auslegung des § 31 BGB, der den Grundsatz der „Organhaftung" enthält, um schwierige und umstrittene Rechtsfragen, die im Rahmen dieser Darstellung nicht behandelt werden können. Insoweit muß auf die Spezialliteratur zu § 31 BGB verwiesen werden. Zu beachten sind jedoch die folgenden wesentlichen Gesichtspunkte:

1. Der Vorstand, auch ein einzelnes Vorstandsmitglied, muß bei der schädigenden Handlung in „amtlicher" Eigenschaft, eben als Vorstand und nicht als Privatperson, gehandelt haben.[2] Zwischen seinem Aufgabenbereich und dem schadenstiftenden Verhalten muß ein erkennbarer sachlicher, nicht bloß ein zufälliger, zeitlicher oder örtlicher, Zusammenhang bestehen.[3] Die „Handlung" des Vorstandes, die zu einem Schaden führt, kann auch in einer Unterlassung bestehen, wenn im Einzelfall eine Rechtspflicht zum Handeln besteht. Dies ist vor allem für die Fälle von Bedeutung, in denen der Vorstand seine allgemeine Aufsichtspflicht verletzt hat.[4]

2. Der Vorstand hat die ihm auferlegte und im Vereinsregister eingetragene Beschränkung seiner Vertretungsmacht überschritten: Hier kann sich der Dritte nur an den Vorstand persönlich als „Vertreter ohne Vertretungsmacht" nach § 179 BGB halten; er kann sich nicht, wenn vom Vorstand kein Schadensersatz zu erlangen ist, an den Verein halten.[5] Würde man hier die Haftung des Vereins bejahen, so würde damit das dem Verein von Gesetzes

---

[1] Vgl. BayObLG Recht 1922 Nr. 780; Soergel § 31 Rdnr. 1, 23; siehe auch BGH LM Nr. 13 zu § 31; zur Vertretungsordnung juristischer Personen und deren Haftung gemäß § 31 BGB siehe auch Coing, Festschrift für Fischer, 1979, 65

[1a] Zur Tierhalterhaftung eines Reitvereins gegenüber einem Vereinsmitglied siehe BGH NJW 1982, 763; OLG Celle NdsRpfl. 1982, 11

[2] RGZ 128, 229/233; 134, 375; BGH NJW 1952, 537; Soergel § 31 Rdnr. 26

[3] RGZ 104, 286; 162, 129; vgl. RG Recht 1921 Nr. 2133; BGHZ 49, 19/23; Soergel § 31 Rdnr. 26; allgemein zur Organhaftung siehe auch Hassold JuS 1982, 583

[4] Vgl. RG JW 1906, 547; RG Recht 1922 Nr. 781

[5] Vgl. RGZ 162, 129; Soergel § 31 Rdnr. 27

wegen zugestandene Recht, die Vertretungsmacht des Vorstandes auch im Außenverhältnis zu beschränken, zunichte gemacht werden.[5]

Der Vorstand hat seine Vertretungsmacht überschritten und **zugleich** eine unerlaubte Handlung, eine Vertragsverletzung oder eine andere zum Schadensersatz verpflichtende Handlung begangen. Hier greift die Organhaftung des Vereins ein.[6] Stellt sich die Handlungsweise des Vorstandes als eine ,,unerlaubte Handlung" dar, so haftet der Verein schon aus diesem Grunde. Die Frage nach den Grenzen seiner Vertretungsmacht stellt sich hier nicht.[7] Freilich bleibt zu prüfen, ob die Überschreitung der dem Vorstand eingeräumten Vertretungsmacht sein schadenstiftendes Handeln so sehr außerhalb seines Aufgabenbereichs stellt, daß der innere Zusammenhang zwischen den Handlungen des Vorstandsmitglieds und dem allgemeinen Rahmen der ihm übertragenen Obliegenheiten nicht mehr erkennbar und deshalb der Schluß geboten ist, daß er nur bei Gelegenheit, aber nicht in Ausführung der ihm obliegenden Verpflichtungen gehandelt hat.

3. Der Verein haftet auch, wenn lediglich eines von mehreren gesamtvertretungsberechtigten Mitgliedern in Ausübung der ihm zugewiesenen Geschäfte eine zum Schadensersatz verpflichtende Handlung begangen hat. Schon das Verschulden **eines** Vorstandsmitglieds genügt, um eine Haftung des Vereins zu begründen.[8]

Der Verein haftet aber nicht, wenn ein gesamtvertretungsberechtigtes Vorstandsmitglied die Unterschrift eines Mitzeichnungsberechtigten fälscht, da andernfalls der Sicherungszweck, der mit der Kollektivvertretung erreicht werden sollte, vereitelt würde.[9]

Auch ein Vorstandsmitglied, das einen Schaden erlitten hat, kann sich auf die Organhaftung des Vereins nach § 31 BGB berufen, wenn es im Vorstand nicht selbst für das schadenstiftende Ereignis verantwortlich ist.[10]

Haftung des Vereins wegen Organisationsmangels

291 Die Rechtsprechung hat den Grundsatz entwickelt, daß jede juristische Person, also auch der rechtsfähige Verein, eine besondere **Organisationspflicht** hat. Darunter ist die Pflicht zu verstehen, für bestimmte wichtige Aufgabengebiete, deren Überwachung und Leitung ein besonderes Maß an Verantwortung erfordert, entweder ein Mitglied des Vorstandes oder einen ,,besonderen Vertreter" zu bestellen. Unterläßt es der Verein, seine Organisation so zu gestalten, so wird ein Organisationsmangel angenommen, für den der Verein verantwortlich ist.[11] Auf diese Weise wird die Organhaftung des Vereins erweitert. Das wird vor allem dann von Bedeutung, wenn mit der Betreuung eines wichtigen Tätigkeitsbereichs lediglich eine Person ohne

[5] Vgl. RGZ 162, 129; Soergel § 31 Rdnr. 27

[6] RGZ 162, 129 und 207; BGH NJW 1952, 537/538; BGH LM Nr. 13 zu § 31 = MDR 1959, 203

[7] BGH NJW 1952, 537/538 für den persönlich haftenden Gesellschafter einer KG

[8] RGZ 57, 94; 74, 257; 78, 353; 81, 436; 110, 145

[9] RGZ 134, 375; BGH BB 1967, 856 = WPM 1967, 714; Soergel § 31 Rdnr. 29

[10] OLG Celle VersR 1977, 39; BGH NJW 1978, 2390 = Betrieb 1978, 1025 = WPM 1978, 722

[11] RGZ 89, 136; 157, 228; 162, 166; 166, 29; vgl. BGHZ 24, 213; 39, 130

leitende Stellung beauftragt wurde. In einem solchen Falle kann sich der Verein nicht, wie sonst bei Handlungen eines „Verrichtungsgehilfen", damit entlasten, daß er bei der Auswahl der betreffenden Person die im Verkehr erforderliche Sorgfalt beobachtet habe (§ 831 BGB). Ob allein das Vorhandensein eines Organisationsmangels bereits die Haftung des Vereins begründet oder ob außerdem zu fragen ist, ob der schadensstiftende Umstand hätte verhindert werden können, wenn eine Person mit der hervorgehobenen Stellung eines Vorstandsmitglieds oder eines besonderen Vertreters mit der Leitung dieses Tätigkeitsbereichs betraut worden wäre, ist streitig.[12] Für einen andauernden verkehrsgefährdenden Zustand, z. B., wenn ein an belebter Straße gelegener Fußballplatz nicht genügend gegen hohe Bälle abgesichert ist, muß ein verfassungsmäßig berufener Vertreter, sei es ein Vorstandsmitglied oder ein besonderer Vertreter, die Verantwortung tragen.[13]

Neben dem Verein haften alle verfassungsmäßigen Vertreter, die eine unerlaubte Handlung begangen haben, persönlich als Gesamtschuldner.[14] Im Innenverhältnis ist das Organ dem Verein bei Delikten kraft Gesetzes (§ 840 Abs. 2 BGB), sonst nach Maßgabe des Anstellungsverhältnisses oder der Vorschriften über den Auftrag ausgleichspflichtig.[15]

Für die Handlungen seiner sonstigen Angestellten haftet der Verein jedoch nur nach den allgemeinen Vorschriften (§§ 278, 831 BGB).

Für unerlaubte Handlungen der Angestellten, deren Stellung und Wirkungskreis auf den Auftrag des Vorstands oder eines verfassungsmäßigen Vertreters zurückgehen, hat der Verein nur dann einzustehen, wenn die Pflichtverletzung eines seiner Vertreter hinzukommt. Die Haftung kann dadurch begründet sein, daß der verfassungsmäßige Vertreter gem. § 831 BGB bei der Auswahl des Angestellten oder Beschaffung der Einrichtungen oder bei Leitung der Verrichtung die im Verkehr erforderliche Sorgfalt nicht beobachtet hat. Dies ist z. B. dann der Fall, wenn er es versäumt hat, die nötigen Sicherheitsmaßnahmen zu treffen oder die erforderlichen Anweisungen über deren Handhabung zu erlassen; auch die Verletzung der aus § 823 BGB herzuleitenden allgemeinen Pflicht zur **Dienstaufsicht** fällt hierunter.[16] Andererseits ist eine Anweisung entbehrlich, wenn ohnedies die sachgemäße Besorgung mit Sicherheit erwartet werden kann.[17]

Der Verein haftet, wenn unter den Augen seiner Vertreter ein Mißbrauch eingerissen ist.[18] Andererseits läßt die Kenntnis des Vorstands von dem rechtswidrigen Verhalten eines leitenden Angestellten die Schadensersatzansprüche des Vereins gegen den Angestellten unberührt.[19]

Ausnahmsweise ist dem Vorstand eines gemeinnützigen Vereins nicht zu-

---

[12] Vgl. hierzu Soergel § 31 Rdnrn. 19, 20, 21

[13] Vgl. BGH NJW 1960, 252; OLG Nürnberg VersR 1977, 1134 (Beschaffenheit eines Spielfeldes); zur Verkehrssicherungspflicht eines Eishockeyvereins siehe andererseits LG Freiburg VersR 1981, 1139 (Puck verletzt Zuschauer)

[14] RG Recht 1907 Nr. 2241; RGZ 91, 72

[15] Soergel § 31 Rdnr. 34

[16] RGZ 104, 141; RG JW 1906, 427; 1911, 939; 1913, 924; 1915, 397; 1923, 1026; 1932, 1039; vgl. auch BGH LM Nr. 23 zu § 823 BGB

[17] Vgl. RG Warn. 1912 Nr. 410; RG JW 1915, 397

[18] RG JW 1906, 547

[19] BAG Betrieb 1956, 1081

zumuten, die Aufsicht über den ärztlichen Anstaltsleiter auf Angelegenheiten auszudehnen, deren Beurteilung rein fachliche Kenntnisse voraussetzt, welche der Vorstand nicht haben kann.[20]

Ausweitung der Organhaftung durch die Rechtsprechung

292 Nach dem Wortlaut des § 31 BGB haftet der Verein – unter den dort genannten Voraussetzungen – für Handlungen des Vorstands, eines Mitglieds des Vorstands oder eines anderen verfassungsmäßig berufenen Vertreters. Die Rechtsprechung[21] hat jedoch den Personenkreis, für den der Verein nach § 31 BGB haftet, wesentlich ausgeweitet[22] und den Begriff des „verfassungsmäßigen Vertreters" folgendermaßen definiert: „Verfassungsmäßig berufene Vertreter im Sinne des § 31 BGB sind nicht nur Personen, deren Tätigkeit in der Satzung der juristischen Person vorgesehen ist, auch brauchen sie nicht mit rechtsgeschäftlicher Vertretungsmacht ausgestattet zu sein. Es braucht sich auch nicht um einen Aufgabenbereich innerhalb der geschäftsführenden Verwaltungstätigkeit der juristischen Person zu handeln. Vielmehr genügt es, daß dem Vertreter durch die allgemeine Betriebsregelung und Handhabung bedeutsame, wesensmäßige Funktionen der juristischen Person zur selbständigen, eigenverantwortlichen Erfüllung zugewiesen sind, daß er also die juristische Person auf diese Weise repräsentiert."

Damit erstreckt sich die Haftung des Vereins nach § 31 BGB auf die Tätigkeit von leitenden Angestellten in selbständiger verantwortlicher Stellung mit einer wenn auch begrenzten Außenwirkung.[23]. Auch ehrenamtlich tätige Vereinsfunktionäre mit entsprechendem Wirkungskreis gehören zu den Personen, für die der Verein haftet. Je nach der Organisation des Vereins kommen hier der Geschäftsführer des Vereins, der Leiter der Vereinsgeschäftsstelle, der Leiter einer Vereinsabteilung[24] (Sportabteilung), der Verwalter einer vereinseigenen Sozialeinrichtung (Behandlungs- und Betreuungszentren), der Vorstand einer unselbständigen Untergliederung oder Fachgruppe und sonstige Personen mit vergleichsweise verantwortungsvollen Funktionen, die sie für die Öffentlichkeit als **Repräsentanten des Vereins** erscheinen lassen, in Betracht.

Die Bestellung von Vorstandsmitgliedern durch das Gericht

293 Das Gesetz hat für den Fall vorgesorgt, daß der Verein zeitweilig ohne Vorstand ist oder daß beim mehrgliedrigen Vorstand einzelne Vorstandsmitglieder fehlen. In dringenden Fällen hat das Amtsgericht Hilfestellung zu leisten und die erforderlichen Mitglieder des Vorstandes zu bestellen (§ 29 BGB).[1] Voraussetzung ist zunächst, daß mindestens ein nach der Satzung für

---

[20] RG JW 1912, 339
[21] BGHZ 49, 19/21 = LM Nr. 14 zu § 31 = NJW 1968, 391 = MDR 1968, 228 = WPM 1968, 35; vgl. auch BGH NJW 1977, 2259
[22] dazu eingehend Soergel § 31 Rdnr. 13
[23] Soergel aaO
[24] R-D-K Rdnr. 713
[1] dazu allgemein v. Kalm MDR 1956, 17; Meltendorf JR 1956, 5/6. Zur entsprechenden Anwendung des § 29 BGB auf den nichtrechtsfähigen Verein vgl. Habscheid

die Beschlußfassung oder Vertretung erforderliches Vorstandsmitglied aus dem Vorstand ausgeschieden bzw. aus tatsächlichen oder rechtlichen Gründen an der Amtsausübung gehindert ist.[2] Dies ist z. B. bei Tod, Geschäftsunfähigkeit, Ablauf der Amtsdauer, Widerruf der Vorstandsbestellung, Amtsniederlegung, längerer schwerer Krankheit oder längerer Abwesenheit der Fall. Grundsätzliche Verweigerung der Geschäftsführung gehört ebenfalls hierher.[3] Dagegen darf das Gericht nicht schon deshalb eingreifen, weil der Vorstand in einer bestimmten Angelegenheit untätig bleibt oder ein Handeln ablehnt. Differenzen innerhalb des Vorstandes können nicht durch gerichtliche Notbestellung anderer Personen beseitigt werden.[4] Das Gericht hat auch keine Handhabe, einen Vorstand wegen Unfähigkeit zu entlassen.[5] Hier muß sich der Verein mit seinen eigenen satzungsgemäßen Mitteln, in erster Linie durch entsprechende Beschlüsse der Mitgliederversammlung, selbst helfen. Aus Rechtsgründen kann eine Verhinderung eines Vorstandsmitglieds vorliegen, wenn es in einer ihn betreffenden Angelegenheit kein Stimmrecht besitzt (§ 34 BGB), desgleichen, wenn ein Vorstandsmitglied mit dem Verein ein In-sich-Geschäft i. S. von § 181 BGB abschließen will. Weitere Voraussetzung für ein Tätigwerden des Gerichts ist es, daß ein **dringender Fall** vorliegt. Ein solcher ist zunächst gegeben, wenn ein sofortiges Handeln erforderlich ist, um Schaden für den Verein oder andere Beteiligte zu vermeiden, oder wenn eine notwendige Handlung nur sofort vorgenommen werden kann. Der drohende Schaden braucht kein Vermögensschaden zu sein.[6] So kann eine Notbestellung durch das Gericht geboten sein, wenn auf satzungsgemäßem Weg die Bestellung durch ein Vereinsorgan nicht rasch genug erfolgen kann, etwa deshalb, weil die Satzung für die Einberufung der Mitgliederversammlung eine Frist von zwei Monaten bestimmt. Ist der bisherige Vorstand infolge Ablaufs seiner Amtszeit oder aus anderen Gründen nicht mehr im Amt und hat die Amtszeit des neubestellten Vorstands noch nicht begonnen (etwa deshalb, weil sie nach der Satzung erst mit dem nächsten Geschäftsjahr beginnt), so kann, wenn eine beschlossene Satzungsänderung dringend wirksam werden soll, zur Vornahme der Anmeldung der Satzungsänderung eine Notbestellung durch das Gericht erfolgen.[7]

Ein „dringender Fall" ist auch gegeben, wenn ein Gläubiger den Verein verklagen will oder die Zwangsvollstreckung gegen den Verein durch Zustellung des Vollstreckungstitels eingeleitet werden soll.[8]

Mitunter kann zweifelhaft sein, ob der Verein überhaupt noch besteht oder ob er (z. B. wegen Wegfalls sämtlicher Mitglieder oder Vollbeendigung des Vereins nach Liquidation) erloschen ist. Hierzu wird die Auffassung vertre-

---

MDR 1952, 653; MDR 1953, 728; Krönig MDR 1953, 217; zur Anwendbarkeit dieser Vorschrift auf politische Parteien vgl. Hahn NJW 1973, 2012

[2] Soergel § 29 Rdnr. 8; MünchKomm. § 29 Rdnr. 5

[3] KG JW 1937, 1730 = JFG 15, 101 (GmbH)

[4] OLG Frankfurt NJW 1966, 504 (GmbH)

[5] KG JW 1937, 1730; OLG Frankfurt NJW 1966, 504

[6] Staudinger § 29 Rdnr. 7

[7] Vgl. OLG Bremen NJW 1955, 1925

[8] BayObLGZ 1934, 196; KGJ 23, 105; vgl. OLG Düsseldorf Rpfleger 1976, 358 (GmbH); dort auch zur Abgrenzung zwischen dem Notvertreter des § 29 BGB und dem Pfleger gem. § 1913 BGB

ten, daß die Bestellung eines Notvorstands nur abgelehnt werden dürfe, wenn es offensichtlich sei, daß der Verein nicht mehr existiere.[8a] Dem ist zuzustimmen, wenn der Fall so liegt, daß eine umgehende Entscheidung des Gerichts geboten ist. Wenn jedoch die glaubhaft gemachte Dringlichkeit der Notvorstandsbestellung noch kurzfristige Ermittlungen (§ 12 FGG) zuläßt, sind diese vorzunehmen.

294 **Zuständig** für die Notbestellung ist das Amtsgericht (Rechtspfleger), das für den Bezirk, in dem der Verein seinen Sitz hat, das Vereinsregister führt. Das Gericht darf jedoch nicht von sich aus tätig werden, sondern grundsätzlich nur auf **Antrag** eines Beteiligten.[8b] Als Beteiligte sind jedes Vereinsmitglied,[9] jedes Vorstandsmitglied, jeder Gläubiger des Vereins sowie jeder, der gegen den Verein ein Recht verfolgt, anzusehen.[10] Ferner ist auch derjenige Beteiligter, gegen den der Verein Klage erhoben hat.[11] Antragsberechtigt ist auch eine andere Körperschaft, der der Verein als Mitglied angehört.[11a] Erfordert nach der Satzung der Beitritt zum Verein einen Beschluß des Vorstands, so kann in besonders gelagerten Fällen derjenige, der die Mitgliedschaft erwerben will, als Beteiligter angesehen werden; dabei ist allerdings an das Vorliegen eines dringenden Bedürfnisses ein strenger Maßstab anzulegen. Dem Konkursgericht selbst steht kein Antragsrecht zu.[12] Der Antrag bedarf keiner besonderen Form; er kann schriftlich oder zu Protokoll des Urkundsbeamten der Geschäftsstelle des Amtsgerichts (Registergerichts) gestellt werden. Der Antragsteller kann bestimmte Personen als Notvorstandsmitglieder vorschlagen; dann ist es zweckmäßig, Erklärungen der vorgeschlagenen Personen beizufügen, aus denen sich ergibt, daß sie für den Fall ihrer Bestellung durch das Gericht bereit sind, das Amt zu übernehmen. Das Gericht ist jedoch an Vorschläge des Antragstellers nicht gebunden. Andererseits darf es die Notbestellung nicht deshalb ablehnen, weil ihm keine Vorschläge für die Besetzung des Vorstandes unterbreitet wurden. In diesem Fall muß es sich um eine geeignete und zur Übernahme des Amtes bereite Persönlichkeit bemühen. Dabei kann in bestimmten Fällen (z. B. bei Vereinen mit einem wirtschaftlichen Nebenbetrieb) die Einschaltung der zuständigen Industrie- und Handelskammer oder der Handwerkskammer hilfreich sein. Bei der Auswahl der gerichtlich zu bestellenden Vorstandsmitglieder wird das Gericht mit Umsicht und Sorgfalt vorzugehen haben. Ergibt sich aus der Begründung des Antrags oder aus früheren gerichtsbekannten Vorgängen, daß sich innerhalb des Vereins Gruppen mit unterschiedlicher oder gar entgegengesetzter Zielsetzung gebildet haben, so wird es sich empfehlen, keine der vorgeschlagenen Personen zu bestellen, sondern einen neutralen Dritten, notfalls ein Nichtvereinsmitglied. Andererseits gibt es Fälle, in de-

---

[8a] vgl. OLG Frankfurt JZ 1952, 565; BayObLG JZ 1960, 254; Staudinger § 29 Rdnr. 7 a. E.

[8b] Ausnahmsweise kann im Fall des § 73 BGB (Entziehung der Rechtsfähigkeit) eine Notbestellung von Amts wegen erfolgen; dazu bei Rdnr. 366

[9] KG Recht 1907 Nr. 1278

[10] KG OLG 4, 256; RJA 13, 112; WPM 1967, 83; siehe auch BayObLGZ 1971, 178/180; 1976, 126 = Rpfleger 1976, 357

[11] BayObLGZ 1971, 178 = Rpfleger 1971, 311

[11a] OLG Hamm OLGZ 1965, 329; KG OLGZ 1967, 97; Jansen § 160 Rdnr. 11

[12] BayObLGZ 1948–1951, 340

nen das Bedürfnis für eine Notbestellung zutage tritt, ohne daß sich dahinter ein Machtkampf innerhalb des Vereins verbirgt. Hierher gehört der häufige Fall, daß die Wahl des amtierenden Vorstands lediglich aus formalen Gründen unwirksam war. Hier wird das Gericht trotz der ungültigen Wahl den faktischen Willen der Vereinsmitglieder in aller Regel respektieren und den Betreffenden zum Notvorstand bestellen, falls er sich dazu bereit erklärt.[13] Wenn in der Satzung bestimmt ist, daß der Vorstand (oder das „fehlende" Vorstandsmitglied) eine besondere Qualifikation oder einen bestimmten Beruf haben muß, soll sich das Gericht bemühen, für das Amt des Notvorstands eine Persönlichkeit zu gewinnen, die diesen Anforderungen entspricht.[13a] Ergeben sich dabei aber Schwierigkeiten, so rechtfertigt es der Zweck des § 29 BGB, auch eine andere Person zum Notvorstand zu bestellen. In diesem Fall ist es jedoch regelmäßig angezeigt, die Befugnisse des Notvorstands auf das Nötigste zu beschränken. Die Bestellung eines Notvorstandes ist regelmäßig von der Zahlung eines Gebührenvorschusses durch den Antragsteller abhängig zu machen (§§ 8, 121 KostO).

Eine ausdrückliche gesetzliche Pflicht, die gerichtliche Ergänzung des Vorstands zu beantragen, besteht für die noch im Amt befindlichen Vorstandsmitglieder nicht. Diese Pflicht kann sich jedoch aus dem Gesichtspunkt einer ordnungsgemäßen Geschäftsführung ergeben, und ihre Vernachlässigung kann zu Schadensersatzansprüchen des Vereins führen.

295 Besteht Streit oder Unklarheit darüber, ob noch Vorstandsmitglieder vorhanden sind, z. B. ob die vom Antragsteller behauptete Amtsniederlegung des Vorstands wirksam ist, so hat hierüber das Amtsgericht nach Vornahme der erforderlichen Ermittlungen zu befinden;[14] dabei ist jedoch zu berücksichtigen, daß es sich bei dem Verfahren nach § 29 BGB um ein summarisches, auf rasche Entscheidung angelegtes Verfahren („in dringenden Fällen") handelt.

296 Der Bestellungsbeschluß ist jedenfalls dann zu **begründen,** wenn ein Vorschlag des Antragstellers oder Einwendungen anderer Beteiligten – sei es gegen die Notbestellung als solche, sei es gegen die Person des Notvorstands – nicht berücksichtigt wurden.[14a]

Der Beschluß wirkt rechtsbegründend,[15] d. h. die Notbestellung ist wirksam und bleibt es bis zur Aufhebung des Beschlusses durch den Amtsrichter oder das Beschwerdegericht, selbst wenn die Voraussetzungen für die Notbestellung nicht gegeben waren. Umstritten ist, ob der Beschluß nach § 16 Abs. 1 FGG mit der Bekanntgabe an den Antragsteller oder an den Notvorstand oder an beide wirksam wird.[16] Da der Bestellungsbeschluß dem Bestellten mit der Übertragung des Vorstandsamts eine neue, mit Rechten und Pflichten verbundene Rechtsposition verschafft, ist der Bestellte als derjenige

---

[13] Wegen der entsprechenden Anwendung des § 121 Abs. 2 AktG, bei der sich eine Notbestellung erübrigt, siehe Rdnr. 266

[13a] vgl. BayObLG NJW 1981, 995 = MDR 1981, 322 = Rpfleger 1981, 115 (Notgeschäftsführer einer GmbH)

[14] § 12 FGG; BayObLG Recht 1914 Nr. 735

[14a] vgl. BayObLG Rpfleger 1981, 115; R-D-K Rdnr. 519

[15] vgl. RGZ 105, 401/403; RG JW 1918, 361; BGHZ 24, 47/51

[16] in BGHZ 6, 232 offen gelassen

anzusehen, den der Beschluß „angeht". Mit der Bekanntgabe an ihn wird daher der Beschluß wirksam.[16a] Da der Beschluß auch dem Antragsteller als Beteiligtem mitzuteilen ist, wird im übrigen das Problem nur akut, wenn die Bekanntgabe des Beschlusses an einen der beiden Beteiligten unterbleibt oder wenn beide Bekanntgaben zeitlich auseinanderfallen. Eine förmliche Zustellung des Beschlusses ist nicht erforderlich, weil gegen den Beschluß die unbefristete Erinnerung (Beschwerde) stattfindet, also der Fall des § 16 Absatz 2 Satz 1 FGG nicht gegeben ist. Soweit noch amtierende Vorstandsmitglieder vorhanden sind, ist ihnen von der Notbestellung Mitteilung zu machen.

Von der Wirksamkeit des Bestellungs**beschlusses** ist der Antritt des Vorstandsamts zu unterscheiden. Dieser ist erst vollzogen, wenn der Bestellte das Amt **annimmt.** Die Annahme braucht nicht ausdrücklich erklärt zu werden, sie kann sich auch daraus ergeben, daß der Bestellte die Amtstätigkeit aufnimmt. Damit Bestellungsbeschluß und Amtsantritt des Bestellten zusammenfallen, ist es zweckmäßig, daß sich das Gericht vor dem Bestellungsbeschluß der Bereitschaft des zu Bestellenden, das Amt anzunehmen, versichert.[17]

297 Das gerichtlich bestellte Vorstandsmitglied erhält regelmäßig die volle Rechtsstellung, die das „fehlende" Vorstandsmitglied nach der Satzung und dem Gesetz innehat. Das Amtsgericht kann jedoch die Befugnisse des Bestellten auf einzelne oder auf einen bestimmten Kreis von Angelegenheiten beschränken.[18] Denn die Verfügung des Gerichts stellt einen wesentlichen Eingriff in das Bestellungsrecht des zuständigen Vereinsorgans (regelmäßig der Mitgliederversammlung) dar; dieser ist daher nicht weiter auszudehnen, als es nach Art und Dringlichkeit des vom Antragsteller geltend gemachten Bedürfnisses erforderlich ist.[18] Es kann daher im Einzelfall genügen, den Bestellten nur zur Einberufung und Leitung einer Mitgliederversammlung mit der Tagesordnung „Neuwahl des Vorstands" zu ermächtigen.[19] Durch Beschränkungen der (aktiven) Vertretungsmacht des Bestellten wird seine Rechtsmacht zum Empfang von Willenserklärungen (§ 28 Abs. 2 BGB) nicht eingeschränkt.

298 Das Amtsgericht kann den Notvorstand auch nur für eine bestimmte Zeit (z. B. drei Monate) bestellen.[20] Dies wird sich schon deshalb empfehlen, weil durch eine **befristete Bestellung** auf den Notvorstand der gebotene Druck ausgeübt wird, das Erforderliche innerhalb einer angemessenen Frist zu veranlassen.

299 Besteht der Vorstand nach der Satzung aus mehreren Personen mit Gesamtvertretungsbefugnis und sind sämtliche weggefallen, so genügt es nicht,

---

[16a] MünchKomm. § 29 Rdnr. 9; Keidel/Kuntze/Winkler § 16 FGG Rdnr. 10; a. A. Stöber Rdnr. 144, der Bekanntgabe an den Antragsteller für ausreichend hält; die von ihm angeführten Entscheidungen betreffen aber den Fall des § 37 Abs. 2 BGB

[17] Vgl. LG Siegen MDR 1951, 102; Keidel/Kuntze/Winkler § 160 Rdnr. 9

[18] RGZ 68, 180; RAG HRR 1938 Nr. 81; KG JFG 13, 82; BayObLGZ 1976, 126 = Rpfleger 1976, 357; Jansen § 160 FGG Rdnr. 13; Stöber Rdnr. 144; a. A. Planck § 29 Anm. 3 (Beschränkung nur im Innenverhältnis möglich)

[19] Staudinger § 29 Rdnr. 10

[20] RG Recht 1918 Nr. 831

daß das Gericht als „Notvorstand" nur eine einzige Person bestellt, wie es das Kammergericht[21] und mit ihm die ganz herrschende Meinung für zulässig erachtet. Denn das gerichtlich bestellte Vorstandsmitglied kann nicht mehr Befugnisse haben, als sie ihm nach der Satzung zustehen. Ein solcher Machtzuwachs des gerichtlich bestellten Vorstandsmitglieds läßt sich auch nicht mit der rechtsgestaltenden Kraft des Bestellungsbeschlusses begründen; diese heilt lediglich Mängel des **Bestellungsverfahrens,** kann aber an dem satzungsgemäßen Unvermögen des bestellten Vorstandsmitglieds nichts ändern. In diesem Fall hilft nur eine Ergänzung des Bestellungsbeschlusses durch Bestellung weiterer Vorstandsmitglieder, und zwar so vieler, wie nach der Satzung zur Vertretung des Vereins erforderlich sind.

Dem Gebot der Satzungstreue entspricht es auch, daß das Gericht bei der Bestellung fehlender Vorstandsmitglieder die Ersatzpersonen mit der entsprechenden Bezeichnung ihrer Vereinsfunktion versieht (Vorsitzender, Kassier, Schriftführer usw.), falls sich diese aus den Registerakten ergibt. Denn mit der schlichten Bestellung zum Vorstandsmitglied können Unklarheiten über die Geschäftsführungsbefugnis und die sonstigen satzungsmäßigen Zuständigkeiten des oder der Bestellten entstehen.

300 Die Bestellung eines Vorstands darf der Registerrechtspfleger ablehnen, wenn es offensichtlich ist, daß jener die Tätigkeit, an der dem Antragsteller gelegen ist, nicht entfalten kann.[22]

301 Der Notvorstand erwirbt keinen Anspruch auf **Vergütung** gegen den Staat oder den Antragsteller, sondern nach § 612 BGB gegen den Verein,[23] jedenfalls dann, wenn der Bestellte nicht Mitglied des Vereins ist oder der Vorstand nach der Satzung Anspruch auf Vergütung (nicht nur auf Ersatz seiner Aufwendungen) hat. Erklärt sich ein Vereinsmitglied bereit, ein nach der Satzung ehrenamtliches Vorstandsamt als Notvorstand zu übernehmen, so erlangt es damit regelmäßig keinen Anspruch auf eine Vergütung, sondern nur auf Ersatz seiner Auslagen. Umgekehrt kann sich der Verein nicht darauf berufen, daß der Vorstand nach der Satzung ehrenamtlich tätig sei, wenn das Gericht eine Person zum Notvorstand ernennt, die lediglich aufgrund ihres Berufes (z. B. Rechtsanwalt, Bücherrevisor) bereit ist, die Bestellung anzunehmen. Das Amtsgericht (Rechtspfleger) darf mit dem Notvorstand eine bestimmte Vergütung vereinbaren, die für den Verein verbindlich ist;[24] dann aber besteht kein triftiger Grund, dem Gericht die Befugnis abzusprechen, die Vergütung des Notvorstands auf Antrag festzusetzen.[25]

302 Die vom Gericht bestellten Vorstandsmitglieder sind von Amts wegen in das Vereinsregister einzutragen, desgleichen die im Bestellungsbeschluß verfügte Beschränkung ihrer Vertretungsmacht.

---

[21] OLGZ 1965, 332; 1968, 200/207

[22] OLG Frankfurt JZ 1952, 565

[23] BGH WPM 1969, 600; BayObLG Rpfleger 1975, 354 (für GmbH-Geschäftsführer)

[24] Vgl. BayObLGZ 1955, 288/293; LG Siegen MDR 1951, 102; Möhring BB 1953, 1037

[25] Vgl. BayObLGZ 1973, 59/62f.; = WPM 1973, 345; LG Hamburg MDR 1971, 298; AG Charlottenburg MDR 1978, 49 (Stiftung); Stöber Rdnr. 149; Palandt § 29 Anm. 3; a. A. Soergel § 29 Rdnr. 25; Keidel/Kuntze/Winkler § 160 Rdnr. 9

303 Gegen die Bestellung eines Notvorstands kann jedes Vereinsmitglied und jedes Vorstandsmitglied Rechtsbehelfe bzw. Rechtsmittel ergreifen (Erinnerung/Beschwerde, weitere Beschwerde).[26] Erinnerung (Beschwerde) und weitere Beschwerde sind an keine Frist gebunden; Anwaltszwang besteht lediglich für die schriftliche Einlegung der weiteren Beschwerde (§ 29 FGG). Bei Ablehnung des Bestellungsantrags steht dem Antragsteller der gleiche Rechtsmittelweg offen.

304 Die **Amtsdauer** des Notvorstands **endet automatisch** mit dem Wegfall des Bestellungsgrundes,[27] also regelmäßig mit der Wahl eines Vorstandes bzw. Vorstandsmitglieds durch das zuständige Vereinsorgan. Wird der gerichtlich Bestellte gewählt, so handelt es sich dabei nicht um eine Wiederwahl, so daß die Wahl zur Eintragung in das Vereinsregister angemeldet werden muß, selbst dann, wenn der Betreffende vor seiner gerichtlichen Bestellung bereits dieses Vorstandsamt bekleidete. Wurde der Notvorstand nur für eine bestimmte Zeit bestellt, so endet seine Amtszeit mit dem Zeitablauf auch dann, wenn der Bestellungsgrund noch nicht weggefallen ist. In einem solchen Fall ist entweder ein Verlängerungsantrag vor Ablauf der Amtszeit oder, nach ihrem Ablauf, ein neuer Antrag eines Beteiligten erforderlich. Dabei wird jedoch erneut die Dringlichkeit einer Verlängerung bzw. erneuten Bestellung zu prüfen sein; u. U. kommt die Bestellung einer anderen Person zum Notvorstand in Betracht. Die im Schrifttum verschiedentlich vertretene Auffassung, es bedürfe zur Beendigung des Amtes des Notvorstands einer formellen Entlassungsverfügung des Gerichts, wird, soweit ersichtlich, von der gerichtlichen Praxis nicht geteilt. Dagegen erscheint es zweckmäßig, von dem Notvorstand nach Beendigung seiner Tätigkeit die Ausfertigung des Bestellungsbeschlusses zurückzufordern, um eine mißbräuchliche Verwendung zu unterbinden.

305 **Legt der Notvorstand sein Amt nieder,** so bedarf es zur neuerlichen Bestellung eines Notvorstands eines neuen Antrags[28] eines Beteiligten, denn der erste Antrag ist mit der erstmaligen Bestellung erledigt.

306 Mitunter ergibt sich aus dem Verhalten des Notvorstands die Notwendigkeit, ihn vorzeitig **abzuberufen.** Als Gründe hierfür kommen u. a. Nichterfüllung des Auftrags, Täuschung der Mitglieder über die Eigenschaft als Notvorstand, unverhältnismäßig lange Verzögerung der Einberufung der Mitgliederversammlung oder Handlungen in Betracht, die dem Vereinszweck oder dem Zweck der gerichtlichen Bestellung zuwiderlaufen. Zur Abberufung des von ihm bestellten Vorstandes ist das Gericht bei Vorliegen eines wichtigen Grundes berechtigt; es kann dann ohne weiteres eine andere Person zum Notvorstand bestellen. Ein Recht, die Abberufung zu beantragen, steht jedem Vereinsmitglied und jedem Vorstandsmitglied zu.[29] Einem **Dritten** steht ein solches Antragsrecht nicht zu; er kann lediglich die Abberufung des Notvorstands durch das Gericht **anregen.** Leistet das Gericht dieser Anregung keine Folge, so steht ihm ein Beschwerderecht nur zu, wenn er

---

[26] Vgl. KG RJA 8, 210; JFG 15, 101; BayObLGZ 1934, 224/225
[27] RG JW 1918, 361
[28] a. A. Stöber Rdnr. 148
[29] KG OLGZ 1967, 97 = NJW 1967, 933 = WPM 1967, 83; BayObLGZ 1978, 247

durch die Nichtbefolgung seiner Anregung in seiner Rechtsstellung (nicht nur in seinem wirtschaftlichen Interesse) beeinträchtigt ist (§ 20 Abs. 1 FGG). Wenn auch das Antragsrecht des Dritten auf **Bestellung** eines Notvorstandes der Notwendigkeit entspringt, daß der Verein im Rahmen des zwischen dem Dritten und dem Verein bestehenden Rechtsverhältnisses vertreten wird, so hört der Dritte mit der Bestellung des Notvorstandes auf, an den Verhältnissen des Vereins beteiligt zu sein. Ob und in welcher Weise der Notvorstand die Interessen des Vereins wahrnimmt, berührt nicht den Rechtskreis des Antragstellers. Ihm kann ein Recht, die Abberufung eines Notvorstandes deshalb zu beantragen, weil sich der Notvorstand seiner Auffassung nach nicht richtig verhält, ebensowenig zugebilligt werden, wie er eine rechtliche Befugnis hätte, die Bestellung eines Vorstandes aufgrund der Satzung, etwa durch Wahl der Mitgliederversammlung, anzufechten.[29]

Wird der Beschluß des Amtsgerichts, mit dem der Notvorstand abberufen wurde, durch das Beschwerdegericht aufgehoben, so hat dies nicht zur Folge, daß der Abberufene ohne weiteres wieder die Rechtsstellung eines Notvorstands erlangt.[30]

307 Nach Beendigung seines Amtes hat der Notvorstand alle Vereinsunterlagen an den Nachfolger im Vereinsamt herauszugeben und die verlangten Auskünfte zu erteilen.[31]

4. Sonstige Vereinsorgane

Vorstandschaft, Gesamtvorstand, Beirat, Aufsichtsrat, Ausschuß u. ä.

308 Als körperschaftlicher Zusammenschluß einer Anzahl von Personen muß der Verein mindestens zwei Organe haben: Die Mitgliederversammlung und den Vorstand. Im übrigen kann der Verein seine Organisation frei gestalten und dazu auch weitere Vereinsorgane in der Satzung bilden. Häufig wird ein solches weiteres Vereinsorgan in den Vereinssatzungen als Vorstandschaft, Gesamtvorstand, erweiterter Vorstand, geschäftsführender Vorstand, Präsidium, Direktorium, Aufsichtsrat, Beirat oder Ausschuß bezeichnet. Auch am Vereinszweck ausgerichtete oder aus älteren gesetzlichen Regelungen übernommene Bezeichnungen (z. B. Schützenmeisteramt) sind dabei anzutreffen. Bei Bezeichnungen dieses Organs, die den Bestandteil „Vorstand" enthalten, besteht die Gefahr einer Verwechslung des so bezeichneten Organs mit dem eigentlichen Vorstand im Sinne des § 26 BGB. Solche Bezeichnungen sollten daher vermieden werden, wenn sie auch aus Rechtsgründen nicht zu beanstanden sind. Eine verbreitete, leider unausrottbare Übung bei der Abfassung von Vereinssatzungen besteht darin, dieses Organ ebenfalls als „Vorstand" und den wirklichen Vorstand als „Vorstand im Sinne des Gesetzes" oder als „Vorstand im Sinne des § 26 BGB" zu bezeichnen. Die Rechtsprechung nimmt dies zwar (wenn auch wohl mit Unbehagen) hin,[32]

---

[29] KG OLGZ 1967, 97 = NJW 1967, 933 = WPM 1967, 83; BayObLGZ 1978, 247
[30] BayObLGZ 1978, 243/248 = Betrieb 1978, 2165
[31] vgl. BGHZ 24, 47/53; R-D-K Rdnr. 523
[32] vgl. KG RJA 11, 265; BayObLGZ 1916, 135; BayObLG MittBayNot 1976, 210; LG Wuppertal MittRhNotK 1975, 653

dennoch besteht bei einer derartigen Satzungsgestaltung die Gefahr, daß die Satzung vom Registergericht wegen ungenügender Bestimmtheit ihres Inhalts beanstandet wird.[33] Wenn nämlich die Unterscheidung der beiden Organe – einmal „Vorstand", ein andermal „Vorstand im Sinne des Gesetzes (oder des § 26 BGB)" – in der Satzung nicht konsequent beibehalten und vielleicht ab und zu nur vom „Vorstand" gesprochen wird, können Zweifel entstehen, welches Organ gemeint ist. Freilich ist nach der Vorstellung der Vereinsgründer und der Verteilung der Vereinsaufgaben in der Satzung oft nicht der Vorstand, sondern der Gesamtvorstand (oder wie immer dieses Organ bezeichnet ist) das für das Vereinsleben wichtigere Vereinsorgan, so daß es verständlich ist, ihm auch einen dieser Bedeutung entsprechenden Namen zu geben; auch das Interesse des Vereins an der Bereitschaft bestimmter Persönlichkeiten, sich in dieses Organ wählen zu lassen, mag bei der Organbenennung eine Rolle spielen. Dies alles darf aber nicht dazu führen, daß durch verwirrende Organbezeichnungen die gebotene Klarheit und Bestimmtheit der Satzung in Frage gestellt wird.

309 Die Aufgaben dieses Organs bestimmen sich ausschließlich nach der Satzung. Diese sollte sich daher so genau wie möglich äußern. Dem Organ können grundsätzlich alle Befugnisse eingeräumt werden, soweit diese nicht im Gesetz zwingend dem Vorstand oder der Mitgliederversammlung vorbehalten sind. Es kann ihm die Überwachung des Vorstands, ein Weisungsrecht gegenüber dem Vorstand, einzelne Bereiche der Geschäftsführung, ja sogar die gesamte Geschäftsführung des Vereins übertragen werden.[34] Unbedenklich ist es ferner, die Vertretungsmacht des Vorstands (nach außen) in der Weise zu beschränken, daß er für bestimmte Geschäfte der Zustimmung dieses Organs bedarf. Dagegen ist es nicht zulässig, dem Vorstand die Vertretung des Vereins ganz zu entziehen.[35]

Die Satzung soll, wenn sie ein solches Organ – oder weitere Organe – vorsieht, auch Bestimmungen über seine Zusammensetzung, Bestellung, Amtsdauer und Beschlußfassung treffen.

310 Ob außer anderen Personen auch die Vorstandsmitglieder (oder ein Teil von ihnen, z. B. der 1. Vorsitzende) diesem Organ angehören, wird sich in erster Linie nach den Aufgaben bestimmen, die dem Organ zugewiesen sind. Hat das Organ die Aufgabe, den Vorstand zu kontrollieren (Aufsichtsrat), ihm Weisungen zu erteilen oder ihn zu beraten, wird eine Zugehörigkeit von Vorstandsmitgliedern (jedenfalls aller) nicht in Betracht kommen. Obliegt dagegen die Geschäftsführung ganz oder teilweise diesem Organ, bestehen keine rechtlichen Bedenken dagegen, daß auch Vorstandsmitglieder – neben weiteren Personen – dem Organ angehören. Eine solche Organbesetzung wird in der Regel bei einem erweiterten Vorstand, einem Gesamtvorstand oder geschäftsführenden Vorstand veranlaßt sein. Die Satzung kann aber auch zwischen dem Vorstand und dem weiteren Organ eine personelle Trennung vorschreiben. Auch Nichtvereinsmitglieder können als Organmitglie-

---

[33] vgl. BayObLGZ 1971, 266 = Rpfleger 1971, 352; BayObLGZ 1972, 286 = Rpfleger 1972, 440
[34] siehe Rdnr. 250
[35] dazu auch bei Rdnr. 225

der vorgesehen werden, sofern dem nicht der Zweck des Vereins oder die bisherige Übung im Verein entgegensteht.

Enthält die Satzung keine besonderen Vorschriften über die Beschlußfassung des Organs, so greifen – wie für den Vorstand – die gesetzlichen Vorschriften über die Beschlußfassung der Mitgliederversammlung und den Stimmrechtsausschluß entsprechend ein.

311 Bei Meinungsverschiedenheiten unter den Mitgliedern des Organs ist zunächst die Mitgliederversammlung zur Entscheidung anzurufen; vorher kann die Sache nicht vor das Gericht gebracht werden.[36]

312 Alle im Gesetz für den „Vorstand“ gegebenen Vorschriften, insbesondere die Bestimmungen in den §§ 26, 28, 29, 59 Abs. 1, 64, 67, 68, 69, 70, 71, 72, 73, 77 und 78 BGB betreffen nicht die Mitglieder dieses weiteren Vereinsorgans.[36a]

Besondere Vertreter gemäß § 30 BGB

313 Für einzelne Geschäftsbereiche (besondere Abteilung örtlicher und sachlicher Art; abgeschlossenes Sachgebiet einer Vereinsverwaltung;[37] Leitung einer unselbständigen Untergliederung; eigenverantwortliche Leitung einer selbständigen Vereinseinrichtung, auch eines wirtschaftlichen Nebenbetriebs) kann die Satzung neben dem Vorstand besondere Vertreter gem. § 30 BGB vorsehen.[38] Beim Fehlen einer entsprechenden Satzungsbestimmung wäre eine Bestellung unzulässig und daher unwirksam.[39]

Die Bestellung und Abberufung der „besonderen Vertreter“ bestimmt sich zunächst nach der Satzung; schweigt diese, so ist hierfür die Mitgliederversammlung zuständig. Wenn die Satzungsbestimmung, durch welche der Geschäftskreis eines besonderen Vertreters umrissen wird, keine genauere Begrenzung der Vertretungsmacht enthält, so ist die Satzung dahin zu verstehen, daß der besondere Vertreter innerhalb des Geschäftskreises für alle einschlägigen Rechtsgeschäfte Vertretungsmacht haben soll.[40] Die Satzung kann aber die Vertretungsmacht des besonderen Vertreters beschränken oder ganz ausschließen, [41] etwa in der Weise, daß der besondere Vertreter bei Rechtsgeschäften, die in seinen Geschäftskreis fallen, nur zusammen mit einem Vorstandsmitglied zur Vertretung des Vereins ermächtigt wird oder daß er rechtsgeschäftlich überhaupt nur mit Vollmacht des Vorstandes handeln darf.[40] Eine Beschränkung oder ein gänzlicher Ausschluß der Vertretungsmacht des besonderen Vertreters ist in das Vereinsregister einzutragen und gilt dann in gleicher Weise gegen Dritte wie die eingetragene Beschrän-

---

[36] RG Recht 1912 Nr. 3021; über Verantwortlichkeit, Haftung und Rechtsschutz des Organs vgl. Hölters BB 1977, 105; ferner Verhoeven BB 1978, 335, jeweils bezüglich des Beirats einer GmbH, sowie Hölters Betrieb 1980, 2225 (Beirat bei der GmbH & Co. KG)

[36a] zur Notbestellung fehlender Mitglieder einer „Vorstandschaft“ gemäß § 29 BGB vgl. BayObLG Rpfleger 1980, 260 (Rechtsprechungsübersicht)

[37] BGB-RGRK § 30 Rdnr. 1

[38] RGZ 53, 277; 74, 255; 91, 4; RG JW 1912, 338

[39] vgl. RG Recht 1912 Nr. 3317; RGZ 157, 228/236

[40] Staudinger § 30 Rdnr. 8

[41] in RGZ 157, 228/236 offen gelassen

kung der Vertretungsmacht des Vorstandes. Eine Beschränkung der Vertretungsmacht durch bloße interne Anweisung braucht ein Dritter nur gegen sich gelten zu lassen, wenn er sie kannte oder fahrlässigerweise nicht kannte.[42]

Diese besonderen Vertreter haben sowohl dem Verein wie auch Dritten gegenüber innerhalb ihres Wirkungskreises **dieselbe Stellung wie der Vorstand.** Sie sind demzufolge auch **im Vereinsregister einzutragen,** wenn auch § 64 BGB eine Eintragung nicht ausdrücklich vorsieht. Es wäre sinnwidrig, dem Dritten die Nachprüfung, ob der Verein durch eine für ihn abgegebene Erklärung gebunden wird, durch den Registerinhalt nur bei einer Vertretung durch den Vorstand und nicht auch dann zu ermöglichen, wenn satzungsgemäß statt des Vorstands besondere Vertreter handeln. Diesen können gerade die wichtigsten Geschäfte übertragen sein.[43]

Zum besonderen Vertreter des Vereins für einen bestimmten Geschäftskreis kann auch ein Vorstandsmitglied bestellt werden.[44] Die Eigenschaft als besonderer Vertreter wird auch nicht dadurch beeinträchtigt, daß dieser an Weisungen eines übergeordneten Organs gebunden ist.[45] Ob eine solche Gebundenheit eine Beschränkung der Vertretungsmacht des besonderen Vertreters nach außen bedeutet oder nur das Innenverhältnis betrifft, ist eine Frage der Auslegung der Satzung.

Der Verein ist für den Schaden verantwortlich, den ein besonderer Vertreter durch eine in Ausführung der ihm zustehenden Verrichtungen begangene, zum Schadensersatz verpflichtende Handlung einem Dritten zufügt, § 31 BGB.[46]

Prüfung der Geschäftsführung

314 Eine regelmäßige Prüfung der Geschäftsführung, wie sie für die Genossenschaft gesetzlich vorgeschrieben ist (§ 53 GenG), kennt das Vereinsrecht nicht. Gleichwohl sind solche Prüfungen jedenfalls bei den größeren Vereinen sehr gebräuchlich. Die Prüfung durch sogenannte **Revisoren** (üblich sind 2 Personen) kann in der Satzung angeordnet werden. Sie kann aber auch generell oder von Fall zu Fall durch die Mitgliederversammlung beschlossen werden. Die Revisoren haben die Geschäftsführung des Vorstands und der sonstigen Vereinsorgane unvermutet und unangemeldet zu überprüfen. Sie können alle Bücher und Schriften des Vereins einsehen. Wieweit die Überwachung zu gehen hat, läßt sich nicht allgemein sagen. Es entscheidet, was man den Revisoren verständigerweise zumuten kann. Die Vereinsorgane sind jedenfalls verpflichtet, alles zu tun, um den Revisoren die Erfüllung ihrer Pflichten zu ermöglichen und zu erleichtern. Bei der Ausübung der Revisionstätigkeit dürfen sich die Revisoren nicht blind auf die Angaben des

---

[42] RGZ 94, 318/320; BGB-RGRK § 30 Rdnr. 1
[43] KG OLG 44, 115; KG JFG 2, 280; BayObLG MDR 1981, 668 = Rpfleger 1981, 310; Keidel/Schmatz/Stöber Rdnr. 1093; a. A. BGB-RGRK § 67 Rdnr. 1; Palandt § 30 Anm. 1 und § 65 Anm. 1; Jansen § 159 Rdnr. 5; Kirberger Rpfleger 1979, 5/10
[44] OLG Hamburg OLG 8, 14; RGZ 117, 61/64; RG Recht 1909 Nr. 790
[45] RGZ 157, 236
[46] Näheres bei Rdnr. 290

Vorstands verlassen. Sie brauchen zwar nicht alle Buchungsvorgänge nachzuprüfen, sie sollen sich aber vom Gang der Angelegenheiten des Vereins unterrichten, soweit es der Prüfungszweck erfordert. Ein Schweigerecht hat der Vorstand oder ein sonstiges Vereinsorgan gegenüber den Revisoren nicht. Die Revisoren dürfen und müssen gegebenenfalls Auskunft über sämtliche Vereinsverhältnisse verlangen. Ihnen ist nichts zu verbergen. Der Vorstand darf einen in den gesetzlichen Grenzen verlangten Bericht nicht verweigern und nie falsch berichten, etwa irgend etwas Wesentliches verschweigen. Die Revisoren dürfen die Barbestände an Geld, Wertpapieren und Waren untersuchen. Sie müssen insbesondere nachprüfen, ob die Bücher ordnungsgemäß geführt werden und mit dem Jahresabschluß übereinstimmen. Sie können sich auf Stichproben in den Büchern, Schriften und Beständen beschränken, wenn sie keinen Grund zur eingehenden Prüfung finden. Die Revisoren haben den Jahresabschluß und den Geschäftsbericht zu prüfen und der Mitgliederversammlung darüber zu berichten. In dem Bericht haben sie mitzuteilen, in welcher Art und in welchem Umfang sie die Geschäftsführung während des Geschäftsjahres geprüft haben und ob die Prüfung zu wesentlichen Beanstandungen Anlaß gegeben hat. Was eine wesentliche Beanstandung ist, ist Frage des Einzelfalls. Ein Weisungsrecht gegenüber den Vereinsorganen haben die Revisoren nicht.

Zu Revisoren Mitglieder eines Vereinsorgans zu bestellen, ist sinnwidrig, da es ja gerade ihre Aufgabe ist, die Tätigkeit des Vorstands und der anderen Vereinsorgane zu überwachen. Wenn die Satzung oder der Versammlungsbeschluß nichts anderes bestimmt, können mit der Prüfung auch Nichtmitglieder (auch eine juristische Person, z. B. Treuhand-GmbH) beauftragt werden.

315 In manchen Vereinen ist es üblich, statt Revisoren **Rechnungsprüfer** zu bestellen.

Mit dieser Bezeichnung kann eine Beschränkung der Prüfung auf die Übereinstimmung zwischen den Ein- und Ausgabenbelegen und dem Kassenbestand gewollt sein; es kann aber auch eine umfassende Revision der Geschäftsführung bezweckt werden. Umgekehrt kann sich aus der Vereinsübung ergeben, daß die ,,Revisoren" nur Rechnungsprüfungsaufgaben wahrnehmen sollen. Im Zweifel bestimmt die Mitgliederversammlung Gegenstand und Umfang der Prüfung.

V. Schiedsgericht[1]

316 Die Satzung kann bestimmen, daß über Streitigkeiten zwischen Mitgliedern oder zwischen Mitgliedern und dem Verein ein Schiedsgericht anstelle des ordentlichen Gerichts zu entscheiden hat. Die Formvorschrift des § 1027

[1] Spezialliteratur: Vollmer, Satzungsmäßige Schiedsklauseln, 1970; Kleinmann, Schiedsklauseln in Vereins- und Gesellschaftssatzungen, BB 1970, 1076; Nicklisch, Schiedsgerichtsklauseln und Gerichtsstandvereinbarungen in Verbandssatzungen und Allgemeinen Geschäftsbedingungen, BB 1972, 1285; Preis, Schiedsverträge innerhalb von sozialen Gewaltverhältnissen, Betrieb 1972, 1723; Lukes, Erstreckung der Ver-

Abs. 1 ZPO braucht dabei nicht eingehalten zu werden.[2] Auch die gerichtliche Nachprüfung von Vereinsstrafen einschließlich des Ausschlusses aus dem Verein kann einem Schiedsgericht übertragen, der ordentliche Rechtsweg also – mit Ausnahme der Aufhebungsklage gegen den Schiedsspruch – ausgeschlossen werden.[3] Auf Dritte, auch auf Angestellte des Vereins, die dem Verein nicht angehören, kann die Schiedsgerichtsbarkeit nicht durch die Satzung, sondern nur mittels individueller Schiedsverträge erstreckt werden.[4] Als Dritter hat auch ein Vereinsmitglied zu gelten, wenn der Streitgegenstand nicht in seinem Mitgliedschaftsverhältnis begründet ist. Nach der Auffassung des Bundesgerichtshofs ist aber die Bestimmung in einem Schiedsvertrag, wonach ein nur aus Mitgliedern des Vereins zu bildendes Schiedsgericht über Streitigkeiten zwischen Vereinsmitgliedern und Nichtmitgliedern zu entscheiden hat, grundsätzlich unwirksam; der Schiedsspruch eines so besetzten Schiedsgerichts sei aufzuheben.[5] Demgegenüber hat das Oberlandesgericht Hamburg entschieden, daß eine solche Bestimmung in einem Schiedsvertrag auch für ein Nichtmitglied verbindlich sein kann, wenn keine Umstände erkennbar sind, die die Schiedsrichter als befangen erscheinen lassen.[6] Dieser Meinung ist im Ergebnis zuzustimmen. Der vom Bundesgerichtshof von der Vereinszugehörigkeit der Schiedsrichter gezogene Schluß auf ihre generelle Befangenheit ist, wie Bülow[7] und Bettermann[8] überzeugend nachgewiesen haben, keineswegs zwingend. Die Interessen des Nichtmitglieds sind im Einzelfall durch das Recht, die Schiedsrichter aus konkretem Anlaß wegen Besorgnis der Befangenheit abzulehnen, ausreichend geschützt.

Ist die Schiedsabrede erst in einer **Schiedsgerichtsordnung** enthalten, so ist sie nur wirksam, wenn diese (durch eine Satzungsänderung) zum Satzungsbestandteil erklärt und beim Registergericht eingereicht ist.[9]

317 Das Schiedsgericht darf nicht mit einem **Vereinsausschuß** verwechselt werden, der über die Festsetzung einer Vereinsstrafe und über den Ausschluß eines Mitglieds zu befinden hat. Denn das Schiedsgericht ist kein Vereinsorgan; es hat eine richterliche Funktion und daher grundsätzlich Rechtsentscheidungen zu fällen. Das mit der Vereinsstrafgewalt (Disziplinargewalt) ausgestattete Organ des Vereins ist kein Gericht, wenn es auch gewisse

---

einsgewalt auf Nichtmitglieder durch Rechtsgeschäft, Festschrift f. Westermann, S. 325; Schwab, Schiedsrichterernennung und Schiedsrichtervertrag, Festschrift f. Schiedermair, S. 449; ferner Habscheid und Ernemann KTS 1976, 1

[2] RGZ 153, 267; BGH MDR 1951, 674 (für Satzung der AG)

[3] Zur Zuständigkeit des ordentlichen Gerichts zum Erlaß einer einstweiligen Verfügung trotz Vorliegens einer Schiedsgerichtsordnung vgl. OLG Hamm MDR 1973, 521

[4] Staudinger vor § 21 Rdnr. 52; vgl. RG JW 1939, 1338; OLG Düsseldorf NJW 1950, 876; zum Anwendungsbereich einer in einem Vertrag enthaltenen Schiedsklausel, nach der „jede etwaige Streitigkeit aus Anlaß dieses Vertrags" durch ein Schiedsgericht entschieden werden soll, siehe BGH NJW 1980, 2022

[5] BGH NJW 1969, 750 = WPM 1969, 216 = BGHZ 51, 255; dazu Kornblum ZZP 82, 480

[6] MDR 1975, 409

[7] NJW 1970, 585

[8] MDR 1975, 410

[9] OLG München BB 1977, 865

allgemein gültige Verfahrensgrundsätze zu beachten hat, damit das Verfahren nicht zu einem Willkürakt wird und sich das betroffene Mitglied sachgerecht verteidigen kann.[10] Bei einem in der Satzung vorgesehenen „**Ehrengericht**" ist daher zu prüfen, ob es ein Schiedsgericht oder ein Disziplinarorgan des Vereins ist. Wenn eine Vereinssatzung bei Streitigkeiten zwischen dem Verein und seinen Mitgliedern die Anrufung eines „Schiedsgerichts" und gegen dessen Entscheidung die Anrufung der Mitgliederversammlung vorschreibt, so handelt es sich um keine echte Schiedsgerichtsbarkeit, die die Einrede des § 274 ZPO rechtfertigt,[11] sondern um eine Regelung, die es den Vereinsmitgliedern zur Pflicht macht, vor einer Klage beim ordentlichen Gericht zunächst den vereinsinternen Rechtsweg zu beschreiten. Eine Klage beim ordentlichen Gericht, die erhoben wird, ehe der vereinsinterne Rechtsweg erschöpft ist, ist unzulässig.

318 **Die Aufgaben und die Zuständigkeit eines Schiedsgerichts** müssen in der Satzung festgelegt werden.[12] Eine in der Satzung eines Vereins enthaltene Bestimmung, alle Streitigkeiten zwischen den Mitgliedern und dem Verein seien unter Ausschluß des Rechtswegs durch ein Schiedsgericht zu regeln, erfaßt nicht die Klage auf Feststellung der Unwirksamkeit eines Beschlusses der Mitgliederversammlung. Denn die Parteien können sich über einen derartigen Streitgegenstand nicht vergleichen. Daher kann über diese Feststellungsklage nur im ordentlichen Rechtsweg entschieden werden.[13]

Das Schiedsgericht besteht üblicherweise aus drei Mitgliedern, nämlich einem Vorsitzenden und je einem von jeder Partei zu benennenden Beisitzer. Beisitzer können auch Vereinsmitglieder,[14] nicht aber Vorstandsmitglieder[15] sein: Denn ein Mitglied, das zugleich Vereinsorgan ist, wäre als Schiedsrichter in Streitigkeiten des Vereins zugleich auch Partei. Es kann auch satzungsmäßig bestimmt werden, daß die Schiedsrichter einen bestimmten Beruf haben müssen oder einem bestimmten Berufsstand nicht angehören dürfen. Für das Verfahren und die Entscheidung des Vereinsschiedsgerichts gelten die allgemeinen Grundsätze der Schiedsgerichtsbarkeit.[16]

319 Die **Ablehnung eines Schiedsrichters** wegen Besorgnis der Befangenheit ist in ihrer Voraussetzung und ihrer Wirkung durch die §§ 1032 und 1045 ZPO besonders geregelt. Danach wird die Ablehnung eines bestellten Schiedsrichters erst dadurch wirksam, daß ein entsprechendes Ablehnungsgesuch von dem zuständigen ordentlichen Gericht für begründet erklärt wird. Die Entscheidung über die Ablehnung eines Schiedsrichters kann nicht dem Schiedsgericht selbst übertragen werden. Hier hat stets das ordentliche Gericht zu entscheiden.[17] Auch ist die Ablehnung eines Schiedsrichters we-

---

[10] Vgl. BGH BB 1967, 732; RGZ 113, 321/323; vgl. auch Schopp Rpfleger 1959, 335/339

[11] OLG Nürnberg OLGZ 1975, 437

[12] Zur Rechtsnatur des Schiedsgerichts einer politischen Partei vgl. OLG Frankfurt NJW 1970, 2250 = MDR 1971, 57

[13] BGH MDR 1951, 674 (für AG)

[14] RGZ 113, 321

[15] RG JW 1918, 732; zur Frage der Vereinbarkeit von gesetzlicher (Mit-)Vertretung einer Verfahrenspartei und Schiedsrichteramt s. Kornblum BB 1977, 675

[16] Staudinger vor § 21 Rdnr. 53

[17] BGH NJW 1957, 791

gen der Besorgnis der Befangenheit nicht mehr möglich, sobald der Schiedsspruch erlassen und beim ordentlichen Gericht niedergelegt ist.[18] Diese besondere Regelung kann nicht durch Irrtumsanfechtung wieder beseitigt werden.[19]

320 Ist in der Satzung ein Schiedsgericht vorgesehen, so ist es für alle ihm zugewiesenen Aufgaben ausschließlich zuständig. Die schiedsgerichtliche Zuständigkeit kann sich im allgemeinen im Hinblick auf § 39 Abs. 2 BGB nicht über den Zeitpunkt des Ausscheidens des Mitglieds hinaus erstrekken.[20] Ausgeschiedene Mitglieder unterliegen nur dann noch dem satzungsgemäßen Schiedsgericht, wenn Ansprüche aus Verhältnissen vor dem Austritt des Mitglieds streitig sind.[21]

321 Das Schiedsgericht hat den Sachverhalt genauestens zu ermitteln, soweit es die Ermittlung für erforderlich hält, es kann insbesondere auch Zeugen und Sachverständige vernehmen, aber nicht beeiden. Rechtsanwälte dürfen als Bevollmächtigte nicht zurückgewiesen werden. Die Verhandlung vor dem Schiedsgericht ist, wenn die Verfahrensordnung nichts anderes bestimmt, nicht öffentlich.[22] Entscheidend für den zu fällenden Schiedsspruch ist, sofern die Satzung nichts anderes bestimmt, einfache Stimmenmehrheit.

322 Gegen den Schiedsspruch ist die **Aufhebungsklage,** die nur auf bestimmte in § 1041 ZPO aufgeführte Gründe gestützt werden kann, zulässig; insoweit kann der ordentliche Rechtsweg nicht ausgeschlossen werden.

Muß das ordentliche Gericht einen Schiedsspruch auslegen, so darf es in der Regel die Schiedsrichter nicht als Zeugen über den Sinn des Schiedsspruchs vernehmen. Das gilt selbst dann, wenn die Parteien die Schiedsrichter von der Wahrung des Beratungsgeheimnisses entbunden haben.[23]

Muster einer Schiedsgerichtsordnung siehe bei Rdnr. 477.

VI. Vereinsverband und Gesamtverein

323 Wenn mehrere Vereine den gleichen oder einen ähnlichen Zweck verfolgen, führt dies häufig zu der Feststellung, daß die gemeinsamen Interessen durch einen Zusammenschluß der Vereine auf überörtlicher, überregionaler, Landes- oder Bundesebene wirkungsvoller vertreten werden können. Da aber die einzelnen Vereine dabei in aller Regel ihre Selbständigkeit nicht völlig aufgeben wollen, ein Zusammenschluß durch Verschmelzung[1] (Fusion) also ausscheidet, bietet sich die Gründung eines Verbandes an, dessen Mitglieder die betreffenden Vereine sind. Für einen solchen Verband hat sich

---

[18] RGZ 145, 171; BGH NJW 1952, 27
[19] BGH BB 1955, 296
[20] RGZ 88, 395
[21] RGZ 113, 321/323
[22] Schwab S. 125; R-D-K Rdnr. 1136; zur Öffentlichkeit von Parteigerichten siehe Henke NVwZ 1982, 84
[23] BGH BB 1957, 379
[1] Dazu bei Rdnr. 358

der Begriff **„Vereinsverband"** inzwischen wohl durchgesetzt. Der Rechtsform nach ist er entweder rechtsfähiger oder nichtrechtsfähiger Verein. Die Gründung eines rechtsfähigen Vereinsverbands unterscheidet sich von der eines „gewöhnlichen" rechtsfähigen Vereins nur dadurch, daß die Gründer regelmäßig nur Vereine[2] (rechtsfähige oder nichtrechtsfähige) sind; es ist aber nicht ausgeschlossen, daß außer Vereinen sich auch natürliche Personen an der Gründung eines Vereinsverbandes beteiligen oder diesem später beitreten, wenn die Verbandssatzung dies zuläßt. In der Gründungsversammlung des Vereinsverbands werden die Mitgliedsvereine durch den jeweiligen Vorstand in vertretungsberechtigter Zahl von Vorstandsmitgliedern rechtswirksam vertreten, falls die Satzungen der Mitgliedsvereine (auch Anschlußvereine genannt) keine Beschränkungen der Vertretungsmacht (§ 26 Abs. 2 Satz 2 BGB) enthalten. Soll der Vereinsverband die Rechtsfähigkeit durch Eintragung im Vereinsregister erlangen, bedarf es entgegen der Meinung des Landgerichts Mainz[3] – wie bei jeder Errichtung eines rechtsfähigen Vereins – der Unterzeichnung der Verbandssatzung durch die Vertreter von mindestens sieben Mitgliedsvereinen. Daß diese ihrerseits im Einzelfall eine weitaus größere Zahl von Mitgliedern als sieben haben, ist kein Grund, von der Einhaltung der Vorschrift des § 59 Abs. 2 BGB (und des § 56 BGB) abzusehen; ebensowenig verfängt der Hinweis darauf, daß diese Bestimmung „nur" eine Sollvorschrift sei (siehe § 60 BGB).[3a]

Durch die Mitgliedschaft beim Vereinsverband geht der vereinsrechtliche Status der Mitgliedsvereine nicht verloren. Diese werden zwar regelmäßig einen mehr oder minder großen Teil ihrer Autonomie an den Vereinsverband abgeben müssen,[4] da sonst der mit dem Zusammenschluß erstrebte Zweck nicht zu verwirklichen wäre. Die Unterordnung der Mitgliedsvereine unter den Verbandswillen darf aber nicht so weit ausgedehnt werden, daß die Mitgliedsvereine in **totale Abhängigkeit** vom Verband geraten.[5] Dies ist vom Registergericht zu beachten, wenn es mit der Prüfung der Satzung von Mitgliedsvereinen (bei deren Ersteintragung oder bei Satzungsänderungen) befaßt ist. Die Unterordnung der Mitgliedsvereine wird dadurch vollzogen, daß diese die entsprechenden Vorschriften der Verbandssatzung wörtlich, sinngemäß oder durch allgemeine Verweisung in die eigenen Satzungen übernehmen.[6]

324 Wer die Mitgliedschaft in einem verbandsangehörigen Verein erwirbt, wird damit nicht ohne weiteres auch Mitglied des Verbandes. Hierfür ist erforderlich, daß die Verbandssatzung – wenn sie überhaupt die Mitgliedschaft von natürlichen Personen (im Gegensatz zu juristischen Personen) vorsieht – bestimmt, daß der Erwerb der Mitgliedschaft im Mitgliedsverein zugleich die Mitgliedschaft im Verband begründet, und außerdem, daß sich auch aus der Satzung des Mitgliedsvereins die Doppelmitgliedschaft ergibt.[7]

---

[2] RG Gruch 54, 649
[3] MDR 1978, 312; ihm stimmt Staudinger § 56 Rdnr. 2 zu.
[3a] ebenso LG Hamburg Rpfleger 1981, 198
[4] BGB-RGRK vor § 21 Rdnr. 25
[5] BGB-RGRK aaO
[6] Ernst S. 84, 85; vgl. Bauernfeind NJW 1959, 379; Schopp Rpfleger 1959, 335/338
[7] BGHZ 28, 131 = NJW 1958, 1867 = MDR 1958, 905 = BB 1958, 1074

Zum Verhältnis des Verbands zum Mitglied eines Mitgliedsvereins hat das Reichsgericht[8] ausgeführt: „Der Beitritt des einzelnen Vereins zum Verband bringt aber die Vereinsmitglieder auch in gewisse unmittelbare Beziehungen nach Maßgabe der Satzung des Verbandes zu diesem und seinen Organen, da nur so der Zweck des Verbandes, den der Verein mit dem Beitritt zu dem seinigen macht, zu erreichen ist. Dementsprechend sind die Mitglieder der Verbandsvereine den Bestimmungen der Satzung des Verbandes und seinen die Mitglieder der Verbandsvereine angehenden weiteren Satzungen, insbesondere den Wettsegelbestimmungen unterworfen und unterstehen auch der Strafgewalt des Vorstandes nach den Bestimmungen der Verbandssatzung. Danach besteht aber nicht nur eine unmittelbare, auf der Grundlage der Satzung erwachsene Vertragsbeziehung zwischen dem Verband und den einzelnen Verbandsvereinen derart, daß letztere die Verbandssatzung bei ihren Mitgliedern zur Geltung zu bringen hätten, sondern durch den Beitritt der einzelnen Vereine zum Verband werden auch die Mitglieder der Vereine in den angegebenen Beziehungen satzungsgemäß dem Verband unmittelbar verpflichtet."

Ob und inwieweit der Verband – vom Fall der Doppelmitgliedschaft abgesehen – die Disziplinarbefugnisse gegenüber den Mitgliedern der Mitgliedsvereine besitzt, ist dennoch umstritten. Geklärt ist lediglich, daß der Verband nicht befugt ist, Mitglieder aus den Mitgliedsvereinen auszuschließen.[9] Im übrigen wird man, wenn nicht in der Satzung der Mitgliedsvereine die Ausübung ihrer Vereinsgewalt dem Verband überlassen ist, die Vereinsgewalt des Verbands nur in dem Bereich anerkennen können, in dem eine unmittelbare, vom Verband eröffnete und vom Einzelmitglied tatsächlich wahrgenommene Beziehung zwischen Verband und Einzelmitglied besteht.[10] Dies ist z. B. bei der Teilnahme an Veranstaltungen des Verbandes oder bei der Benützung seiner Einrichtungen der Fall.[10]

325 Satzungsbestimmungen eines Verbandes, mit denen dieser den Inhalt seiner Rechtsbeziehungen zu Nichtmitgliedern, die seine Einrichtungen benützen wollen, vorweg bestimmt, unterliegen – ähnlich wie Allgemeine Geschäftsbedingungen – der Inhaltskontrolle nach § 242 BGB.[11]

326 Die **Mitgliedsrechte** der Mitgliedsvereine im Vereinsverband werden, soweit die Verbandssatzung keine andere Regelung trifft (z. B. durch Einrichtung der Mitgliederversammlung als Versammlung von Delegierten der Mitgliedsvereine), durch ihre Vorstände (Vorstandsmitglieder in vertretungsberechtigter Zahl) wahrgenommen. Wenn die Mitgliederversammlung des Vereinsverbandes als Versammlung von Delegierten der Mitgliedsvereine satzungsgemäß eingerichtet ist, ist zu beachten, daß die Delegierten des jeweiligen Mitgliedsvereins nicht als dessen Vertretungsorgan, sondern als zur Willensbildung des Verbands berufene Funktionäre handeln. Sie können daher nicht ohne Zustimmung der Mitgliedsvereine (die von deren Vorständen erteilt werden müßte) eine Satzungsänderung beschließen, wonach die

---

[8] SeuffArch 59 Nr. 649
[9] BGHZ 28, 131/134; OLG Karlsruhe MDR 1970, 324
[10] vgl. Ernst S. 87ff.; ferner OLG Karlsruhe MDR 1970, 324
[11] BGH WPM 1972, 1249

Mitgliedsvereine aus dem Verband ausscheiden und deren Mitglieder nunmehr unmittelbar die Mitglieder (Einzelmitglieder) des Verbandes sind.[11a]

327 Die **Auflösung** des Vereinsverbandes hat für die Mitgliedsvereine die Folge, daß jene Bestimmungen in ihren Satzungen, die die Befugnisse des Verbandes regeln, gegenstandslos werden und die Mitgliedsvereine ihre volle Autonomie wieder erlangen.

328 **Ganz anders** als beim Vereinsverband ist die vereinsrechtliche Situation beim sogenannten **Gesamtverein** (im Schrifttum auch als Hauptverein oder Zentralverein bezeichnet). Während es sich beim Vereinsverband um den Zusammenschluß von Vereinen handelt, der sich „horizontal" vollzieht, entsteht ein Gesamtverein dadurch, daß ein Verein durch gebietsweise Erfassung seiner Mitglieder seine Organisation untergliedert („vertikale Gliederung"). Die Bildung von Untergliederungen ist häufig dadurch veranlaßt, daß zentral vom Verein aus infolge seines gewachsenen Umfangs die Vereinsgeschäfte nicht mehr bewältigt werden können und sich daher die Notwendigkeit ergibt, bestimmte Aufgaben des Vereins auf örtliche Geschäftsbereiche zu verteilen.[12] Auch die Erwägung, daß bei großer Mitgliederzahl das Vereinsleben besser gedeiht, wenn es sich in kleineren, den Mitgliedern jeweils näher stehenden Organisationseinheiten abspielt, kann den Anstoß zur Errichtung von Untergliederungen geben. Ob diese unselbständige, lediglich örtlich vom Zentrum der Vereinsverwaltung abgesetzte Verwaltungsstellen des Gesamtvereins sind oder die Qualität von Vereinen besitzen, richtet sich danach, mit welcher Verfassung sie vom Gesamtverein ausgestattet werden.

329 Die Bildung einer Untergliederung als **Verein** – man spricht hier von einem **Zweigverein** – erfordert, wie bei jedem Verein, einen auf gewisse Dauer angelegten, körperschaftlich organisierten Zusammenschluß von Personen, der vom Wechsel der Mitglieder unabhängig ist, einen Gesamtnamen (Vereinsnamen) führt und über die für eine Körperschaft unerläßlichen Organe – Mitgliederversammlung und Vorstand – verfügt.[13] Schreibt die Satzung des Gesamtvereins, was sie kann, vor, daß der Zweigverein die Rechtsfähigkeit besitzen muß,[14] so muß die Satzung des Zweigvereins den Anforderungen der §§ 57 und 58 BGB entsprechen.[15] Als Teil der Organisation des Gesamtvereins darf der Zweigverein keinen anderen als den Zweck des Gesamtvereins verfolgen.[16] Auch im übrigen Inhalt darf die Satzung des Zweigvereins nicht gegen die Satzung des Gesamtvereins verstoßen.[16] Die Fassung der Satzungsbestimmungen kann der Gründungsversammlung des Zweigvereins überlassen[17] oder vom Gesamtverein vorgeschrieben werden[18] (Mustersatzung für Zweigvereine). Die Eingriffe des Gesamtvereins in die Autonomie des Zweigvereins dürfen aber nicht dazu führen, daß diesem jede

---

11a BGH NJW 1980, 2707 = Rpfleger 1980, 463 = MDR 1981, 119; siehe ferner bei Rdnr. 332

12 Wagner JW 1924, 1120

13 siehe auch bei Rdnr. 1, 224

14 R-D-K Rdnr. 1266

15 vgl. R-D-K Rdnr. 1267

16 BGB-RGRK vor § 21 Rdnr. 26

17 R-D-K Rdnr. 1267

18 vgl. RG JW 1927, 2363; RGZ 118, 192/198; PrOVG Recht 1912 Nr. 741

eigene Willensbildung und eigenständige Entfaltung eines Vereinslebens genommen werden. Die Satzung des Gesamtvereins muß dem Zweigverein auch die Freiheit lassen, seine wesentlichen Organe – Mitgliederversammlung und Vorstand – selbst personell zu besetzen.[19]

Anders als beim Vereinsverband sind die Mitglieder des Zweigvereins **immer** auch Mitglieder des Gesamtvereins. Die Mitgliedschaft im Gesamtverein wird durch den Beitritt zum Zweigverein erworben („gestufte Mehrfachmitgliedschaft").[20] Ebenso hat der Austritt aus dem Zweigverein die Beendigung der Mitgliedschaft im Gesamtverein zur Folge.

Da das Recht, sich durch Beschluß der Mitgliederversammlung aufzulösen (§ 41 Satz 1 BGB), einem Verein nicht entzogen werden kann, kann weder die Satzung des Gesamtvereins noch die Satzung des Zweigvereins bestimmen, daß der Zweigverein durch den Beschluß eines Organs des Gesamtvereins aufgelöst werden kann. Dagegen kann bestimmt werden, daß ein von der Mitgliederversammlung des Zweigvereins gefaßter Auflösungsbeschluß zu seiner Wirksamkeit der Zustimmung des Gesamtvereins bedarf.[21]

Die Auflösung des Gesamtvereins bewirkt auch die Auflösung des Zweigvereins.[22] Denn aus der in der Satzung des Zweigvereins eingegangenen Bindung an den Gesamtverein ergibt sich – jedenfalls durch Auslegung der Zweigvereinssatzung –, daß die Dauer des Zweigvereins an den Bestand des Gesamtvereins geknüpft ist. Das schließt nicht aus, daß der infolge der Auflösung des Gesamtvereins aufgelöste Zweigverein seine Fortsetzung als unabhängiger Verein bei entsprechender Umgestaltung seiner Satzung beschließt.

Gestattet der Gesamtverein einem Zweigverein, den geschützten Bestandteil seines Vereinsnamens in den Namen des Zweigvereins aufzunehmen, so ist diese Erlaubnis in der Regel auf die Dauer der Zugehörigkeit des Zweigvereins zum übergeordneten Gesamtverein beschränkt.[23]

330 Eine **unselbständige Untergliederung** liegt vor, wenn sie **keine vereinsmäßige Verfassung** besitzt.[24] Sie tritt nach außen nur im Namen des Gesamtvereins auf, der allein berechtigt und verpflichtet sein kann.[25] Ist der Leiter (Vorstand) einer unselbständigen Untergliederung auf Grund der Satzung des Gesamtvereins zum „besonderen Vertreter" (§ 30 BGB) bestellt, so besitzt er für alle Geschäfte, die gewöhnlich bei der Untergliederung anfallen, Vertretungsmacht für den Gesamtverein.[26] Ohne satzungsmäßige Vertretungsmacht kann der Leiter der unselbständigen Untergliederung für den Gesamtverein nur auf Grund einer Vollmacht des Vorstands des Gesamtvereins handeln.[27] Demgegenüber kann der Zweigverein (vertreten durch seinen Vorstand) alle Rechtsgeschäfte im eigenen Namen vornehmen,

---

[19] vgl. RGZ 73, 92/97; RG JW 1927, 2363; BAG AP Nr. 5 zu § 36 ZPO; R-D-K Rdnr. 1267
[20] BGH NJW 1979, 1402
[21] vgl. BayObLGZ 1979, 303; siehe auch bei Rdnr. 355; a. A. R-D-K Rdnr. 1271
[22] BGB-RGRK vor § 21 Rdnr. 26
[23] BGH GRUR 1976, 644 mit Anm. von Fezer
[24] so zutreffend R-D-K Rdnr. 1272
[25] BGB-RGRK aaO
[26] dazu auch bei Rdnr. 313
[27] vgl. Wagner JW 1924, 1120

die seine Angelegenheiten betreffen, soweit die Satzung des Gesamtvereins nicht entgegensteht.[28]

Die unselbständige Untergliederung kann nur mit Zustimmung des Gesamtvereins entstehen. Wenn Mitglieder ohne Anregung seitens des Gesamtvereins in einem bestimmten Bereich eine Gruppe bilden, wird diese erst dann eine Untergliederung des Gesamtvereins, wenn sie der Gesamtverein als solche anerkennt und die etwa noch erforderlichen organisatorischen Maßnahmen trifft. Ebensowenig kann eine unselbständige Untergliederung sich selbst auflösen; die Auflösung kann nur der Gesamtverein verfügen. Den in der Untergliederung zusammengefaßten Mitgliedern des Gesamtvereins steht es natürlich frei, satzungsgemäß aus dem Verein auszutreten. Der Vorstand einer unselbständigen Untergliederung ist aber nicht befugt, im Namen der Angehörigen der Untergliederung deren Austritt aus dem Gesamtverein zu erklären; hierzu bedarf er vielmehr der entsprechenden Vollmachten.[27]

Da unselbständige Untergliederungen keine Vereine (Zweigvereine) sind, können sie weder mit dem Gesamtverein noch untereinander Verträge schließen. Aus demselben Grund können sie auch kein Vermögen erwerben. Alles, was die unselbständige Untergliederung besitzt, ist Eigentum des Gesamtvereins. Zuwendungen an die Untergliederung (Schenkungen oder auf Grund von Verfügungen von Todes wegen) stehen dem Gesamtverein zu, der sie bestimmungsgemäß zu verwenden, also gegebenenfalls der Untergliederung zur Verfügung zu stellen hat.[27]

Die Untergliederung kann als solche weder klagen noch verklagt werden, weder im Verhältnis zu Dritten noch zum Gesamtverein.[29] Die Prozeßfähigkeit der einzelnen Mitglieder wird davon nicht berührt.[30]

Die Organisation der Untergliederung und ihre Aufgaben bestimmen sich nach der Satzung des Gesamtvereins. Regelmäßig werden der Untergliederung der Einzug der Mitgliederbeiträge und deren Abführung an den Gesamtverein nach Abzug eines für den Bedarf der Untergliederung bestimmten Prozentsatzes übertragen.[31] Der Gesamtverein kann der Untergliederung auch eine Satzung geben, nach der die Angehörigen der Untergliederung einen Vorstand wählen und über bestimmte Angelegenheiten in einer Mitgliederversammlung beschließen.[32] An der Willensbildung des Gesamtver-

---

[27] vgl. Wagner JW 1924, 1120

[28] BGB-RGRK aaO

[29] Wagner aaO; zur Parteifähigkeit des Bezirksverbandes einer politischen Partei siehe § 3 des Parteiengesetzes; dazu BGH MDR 1970, 913; zur aktiven Parteifähigkeit von gewerkschaftlichen Bezirksverbänden im Zivilprozeß vgl. Fenn ZZP Bd. 86 S. 177 und BGH Betrieb 1972, 928; zur aktiven Parteifähigkeit eines Bezirksverbandes der SPD vgl. OLG Köln NJW 1978, 227; zur passiven Parteifähigkeit eines Ortsverbandes der CDU vgl. LG Bonn NJW 1976, 810; zur Parteifähigkeit eines Ortsverbandes der CSU vgl. OLG Bamberg NJW 1982, 895; zur passiven Parteifähigkeit des kommun. Bundes Westdeutschland – Bezirk Unterer Neckar vgl. OLG Karlsruhe Die Justiz 1978, 104.

[30] Zum Gerichtsstand für Streitigkeiten zwischen überregionalen Vereinen und ihren Mitgliedern vgl. LG Frankfurt NJW 1977, 538 mit abl. Anm. von Dütz = Betrieb 1977, 2217; ferner Schrader MDR 1976, 725

[31] R-D-K Rdnr. 1274

[32] vgl. R-D-K Rdnr. 1272

eins müssen die in Untergliederungen zusammengefaßten Mitglieder mindestens mittelbar durch Delegierte (Vertreter) in der Mitgliederversammlung (Hauptversammlung, Generalversammlung usw.) des Gesamtvereins beteiligt sein.

331 Die Frage, ob eine vom Gesamtverein geschaffene Unterorganisation ein nichtrechtsfähiger Zweigverein oder eine unselbständige Untergliederung ist, kann nur im Einzelfall nach dem Gesamtbild, das sich aus der Satzung des Gesamtvereins, den Satzungen oder Ordnungen der Unterorganisation sowie aus dem organisatorischen Aufbau des Gesamtvereins ergibt, beantwortet werden. Der Bezeichnung, die der Gesamtverein der Unterorganisation gegeben hat, kommt dabei keine besondere Bedeutung zu. So sagt die Bezeichnung einer Organisationseinheit als Ortsgruppe, Ortsverein, Ortsverband, Sektion, Bezirksgruppe, Bezirksverband, Landesverband, Gau usw.[33] allein nichts über ihre rechtliche Qualifikation aus. Maßgebend ist vielmehr, ob die betreffende Einheit die **Verfassung eines Vereins** nach allgemeinen Grundsätzen, wenn auch mit weitgehender Beschränkung der Vereinsautonomie, besitzt oder nicht besitzt.[34]

332 Mitunter ergibt sich bei einem Vereinsverband aus organisatorischen Gründen das Bedürfnis, an die Stelle der Mitgliedsvereine unmittelbar deren Mitglieder als Verbandsmitglieder treten zu lassen. Wie ein solches Vorhaben rechtlich zu bewerkstelligen ist, ist bisher in der Rechtsprechung nicht geklärt.[35] Die „sauberste" Lösung besteht in der Auflösung des Vereinsverbandes und seiner Neugründung (mit der rechtlichen Konstruktion eines Gesamtvereins) und entsprechender Regelung der Einzelmitgliedschaftsverhältnisse. Dieser Weg erweist sich aber oft wegen der mit der Auflösung des Verbandes verbundenen steuerlichen Konsequenzen als nicht gangbar. Zur Vermeidung der Verbandsauflösung läßt sich das angestrebte Ziel, die Mitgliedsvereine gegen deren Mitglieder auszuwechseln, daher nur auf dem komplizierten Weg einer Satzungsänderung erreichen. Dafür kommt etwa folgendes Verfahren in Betracht: Die Mitgliederversammlung (Delegiertenversammlung) des Verbandes beschließt eine Änderung der Verbandssatzung, wonach nunmehr Mitglieder des Verbandes die einzelnen Mitglieder der bisherigen Mitgliedsvereine sind. Da diese Satzungsänderung das Ausscheiden der bisherigen Mitgliedsvereine aus dem Verband zur Folge hat, müssen die Mitgliedsvereine, vertreten durch ihre Vorstände, der von der Delegiertenversammlung des Verbandes beschlossenen Satzungsänderung zustimmen.[36] Da jedoch der Verband nicht allein durch seine Satzung bestimmen kann, daß die Mitglieder anderer Vereine – nämlich der bisherigen Mitgliedsvereine – seine Mitglieder sind, müssen auch die Satzungen der

[33] Einzelne Fälle: RGZ 73, 92 (Bezirksgruppe); RGZ 118, 196 (Gau eines Arbeitnehmerverbandes); RGZ 121, 294 (Verwaltungsstelle einer Gewerkschaft); BayObLGZ 1977, 6 (Bezirksverband des Bayer. Bauernverbandes im Jahre 1949); OLG Köln NJW 1978, 227 (Bezirksverband der SPD); LG Bonn NJW 1976, 810 (Ortsverband der CDU); OLG Karlsruhe Die Justiz 1978, 104 (Bezirk des kommun. Bundes Westdeutschland); BGH NJW 1979, 1402 (Ortsverein der SPD); OLG Bamberg NJW 1982, 895 (Ortsverband der CSU)

[34] LG Frankfurt NJW 1978, 1661; R-D-K Rdnr. 1273

[35] offen gelassen in BGH NJW 1980, 2707 = Rpfleger 1980, 463 = MDR 1981, 119

[36] BGH wie Fn. 35

bisherigen Mitgliedsvereine dahin geändert werden, daß mit der Mitgliedschaft im Verein zugleich die Einzelmitgliedschaft im Verband erworben wird.[37] Schließlich ist zur Auswechslung der Mitglieder des Verbandes erforderlich, daß die Satzungsänderungen beim Verband und bei den bisherigen Mitgliedsvereinen gleichzeitig durch Eintragung in das jeweilige Vereinsregister (§ 71 BGB) wirksam werden. Dies läßt sich durch eine Absprache mit dem Registergericht erreichen.

VII. Die Vereinsmitglieder

333 Die **Mitgliedschaft** im Verein ist **kein Vermögensrecht,** sondern ein Personenrechtsverhältnis,[1] das alle Rechte und Pflichten der Vereinsmitglieder nach Gesetz und Satzung umfaßt. Es entsteht bei den Gründern des Vereins durch den Gründungsvertrag, später durch Beitritt zum Verein, und bewirkt die Eingliederung in die Vereinsorganisation und die Unterwerfung des Mitglieds unter die Vereinsgewalt.[1a] Die Mitgliedschaft ist nach dem Gesetz weder übertragbar noch vererblich. Die Satzung kann jedoch von dieser Regelung abweichen.[2]

Nach der Regelung des Gesetzes haben alle Vereinsmitglieder gleiche Rechte und Pflichten.[3] Dagegen kann die Satzung verschiedene Klassen von Mitgliedern mit unterschiedlichen Rechten und Pflichten bilden (z. B. ordentliche, außerordentliche, fördernde, korrespondierende Mitglieder, Ehrenmitglieder[4]). Wird eine solche Einteilung vorgenommen, ist darauf zu achten, daß dann auch für jede einzelne Kategorie von Mitgliedern in der Satzung festgelegt wird, welche Rechte und Pflichten sie hat.[5]

334 Das BGB enthält über die **Zahl der Vereinsmitglieder** nur insoweit Bestimmungen, als es zur Eintragung eines Vereins im Vereinsregister die Zugehörigkeit von mindestens sieben Mitgliedern zum Verein vorschreibt (§ 56 BGB) und weiter bestimmt, daß einem eingetragenen Verein die Rechtsfähigkeit zu entziehen ist, wenn seine Mitgliederzahl unter drei gesunken ist (§ 73 BGB). Dem Verein ist es im übrigen aber freigestellt, hinsichtlich der Zahl der Vereinsmitglieder noch sonstige Bestimmungen zu treffen. Die Satzung kann insbesondere eine Höchstzahl vorsehen.

Man unterscheidet zwischen allgemeinen Mitgliedsrechten und Sonderrechten.

---

[37] vgl. BGHZ 28, 131 = NJW 1958, 1867 = MDR 1958, 905 = BB 1958, 1074

[1] RGZ 100, 2; 163, 203

[1a] Palandt § 38 Anm. 1a

[2] Zur Rechtsnachfolge in die Vereins- und Verbandsmitgliedschaft, insbesondere beim Unternehmerwechsel siehe Sernetz, Bielefeld 1973; ferner Reuter, ZHR 1981 (Bd. 145) S. 273f.

[3] RGZ 73, 191

[4] Zum Ausschluß von Ehrenmitgliedern aus dem Verein vgl. BGHZ 28, 131/134 u. KG Recht 1917 Nr. 755; hinsichtlich der rechtlichen Bedeutung der Ernennung zum Ehrenmitglied des Vorstands vgl. v. Braunbehrens, BB 1981, 2100 (Ehrenmitglied des Aufsichtsrats einer AG)

[5] vgl. RG JW 1906, 500

335 **Die allgemeinen Mitgliedsrechte** sind Rechte, welche allen Mitgliedern gleichmäßig zustehen. Auch für die Zukunft hat das Mitglied ein Recht darauf, daß es in bezug auf seine Rechte ohne sachlichen Grund nicht ungünstiger gestellt wird als die übrigen Mitglieder.[6]

Aus der Verletzung des für das Körperschaftsrecht geltenden **Grundsatzes der Gleichbehandlung** aller Mitglieder kann einem Vereinsmitglied ein Schadensersatzanspruch erwachsen.[7]

Die allgemeinen Mitgliedsrechte ergeben sich aus dem Gesetz, aus der Satzung und aus Beschlüssen der Mitgliederversammlung. Aus dem Gesetz ergibt sich das Recht auf Sitz und Stimme in der Mitgliederversammlung (§ 32 BGB),[8] ferner das Minderheitsrecht nach § 37 BGB.[9]

336 Weitere Rechte ergeben sich aus dem Gesetz nicht ausdrücklich, insbesondere ist keine dem § 716 BGB entsprechende Vorschrift enthalten, doch wird man den Mitgliedern unter besonderen Umständen **das Recht auf Einsicht der Bücher und Schriften** des Vereins nicht versagen können.[10] Das Verlangen auf Einsicht in die Mitgliederliste oder die Urkunden über den Ein- und Austritt der Mitglieder kann von einem Mitglied sogar im Rechtsweg verfolgt werden, weil es sich hier nicht nur um eine innere Vereinsangelegenheit, sondern um die Rechtsbeziehungen des Mitglieds zum Verein und den anderen Vereinsmitgliedern handelt, Beziehungen, die durch das Gesetz geregelt sind und den Schutz der Staatsgewalt genießen (vgl. §§ 810, 811 BGB).[11] Die Einsicht in die Mitgliederliste muß bei größeren Vereinen schon deswegen gewährt werden, weil ja die wenigsten Mitglieder sich persönlich kennen und es ihnen sonst unmöglich würde, von dem Minderheitsrecht nach § 37 BGB Gebrauch zu machen. Die Einsicht kann jedoch verweigert werden, wenn sie offensichtlich einem gesetz- oder satzungswidrigen Zweck dienen soll.

337 Jedes Mitglied, auch ein korporatives, hat, sofern die Satzung nichts anderes bestimmt, nur *eine* Stimme.[12]

338 Es ist an sich nicht unzulässig, daß durch die Satzung die Rechte von Mitgliedergruppen verschieden gestaltet werden; die unterschiedliche Behandlung von Mitgliedern muß jedoch auf sachlichen Voraussetzungen beruhen.[13] Eine Vereinssatzung verstößt nicht ohne weiteres gegen das Verbot der Ungleichbehandlung, wenn sie nicht sogleich alle denkbaren gleichwertigen Fälle erfaßt, die im Verein auftreten können; es kann genügen, daß der Verein die Satzung später anpaßt, sobald er erkennt, daß weitere Fälle in derselben Weise regelungsbedürftig sind.[14]

---

[6] RGZ 49, 198; 112, 124

[7] RG HRR 1938 Nr. 573; RG JW 1938, 1329; OLG Stuttgart RdL 1971, 12; zur vereinsrechtlichen Begründung des Gleichbehandlungsprinzips vgl. Voges, Die AG, 1975, 197

[8] Das Stimmrecht und die Fälle des Stimmrechtsausschlusses sind bei Rdnrn. 198, 202 ausführlich behandelt

[9] Siehe bei Rdnr. 159

[10] RGZ 49, 142/149 (GmbH); Planck § 35 Anm. 3

[11] OLG Breslau AK 25, 73 zu § 810 BGB; zur Vollstreckung eines solchen Urteils vgl. OLG Hamm Betrieb 1973, 2443

[12] Einzelheiten siehe bei Rdnr. 198

[13] RG JW 1938, 1329; KG NJW 1962, 1917

[14] BGH NJW 1971, 879

339 Durch die Satzung kann das Recht auf Sitz und Stimme in der Mitgliederversammlung jedenfalls einer bestimmten Kategorie von Mitgliedern, wie außerordentlichen, auswärtigen, fördernden, Ehrenmitgliedern und dgl. entzogen sein. Es kann den einzelnen Mitgliedern auch ein erhöhtes Stimmrecht bei erhöhter Beitragsleistung u. dgl. eingeräumt werden (Sonderrecht), §§ 32, 40 BGB. Das Recht aus § 37 BGB (Verlangen einer Minderheit der Mitglieder auf Einberufung einer Mitgliederversammlung) kann den Mitgliedern nicht genommen werden.

340 Aus der Mitgliedschaft erwächst grundsätzlich das Recht, die **Einrichtungen** des Vereins (z. B. Sportanlagen, Clubheim, Vereinsbücherei usw.) nach Maßgabe einer etwa bestehenden Benützungsordnung in Anspruch zu nehmen.[14a] Wenn einer bestimmten Gruppe von Mitgliedern das Benützungsrecht nicht oder nur eingeschränkt zustehen soll, bedarf es einer entsprechenden Regelung in der Satzung.

Die den Mitgliedern in der Satzung eingeräumten sonstigen Rechte können jedoch nicht so weit gehen, daß die Mitglieder Miteigentum am Vereinsvermögen erhalten.[15] Dagegen wird es für zulässig erachtet, den Mitgliedern als solchen Gerechtsame an den Vereinsgrundstücken einzuräumen, die wie dingliche Rechte gegen Dritte geschützt werden, aber nicht die Befriedigung der Gläubiger aus dem ihnen haftenden Vereinsvermögen ausschließen.[16] Vereine mit wirtschaftlichem Nebenbetrieb sind berechtigt, Vereinsmitgliedern Vorzugspreise einzuräumen. Diese Vorzugspreise gelten nicht als verbotene Sonderpreise, sondern als Unkostenbeiträge.[17] Im übrigen sind Sonderpreisverträge, die ein Verein mit einem Dritten abschließt, ihrem vollen Inhalt nach nichtig, § 134 BGB, § 1 RabG.

Ein Verbraucherverein verstößt gegen § 6 UWG, wenn er Mitgliedsausweise ausgibt, die dazu bestimmt sind, die Ausweisinhaber zum Einkauf bei sogenannten Vertragshändlern zu berechtigen.[18]

341 Eine **Schmälerung oder Entziehung der allgemeinen Mitgliedsrechte** kann, wenn sie auf einfachem Vereinsbeschluß beruhen, wiederum durch solchen, sonst nur durch Satzungsänderung herbeigeführt werden. Hierbei ist jedoch immer der Grundsatz der Gleichbehandlung zu beachten. Unzulässig ist es daher, einzelne Mitglieder oder eine bestimmte Gruppe von Mitgliedern ohne ihre Zustimmung schlechter zu stellen als die anderen.[19] Jedoch kann ein Verein, der durch satzungsändernden Beschluß die objektiven Voraussetzungen für die Zugehörigkeit zu einer bestimmten Mitgliedergruppe verschärft, zugleich bestimmen, daß Mitglieder, die den geänderten

---

[14a] Zum Recht eines Mitglieds auf Teilnahme an einer Vereinsmesse siehe OLG Düsseldorf WuW 1981, 366

[15] dazu eingehend Ballerstedt, Mitgliedschaft u. Vermögen beim rechtsfähigen Verein, Festschrift f. Knur, S. 1ff.

[16] BGB-RGRK § 38 Rdnr. 8

[17] Michel-Weber-Gries § 1 Rdnr. 50, 88; vgl. auch OLG Hamm Betrieb 1977, 446 (unzulässige Gewährung von Preisnachlässen an Vereinsmitglieder); OLG Stuttgart WRP 1981, 54 (Unzulässige Rabatte beim Verkauf an Vereine); zur Zulässigkeit von Rabatten an Sportvereine siehe das Gutachten des Gutachter-Ausschusses für Wettbewerbsfragen, WRP 1981, 63

[18] BGH NJW 1975, 877

[19] Planck § 35 Anm. 4

Merkmalen dieser Gruppe nicht mehr entsprechen, in eine Gruppe mit minderen Rechten herabgestuft werden.[20]

342 Jedes Mitglied ist berechtigt, die Ungültigkeit von Beschlüssen im Klageweg feststellen zu lassen, und zwar auch dann, wenn weder ein Sonderrecht vorliegt noch ihm eine Sonderstellung auferlegt wird. Die Klage auf Feststellung, daß Beschlüsse der Mitgliederversammlung wegen Satzungsverstoßes nichtig sind, ist nicht an eine Frist gebunden. Die Vorschriften des AktG (§ 246) und des GenG (§ 51) sind auf eingetragene Vereine nicht anwendbar.[21] Auch **wegen Beschränkung der Mitgliedschaftsrechte** ist gegenüber dem Verein der **Rechtsweg** zulässig.[22]

343 Der Beschluß eines zuständigen Vereinsorgans in einer inneren Angelegenheit des Vereins kann, sofern kein Sonderrecht oder Gläubigerrecht eines Vereinsmitglieds verletzt ist, vom Gericht in sachlicher Hinsicht nur darauf nachgeprüft werden, ob eine gesetzwidrige, satzungswidrige, sittenwidrige oder offenbar unbillige Maßnahme vorliegt.[23]

Sonderrechte der Mitglieder

344 Der Begriff „Sonderrechte" ist umstritten. Im allgemeinen versteht man darunter Vorrechte, welche die anderen Mitglieder nicht haben. Sie sind Mitgliederrechte, die außer auf dem Erwerb der Mitgliedschaft auf weiteren Umständen beruhen, die nicht allen Mitgliedern gemein sind.[24] Sie können sog. **Organschafts- oder** auch **Wertrechte** sein. Organschaftsrechte können sein: erhöhtes Stimmrecht,[25] dauernder Sitz im Vorstand oder in einem anderen Vereinsorgan, das Recht eines Mitglieds zur Bestellung und Abberufung des Vorstands, ein Vetorecht bei Vereinsbeschlüssen, ein Vorrecht bei Aufnahme in eine Anstalt des Vereins u. dgl. mehr. Zu den Wertrechten gehören diejenigen Rechte, die den einzelnen Mitgliedern aus einem besonderen, aber in ihrer Eigenschaft als Mitglieder geschlossenen Vertrag gegen den Verein zustehen.[26]

Ein **Sonderrecht** kann außer bestimmten einzelnen Mitgliedern des Vereins auch **einer Gruppe** nicht von vornherein bestimmter einzelner Mitglieder zustehen.[27] Kein Sonderrecht, sondern ein allgemeines Mitgliedschaftsrecht ist das Recht eines Mitglieds, in bezug auf seine Rechte und Pflichten nicht aus sachwidrigen Gründen schlechter als die übrigen Mitglieder gestellt zu werden (Grundsatz der Gleichbehandlung der Mitglieder).[28]

Zur Begründung eines Sonderrechts ist stets eine entsprechende Festle-

---

[20] BGH NJW 1971, 879

[21] OLG Schleswig NJW 1960, 1862; vgl. KG Rpfleger 1971, 396; BGHZ 59, 369 = NJW 1973, 235 = Rpfleger 1973, 86; siehe auch Rdnr. 212

[22] RG Warn. 1925 Nr. 13; RG JW 1925, 224

[23] BGH BB 1956, 481; siehe ferner Rdnr. 110 (Umfang der gerichtlichen Nachprüfung des Ausschlusses)

[24] Gadow Gruch. 66, 514; vgl. auch BGH WPM 1968, 1350 zur Vereinbarung von Sonderrechten für einen GmbH-Gesellschafter

[25] RG JW 1911, 747

[26] RG HRR 1931 Nr. 98

[27] RG HRR 1926 Nr. 353

[28] RGZ 112, 124; BGHZ 47, 381/386; 55, 381/385; BGH NJW 1954, 593 und 1960, 2142; BGB-RGRK § 35 Rdnr. 3; h. M.

gung in der **Satzung** erforderlich.[29] In der Rechtsprechung ist die Frage noch nicht behandelt worden, ob eine Satzungsbestimmung zulässig ist, wonach bestimmten Vereinsorganen (z. B. dem Vorstand) oder Fachgruppen ein prozentual festgelegtes Stimmrecht (z. B. 20%) zusteht. Gegen die Zulässigkeit einer solchen ,,Stimmrechtsbündelung" hat sich Kirberger ausgesprochen.[30]

Sonderrechte eines Mitglieds können nicht ohne dessen Zustimmung durch Beschluß der Mitgliederversammlung – auch nicht durch Änderung der Satzung – beeinträchtigt werden, § 35 BGB.[31] Die Zustimmung des Mitglieds bedarf keiner besonderen Form. Wird das Sonderrecht wegen schweren, den Verein gefährdenden Mißbrauchs (z. B. bei erhöhtem Stimmrecht) hinfällig, dann entfällt auch die Bevorrechtigung hinsichtlich der Mitgliedschaft. Artet die Handhabung des Ausschließungsrechts in reine Willkür und offenbare Unbilligkeit gegen einzelne Mitglieder aus, so ist richterliche Nichtigkeitserklärung des Ausschließungsrechts möglich. Gegenüber den weitgehenden Rechten eines Einzelnen muß dem Verein ein Klagerecht auf Entziehung der sonderrechtlichen Organstellung gegeben werden. Ist aber das Sonderrecht nach der Satzung auf dauernde Mitgliedschaft gerichtet, so ist die Entziehungsklage nicht statthaft.[32]

Im Rechtsstreit über die Beeinträchtigung eines Sonderrechts können alle materiellen Fragen vom ordentlichen Gericht nachgeprüft werden. Der Umfang der richterlichen Nachprüfungsbefugnis ist hier im Gegensatz zu anderen inneren Vereinsangelegenheiten nicht beschränkt.[33]

345 **Die Ausübung der Mitgliedschaftsrechte** kann nicht einem anderen überlassen werden, sofern die Satzung nichts anderes bestimmt, §§ 38 Satz 2, 40 BGB. Dies ist insbesondere wichtig für die Ausübung des Stimmrechts. Ausübung durch gesetzliche Vertreter ist aber regelmäßig zulässig, soweit sich nicht aus dem Vereinszweck das Gegenteil ergibt.[34] Ist nach der Satzung Stimmabgabe durch Bevollmächtigte zulässig, so können diese auch Nichtmitglieder sein.[35] Ob **minderjährige Mitglieder** ein Stimmrecht haben und wie sie es gegebenenfalls ausüben können, bestimmt sich zunächst nach der Satzung.[36] Ist der gesetzliche Vertreter durch die Satzung von der Stimmabgabe nicht ausgeschlossen, so ist er stets berechtigt, für den Minderjährigen abzustimmen.[37] Die Stimmabgabe durch den Minderjährigen selbst ist nur mit Einwilligung des gesetzlichen Vertreters wirksam, §§ 107, 111 S. 1 BGB. Im Normalfall wird der gesetzliche Vertreter, der dem Minderjährigen den Beitritt zu einem Verein erlaubt hat, damit einverstanden sein, daß der Minderjährige seine Mitgliedschaftsrechte und damit auch das Stimm-

---

[29] BGH MDR 1970, 913; Palandt § 35 Anm. 1
[30] BB 1974, 1000; siehe auch Rdnr. 198
[31] RGZ 80, 389; KGJ 53, 101
[32] Schultze JherJ 75, 455
[33] BGH LM Nr. 2 zu § 35; Soergel § 35 Rdnr. 22
[34] Soergel § 38 Rdnr. 5
[35] RG Recht 1928 Nr. 2244; Soergel § 38 Rdnr. 6
[36] Zur Rechtsstellung eines Minderjährigen im Verein ausführlich Reichert RdJ 1971, 234 und Kunz, ZBlJR 1978, 453
[37] Enneccerus/Nipperdey § 112 II; Hamelbeck NJW 1962, 722

recht nach seinem Ermessen ausübt.[38] Auf diese Vermutung wird sich aber ein umsichtiger Versammlungsleiter nicht verlassen, sondern stets die Vorlage der **schriftlichen** Einwilligung des gesetzlichen Vertreters verlangen und die Stimmabgabe durch den Minderjährigen zurückweisen, wenn ihm die Einwilligung nicht sofort vorgelegt wird. Der gesetzliche Vertreter kann seine Entscheidung allgemein, z.B. schon in der Beitrittserklärung oder für den Einzelfall treffen. Er kann sich dabei nach dem Gegenstand der Beschlußfassung richten und dem Minderjährigen bezüglich einzelner Punkte der Tagesordnung die Abstimmung erlauben, bezüglich anderer Punkte sie nicht gestatten.[39]

346 Die sogenannten **Gläubigerrechte** sind Rechte, die nicht aus der Mitgliedschaft hergeleitet werden. Ein Gläubigerrecht des Mitglieds dem Verein gegenüber kann entstehen, wenn es zu dem Verein, unabhängig von seiner Mitgliedschaft, in Rechtsbeziehungen getreten ist (Hingabe von Darlehen, Abschluß von Miet- und Pachtverträgen usw.). Das Mitglied steht dann in solchen Fällen zum Verein wie jeder außenstehende Vereinsgläubiger. Diese Rechte sind veräußerlich und können im Konkurs des Vereins geltend gemacht werden.

347 Das Gesetz spricht nicht von **Pflichten der Mitglieder.** Sie können nur durch die Satzung festgelegt werden, nicht durch „einfachen"[39a] Beschluß der Mitgliederversammlung. Ein solcher Beschluß genügt nur, wenn es sich um die nähere Ausgestaltung der satzungsmäßig bestimmten Leistungen handelt.[40] Die Mitgliedspflichten können nach Art und Struktur des Vereins sehr verschieden sein. In Betracht kommt die Pflicht, bestimmte regelmäßige Beiträge zu leisten. Die Satzung kann ferner die Mitglieder verpflichten, außerordentliche Beiträge (Umlagen) in Geld, Sachwerten oder Dienstleistungen zu erbringen, schließlich auch die unbeschränkte oder auf einen bestimmten Betrag beschränkte Mithaftung der Mitglieder für die Schulden des Vereins festlegen.[41] Mitgliedspflichten können auch darin bestehen, zur Förderung des Vereinszwecks näher beschriebene Handlungen vorzunehmen oder solche zu unterlassen und sich in bestimmter Weise am Vereinsleben zu beteiligen. Für alle in der Satzung festgelegten Mitgliedspflichten gilt der Grundsatz der **Gleichbehandlung** der Mitglieder, d.h. die Mitglieder dürfen ohne sachlichen Grund nicht ungleich belastet werden.

Sonderpflichten können einzelnen Mitgliedern nur mit ihrer Zustimmung auferlegt werden,[42] denn das Mitglied hat ein Recht darauf, daß es in bezug auf seine Pflichten nicht ungünstiger gestellt wird als die übrigen Mitglieder.[43]

348 Auch ohne eine ausdrückliche gesetzliche Vorschrift wird man eine **Treuepflicht** der Mitglieder gegenüber dem Verein bejahen müssen, die weitergeht und intensiver ist als der allgemeine Grundsatz von Treu und

---

[38] KG OLG 15, 234
[39] Hamelbeck NJW 1962, 722
[39a] gemeint ist ein Beschluß, der keine Satzungsänderung herbeiführen will
[40] RG JW 1916, 128
[41] BGB-RGRK § 38 Rdnr. 10
[42] Oertmann § 35 Anm. 5
[43] RGZ 49, 198; 112, 114

Glauben nach § 242 BGB.[44] Inhalt und Umfang der Treuepflicht bestimmen sich nach der Art des Vereinszwecks, der inneren Geschlossenheit der Vereinigung, dem Grad der persönlichen Bindung und der Personenbezogenheit des Mitgliedschaftsverhältnisses.[44a] Diese Treuepflicht gibt dem Verein erst die innere Berechtigung, ein Mitglied aus gegebenem Anlaß auszuschließen oder mit einer Vereinsstrafe zu belegen. Freilich äußert sie sich in erster Linie darin, alles zu unterlassen, was dem Vereinszweck schadet. Dies ist z. B. der Fall, wenn sich Vereinsmitglieder an Werbeaktionen zugunsten eines anderen Vereins mit gleicher oder ähnlicher Zielsetzung beteiligen.[45] Die Verletzung einer vereinsinternen Treuepflicht kann nicht nur die Ausschließung des betreffenden Mitglieds aus dem Verein rechtfertigen, sondern auch **Schadensersatzansprüche** des Vereins auslösen, z. B. auf Ersatz entgangener Mitgliederbeiträge.[45] Dagegen hat die obergerichtliche Rechtsprechung noch nicht eindeutig zu der Frage Stellung genommen, ob dem Verein gegen das Mitglied ein Anspruch auf **Unterlassung** des treuwidrigen Verhaltens zusteht, der auch im Prozeßweg verfolgt werden kann.[46] Im Schrifttum mehren sich die Stimmen, die einen solchen Anspruch bejahen.[46a] In der Tat sind keine durchgreifenden rechtlichen Bedenken ersichtlich. Das Rechtsschutzbedürfnis für eine Unterlassungsklage wird regelmäßig nicht schon deshalb zu verneinen sein, weil dem Verein nach der Satzung die Möglichkeit gegeben ist, gegen das treuwidrige Verhalten des Mitglieds mit Vereinsstrafen bis hin zum Ausschluß aus dem Verein anzugehen. Schließlich wird der Umstand, daß das Verhalten des Mitglieds nach der Satzung durch Vereinsstrafen geahndet werden kann, in der Regel nicht den Schluß rechtfertigen, daß sich der Verein damit des Rechts begeben habe, den Unterlassungsanspruch gerichtlich geltend zu machen.

349 **Die Mitglieder haben keine nach außen wirkende Rechtsstellung.** Dies folgt aus der rechtlichen Verselbständigung des eingetragenen Vereins als einer juristischen Person. Das Vermögen des Vereins ist nicht auch Vermögen der Mitglieder.[47] Für die Schulden des Vereins haben sie nur aufzukommen, wenn hierfür ein besonderer Verpflichtungsgrund (durch Einzelvertrag oder durch besondere Satzungsvorschrift) gegeben ist. Abgesehen davon können die Mitglieder nur in ganz besonders gelagerten Fällen im Wege der sogenannten **Durchgriffshaftung** für die Verbindlichkeiten des Vereins in Anspruch genommen werden.[48]

---

[44] Soergel § 38 Rdnr. 7

[44a] so zutreffend Dütz, Festschrift für W. Herschel, S. 63

[45] BGH WPM 1977, 1166 = Betrieb 1977, 2226

[46] vgl. RG HRR 1928 Nr. 1551; vom Bundesgerichtshof – Fn. 45 – offen gelassen

[46a] Erman § 38 Rdnr. 2; MünchKomm. § 38 Rdnr. 9; R-D-K Rdnr. 291; Dütz, Festschrift für W. Herschel, S. 64; a. A. noch die Voraufl. dieses Buchs

[47] vgl. Ballerstedt, Festschrift f. Knur, S. 1 ff.

[48] BGH NJW 1970, 2015; dazu Anm. von K. Schmidt JZ 1970, 668; siehe auch OLG Karlsruhe WPM 1978, 962 = Betrieb 1978, 1640 (Einmann-GmbH); allgemein zum Durchgriff bei jur. Personen: Bauschke BB 1975, 1322; Coing NJW 1977, 1793

Vereinsstrafen[1]

350 Außer dem Ausschluß aus dem Verein als der härtesten Vereinsstrafe kann die Satzung für Verstöße gegen die Mitgliedspflichten Disziplinarmaßnahmen der verschiedensten Art vorsehen (z. B. Rüge, Verweis, zeitweilige Suspendierung von einem Vereinsamt, befristeter Ausschluß von den Vereinseinrichtungen). Aber auch die Androhung von **Geldstrafen** für bestimmte Verstöße ist grundsätzlich zulässig.[2] Diese können erhebliche wirtschaftliche Bedeutung erlangen. Vereinsstrafen in Form von Geldstrafen finden sich in vielen Satzungen von Unternehmerverbänden und anderen Großvereinen. Dabei kann für bestimmte Fehlhandlungen des Mitgieds die Höhe der Geldstrafe bereits in der Satzung festgelegt werden; es kann aber in der Satzung auch nur der „Strafrahmen" bestimmt werden und die Festsetzung der Geldstrafe im Einzelfall dem Vereinsorgan überlassen werden, das nach der Satzung für die Verhängung der Vereinsstrafen zuständig ist. Diese letztere Regelung ist vorzuziehen, weil dabei die Umstände des Einzelfalls berücksichtigt und so offenbar unbillige Strafen vermieden werden können, die einer gerichtlichen Überprüfung nicht standhalten würden. Selten praktikabel, aber immerhin erwähnenswert ist, daß zur Sicherung von Geldstrafen den Mitgliedern in der Satzung auch die Pflicht auferlegt werden kann, Wechsel oder Wertpapiere beim Verein zu hinterlegen, wobei dem Verein das Recht eingeräumt wird, bei Verwirkung der Strafe die Wertpapiere zu verwerten und den Erlös zur Bezahlung der Geldstrafe zu verwenden. Bei einer solchen ungewöhnlichen Regelung handelt es sich, rechtlich gesehen, um eine besondere Art der satzungsmäßig begründeten Pflicht zur Leistung von „Beiträgen" (vgl. § 58 Nr. 2 BGB).[2a]

Die Strafvorschrift, gleich welcher Art, darf nicht gegen die guten Sitten oder ein gesetzliches Verbot verstoßen. Die von einem Verein über seine Mitglieder verhängten Geldstrafen sind in der Regel nicht Vertragsstrafen im Sinne der §§ 339ff. BGB, sondern sie sind ein Akt der Selbstverwaltung und Selbstbestimmung des Vereins, dem sich die Vereinsmitglieder schon von vornherein dadurch, daß sie dem Verein beitraten und dessen Satzung anerkannten, in dem Sinne unterworfen haben, daß nur die zuständigen Vereinsorgane über eine sachliche Berechtigung der Strafe befinden sollen. Es dürfen nur solche Straf- und Disziplinarmaßregeln angewandt werden, die die Satzung vorsieht.[3] Strafen, die eine Vereinssatzung zur Sicherung mitglied-

---

[1] Spezialliteratur: Meyer-Cording, Die Vereinsstrafe, Tübingen 1957; Reiss, Die Strafgewalt der Vereine, Diss. Köln 1968; Ernst, Die Vereinsgewalt, Diss. Köln 1969; Schlosser MDR 1967, 884; derselbe, Vereins- und Verbandsgerichtsbarkeit, München 1972; Beuthien BB Beilage 12/1968; Wiedemann JZ 1968, 219; Preis Betrieb 1971, 1570 (zur Problematik der privaten Gerichtsbarkeit); Westermann, JZ 1972, 537 (zur Legitimität der Verbandsgerichtsbarkeit); Weitnauer, Festschrift f. Reinhardt, S. 179 (Vereinsstrafe, Vertragsstrafe u. Betriebsstrafe); Bruder MDR 1973, 897; Larenz, Gedächtnisschrift f. Rolf Dietz, S. 45 (zur Rechtmäßigkeit einer Vereinsstrafe); Lukes, Festschrift f. H. Westermann, S. 325 (Erstreckung der Vereinsgewalt auf Nichtmitglieder durch Rechtsgeschäft)

[2] RGZ 73, 191; 125, 340; 151, 229; JW 1915, 1426; 1927, 691; 1937, 1753; HRR 1928 Nr. 1178; 1929 Nr. 792; BGHZ 21, 370 = NJW 1956, 1793

[2a] dazu Näheres bei Rdnr. 120

[3] RG Gruch 71, 73; JW 1915, 1424; 1929, 847

schaftlicher Pflichten vorsieht, können vom ordentlichen Gericht nur in der Richtung nachgeprüft werden, ob der Strafbeschluß in der Satzung eine Stütze findet, das vorgeschriebene Verfahren beachtet ist, die Strafvorschrift gesetz- oder satzungswidrig ist und ob die Bestrafung etwa offenbar unbillig ist.[4]

Die von einem Berufsverband gegen eines seiner Mitglieder wegen unseriöser Werbemethoden verhängte Vereinsstrafe kann vom ordentlichen Gericht sachlich darauf nachgeprüft werden, ob sie als diskriminierende Maßnahme gegen § 25 GWB verstößt.[5]

In bestimmten Fällen kann sich eine Vereinsstrafe auf die Berufsausübung oder die wirtschaftliche Stellung einer dem Verein nicht angehörenden Person in schwerwiegender Weise auswirken (z. B. wenn ein Verband von Funktaxiunternehmern eine Vermittlungssperre verhängt, die zur Folge hat, daß ein bei dem Mitglied angestellter Fahrer seinen Arbeitsplatz verliert). Hier kann der von der Vereinsstrafe mittelbar Betroffene vom Verein nach § 826 BGB die Beseitigung der Diskriminierung verlangen, wenn der Verein nicht nachweist, daß er Gründe hat, die bei einer Abwägung der berechtigten Interessen des Vereins und seiner Mitglieder und des Interesses des Betroffenen die Maßnahme als gerechtfertigt erscheinen lassen.[5a]

Ein Verein kann seinen Mitgliedern auch die Einhaltung eines mit öffentlicher Strafe belegten Gesetzes zur Pflicht machen und die Verletzung dieser Vereinspflicht mit Geldstrafen bedrohen.[6] Die Tat muß schon zur Zeit ihrer Begehung mit Strafe bedroht gewesen sein. Der Grundsatz des Art. 103 Abs. 2 GG und des § 1 des Strafgesetzbuchs gilt auch für das Vereinsrecht.[7] Die Verhängung einer Vereinsstrafe erfordert nicht unbedingt ein Verschulden.[8] Die Disziplinarmaßregel darf nur während der Zugehörigkeit des Mitglieds zum Verein getroffen werden.[9] Zulässig ist sie jedoch noch zwischen der Austrittserklärung und dem Zeitpunkt, in dem der Austritt wirksam wird.[10] Wiederholte Bestrafung auf Grund desselben Tatbestandes ist nicht zulässig.[11]

351 **Der Prozeßrichter hat eine Vereinsstrafe** nur in demselben Maß **nachzuprüfen** wie die strafweise Ausschließung eines Mitglieds.[12] Er ist also insbesondere nicht zu einer Herabsetzung der von den Vereinsorganen formell ordnungsgemäß verhängten Geldstrafe wegen unverhältnismäßiger Höhe in der Lage.[13]

Mitglieder können also in der Regel die getroffenen Maßnahmen durch gerichtliche Klage nicht mit Aussicht auf Erfolg bekämpfen, wenn Bestrafung in der Satzung vorgesehen, das Vereinsstrafverfahren satzungsge-

[4] BGHZ 21, 370 = NJW 1956, 1793
[5] BGH BB 1962, 7
[5a] BGH MDR 1980, 736
[6] BGH NJW 1957, 1793
[7] RGZ 125, 338
[8] BGHZ 29, 352 = NJW 1959, 982 = MDR 1959, 367
[9] RGZ 122, 266; 143, 1
[10] RG HRR 1928 Nr. 1
[11] RG Recht 1929 Nr. 475
[12] siehe dazu bei Rdnr. 110
[13] vgl. BayObLGZ 1959, 457/468

mäß durchgeführt und die ausgesprochene Vereinsstrafe nicht offenbar unbillig ist. Wenn die Bestrafung das Mitglied aber nicht nur in seiner Betätigung innerhalb des Vereins, sondern auch in seiner Rechtsstellung außerhalb des Vereins beschränkt (z. B. Spielverbot bei einem Sportverein), muß dem Mitglied das Recht zugebilligt werden, die gerichtliche Entscheidung darüber anzurufen, ob ihm sein Recht auf die allen Mitgliedern gebührende Gleichberechtigung an den Vereinsunternehmungen in unzulässiger Weise genommen worden ist.[14]

Ist gegen die ausgesprochene Strafe nach der Satzung ein vereinsinternes Rechtsmittel gegeben (z. B. Anrufung der Mitgliederversammlung oder einer Berufungskammer des Ehrengerichts), so ist die Klage auf Feststellung der Unwirksamkeit der Strafe grundsätzlich erst zulässig, wenn das Mitglied von diesem vereinsinternen Rechtsmittel Gebrauch gemacht hat. Voraussetzung ist jedoch, daß das bestrafte Vereinsmitglied aus der Satzung ersehen kann, welche rechtlichen Folgen es hat, wenn es das vereinsinterne Rechtsmittel nicht ergreift.[15]

Vereinszeichen

352 Viele Vereine führen ein eigenes **Vereinszeichen.** Sofern es sich dabei um eine ,,neue" und ,,eigentümliche" Schöpfung handelt, besteht die Möglichkeit, es als sog. **Geschmacksmuster** schützen zu lassen. ,,Neu" ist ein Vereinszeichen, wenn es nicht nach einem Vorbild gestaltet ist, also demjenigen, der es entworfen hat, unbekannt war.[1] Unter ,,Eigentümlichkeit" des Musters wird die in der ästhetischen Gestaltung zum Ausdruck gelangende eigenpersönliche, schöpferische Leistung des Urhebers verstanden.[2] Es muß zumindest eine schöpferische Leistung vorliegen, die über das Können eines Durchschnittsgestalters und damit über das rein Handwerksmäßige hinausgeht.[3] Der Schutz eines diesen Anforderungen entsprechenden Vereinszeichens kann durch einen Antrag des Vereinsvorstandes an das mit der Führung des **Musterregisters** beauftragte Amtsgericht auf Eintragung des Vereinszeichens und durch Niederlegung des Musters bei dem Gericht erreicht werden. Der Antrag kann schriftlich oder zu Protokoll der Geschäftsstelle des Amtsgerichts (Registergerichts) gestellt werden.[4] Dabei ist anzugeben, ob der Schutz für ein Flächenerzeugnis (z. B. Sporttrikot mit eingewebtem Vereinszeichen) oder für ein plastisches Erzeugnis (z. B. Vereinsabzeichen als Anstecknadel) beansprucht wird. Das mit dem Antrag eingereichte Muster muß mit einer – beliebig gewählten – Geschäftsnummer versehen sein. Ferner muß sich aus dem Antrag ergeben, für welche Zeit der Musterschutz verlangt wird. Die Mindestdauer des Musterschutzes beträgt ein Jahr[5], die Höchstdauer 15 Jahre. (Muster eines solchen Antrags siehe bei Rdnr. 466).

---

[14] RG LZ 1916, 53
[15] BGH BB 1967, 602; siehe dazu auch bei Rdnr. 108
[1] Vgl. BGH NJW 1968, 2193; v. Gamm § 1 Rdnr. 26
[2] BGH GRUR 1960, 256/258; v. Gamm § 1 Rdnr. 35
[3] BGH GRUR 1958, 509/510; v. Gamm § 1 Rdnr. 35
[4] § 5 der Bestimmungen über die Führung des Musterregisters
[5] Zur Verlängerung der Schutzfrist siehe BGH NJW 1979, 2246

VIII. Das Ende des Vereins

Man unterscheidet nach dem BGB zwischen Auflösung des Vereins und Verlust bzw. Entziehung der Rechtsfähigkeit.

Die Auflösung des Vereins

Sie tritt ein

353 1. durch Beschluß der Mitgliederversammlung,
2. durch Ablauf der in der Satzung bestimmten Zeitdauer oder durch Eintritt sonstiger satzungsmäßiger Umstände,
3. durch Staatsakt auf Grund des öffentlichen Vereinsrechts,
4. durch Sitzverlegung ins Ausland,
5. durch Wegfall sämtlicher Mitglieder.

354 **Der Verein kann durch Beschluß der Mitgliederversammlung aufgelöst werden** (§ 41 Satz 1 BGB). Da diese Vorschrift in § 40 BGB nicht genannt ist, kann den Mitgliedern das Recht, den Verein aufzulösen, durch die Satzung nicht genommen werden.[1] Dagegen wird es für zulässig erachtet, in der Satzung das Auflösungsrecht neben der Mitgliederversammlung noch einem weiteren Vereinsorgan (z. B. dem Vorstand) oder sogar einem Dritten – insbesondere bei Eingliederung des Vereins in einen größeren Verband – einzuräumen.[2] Zur Begründung wird angegeben, es bestehe kein Grund zu der Annahme, daß § 41 Satz 1 BGB das Auflösungsrecht ausschließlich der Mitgliederversammlung vorbehalten habe, zumal andere Organe befugt sein könnten, die Satzung und sogar den Vereinszweck ohne Einschränkung zu ändern; es genüge, daß der Mitgliederversammlung das Auflösungsrecht erhalten bleibe.

Diese Meinung berücksichtigt jedoch nicht genügend, daß es sich bei der Selbstauflösung des Vereins um eine Entscheidung handelt, die in ihrer Bedeutung mit keinem anderen Vereinsbeschluß vergleichbar ist, sondern sozusagen das Gegenstück zur Gründung des Vereins darstellt. Es hat daher seinen guten Grund, daß der Gesetzgeber in § 41 Satz 1 BGB das Recht, den Verein aufzulösen, der Mitgliederversammlung als dem obersten Vereinsorgan zugesprochen und mit der Gestaltung dieser Vorschrift als zwingendes Recht – anders als bei den Bestimmungen in §§ 32 und 33 BGB – der Vereinssatzung insoweit nicht gestattet hat, „ein anderes zu bestimmen", also eine Regelung zu treffen, die es ermöglicht, daß ein anderes Vereinsorgan als die Mitgliederversammlung – möglicherweise gegen deren erklärten Willen – den Verein auflöst.

Für den Beschluß der Mitgliederversammlung, den Verein aufzulösen, ist nach dem Gesetz eine Mehrheit von drei Viertel der „erschienenen" Mitglieder erforderlich; darunter ist jedoch eine Mehrheit von drei Viertel der abgegebenen gültigen Stimmen zu verstehen.[2a] Stimmenthaltungen und un-

---

[1] KG DJ 1936, 1948/1949; Soergel § 41 Rdnr. 3; BGB-RGRK § 41 Rdnr. 2; Stöber Rdnr. 270; R-D-K Rdnr. 777

[2] KG aaO; KG OLGZ 1968, 200/206; OLG Karlsruhe JW 1936, 3266/3267; OLG Stuttgart DRpfl. 1936 Rspr. Nr. 34; Stöber Rdnr. 270

[2a] dazu Näheres bei Rdnrn. 206, 207

gültige Stimmen bleiben daher außer Betracht. Die Satzung kann jedoch statt der drei Viertel-Mehrheit „etwas anderes bestimmen". Sie kann daher die **Auflösung erschweren,** indem sie z. B. für den Beschluß eine noch größere Mehrheit (z. B. 4/5), einen einstimmigen Beschluß, einen Beschluß mit Zustimmung sämtlicher Vereinsmitglieder oder gar Beschlußfassung in mehreren Mitgliederversammlungen verlangt. Die Auflösung kann aber auch **erleichtert** werden, indem z. B. eine geringere qualifizierte Mehrheit (z. B. 2/3) oder die einfache Mehrheit der abgegebenen gültigen Stimmen in der Satzung für genügend erklärt wird.

Statt in einer Mitgliederversammlung kann ein gültiger Auflösungsbeschluß durch **schriftliche Zustimmung** aller Vereinsmitglieder gefaßt werden (§ 32 Abs. 2 BGB);[2b] die Satzung kann aber auch für die schriftliche Beschlußfassung eine abweichende Regelung treffen (§§ 40, 41 Satz 2 BGB).

Wird die Auflösung einer **Partei** in das freie Belieben einer autoritären Spitze aus wenigen Funktionären gestellt, so ist eine dahingehende Satzungsbestimmung oder eine einzelne Ermächtigung wegen Verstoßes gegen die zwingende Vorschrift des Art. 21 Abs. 1 Satz 3 GG nichtig.[3]

355 Umstritten ist die Frage, ob die Satzung bestimmen kann, daß die von der Mitgliederversammlung beschlossene Auflösung des Vereins der **Genehmigung eines (dem Verein nicht angehörenden) Dritten** bedarf.[3a] Im Schrifttum wird sie überwiegend verneint.[4] Dagegen haben das Landgericht Aachen[5] und das Bayer. Oberste Landesgericht[6] keinen Anstoß daran genommen, daß in der Satzung eines dem Deutschen Caritasverband eingegliederten Vereins ein Auflösungsbeschluß der Mitgliederversammlung von der Genehmigung des zuständigen Diözesan-Bischofs abhängig gemacht wurde. Diesen Entscheidungen kommt nicht nur für die besonderen Verhältnisse solcher kirchlicher Vereine, sondern für die grundsätzliche Behandlung des Problems Bedeutung zu. In ihnen wird als wesentlicher Gesichtspunkt hervorgehoben, daß der Dritte (Bischof) weder eine **alleinige** Entscheidungsbefugnis über die Auflösung des Vereins noch das **Initiativrecht** hierfür habe, während das Auflösungsrecht, wie in § 41 Satz 1 BGB vorgesehen, nach wie vor der Mitgliederversammlung zustehe. Dieser Rechtsauffassung, die offenbar einen solchen Genehmigungsvorbehalt in der Satzung als durch § 41 Satz 2 BGB (Zulässigkeit einer anderen Bestimmung über die Beschlußfassung) gedeckt ansieht, ist zuzustimmen. Mit ihr wird die vom Kammergericht entwickelte Rechtsprechung, wonach die Wirksamkeit eines satzungsändernden Beschlusses grundsätzlich von der Zustimmung eines Nichtmitglieds abhängig gemacht werden kann,[7] für die Beschlußfassung über die Auflösung des Vereins fortgeführt. Die erforderliche Mitwirkung eines

---

[2b] differenzierend Staudinger § 41 Rdnr. 16

[3] vgl. BVerfGE 2, 40f.

[3a] Dazu grundsätzlich Dütz in Festschrift für Wilhelm Herschel S. 55ff. („Tendenzaufsicht im Vereinsrecht")

[4] Palandt § 41 Anm. 2; Soergel § 41 Rdnr. 3; BGB-RGRK § 41 Rdnr. 2; Stöber Rdnr. 270; R-D-K Rdnr. 777

[5] DVBl. 1976, 914

[6] BayObLGZ 1979, 303 = Rpfleger 1979, 416 = NJW 1980, 1756

[7] siehe Rdnr. 136

Dritten darf jedoch nicht dazu führen, daß der Verein unter Berücksichtigung des übrigen Satzungsinhalts **völlig dem Fremdeinfluß des Dritten** unterworfen ist.[8]

356 Der Verein wird ferner aufgelöst durch Ablauf der in der Satzung festgelegten **Zeitdauer,** ohne daß es eines besonderen Auflösungsbeschlusses bedarf. Die Mitgliederversammlung kann jedoch, solange die Liquidation noch nicht beendet ist, die **Fortsetzung** des Vereins beschließen. Dazu bedarf es einer Satzungsänderung hinsichtlich der Satzungsbestimmung über die Zeitdauer des Vereins.

Mangels Beschränkung auf eine bestimmte Zeitdauer gilt der Verein als auf unbestimmte Zeit errichtet. Bei Beschränkung der Zeitdauer muß diese nicht gerade kalendermäßig bestimmt sein. Die Endzeit darf subjektiv unbestimmt sein, sofern sie nur objektiv als sicher erscheint. Dabei können auch Ereignisse außerhalb des Vereins maßgebend sein.[9] Mit Ablauf der Zeitdauer tritt die Auflösung des Vereins ein. Zur Abänderung der Zeitdauer ist Einstimmigkeit des Satzungsänderungsbeschlusses nur erforderlich, wenn den Mitgliedern ein Sonderrecht auf Beibehaltung der bestehenden Regelung eingeräumt ist.[10]

Im älteren Schrifttum wurde die Auffassung vertreten, daß der Verein von selbst ohne Beschluß der Mitgliederversammlung aufgelöst sei, wenn der Vereinszweck erreicht ist. Diese Meinung wird heute nicht mehr vertreten.[11] Es wird vielmehr auch in diesem Fall mit Recht ein Auflösungsbeschluß der Mitgliederversammlung verlangt. Damit wird die Eintragung der Auflösung in das Vereinsregister auf eine feste urkundliche Grundlage gestellt, wie dies nach § 74 BGB bei allen anderen Tatbeständen der Auflösung und der Entziehung der Rechtsfähigkeit der Fall ist. Ein förmlicher Auflösungsbeschluß der Mitgliederversammlung ist schon deshalb geboten, um festzustellen, in welchem Zeitpunkt der Verein aufgelöst wurde. Außerdem hat dann die Mitgliederversammlung noch die Möglichkeit, eine Änderung des Vereinszwecks zu beschließen und so den Verein am Leben zu erhalten. Jahrelange Untätigkeit führt allein nicht zur Auflösung des Vereins.[12]

Wird infolge der Veränderung der tatsächlichen Verhältnisse die Durchführung des satzungsmäßigen Vereinszwecks unmöglich (z. B. durch Bebauung der nach der Satzung kleingärtnerischen Zwecken dienenden Grundstücke), so hat das weder die Auflösung des Vereins noch die Entstehung eines neuen, an die gewandelten Verhältnisse angepaßten Vereinszwecks zur Folge; der Vereinszweck schrumpft vielmehr auf die ihm noch unterzuordnenden Restaufgaben, insbesondere die Verwaltung des Vereinsvermögens zusammen.[13]

357 **Der Verein kann** auch aus Gründen der öffentlichen Ordnung und Sicherheit **durch die zuständige Verwaltungsbehörde** auf Grund des öffentlichen Vereinsrechts **aufgelöst** werden.

---

[8] siehe auch bei Rdnr. 136
[9] Hachenburg § 3 Anm. 20b
[10] Vgl. RG LZ 1908, 857 (für GmbH)
[11] Vgl. Staudinger § 41 Rdnr. 7; Soergel vor §§ 41–53 Rdnr. 20
[12] Vgl. OLG München Recht 1938 Nr. 7891 = JFG 18, 183
[13] BGH NJW 1968, 545

358 **Auch der Beschluß, den Verein** mit einem anderen fortbestehenden Verein **zu verschmelzen, ist als Auflösungsbeschluß anzusehen,**[14] da es bei Vereinen eine gesetzliche Vorschrift über Fusion, wie im Handelsrecht, nicht gibt.[15]

Wollen sich zwei Vereine verschmelzen, so kann dies nach herrschender Meinung nur auf folgende zwei Arten geschehen: Entweder beide Vereine lösen sich auf und die Mitglieder der beiden Vereine gründen einen neuen Verein oder einer der beiden Vereine löst sich auf und die Mitglieder treten zum anderen Verein über.[14]

Der Auflösung steht in gewisser Hinsicht die Nichtigkeit des Vereins gleich. Auch in diesem Fall muß eine Liquidation stattfinden, und es verbleibt dem nichtigen Verein die Rechtsfähigkeit,[16] soweit dies zum Zweck der Liquidation erforderlich ist.

359 Auch ein vom zuständigen Vereinsorgan aufgelöster Verein kann mit der für die Auflösung vorgesehenen Stimmenmehrheit[16a] die Auflösung wieder rückgängig machen und die **Fortsetzung des Vereins** beschließen, wenn er die Auflösung noch nicht durchgeführt hat.

Bei einem unwirksam gefaßten Auflösungsbeschluß infolge nationalsozialistischer Herrschaft kann ein **Verein** nur dann **wieder aufleben,** wenn dessen Mitglieder nach 1945 sich sofort wieder zusammengefunden haben und den Verein fortsetzten. Die Rechtsfähigkeit ist unter diesen Umständen nicht verlorengegangen. Die Auflösung hatte nur die Wirkung einer Lahmlegung des Vereins. Hatten sich aber die Mitglieder mit der Auflösung abgefunden und den Vereinszweck nicht mehr weiter verfolgt, so ist dieses Verhalten als Zustimmung zu der unfrei und nicht satzungsgemäß vorgenommenen Auflösung zu werten.[17]

Erlöschen des Vereins durch Wegfall sämtlicher Mitglieder

360 Der Wegfall **sämtlicher** Mitglieder durch Tod, Austritt oder auf sonstige Weise hat nicht nur die Auflösung des Vereins zur Folge, sondern sein völliges **Erlöschen.**[18] Er besteht auch nicht als Liquidationsverein (§ 49 Abs. 2 BGB) fort.[19] Ein Verein ohne Mitglieder ist begrifflich undenkbar, weil jede Willensbildung, auch zum Zweck der Liquidation, unmöglich geworden ist. Es kommt in diesem vom Gesetz nicht ausdrücklich vorgesehenen Fall auch keine Entziehung der Rechtsfähigkeit durch das Amtsgericht (§ 73 BGB) in Betracht. Der Verein erlischt im Gegensatz zu dem Fall, daß wenigstens noch 1 Mitglied vorhanden ist, ohne weiteres. Mangels Mitglieder kann der Verein auch nicht als nichtrechtsfähiger Verein weiterbestehen. Zwar hat

---

[14] OLG Hamburg OLG 22, 113; ausführlich OLG Hamburg MDR 1972, 236 m. Nachweisen

[15] Zur Verschmelzung zweier Versicherungsvereine auf Gegenseitigkeit vgl. RGZ 133, 102; BayObLGZ 1966, 92

[16] vgl. RG JW 1905, 184; RGZ 81, 208; RG HRR 1928 Nr. 1958

[16a] a. A. LG Frankenthal Rpfleger 1955, 106; Keidel/Schmatz/Stöber Rdnr. 1127

[17] BGHZ 16, 143 = NJW 1956, 138; BGHZ 19, 51

[18] BGH WPM 1976, 686

[19] a. A. für den Fall, daß der Verein sich bei Wegfall seiner Mitglieder bereits in Liquidation befindet, KG OLGZ 1968, 201

auch dann eine Vermögensabwicklung in entsprechender Anwendung des § 45 BGB stattzufinden; diese ist aber nicht durch einen Liquidator (§ 48 BGB) vorzunehmen, sondern durch einen vom Amtsgericht gemäß § 1913 BGB zu bestellenden Pfleger.[20] Wenn das Registergericht den Wegfall sämtlicher Mitglieder mit der erforderlichen Sicherheit feststellen kann, ist der Verein von Amts wegen im Vereinsregister zu löschen (§§ 159, 142 FGG). Auf das Vorhandensein von Vereinsvermögen kommt es dabei nicht an.

Der Löschungsvermerk kann seinerseits nach §§ 159, 142 FGG von Amts wegen gelöscht und damit die Eintragung des Vereins wieder hergestellt werden, wenn sich herausstellt, daß entgegen der früheren Feststellung doch nicht sämtliche Vereinsmitglieder weggefallen sind.[20a] In diesem Fall sollte aber das Registerblatt umgeschrieben werden, weil infolge der mehreren Löschungen der Registerinhalt für das einsichtnehmende Publikum nicht ohne weiteres verständlich ist.

Sitzverlegung ins Ausland

361 Der Beschluß, den Sitz des Vereins an einen Ort im Ausland zu verlegen, ist als Auflösungsbeschluß unter Neugründung des Vereins am neuen Sitz zu behandeln.[21]

Der Verlust der Rechtsfähigkeit

362 Der Verlust der Rechtsfähigkeit tritt ein mit der **Eröffnung des Konkursverfahrens,** § 42 I BGB. Das Konkursverfahren findet statt im Fall der Zahlungsunfähigkeit, § 102 KO, und im Fall der Überschuldung, §§ 207, 213 KO. Auch nach Auflösung des Vereins ist das Konkursverfahren möglich, solange die Verteilung des Vermögens nicht vollzogen ist. Zur Stellung des Konkursantrags ist jeder Gläubiger, jedes Vorstandsmitglied und jeder Liquidator berechtigt, §§ 208 I, 213 KO. Im Falle der Überschuldung ist der Vorstand bzw. Liquidator verpflichtet, die Eröffnung des Konkursverfahrens oder des gerichtlichen Vergleichsverfahrens zu beantragen, § 42 II BGB. Die Vorstandsmitglieder bzw. Liquidatoren sind für den Fall einer schuldhaften Verzögerung des Antrags den Gläubigern für den daraus entstandenen Schaden als Gesamtschuldner verantwortlich, § 42 II BGB. Wird der Konkurseröffnungsbeschluß auf sofortige Beschwerde des Vereins gemäß § 116 KO aufgehoben, gilt der Verlust der Rechtsfähigkeit als nicht eingetreten.[22] Die bis dahin vom Konkursverwalter vorgenommenen Rechtshandlungen bleiben aber wirksam.[23] Wird der Konkurs nach Schlußverteilung oder Zwangsvergleich aufgehoben oder das Verfahren eingestellt (§§ 202, 204 KO), so lebt die Rechtsfähigkeit nicht wieder auf.

Im Gegensatz zur Eröffnung des Konkursverfahrens hat die Eröffnung des **gerichtlichen Vergleichsverfahrens** nicht den Verlust der Rechtsfähigkeit zur Folge.[24]

---

[20] BGHZ 19, 51/57; BAG NJW 1967, 1437; OLG München JFG 18, 183
[20a] Sauter Rpfleger 1954, 290; Stöber Rdnr. 348
[21] BGB-RGRK Rdnr. 2 a. E. zu § 41; differenzierend MünchKomm. § 41 Rdnr. 6
[22] vgl. KGJ 39, 135; 47, 249
[23] vgl. RAG Recht 1938 Nr. 4167; Böhle-Stamschräder/Kilger § 109 Anm. 4
[24] BGB-RGRK § 42 Rdnr. 5; allgemeine Meinung

Im Fall der Konkurseröffnung kommt neben der Liquidation des vom Konkursbeschlag erfaßten Vereinsvermögens (vgl. § 1 KO) noch die Liquidation des konkursfreien Vermögens in Betracht; letztere ist Sache des Vorstands, sofern keine anderen Personen zu Liquidatoren bestellt sind (§ 48 Abs. 1 BGB).

Trotz des Konkursverfahrens bleiben alle Vereinsorgane, insbesondere der Vorstand und die Mitgliederversammlung bestehen. Das Verwaltungs- und Verfügungsrecht über das vom Konkurs erfaßte Vereinsvermögen steht jedoch allein dem Konkursverwalter zu; eine nach der Satzung bestehende Beschränkung der Vertretungsmacht des Vorstands oder das Erfordernis der Zustimmung bestimmter Vereinsorgane zur Verfügung über Vereinsvermögen gilt für den Konkursverwalter nicht.

Die den Verein als Gemeinschuldner treffenden Pflichten hat der Vorstand zu erfüllen, der auch die Rechte des Vereins im Konkursverfahren ausübt.[25]

363 **Der Verein kann auch auf die Rechtsfähigkeit verzichten.**[26] Er besteht dann als nichtrechtsfähiger Verein fort. Hierzu bedarf es eines Beschlusses der Mitgliederversammlung und dessen Eintragung in das Vereinsregister. Problematisch ist die Frage, ob es für diese Beschlußfassung der für einen **Auflösungsbeschluß** erforderlichen (satzungsmäßigen oder gesetzlichen) Mehrheit oder der – möglicherweise nach der Satzung davon abweichenden – für eine **Satzungsänderung** erforderlichen Mehrheit bedarf. Da ein Beschluß, auf die Rechtsfähigkeit des Vereins zu verzichten, den Verein als Personenverband bestehen lassen und nur seine Rechtsform ändern will, ist der von Stöber[27] vertretenen Auffassung zuzustimmen, daß ein solcher Beschluß mit der für eine Satzungsänderung erforderlichen Mehrheit zu fassen ist; es gilt dann in dieser Beziehung nichts anderes als für die Umwandlung eines nichtrechtsfähigen Vereins in einen rechtsfähigen Verein.[28]

Dagegen ist weiterhin daran festzuhalten, daß auch im Fall des Verzichts auf die Rechtsfähigkeit formell die Liquidation des Vereinsvermögens stattfindet.[28a] Denn nach §§ 45 Abs. 1, § 47 BGB muß außer bei der Auflösung auch bei der Entziehung oder dem Verlust der Rechtsfähigkeit eine Liquidation stattfinden, sofern nicht das Vereinsvermögen an den Fiskus (oder eine ihm nach Art. 85 EGBGB gleichgestellte Körperschaft oder Anstalt) fällt.[29] An dieser zwingenden Vorschrift ist auch nicht mit der Erwägung vorbeizukommen, daß der Verein sich mit einem Verzicht auf die Rechtsfähigkeit freiwillig dieser Qualität begibt. Die Streitfrage ist jedoch von geringer praktischer Bedeutung. Denn die Liquidation kann hier in **vereinfachter Form** durchgeführt werden.[30]

364 Wenn dem Verein die Eigenschaft einer **Körperschaft des öffentlichen Rechts** verliehen wurde, ist es angebracht, ihn – mit ausdrücklicher Angabe

---

[25] vgl. RGZ 127, 198/200; KGJ 48, 134/135; R-D-K Rdnr. 811
[26] BayObLGZ 1959, 152/159; 287/294; h. M.
[27] Rdnr. 291
[28] dazu bei Rdnr. 14
[28a] Staudinger § 41 Rdnr. 18; a. A. Stöber Rdnr. 291; nicht eindeutig Palandt § 42 Anm. 2
[29] BGB-RGRK § 47 Rdnr. 1; Soergel vor §§ 41–53 Rdnr. 7
[30] Soergel aaO; BGB-RGRK § 47 Rdnr. 2; vgl. § 49 Abs. 1 S. 3 BGB

des Grundes – im Vereinsregister zu löschen. Denn der Zweck der Eintragung, nämlich die Erlangung der Rechtsfähigkeit, ist damit hinfällig geworden, da der Verein nun als Körperschaft des öffentlichen Rechts ohnehin rechtsfähig ist.[31]

Die Entziehung der Rechtsfähigkeit

365 Dem Verein kann die Rechtsfähigkeit entzogen werden, wenn er durch einen gesetzwidrigen Beschluß der Mitgliederversammlung oder durch gesetzwidriges Verhalten des Vorstands das Gemeinwohl gefährdet, ferner wenn der Verein in der Satzung als idealer Verein gekennzeichnet ist, nach der Eintragung sich aber herausstellt, daß sein Hauptzweck ein wirtschaftlicher ist.[32]

Nach § 30 Abs. 2 Nr. 2 des Vereinsgesetzes ist eine Entziehung der Rechtsfähigkeit aufgrund des § 43 BGB weiterhin zulässig. Regelmäßig wird nur ein grober Verstoß gegen wichtige öffentlichrechtliche Bestimmungen das Gemeinwohl gefährden.[33] Verstöße gegen gesetzliche Bestimmungen, die den Schutz der Mitglieder oder einzelner Vereinsgläubiger bezwecken, oder Satzungswidrigkeiten rechtfertigen jedoch die Entziehung der Rechtsfähigkeit nicht.[34] Ein Verschulden der Mitgliederversammlung oder des Vorstandes wird nicht vorausgesetzt.

Bei eingetragenen Vereinen kommt es darauf an, ob sie bei Angabe des später verfolgten Zweckes in der Satzung die Eintragung hätten erlangen dürfen. Es macht deshalb nichts aus, wenn statt des in der Satzung angegebenen idealen Zweckes ein anderer idealer Zweck verfolgt wird. Wohl aber ist die Entziehung der Rechtsfähigkeit zulässig, wenn der vom Verein später verfolgte Zweck auf einen wirtschaftlichen Geschäftsbetrieb gerichtet ist, da dies die Eintragung ausgeschlossen hätte.[35]

Die Entziehung der Rechtsfähigkeit nach § 43 Abs. 2 BGB ist nur zulässig, wenn der Hauptzweck ein wirtschaftlicher ist.[36]

Die Zuständigkeit[37] und das Verfahren bestimmen sich in den vorstehenden Fällen nach den für streitige Verwaltungssachen geltenden Vorschriften.

366 Dem Verein ist ferner die Rechtsfähigkeit durch das **Amtsgericht** (Rechtspfleger) zu entziehen, wenn die Zahl der Vereinsmitglieder unter 3 sinkt. Die Entziehung erfolgt auf Antrag des Vorstands, und, wenn der Antrag nicht binnen 3 Monaten gestellt wird, von Amts wegen nach Anhörung des Vorstands, § 73 BGB. Der Beschluß ist dem Vorstand **zuzustellen.** Gegen den Beschluß findet die sofortige Erinnerung zum Amtsrichter statt (Frist 2 Wochen ab Zustellung).[38] Hält dieser sie für unbegründet, entscheidet das Landgericht. Gegen dessen Entscheidung ist die sofortige weitere Beschwer-

---

[31] Auweder Rpfleger 1959, 45
[32] § 43 Abs. 1 und 2 BGB; PrOVG 69, 323 = JW 1916, 1289
[33] Soergel § 43 Rdnr. 4
[34] BGB-RGRK § 43 Rdnr. 2; Soergel § 43 Rdnr. 4
[35] Vgl. KG OLG 44, 184; BayObLGZ 1978, 87/89 = MittBayNot 1978, 100/101
[36] PrOVG 69, 323
[37] Die für die Entziehung zuständigen Behörden in den einzelnen Bundesländern sind bei Soergel § 43 Rdnr. 3 aufgeführt
[38] § 160a FGG, § 11 Abs. 1 RPflG

de zum Oberlandesgericht[39] gegeben. Der Verein verliert die Rechtsfähigkeit erst mit der Rechtskraft des Beschlusses, § 160a FGG. Das Gericht kann jederzeit, um sich Gewißheit über die Zahl der Vereinsmitglieder zu verschaffen, vom Vorstand die Einreichung einer von ihm unterschriebenen Bescheinigung über die Zahl der Vereinsmitglieder verlangen, § 72 BGB. Das Gericht kann aber auch gemäß § 12 FGG sonstige Ermittlungen zur Feststellung der Mitgliederzahl veranstalten. Falls ein Vorstand nicht mehr vorhanden ist, was in solchen Fällen häufig vorkommt, hat das Gericht gemäß § 29 BGB zu verfahren und einen Vorstand zu bestellen, und zwar auch von Amts wegen, da sonst die vom Gesetz vorgeschriebene Entziehung nicht durchgeführt werden könnte. Solange die Rechtsfähigkeit nicht entzogen ist, kann der Verein auch nur aus *einem* Mitglied bestehen. Verschiedentlich wird im Schrifttum angenommen, das Registergericht könne die Entziehung der Rechtsfähigkeit zurückstellen, wenn glaubhaft gemacht werde, daß sich die Zahl der Vereinsmitglieder alsbald wieder auf 3 oder darüber erhöhe.[40] Obergerichtliche Rechtsprechung zu dieser Frage ist nicht bekannt geworden. Grundsätzliche Bedenken gegen eine solche Registerpraxis bestehen nicht.

367 Die Tatsache, daß der Verein aufgelöst oder ihm die Rechtsfähigkeit entzogen ist, ist – in allen Fällen – **in das Vereinsregister einzutragen** (§ 74 Abs. 1 S. 1 BGB); der Grund der Auflösung oder der Entziehung der Rechtsfähigkeit wird nicht eingetragen. Im Falle der Konkurseröffnung wird der Verlust der Rechtsfähigkeit nicht eingetragen (§ 74 Abs. 1 S. 2 BGB), da nach § 75 BGB ohnehin die Eröffnung des Konkurses auf Anzeige des Konkursgerichts von Amts wegen einzutragen ist.[41]

Einzutragen ist auch, daß der Verein auf die Rechtsfähigkeit verzichtet hat. Diese Eintragung ist zwar im Gesetz nicht ausdrücklich angeordnet, sie ist aber die unabweisbare Folge davon, daß die Rechtsprechung den Verzicht eines Vereins auf die Rechtsfähigkeit zuläßt.

Die Auflösung des Vereins durch Beschluß der Mitgliederversammlung, durch Ablauf der in der Satzung bestimmten Zeitdauer oder durch Eintritt der in der Satzung angegebenen Bedingung ist vom Vorstand (durch Vorstandsmitglieder in der zur Vertretung des Vereins erforderlichen Anzahl) beim zuständigen Registergericht zur Eintragung in das Vereinsregister **anzumelden** (§ 74 Abs. 2 S. 1 BGB). Ist der Verein durch Beschluß der Mitgliederversammlung aufgelöst worden, so ist der Anmeldung eine Abschrift des Auflösungsbeschlusses beizufügen (§ 74 Abs. 2 S. 2 BGB).

Beruht die Auflösung auf einer Verbotsverfügung nach § 3 des Vereinsgesetzes, so erfolgt die Eintragung auf Anzeige der zuständigen Behörde (§ 7 Abs. 2 VereinsG).

Wird dem Verein auf Grund des § 43 BGB die Rechtsfähigkeit entzogen, so wird dies auf Anzeige der zuständigen Behörde eingetragen (§ 74 Abs. 3 BGB). Die Entziehung der Rechtsfähigkeit durch das Amtsgericht auf Grund des § 73 BGB (Herabsinken der Mitgliederzahl unter drei) wird von Amts wegen eingetragen.

---

[39] in Bayern zum Obersten Landesgericht
[40] Staudinger § 73 Rdnr. 2; Soergel § 73 Rdnr. 3; MünchKomm. § 73 Rdnr. 2
[41] BGB-RGRK § 74 Rdnr. 1

Die rechtlichen Folgen des Vereinsendes

368 Mit der Auflösung des Vereins oder der Entziehung der Rechtsfähigkeit fällt das Vermögen an die in der Satzung bestimmten Personen. Unter „Anfall" ist mit Ausnahme des Anfalls an den Fiskus regelmäßig keine Gesamtrechtsnachfolge zu verstehen, sondern nur der Erwerb eines schuldrechtlichen **Anspruchs** auf das Vereinsvermögen, das nach Befriedigung der Gläubiger übrig bleibt.[1]

Ein satzungsmäßig für den Fall der Auflösung vorgesehenes **Anfallrecht eines Dritten** kann jederzeit durch Satzungsänderung aufgehoben werden. Eine vertragliche Bindung des Vereins in dieser Beziehung durch den Gründungsvertrag, etwa in der Gestalt eines Vertrages zugunsten Dritter, ist ausgeschlossen.[2]

Die Satzung kann aber auch vorschreiben, daß die Anfallberechtigten durch Beschluß der Mitgliederversammlung oder eines anderen Vereinsorgans bestimmt werden. Die Mitgliederversammlung kann auch ohne eine solche Vorschrift das Vermögen einer öffentlichen Stiftung oder Anstalt zuweisen. Beschlüsse darüber, wie das Vermögen bei Auflösung zu verwenden ist, dürfen bei Vereinen, die gemeinnützige, mildtätige oder kirchliche Zwecke verfolgen, erst nach Einwilligung des Finanzamts ausgeführt werden.[3]

Fehlt es an einer Bestimmung des Anfallberechtigten, so fällt das Vermögen, wenn der Verein nach seiner Satzung ausschließlich den Interessen seiner Mitglieder diente, an die zur Zeit der Auflösung oder der Entziehung der Rechtsfähigkeit vorhandenen Mitglieder zu gleichen Teilen, andernfalls an den Fiskus des Landes, in dessen Gebiet der Verein seinen Sitz hatte, § 45 Abs. 3 BGB.

Sind die anfallberechtigten Mitglieder nicht zu ermitteln, so sind sie in entsprechender Anwendung des § 50 BGB öffentlich zur Anmeldung aufzufordern; nach Ablauf der Sperrfrist ist das Vermögen an die bis dahin sich meldenden Mitglieder auszufolgen.[4]

369 **Fällt das Vermögen an den Fiskus,** so findet **kein Liquidationsverfahren** statt, sondern es finden die Vorschriften über eine dem Fiskus als gesetzlichen Erben anfallende Erbschaft entsprechende Anwendung, § 46 BGB. Es hat also die Feststellung des gesetzlichen Anfallrechts durch das Nachlaßgericht zu erfolgen, § 1964 BGB. Nach Feststellung des Anfallrechts durch das Nachlaßgericht steht jedem, der ein berechtigtes Interesse glaubhaft macht, das Recht der Einsicht in die diesem Ergebnis vorausgegangenen Ermittlungen zu. Von den betreffenden Schriftstücken kann auch eine beglaubigte Abschrift gefordert werden, § 78 FGG. Bis zur Feststellung der Anfallberechtigung kann das Nachlaßgericht für das Vereinsvermögen einen Pfleger bestellen, § 1960 BGB.

Der Vermögensübergang geschieht als Ganzes kraft Gesetzes, § 1922 I BGB. Einzelner Übertragungsakte (Übergabe, Auflassung, Abtretung) be-

[1] Soergel § 45 Rdnr. 2; KGJ 25, 130; 43, 184
[2] RGZ 169, 65
[3] vgl. §§ 51, 61 Abs. 2 Abgabenordnung 1977
[4] LG Berlin NJW 1958, 1874

darf es daher nicht. Der Fiskus kann den Erwerb nicht ausschlagen, § 1942 Abs. 2 BGB; zum Nachweis des Vermögensübergangs, vor allem zur Grundbuchberichtigung, braucht er einen Erbschein.[5] Gegen den Fiskus als Nachfolger in das Vereinsvermögen und von ihm kann ein Recht erst geltend gemacht werden, wenn das Nachlaßgericht den Fiskus als Anfallberechtigten festgestellt hat, § 1966 BGB. Er haftet auf alle Fälle nur mit dem Vereinsvermögen, §§ 2011 BGB, 780 ZPO. Der Fiskus hat das Vermögen tunlichst in einer den Zwecken des Vereins entsprechenden Weise zu verwenden, § 46 Satz 2 BGB.

Die dem Fiskus auferlegte Verwendungspflicht ist keine einklagbare privatrechtliche Pflicht, sondern eine öffentlich-rechtliche Auflage, deren Erfüllung den zuständigen Behörden obliegt.[6]

370 Fällt das Vermögen nicht an den Fiskus, muß eine **Liquidation** stattfinden, § 47 BGB. Die dem Interesse der Gläubiger dienende Liquidation muß auch dann, wenigstens in vereinfachter Form, durchgeführt werden, wenn die Mitgliederversammlung bei oder vor der Auflösung beschlossen hat, daß der Verein als nichtrechtsfähiger bestehen bleibt.[7] Die Liquidation kann also nicht ausgeschlossen werden.

Die Liquidation dient dem Schutz der Gläubiger und der Anfallberechtigten und erfolgt durch den Vorstand. Doch können zu Liquidatoren auch andere Personen bestellt werden, auch eine juristische Person.[8]

Für die Bestellung der Liquidatoren sind die für die Bestellung des Vorstands geltenden Vorschriften maßgebend, § 48 I BGB. Im Konkursfall kann die Bestellung auch schon während des Verfahrens erfolgen.[9] Die Mitglieder des Vorstandes sind also verpflichtet, das Amt der Liquidatoren zu übernehmen, sofern nicht andere Personen zu Liquidatoren bestellt werden. Besondere Liquidatoren können bestellt werden sowohl auf Grund der Satzung, wenn sie eine entsprechende Bestimmung enthält, als auch durch Mitgliederversammlungsbeschluß (einfache Stimmenmehrheit, wenn die Satzung nichts anderes vorsieht) oder auf Beschluß des zur Bestellung des Vorstandes zuständigen Organs, wenn zugleich der Vorstand gemäß § 27 BGB abberufen wird oder sein Amt freiwillig niederlegt. Die Liquidatoren können durch die Mitgliederversammlung wieder abberufen und durch andere ersetzt werden. Unter den in § 29 BGB bestimmten Voraussetzungen können Liquidatoren auch durch das Amtsgericht (Registergericht) bestellt werden.

371 **Die Liquidatoren haben die rechtliche Stellung des Vorstands,** soweit sich nicht aus dem Wesen der Liquidation ein anderes ergibt, § 48 II BGB. Sie haben also vor allem den Liquidationsverein gerichtlich und außergerichtlich zu vertreten und die Geschäfte des Vereins zu führen. Die Geschäftsführung kann ihnen weder durch die Satzung noch durch Mitgliederversammlungsbeschluß entzogen werden, wohl aber kann ihnen von der Mitgliederversammlung eine Weisung über die Art der Geschäftsführung

---

5 OLG Hamm OLGZ 1966, 109
6 BGB-RGRK § 46 Rdnr. 2
7 BGB-RGRK § 41 Rdnr. 5; Soergel § 47 Rdnrn. 1, 6
8 BGB-RGRK § 48 Rdnr. 1; OLG Karlsruhe JFG 3, 210
9 KG JW 1935, 3636 = HRR 1935 Nr. 1653

erteilt werden. Eine solche Weisung ist aber für die Liquidatoren nur verbindlich, wenn und soweit sie nicht in Widerspruch zum Liquidationszweck und den gesetzlichen Pflichten der Liquidatoren steht.[9a] Die Liquidatoren haben auch das Recht, Beiträge zur Durchführung der Liquidation zu erheben, falls in der Satzung das Recht zur Festsetzung von Beiträgen dem Vorstand eingeräumt ist.[10] Die Liquidatoren können, wie Vorstandsmitglieder, nicht als Zeugen in Sachen des Vereins auftreten. Die Vertretungsmacht eines Liquidators umfaßt die Befugnis, den Verein in einem Rechtsstreit zu vertreten, in dem ein Mitglied beantragt hat, die Nichtigkeit des Auflösungsbeschlusses festzustellen.

372 **Die Liquidatoren sind im Vereinsregister einzutragen.** Die Anmeldung hat durch den Vorstand, bei späteren Anmeldungen durch die Liquidatoren in öffentlich beglaubigter Form zu erfolgen.[11] Der Anmeldung der durch Beschluß der Mitgliederversammlung bestellten Liquidatoren ist eine Abschrift des Beschlusses beizufügen. Die Eintragung gerichtlich bestellter Liquidatoren erfolgt von Amts wegen, §§ 76, 77 BGB.

373 Sind **mehrere Liquidatoren** bestellt, so ist für ihre Beschlüsse Übereinstimmung aller erforderlich, sofern nicht ein anderes in der Satzung oder im Bestellungsbeschluß bestimmt ist, § 48 III BGB. Bei Zustellungen an den Liquidationsverein bzw. bei Erklärungen ihm gegenüber genügt die Zustellung bzw. die Abgabe der Erklärung an *einen* Liquidator (§ 48 Abs. 2 mit § 28 Abs. 2 BGB). Enthält die Satzung oder der Bestellungsbeschluß eine von § 48 III BGB abweichende Beschlußfassung der Liquidatoren, muß dies im Vereinsregister eingetragen werden, § 76 I BGB. Ist die Bestimmung über eine vom Einstimmigkeitsprinzip abweichende Beschlußfassung in der Satzung enthalten, so kann sie zweckmäßigerweise schon bei der Eintragung des Vereins miteingetragen werden; entsprechend ist zu verfahren, wenn die Bestimmung durch eine Satzungsänderung getroffen wird.

Das **Eintragungsgebot** nach § 76 Abs. 1 Satz 2 BGB **entfällt** jedoch, wenn es für die Wirksamkeit der Vertretungshandlungen der Liquidatoren (nach außen) auf die (interne) Beschlußfassung nicht ankommen kann.[11a] Das ist der Fall, wenn die Vertretungsmacht der Liquidatoren in der Satzung abweichend vom Gesetz geregelt ist. Eine solche Regelung kann sich auch daraus ergeben, daß die Satzung lediglich für die Vertretungsmacht der Vorstandsmitglieder eine besondere Bestimmung enthält (z. B. jedem Vorstandsmitglied Einzelvertretungsmacht verleiht), denn nach § 48 Abs. 2 BGB haben die Liquidatoren die rechtliche Stellung des Vorstands, soweit sich nicht aus dem Zweck der Liquidation ein anderes ergibt.

Im Hinblick auf den Zweck der Liquidation fallen natürlich für die Liquidatoren alle diejenigen Verpflichtungen weg, die für den Vorstand vor Auflösung des Vereins bestanden, um den satzungsgemäß festgelegten Vereinszweck zu erreichen.[12]

[9a] Staudinger § 48 Rdnr. 4
[10] RG HRR 1937 Nr. 429a
[11] vgl. LG Köln MittRhNotK 1978, 171; siehe auch bei Rdnr. 396
[11a] siehe dazu auch die Ausführungen bei Rdnr. 246 zum Anwendungsbereich des § 64 Satz 2 BGB
[12] Allgemein über ,,Liquidationszweck und Vertretungsmacht der Liquidatoren" K. Schmidt AcP 174 (1974) S. 55

374 **Satzungsänderungen** sind im Liquidationsstadium nur zulässig, wenn sie dem Zweck und Wesen der Liquidation nicht widersprechen.[13] Der Beitritt neuer Mitglieder ist während des Liquidationsstadiums nicht möglich. Dagegen ist der Austritt eines Mitglieds unter Einhaltung der Satzungsbestimmungen für zulässig zu erachten. Die gegenteilige Ansicht dürfte mit der zwingenden Vorschrift des § 39 Abs. 1 BGB nicht zu vereinbaren sein.

375 Die Liquidatoren haben die laufenden Geschäfte des Vereins zu beendigen, die Forderungen einzuziehen, das übrige Vermögen in Geld umzusetzen, die Gläubiger zu befriedigen und den Überschuß den Anfallberechtigten auszuhändigen; zur Beendigung schwebender Geschäfte können sie auch neue Geschäfte eingehen, § 49 I BGB. Diese Vorschrift ist zwingender Natur und kann weder durch Mitgliederversammlungsbeschluß noch durch die Satzung geändert oder aufgehoben werden. Die Liquidatoren haben also alle Geschäfte, die vor Eintritt der Liquidation bereits eingegangen waren, insbesondere auch Prozesse, die durch die Liquidation nicht unterbrochen werden, zu Ende zu führen. Sie können zu diesem Zweck auch neue Geschäfte eingehen, es muß hierbei jedoch ein Zusammenhang zwischen dem alten und dem neuen Geschäft bestehen. Das neue Geschäft darf nur zu dem Zweck eingegangen werden, um das alte Geschäft überhaupt oder vorteilhafter erledigen zu können. Die Liquidatoren sind auch berechtigt, Zuwendungen, die die Mittel zur Tilgung von Verbindlichkeiten gewähren, anzunehmen.[14] Sie sind weiter verpflichtet, die Forderungen einzuziehen; hierunter fallen außer den Forderungen an Dritte auch diejenigen gegen die Vereinsmitglieder, vor allem aus Beitragsrückständen. Wenn es der raschen Durchführung der Liquidation dienlich ist, können die Liquidatoren ausstehende, in naher Zukunft noch nicht fällige Forderungen anderweitig, z. B. durch Verkauf, verwerten. Sie haben ferner das übrige Vermögen bestmöglich in Geld umzusetzen. Die Einziehung der Forderungen sowie die Umsetzung des übrigen Vermögens in Geld darf jedoch unterbleiben, soweit diese Maßnahmen nicht zur Befriedigung der Gläubiger oder zur Verteilung des Überschusses unter die Anfallberechtigten erforderlich sind, § 49 I Satz 3 BGB. Die Liquidatoren sind weiter verpflichtet, die Gläubiger des Vereins zu befriedigen, § 49 I Satz 1 BGB. Sie haben zu diesem Zweck die Auflösung des Vereins oder die Entziehung der Rechtsfähigkeit **öffentlich be-**
376 **kanntzumachen** und dabei die Gläubiger zur Anmeldung ihrer Ansprüche aufzufordern.[15] In welchem Blatt das zu geschehen hat, bestimmt sich in erster Linie nach der Satzung. Fehlt eine solche Bestimmung in der Satzung, so ist die Bekanntmachung in dem Blatt zu veröffentlichen, das für die amtlichen Bekanntmachungen des **Amtsgerichts** bestimmt ist, in dessen Bezirk der Verein seinen Sitz hatte (§ 50 Abs. 1 Satz 3 BGB). Dieses Blatt kann, muß aber nicht dasselbe sein wie das für die Bekanntmachung der Eintragungen in das Handelsregister nach § 10 HGB, § 11 HRV bestimmte Blatt. Ferner kann sich in den Ländern, in denen das Vereinsregister für mehrere Amtsgerichte von *einem* Amtsgericht geführt wird, eine Divergenz

---

[13] RGZ 121, 246; 138, 79
[14] BayObLG RJA 16, 242
[15] Siehe Muster Nr. 35 bei Rdnr. 472

ergeben. Maßgebend ist dann nicht das Amtsblatt des registerführenden Amtsgerichts, sondern das Amtsblatt des Gerichts des Vereinssitzes.[16] Das hat seinen guten Grund. Denn die Vereinsgläubiger, an die sich die Bekanntmachung wendet, haben in der Regel zu dem Ort, an dem der Verein seinen Sitz hatte, und damit auch zu dem Amtsblatt dieses Ortes die nähere Beziehung. Es ist von großer Bedeutung, daß die Bekanntmachung in dem richtigen Blatt erfolgt, denn eine anderweitige Veröffentlichung wäre wirkungslos. Die Bekanntmachung gilt mit dem Ablauf des zweiten Tages nach der Einrückung in das Blatt oder – bei mehrmaliger Veröffentlichung – der ersten Einrückung als bewirkt. Bekannte Gläubiger sind durch besondere Mitteilung zur Anmeldung aufzufordern, § 50 BGB. Nach dem Wortlaut des Gesetzes genügt es, die Bekanntmachung nur einmal vorzunehmen. Die Bekanntmachung kann in kürzester Form erfolgen, etwa dergestalt: Der Verein . . . ist aufgelöst. Gläubiger wollen ihre Ansprüche dem unterfertigten Liquidator melden . . . (Name und Anschrift des Liquidators).

Wenn die Vereinsmitglieder anfallberechtigt sind, kann es vorkommen, daß die Liquidatoren aus den vorhandenen Vereinsunterlagen nicht feststellen können, welche Personen im Zeitpunkt der Auflösung bzw. der Entziehung der Rechtsfähigkeit dem Verein angehörten. In diesem Fall sind die unbekannten Vereinsmitglieder in entsprechender Anwendung des § 50 BGB öffentlich aufzufordern, sich zu melden.[17] Diese Aufforderung kann vom Liquidator zusammen mit der Aufforderung an die Gläubiger veröffentlicht werden.

377 Es ist zweckmäßig für die Liquidatoren, mit der Umsetzung des vorhandenen Vermögens in Geld so lange zu warten, bis bei den gegebenen Verhältnissen vernünftigerweise von sämtlichen Gläubigern des Vereins die Anmeldung von Ansprüchen erwartet werden kann. Erst nach diesem Zeitpunkt können die Liquidatoren sich schlüssig werden, wie die Liquidation am zweckmäßigsten sowohl für die Gläubiger als auch für die Anfallberechtigten durchzuführen ist. Ergäbe sich, daß genügend flüssige Mittel zur Befriedigung der Gläubiger vorhanden wären, so könnte das übrige Vereinsvermögen auf Wunsch der Anfallberechtigten auch ohne Versilberung verteilt werden. Ergibt sich eine **Überschuldung des Vereins,** haben die Liquidatoren die Eröffnung des Konkursverfahrens oder des gerichtlichen Vergleichsverfahrens zur Abwendung des Konkurses zu beantragen, § 53 I BGB. Bei Verzögerung der Antragstellung sind die Liquidatoren, denen ein Verschulden zur Last fällt, den Gläubigern für den daraus entstehenden Schaden gesamtschuldnerisch verantwortlich, § 53 II BGB. Die Eröffnung des Vergleichsverfahrens bzw. des Konkursverfahrens ist in das Vereinsregister von Amts wegen einzutragen; §§ 108 VerglO, 112, 113 KO, § 75 BGB.

378 Meldet ein **bekannter Gläubiger**[17a] sich trotz Aufforderung nicht, so ist der geschuldete Betrag, wenn die allgemeinen Voraussetzungen für eine

---

[16] Zutreffend Stöber Rdnr. 280

[17] LG Berlin NJW 1958, 1874 und 1959, 58 mit Anm. von Kubisch

[17a] Zu den Begriffen „bekannter Gläubiger“ und „unbekannter Gläubiger“ siehe K. Schmidt ZIP 1981, 1/2 („Zur Gläubigersicherung im Liquidationsrecht der Kapitalgesellschaften, Genossenschaften und Vereine“), wonach „bekannt“ auch der unbekannte Gläubiger einer dem Liquidator bekannten Forderung ist.

Hinterlegung nach § 372 BGB gegeben sind, für den Gläubiger zu hinterlegen, § 52 I BGB. Unter geschuldetem Betrag ist alles zu verstehen, was zur Hinterlegung geeignet ist, § 372 BGB. Nach § 372 BGB ist auch dann ein Recht zur Hinterlegung vorhanden, wenn der Schuldner, also der Verein, infolge einer nicht auf Fahrlässigkeit beruhenden Ungewißheit über die Person des Gläubigers seine Verbindlichkeit nicht oder nicht mit Sicherheit erfüllen kann. Eine solche Ungewißheit kann durch Erbfolge, Abtretung u. dgl. entstehen.

379 **Ist die Berichtigung einer Verbindlichkeit streitig,** so ist dem Gläubiger Sicherheit zu leisten, ehe das Vermögen den Anfallberechtigten ausgehändigt werden darf, § 52 II BGB. Die Liquidation gilt als nicht beendet, solange die zwingenden Vorschriften der §§ 50, 51 BGB nicht beachtet werden.[18]

Die Gläubiger haben, wenn begründete Besorgnis besteht, daß Vereinsvermögen verteilt wird, ohne daß ihre Forderungen befriedigt oder sichergestellt sind, gegen die Liquidatoren einen klagbaren Anspruch auf Unterlassung; als einstweiliger Rechtsschutz kommt eine einstweilige Verfügung gegen die Liquidatoren in Betracht, mit der ihnen untersagt wird, das Vereinsvermögen ohne Berücksichtigung des Antragstellers zu verteilen.[18a]

380 Nach Befriedigung oder Sicherstellung der Gläubigerforderungen bzw. Hinterlegung der entsprechenden Beträge haben die Liquidatoren dann den **Überschuß den Anfallberechtigten auszufolgen,** § 49 I Satz 1 BGB. Die Verteilung des Vermögens darf jedoch nicht vor dem Ablauf eines Jahres nach der Bekanntmachung der Auflösung des Vereins oder der Entziehung der Rechtsfähigkeit erfolgen, § 51 BGB. Fristberechnung siehe §§ 187 I, 188 II BGB. Dieses sog. **Sperrjahr** muß auf alle Fälle abgewartet werden, ehe die Verteilung des Vereinsvermögens erfolgen darf. Ist nach Ablauf des Sperrjahres die Liquidation nicht beendet, so sind auch dann noch Gläubiger, die sich melden oder sonst bekannt werden, zu befriedigen oder sicherzustellen. Hätten trotzdem Anfallberechtigte schon Vermögen erhalten, würden sie dem Verein gegenüber auf Rückgabe der gesetzwidrig erlangten Leistungen haften. Solche Leistungen wären vom Liquidator gemäß § 812 BGB zurückzufordern. Diesen Anspruch des Vereins könnten nicht befriedigte Gläubiger pfänden und sich überweisen lassen. Die Aushändigung des Überschusses des Vereinsvermögens erfordert jedoch nicht auch die Verteilung des Vereinsvermögens unter den Anfallberechtigten durch die Liquidatoren; die Verteilung ist Sache der Anfallberechtigten selbst. Mit der Aushändigung des Vermögensrestes ist die Liquidation beendet. Die Liquidatoren haben dann noch die Verpflichtung, der Mitgliederversammlung **Schlußrechnung** zu erstatten, §§ 48 II, 27 III BGB. Sie haben dann auch ein Recht auf **Entlastung.**

Erlischt der Verein während eines Rechtsstreits, weil die Liquidation beendet und sein Vermögen verteilt ist, so ist die gegen ihn gerichtete Klage als unzulässig abzuweisen.[18b]

---

[18] BayObLG OLG 40, 101/103

[18a] so zutreffend K. Schmidt – wie Fn. 17a –

[18b] BGHZ 74, 212 = BGH NJW 1979, 1592; dazu Anm. Theil JZ 1979, 567; a. A. BAG NJW 1982, 1831 im Fall der Klage eines Arbeitnehmers auf Feststellung der Unwirksamkeit der fristlosen Kündigung

381 Für die Führung der Vereinsgeschäfte sind die Liquidatoren nur dem Verein, nicht auch den einzelnen Vereinsmitgliedern, Gläubigern, Anfallberechtigten oder sonstigen Dritten haftbar. Den Gläubigern des Vereins gegenüber würden sie sich nur dann unmittelbar für den entstandenen Schaden haftbar machen, wenn sie absichtlich oder fahrlässig ihre ihnen nach §§ 42 II, 50–52 BGB obliegenden Pflichten verletzt oder vor Befriedigung der Gläubiger Vermögen an die Anfallberechtigten ausgehändigt hätten. Die Haftung der Liquidatoren ist eine gesamtschuldnerische.

382 Ob die **Bücher und Schriften des Vereins** nach Beendigung der Liquidation noch **aufzubewahren** sind, besagt das BGB nicht.[19] Die Vorschriften des Handelsrechts über Aufbewahrung der Bücher und Schriften (§ 44 HGB) sind wohl hier entsprechend anzuwenden. Zweckmäßig ist es, wenn die letzte Mitgliederversammlung hierüber Beschluß faßt. Die Liquidatoren können aber nicht vom Registergericht durch Zwangsgeld angehalten werden, nach Beendigung der Liquidation die Bücher und Schriften dem Verein in Verwahrung zu geben. Die Erfüllung dieser Pflicht kann nur im Klageweg durchgesetzt werden.[20]

383 Durch die neuen Vorschriften über die Führung des Vereinsregisters[21] ist geklärt, daß die **Beendigung der Liquidation** in das Vereinsregister **einzutragen** ist. Die Eintragung setzt eine entsprechende Anmeldung der Liquidatoren, die jedoch mangels gesetzlicher Handhabe nicht durch Zwangsgeld erzwungen werden kann, voraus. Wird die Beendigung der Liquidation vor Ablauf des Sperrjahres angemeldet,[22] so besteht in der Regel Anlaß, von den Liquidatoren die Erklärung zu verlangen, daß kein Vereinsvermögen mehr vorhanden, solches auch nicht an die Anfallberechtigten verteilt wurde und keine Prozesse anhängig sind.[23] Nach Auffassung des Oberlandesgerichts Düsseldorf[24] stehen Prozesse, die für den Verein wirtschaftlich bedeutungslos sind, der Beendigung der Liquidation nicht entgegen. Schon mit Rücksicht auf einen etwaigen Kostenerstattungsanspruch des Vereins wird man aber vor der Beendigung eines Prozesses die Liquidation nicht als beendet behandeln können. Dagegen wird die Beendigung nicht dadurch ausgeschlossen, daß die Geschäftsbücher und die sonstigen Vereinsunterlagen noch vorhanden sind; sie stellen kein verteilbares Vereinsvermögen dar.[25]

384 Wenn sich nach Beendigung der Liquidation für den Verein noch Vermögen herausstellt, muß die **Liquidation** auf Antrag eines Gläubigers oder eines Anfallberechtigten **wiederaufgenommen** werden. Die Rechtsfähigkeit lebt dann insoweit wieder auf.[26] Notfalls wäre dann ein Liquidator gemäß § 29 BGB zu bestellen.

385 Ist ein Verein, der bereits aufgelöst wurde und sein ganzes Vermögen den

---

[19] Allgemein über „Grenzen von Buchführungs- und Aufbewahrungspflichten" Radke BB 1977, 1529

[20] Vgl. BayObLG NJW 1968, 56 für GmbH

[21] z. B. für Bayern: JMBek. vom 4. 9. 1981 Nr. 2.4.5 (JMBl. 1981, 170); für Hessen: RdErl. vom 6. 11. 1981 § 7 Nr. 4e (JMBl. 1981, 587)

[22] dazu KG OLG 19, 376 (GmbH); OLG Düsseldorf NJW 1966, 1034

[23] KG DR 1941, 2130 (GmbH)

[24] NJW 1966, 1034; in RGZ 77, 268/273 nicht entschieden

[25] wie Fn. 24

[26] RG HRR 1930 Nr. 734

Anfallberechtigten ausgefolgt hat, als Erbe eingesetzt, so kann er im allgemeinen nicht mehr Erbe werden, denn er hat seine Tätigkeit zur Verwirklichung des Vereinszwecks eingestellt. Kann jedoch der Wille des Erblassers dahingehend ausgelegt werden, daß der Anfallberechtigte den Vereinszweck weiter durchführt (z. B. Fortführung einer Lungenheilstätte), dann gilt der Anfallberechtigte als unmittelbarer Erbe. Die Erbschaft fällt dem Anfallberechtigten zu mit der Auflage, sie zum Besten der von dem Verein bis zu seiner Auflösung betriebenen Einrichtung (z. B. Heilstätte) zu verwenden.[27]

IX. Der Verkehr mit dem Amtsgericht

Allgemeines

386 Die Vereinssachen werden grundsätzlich bei dem Amtsgericht erledigt, in dessen Bezirk der Verein seinen Sitz hat. Durch eine Änderung des § 55 BGB im Jahre 1957 sind aber die Landesjustizverwaltungen in die Lage versetzt, die Behandlung der Vereinssachen aus mehreren Gerichtsbezirken bei **einem** Amtsgericht zu konzentrieren. Eine solche Konzentration besteht bereits in Berlin-West, Hamburg und Nordrhein-Westfalen. Innerhalb des Amtsgerichts ist für sämtliche Vereinssachen der **Rechtspfleger** zuständig. Der Amtsrichter wird damit nur befaßt, wenn der Rechtspfleger ihm eine Sache, beispielsweise wegen rechtlicher Schwierigkeiten vorlegt (§ 5 RPflG) oder wenn eine Entscheidung des Rechtspflegers mit dem Rechtsbehelf der Erinnerung angefochten wird (§ 11 Abs. 1 RPflG). Der Rechtspfleger ist bei seinen Entscheidungen nur dem Gesetz unterworfen. Er entscheidet, von der Bindung an die Rechtsauffassung des Richters abgesehen, selbständig.

Das Amtsgericht ist nicht befugt, in das innere Vereinsleben einzugreifen. Nur in den Fällen der § 29, 37, 73 BGB erstreckt sich seine Tätigkeit über die einer registrierenden Behörde hinaus. Es hat sich aber sonst jeder Kontrolle der Tätigkeit der Vereinsorgane zu enthalten. Nur diese sind dem Verein für die Erfüllung ihrer Pflichten verantwortlich und haben bei deren Verletzung Schadensersatz zu leisten. Das oberste Organ des Vereins, die Mitgliederversammlung, der in der Regel (§ 27 Abs. 1, § 40 BGB) die Bestellung der übrigen Organe zusteht, hat über die Klagen und Beschwerden wegen deren Geschäftsführung zu entscheiden. Die Mitgliederversammlung kann die Geltendmachung von Schadensersatzansprüchen und nötigenfalls die Entfernung vom Amt beschließen.[1] Das Amtsgericht hat im allgemeinen nur dafür Sorge zu tragen, daß die nach den Bestimmungen des BGB im Vereinsregister vorzunehmenden Eintragungen formgerecht vom Vorstand bzw. Liquidator beantragt (angemeldet) werden, u. U. hat es die hierzu Verpflichteten zur Anmeldung durch Androhung und Festsetzung eines Zwangsgeldes anzuhalten. Die Eigenschaft des Anmeldenden als Vorstand (Liquidator) ist vom Gericht zu prüfen.[2] Wenn das Amtsgericht jedoch Anlaß zu Bedenken

---

[27] BayObLG OLG 40, 101/104
[1] BayObLG OLG 41, 17
[2] BayObLG JFG 1, 273

gegen die materielle Richtigkeit und Wirksamkeit der formell ordnungsgemäß angemeldeten Vorgänge, Beschlüsse und dergleichen hat, so hat es nicht nur das Recht sondern auch die Pflicht zur Prüfung, § 12 FGG.[3]

Das Gericht hat die ihm geeignet erscheinenden Beweise zu erheben. Umfang und Art der Beweisaufnahme stehen im pflichtgemäßen Ermessen des Gerichts. Das Gericht darf nicht Beweisanträge der Beteiligten abwarten, ist aber auch nicht an gestellte Beweisanträge gebunden und nicht verpflichtet, Beweisanträge zu berücksichtigen, wenn es die angebotenen Beweise nach den sonstigen Ergebnissen der Ermittlungen oder aus Rechtsgründen für überflüssig oder unerheblich hält.[4] Das Gericht kann auch das Ergebnis früherer Ermittlungen benutzen und weitere Beweiserhebungen ablehnen, wenn es diese nicht für erforderlich hält.[5]

Aussetzung des Registerverfahrens

387 Das Registergericht hat zwar grundsätzlich die Tat- und Rechtsfragen, von denen seine Verfügung abhängt, nach Vornahme der erforderlichen Ermittlungen selbst zu prüfen und zu entscheiden. Es kann aber auch, wenn eine von ihm zu erlassende Verfügung (z. B. die Eintragung eines Vorstandswechsels) von der Beurteilung eines streitigen Rechtsverhältnisses abhängt, seine Verfügung **aussetzen,** bis über das Rechtsverhältnis im Prozeß entschieden ist.[6] Über die Aussetzung befindet das Amtsgericht nach seinem pflichtgemäßen Ermessen. Ist bereits ein Rechtsstreit anhängig, so ist es in den meisten Fällen sinnvoll, das Registerverfahren auszusetzen, zumal über die streitigen Rechtsverhältnisse endgültig nur im Zivilprozeß entschieden werden kann. Es wäre höchst unzweckmäßig, neben dem Zivilprozeß ein den gleichen Feststellungen dienendes Verfahren vor dem Registergericht durchzuführen. Selbst wenn dieses Verfahren trotz derselben Beweisnotwendigkeit früher zum Abschluß gebracht werden könnte als der Zivilprozeß, wäre seinem Ergebnis im Hinblick auf einen möglichen anderen Ausgang des Zivilprozesses kein Bestand gesichert.[7] Ungültige Beschlüsse der Mitgliederversammlung eines Vereins können nicht durch Eintragung in das Vereinsregister Wirksamkeit erlangen.

Eine Aussetzung des Verfahrens vor dem Registergericht ist jedoch nicht zulässig, wenn die Interessen des Vereins eine umgehende Entscheidung des Registergerichts verlangen, wie dies z. B. regelmäßig bei einem Antrag auf Bestellung eines Notvorstands durch das Gericht (§ 29 BGB) der Fall ist.

Einsicht in das Vereinsregister

388 Das Vereinsregister ist öffentlich und hat den Zweck, die tatsächlichen und rechtlichen Verhältnisse des Vereins jederzeit für Dritte leicht feststellbar zu

[3] Vgl. KGJ 41, 157; OLG Hamburg OLG 32, 335; OLG Frankfurt BB 1979, 68; LG Bremen MDR 1974, 134 (sittenwidrige Gestaltung der Satzung); zum Umfang der Prüfungspflicht des Registergerichts vgl. Müller Rpfleger 1970, 375; siehe ferner Rdnr. 390

[4] BayObLGZ 1903, 3 und 91/94; 1904, 414; 1918–19, 250; Jansen § 12 Rdnrn. 39, 40; Keidel/Kuntze/Winkler § 12 Rdnr. 53

[5] OLG Braunschweig JFG 4, 43

[6] §§ 159, 127 FGG; BayObLGZ 1963, 15/18

[7] BayObLGZ 1963, 15/18

machen und damit die Verkehrssicherheit zu erhöhen. Daher ist auch die Einsicht des Vereinsregisters jedem Dritten während der Dienststunden des Gerichts ohne weiteres gestattet. Ein Interesse oder gar ein rechtliches Interesse braucht nicht nachgewiesen zu werden. Dasselbe gilt auch von den Schriftstücken, die der Verein bei dem Registergericht eingereicht hat (§ 79 BGB). Die Akteneinsicht erstreckt sich aber nicht auf beigezogene Akten. Die Einsicht in diese kann vielmehr nur mit Zustimmung der zuständigen Behörde gestattet werden.[8] Mündliche Unterrichtung eines Beteiligten durch den Richter oder Rechtspfleger kann das Recht auf Akteneinsicht nicht ersetzen.[9] Ein Recht auf Akteneinsicht besteht jedoch nicht, wenn es sich um Schriftstücke handelt, die eine im Justizverwaltungs- oder Dienstaufsichtswege zu erledigende Angelegenheit betreffen.[10]

Registerauszüge und Abschriften

389 Von den Registereintragungen und von den Akten kann sich jeder Abschriften anfertigen. Von den Eintragungen können auch ohne Nachweis eines besonderen Interesses Abschriften gefordert werden, die auf Verlangen zu beglaubigen sind (§ 79 BGB), von den eingereichten Schriftstücken aber nur, wenn ein berechtigtes Interesse glaubhaft gemacht wird, § 34 FGG.

Der Nachweis, daß der Vorstand aus den im Vereinsregister eingetragenen Personen besteht, daß der Umfang der Vertretungsmacht des Vorstands beschränkt oder die Beschlußfassung des Vorstands abweichend von der Vorschrift des § 28 Abs. 1 BGB geregelt ist, wird Behörden gegenüber[11] durch ein Zeugnis des Amtsgerichts über die Eintragung geführt, §§ 69, 70 BGB. Das Amtsgericht hat auf Verlangen eine Bescheinigung darüber zu erteilen, daß bezüglich des Gegenstandes einer Eintragung weitere Eintragungen nicht vorhanden sind oder daß eine bestimmte Eintragung nicht erfolgt ist (Negativattest), § 162 FGG. Zu weiteren Auskünften ist das Gericht nicht verpflichtet. Hat der Vorstand auf Verlangen des Registergerichts gemäß § 72 BGB eine Bescheinigung über die Zahl der Mitglieder ausgestellt, so ist gleichwohl das Registergericht nicht berechtigt, hierüber eine amtliche Bescheinigung zu erteilen.[12] Eine von § 162 FGG nicht gedeckte Bescheinigung des Registergerichts stellt keine öffentliche Urkunde im Sinne des § 415 ZPO dar.[13]

Die Bedeutung der Registereintragungen

390 Die Eintragungen im Vereinsregister besagen im allgemeinen nur, daß in formgerechter Weise bestimmte Vorgänge, die sich im Verein zugetragen haben, zur Eintragung **angemeldet** wurden. Ob diese Erklärungen und die hierauf erfolgten Einträge aber den Tatsachen entsprechen, das beweist das Register nicht; denn das Amtsgericht darf nicht ohne besondere Anhalts-

---

8 BGH NJW 1952, 305; OLG München HRR 1936 Nr. 568
9 OLG Hamm JMBlNRW 1952, 95
10 KG RJA 15, 253
11 Auch gegenüber dem Grundbuchamt; vgl. Horber § 32 Anm. 2 Cc
12 vgl. Hornung Rpfleger 1971, 296/298
13 vgl. OLG Hamm Rpfleger 1968, 122

punkte auf bloße Vermutung hin eine Anmeldung beanstanden und vom Anmeldenden den Nachweis für die Richtigkeit seiner Erklärung verlangen. Die Prüfung des Registerrechtspflegers[14] hat sich demzufolge vor allem auf das Vorliegen der formalen Erfordernisse der Anmeldung, insbesondere die Eintragungsfähigkeit der angemeldeten Tatsachen, die Zuständigkeit des angegangenen Gerichts, die Legitimation des Anmeldenden, Einhaltung der vorgeschriebenen Form und der gesetzlichen Vorschriften über den Inhalt der Anmeldung sowie dessen Vereinbarkeit mit Gesetz und Satzung zu erstrecken. Aber schon mit Rücksicht auf die durch die Eintragung begründete Vermutung der Richtigkeit der eingetragenen Tatsachen muß dem Rechtspfleger daneben auch ein gewisses **sachliches** Prüfungsrecht zustehen. Er ist weder verpflichtet noch berechtigt, Tatsachen einzutragen, deren Unwahrheit offenkundig bzw. gerichtskundig ist. Auch erhebliche Bedenken gegen die Richtigkeit, die sich aus der Anmeldung oder sonstigen Umständen ergeben, dürfen nicht ohne weiteres unberücksichtigt bleiben. Der Rechtspfleger wird in solchen Fällen gemäß § 12 FGG Ermittlungen anstellen und die Eintragung abzulehnen haben, wenn sich der Verdacht bestätigt.[15] Umfang und Grenzen dieses sachlichen Prüfungsrechts sind fließend.[16] Jedoch findet nach herrschender Meinung das Gesetz zur Regelung der allgemeinen Geschäftsbedingungen auf Vereinssatzungen keine Anwendung.[17] Sollte im Vereinsregister eine Eintragung vorgenommen worden sein, die von dem Inhalt des bei der Anmeldung übergebenen Vereinsbeschlusses abweicht, so bleibt der Vereinsbeschluß maßgebend.

In einzelnen Fällen wird die Rechtswirksamkeit bestimmter Vorgänge erst durch die Eintragung herbeigeführt. Die Eintragung hat hier eine rechtserzeugende (konstitutive) Wirkung. So erlangt der Idealverein erst mit der Eintragung Rechtsfähigkeit. Ebenso werden Satzungsänderungen erst mit der Eintragung wirksam. Das Prüfungsrecht des Rechtspflegers bei dieser Gruppe von Eintragungen geht weiter.[17a] In diesen Fällen kann es den Beteiligten nicht überlassen bleiben, mit Hilfe von Eintragungen nach ihrem Belieben Rechtsverhältnisse entstehen zu lassen, für die die gesetzlichen und tatsächlichen Voraussetzungen fehlen.[18] Der Rechtspfleger ist demgemäß grundsätzlich berechtigt und verpflichtet, neben der Gesetzmäßigkeit und

---

[14] zum Umfang der Prüfungspflicht siehe OLG Frankfurt BB 1979, 68; BayObLGZ 1981, 289/294 = Rpfleger 1981, 488; ferner ausführlich Müller, Rpfleger 1970, 375; vgl. auch Hornung Rpfleger 1978, 46; allgemein zu den Aufgaben öffentlicher Register Reithmann DNotZ 1979, 67

[15] KGJ 27, 56; BayObLGZ 1963, 15/18; OLG Hamburg OLG 32, 355 und JFG 11, 175

[16] KGJ 30, 109; 33, 128; 39, 122; 46, 164

[17] MünchKomm. AGBG § 23 Rdnr. 5; Schlosser § 23 Rdnr. 5 unter Hinweis auf BR-Drucks. 360/75 S. 41; Palandt AGBG §§ 23, 24 Anm. 2a cc; a. A. Eickmann Rpfleger 1978, 1/6

[17a] Zur Satzungsprüfung im Eintragungsverfahren des Vereins ausführlich BayObLGZ 1981, 289/294, insoweit in Rpfleger 1981, 488 nicht abgedruckt. Der Auffassung des OLG Stuttgart (Justiz 1980, 354), wonach bei der Eintragung einer GmbH der Registerrichter die Klarstellung mißverständlicher Satzungsbestandteile verlangen muß, kann in dieser Allgemeinheit für das Vereinseintragungsverfahren nicht zugestimmt werden.

[18] Cohn S. 100

Gültigkeit der Anmeldung die Wahrheit der angegebenen Tatsachen zu prüfen. Der Umfang des Prüfungsrechts ist aber auch hier begrenzt. Der Rechtspfleger darf nicht nach Art des Grundbuchverkehrs für alle tatsächlichen Voraussetzungen urkundliche Nachweise verlangen. Es dürfen den Anmeldenden auch hier nicht Nachweise auferlegt werden, die über das den Umständen nach billigerweise einzuhaltende Maß hinausgehen. Wenn sich nicht besondere Zweifel ergeben, wird sich der Rechtspfleger im allgemeinen mit der Erklärung der gehörig legitimierten Beteiligten begnügen müssen. Er wird insbesondere nur Verletzungen zwingender Normen des Gesetzes und der Satzung beanstanden, während Verstöße gegen nachgiebige Vorschriften keinen Anlaß zur Ablehnung der Eintragung geben können.[19]

Bei allen sonstigen einzutragenden Tatsachen (Vorstands- und Liquidatorenbestellung und -abberufung, Auflösung, Entziehung der Rechtsfähigkeit) ist die wirkliche Rechtslage allein entscheidend; die Wirksamkeit ist hier von der Eintragung unabhängig.

Vertrauensschutz

391 Das Vereinsregister gewährt im Gegensatz zum Grundbuch nur einen beschränkten Vertrauensschutz.[20] Während der Inhalt des Grundbuchs im rechtsgeschäftlichen Verkehr zugunsten eines Gutgläubigen als richtig gilt und damit einen rechtsgültigen Erwerb vom Nichtberechtigten (z. B. vom Nichteigentümer) gestattet (§ 892 BGB), gibt es einen Rechtssatz dieser Art beim Vereinsregister nicht. Hier geht der Vertrauensschutz nur so weit, daß jemand, der mit dem eingetragenen Vorstand ein Rechtsgeschäft tätigt, sich darauf verlassen kann, daß der Vorstand noch im Amt ist, **vorausgesetzt,** daß er überhaupt seinerzeit rechtsgültig bestellt worden ist. Auf diese Voraussetzung erstreckt sich der Vertrauensschutz nicht. Das bedeutet Folgendes: Der Verein kann sich nicht darauf berufen, daß der noch eingetragene Vorstand im Zeitpunkt des umstrittenen Rechtsgeschäfts bereits zurückgetreten, abgewählt oder aus sonstigen Gründen nicht mehr im Amt war; in diesem Fall kann der Verein aber geltend machen, daß es dem Dritten bekannt war, daß der eingetragene Vorstand nicht mehr im Amt war. War dagegen die **Bestellung** (z. B. die Wahl) des eingetragenen Vorstands aus dem oder jenem Grund unwirksam, so kann sich der Verein gegenüber dem Dritten auf die mangelnde Vertretungsmacht des eingetragenen Vorstands berufen. Damit hat der Vertrauensschutz des Vereinsregisters ungefähr den gleichen Umfang wie der des Handels- und des Genossenschaftsregisters (vgl. § 15 HGB, § 29 GenG). Während aber die Rechtsprechung in Handelssachen den beschränkten Vertrauensschutz des Handelsregisters mit dem allgemeinen Rechtssatz verstärkt, daß ein Kaufmann, der fahrlässigerweise eine unrichtige Erklärung mittels des Handelsregisters an die Öffentlichkeit abgibt, dafür einzustehen hat, gibt es im Bereich des Vereinsregisters eine

---

[19] KGJ 30, 113; 31, 159; 38, 172; 39, 123; KG RJA 10, 210; BayObLGZ 1910, 644; 1914, 366; BayObLG OLG 23, 373

[20] Dazu eingehend Ripfel JurBüro 1970, 273; vgl. auch Reithmann DNotZ 1979, 67/78

solche Ergänzung des Vertrauensschutzes nicht, da hier ein gesteigertes Verkehrsschutzbedürfnis nicht besteht.[21]

Immerhin hat eine Eintragung im Vereinsregister wenigstens die Bedeutung einer Vermutung für die Richtigkeit der eingetragenen Tatsache.[21a] Das führt dazu, daß derjenige der die Unrichtigkeit der Eintragung behauptet, im Prozeß dafür beweispflichtig ist.

Die Anmeldungen zum Vereinsregister

392 Zur Eintragung in das Vereinsregister sind anzumelden: Der Verein, jede Änderung des Vorstands einschließlich solcher Änderungen, bei denen zwar die Vorstandsmitglieder dieselben bleiben, aber die Vorstandsämter wechseln; der Anmeldung dieser Veränderungen bedarf es aber nur, wenn sie Einfluß auf die Vertretungsmacht der Vorstandsmitglieder haben. Ferner sind anzumelden: die Änderung der Satzung, die Auflösung des Vereins und die bestellten Liquidatoren. Wiederwahlen der Vorstandsmitglieder brauchen nach der Änderung des § 67 Abs. 1 BGB nicht mehr angemeldet zu werden. Die „Anmeldung“ hat die rechtliche Bedeutung eines **Antrags** auf Eintragung in das Vereinsregister. Sie muß schriftlich abgefaßt sein und die Unterschriften müssen öffentlich – regelmäßig von einem Notar – beglaubigt werden.[22] Wird die Anmeldung von mehreren Personen vorgenommen, so können diese ihre Unterschriften zu unterschiedlichen Zeiten und an verschiedenen Orten leisten. Die Unterschriftsbeglaubigung ist auch dann erforderlich, wenn die betreffende Unterschrift aufgrund einer früheren Anmeldung dem Gericht bereits bekannt ist.

Die Beglaubigung der Unterschrift kann auch in der Weise erfolgen, daß die vor einem Notar vollzogene Unterschrift zusammen mit dem Beglaubigungsvermerk fotokopiert wird und der Notar dann auf der Fotokopie beglaubigt, daß diese mit der Urschrift übereinstimmt (vgl. § 39 BeurkG). Ebenso kann anstelle der Urschrift eines Protokolls (z. B. der Mitgliederversammlung) eine notariell beglaubigte Fotokopie eingereicht werden. Bei der Herstellung von Ablichtungen können auch die modernen Geräte, die im Beschichtungsverfahren arbeiten, verwendet werden.

393 Der **Widerruf** (die Zurücknahme) einer beim Registergericht bereits eingereichten Anmeldung bedarf (mangels gesetzlicher Vorschrift) keiner besonderen Form; er kann daher auch mündlich erklärt werden. Wenn jedoch der Widerruf seinerseits zurückgenommen werden, also die ursprüngliche Anmeldung ihre Gültigkeit behalten soll, ist die Widerrufserklärung – wie die ursprüngliche Anmeldung – öffentlich (notariell) zu beglaubigen.[23] Wenn die Anmeldung vom Registergericht bereits vollzogen, also die beantragte Eintragung schon geschehen ist, ist eine Zurücknahme der Anmeldung nicht mehr möglich. In diesem Fall käme nur eine Löschung der betreffenden Eintragung, wenn sie unzulässig war, nach §§ 159, 142 FGG in Betracht.

---

[21] Soergel § 68 Rdnr. 1; vgl. auch Westermann JuS 1963, 1

[21a] BayObLGZ 1981, 270/277 = Rpfleger 1981, 487

[22] Infolge Aufhebung des § 128 FGG können Anmeldungen nicht mehr zu Protokoll der Geschäftsstelle des Registergerichts erklärt werden.

[23] KG OLG 43, 205 und 299

394 Die Anmeldung kann auch durch einen **Bevollmächtigten** vorgenommen werden; die Vollmacht muß aber öffentlich (notariell) beglaubigt sein.[24] Mit der Anmeldung beim Registergericht ist die Urschrift (das Original) oder eine „Ausfertigung" der Vollmachtsurkunde vorzulegen; eine beglaubigte Abschrift genügt nicht.[25]

Auch ohne besondere Vollmacht ist der Notar, der die Unterschriften der Anmeldenden beglaubigt hat, zur Einreichung der Anmeldung beim Registergericht ermächtigt. Dies gilt aber nach § 129 FGG nur bei Anmeldungen, für die eine (öffentlichrechtliche und daher mit Zwangsgeld erzwingbare) Pflicht zur Anmeldung besteht. Darunter fallen alle oben genannten Rechtsvorgänge im Verein mit Ausnahme der Anmeldung des Vereins zur Eintragung in das Vereinsregister; denn insoweit besteht eine öffentlichrechtliche Pflicht zur Anmeldung nicht.

Der Vollzug der Anmeldungen beim mehrgliedrigen Vorstand

395 In der Rechtsprechung wie im Schrifttum besteht seit langem Streit darüber, ob beim mehrgliedrigen (mehrköpfigen) Vereinsvorstand die Anmeldungen zum Vereinsregister von **sämtlichen** Mitgliedern des Vorstands (im Sinne des § 26 BGB) vorgenommen werden müssen oder ob es genügt, daß dabei nur so viele Vorstandsmitglieder mitwirken, wie im Einzelfall zur **Vertretung** des Vereins erforderlich sind.[26] Diese Frage ist keine rein akademische, sondern sie hat, wenn man den mit einer Anmeldung verbundenen Aufwand an Zeit und Kosten berücksichtigt, für viele Vereine mit einem oft vielköpfigen Vorstand doch erhebliche praktische Bedeutung.

In den Vorauflagen dieses Buchs wurde der Standpunkt vertreten, daß zwar bei der Erstanmeldung des Vereins zur Eintragung in das Vereinsregister sämtliche Vorstandsmitglieder mitzuwirken hätten, aber bei allen späteren Anmeldungen die Mitwirkung von Vorstandsmitgliedern in der zur Vertretung des betreffenden Vereins erforderlichen Zahl – unter Umständen also eines einzigen mit Einzelvertretungsbefugnis ausgestatteten Vorstandsmitglieds – genüge.[27] Diese Unterscheidung zwischen der Erstanmeldung des Vereins und den vorgeschriebenen späteren Anmeldungen wird unter Berücksichtigung des neuesten Meinungsstands[28] in der obergerichtlichen Rechtsprechung und im Schrifttum aufgegeben und auch bei der Erstanmel-

---

[24] KGJ 26, 232

[25] RGZ 88, 431

[26] Für Anmeldung durch sämtliche Vorstandsmitglieder: KG OLG 3, 38; BayObLG 10, 81/85f; OLG Hamm Rpfleger 1980, 384; LG Düsseldorf NJW 1949, 787; LG Wuppertal MDR 1951, 735; LG Stade MDR 1962, 50; LG Lüneburg DNotZ 1964, 491; Palandt § 59 Anm. 1; BGB-RGRK § 77 Rdnr. 1; Erman § 59 Rdnr. 1; MünchKomm. § 59 Rdnr. 3; R-D-K Rdnrn. 86, 502; Jansen Rdnr. 13;

für Anmeldung durch Vorstandsmitglieder in vertretungsberechtigter Zahl: BayObLG Rpfleger 1981, 487 = MDR 1981, 1015 (Vorstandsänderung); LG Bremen NJW 1949, 345; Stöber Rdnr. 298; Rpfleger 1967, 342 und 1980, 369

[27] ebenso: LG Hof MittBayNot 1973, 341; AG Mannheim Rpfleger 1979, 196 (Satzungsänderung); Soergel § 59 Rdnr. 2; Staudinger § 67 Rdnr. 3; Bumiller/Winkler § 159 Anm. 3; Keidel/Kuntze/Winkler § 159 Rdnr. 21; Keidel/Schmatz/Stöber Rdnrn. 1079, 1097, 1108

[28] vgl. OLG Hamm Rpfleger 1980, 384; BayObLG Rpfleger 1981, 487; Stöber Rpfleger 1980, 369

dung des Vereins die Mitwirkung von Vorstandsmitgliedern „in vertretungsberechtigter Zahl" für ausreichend erachtet.

Die überwiegende Gegenmeinung, die dafür eintritt, daß die Anmeldungen zum Vereinsregister in allen Fällen von sämtlichen Vorstandsmitgliedern vorgenommen werden müssen, geht davon aus, daß die Vorstandsmitglieder bei der jeweiligen Anmeldung nicht in Vertretung des Vereins, sondern in Erfüllung einer ihnen selbst persönlich auferlegten Pflicht handelten.[29] Daran ist richtig, daß die im Gesetz jeweils „dem Vorstand" auferlegte Pflicht, eine bestimmte Anmeldung vorzunehmen, jedes Mitglied des Vorstands betrifft; insoweit kann – wenn auch mißverständlich – von einer „persönlichen" Pflicht der Vorstandsmitglieder gesprochen werden. Damit ist aber nicht gesagt, daß es zur Erfüllung der Anmeldepflicht des Vorstands der Mitwirkung aller Vorstandsmitglieder bei der Anmeldung bedarf. Dies ist auch dem § 77 BGB nicht zu entnehmen,[30] da diese Vorschrift offensichtlich nur die **Form** der Anmeldung regeln will. Auch aus § 78 BGB, wonach die Mitglieder des Vorstandes zur Befolgung der dort genannten Vorschriften über die Anmeldungen (die Erstanmeldung gehört nicht dazu) durch Festsetzung von Zwangsgeld anzuhalten sind, läßt sich die Mitwirkungspflicht aller Vorstandsmitglieder nicht ableiten.[31] Denn damit wird dem Amtsgericht nur ein Mittel an die Hand gegeben, die betreffenden Anmeldungen notfalls zu erzwingen. Mit der Frage, wieviele Vorstandsmitglieder bei der Anmeldung mitwirken müssen, befaßt sich diese Vorschrift nicht. Es liegt daher nahe, an die Vornahme einer Anmeldung, also eines Antrags an das Amtsgericht, eine bestimmte Eintragung im Vereinsregister vorzunehmen, keine strengeren Anforderungen zu stellen als an andere Rechtshandlungen des Vorstands als Vertretungsorgan des Vereins. Daher genügt auch für eine wirksame Anmeldung des Vereins, daß sie von so vielen Vorstandsmitgliedern vorgenommen wird, wie zur Vertretung des Vereins notwendig sind. Das bedeutet, daß sich die jeweils erforderliche Zahl von Vorstandsmitglieder nach der Satzung oder, wenn diese keine besondere Regelung über die Vertretung des Vereins enthält, nach dem Gesetz bestimmt. Im letzteren Fall genügt daher die Mehrheit der Vorstandsmitglieder.[32]

Da eine (dringend wünschenswerte) Entscheidung des Bundesgerichtshofs noch aussteht, muß allerdings weiterhin mit einer unterschiedlichen Sachbehandlung der Registergerichte gerechnet werden.

396 Auch die ersten **Liquidatoren** sind vom Vorstand in vertretungsberechtigter Zahl von Vorstandsmitgliedern anzumelden (§ 76 BGB). Dies gilt sowohl für den Fall, daß der Vorstand selbst Liquidator ist, als auch für die Bestellung einer anderen Person zum Liquidator.[33] Daß damit – abweichend von der Regel – die Anmeldepflicht dem bisherigen Vorstand in alter Eigenschaft[34] auferlegt ist, ist kein Grund, einen mit dem Vorstand nicht perso-

[29] OLG Hamm Rpfleger 1980, 384
[30] zutreffend BayObLG Rpfleger 1981, 487 gegen KG OLG 3, 38
[31] BayObLG wie Fn. 30
[32] dazu bei Rdnr. 231
[33] LG Köln MittRhNotK 1979, 171; Staudinger § 74 Rdnr. 3 und § 76 Rdnr. 2; BGB-RGRK § 76 Rdnr. 2; Soergel § 76 Rdnr. 1
[34] so MünchKomm. § 76 Rdnr. 2

nengleichen Liquidator für berechtigt zu halten, die Auflösung des Vereins und sich selbst als Liquidator anzumelden.[35]

Bescheinigung über die Zahl der Vereinsmitglieder

397 Der Vorstand ist ferner verpflichtet, jederzeit auf Verlangen des Gerichts eine Bescheinigung über die Zahl der Vereinsmitglieder einzureichen. Es genügt hier die einfache Mitteilung des Vorstands, daß zur Zeit der Verein soundsoviele Mitglieder hat. Solche Bescheinigungen werden vom Amtsgericht hauptsächlich in den Fällen der §§ 37 und 73 BGB verlangt.

Das Zwangsgeldverfahren

398 Das Amtsgericht (Rechtspfleger) hat das Recht, aber auch die Pflicht, die Vorstandsmitglieder und die Liquidatoren durch die Festsetzung eines **Zwangsgeldes** dazu anzuhalten, ihre gesetzlichen Pflichten gegenüber dem Amtsgericht zu erfüllen (§ 78 BGB). Die Bezeichnung „Zwangsgeld" ist – ohne sachliche Änderung – an die Stelle der früheren Bezeichnung „Ordnungsstrafe" getreten. Dadurch kommt jetzt deutlicher zum Ausdruck, daß es sich nicht um Sühne für Pflichtversäumnisse oder gar um eine Kriminalstrafe, sondern lediglich um ein Mittel handelt, gesetzlich vorgeschriebene Handlungen zu erzwingen.[36] Durch Zwangsgeld **erzwingbar** sind die **Anmeldungen** von Änderungen des Vorstands (nebst einer Abschrift der Urkunde über die Änderung), von Satzungsänderungen (nebst Ur- und Abschrift des Änderungsbeschlusses), der Auflösung des Vereins (nebst Abschrift des Auflösungsbeschlusses der Mitgliederversammlung) sowie der Liquidatoren (u. U. nebst Abschrift des Bestellungsbeschlusses) und der für sie besonders bestimmten Vertretungsmacht sowie vom Gesetz abweichender Bestimmung über ihre Beschlußfassung (nebst Abschrift der entsprechenden Urkunde). Erzwingbar ist ferner die Bescheinigung über die Zahl der Vereinsmitglieder. **Nicht erzwingbar** sind die Anmeldung des Vereins zwecks Eintragung in das Vereinsregister und die Anmeldung, daß die Liquidation beendet ist.

Das Zwangsgeldverfahren (§§ 132–139, 159 FGG) richtet sich gegen die Vorstandsmitglieder oder Liquidatoren **persönlich,** nicht etwa gegen den Vorstand als Vereinsorgan oder gegen den Verein als solchen.[36a] Das Zwangsgeld kann daher auch nicht aus dem Vermögen des Vereins beigetrieben werden.[36b] Auch die Kosten des Verfahrens treffen nur die verurteilten Vorstandsmitglieder oder Liquidatoren, nicht den Verein.

Besteht der Vorstand aus mehreren Personen, so ist das Zwangsgeldverfahren gegen sämtliche Vorstandsmitglieder zu betreiben, ohne Rücksicht darauf, ob in der Satzung die Vertretungsmacht der Vorstandsmitglieder abweichend von der Vertretungsmacht, wie sie sich aus dem Gesetz ergibt, geregelt ist. Denn die gesetzlichen Pflichten, deren Erfüllung erzwungen

---

[35] so aber Stöber Rdnr. 296 und Keidel/Schmatz/Stöber Rdnr. 1124 Fn. 147
[36] vgl. BayObLG FamRZ 1975, 279; BayObLG Rpfleger 1979, 215
[36a] KGJ 26, 232
[36b] Staudinger § 78 Rdnr. 3

werden soll, sind von allen Vorstandsmitgliedern „geschuldet", und diese „Schuld" bleibt bestehen, bis sie vom Vorstand durch die zur Vertretung des Vereins erforderliche Zahl von Vorstandsmitgliedern erfüllt ist; dafür kann bei entsprechender Regelung der Vertretungsmacht in der Satzung ein einziges Vorstandsmitglied genügen. Hat aber ein – nicht ausreichender – Teil der Vorstandsmitglieder seiner gesetzlichen Pflicht (z. B. zur Anmeldung) genügt, so darf das Zwangsgeldverfahren nur gegen die übrigen – säumigen – Vorstandsmitglieder betrieben werden.[36c]

Das Zwangsgeldverfahren ist einzuleiten, sobald das Registergericht, gleichgültig auf welche Weise, **glaubhafte Kenntnis** davon hat, daß sich bei einem Verein ein eintragungspflichtiger Vorgang ereignet hat; volle Gewißheit ist also nicht erforderlich.[37] Die endgültige Klärung ist dem weiteren Gang des Verfahrens, insbesondere dem Einspruchsverfahren vorbehalten. Daher darf das Registergericht den Antrag eines Vereinsmitglieds, die Vorstandsmitglieder unter Androhung eines Zwangsgeldes zur Anmeldung einer von der Mitgliederversammlung beschlossenen Satzungsänderung anzuhalten, nicht ohne weitere Prüfung nur deshalb zurückweisen, weil es Zweifel hat, ob die Satzungsänderung wirksam beschlossen worden ist.[38] Das Zwangsgeldverfahren darf aber nur in den im Gesetz ausdrücklich genannten Fällen eingeleitet werden. Es ist nicht dazu da, andere Handlungen der Vorstandsmitglieder oder der Liquidatoren zu erzwingen.[39]

Bei Einleitung des Verfahrens ist zunächst den Beteiligten unter Androhung eines bestimmten Zwangsgelds aufzugeben, innerhalb einer bestimmten Frist ihren gesetzlichen Verpflichtungen nachzukommen oder die Unterlassung mittels Einspruchs gegen die Verfügung zu rechtfertigen, §§ 159, 132 FGG. Es genügt nicht, daß allgemein „ein Zwangsgeld" angedroht wird; es muß vielmehr eine bestimmte Summe angedroht werden. Der Bundesgerichtshof[40] hat zwar für den Fall des § 33 FGG entschieden, daß auch ein durch einen Höchstbetrag begrenztes Zwangsgeld (z. B. „bis zu 1000 DM") angedroht werden darf. Da aber im Fall des § 133 FGG kein Raum ist für irgendwelche Ermessungserwägungen (wie im Fall des § 135 Abs. 2 Satz 2 FGG), sondern ohne weiteres „das angedrohte Zwangsgeld" festzusetzen ist, wird man für das Zwangsgeldverfahren nach § 132ff. FGG an der Androhung eines betragsmäßig bestimmten Zwangsgelds festhalten müssen. Davon geht auch § 119 Abs. 2 erster Halbsatz KostO aus. Notwendiger Inhalt dieser Androhungsverfügung ist ferner die möglichst genaue Bezeichnung dessen, was von dem Betroffenen verlangt wird.[41] Die Frist muß so bemessen werden, daß es dem Anmeldepflichtigen möglich ist, seine Verpflichtung innerhalb der Frist zu erfüllen.[42] Sie darf auch bei einer wiederholten Aufforderung zur Anmeldung (§ 133 FGG) nicht eine bloße

---

[36c] BayObLG Rpfleger 1978, 254 und 450; Stöber Rdnr. 353
[37] KGJ 30, 116; Keidel/Kuntze/Winkler § 132 Rdnr. 12
[38] OLG Frankfurt Rpfleger 1979, 60 = OLGZ 1979, 5 = DNotZ 1979, 620
[39] vgl. OLG Hamm Betrieb 1979, 306
[40] NJW 1973, 2288
[41] OLG Hamm JMBlNRW 1960, 22; Jansen § 132 Rdnr. 51; Keidel/Kuntze/Winkler § 132 Rdnr. 24
[42] Jansen § 132 Rdnr. 54

Nachfrist sein.[43] Das Zwangsgeld beträgt jeweils mindestens 5 DM und höchstens 1000 DM (Art. 6 Abs. 1 EGStGB). Der auf 10000 DM erhöhte Festsetzungsrahmen für das Zwangsgeld in Handelssachen gilt hier nicht. Die Verfügung ist denjenigen, an die sie sich richtet, durch Zustellung oder zu Protokoll bekanntzumachen (§ 16 Abs. 2 und 3 FGG).[44] Wird diese besondere Form der Bekanntmachung nicht gewahrt, beginnt die Frist nicht zu laufen und ein Zwangsgeld nach § 133 FGG darf nicht festgesetzt werden.[45]

Der weitere Gang des Zwangsgeldverfahrens

399 Wird der Verfügung innerhalb der Frist oder wenigstens vor Festsetzung des Zwangsgelds nachgekommen, ist das Verfahren beendet; die Androhung verliert ihre Wirksamkeit. Einer förmlichen Aufhebung der Androhungsverfügung bedarf es nicht. Wird Einspruch erhoben, so hat das Gericht, wenn der Einspruch sich ohne weiteres als begründet erweist, seine Verfügung aufzuheben. Wird der fristgerecht eingelegte Rechtsbehelf als „Beschwerde" bezeichnet, so ist er als Einspruch zu behandeln.[46] Erweist er sich nicht ohne weiteres als begründet, ist vom Amtsgericht Termin zur Verhandlung über den Einspruch anzuberaumen. Die Beteiligten sind hierzu zu laden. Soweit nicht persönliches Erscheinen angeordnet ist, können sie sich durch Bevollmächtigte vertreten lassen. Die Bevollmächtigten haben auf Anordnung des Gerichts oder auf Verlangen eines Beteiligten die Bevollmächtigung durch eine öffentlich beglaubigte Vollmacht nachzuweisen, § 13 FGG. Seitens des Gerichts wird aber regelmäßig keine Veranlassung bestehen, von einem Rechtsanwalt die Vorlage der Vollmacht zu verlangen, da anzunehmen ist, daß er nicht ohne Auftrag tätig wird. Erscheint der Beteiligte in dem Termin nicht, hat das Gericht nach Lage der Sache zu entscheiden, §§ 159, 134 Abs. 2 FGG. Die Verhandlung ist nicht öffentlich. Ein Verstoß würde jedoch keinen Beschwerdegrund bilden.

Wird der Einspruch für begründet erachtet, ist die Androhungsverfügung aufzuheben. Erweist sich der Einspruch als unbegründet, ist er durch Beschluß zu verwerfen und das angedrohte Zwangsgeld festzusetzen, §§ 159, 135 Abs. 2 FGG; der Rechtspfleger kann jedoch ein geringeres als das angedrohte Zwangsgeld festsetzen oder überhaupt von einer Festsetzung absehen. Letzteres wird in Betracht kommen, wenn eine umstrittene Rechtsfrage im Wege des Zwangsgeldverfahrens geklärt werden soll (z. B. die Frage, ob alle Vorstandsmitglieder einen bestimmten Vorgang anmelden müssen), und die Beteiligten nach den Umständen des Falles die Gewähr dafür bieten, daß sie nach rechtskräftiger Entscheidung über ihren Einspruch auch ohne Festsetzung eines Zwangsgelds das tun, was das Gericht von ihnen verlangt hat.[47] Kommt es zu der Festsetzung eines Zwangsgelds, so müssen dem Beteiligten auch die Kosten des Verfahrens auferlegt werden.[48] Nach

[43] OLG Karlsruhe OLG 36, 193; OLG München JFG 22, 205; Jansen § 132 Rdnr. 52
[44] BayObLG NJW 1974, 755
[45] Jansen § 132 Rdnr. 54
[46] KG OLG 7, 346
[47] Vgl. BayObLGZ 1970, 317/319 = Rpfleger 1971, 109
[48] § 138 FGG; Keidel/Kuntze/Winkler § 138 Rdnr. 1

Festsetzung des Zwangsgelds ist eine neuerliche Androhungsverfügung zu erlassen und in dieser Weise fortzufahren, bis der gesetzlichen Verpflichtung genügt ist. Häufig kommt es vor, daß gegen die erste Androhungsverfügung nichts unternommen wird, sondern erst gegen die nach der Festsetzung des Zwangsgelds erlassene neuerliche Androhungsverfügung Einspruch eingelegt wird. Erweist sich dieser als begründet, so kann der Rechtspfleger nach pflichtgemäßem Ermessen das festgesetzte Zwangsgeld ermäßigen oder ganz aufheben, § 136 BGB. Geschieht das und ist das Zwangsgeld schon bezahlt oder beigetrieben, so muß es zurückvergütet werden.[49]

Das Ergebnis der mündlichen Verhandlung ist aktenkundig zu machen. Eine Vorschrift, daß der Gang der mündlichen Verhandlung in einem Protokoll festzuhalten ist, besteht nicht. Es braucht auch kein Urkundsbeamter zugezogen zu werden.

400 Hat ein Beteiligter ohne sein Verschulden die Einspruchsfrist versäumt, kann er Antrag auf **„Wiedereinsetzung in den vorigen Stand“** stellen, wenn er innerhalb von zwei Wochen, berechnet vom Wegfall des Hindernisses an, Einspruch einlegt und die Tatsachen, die die Wiedereinsetzung begründen sollen, glaubhaft macht. Die Frist gilt jedoch nicht für die Angabe der die Wiedereinsetzung begründenden Tatsachen sowie die Angabe und Beibringung der Mittel für ihre Glaubhaftmachung.[50] Ist der zur Begründung des Wiedereinsetzungsantrags innerhalb dieser Frist vorgetragene Sachverhalt in wesentlichen Punkten unrichtig, so kann eine nach dem Ablauf der Frist erfolgte Richtigstellung bei der Entscheidung über den Wiedereinsetzungsantrag nicht berücksichtigt werden. Allenfalls können noch solche nachträglich vorgebrachten Erklärungen mitberücksichtigt werden, die der Vervollständigung und Ergänzung des ursprünglichen tatsächlichen Vorbringens dienen, soweit das Gericht von sich aus nach § 12 FGG auf eine Klarstellung hätte hinwirken müssen.[51] Der Antrag ist jedoch nur innerhalb eines Jahres, vom Ende der versäumten Frist an berechnet, zulässig, §§ 159, 137, 22 Abs. 2 FGG.

401 Mit dem Zwangsgeld zu belegen sind die anmeldepflichtigen Einzelpersonen, nicht der Vorstand als Organ und auch nicht der Verein.[52] Demzufolge findet auch keine Zwangsvollstreckung wegen des Zwangsgelds in das Vereinsvermögen statt. Umwandlung eines nicht beitreibbaren Zwangsgelds in eine Freiheitsstrafe ist ausgeschlossen.[53]

402 Gegen den Beschluß, durch den das Zwangsgeld festgesetzt oder der Einspruch verworfen wird, findet die befristete Erinnerung (2 Wochen ab Zustellung) statt, §§ 159, 139 FGG, § 11 Abs. 1 RpflG. Diese ist auch nach Bezahlung des Zwangsgelds noch zulässig.[54] Über die Erinnerung entscheidet der Registerrichter, wenn er sie für zulässig und begründet erachtet. Andernfalls legt er sie dem Beschwerdegericht zur Entscheidung vor und unterrichtet hiervon die Beteiligten. In diesem Fall gilt die Erinnerung als

---

[49] BayObLGZ 1955, 124/131; Keidel/Kuntze/Winkler § 136 Rdnr. 7
[50] BGH NJW 1962, 202
[51] BGH BB 1963, 579
[52] KGJ 26, 232
[53] Keidel/Kuntze/Winkler § 33 Rdnr. 20
[54] BayObLG NJW 1974, 775

sofortige Beschwerde gegen den Beschluß des Rechtspflegers (§ 11 Abs. 2 RPflG). In der Beschwerdeinstanz entscheidet in Vereinssachen die Zivilkammer, nicht die Kammer für Handelssachen.[55] Gegen die Entscheidung des Landgerichts findet sofortige weitere Beschwerde zum Oberlandesgericht (in Bayern zum Obersten Landesgericht) statt. Hat am Landgericht fälschlich die Kammer für Handelssachen entschieden, so ist deren Entscheidung wegen Verstoßes gegen § 551 Nr. 4 ZPO in Verbindung mit § 27 Satz 2 FGG aufzuheben und die Sache an die zuständige Zivilkammer des Landgerichts zurückzuverweisen. Die Rechtsmittel gegen die Festsetzung eines Zwangsgelds sind auf eine Nachprüfung des **Verfahrens** beschränkt, wenn der Beteiligte von der Möglichkeit, Einspruch einzulegen, bisher noch keinen Gebrauch gemacht hatte, § 139 FGG. Ist das Zwangsgeld festgesetzt worden, weil gegen die Androhungsverfügung kein Einspruch eingelegt wurde (§ 133 FGG), so hat es regelmäßig keinen Zweck, gegen die Festsetzung vorzugehen. Der richtige Weg ist vielmehr, gegen die neuerliche Androhungsverfügung rechtzeitig Einspruch einzulegen. Wird dieser aus sachlichen Gründen verworfen, so kann **nunmehr** der Fall im Rechtsmittelweg zur vollen Nachprüfung gestellt werden.

403 Wird die aufgegebene Verpflichtung zwar nach Erlaß des Zwangsgeldfestsetzungsbeschlusses, jedoch zugleich mit der Einlegung der Beschwerde erfüllt, so muß das Beschwerdegericht diesen Umstand als neue Tatsache berücksichtigen und die Zwangsgeldfestsetzung aufheben.[56] Mit der Aufhebung der Zwangsgeldfestsetzung wird die mit ihr verbundene Androhung eines erneuten Zwangsgeldes gegenstandslos, ohne daß es hierfür einer weiteren gerichtlichen Verfügung bedarf.[56]

Vollstreckung des Zwangsgelds

404 Das Zwangsgeld wird nach der Justizbeitreibungsordnung und der Einforderungs- und Beitreibungsanordnung (EBAO) vom 20. 11. 1974 eingefordert und gegebenenfalls beigetrieben. Mit dem Zweck des Zwangsgeldes, die Vorstandsmitglieder oder Liquidatoren zur Erfüllung ihrer Pflichten gegenüber dem Amtsgericht, insbesondere zur Vornahme der erforderlichen Anmeldungen anzuhalten, sind Vollstreckungserleichterungen durch Gewährung von Teilzahlungen oder ein Gnadenerweis nicht zu vereinbaren;[57] allenfalls kann der Rechtspfleger einen kurzfristigen Vollstreckungsaufschub verfügen.

Antrag auf Entziehung der Rechtsfähigkeit

405 Sinkt die Mitgliederzahl unter drei, so ist vom Vorstand Antrag auf Entziehung der Rechtsfähigkeit zu stellen, § 73 BGB. Der Antrag kann beim Registergericht zu Protokoll des Urkundsbeamten der Geschäftsstelle oder schriftlich eingereicht werden. Muster eines solchen Antrags siehe bei Rdnr. 467.

---

[55] KG RJA 5, 187

[56] BayObLG Rpfleger 1979, 215

[57] OLG Karlsruhe FamRZ 1980, 624 im Fall des § 33 FGG; a. A. die Vorauflage und Keidel/Kuntze/Winkler § 33 Rdnr. 31

Bestellung eines Notvorstands

406 Ist der Verein ohne Vorstand oder fehlt die erforderliche Zahl von Vorstandsmitgliedern, so kann in dringenden Fällen bis zur Behebung des Mangels das zuständige Amtsgericht auf Antrag eines Beteiligten einen Vorstand bestellen, § 29 BGB.[58] Der Antrag kann wiederum entweder zu Protokoll des Urkundsbeamten der Geschäftsstelle des Amtsgerichts oder schriftlich gestellt werden. Muster eines solchen Antrags siehe bei Rdnr. 455.

Anträge einer Minderheit von Mitgliedern

407 Antrag auf Ermächtigung zur Einberufung einer Mitgliederversammlung mit einer bestimmten Tagesordnung.[59] Muster eines Antrags siehe bei Rdnr. 458.

Reihenfolge der Bearbeitung von Anmeldungen

408 Im Gegensatz zum Grundbuchverfahren (vgl. § 17 GBO) gibt es im Vereinsrecht keine Bestimmung, nach der es für die Erledigung von Anmeldungen und Anträgen auf den Zeitpunkt ihres Eingangs beim Amtsgericht ankäme. Es besteht kein Vorrang eines früher eingereichten Antrags vor einem später eingegangenen.[60] Das willkürliche Zurückstellen bzw. Nichtbearbeiten eines Antrags zugunsten eines später eingegangenen kann jedoch eine Amtspflichtverletzung darstellen, vor allem dann, wenn dem früher angemeldeten Verein dadurch die Namensführung im Hinblick auf § 57 Abs. 2 BGB (Verwechslungsgefahr) unmöglich gemacht wird.

Allgemeines zum Schriftverkehr

409 Bei allen Einreichungen und Mitteilungen an das Amtsgericht ist besonders darauf zu achten, daß der Betreff (insbesondere der Name des Vereins) und das gerichtliche Aktenzeichen angegeben werden. Es erleichtert dies den Verkehr mit dem Amtsgericht und erspart manche Unannehmlichkeit.

Amtslöschung von Eintragungen im Vereinsregister

Allgemeines

410 Gegen eine Eintragung in das Vereinsregister kann nicht mit der Erinnerung (Beschwerde) vorgegangen werden. Dagegen ist dem Registergericht (Rechtspfleger) mit den §§ 159, 142 FGG ein Verfahren an die Hand gegeben, Eintragungen, die wegen Mangels einer wesentlichen Voraussetzung unzulässig waren, von Amts wegen zu löschen.[1] Die Löschung kann auch vom Landgericht angeordnet werden, § 143 FGG. § 144 FGG, der die Löschung einer Kapitalgesellschaft als nichtig ermöglicht, ist auf Vereine nicht

---

[58] Einzelheiten siehe ausführlich bei Rdnr. 293

[59] Einzelheiten siehe ausführlich bei Rdnr. 164

[60] KG Recht 1930 Nr. 778; Keidel/Kuntze/Winkler § 159 Rdnr. 28

[1] OLG Hamburg KGJ 33, 315; KGJ 41, 102; KG RJA 13, 119; 15, 39; 17, 110; KG JFG 1, 253

anwendbar.[2] Ebenso findet bei Vereinen keine Löschung wegen Vermögenslosigkeit aufgrund des § 2 des Gesetzes vom 9. 10. 1934 (RGBl. S. 914) statt.

Da Gegenstand des Amtslöschungsverfahrens nur eine bestimmte **Eintragung** im Vereinsregister ist, können unzulässige Satzungsbestimmungen, die in der Gründungssatzung (der ,,Ursatzung") enthalten sind, deren Inhalt aber nicht im Vereinsregister eingetragen ist, nicht gelöscht werden. Denn nach § 59 BGB ist der Verein, nicht die Satzung, zur Eintragung in das Vereinsregister anzumelden. Auch aus § 64 BGB ergibt sich, daß nur der Inhalt bestimmter Satzungsvorschriften und nicht etwa die Satzung im ganzen eingetragen wird. Die Satzung ist zwar mit der Anmeldung des Vereins beim Registergericht einzureichen, und sie wird auch zu den Registerakten genommen, sie ist aber nicht Registerinhalt und unterliegt daher auch nicht im ganzen dem Vertrauensschutz des Vereinsregisters (§§ 68, 70 BGB). Deshalb kann beispielsweise eine sittenwidrige Bestimmung in der Ursatzung über den Ausschluß der Vereinsmitglieder nicht ,,gelöscht" werden, weil hierüber keine Eintragung im Vereinsregister besteht. Allenfalls kommt bei nichtigen, inhaltlich nicht eingetragenen Bestimmungen der Ursatzung eine Überprüfung der Zulässigkeit der Gesamteintragung des Vereins unter dem Gesichtspunkt in Betracht, ob aus der Teilnichtigkeit der Satzung ihre gänzliche Unwirksamkeit folgt.[2a] Dagegen können alle Satzungsvorschriften – auch solche ohne besonderen eintragungspflichtigen Inhalt –, die durch **Satzungsänderung** in die Satzung aufgenommen wurden, Gegenstand eines Amtslöschungsverfahrens sein. Die insoweit verschiedene Behandlung von Bestimmungen der Ursatzung und nachträglich in die Satzung aufgenommenen Bestimmungen ergibt sich daraus, daß letztere im Vereinsregister eingetragen sind (§ 71 BGB).

Grundsätzliche Voraussetzung einer Amtslöschung ist es, daß die Unzulässigkeit der betreffenden Eintragung nach Überprüfung aller hierfür maßgeblichen Umstände ohne vernünftigen Zweifel zu bejahen ist.[3] Die Löschung ist auch dann regelmäßig nur veranlaßt, wenn das Fortbestehen der Eintragung Schädigungen Berechtigter zur Folge hätte oder dem öffentlichen Interesse widerspräche.[4] Sie kann unterbleiben, wenn sie niemand nützt, aber schwere wirtschaftliche Nachteile für den Betroffenen mit sich bringt.[5] Ob demnach eine Löschung von Amts wegen erfolgen soll, ist dem freien Ermessen des Rechtspflegers anheimgestellt.[6] Eine Satzungsbestimmung, wonach die Mitgliedschaft ruht, solange ein Mitglied gegen den Verein Klage führt oder das satzungsgemäß vorgesehene Schiedsgerichtsverfahren betreibt, verstößt nicht zweifelsfrei gegen zwingende gesetzliche Vorschriften, so daß die Amtslöschung dieser Bestimmung im Vereinsregister

---

[2] Vgl. Witkowski Recht 1910 S. 83

[2a] vgl. BGHZ 47, 172/180 und die Ausführungen bei Rdnr. 36

[3] RGZ 122, 312; 132, 314; BayObLGZ 1958, 16/21; KG JFG 18, 308/315; BayObLGZ 1979, 351 = Rpfleger 1980, 15

[4] KG NJW 1965, 254/255; BayObLG Rpfleger 1978, 249/250; Keidel/Kuntze/Winkler § 142 Rdnr. 19 mit weit. Nachweisen

[5] KG Recht 1928 Nr. 1412; BayObLG aaO = ZfgG 1981, 330 mit teilw. ablehnender Anm. von Mummenhoff; vgl. OLG Hamm Rpfleger 1969, 350

[6] KG HRR 1930 Nr. 765

nicht geboten ist.[6a] In der Praxis kommt es nicht selten vor, daß die Beteiligten einen tatsächlich bestrittenen und in den Rechtsfolgen nicht eindeutigen Sachverhalt zum Gegenstand einer Löschungsanregung machen, um einen kostspieligen Feststellungsprozeß vor dem ordentlichen Gericht zu vermeiden. Hier ist seitens des Registergerichts zwar Zurückhaltung geboten; andererseits darf das Gericht auf eine Löschungsanregung nicht einfach untätig bleiben, sondern muß in die sachliche Prüfung der Löschungsvoraussetzungen eintreten.[7] Da es sich um ein Amtsverfahren handelt, ist ein Antrag eines Beteiligten nicht erforderlich. Das Löschungsverfahren kann auch ohne Anregung von dritter Seite vom Rechtspfleger aufgrund ihm aus den Registerakten oder auf sonstige Weise bekannt gewordener Tatsachen aufgegriffen werden. Regelmäßig bildet aber eine an das Gericht herangetragene Anregung den Anlaß, die Löschungsfrage zu prüfen. Eine unzulässige Beschwerde (Erinnerung) gegen eine Eintragung kann in eine solche Anregung umgedeutet werden. Gibt der Rechtspfleger der Löschungsanregung nach sachlicher Prüfung keine Folge, so hat er dies in einer entsprechenden Verfügung zu begründen und diese demjenigen bekanntzumachen, von dem die Löschungsanregung ausging. Gegen die ablehnende Verfügung steht dem Dritten der Rechtsbehelf der Erinnerung aber nur dann zu, wenn durch das Bestehenlassen der fraglichen Eintragung im Vereinsregister ein **Recht** des Dritten – nicht nur ein wirtschaftliches oder sonstiges Interesse – beeinträchtigt wird; § 20 Abs. 1 FGG.[8] Hat ein **Vereinsmitglied** die Löschung einer Eintragung angeregt, so steht ihm ebenfalls grundsätzlich ein Recht zur Erinnerung nur zu, wenn ein bestimmtes persönliches Recht des Mitglieds verletzt ist.[9] Dabei genügt es nicht, daß lediglich behauptet wird, ein Recht sei verletzt worden; vielmehr muß das tatsächliche Vorbringen des Mitglieds, seine Richtigkeit unterstellt, bei zutreffender rechtlicher Würdigung die Rechtsbeeinträchtigung ergeben.[10] Eine Rechtsbeeinträchtigung und damit ein Beschwerderecht ist aber angenommen worden, wenn das Vereinsmitglied die Löschung eines Beschlusses der Mitgliederversammlung begehrt, den es wegen Verstoßes gegen das Gesetz oder die Satzung auch mit einer Klage auf Feststellung der Unwirksamkeit angreifen könnte. Unter dieser Voraussetzung stellt sich die Anregung eines Löschungsverfahrens nach § 142 FGG lediglich als eine andere Form dar, das Anfechtungsrecht geltend zu machen.[11]

411 Gelangt der Rechtspfleger nach sachlicher Prüfung zu dem Ergebnis, daß eine Löschung veranlaßt ist, so hat er die Beteiligten hiervon zu benachrichtigen und ihnen zugleich eine angemessene Frist zur Geltendmachung eines Widerspruchs zu setzen (Löschungsankündigung, §§ 159, 142 Abs. 2 FGG). In dieser Ankündigung muß zum Ausdruck kommen, daß die Löschung der näher bezeichneten Eintragung erfolgen wird, wenn nicht innerhalb der ge-

---

[6a] BayObLGZ 1979, 351 = Rpfleger 1980, 15
[7] BayObLG JFG 5, 280; 6, 230; OLG Frankfurt Rpfleger 1976, 213
[8] KGJ 28, 39, 228; 37, 152, 199; 41, 157
[9] OLG Stuttgart Rpfleger 1970, 283
[10] OLG Stuttgart Rpfleger 1970, 283
[11] KGJ 37, 153; 41, 157; KG BB 1967, 1308; BayObLGZ 1955, 333/339; a. A. OLG Hamm Betrieb 1976, 575

setzten Frist Widerspruch erhoben wird. Es ist zweckmäßig, in der Löschungsankündigung den Beteiligten kurz die Gründe darzulegen, warum die betreffende Eintragung gelöscht werden soll; auf diese Weise wird mancher Beteiligte davon absehen, Widerspruch gegen die Löschungsankündigung zu erheben. Die Löschungsankündigung ist den Beteiligten regelmäßig förmlich durch **Zustellung** von Amts wegen bekannt zu machen (§ 16 Abs. 2 FGG). Eine Verlängerung der Frist ist möglich, auch nach ihrem Ablauf.[12] Der Rechtsbehelf gegen die Löschungsankündigung ist der **„Widerspruch"**. Erhebt jedoch ein Beteiligter statt dessen „Beschwerde" oder „Erinnerung", sollte der Rechtspfleger dies als Widerspruch behandeln. Auch ein nach Fristablauf, aber noch vor Eintragung des Löschungsvermerks eingegangener Widerspruch wird verschiedentlich für beachtlich gehalten.[13]

Wird der Widerspruch für begründet erachtet, hat der Rechtspfleger die Löschungsankündigung aufzuheben, andernfalls ist der Widerspruch durch Beschluß zurückzuweisen. Gegen diesen Beschluß findet befristete Erinnerung (2 Wochen ab Zustellung) zum Amtsrichter statt; hält dieser die Erinnerung für unbegründet, legt er sie dem Landgericht vor, das sie nunmehr als sofortige Beschwerde gegen den Beschluß des Rechtspflegers behandelt (§ 11 Abs. 1 und 2 RPflG). Gegen die Entscheidung des Landgerichts ist die sofortige weitere Beschwerde gegeben. Zur Entscheidung hierüber ist das Oberlandesgericht – in Bayern das Oberste Landesgericht – zuständig.

Das Löschungsverfahren erledigt sich in der Hauptsache, wenn die beanstandete Eintragung durch eine zulässige Eintragung ersetzt (z. B. der täuschende Vereinsname geändert wird)[13a] oder die Unzulässigkeit der Eintragung auf andere Weise (z. B. durch Nachholung der Anmeldung bei rechtserzeugender Eintragung) behoben wird.

Gelöscht darf eine Eintragung erst werden, wenn Widerspruch nicht erhoben oder wenn ein den Widerspruch zurückweisender Beschluß formell **rechtskräftig** geworden ist. Ein ungesetzlich vorgenommener vorzeitiger Vollzug der Löschung kann aber nicht verhindern, daß noch gegen eine Entscheidung des Beschwerdegerichts in offener Frist sofortige weitere Beschwerde eingelegt werden kann.[14] Der Verein ist dann trotz der Löschung für das Verfahren der weiteren Beschwerde noch als eingetragener Verein zu behandeln und durch den zuletzt eingetragenen Vorstand ordnungsgemäß vertreten.[15]

Mit der Löschung der Gesamteintragung verliert der Verein die Rechtsfähigkeit.

412 Nicht selten nimmt ein Amtslöschungsverfahren folgenden Verlauf: Das Amtsgericht hat die Amtslöschung abgelehnt; gegen diese Entscheidung hat jemand Erinnerung (Beschwerde) erhoben, der keine Beschwerdeberechti-

---

[12] Keidel/Kuntze/Winkler § 141 Rdnr. 10; a. A. Jansen § 141 Rdnr. 12: Fristverlängerung vor ihrem Ablauf ist zulässig

[13] Keidel/Kuntze/Winkler § 141 Rdnr. 10; Jansen § 141 Rdnr. 15; Krieger/Lenz Anm. 13

[13a] OLG Hamm Rpfleger 1978, 132

[14] BayObLGZ 1930, 242; 1933, 364; OLG München JFG 16, 71/73; KG JFG 9, 143

[15] BayObLG 6. 4. 1955 BReg. 2 Z 244/54

gung (§ 20 FGG) besitzt. In diesem Fall kann das Landgericht (nach Vorlage der Erinnerung durch den Amtsrichter gemäß § 11 Abs. 2 RPflG) als **Beschwerdegericht** davon absehen, die Beschwerde als unzulässig zu verwerfen; statt dessen kann es von § 143 FGG Gebrauch machen und über die Löschungsfrage als **Gericht erster Instanz** (also nicht als Beschwerdegericht) befinden. Bejaht das Landgericht die Löschungsfrage, so darf es aber nicht sofort die Löschung der betreffenden Eintragung anordnen, sondern muß das oben beschriebene Verfahren nach §§ 142 Abs. 2, 141 Abs. 3, 4 FGG einschlagen (Löschungsankündigung, Entscheidung über einen etwaigen Widerspruch usw.).[16]

Die Voraussetzungen der Amtslöschung im einzelnen

413 Sie sind verschieden zu beurteilen, je nachdem, ob es sich um eine rechtsbegründende (konstitutive) oder eine rechtsbekundende (deklaratorische) Eintragung handelt. Rechtsbegründende Eintragungen (z. B. die Eintragung einer Satzungsänderung) können auch gelöscht werden, wenn sie unter Verletzung wesentlicher **Verfahrensvorschriften** vorgenommen wurden, weil dann die vom Gesetz geforderte formelle Voraussetzung für den Eintritt des rechtlichen Erfolgs fehlte.[17] Bei rechtsbekundenden Eintragungen (z. B. Eintragung eines Vorstandswechsels) rechtfertigt ein Verfahrensmangel die Löschung nicht, wenn das mit der Eintragung Verlautbarte sachlich richtig ist.[18] Unter einer ,,Eintragung" ist auch ein Löschungsvermerk zu verstehen, so daß es möglich ist, durch die Löschung eines Löschungsvermerks den früheren Registerstand wiederherzustellen. In diesen Fällen empfiehlt sich aber eine Umschreibung des Registerblatts, weil durch die wiederholten Löschungen die Registerlage für den Laien kaum mehr verständlich geworden ist. Das Löschungsverfahren hat nicht nur den Zweck, wesentliche Mängel zu beseitigen, die im Zeitpunkt der Eintragung vorlagen, sondern auch die Aufgabe, Eintragungen, die ursprünglich richtig waren, aber nachträglich unrichtig geworden sind, zu beseitigen. Ein solcher Fall kann z. B. vorliegen, wenn sachliche Umstände, die ursprünglich die Eintragung eines Vereinsnamens rechtfertigten, später weggefallen sind. Da § 37 HGB (Firmenmißbrauchsverfahren) auf die Führung unzulässiger Vereinsnamen nicht entsprechend angewendet werden kann,[19] ist das Löschungsverfahren seitens des Gerichts der einzige Weg, auf eingetragene Vereine, die einen unzulässigen Namen führen, einen Druck auf Namensänderung auszuüben oder sie aus dem Vereinsregister zu entfernen.

Nicht immer ist die Frage einfach zu beantworten, wann ein Mangel der Eintragungsvoraussetzung ,,wesentlich" ist. In den folgenden Fällen hat die obergerichtliche Rechtsprechung das Fehlen einer wesentlichen Voraussetzung bejaht und eine Amtslöschung für gerechtfertigt erklärt:

---

[16] BayObLGZ 1975, 332/334 mit Nachweisen = Rpfleger 1976, 400; OLG Stuttgart Justiz 1974, 129

[17] Keidel/Kuntze/Winkler § 142 Rdnr. 13; Jansen § 142 Rdnr. 6; Richert NJW 1958, 894; BayObLGZ 1955, 333/340; KG OLGZ 1965, 315; OLG Hamm NJW 1963, 1554

[18] h. M.

[19] BayObLG 14. 6. 1967 BReg. 2 Z 80/67; vgl. auch BayObLG Rpfleger 1980, 15

414 a) die Eintragung eines Vereins, dessen Zweck **nach der Satzung** auf einen wirtschaftlichen Geschäftsbetrieb gerichtet ist.[20] Betreibt dagegen ein eingetragener Verein **satzungswidrig** in der Hauptsache einen wirtschaftlichen Geschäftsbetrieb, so kommt nicht das Amtslöschungsverfahren durch das Registergericht in Betracht, sondern das Verwaltungsverfahren zwecks Entzugs der Rechtsfähigkeit nach §§ 43, 44 BGB.[21] Wenn sich aber ein solcher Verein in seinem Namen als gemeinnützig bezeichnet, in Wirklichkeit aber einen wirtschaftlichen Geschäftsbetrieb als Einnahmequelle einzelner Vorstandsmitglieder unterhält, läßt sich eine Amtslöschung unter dem Gesichtspunkt rechtfertigen, daß der Vereinsname nunmehr zur Täuschung der Öffentlichkeit über die Verhältnisse des Vereins geeignet ist (entsprechende Anwendung des § 18 Abs. 2 HGB).[22]

b) eine unwirksame Gründung;[23]

c) die Eintragung eines Vereins ohne Anmeldung;[24]

d) wenn bei der Anmeldung des Vereins nicht sämtliche Vorstandsmitglieder mitgewirkt haben;[25]

e) wenn der Name des Vereins zu Täuschungen Anlaß gibt;[26]

f) wenn eine Satzungsänderung nicht vom wirklichen Vorstand angemeldet wurde;[27]

g) wenn die Eintragung durch Täuschung des Registerrichters (Rechtspflegers) herbeigeführt wurde;[28]

h) wenn die Satzung nicht den in § 57 Abs. 1 BGB vorgeschriebenen Inhalt hatte;[29] dagegen rechtfertigen Satzungsmängel nach § 58 BGB oder ein Verstoß gegen § 57 Abs. 2 BGB (deutliche Unterscheidbarkeit des Vereinsnamens) die Löschung nicht;

i) wenn die Vorschriften über die Beteiligung der zuständigen Verwaltungsbehörde bei der Eintragung des Vereins und bei Satzungsänderungen nicht eingehalten wurden (§§ 61, 63, 71 BGB);

k) wenn die Eintragung auf dem Beschluß einer nicht ordnungsgemäß einberufenen Mitgliederversammlung beruht.[30]

---

[20] PrOVG OLG 33, 7 Fußn. 1; RGZ 154, 344; KG JFG 3, 259; OLG München JFG 20, 61; BayObLG Rpfleger 1978, 249/250; OLG Frankfurt BB 1966, 52; AG Mannheim MDR 1955, 620

[21] KG JFG 3, 259; AG Mannheim MDR 1955, 620

[22] dazu bei Rdnr. 59

[23] KG OLG 36, 188

[24] Josef ZBlFG 21, 325

[25] KG HRR 1930 Nr. 765; siehe aber die Ausführungen bei Rdnr. 395, wonach auch bei der Anmeldung des Vereins die Mitwirkung von Vorstandsmitgliedern in vertretungsberechtigter Anzahl genügt.

[26] KG JFG 3, 259; BayObLGZ 1959, 287; BayObLGZ 1971, 329 = NJW 1972, 957 = Rpfleger 1972, 14; siehe auch bei Rdnr. 59

[27] BayObLG JFG 1, 273

[28] RG HRR 1928 Nr. 1958

[29] dazu ausführlich Spitzenberg Rpfleger 1971, 242

[30] OLG Schleswig NJW 1960, 1862; BayObLGZ 1963, 15/18; OLG Hamm OLGZ 1965, 65 = DNotZ 1966, 56 = MDR 1966, 48; Keidel/Kuntze/Winkler § 159 Rdnr. 24. In diesem Fall ist aber im Hinblick auf BGHZ 59, 369 = NJW 1973, 235 sowie die Ausführungen bei Rdnrn. 213, 214 Zurückhaltung bei der Amtslöschung angebracht.

Ausschließung und Ablehnung des Registerrichters (Rechtspflegers)

415 Die Mitgliedschaft eines Richters, Rechtspflegers oder Urkundsbeamten bei dem Verein bildet als solche keinen Ausschließungsgrund im Sinne des § 6 Abs. 1 Nr. 1 FGG. Wenn die Betreffenden jedoch dem Vorstand des Vereins angehören, sind sie aufgrund des § 6 Abs. 1 Nr. 4 FGG als gesetzliche Vertreter ausgeschlossen, es sei denn, es handle sich nur um den Vollzug ordnungsgemäß zur Eintragung in das Vereinsregister angemeldeter Beschlüsse der Mitgliederversammlung.[31]

Die Ablehnung eines Registerrichters oder Rechtspflegers wegen Befangenheit ist seit der Entscheidung des Bundesverfassungsgerichts vom 8. 2. 1967[32] möglich, da § 6 Abs. 2 Satz 2 FGG für verfassungswidrig erklärt wurde und damit nichtig ist.[33]

X. Eintragung eines Vereinsunternehmens in das Handelsregister

416 Bei Rdnr. 47 wurde dargelegt, daß der eingetragene Verein unter bestimmten Voraussetzungen zur Erreichung seines nichtwirtschaftlichen („ideellen") Hauptzweckes einen wirtschaftlichen Geschäftsbetrieb unterhalten darf. Wenn nun dieser Geschäftsbetrieb ein vollkaufmännisches Grundhandelsgeschäft (z. B. eine größere Buchhandlung) darstellt oder ein sonstiges gewerbliches Unternehmen vorliegt, das nach Art und Umfang einen in kaufmännischer Weise eingerichteten Geschäftsbetrieb erfordert (z. B. Theater, Kino, Reisebüro), dann muß dieser wirtschaftliche Nebenbetrieb in das Handelsregister eingetragen werden;[1] §§ 1, 2, 4, 33 HGB. Die Anmeldung zum Handelsregister ist Pflicht des Vereinsvorstandes; das Registergericht kann sie durch Zwangsgelder, die bis zu 10000 DM betragen können, erzwingen; § 14 HGB. Anmeldepflichtig sind sämtliche Vorstandsmitglieder ohne Rücksicht auf eine ihnen etwa erteilte Einzelvertretungsbefugnis, § 33 HGB. Die **Form** der Anmeldung ist die gleiche wie bei der Anmeldung des Vereins zum Vereinsregister, also schriftlich mit notarieller Beglaubigung der Unterschrift. Zuständig ist das Gericht, das für den Bezirk, in dem sich die Niederlassung des Vereinsunternehmens befindet, das Handelsregister führt. Das für das Vereinsregister zuständige Amtsgericht und das für das Handelsregister des kaufmännischen Nebenbetriebs zuständige Registergericht können also verschiedene Amtsgerichte sein.

---

[31] Keidel Rpfleger 1957, 10

[32] NJW 1967, 1123 = BVerfGE 21, 139/147f.

[33] Vgl. auch BGH NJW 1967, 155 und ausführlich zur Ablehnung von Gerichtspersonen in der freiwilligen Gerichtsbarkeit Keidel Rpfleger 1969, 181
Zur Selbstablehnung eines Richters siehe BayObLGZ 1979, 295 = Rpfleger 1979, 423 (entsprechende Anwendung des § 48 Abs. 1 ZPO); vgl. auch OLG Stuttgart Justiz 1969, 226

[1] siehe dazu auch die kontroversen Abhandlungen von Sack ZGR 1974, 179 (Der „vollkaufmännische Idealverein") und Karsten Schmidt ZGR 1975, 477 („Sieben Leitsätze zum Verhältnis zwischen Vereinsrecht und Handelsrecht")

Die **Anmeldung** hat zu enthalten:

1. Daß der namentlich zu bezeichnende Verein das Unternehmen betreibt;

2. Die Firma des Unternehmens; sie muß den Bestimmungen der §§ 18 Abs. 2 und 30 HGB entsprechen; regelmäßig enthält sie den Namen des Vereins; wenn der Verein das Unternehmen von einem früheren Inhaber mit dem Recht der Firmenfortführung erworben hat (§ 22 HGB), kann die bisherige Firma (mit oder ohne Nachfolgerzusatz) beibehalten werden;[2]

3. Den Sitz des Vereins und den Ort der Niederlassung des Unternehmens;

4. Den Gegenstand des Unternehmens (z. B. Betrieb einer Buchhandlung);

5. Die Mitglieder des Vereinsvorstands (Familienname, Vorname, Stand und Wohnort); die Urkunde über ihre Bestellung ist im Original oder in beglaubigter Abschrift beizufügen;

6. Enthält die Vereinssatzung besondere Bestimmungen über die Vertretungsbefugnis der Vorstandsmitglieder[3] oder über die Zeitdauer des Unternehmens, so sind auch diese Bestimmungen anzumelden; die Satzung des Vereins ist im Original oder in beglaubigter Abschrift vorzulegen;

7. Eine etwa vom Vereinsvorstand für seinen kaufmännischen Nebenbetrieb erteilte Prokura (Familienname, Vorname und Wohnort des Prokuristen).

Die Mitglieder des Vorstands haben ihre Unterschrift (nicht die Firma) zur Aufbewahrung bei dem Registergericht zu zeichnen (§ 35 HGB). Die Zeichnung geschieht, wie die Anmeldung, in öffentlich beglaubigter Form.

Veränderungen sind ebenfalls anzumelden, und zwar:

a) Änderungen der obengenannten eintragungspflichtigen Tatsachen, insbesondere Wechsel der Vorstandsmitglieder;

b) Änderungen der Vereinssatzung; diese sind, obgleich die Satzung selbst nicht eingetragen ist, gem. § 34 Abs. 2 HGB in das Handelsregister einzutragen;

c) Die Auflösung des Vereins (z. B. durch Auflösungsbeschluß, Zeitablauf); die Auflösung durch Konkurseröffnung braucht nicht angemeldet zu werden. Gleichzeitig sind die Liquidatoren und etwaige besondere Bestimmungen über ihre Vertretungsbefugnis anzumelden. Die Liquidatoren haben ihre Unterschrift zu zeichnen.

Ist jedoch bereits das Erlöschen der Firma des Unternehmens angemeldet, so bedarf es einer Anmeldung der Auflösung des Vereins und der bestellten Liquidatoren nicht mehr, weil mit der Eintragung, daß die Firma erloschen ist, das Registerblatt des Unternehmens im Handelsregister geschlossen wird;

d) Die Verlegung der Niederlassung des Unternehmens. Das Verfahren richtet sich nach § 13c HGB;

e) Die Errichtung einer Zweigniederlassung des Unternehmens;

f) Das Erlöschen der Firma des Unternehmens. Die Firma erlischt, wenn der Verein den wirtschaftlichen Nebenbetrieb aufgibt oder wenn er in so

---

[2] KG HRR 1932 Nr. 253

[3] siehe dazu Rdnrn. 231, 234

vermindertem Umfang betrieben wird, daß eine vollkaufmännische Betriebsführung nicht mehr erforderlich ist. Dagegen bedeutet die Auflösung des Vereins nicht ohne weiteres das Erlöschen der Firma seines wirtschaftlichen Geschäftsbetriebes; die Firma erlischt vielmehr regelmäßig erst mit der Beendigung der Liquidation des Vereins.

Im Gegensatz zur erstmaligen Anmeldung des kaufmännischen Nebenbetriebes brauchen bei der Anmeldung der oben dargestellten Veränderungen nur soviele Vorstandsmitglieder mitzuwirken, wie zur Vertretung des Vereins erforderlich sind.[3a]

Gerichtlich bestellte Vorstandsmitglieder oder Liquidatoren werden von Amts wegen in das Handelsregister eingetragen, ebenso Eröffnung, Aufhebung oder Einstellung des Konkurs- und Vergleichsverfahren.[4]

XI. Anhang

1. Gerichtskosten

417 Die für die Tätigkeit des Amtsgerichts anfallenden Kosten berechnen sich nach der Kostenordnung.

Kostenpflichtig sind hiernach:

a) Eintragungen im Vereinsregister, soweit sie nicht von Amts wegen erfolgen;

b) Abweisende Beschlüsse des Gerichts, die auf Anmeldung erfolgen, und die Zurücknahme von Anmeldungen;

c) Gerichtliche Beschlüsse in den Verfahren nach den §§ 29, 37, 73 BGB;

d) Zwangsgeldverfahren nach den §§ 132–139, 159 FGG;

e) Postgebühren für Zustellungen durch die Post mit Zustellungsurkunde und Gebühren für Zustellungen durch Justizbedienstete nach §§ 211, 212 ZPO (§ 137 Nr. 2 KostO);

f) Auslagen des Gerichts für Veröffentlichung der Neueintragung des Vereins, § 137 Nr. 3 KostO.

Zu a) Eintragungen im Vereinsregister

418 Für Eintragungen im Vereinsregister werden gemäß § 80 KostO erhoben:

1. Für die erste Eintragung des Vereins das Doppelte der vollen Gebühr;
2. Für alle späteren Eintragungen die volle Gebühr;
3. Für die Löschung der Gesamteintragung die Hälfte der vollen Gebühr.[5]

Werden aufgrund derselben Anmeldung mehrere spätere Eintragungen vorgenommen, so wird die Gebühr nur einmal erhoben.

Der Wert bestimmt sich nach § 30 Abs. 2 KostO.

Was unter ,,erster Eintragung" des Vereins zu verstehen ist, ist ohne weiteres klar. Es ist nur zu erwähnen, daß die Eintragung eines Vereins nach dessen Sitzverlegung im Vereinsregister des Amtsgerichts des neuen Sitzes nicht als Ersteintragung, sondern als spätere Eintragung zu bewerten ist.

Unter ,,spätere Eintragungen" fallen insbesondere Änderungen der Vorstandsmitglieder und der Liquidatoren, ferner Änderungen der Satzung und Auflösung des Vereins.

[3a] Das ergibt sich daraus, daß in § 33 Abs. 1 HGB Anmeldung durch sämtliche Mitglieder des Vorstands, in § 34 Abs. 3 HGB dagegen Anmeldung durch ,,den Vorstand" verlangt wird.

[4] Keidel/Schmatz/Stöber Rdnr. 222; Krieger-Lenz Anm. zu 34 HGB

[5] Dies ist der Fall, wenn die Beendigung der Liquidation angemeldet und hierauf der Verein im Register gelöscht wird; siehe dazu Rdnr. 383

Eintragungen von gerichtlich bestellten Vorstandsmitgliedern und Liquidatoren, der Entziehung der Rechtsfähigkeit, der Eröffnung des Konkursverfahrens oder des gerichtlichen Vergleichsverfahrens fallen nicht hierunter. Diese Eintragungen sind gebührenfrei, weil sie ein Nebengeschäft der jeweiligen gerichtlichen Handlung darstellen und durch deren Gebühr abgegolten sind, §§ 87, 121 KostO.

Gebühren für das **Verfahren** siehe unter c).

Unter „Löschung der Gesamteintragung" fällt nicht die Eintragung, daß der Verein aufgelöst ist; diese ist vielmehr eine „spätere Eintragung" gemäß § 80 Abs. 1 Nr. 2 KostO.[6]

Zu b) Abweisende gerichtliche Beschlüsse

419 Wird ein Antrag auf Eintragung in das Vereinsregister zurückgewiesen, so wird die Hälfte der vollen Gebühr, höchstens jedoch ein Betrag von DM 60.– erhoben. Wird ein Antrag zurückgenommen, bevor über ihn eine Entscheidung ergangen ist oder die beantragte Handlung stattgefunden hat, so wird ein Viertel der vollen Gebühr, höchstens jedoch ein Betrag von DM 30.– erhoben. In beiden Fällen sind aber mindestens DM 10.– zu zahlen, § 33 KostO. Der für die beantragte Amtshandlung oder Entscheidung bestimmte Gebührensatz darf nicht überschritten werden. Im Falle einer teilweisen Zurückweisung oder Zurücknahme ist die Gebühr nach dem Wert des zurückgewiesenen oder zurückgenommenen Teils, jedoch nur insoweit zu erheben, als die Gebühr für die Erledigung des ganzen Antrags die Gebühr für die teilweise Erledigung übersteigt, § 130 KostO.

Diese Bestimmungen beziehen sich nur auf solche Fälle, in denen für das beantragte Geschäft eine Gebühr angefallen wäre, wenn dem Antrag stattgegeben worden wäre. Diese Gebühr wird jedoch nicht erhoben, wenn es sich um Anregungen handelt und diese Anregungen als Antrag bezeichnet sind; z. B. Antrag = Anregung auf Einleitung eines Amtslöschungsverfahrens.[7]

Die Zurückweisungsgebühr wird ferner nicht erhoben, wenn an sich eine Verfahrensgebühr nach § 121 KostO erhoben wird. Hier wird nur die Verfahrensgebühr in voller Höhe erhoben.

Der Wert bei Zurücknahme und Zurückweisung ist der gleiche, wie wenn dem Antrag stattgegeben worden wäre.[8]

Bei Zurücknahme entsteht die Gebühr nur dann, wenn über den Antrag noch keine Entscheidung ergangen ist oder die beantragte Handlung noch nicht stattgefunden hat. Durch die Zurücknahme einer bloßen Anregung entsteht die Gebühr nicht.[9]

Bei Zurückweisung oder Zurücknahme eines Antrags kann von der Erhebung von Kosten abgesehen werden, wenn der Antrag auf unverschuldeter Unkenntnis der tatsächlichen oder rechtlichen Verhältnisse beruht, § 16 Abs. 2 gilt entsprechend – § 130 Abs. 5 KostO. Die Beteiligten haben nachzuweisen, daß ihnen die tatsächlichen Verhältnisse nicht bekannt waren und auch nicht bekannt geworden wären, wenn sie die im Verkehr erforderliche Sorgfalt beobachtet hätten, § 276 BGB. Auch Unwissenheit kann ausnahmsweise Gebühren- und Auslagenfreiheit begründen. Rechtsunkenntnis ist aber regelmäßig kein solcher Grund.

Zu c) Beschlüsse gem. §§ 29, 37, 73 BGB

420 Für die gerichtliche Erledigung der in diesen Vorschriften erwähnten Geschäfte (Bestellung eines Notvorstands,[9a] Ermächtigung der Minderheit der Mitglieder zur Einberufung einer Mitgliederversammlung, Entziehung der Rechtsfähigkeit durch das Gericht bei Herabsinken der Mitgliederzahl unter drei) wird das Doppelte der vollen Gebühr erhoben, § 121 KostO.

Der Wert wird nach § 30 Abs. 2 KostO berechnet. Die Eintragungen, die aufgrund

---

[6] KAL § 80 Anm. 4

[7] KGJ 29 B 7/9; KG OLG 39, 103

[8] KG OLG 9, 229

[9] KGJ 29 B 7/10

[9a] Die Gebühr für die Bestellung eines Notvorstands hat der Antragsteller – nicht der Verein – zu zahlen (LG Frankenthal Rpfleger 1981, 373)

dieser Verfügungen im Vereinsregister vorgenommen werden, sind gebührenfrei; siehe unter a).

Zu d) Zwangsgeldfestsetzungsverfahren nach §§ 132–139, 159 FGG

421 Es handelt sich hier um das Verfahren gegen Mitglieder des Vorstands oder Liquidatoren zur Erzwingung von Anmeldungen oder Einreichung von Schriftstücken. In diesem Verfahren wird in jeder Instanz das Dreifache der vollen Gebühr erhoben, und zwar sowohl für die Festsetzung des Zwangsgeldes wie für die Verwerfung des Einspruchs. Die Gebühr wird nach dem festgesetzten oder angedrohten Betrag des Zwangsgeldes berechnet; sie darf den Betrag des Zwangsgeldes nicht übersteigen.[10] Jede Wiederholung des Zwangsgeldes gilt als ein besonderes Verfahren. Für die Androhung eines Zwangsgeldes werden Gebühren nicht erhoben, § 119 KostO.

Erinnerungs- und Beschwerdeverfahren

422 Die Anrufung des Richters gegen Entscheidungen des Rechtspflegers (sogenannte Erinnerung) ist als solche stets gebührenfrei. Falls aber der Richter die Erinnerung für nicht begründet erachtet und sie deshalb dem Landgericht – als Beschwerde gegen die Entscheidung des Rechtspflegers – vorlegt, entstehen für das Beschwerdeverfahren vor dem Landgericht die anschließend beschriebenen Gebühren, wobei jedoch eine Gebühr nicht erhoben wird, wenn die Beschwerde vor einer landgerichtlichen Verfügung zurückgenommen wird. Im Beschwerdeverfahren wird für die Verwerfung einer (unzulässigen) Beschwerde oder für die Zurückweisung einer (unbegründeten) Beschwerde die Hälfte der vollen Gebühr erhoben; bei Zurücknahme der Beschwerde fällt nur ein Viertel der vollen Gebühr an (§ 131 Abs. 1 KostO). Der Zurücknahme gleichzusetzen ist die Erledigterklärung.[11] Wird der Beschwerde in vollem Umfang stattgegeben, so entsteht keine Gebühr; das gleiche ist zunächst der Fall, wenn die Sache an die untere Instanz zurückverwiesen wird.[12] All das gilt auch für Beschwerden gegen Zwischenverfügungen des Registergerichts.[13] Für Beschwerden gegen Festsetzungen von Zwangsgeld gilt das oben unter d) Gesagte (dreimal volle Gebühr).

Im Verfahren der weiteren Beschwerde (§ 27 FGG) entstehen Gebühren unter den gleichen Voraussetzungen wie im Verfahren der Erstbeschwerde.

Beglaubigte Abschriften, Bescheinigungen

423 Für die Erteilung einer **beglaubigten Abschrift** aus dem Vereinsregister (Registerauszug) wird eine Rahmengebühr von DM 10.– bis DM 30.– erhoben; bei Bemessung der Gebühr innerhalb des Rahmens sind die Größe des Vereins, das jährliche Beitragsaufkommen, sein Vermögen sowie der Vereinszweck angemessen zu berücksichtigen. Außer der Gebühr werden Schreibauslagen erhoben, und zwar für jede Seite DM 1.– (§§ 89, 136 KostO). Werden die Registerauszüge, wie bei den meisten Registergerichten, durch Ablichtung hergestellt, so werden als Schreibauslagen für jede Seite ohne Rücksicht auf Zeilen- und Silbenzahl oder Format der Ablichtung DM 1.– erhoben.

Für die **Bescheinigung,** daß der Vorstand des Vereins aus den im Vereinsregister eingetragenen Personen besteht (§ 69 BGB), gilt das gleiche wie für die beglaubigten Abschriften. Jede einzelne beglaubigte Abschrift und Bescheinigung unterliegt der Gebühr des § 89 KostO besonders; hierbei ist es gleichgültig, ob die Abschriften oder Bescheinigungen den gleichen Inhalt haben, ob sie gleichzeitig beantragt sind und ob sie derselben Person erteilt werden. Für die zweite und die weiteren Abschriften bzw. Bescheinigungen, die demselben Antragsteller erteilt werden, ist aber nur die Mindestgebühr von 10 DM zu erheben.[14]

---

[10] Das gilt auch für die Zurückweisung der Beschwerde gegen ein vom Registergericht festgesetztes Zwangsgeld; § 131 Abs. 2 KostO ist hier nicht anwendbar (BayObLGZ 1969, 110 = Rpfleger 1969, 254)

[11] KAL § 131 Rdnr. 13

[12] KAL § 131 Rdnr. 10

[13] KAL § 131 Rdnr. 11; vgl. OLG Celle JVBl. 1960, 162

[14] § 17 Abs. 1 KostVfg

Einsicht in das Vereinsregister und die Registerakten

424 Diese Einsichten sind gebührenfrei (§ 90 KostO).

Rechtsmittel gegen die Kostenrechnung

425 Die Kosten werden bei dem Gericht angesetzt, bei dem die Angelegenheit anhängig ist oder zuletzt anhängig war, auch wenn die Kosten bei einem ersuchten Gericht entstanden sind oder die Angelegenheit bei einem anderen Gericht anhängig war. Die Kosten eines Rechtsmittelverfahrens werden bei dem mit dem Rechtsmittel befaßten Gericht angesetzt.

Über Erinnerungen des Kostenschuldners und der Staatskasse gegen den Kostenansatz (die Kostenrechnung) entscheidet das Gericht, bei dem die Kosten angesetzt sind. Für diese Entscheidung ist in Vereinssachen der Rechtspfleger zuständig. Hat jedoch der nach der Geschäftsverteilung zuständige Rechtspfleger selbst als Kostenbeamter die Kostenrechnung aufgestellt, so ist er davon ausgeschlossen, über die Erinnerung gegen diese Kostenrechnung zu entscheiden; an seine Stelle tritt der in der Geschäftsverteilung bestimmte Vertreter.[15]

Gegen die Entscheidung des Rechtspflegers ist die sogenannte Durchgriffserinnerung (auch Eventualbeschwerde genannt) nach § 11 RPflG gegeben. Dabei ist aber die Besonderheit zu beachten, daß die Beschwerde nur zulässig ist, wenn der „Wert des Beschwerdegegenstandes" 100 DM übersteigt. Darunter ist der Betrag zu verstehen, um den der Kostenschuldner den Kostenbetrag gegenüber der Entscheidung des Rechtspflegers herabgesetzt oder die Staatskasse (Bezirksrevisor) ihn hinaufgesetzt haben will.[16] Das bedeutet für die Fälle, in denen die genannte Beschwerdesumme nicht erreicht wird, daß die Entscheidung des Rechtspflegers zwar durch den Richter derselben Instanz, aber nicht durch das Beschwerdegericht überprüft werden kann. Bestritten ist, wie der Instanzrichter zu verfahren hat, wenn er die Erinnerung für nicht begründet hält und die Beschwerdesumme von 100 DM nicht erreicht ist.[17]

Gegen die Entscheidung, die ein Landgericht als Beschwerdegericht trifft, ist die weitere Beschwerde (Rechtsbeschwerde) nur statthaft, wenn sie das Landgericht im Tenor oder in den Entscheidungsgründen wegen der grundsätzlichen Bedeutung der zur Entscheidung stehenden Frage zuläßt (§ 14 Abs. 3 Satz 2 KostO). Die weitere Beschwerde ist aber im Gegensatz zur Erstbeschwerde nicht von einer Beschwerdesumme abhängig. Erinnerungen und Beschwerden gegen den Kostenansatz können in allen Fällen zu Protokoll der Geschäftsstelle oder schriftlich ohne Mitwirkung eines Rechtsanwalts eingelegt werden (§ 14 Abs. 4 KostO). Das Verfahren über die Erinnerung und Beschwerde ist gebührenfrei; außergerichtliche Kosten der Beteiligten werden nicht erstattet (§ 14 Abs. 5 KostO).

Der Kostenansatz kann auch im Verwaltungsweg berichtigt werden, solange nicht eine gerichtliche Entscheidung getroffen ist (§ 14 Abs. 6 KostO).

2. Notarkosten

426 In Vereinsregistersachen ist die Mitwirkung eines Notars nur bei Anmeldungen zum Vereinsregister zwingend vorgeschrieben. Auch hier beschränkt sich die Tätigkeit des Notars regelmäßig darauf, die Unterschriften der anmeldenden Personen zu beglaubigen. Für diese Beglaubigung erhält der Notar ein Viertel der vollen Gebühr, mindestens 10 DM und höchstens 250 DM (§§ 140, 33, 45 KostO).

Wird der Notar beauftragt, den Text der Anmeldung zu entwerfen, so steht ihm hierfür die Hälfte der vollen Gebühr zu (§§ 145, 38 Abs. 1 Nr. 7 KostO). Beglaubigt

---

[15] BayObLG Rpfleger 1974, 391 = JurBüro 1975, 46

[16] KAL § 14 Rdnr. 138

[17] für Vorlegung der Erinnerung an das Beschwerdegericht, das dann die Beschwerde als unzulässig verwirft: KG Rpfleger 1971, 15; OLG Frankfurt Rpfleger 1971, 396. Für endgültige Entscheidung durch den Instanzrichter: OLG Hamm Rpfleger 1971, 215

er dann die Unterschriften der Anmeldenden unter der von ihm entworfenen Anmeldung, so ist die Beglaubigung gebührenfrei (§ 145 Abs. 1 Satz 3 KostO). Für den Entwurf der Vereinssatzung fällt für den Notar eine doppelte Gebühr an (§§ 145, 36 Abs. 2 KostO).

Daß die Beschlüsse der Mitgliederversammlung eines Vereins oder die Beschlüsse eines anderen Vereinsorgans von einem Notar zu beurkunden sind, schreibt das Gesetz nicht vor. Daher kommt eine solche Beurkundungstätigkeit des Notars nur in Ausnahmefällen in Betracht. Hierfür entsteht eine doppelte Gebühr (§ 47 KostO).

Für Anträge und Beschwerden, die der Notar aufgrund der von ihm aufgenommenen oder entworfenen Urkunde (Anmeldung, Satzung) bei Gericht, Behörden oder anderen Dienststellen einreicht, erhält er die Hälfte der vollen Gebühr, wenn es notwendig ist, den Antrag oder die Beschwerde tatsächlich oder rechtlich näher zu begründen, und der Beteiligte dies verlangt (§ 146 Abs. 2 KostO).

Zu den jeweiligen Gebühren des Notars kommt die Mehrwertsteuer hinzu, derzeit also 13%.[17a]

Berechnung der Gebühren

427 Sämtliche Gebühren – Gerichtsgebühren wie Notargebühren – werden nach dem Wert berechnet, den das betreffende gebührenpflichtige Geschäft hat (Geschäftswert). In Vereinssachen wird der Geschäftswert nach §§ 28, 30 Abs. 2 KostO festgesetzt. Das Gericht (d. h. der Rechtspfleger) setzt den Geschäftswert durch Beschluß gebührenfrei fest, wenn ein Zahlungspflichtiger oder die Staatskasse es beantragt oder es sonst angemessen erscheint (§ 31 KostO). Gegen die Geschäftswertfestsetzung kann der Zahlungspflichtige oder die Staatskasse in der gleichen Weise angehen wie gegen den Kostenansatz (siehe oben). Der Geschäftswert beträgt im Regelfall 5000 DM. Er kann aber nach Lage des Falles niedriger oder höher, jedoch nicht unter 200 DM und nicht über 1 Million DM angenommen werden. Im Vordergrund stehen die Bedeutung des Geschäfts (z. B. die Eintragung eines Vorstandswechsels), das Interesse der Beteiligten daran und die Vermögenslage des Vereins.[18] Dient der Verein unmittelbar gemeinnützigen oder sozialen Zwecken, so kann dies eine niedrigere Festsetzung des Geschäftswerts rechtfertigen.[19] Das Vermögen des Vereins darf weder den einzigen Maßstab für die Wertbemessung bilden noch darf es ganz außer Betracht gelassen werden.[20] Dabei sind vereinseigene Grundstücke, Gebäude und Anlagen (z. B. Sportanlagen) nicht einfach mit dem Verkehrswert anzusetzen. Der Nutzungswert dieses zumeist zweckgebundenen Vereinsvermögens entspricht nicht einem bestimmten Prozentsatz des Verkehrswertes vergleichbarer Baugrundstücke. Er spiegelt sich vielmehr wider in der Zahl der Vereinsmitglieder und dem dadurch bedingten Beitragsaufkommen. Diese Umstände und nicht die theoretisch möglichen Erlöse für praktisch unveräußerliche Vereinsgrundstücke stellen geeignete Anknüpfungspunkte für eine vom Regelwert (5000 DM) abweichende Bemessung des Geschäftswerts für Einträge im Vereinsregister dar.[21]

Werden gleichzeitig mehrere Vorgänge angemeldet, die denselben Gegenstand haben, wird die Gebühr nur einmal nach dem Wert dieses Gegenstandes berechnet, § 44 KostO (z. B. mehrere getrennt beschlossene Satzungsänderungen).[22]

Der Geschäftswert für die Erstbeschwerde und die weitere Beschwerde ist gemäß § 30 KostO nach freiem Ermessen zu bestimmen (§ 131 Abs. 2 KostO). Dieser Geschäftwert ist also nicht immer der gleiche, wie der für das Verfahren bei dem Registergericht maßgebende. Dieser bildet aber in der Regel die obere Grenze für den Geschäftswert des Beschwerdeverfahrens.[23]

[17a] seit 1. 1. 1982 gilt auch für Notare der volle Steuersatz

[18] BayObLGZ 1979, 223 = Rpfleger 1979, 398 = JurBüro 1979, 1691

[19] vgl. AV des RJM vom 26. 7. 1941; BayObLG Rpfleger 1960, 187; AG Krefeld KostRsp § 30 KostO Nr. 41

[20] KG JVBl 1941, 71

[21] BayObLGZ 1979, 223 – wie Fn. 18 –

[22] Mümmler JurBüro 1975, 1445 mit weit. Beispielen

[23] KAL § 131 Rdnr. 28

428 Der Betrag der vollen (10/10) Gebühr ergibt sich aus der Gebührentabelle (siehe Seite 327).

Demnach beträgt im Normalfall (Geschäftwert 5000 DM) die Notargebühr

a) für den Entwurf der Vereinssatzung 90 DM;

b) für den Entwurf einer Anmeldung 22,50 DM;

c) für die Beglaubigung der Unterschrift unter einer Anmeldung 11,30 DM, wenn der Notar weder die Vereinssatzung noch die Anmeldung entworfen hat; hinzu kommt jeweils die Mehrwertsteuer von 13%.

429 Die Gebühr für die Eintragung des Vereins beträgt in diesem Fall 90 DM. Dazu kommen die Auslagen des Registergerichts für die Bekanntmachung der Eintragung im Amtsblatt. Diese liegen je nach der Zeitung und der Länge des Veröffentlichungstextes in der Regel zwischen 10 und 40 DM.

Gebührenbefreiung

430 Aufgrund landesrechtlicher Vorschriften sind in den Ländern Baden-Württemberg, Berlin, Hamburg, Niedersachsen, Nordrhein-Westfalen, Saarland und Schleswig-Holstein Vereine, die gemeinnützigen oder mildtätigen Zwecken im Sinne des Steuerrechts dienen, von der Zahlung der Gebühren nach der Kostenordnung befreit, soweit die Angelegenheit nicht einen steuerpflichtigen wirtschaftlichen Geschäftsbetrieb betrifft. Die steuerliche Behandlung als gemeinnützig oder mildtätig ist durch eine Bescheinigung des Finanzamts (Freistellungsbescheid oder sonstige Bestätigung) dem Registergericht nachzuweisen. Eine vergleichbare Regelung besteht auch in Hessen, in Bayern dagegen nicht. In Bremen können auf Antrag die Kosten erlassen werden, wenn es zur Förderung gemeinnütziger oder mildtätiger Zwecke angezeigt erscheint.

3. Bemerkungen zum nicht rechtsfähigen Verein

431 Bei vielen Vereinsgründungen, aber auch bei Vereinen, die bereits längere Zeit ohne Eintragung in das Vereinsregister existieren, taucht die Frage auf, welche wesentlichen Unterschiede zwischen einem eingetragenen Verein und einem nicht eingetragenen Verein mit „idealer" Zweckbestimmung bestehen.[1] Es erscheint daher angebracht, die vorliegende Abhandlung nicht abzuschließen, ohne die Unterschiede zwischen den beiden Typen des Idealvereins zu erörtern und damit im Einzelfall die Entscheidung, ob der Verein in das Vereinsregister eingetragen werden soll, zu erleichtern.

432 Vorweg ist zu bemerken, daß der nicht eingetragene Idealverein ebenso ein körperschaftlich organisierter Zusammenschluß ist, wie der eingetragene Verein.[2] Dem nicht eingetragenen Verein fehlt lediglich die Rechtsfähigkeit, und auf diesem Umstand beruhen die wesentlichen rechtlichen Unterschiede zwischen den beiden Vereinsformen.

433 Beim nicht rechtsfähigen Idealverein sind Träger der Rechte und Pflichten nicht der Verein als eigene Rechtsperson, sondern die Vereinsmitglieder selbst in gesamthänderischer Verbundenheit.[3] Dies hat an sich zur Folge, daß die Mitglieder für die vom Vorstand in ihrem Namen eingegangenen Verbindlichkeiten persönlich als Gesamtschuldner haften. Durch die Vereinssatzung kann jedoch die Vertretungsmacht des Vorstandes, der beim nicht rechtsfähigen Verein nicht die Rechtsstellung eines gesetzlichen Vertreters des Vereins, sondern die eines Bevollmächtigten[4] der Gesamtheit der Mitglieder hat, dahin beschränkt werden, daß die Mitglieder nur mit ihrem Anteil am Vereinsvermögen haften. Eine solche Haftungsbeschränkung kann der Vereinssatzung

---

[1] Einschlägiges Schrifttum: Denecke JR 1951, 742 (Zur Haftung des nichtrechtsfähigen Vereins); Habscheid AcP 155, 375 (Der nicht rechtsfähige Verein zwischen juristischer Person und Gesellschaft); Schumann, Zur Haftung des nicht rechtsfähigen Vereins, Köln 1956; Weimar MDR 1975, 288 (Rechtsfragen beim nichtrechtsfähigen Verein); Weimar MDR 1976, 638 (Risiken aus einer Mitgliedschaft bei Vereinen und Gesellschaften)

[2] allgem. Meinung

[3] Palandt § 54 Anm. 1

[4] Soergel § 54 Rdnr. 21; Staudinger § 54 Rdnr. 36; RGZ 57, 92

auch ohne ausdrückliche Bestimmung entnommen werden, weil sich eine gefestigte Verkehrsanschauung gebildet hat, daß der Vorstand nur eine in dieser Beziehung beschränkte Vollmacht hat und der Vertragspartner auch nicht mit der persönlichen Haftung der Mitglieder rechnet.[5] Das Haftungsrisiko der Mitglieder eines nicht rechtsfähigen Idealvereins ist damit praktisch ausgeschlossen.

434 **Anders** stellt sich die **haftungsrechtliche Situation** für jene Personen dar, die im Namen des Vereins bei der Vornahme eines Rechtsgeschäfts aktiv mitwirken. Diese haften persönlich; wenn mehrere Personen handeln, haften sie als Gesamtschuldner.[6] Ob der jeweils Handelnde Vertretungsmacht hat, spielt keine Rolle.[7] Daher haften auch die Vorstandsmitglieder, die das Rechtsgeschäft eingehen, persönlich, nicht jedoch jene Vorstandsmitglieder, die zwar den Abschluß des Rechtsgeschäfts mitbeschlossen haben, aber nach außen nicht tätig geworden sind.[8] Die Haftung der für den Verein rechtsgeschäftlich Handelnden kann nicht durch die Satzung ausgeschlossen werden. Der Haftungsausschluß muß vielmehr mit dem Geschäftsgegner vereinbart werden.[9]

435 Das Fehlen der Rechtsfähigkeit hat ferner zur Folge, daß der nicht eingetragene Idealverein als solcher im Zivilprozeß nicht als Kläger auftreten kann. Die Klage kann nur von der Gesamtheit der Mitglieder, die in der Klageschrift einzeln und vollständig angegeben sein müssen, erhoben werden.[10] Die Mitglieder werden im Prozeß vom Vorstand vertreten, der den Nachweis seiner Vollmacht durch Vorlage der Vereinssatzung und den Bestellungsbeschluß führt.[11]

436 Ein weiterer bedeutsamer Unterschied gegenüber dem eingetragenen Verein besteht im Bereich des **Grundbuchrechts.** Eine Eintragung des nicht rechtsfähigen Vereins als Grundstückseigentümer oder Inhaber eines Grundpfandrechts oder eines sonstigen dinglichen Rechts ist unzulässig.[12] Vielmehr müssen als Berechtigte alle Mitglieder mit dem Vermerk eingetragen werden, daß ihnen das betreffende Recht als Mitgliedern des – namentlich zu bezeichnenden – nicht rechtsfähigen Vereins ,,zur gesamten Hand“ zusteht.[13] Im Schrifttum mehren sich zwar die Stimmen, die eine Eintragung auf den Vereinsnamen befürworten. Die Rechtsprechung hat jedoch diesen Vorschlag bisher noch nicht angenommen. Auch sonstige rechtliche Konstruktionen,[14] mit denen die Eintragung aller Mitglieder des nicht rechtsfähigen Vereins in das Grundbuch vermieden werden soll, erweisen sich – nicht zuletzt wegen der damit verbundenen weiteren Rechtsakte und deren Kosten – als wenig befriedigend. Der Erwerb von Grundeigentum oder einer Grundstücksberechtigung wird daher für den nicht eingetragenen Idealverein in aller Regel seine Eintragung in das Vereinsregister erfordern.

437 Auch auf dem Gebiet des **Erbrechts** ergeben sich aus dem Fehlen der Rechtsfähigkeit für den nicht eingetragenen Idealverein gewisse rechtliche Schwierigkeiten. Das Reichsgericht hat die Erbfähigkeit eines nicht rechtsfähigen Vereins grundsätzlich verneint. Die Vereinsmitglieder können jedoch als Erben mit der Auflage eingesetzt werden, die Erbschaft dem Verein zu überlassen.[15]

Schließlich fehlt dem nicht eingetragenen Idealverein auch die **Wechselfähigkeit.**

---

[5] Erman § 54 Rdnr. 12; Schumann – wie Fn. 1 – S. 20

[6] § 54 Satz 2 BGB

[7] RGZ 90, 173; RG Recht 1920 Nr. 4; vgl. BGH 1957, 1186; MünchKomm. § 54 Rdnr. 24

[8] Erman § 54 Rdnr. 15

[9] RGZ 82, 298; RG JW 1937, 382; vgl. BGH NJW 1957, 1186; MünchKomm. § 54 Rdnr. 26

[10] RGZ 57, 92; 78, 101/105; für Gewerkschaften ist die aktive Parteifähigkeit ausnahmsweise von BGHZ 42, 210/214 und BGHZ 50, 325/327, 334 anerkannt; für Parteien und ihre Gebietsverbände der höchsten Stufe ergibt sie sich aus § 3 des Parteiengesetzes.

[11] RGZ 57, 92; Palandt § 54 Anm. 2 A

[12] RGZ 127, 311; BGHZ 43, 316/320

[13] R-D-K Rdnr. 1059

[14] vgl. die von R-D-K bei Rdnr. 1060 genannten Fälle

[15] RG Recht 1929 Nr. 975; vgl. auch KG NJW 1935, 3638

438 Auch innerhalb der **Vereinsorganisation** können sich für den nicht rechtsfähigen Verein aus dem Fehlen der Rechtsfähigkeit Abweichungen gegenüber den Verhältnissen beim eingetragenen Verein ergeben. Im neueren Schrifttum wird zwar überwiegend die Auffassung vertreten, daß die vereinsrechtlichen Vorschriften des Bürgerlichen Gesetzbuchs (§§ 21 ff.), soweit sie nicht die Rechtsfähigkeit des Vereins (bzw. die Eintragung im Vereinsregister) voraussetzen, auch für den nicht rechtsfähigen Verein gelten. Die Rechtsprechung hat jedoch bei der Anwendung einzelner dieser Vorschriften offenbar noch Hemmungen. So ist die Anwendung des § 29 BGB (Bestellung eines Notvorstands durch das Gericht) umstritten.[17] Auch in bezug auf die Anwendung des § 37 Abs. 2 BGB (Ermächtigung einer bestimmten Minderheit der Vereinsmitglieder zur Einberufung der Mitgliederversammlung durch das Gericht) ist die Rechtsprechung uneinheitlich.[18]

439 Nach diesem Überblick, der nur die praktisch wichtigsten Unterschiede zwischen einem rechtsfähigen und einem nicht rechtsfähigen Idealverein erfassen will, läßt sich im allgemeinen wohl sagen, daß jedenfalls ein Idealverein mit kleinem oder mittleren Mitgliederbestand, der keinen Grundstückserwerb bezweckt und die persönliche Haftung der rechtsgeschäftlich Handelnden nicht scheut, auch ohne Eintragung in das Vereinsregister auskommen kann.

---

[16] RGZ 112, 124/125

[17] verneinend: RGZ 147, 121/124 und Krönig MDR 1953, 217; bejahend: Habscheid MDR 1952, 653 und MDR 1953, 728; MünchKomm. § 54 Rdnr. 13; BGB-RGRK § 54 Rdnr. 9 mit weit. Nachw.

[18] verneinend: KG JW 1935, 3636/3638 = HRR 1935 Nr. 1653; bejahend: LG Heidelberg NJW 1975, 1661

Zweiter Teil.
Muster für Satzungen, Anträge, Protokolle und gerichtliche Verfügungen

1. Satzung in Kurzfassung

440 **§ 1**

Der Verein führt den Namen ,,Harmonie", hat seinen Sitz in München und soll in das Vereinsregister eingetragen werden. Nach der Eintragung lautet der Name des Vereins ,,Harmonie e. V.".

§ 2

Zweck des Vereins ist die Pflege der Geselligkeit und der Literatur.

§ 3

Mitglied kann jede Person werden, die das 20. Lebensjahr vollendet hat. Über den schriftlichen Aufnahmeantrag entscheidet der Vorstand.

§ 4

Der Austritt aus dem Verein ist jederzeit zulässig. Er erfolgt durch schriftliche Erklärung gegenüber einem Mitglied des Vorstands. Ein Mitglied kann aus dem Verein ausgeschlossen werden, wenn sein Verhalten in grober Weise gegen die Interessen des Vereins verstößt. Über den Ausschluß beschließt die Mitgliederversammlung mit Dreiviertel-Mehrheit der abgegebenen Stimmen.

§ 5

Der Jahresbeitrag wird von der Mitgliederversammlung festgesetzt.

§ 6

Der Vorstand besteht aus dem ersten Vorsitzenden und dem zweiten Vorsitzenden. Jeder von ihnen ist einzeln zur Vertretung des Vereins berechtigt. Die Mitglieder des Vorstands müssen Vereinsmitglieder sein. Der Vorstand wird von der Mitgliederversammlung auf die Dauer von zwei Jahren gewählt; er bleibt jedoch auch nach Ablauf der Amtszeit bis zur Neuwahl des Vorstands im Amt.

§ 7

Die ordentliche Mitgliederversammlung findet jährlich, möglichst im letzten Quartal statt. Außerdem muß die Mitgliederversammlung einberufen werden, wenn das Interesse des Vereins es erfordert oder wenn die Einberufung von einem Fünftel der Mitglieder unter Angabe des Zwecks und der Gründe vom Vorstand schriftlich verlangt wird.

§ 8

Jede Mitgliederversammlung wird vom ersten Vorsitzenden oder vom zweiten Vorsitzenden unter Einhaltung einer Einladungsfrist von zwei Wochen mittels Brief oder durch Anschlag am Schwarzen Brett im Vereinslokal einberufen. Dabei ist die vom Vorstand festgesetzte Tagesordnung mitzuteilen.

§ 9

Die Mitgliederversammlung wird vom ersten Vorsitzenden, bei dessen Verhinderung vom zweiten Vorsitzenden geleitet. Ist auch dieser verhindert, wählt die Mitgliederversammlung aus ihrer Mitte den Versammlungsleiter. Die Mitgliederversammlung kann eine Ergänzung der vom Vorstand festgesetzten Tagesordnung beschließen. Soweit die Satzung nichts anderes bestimmt, entscheidet bei der Beschlußfassung der Mitgliederversammlung die Mehrheit der abgegebenen gültigen Stimmen; Stimmenthaltungen bleiben daher außer Betracht. Zur Änderung der Satzung ist eine Mehrheit von zwei Dritteln, zur Änderung des Vereinszwecks und zur Auflösung des Vereins ist eine Mehrheit von neun Zehnteln der abgegebenen Stimmen erforderlich. Die Art der Abstimmung wird grundsätzlich vom Versammlungsleiter festgesetzt. Die Abstimmung muß jedoch schriftlich durchgeführt werden, wenn ein Drittel der bei der jeweiligen Abstimmung anwesenden Mitglieder dies beantragt.

§ 10

Die Beschlüsse der Mitgliederversammlung sind zu Beweiszwecken in ein Beschlußbuch einzutragen und vom jeweiligen Versammlungsleiter zu unterschreiben. Dabei sollen Ort und Zeit der Versammlung sowie das jeweilige Abstimmungsergebnis festgehalten werden.

Die vorstehende Satzung wurde am . . . errichtet.

(Die Satzungsurkunde ist anschließend von allen Personen, welche in der Gründungsversammlung dem Verein beigetreten sind, deutlich zu unterschreiben. Mindestens sind sieben Unterschriften erforderlich).

2. Ausführliche Satzung eines gemeinnützigen Vereins[1]

441 § 1 Name, Sitz, Geschäftsjahr

Der Verein führt den Namen ,,Verein zur Förderung körperbehinderter Kinder" und soll in das Vereinsregister eingetragen werden; nach der Eintragung führt er den Zusatz ,,e. V.".

Der Verein hat seinen Sitz in München.

Das Geschäftsjahr des Vereins ist das Kalenderjahr.

§ 2 Der Zweck des Vereins

Der Verein verfolgt ausschließlich und unmittelbar gemeinnützige Zwecke im Sinne des Abschnitts ,,Steuerbegünstigte Zwecke" der Abgabenordnung.[2]

Zweck des Vereins ist die Förderung körperbehinderter Kinder.

---

[1] Wegen der Einzelheiten der steuerlichen Behandlung siehe §§ 51–68 Abgabenordnung (AO 1977) und das Schreiben des Bundesministers der Finanzen vom 1. 10. 1976 (Bundessteuerblatt 1976 Teil I S. 576); zur Frage, wann sportliche, kulturelle und gesellige Veranstaltungen eines gemeinnützigen Vereins steuerpflichtig sind, siehe Troll, Betrieb 1979, 418/422; vgl. auch Weimar-Gläser WM 1978, 203 (,,Weniger Steuern für Mietervereine ab Veranlagung 1977"); zur steuerrechtlichen Behandlung gemeinnütziger Wohnungsunternehmen siehe Schreiben des BFM vom 8. 8. 1980 BB 1980, 1310; zur Gemeinnützigkeit der Freikörperkultur-Vereine siehe Erl. d. Finanzm. Nordrhein-Westfalen vom 23. 5. 1980 BB 1980, 926; zur Gemeinnützigkeit von Sportvereinen siehe Erl. d. Finanzm. Nordrhein-Westfalen vom 11. 12. 1980 BB 1981, 107

[2] Ältere Satzungen brauchen nicht allein deswegen geändert zu werden, weil in ihnen auf Vorschriften des Steueranpassungsgesetzes oder der Gemeinnützigkeitsverordnung verwiesen oder das Wort ,,selbstlos" nicht verwandt wird (Schreiben des Bundesministers der Finanzen vom 1. 10. 1976 zu § 60 AO [Bundessteuerblatt 1976 Teil I S. 586]).

Der Satzungszweck wird verwirklicht insbesondere durch folgende Maßnahmen:
Beratung der Eltern und der sonstigen Erziehungsberechtigten körperbehinderter Kinder;
Einflußnahme auf die Errichtung von Spezialbehandlungszentren durch die Gebietskörperschaften;
Aufklärung der Öffentlichkeit über die Probleme des körperbehinderten Kindes.

Der Verein ist selbstlos[2] tätig; er verfolgt nicht in erster Linie eigenwirtschaftliche Zwecke.

Mittel des Vereins dürfen nur für die satzungsmäßigen Zwecke verwendet werden. Die Mitglieder erhalten keine Zuwendungen aus Mitteln des Vereins. Es darf keine Person durch Ausgaben, die dem Zweck des Vereins fremd sind, oder durch unverhältnismäßig hohe Vergütungen begünstigt werden.

Bei Auflösung des Vereins oder bei Wegfall seines bisherigen Zweckes fällt das Vermögen des Vereins an das Bayerische Rote Kreuz zwecks Verwendung für die Förderung des öffentlichen Gesundheitswesens.

Alle Inhaber von Vereinsämtern sind ehrenamtlich tätig. Jeder Beschluß über die Änderung der Satzung ist vor dessen Anmeldung beim Registergericht dem zuständigen Finanzamt vorzulegen.

§ 3 Erwerb der Mitgliedschaft

Mitglied des Vereins kann jede volljährige Person werden. Über den schriftlichen Antrag entscheidet der Vorstand. Der Antrag soll den Namen, das Alter, den Beruf und die Anschrift des Antragstellers sowie die Angabe enthalten, ob er Vater (Mutter) eines körperbehinderten Kindes ist; gegebenenfalls ist das Alter des Kindes anzugeben.

§ 4 Beendigung der Mitgliedschaft

Die Mitgliedschaft endet
a) mit dem Tod des Mitglieds;
b) durch freiwilligen Austritt;
c) durch Streichung von der Mitgliederliste;
d) durch Ausschluß aus dem Verein.

Der freiwillige Austritt erfolgt durch schriftliche Erklärung gegenüber einem Mitglied des Vorstands. Er ist nur zum Schluß eines Kalenderjahres unter Einhaltung einer Kündigungsfrist von drei Monaten zulässig.

Ein Mitglied kann durch Beschluß des Vorstands von der Mitgliederliste gestrichen werden, wenn es trotz zweimaliger Mahnung mit der Zahlung des Beitrags im Rückstand ist. Die Streichung darf erst beschlossen werden, nachdem seit der Absendung des zweiten Mahnschreibens drei Monate verstrichen und die Beitragsschulden nicht beglichen sind. Die Streichung ist dem Mitglied mitzuteilen.

Ein Mitglied kann, wenn es gegen die Vereinsinteressen gröblich verstoßen hat, durch Beschluß des Vorstands aus dem Verein ausgeschlossen werden. Vor der Beschlußfassung ist dem Mitglied unter Setzung einer angemessenen Frist Gelegenheit zu geben, sich persönlich vor dem Vorstand oder schriftlich zu rechtfertigen. Der Beschluß über den Ausschluß ist mit Gründen zu versehen und dem Mitglied mittels eingeschriebenen Briefes bekanntzumachen. Gegen den Ausschließungsbeschluß des Vorstands steht dem Mitglied das Recht der Berufung an die Mitgliederversammlung zu. Die Berufung muß innerhalb einer Frist von einem Monat ab Zugang des Ausschließungsbeschlusses beim Vorstand schriftlich eingelegt werden. Ist die Berufung rechtzeitig eingelegt, so hat der Vorstand innerhalb von zwei Monaten die Mitgliederversammlung zur Entscheidung über die Berufung einzuberufen. Geschieht das nicht, gilt der Ausschließungsbeschluß als nicht erlassen. Macht das Mitglied von dem Recht der Berufung gegen den Ausschließungsbeschluß keinen Gebrauch oder versäumt es die Berufungsfrist, so unterwirft es sich damit dem Ausschließungsbeschluß mit der Folge, daß die Mitgliedschaft als beendet gilt.

§ 5 Mitgliedsbeiträge

Von den Mitgliedern werden Beiträge erhoben. Die Höhe des Jahresbeitrags und dessen Fälligkeit werden von der Mitgliederversammlung bestimmt. Mitglieder, die den Vorstand ermächtigen, den Beitrag durch Abbuchung von ihrem Konto einzuziehen, erhalten einen Nachlaß von 5%.

Ehrenmitglieder sind von der Beitragspflicht befreit.

§ 6 Organe des Vereins

Organe des Vereins sind
a) der Vorstand
b) der Beirat
c) die Mitgliederversammlung.

§ 7 Der Vorstand

Der Vorstand des Vereins besteht aus dem Vorsitzenden, dem stellvertretenden Vorsitzenden, dem Schatzmeister und dem Schriftführer.

Der Verein wird gerichtlich und außergerichtlich durch zwei Mitglieder des Vorstands, darunter der Vorsitzende oder der stellvertretende Vorsitzende, vertreten. Rechtsgeschäfte mit einem Geschäftswert über 3000.– DM sind für den Verein nur verbindlich, wenn die Zustimmung des Beirats hierzu schriftlich erteilt ist.

§ 8 Die Zuständigkeit des Vorstands

Der Vorstand ist für alle Angelegenheiten des Vereins zuständig, soweit sie nicht durch die Satzung einem anderen Vereinsorgan zugewiesen sind. Er hat vor allem folgende Aufgaben:

1. Vorbereitung der Mitgliederversammlungen und Aufstellung der Tagesordnungen;
2. Einberufung der Mitgliederversammlung;
3. Ausführung der Beschlüsse der Mitgliederversammlung;
4. Aufstellung eines Haushaltsplans für jedes Geschäftsjahr; Buchführung; Erstellung eines Jahresberichts;
5. Aufstellung von Richtlinien für den Betrieb der vereinseigenen Behandlungsstätten;
6. Abschluß und Kündigung von Arbeitsverträgen;
7. Beschlußfassung über Aufnahme, Streichung und Ausschluß von Mitgliedern.

Der Vorstand ist verpflichtet, in allen wichtigen Angelegenheiten die Meinung des Beirats einzuholen.

§ 9 Amtsdauer des Vorstands

Der Vorstand wird von der Mitgliederversammlung auf die Dauer von zwei Jahren, vom Tage der Wahl an gerechnet, gewählt; er bleibt jedoch bis zur Neuwahl des Vorstands im Amt. Jedes Vorstandsmitglied ist einzeln zu wählen. Wählbar sind nur Vereinsmitglieder. Der Vorsitzende oder der stellvertretende Vorsitzende soll ein Facharzt für Orthopädie sein. Scheidet ein Mitglied des Vorstands während der Amtsperiode aus, so wählt der Vorstand ein Ersatzmitglied für die restliche Amtsdauer des Ausgeschiedenen.

§ 10 Beschlußfassung des Vorstands

Der Vorstand faßt seine Beschlüsse im allgemeinen in Vorstandssitzungen, die vom Vorsitzenden, bei dessen Verhinderung vom stellvertretenden Vorsitzenden, schriftlich, fernmündlich oder telegrafisch einberufen werden. In jedem Fall ist eine Einberufungsfrist von drei Tagen einzuhalten. Einer Mitteilung der Tagesordnung bedarf es nicht. Der Vorstand ist beschlußfähig, wenn mindestens zwei Vorstandsmitglieder, darunter der Vorsitzende oder der stellvertretende Vorsitzende, anwesend sind. Bei der Beschlußfassung entscheidet die Mehrheit der abgegebenen gültigen Stimmen. Bei Stimmengleichheit entscheidet die Stimme des Leiters der Vorstandssitzung. Die Vorstandssitzung leitet der Vorsitzende, bei dessen Verhinderung der stellvertretende Vorsitzende. Die Beschlüsse des Vorstands sind zu Beweiszwecken in ein Beschlußbuch einzutragen und vom Sitzungsleiter zu unterschreiben. Die Niederschrift soll Ort und Zeit der Vorstandssitzung, die Namen der Teilnehmer, die gefaßten Beschlüsse und das Abstimmungsergebnis enthalten.

Ein Vorstandsbeschluß kann auf schriftlichem Wege gefaßt werden, wenn alle Vorstandsmitglieder ihre Zustimmung zu der zu beschließenden Regelung erklären.

Die Vereinigung mehrerer Vorstandsämter in einer Person ist unzulässig.

§ 11 Der Beirat

Der Beirat besteht aus fünf Mitgliedern. Er wird auf die Dauer von drei Jahren, vom Tage der Wahl an gerechnet, von der Mitgliederversammlung gewählt; er bleibt jedoch bis zur Neuwahl des Beirats im Amt. Jedes Mitglied des Beirats ist einzeln zu wählen. Wählbar sind nur Vereinsmitglieder, die dem Verein mindestens zwei Kalenderjahre angehören; dies gilt nicht für die ersten Mitglieder des Beirats nach der Gründung des Vereins. Drei Mitglieder des Beirats sollen Erziehungsberechtigte körperbehinderter Kinder sein. Vorstandsmitglieder können nicht zugleich Mitglieder des Beirats sein.

Der Beirat hat die Aufgabe, den Vorstand in wichtigen Vereinsangelegenheiten zu beraten. Er unterrichtet sich durch Abhaltung von Sprechstunden oder in sonst geeigneter Weise über die Anliegen der Vereinsmitglieder und macht dem Vorstand Vorschläge für die Geschäftsführung. Bei Rechtsgeschäften mit einem Geschäftswert von mehr als 3000.– DM beschließt er, ob dem Rechtsgeschäft zugestimmt wird.

Mindestens einmal im Vierteljahr soll eine Sitzung des Beirats stattfinden. Der Beirat wird vom Vorsitzenden oder vom stellvertretenden Vorsitzenden des Vereins schriftlich, fernmündlich oder telegrafisch mit einer Frist von mindestens einer Woche einberufen. Einer Mitteilung der Tagesordnung bedarf es nicht. Der Beirat muß einberufen werden, wenn mindestens zwei Beiratsmitglieder die Einberufung schriftlich vom Vorstand verlangen. Wird dem Verlangen innerhalb einer Frist von zwei Wochen nicht entsprochen, sind die Beiratsmitglieder, die die Einberufung des Beirats vom Vorstand verlangt haben, berechtigt, selbst den Beirat einzuberufen.

Zu den Sitzungen des Beirats haben alle Vorstandsmitglieder Zutritt, auch das Recht zur Diskussion, aber kein Stimmrecht. Die Vorstandsmitglieder sind von den Sitzungen des Beirats zu verständigen.

Die Sitzungen des Beirats werden vom Vorsitzenden, bei dessen Verhinderung vom stellvertretenden Vorsitzenden des Vereins geleitet; ist auch dieser verhindert, leitet das Beiratsmitglied die Sitzung, das am längsten dem Verein angehört. Im Zweifelsfall bestimmen die erschienenen Beiratsmitglieder den Sitzungsleiter.

Der Beirat bildet seine Meinung durch Beschlußfassung. Bei der Beschlußfassung entscheidet die Mehrheit der abgegebenen gültigen Stimmen.

Scheidet ein Mitglied des Beirats vorzeitig aus, so wählt der Beirat für die restliche Amtsdauer des ausgeschiedenen Mitglieds ein Ersatzmitglied.

Die Beschlüsse des Beirats sind zu Beweiszwecken in ein Beschlußbuch einzutragen und vom jeweiligen Sitzungsleiter zu unterschreiben.

§ 12 Die Mitgliederversammlung

In der Mitgliederversammlung hat jedes Mitglied – auch ein Ehrenmitglied – eine Stimme. Zur Ausübung des Stimmrechts kann ein anderes Mitglied schriftlich bevollmächtigt werden. Die Bevollmächtigung ist für jede Mitgliederversammlung gesondert zu erteilen. Ein Mitglied darf jedoch nicht mehr als drei fremde Stimmen vertreten.

Die Mitgliederversammlung ist ausschließlich für folgende Angelegenheiten zuständig:

1. Genehmigung des vom Vorstand aufgestellten Haushaltsplans für das nächste Geschäftsjahr; Entgegennahme des Jahresberichts des Vorstands; Entlastung des Vorstands.
2. Festsetzung der Höhe und der Fälligkeit des Jahresbeitrags;
3. Wahl und Abberufung der Mitglieder des Vorstands und des Beirats;
4. Beschlußfassung über Änderung der Satzung und über die Auflösung des Vereins;
5. Beschlußfassung über die Berufung gegen einen Ausschließungsbeschluß des Vorstands;
6. Ernennung von Ehrenmitgliedern.

In Angelegenheiten, die in den Zuständigkeitsbereich des Vorstands fallen, kann die Mitgliederversammlung Empfehlungen an den Vorstand beschließen. Der Vorstand kann seinerseits in Angelegenheiten seines Zuständigkeitsbereichs die Meinung der Mitgliederversammlung einholen.

§ 13 Die Einberufung der Mitgliederversammlung

Mindestens einmal im Jahr, möglichst im letzten Quartal, soll die ordentliche Mitgliederversammlung stattfinden. Sie wird vom Vorstand unter Einhaltung einer Frist von zwei Wochen schriftlich unter Angabe der Tagesordnung einberufen. Die Frist beginnt mit dem auf die Absendung des Einladungsschreibens folgenden Tag. Das Einladungsschreiben gilt dem Mitglied als zugegangen, wenn es an die letzte vom Mitglied dem Verein schriftlich bekanntgegebene Adresse gerichtet ist. Die Tagesordnung setzt der Vorstand fest.

§ 14 Die Beschlußfassung der Mitgliederversammlung

Die Mitgliederversammlung wird vom Vorsitzenden, bei dessen Verhinderung vom stellvertretenden Vorsitzenden oder einem anderen Vorstandsmitglied geleitet. Ist kein Vorstandsmitglied anwesend, bestimmt die Versammlung den Leiter. Bei Wahlen kann die Versammlungsleitung für die Dauer des Wahlganges und der vorhergehenden Diskussion einem Wahlausschuß übertragen werden.

Der Protokollführer wird vom Versammlungsleiter bestimmt; zum Protokollführer kann auch ein Nichtmitglied bestimmt werden.

Die Art der Abstimmung bestimmt der Versammlungsleiter. Die Abstimmung muß schriftlich durchgeführt werden, wenn ein Drittel der bei der Abstimmung anwesenden stimmberechtigten Mitglieder dies beantragt.

Die Mitgliederversammlung ist nicht öffentlich. Der Versammlungsleiter kann Gäste zulassen. Über die Zulassung der Presse, des Rundfunks und des Fernsehens beschließt die Mitgliederversammlung.

Die Mitgliederversammlung ist beschlußfähig, wenn mindestens ein Drittel sämtlicher Vereinsmitglieder anwesend ist. Bei Beschlußunfähigkeit ist der Vorstand verpflichtet, innerhalb von vier Wochen eine zweite Mitgliederversammlung mit der gleichen Tagesordnung einzuberufen; diese ist ohne Rücksicht auf die Zahl der erschienenen Mitglieder beschlußfähig. Hierauf ist in der Einladung hinzuweisen.

Die Mitgliederversammlung faßt Beschlüsse im allgemeinen mit einfacher Mehrheit der abgegebenen gültigen Stimmen; Stimmenthaltungen bleiben daher außer Betracht. Zur Änderung der Satzung ist jedoch eine Mehrheit von drei Viertel der abgegebenen gültigen Stimmen, zur Auflösung des Vereins eine solche von vier Fünfteln erforderlich. Eine Änderung des Zwecks des Vereins kann nur mit Zustimmung aller Mitglieder beschlossen werden. Die schriftliche Zustimmung der in der Mitgliederversammlung nicht erschienenen Mitglieder kann nur innerhalb eines Monats gegenüber dem Vorstand erklärt werden.

Für Wahlen gilt folgendes: Hat im ersten Wahlgang kein Kandidat die Mehrheit der abgegebenen Stimmen erreicht, findet eine Stichwahl zwischen den Kandidaten statt, welche die beiden höchsten Stimmenzahlen erreicht haben.

Über die Beschlüsse der Mitgliederversammlung ist ein Protokoll aufzunehmen, das vom jeweiligen Versammlungsleiter und dem Protokollführer zu unterzeichnen ist. Es soll folgende Feststellungen enthalten: Ort und Zeit der Versammlung, die Person des Versammlungsleiters und des Protokollführers, die Zahl der erschienenen Mitglieder, die Tagesordnung, die einzelnen Abstimmungsergebnisse und die Art der Abstimmung. Bei Satzungsänderungen soll der genaue Wortlaut angegeben werden.

§ 15 Nachträgliche Anträge zur Tagesordnung

Jedes Mitglied kann bis spätestens eine Woche vor dem Tag der Mitgliederversammlung beim Vorstand schriftlich beantragen, daß weitere Angelegenheiten nachträglich auf die Tagesordnung gesetzt werden. Der Versammlungsleiter hat zu Beginn der Mitgliederversammlung die Tagesordnung entsprechend zu ergänzen. Über Anträge auf Ergänzung der Tagesordnung, die erst in der Mitgliederversammlung gestellt werden, beschließt die Mitgliederversammlung. Zur Annahme des Antrags ist eine Mehrheit von drei Viertel der abgegebenen gültigen Stimmen erforderlich.

§ 16 Außerordentliche Mitgliederversammlungen

Der Vorstand kann jederzeit eine außerordentliche Mitgliederversammlung einberufen. Diese muß einberufen werden, wenn das Interesse des Vereins es erfordert oder wenn die Einberufung von einem Drittel aller Mitglieder schriftlich unter Angabe des Zwecks und der Gründe vom Vorstand verlangt wird. Für die außerordentliche Mitgliederversammlung gelten die §§ 12, 13, 14 und 15 entsprechend.

§ 17 Auflösung des Vereins und Anfallberechtigung

Die Auflösung des Vereins kann nur in einer Mitgliederversammlung mit der im § 14 festgelegten Stimmenmehrheit beschlossen werden. Sofern die Mitgliederversammlung nichts anderes beschließt, sind der Vorsitzende und der stellvertretende Vorsitzende gemeinsam vertretungsberechtigte Liquidatoren. Die vorstehenden Vorschriften gelten entsprechend für den Fall, daß der Verein aus einem anderen Grund aufgelöst wird oder seine Rechtsfähigkeit verliert.

Die vorstehende Satzung wurde in der Gründungsversammlung vom ... errichtet.

(Es folgen die deutlichen Unterschriften der dem Verein in der Gründungsversammlung beigetretenen Personen; mindestens sind sieben Unterschriften erforderlich.)

3. Satzung eines Firmen-Unterstützungsvereins

442 § 1 Name, Sitz und Zweck des Vereins

1. Der Verein führt den Namen „Unterstützungseinrichtung der Firma ... “. Er soll in das Vereinsregister eingetragen werden.
2. Der Verein hat seinen Sitz in ...
3. Der Verein ist eine Unterstützungseinrichtung der Firma ... Er hat den Zweck, den aktiven und den ehemaligen Betriebsangehörigen sowie deren Familienangehörigen und Hinterbliebenen in Fällen unverschuldeter Not, insbesondere in Sterbefällen, unter Ausschluß eines Rechtsanspruchs einmalige, mehrmalige oder laufende Unterstützungen zu gewähren.

§ 2 Aufnahme in den Verein, Beiträge

1. Mitglied kann nur werden, wer dem Betrieb der Firma ... mindestens ein Kalenderjahr angehört. Ein Rechtsanspruch auf Aufnahme in den Verein besteht nicht. Über den schriftlich zu stellenden Aufnahmeantrag entscheidet der Vorstand. Die Aufnahme des Antragstellers oder die Ablehnung des Antrags mit Begründung ist dem Antragsteller schriftlich mitzuteilen. Gegen die Ablehnung des Aufnahmeantrags kann der Bewerber innerhalb eines Monats beim Vorstand schriftlich Einspruch einlegen, über den die nächste ordentliche Mitgliederversammlung entscheidet.
2. Von den Mitgliedern dürfen keine Beiträge, Umlagen, Zuschüsse oder sonstige Leistungen gefordert werden.

§ 3 Beendigung der Mitgliedschaft

Die Mitgliedschaft endet

a) durch Tod;
b) durch Austritt aus dem Verein zum Ende eines Kalenderjahres unter Einhaltung einer Kündigungsfrist von drei Monaten. Die Austrittserklärung ist nur wirksam, wenn sie gegenüber einem Mitglied des Vorstands schriftlich abgegeben wird;
c) durch Ausschluß.
   Der Ausschluß ist nur aus wichtigem Grund statthaft. Er erfolgt durch einstimmigen Beschluß des Vorstands;

d) durch Ausscheiden aus den Diensten der Firma . . .
Dies gilt nicht, wenn das Mitglied bei einem Betriebsinhaberwechsel von dem Betriebsnachfolger übernommen wird.

§ 4 Die Organe des Vereins

Die Organe des Vereins sind
a) Der Vorstand,
b) die Mitgliederversammlung.

§ 5 Der Vorstand

Der Vorstand besteht aus einem Vorsitzenden und zwei weiteren Vorstandsmitgliedern.

Der Vorsitzende wird von der Leitung der Firma . . . bestellt. Ein Vorstandsmitglied wird vom Betriebsrat aus dem Kreis seiner Mitglieder bestellt. Das dritte Vorstandsmitglied wird von der Mitgliederversammlung aus dem Kreis der nicht dem Betriebsrat angehörenden Betriebsangehörigen gewählt.

Die Mitglieder des Vorstands brauchen nicht Vereinsmitglieder zu sein.

Die Amtsdauer der Vorstandsmitglieder beträgt drei Jahre; jedoch bleiben die Vorstandsmitglieder solange im Amt, bis ein Nachfolger bestellt bzw. gewählt ist.

Der Verein wird gerichtlich und außergerichtlich durch den Vorsitzenden zusammen mit einem weiteren Vorstandsmitglied vertreten.

§ 6 Zuständigkeit des Vorstands

Der Vorstand ist für alle Vereinsangelegenheiten zuständig, soweit diese nicht der Mitgliederversammlung in der Satzung übertragen sind. Er ist beschlußfähig, wenn mindestens zwei Vorstandsmitglieder anwesend sind. Er beschließt mit der einfachen Mehrheit der abgegebenen Stimmen, soweit die Satzung nichts anderes bestimmt. Bei Stimmengleichheit ist der Antrag abgelehnt. Die Sitzungen des Vorstands werden vom Vorsitzenden einberufen und geleitet. Die Einberufung bedarf keiner besonderen Form. Die Tagesordnung braucht bei der Einberufung nicht mitgeteilt zu werden. Eine Einberufungsfrist von mindestens drei Tagen ist einzuhalten. Ist der Vorsitzende verhindert, an der Vorstandssitzung teilzunehmen, wird diese von dem älteren Vorstandsmitglied geleitet. Über die Beschlüsse des Vorstands ist zu Beweiszwecken eine Niederschrift aufzunehmen, die vom Sitzungsleiter und dem Protokollführer zu unterschreiben ist.

Der Vorstand kann für die Geschäfte der laufenden Verwaltung des Vereins einen Geschäftsführer bestellen. Dieser ist berechtigt, an den Sitzungen des Vorstands mit beratender Stimme teilzunehmen.

§ 7 Die Mitgliederversammlung

Die Mitgliederversammlung ist zuständig
a) für die Genehmigung der Jahresrechnung und des Jahresberichts des Vorstands sowie für die Entscheidung über den Einspruch gegen die Ablehnung eines Aufnahmeantrags;
b) für die Entlastung des Vorstands und die Wahl eines Vorstandsmitglieds (vgl. § 5) und dessen Abberufung sowie für die Änderung der Satzung;
c) zur Beschlußfassung über die Auflösung des Vereins (vgl. § 17).

Die ordentliche Mitgliederversammlung soll in den ersten sechs Monaten des Jahres stattfinden. Sie wird vom Vorsitzenden des Vorstands mit einer Frist von drei Wochen mittels schriftlicher Einladung einberufen. Bei der Einberufung muß die Tagesordnung mitgeteilt werden.

Die Mitgliederversammlung wird vom Vorsitzenden des Vorstands oder einem anderen Vorstandsmitglied geleitet. Sie ist beschlußfähig, wenn ein Drittel der Vereinsmitglieder anwesend ist. Bei Beschlußunfähigkeit ist innerhalb von zwei Monaten eine weitere Mitgliederversammlung einzuberufen, die ohne Rücksicht auf die Zahl der anwesenden Mitglieder beschlußfähig ist. Auf diese Besonderheit ist in der Einladung hinzuweisen. Die Mitgliederversammlung beschließt mit der Mehrheit der abgegebenen gültigen Stimmen, soweit die Satzung nicht eine andere Mehrheit bestimmt.

Anträge außerhalb der vom Vorstand aufgestellten, in der Einladung bekanntgegebenen Tagesordnung werden in der Mitgliederversammlung nur behandelt, wenn sie spätestens eine Woche vor dem Tag der Versammlung beim Vorstand schriftlich eingereicht sind.

§ 8 Außerordentliche Mitgliederversammlungen

Eine außerordentliche Mitgliederversammlung ist einzuberufen, wenn

a) das Interesse des Vereins es erfordert,

b) ein Drittel der Vereinsmitglieder dies vom Vorstand unter Angabe des Zwecks und der Gründe schriftlich verlangt.

Im übrigen gelten die Bestimmungen für die ordentliche Mitgliederversammlung entsprechend.

§ 9

Über die Beschlüsse jeder Mitgliederversammlung ist zu Beweiszwecken eine Niederschrift durch einen von der Versammlung gewählten Protokollführer aufzunehmen. Die Niederschrift ist vom Versammlungsleiter und dem Protokollführer zu unterschreiben.

§ 10 Stimmrecht

Jedes Mitglied hat eine Stimme. Das Stimmrecht kann nur persönlich ausgeübt werden.

§ 11 Vereinsvermögen, Anlage, Erträge

Das Vereinsvermögen wird gebildet aus freiwilligen Zuwendungen der Firma ... oder Dritter sowie aus den Erträgnissen von Vermögensanlagen.

Der Verein erwirbt gegen die Firma ... keinen Rechtsanspruch auf die Gewährung von Zuwendungen, und zwar auch dann nicht, wenn diese längere Zeit oder regelmäßig gewährt wurden.

Das Vereinsvermögen ist zinstragend anzulegen, soweit es nicht für die Unterstützungsleistungen benötigt wird. Die Gewährung von Darlehen an die Firma ... zu einem angemessenen Zinsfuß ist zulässig. Das Vereinsvermögen darf nur für Vereinszwecke und für die anfallenden Verwaltungskosten verwendet werden.

Die Mitglieder des Vorstands dürfen keine Vergütungen erhalten. Auslagen sind zu erstatten, soweit diese den Rahmen des Üblichen nicht übersteigen.

§ 12 Geschäftsjahr

Das Geschäftsjahr ist das Kalenderjahr.

§ 13 Ausschluß des Rechtsanspruchs auf Unterstützungen

Die Leistungsempfänger haben keinen Rechtsanspruch auf Leistungen des Vereins. Auch durch wiederholte oder regelmäßige Zahlung von Altersbeihilfen, Witwen-, Waisen- und Sterbegeldern und anderen Unterstützungen wird weder ein Rechtsanspruch gegen den Verein noch gegen die Firma ... begründet. Alle Zahlungen erfolgen freiwillig und mit der Möglichkeit jederzeitigen Widerrufs. Jeder Leistungsempfänger hat eine schriftliche Erklärung darüber abzugeben, daß ihm die freiwillige Natur der Leistungen bekannt ist. Die Erklärung hat sich auch darauf zu erstrecken, daß der Leistungsempfänger mit dem Ausschluß jeden Rechtsanspruchs auf Leistungen sowie auch damit einverstanden ist, daß auch durch wiederholte oder regelmäßige Zahlungen kein Rechtsanspruch auf Leistungen erworben werden kann.

Die Erklärung hat folgenden Wortlaut:

„Es ist mir bekannt, daß alle Leistungen des Vereins freiwillig gewährt werden. Es ist mir ferner bekannt, daß mir auch durch wiederholte oder regelmäßige Leistungen weder ein Anspruch gegen den Verein noch gegen die Firma ... erwächst. Mit dieser Regelung bin ich einverstanden.

Datum ... Unterschrift ..."

§ 14 Satzungsänderungen

Beschlüsse über Satzungsänderungen, die den Charakter des Vereins als aufsichtsfreie Unterstützungseinrichtung betreffen, insbesondere der § 1 Nrn. 1 und 3, § 2 Nr. 2, § 11 und § 13 der Satzung, unterliegen der Prüfung durch die Versicherungsaufsichtsbehörde und sind ihr vor der Anmeldung der Satzungsänderungen beim Registergericht mitzuteilen. Sie bedürfen einer ⅔-Mehrheit der abgegebenen Stimmen.

§ 15 Leistungsplan

Der Vorstand stellt die Richtlinien auf, nach denen die Leistungen gewährt werden können.

Die Entscheidungen des Vorstands bezüglich der zu gewährenden Unterstützungen sind unanfechtbar.

§ 16 Abtretungs- und Verpfändungsverbot

Die Abtretung oder die Verpfändung von Zusagen auf Unterstützungen ist untersagt.

§ 17 Auflösung des Vereins

Der Verein wird aufgelöst

a) durch Auflösung der Firma ...
Die Auflösung des Vereins tritt in diesem Fall am Ende des Monats ein, in dem die Auflösung der Firma ... in das Handelsregister eingetragen wurde;

b) durch Beschluß der Mitgliederversammlung. Er bedarf einer Mehrheit von vier Fünftel aller Vereinsmitglieder und der Zustimmung des Inhabers bzw. des gesetzlichen Vertreters der Firma ...

Im Falle der Auflösung darf das Vereinsvermögen nur gemäß § 2 Abs. 3 der Satzung verwendet werden. Ist dies nicht möglich, darf es nur zu einem Zweck verwendet werden, dem das zuständige Finanzamt schriftlich zugestimmt hat.

Im Falle der Auflösung des Vereins erfolgt die Liquidation durch die zur Zeit der Auflösung amtierenden Vorstandsmitglieder. Ist in dem maßgebenden Zeitpunkt kein Vorstandsmitglied mehr im Amt, wird der Liquidator durch den Inhaber bzw. den gesetzlichen Vertreter der Firma ... bestimmt.

Die Satzung wurde in der Gründungsversammlung vom ... errichtet. (Es folgen mindestens sieben Unterschriften von Vereinsmitgliedern.)

4. Protokoll über die Gründung eines Vereins

443 Heute, am 2. November 1970, fanden sich im Turnsaal der Volksschule an der Nürnberger Straße auf Einladung von Frau Doris Hübner die in der beigefügten Anwesenheitsliste genannten 75 Damen und Herren zur Beschlußfassung über die Gründung eines Vereins als Selbsthilfeorganisation von Eltern körperbehinderter Kinder ein.

Frau Doris Hübner begrüßte die Erschienenen, gab einen Überblick über die Situation der körperbehinderten Kinder und schlug vor, eine Selbsthilfeorganisation in der Form eines eingetragenen Vereins zu gründen. Dem Vorschlag wurde allseits zugestimmt. Frau Hübner schlug hierauf vor, Herrn Oberarzt Dr. Grimm die weitere Leitung der Versammlung zu übertragen. Dem stimmten die Anwesenden zu. Herr Oberarzt Dr. Grimm übernahm hierauf die Versammlungsleitung. Zum Protokollführer wurde durch Zuruf Herr Franz Moser gewählt, der das Amt annahm. Herr Dr. Grimm gab sodann folgende Tagesordnung bekannt:

Beratung und Feststellung der Vereinssatzung;
Wahl der Vorstandsmitglieder und der Mitglieder des Beirats;
Festsetzung des ersten Jahresbeitrags;
Beschlußfassung über Organisationsfragen.

Gegen die vorgeschlagene Tagesordnung erhob sich kein Widerspruch. Herr Dr. Grimm verlas anschließend den Entwurf einer Satzung. Nach längerer Diskussion stellte Dr. Grimm die Satzung in der sich aus der Anlage ergebenden Fassung zur Abstimmung. Die Satzung wurde durch Handzeichen von allen Anwesenden angenommen. Herr Dr. Grimm stellte hierauf fest, daß damit der Verein zur Förderung körperbehinderter Kinder gegründet ist und forderte die Versammlungsteilnehmer auf, ihren Beitritt durch Unterzeichnung der Satzung zu bestätigen. Die Anwesenden unterzeichneten daraufhin die Satzung.

Anschließend wurde die Wahl der Vorstandsmitglieder durch Handzeichen durchgeführt. Sie hatte folgendes Ergebnis:

Vorsitzender: Oberarzt Dr. Grimm, München; 74 Ja-Stimmen, 1 Enthaltung;
Stellv. Vorsitzender: Frau Doris Hübner, München; 57 Ja-Stimmen, 3 Nein-Stimmen, 15 Enthaltungen;
Schatzmeister: Herr Uwe Petersen, Bankkaufmann, Starnberg; 74 Ja-Stimmen, 1 Enthaltung;
Schriftführer: Frau Stefanie Jäger, München; 74 Ja-Stimmen, 1 Enthaltung;

Zu Mitgliedern des Beirats wurden jeweils mit 74 Stimmen bei 1 Enthaltung gewählt:

1. Frau Ingrid Marx, Hausfrau, München;
2. Frau Annemie Kölb, Filialleiterin in Ebersberg;
3. Herr Dr. Ernst Waldmann, Wirtschaftsprüfer in München;
4. Herr Josef Binder, Kaufmann in München;
5. Herr Ernst Maurer, Journalist in München.

Sämtliche Gewählten erklärten, daß sie die Wahl annehmen.

Auf Vorschlag von Schatzmeister Petersen beschloß die Versammlung einstimmig, daß der Jahresbeitrag für das Jahr 1971 60 DM beträgt und am 1. Januar 1971 fällig ist. Der Vorstand wird ermächtigt, die Zahlung des Jahresbeitrags in monatlichen Raten zu bewilligen.

Die Versammlung erörterte anschließend Probleme der Behandlung körperbehinderter Kinder und die Finanzierung eines Behandlungszentrums.

Vorsitzender Dr. Grimm gab bekannt, daß die erste Sitzung des Vorstands am 6. November 1970 20 Uhr in seiner Wohnung, Bavariaring 9, stattfindet.

Mit dem Dank an die Erschienenen schloß Dr. Grimm um 22.15 Uhr die Versammlung.

München, den 2. November 1970

Dr. Grimm Moser

444 5. Anmeldung eines Vereins zur Eintragung in das Vereinsregister

An das
Amtsgericht München

Die unterzeichneten sämtlichen[1] Vorstandsmitglieder des am 2. November 1970 in München gegründeten Vereins zur Förderung körperbehinderter Kinder melden hiermit zur Eintragung in das Vereinsregister an:

1. Den Verein,
2. Die Mitglieder des Vorstands:
   Vorsitzender: Oberarzt Dr. Hans Grimm, München, Bavariaring 9;
   Stellvertretender Vorsitzender: Doris Hübner, Hausfrau, München, Schellingstraße 27/VI;

---

[1] zur Zulässigkeit der Anmeldung durch die Vorstandsmitglieder in vertretungsberechtigter Zahl siehe bei Rdnr. 395

Schatzmeister: Uwe Petersen, Bankkaufmann, Starnberg,
Ludwig-Thoma-Straße 4;
Schriftführer: Stefanie Jäger, kaufm. Angestellte in München,
Rosenbuschstraße 23.

Nach § 7 der Satzung wird der Verein durch zwei Mitglieder des Vorstands, darunter der Vorsitzende oder der stellvertretende Vorsitzende, vertreten. Rechtsgeschäfte mit einem Geschäftswert über 3000 DM (dreitausend Deutsche Mark) sind für den Verein nur verbindlich, wenn die Zustimmung des Beirats hierzu schriftlich erteilt ist.

Nach § 10 der Satzung ist der Vorstand beschlußfähig, wenn mindestens zwei Vorstandsmitglieder, darunter der Vorsitzende oder der stellvertretende Vorsitzende, anwesend sind. Bei Stimmengleichheit entscheidet die Stimme des Leiters der Vorstandssitzung.

Wir überreichen in der Anlage: Urschrift und 2 Abschriften der Satzung sowie eine Abschrift des Protokolls der Gründungsversammlung vom 2. 11. 1970, aus dem sich auch unsere Wahl zu Mitgliedern des Vorstands ergibt. Eine Abschrift der Satzung ist für die Verwaltungsbehörde bestimmt.

Der Verein hat zur Zeit 75 Mitglieder. Der Jahresbeitrag beträgt 60 DM. Die Geschäftsstelle des Vereins befindet sich in München, Rosenbuschstraße 23.

Bei der Festsetzung des Geschäftswerts für die Eintragung bitten wir, den sozialen Zweck des Vereins zu berücksichtigen.

Dr. Hans Grimm — Doris Hübner
Uwe Petersen — Stefanie Jäger

Es folgt der Beglaubigungsvermerk des Notars über die Echtheit der vor ihm geleisteten Unterschriften.

6. Gerichtliche Verfügung der Zulassung dieser Vereinsanmeldung

445 Amtsgericht München — München, den ....
Registergericht

Verfügung

I. Die Anmeldung des Vereins wird zugelassen.
II. Mitteilung der Zulassung an den Stadtrat München unter Beifügung
a) einer Ablichtung der Anmeldung
b) einer Abschrift der Satzung.
III. W. V. mit Einlauf oder nach 6 Wochen.

Seibold
Rechtspfleger

7. Mitteilung der Zulassung einer Anmeldung an die Verwaltungsbehörde

446 Amtsgericht München — München, den ....
Registergericht

Aktenzeichen: AR ....
VR ....

An den
Stadtrat der Landeshauptstadt München

Betreff: Anmeldung eines Vereins / einer Satzungsänderung

Der nach den beigefügten Unterlagen gegründete Verein ....

Die nach den beigefügten Unterlagen beschlossene Satzungsänderung vom .... ist zur Eintragung in das Vereinsregister angemeldet worden. Die Anmeldung ist zugelassen worden.

Die Eintragung wird erfolgen, wenn nicht innerhalb von 6 Wochen, vom Zugang dieser Mitteilung an gerechnet, Einspruch gegen die Eintragung erhoben worden ist (§§ 63, 71 BGB).

Zum Vorstand des Vereins ist bestellt: ....

Als Zustellungsadresse des Vereins ist angegeben: ....

Um Rückleitung der Beilagen wird gebeten.

8. Gerichtliche Verfügung der Eintragung eines neuen Vereins

447 Amtsgericht München München, den ....

Registergericht

AR ....

Verfügung

Nachdem seitens der zuständigen Verwaltungsbehörde gegen die Eintragung des Vereins Einspruch nicht erhoben wurde, wird verfügt:

I. Eintragung im Vereinsregister des AG München Nr. ....

Spalte

1 : 1

2 (Name u. Sitz): Verein zur Förderung körperbehinderter Kinder eingetragener Verein. Sitz: München

3 (Vorstand): Dr. Hans Grimm, Oberarzt in München, Vorsitzender; Doris Hübner, Hausfrau in München, stellvertretende Vorsitzende;
Uwe Petersen, Bankkaufmann in Starnberg;
Stefanie Jäger, Angestellte in München

4 (Rechtsverhältnisse): Die Satzung ist errichtet am 2. November 1970. Der Verein wird durch zwei Mitglieder des Vorstands, darunter der Vorsitzende oder der stellvertretende Vorsitzende, vertreten. Die Vertretungsmacht des Vorstandes ist in der Weise beschränkt, daß er zu Rechtsgeschäften mit einem Wert von mehr als 3000 DM der schriftlichen Zustimmung des Beirats bedarf.

5 (Bemerkungen): Satzung Blatt ....

II. Veröffentlichung im Amtsblatt des AG München: Name, Sitz des Vereins, Tag der Eintragung.

III. Urschrift der Satzung mit der Bescheinigung der Eintragung versehen zurückgeben. Abschrift der Satzung beglaubigen und zu den Akten nehmen.

IV. Bekanntmachung der Eintragung an sämtliche Vorstandsmitglieder.

V. Akten und Karteiblatt anlegen; Statistik.

VI. Kosten: Verein

Seibold
Rechtspfleger

9. Einladung zu einer Mitgliederversammlung

448 Harmonie e. V.

Einladung

zu der am 10. Januar 1971 – 20.30 Uhr – in München, Neuhauser Straße 30, im Restaurant ,,Kronenbräu" (Nebenzimmer) stattfindenden

Mitgliederversammlung

Tagesordnung: 1. Geschäftsbericht des 1. Vorsitzenden über das Jahr 1970; Entlastung des 1. Vorsitzenden und des 2. Vorsitzenden;

2. Satzungsänderung (§ 4 – Zuständigkeit für Festsetzung des Beitrags –; § 23 – Anfall des Vereinsvermögens bei Vereinsauflösung);

3. Neuwahl des Vorstandes;
4. Verschiedenes.

Um pünktliches Erscheinen wird gebeten.
München, den 22. Dezember 1970

Josef Schmidt
1. Vorsitzender

10. Einladung zu einer zweiten Mitgliederversammlung nach beschlußunfähiger erster Versammlung

449 Harmonie e. V.

Einladung

zu der am 20. März 1971 – 20 Uhr – in München, Neuhauser Straße 30, im Restaurant „Kronenbräu" (Nebenzimmer) stattfindenden

Mitgliederversammlung

Tagesordnung: (hier sind dieselben Tagesordnungspunkte einzusetzen, welche die Einladung zur ersten Mitgliederversammlung enthielt).

Die auf den 10. Januar 1971 einberufene Mitgliederversammlung war nach § ...... der Satzung nicht beschlußfähig, da zu wenige Mitglieder erschienen waren. Deshalb ist die Abhaltung einer zweiten Mitgliederversammlung erforderlich. Es wird ausdrücklich darauf hingewiesen, daß diese nun auf den 20. März 1971 (siehe oben) einberufene Mitgliederversammlung nach der Satzung **ohne Rücksicht auf die Zahl der erschienenen Mitglieder** beschlußfähig sein wird.

Um zahlreiches und pünktliches Erscheinen wird gebeten.
München, den 1. März 1971

Josef Schmidt
1. Vorsitzender

11. Protokoll einer Mitgliederversammlung mit Vorstandswahl und Satzungsänderung

450 Protokoll der Mitgliederversammlung des Vereins Harmonie e. V.
Zeit: 20. März 1971
Ort: München, Neuhauser Straße 30, Restaurant „Kronenbräu"
Anwesend: 56 Mitglieder
Versammlungsleiter: 1. Vorsitzender Josef Schmidt; nach der Neuwahl:
1. Vorsitzender Anton Huber
Protokollführer: Ernst Klotz

Der 1. Vorsitzende Josef Schmidt eröffnete um 20.30 Uhr die Mitgliederversammlung, begrüßte die Erschienenen und stellte fest, daß die Versammlung satzungsgemäß einberufen und beschlußfähig ist. Hierauf gab er die im Einladungsschreiben mitgeteilte Tagesordnung bekannt:

1. Geschäftsbericht des 1. Vorsitzenden über das Jahr 1970; Entlastung des 1. Vorsitzenden und des 2. Vorsitzenden;
2. Satzungsänderung (§ 4 – Zuständigkeit für Festsetzung des Beitrags –; § 23 – Anfall des Vereinsvermögens bei Vereinsauflösung –)
3. Neuwahl des Vorstandes;
4. Verschiedenes.

Zu Punkt 1: Der 1. Vorsitzende berichtete, daß der Verein im Jahre 1970 an Mitgliedsbeiträgen und einem Zuschuß der Stadt München insgesamt 1612 DM eingenommen hat. Dem stehen 1327 DM Ausgaben gegenüber. Das Barvermögen des Vereins hat sich demnach um 285 DM erhöht und beträgt nunmehr 527 DM. Im vergangenen Jahr sind 12 Mitglieder ausgetreten. Dem stehen 14 Beitritte gegenüber. Die Mitgliederzahl beträgt somit 83. Der 1. Vorsitzende berichtete ferner, daß im

Berichtsjahr 9 Veranstaltungen des Vereins (Vortragsabende, Ausflüge) stattgefunden haben.

Der Bericht wurde von der Versammlung beifällig aufgenommen. Vereinsmitglied Neumaier erkundigte sich nach dem Grund der Austritte. Der 1. Vorsitzende erklärte, daß die Austritte wegen Wohnsitzverlegung erfolgt seien.

Vereinsmitglied Berner dankte dem Vorstand für die im Berichtsjahr geleistete Arbeit und beantragte, dem 1. Vorsitzenden und dem 2. Vorsitzenden Entlastung zu erteilen. Der Antrag wurde mit 54 Stimmen bei 2 Enthaltungen angenommen.

Zu Punkt 2 der Tagesordnung schlug der 1. Vorsitzende vor, § 4 der Satzung wie folgt zu ändern: ,,Der Jahresbeitrag wird durch die Mitgliederversammlung festgesetzt." Nach kurzer Aussprache wurde diese Satzungsänderung durch Handzeichen mit 48 Stimmen gegen 8 Stimmen beschlossen. Der 1. Vorsitzende schlug weiter vor, § 23 der Satzung wie folgt zu ändern: ,,Bei Auflösung des Vereins fällt das Vereinsvermögen an die Stadt München". Die Änderung wurde einstimmig angenommen.

Zu Punkt 3 der Tagesordnung: Durch Zuruf wurde ein Wahlausschuß, bestehend aus den Herren Klein, Groß und Lang, gebildet. Die schriftlich vorgenommenen Wahlen hatten folgendes Ergebnis:

Zum 1. Vorsitzenden wurde Herr Anton Huber, Schreinermeister in München, mit 45 gegen 8 Stimmen bei 3 Stimmenthaltungen gewählt.

Zum 2. Vorsitzenden wurde Herr Johann Reich, Schlossermeister in München, mit 40 Stimmen gegen 16 Stimmen gewählt. Die Gewählten nahmen die Wahl an.

Hierauf übernahm der neugewählte 1. Vorsitzende Anton Huber die Versammlungsleitung.

Zu Punkt 4 der Tagesordnung: Vereinsmitglied Neumaier beantragte, den bisherigen 1. Vorsitzenden Josef Schmidt in Anerkennung seiner Verdienste zum Ehrenmitglied zu ernennen. Der 1. Vorsitzende Huber bedauerte, diesen Antrag nicht zur Abstimmung stellen zu können, da nach der Satzung nur über solche Gegenstände Beschluß gefaßt werden könne, die spätestens 3 Tage vor der Versammlung beim Vorsitzenden schriftlich eingereicht seien. Der Antrag könne daher erst in der nächsten Mitgliederversammlung behandelt werden.

Die Versammlung erörterte dann die Möglichkeiten, die Vereinsveranstaltungen in einem größeren Rahmen abzuhalten.

Mit dem Dank an die Mitglieder schloß der 1. Vorsitzende Huber um 23.30 Uhr die Versammlung.

Josef Schmidt Anton Huber Versammlungsleiter	Ernst Klotz Protokollführer

12. Auszug aus dem Versammlungsprotokoll für das Registergericht

451 Auszug aus dem Protokoll über die Mitgliederversammlung des Vereins Harmonie e. V.

Zeit:	20. März 1971
Ort:	München, Neuhauser Straße 30, Restaurant ,,Kronenbräu"
Anwesend:	56 Mitglieder
Versammlungsleiter:	1. Vorsitzender Josef Schmidt; nach der Neuwahl: 1. Vorsitzender Anton Huber
Protokollführer:	Ernst Klotz

Der 1. Vorsitzende Josef Schmidt eröffnete um 20.30 Uhr die Mitgliederversammlung, begrüßte die Erschienenen und stellte fest, daß die Versammlung satzungsgemäß einberufen wurde und beschlußfähig ist. Hierauf gab er die im Einladungsschreiben mitgeteilte Tagesordnung bekannt:

1. Geschäftsbericht des 1. Vorsitzenden über das Jahr 1970; Entlastung des 1. Vorsitzenden und des 2. Vorsitzenden;

2. Satzungsänderung (§ 4 – Zuständigkeit für Festsetzung des Beitrags –; § 23 – Anfall des Vereinsvermögens bei Vereinsauflösung –)
3. Neuwahl des Vorstandes
4. Verschiedenes.

Zu Punkt 2: Mit 48 gegen 8 Stimmen (durch Handzeichen) wurde folgende Änderung des § 4 der Satzung beschlossen:
„Der Jahresbeitrag wird durch die Mitgliederversammlung festgesetzt."
Ferner wurde einstimmig folgende Änderung des § 23 der Satzung beschlossen:
„Bei Auflösung des Vereins fällt das Vereinsvermögen an die Stadt München."

Zu Punkt 3: Die schriftlich vorgenommene Wahl des Vorstandes hatte folgendes Ergebnis:
Zum 1. Vorsitzenden wurde Herr Anton Huber, Schreinermeister in München, mit 45 gegen 8 Stimmen bei 3 Stimmenthaltungen gewählt.
Zum 2. Vorsitzenden wurde Herr Johann Reich, Schlossermeister in München, mit 40 Stimmen gegen 16 Stimmen gewählt.
Die Gewählten nahmen die Wahl an.

Hierauf übernahm der neugewählte 1. Vorsitzende Anton Huber die Versammlungsleitung.
Schluß der Versammlung: 23.30 Uhr.

Josef Schmidt
Anton Huber
Versammlungsleiter

Ernst Klotz
Protokollführer

13. Anmeldung einer Satzungsänderung und Vorstandswahl

452 Harmonie e. V.
An das
Amtsgericht – Registergericht –
München

Betrifft: Harmonie e. V. Aktenz. VR ....

Zur Eintragung in das Vereinsregister wird folgendes angemeldet:

1. Im Vorstand des Vereins ist eine Änderung eingetreten. In der Mitgliederversammlung vom 20. 3. 1971 wurde zum 1. Vorsitzenden
Herr Anton Huber, Schreinermeister in München,
gewählt.
Zum 2. Vorsitzenden wurde
Herr Johann Reich, Schlossermeister in München,
gewählt.
2. In derselben Mitgliederversammlung wurde die Änderung der §§ 4 (Zuständigkeit für Festsetzung des Beitrags) und 23 (Anfall des Vereinsvermögens nach Auflösung) der Satzung beschlossen.
Wir übergeben in der Anlage Urschrift und Abschrift eines Auszuges aus dem Versammlungsprotokoll vom 20. 3. 1971.
Wir versichern, daß die Versammlung satzungsgemäß einberufen wurde und daß die gefaßten Beschlüsse ordnungsgemäß zustande kamen.
München, den ....

Anton Huber Johann Reich

Es folgt der Beglaubigungsvermerk eines Notars über die Echtheit der Unterschriften.

14. Zulassung der Anmeldung einer Satzungsänderung

453 Amtsgericht München München, den ....
Registergericht
VR ....

Verfügung

I. Die Anmeldung der am 20. 3. 1971 beschlossenen Satzungsänderung wird zugelassen.
II. Die Eintragung der Vorstandswahl wird bis zur Entscheidung über die Eintragung der Satzungsänderung zurückgestellt.
III. Mitteilung der Zulassung der Satzungsänderung an den Stadtrat München unter Beifügung
a) einer Ablichtung der Anmeldung,
b) einer Abschrift des Auszuges aus dem Versammlungsprotokoll vom 20. 3. 1971.
IV. W. V. mit Einlauf oder nach 6 Wochen.

Seibold
Rechtspfleger

15. Gerichtliche Verfügung der Eintragung einer Satzungsänderung und Vorstandswahl

454 Amtsgericht München München, den ....
Registergericht
VR ....

Verfügung

Nachdem seitens der zuständigen Verwaltungsbehörde gegen die Eintragung der Satzungsänderung kein Einspruch erhoben wurde, wird verfügt:

I. Eintragung in das Vereinsregister des AG München
Nr. .... in Spalte
1 (lfd. Nr.): 2
3 (Vorstand): Anton Huber, Schreinermeister in München, Johann Reich, Schlossermeister in München
4 (Rechtsverhältnisse) Die Mitgliederversammlung vom 20. März 1971 hat die Änderung der §§ 4 (Zuständigkeit für Festsetzung des Beitrags) und 23 (Anfall des Vereinsvermögens bei Auflösung des Vereins) nach näherer Maßgabe des eingereichten Protokolls beschlossen.

5 (Bemerkungen): Beschluß Blatt ......
II. Im Eintrag Nr. 1 in Spalte 3 den bisherigen Vorstand röten.
III. Abschrift des Satzungsänderungsbeschlusses beglaubigen; Urschrift mit der Bescheinigung der Eintragung versehen und an Vorstand zurücksenden. Ersuchen um Übersendung einer Satzung neuer Fassung.
IV. Statistik
V. Bewerten.

Seibold
Rechtspfleger

16. Antrag auf Bestellung eines Notvorstands gemäß § 29 BGB zu Protokoll des Urkundsbeamten der Geschäftsstelle

455 (Der Antrag kann auch schriftlich – ohne notarielle Beglaubigung der Unterschrift – gestellt werden)

Amtsgericht München | München, den 15. 6. 1971
Registergericht
Gegenwärtig: Justizobersekretär Müller
als Urkundsbeamter der Geschäftsstelle

Protokoll

Herr ... über seine Person ausgewiesen durch ... erklärt: Ich bin Mitglied des Vereins Harmonie e. V. mit dem Sitz in München. Das Vorstandsmitglied, Herr Anton Huber, ist verstorben. Hierzu übergebe ich die der Süddeutschen Zeitung vom 9. 6. 1971 entnommene Todesanzeige der Witwe. Das weitere im Vereinsregister eingetragene Vorstandsmitglied, Herr Johann Reich, hat in der Mitgliederversammlung vom 20. 5. 1971 sein Amt niedergelegt. Der Verein ist daher z. Zt. ohne gesetzlichen Vertreter. Da zur Einberufung der Mitgliederversammlung zwecks Neuwahl des Vorstands nur der Vorstand befugt ist, beantrage ich, das Gründungsmitglied, Herrn Rudolf Stephan, der allseits das Vertrauen der Mitglieder genießt, zum Vorstand des Vereins zu bestellen. Ich übergebe eine Erklärung des Herrn Stephan, daß er bereit ist, das Amt eines Notvorstandes zu übernehmen.

v. g. u.

17. Gerichtlicher Beschluß auf Bestellung eines Notvorstandes gemäß § 29 BGB

456 Nachdem Herr Anton Reich auf Anfrage des Registergerichts seine Amtsniederlegung bestätigt und erklärt hat, daß er mit dem Verein nichts mehr zu tun haben will, erläßt der Rechtspfleger folgenden

Amtsgericht München | München, den 27. 6. 1971
Registergericht

Beschluß:

Herr Rudolph Stephan, Buchhändler in München, Widenmayerstraße 7, wird zum Vorstand des Vereins Harmonie e. V. mit dem Sitz in München bestellt.

Gründe:

Die in § 29 BGB bestimmten Voraussetzungen für die Bestellung eines Notvorstands durch das Amtsgericht sind gegeben: Als Vereinsmitglied ist der Antragsteller ein Beteiligter im Sinne dieser Vorschrift. Er hat glaubhaft gemacht, daß der Verein derzeit keinen Vorstand hat: Der Tod des Vorstandsmitglieds Anton Huber ist durch die vorgelegte Todesanzeige der Witwe hinreichend glaubhaft gemacht. Ferner besteht kein Anlaß, die Wirksamkeit der Amtsniederlegung des weiteren Vorstandsmitglieds Johann Reich in Zweifel zu ziehen. Dieser wäre zwar, da er noch im Vereinsregister eingetragen ist, zur Einberufung der Mitgliederversammlung in entsprechender Anwendung des § 121 Abs. 2 Satz 2 AktG befugt (KG Rpfleger 1971, 396; BayObLG Rpfleger 1973, 20). Er hat aber dem Registergericht unmißverständlich erklärt, daß er von dieser Befugnis keinen Gebrauch machen will. Daher bedarf es zur Einberufung der Mitgliederversammlung eines vom Registergericht bestellten Vorstands. Diese Bestellung ist dringend geboten, da der Verein sonst weiterhin handlungsunfähig bleibt.

Herr Rudolf Stephan ist, wie glaubhaft gemacht wurde, Gründungsmitglied des Vereins und als solches geeignet, das Amt eines Notvorstands zu versehen. Umstände, die gegen seine Bestellung sprächen, sind nicht ersichtlich.

Vorsorglich wird darauf hingewiesen, daß der Notvorstand in erster Linie die Aufgabe hat, das Ausscheiden der Vorstandsmitglieder Huber und Reich zur Eintragung in das Vereinsregister anzumelden und, sobald als möglich, die Mitgliederversammlung zur Wahl eines Vorstands einzuberufen, Mit der ordnungsgemäßen Wahl des Vorstands und der Annahme der Wahl durch die Gewählten endet das Amt des Notvorstands.

Verfügung:

1. Bekanntmachung des Beschlusses durch formlose Mitteilung an
   a) Antragsteller,
   b) Notvorstand.
2. Statistik
3. Eintragung des Notvorstands in das Vereinsregister von Amts wegen.
4. Bewerten (§ 121 KostO)
5. WV nach sechs Monaten (Prüfung, ob Vorstandswahl inzwischen stattgefunden hat; ggf. Abberufung).

Seibold
Rechtspfleger

18. Schriftliches Verlangen gemäß § 37 BGB an den Vorstand auf Einberufung einer außerordentlichen Mitgliederversammlung mit einer bestimmten Tagesordnung

457 An Herrn Walter Schmitz
Handelsvertreter
München, Leopoldstr. 39

Die unterzeichneten Mitglieder stellen hiermit an Sie als Vorstand des Vereins ,,Harmonie e. V.“ in München gem. § ...... der Satzung dieses Vereins das Verlangen, binnen eines Monats eine außerordentliche Mitgliederversammlung mit der Tagesordnung ,,Abberufung des Vorstandes und Neuwahl“ einzuberufen.

Gründe:

Wie bekannt wurde, sind Sie vor kurzem dem Verein ,,Fidelitas“ in München als Mitglied beigetreten und dort zum stellvertretenden Vorsitzenden gewählt worden. Da der genannte Verein ebenfalls ein Geselligkeitsverein ist, muß befürchtet werden, daß Sie die Interessen des Vereins ,,Harmonie e. V.“ nicht mehr in dem Maße wahrnehmen, wie es erforderlich wäre. Ein Beweis für diese Vermutung dürfte es sein, daß Sie den Versammlungen des Vereins ,,Harmonie e. V.“ seit 2 Monaten nicht mehr beigewohnt haben. Wir stellen daher obiges Verlangen, um den Mitgliedern Gelegenheit zu geben, zu entscheiden, ob Sie als Vorstand noch tragbar sind.

Folgen 23 Unterschriften

19. Schriftlicher Antrag dieser Mitglieder an das Amtsgericht auf Ermächtigung zur Selbstberufung der Versammlung gemäß § 37

458 An das Amtsgericht
München
Zu Aktenzeichen VR ....

Die unterzeichneten Mitglieder des Vereins Harmonie e. V. in München haben am .... an den Vorstand des Vereins, Herrn Walter Schmitz, Handelsvertreter in München, Leopoldstraße 39, das schriftliche Verlangen gestellt, binnen eines Monats eine außerordentliche Mitgliederversammlung mit der Tagesordnung ,,Abberufung des Vorstands und Neuwahl“ einzuberufen. Die Gründe für dieses Verlangen sind aus beiliegendem Durchschlag des an den Vorstand gerichteten Briefes vom .... ersichtlich. Da der Vorstand diesem Verlangen bis heute nicht nachgekommen ist, beantragen die Unterzeichneten, sie selbst zur Einberufung der außerordentlichen Mitgliederversammlung mit der angegebenen Tagesordnung zu ermächtigen. Wir haben den mitunterzeichneten Otto Bamberger, Metzgermeister in München, Häberlstraße 22, bevollmächtigt, in unserem Namen die Mitgliederversammlung einzuberufen, sobald unserem Antrag durch das Gericht stattgegeben ist. Wir beantragen ferner, Herrn Bamberger mit der Leitung der Versammlung zu betrauen, um einen reibungslosen und unparteiischen Ablauf der Versammlung zu gewährleisten.

Nach unserem Wissen besteht der Verein derzeit aus 68 Mitgliedern. Nach § ...... der Satzung ist ein Drittel der Vereinsmitglieder berechtigt, vom Vorstand die Einberufung einer außerordentlichen Mitgliederversamlung mit einer bestimmten Tagesordnung schriftlich zu verlangen. Da die unterzeichneten 23 Mitglieder – also mehr als ein Drittel – das Verlangen gestellt haben, sind die formellen Voraussetzungen zur Ermächtigung durch das Gericht gegeben.

Folgen 23 Unterschriften

20. Gerichtlicher Beschluß auf Ermächtigung zur Einberufung einer außerordentlichen Mitgliederversammlung gemäß § 37 BGB

459 Aktenzeichen: VR ....
Amtsgericht München München, den ....

I. Verfügung

Die Mitglieder .... (folgen die Namen der Antragsteller) des Vereins Harmonie e.V. mit dem Sitz in München werden auf ihren Antrag vom .... ermächtigt, eine Mitgliederversammlung des Vereins mit der Tagesordnung „Abberufung des Vorstandes und Neuwahl" einzuberufen.

Der Vorsitz in dieser Mitgliederversammlung wird dem Vereinsmitglied Herrn Hans Merkl, Geschäftsinhaber in München, Giselastraße 9, übertragen.

Gründe:

Der Antrag ist nach § 37 Abs. 2 BGB statthaft. Er ist auch begründet. Nach § ...... der Satzung des Vereins kann ein Drittel der Vereinsmitglieder vom Vorstand schriftlich unter Angabe des Zweckes und der Gründe verlangen, daß er eine Mitgliederversammlung mit einer bestimmten Tagesordnung einberuft. Der Verein hat derzeit 68 Mitglieder. Dies ergibt sich mit genügender Sicherheit aus der Bescheinigung über die Zahl der Vereinsmitglieder, die der Vorstand am .... dem Gericht vorgelegt hat. Die 23 Antragsteller repräsentieren somit ein Drittel der Vereinsmitglieder. Sie haben sich auch ordnungsgemäß mit ihrem Verlangen zunächst an den Vorstand gewandt. In ihrem Schreiben vom .... haben sie dem Vorstand als Zweck der Mitgliederversammlung die Beschlußfassung über die Abberufung und Neuwahl des Vorstandes bekanntgegeben und außerdem in einzelnen die Gründe hierfür dargelegt.

Der Vorstand hat dem Verlangen der Antragsteller nicht entsprochen. Wie sich aus seinem Schreiben vom .... an das Gericht ergibt, hält er sich nicht für verpflichtet, eine Mitgliederversammlung einzuberufen, da die Behauptung der Antragsteller, er sei einem anderen Geselligkeitsverein beigetreten und habe dort das Amt eines Vorstandsmitglieds übernommen, jeglicher Grundlage entbehre. Hierauf kommt es jedoch in diesem Verfahren nicht an. Das Gericht hatte lediglich zu prüfen, ob die Mitgliederversammlung für den Gegenstand, über den sie nach dem Verlangen der Minderheit beschließen soll, zuständig ist, und ob die Minderheit etwa mit ihrem Antrag gesetzwidrige Ziele verfolgt. Die Mitgliederversammlung ist nach § ...... der Satzung für die Wahl und die Abberufung des Vorstandes zuständig. Dafür, daß die Antragsteller gesetzwidrige Ziele verfolgen, fehlt jeglicher Anhaltspunkt.

Der Vorstand hat zwar schließlich in Aussicht gestellt, eine Mitgliederversammlung „zu gegebener Zeit" selbst einzuberufen. Diese Erklärung genügt nicht, um dem Gericht die Gewißheit zu verschaffen, daß die Antragsteller innerhalb einer zumutbaren Frist auch ohne gerichtliche Hilfe die Einberufung einer Mitgliederversammlung mit der gewünschten Tagesordnung erreichen werden.

Die Antragsteller sind daher zur Einberufung der Mitgliederversammlung zu ermächtigen. Vorsorglich wird darauf hingewiesen, daß bei der Einberufung der Mitgliederversammlung auf die vorstehende gerichtliche Verfügung Bezug genommen werden muß (§ 37 Abs. 2 S. 3 BGB).

Da das Verhalten des Vorstandes den Gegenstand der Erörterung und der Beschlußfassung der Mitgliederversammlung bildet, erschien es im Interesse eines sachlichen Verlaufs der Versammlung angezeigt, statt des Vorstandes eine andere Person mit der Führung des Vorsitzes zu betrauen. Die Antragsteller haben hierfür Herrn Otto Bamberger vorgeschlagen. Dieser gehört jedoch zu den Antragstellern und ist daher an dem Verlauf der Versammlung interessiert. Das Gericht hat deshalb das langjährige Vereinsmitglied Hans Merkl mit der Führung des Vorsitzes betraut, nachdem dieser versichert hat, daß er an dem Ausgang der Auseinandersetzung nicht interessiert sei.

Einer Entscheidung, wer die Gerichtskosten dieses Verfahrens zu tragen hat, bedarf es nicht, weil sich die Kostenfolge unmittelbar aus dem Gesetz ergibt und vom Kostenbeamten selbständig zu beachten ist. Es bestand auch kein Anlaß, aus Billigkeitsgründen eine Anordnung über die Erstattung außergerichtlicher Kosten zu treffen (§ 13a FGG).

II. Zustellung a) an die Antragsteller
b) an Walter Schmitz
III. Bewerten (§ 121 KostO).

Seibold
Rechtspfleger

21. Vollmacht zur Vertretung in der Mitgliederversammlung

(kommt nur in Betracht, wenn die Satzung eine Vertretung gestattet).

460 Hiermit erteile ich dem Kaufmann Horst Schäfer, München, Wotanstraße 7, Vollmacht, mich in der Mitgliederversammlung vom .... des Vereins Harmonie e. V. zu vertreten und meine Mitgliedschaftsrechte, insbesondere mein Stimmrecht, für mich auszuüben.

Die Vollmacht darf nicht auf einen anderen übertragen werden.

München, den ....

Egon Hug

22. Gerichtlicher Hinweis zur Anmeldung von Satzungsänderungen und Vorstandswahlen

461 Amtsgericht München München, den ....
Registergericht
Aktenz.: VR ....
An den Vorstand
des Vereins ....

Sehr geehrte Herren!

Aus den Registerakten, die über den von Ihnen vertretenen Verein geführt werden, ergibt sich, daß seit dem .... 19 ..... weder eine Veränderung in der Zusammensetzung des Vereinsvorstandes noch eine Satzungsänderung zur Eintragung in das Vereinsregister angemeldet worden ist.

Es besteht daher Veranlassung, darauf hinzuweisen, daß Sie als Mitglieder des Vorstands verpflichtet sind, etwa in der Zwischenzeit eingetretene Veränderungen im Vorstand sowie die beschlossenen Satzungsänderungen bei dem Registergericht anzumelden. Ist der Verein aufgelöst worden, so muß die Auflösung durch die Vorstandsmitglieder oder, falls diese nicht mehr im Amt sind, durch den Liquidator des Vereins angemeldet werden.

Es wird vorsorglich darauf hingewiesen, daß das Registergericht aufgrund gesetzlicher Vorschrift gehalten ist, die gebotenen Anmeldungen durch Festsetzung eines Zwangsgelds zu erzwingen.

Die Anmeldung muß nach dem Gesetz schriftlich mit notarieller Beglaubigung der Unterschriften vorgenommen werden.

Mit der Anmeldung sind die Niederschriften (Versammlungsprotokolle), aus denen sich die Neuwahlen, Beschlüsse über Satzungsänderung oder die Auflösung des Vereins ergeben, in Abschrift vorzulegen. Bei Satzungsänderungen ist außerdem das Original der Niederschrift einzureichen.

Sollte die Zahl der Vereinsmitglieder unter drei gesunken sein, ist der Vorstand verpflichtet, bei dem Registergericht zu beantragen, daß dem Verein die Rechtsfähigkeit entzogen wird.

Sie werden gebeten, die erforderlichen Anmeldungen und Anträge alsbald beim Registergericht einzureichen oder kurz mitzuteilen, daß anmeldepflichtige Vorgänge der oben dargelegten Art nicht angefallen sind.

Hochachtungsvoll
Seibold
Rechtspfleger

23. Förmliche Aufforderung zur Anmeldung einer Vorstandswahl und einer Satzungsänderung mit Androhung eines Zwangsgelds

462 Amtsgericht München — München, den ....
Registergericht
Aktenz.: VR ....

I. Verfügung

Als Vorstandsmitglied des Vereins .... werden Sie hiermit unter Androhung eines Zwangsgelds von 50 DM (Fünfzig Deutsche Mark) gemäß den §§ 67, 71, 77 und 78 BGB sowie den §§ 159, 132–139 des Gesetzes über die Angelegenheiten der freiwilligen Gerichtsbarkeit (FGG) aufgefordert, innerhalb einer Frist von zwei Wochen die seit dem .... eingetretenen Veränderungen im Vorstand des Vereins sowie die beschlossenen Änderungen der Satzung zur Eintragung in das Vereinsregister anzumelden oder die Unterlassung der Anmeldung mittels Einspruchs gegen diese Verfügung innerhalb derselben Frist zu rechtfertigen.

Die Anmeldung muß schriftlich mit notarieller Beglaubigung Ihrer Unterschrift vorgenommen werden. Mit der Anmeldung ist die Abschrift der Niederschrift (Versammlungsprotokoll) vorzulegen, aus der sich die Veränderung im Vorstand (Vorstandswahl) ergibt. Bei der Anmeldung der Satzungsänderung ist außer der Abschrift der Niederschrift, die den satzungsändernden Beschluß enthält, auch das Original der Niederschrift vorzulegen. Letzteres erhalten Sie nach der Eintragung der Satzungsänderung in das Vereinsregister zurück.

II. Zustellung der Verfügung an sämtliche Vorstandsmitglieder
III. WV nach 3 Wochen.

Seibold
Rechtspfleger

24. Festsetzung des angedrohten Zwangsgelds und neuerliche Aufforderung zur Anmeldung

463 Amtsgericht München — München, den ....
Registergericht
Aktenz.: VR ....
Betrifft: Vereinsregister
des Vereins ....

I. Beschluß

1. Gegen Herrn .... Vorstandsmitglied des Vereins .... wird ein Zwangsgeld von 50 DM (Fünfzig Deutsche Mark) festgesetzt.
2. Herr .... hat die Kosten des Verfahrens zu tragen.

Gründe:

Herrn .... wurde mit der Verfügung vom .... unter Androhung eines Zwangsgelds von 50 DM aufgegeben, innerhalb von 2 Wochen die seit dem .... eingetretenen Veränderungen im Vorstand des Vereins .... sowie die beschlossenen Satzungsänderungen zur Eintragung in das Vereinsregister anzumelden. Dieser Aufforderung ist Herr .... bis jetzt nicht nachgekommen; er hat auch nicht Einspruch gegen die Verfügung vom .... erhoben. Daher ist das angedrohte Zwangsgeld festzusetzen; Herr .... hat die Kosten des Verfahrens zu tragen (§§ 67, 71, 77, 78 BGB, §§ 159, 133, 138 FGG).

II. Verfügung

Als Vorstandsmitglied des Vereins wird Herr .... hiermit unter Androhung eines Zwangsgelds von 200 DM (Zweihundert Deutsche Mark) aufgefordert, innerhalb einer Frist von zwei Wochen die seit dem .... eingetretenen Veränderungen im Vorstand des Vereins sowie die beschlossenen Änderungen der Satzung zur Eintragung in das Vereinsregister anzumelden oder die Unterlassung der Anmeldung mittels Einspruchs gegen diese Verfügung innerhalb derselben Frist zu rechtfertigen. Die Anmeldung muß schriftlich mit notarieller Beglaubigung der Unterschrift vorgenommen werden. Wegen der Unterlagen, die bei der Anmeldung vorzulegen sind, wird auf die Verfügung vom .... Bezug genommen.

III. Beschluß zu I und Verfügung zu II
zustellen an Herrn ....

IV. WV nach 3 Wochen.

Seibold
Rechtspfleger

25. Anmeldung des von einem eingetragenen Verein betriebenen Handelsgeschäfts

464 An das
Amtsgericht – Registergericht –
München

Die unterzeichneten sämtlichen Vorstandsmitglieder des Vereins Harmonie e. V. mit dem Sitz in München melden zur Eintragung in das Handelsregister folgendes an:

Der Verein „Harmonie e. V." mit dem Sitz in München betreibt in München unter der Firma „Buchverlag Harmonie e. V." einen Buchverlag. Zweck des Vereins ist die Pflege der Geselligkeit und der Literatur. Die Mitglieder des Vorstands sind:
1. Josef Schmidt, Schreinermeister in München;
2. Walter Schmitz, Handelsvertreter in München.

Die Vorstandsmitglieder sind nach der Vereinssatzung je allein zur Vertretung des Vereins ermächtigt. Zu Rechtsgeschäften, die den Betrag von 3000 DM übersteigen, ist die Zustimmung der Mitgliederversammlung erforderlich.

Wir übergeben je eine notariell beglaubigte Abschrift der Satzung des Vereins und der Niederschrift über die Mitgliederversammlung vom 15. 8. 1971, aus der sich unsere Wahl zum Vorstand des Vereins ergibt.

Zur Aufbewahrung bei dem Registergericht zeichnen wir unsere Unterschrift wie folgt:

Josef Schmidt Walter Schmitz

Wir bemerken noch:
Das Geschäftslokal befindet sich in München 13, Belgradstraße 77.
Bezüglich der Eintragungsfähigkeit des Handelsgeschäfts nehmen wir auf die beigefügte Stellungnahme der Industrie- und Handelskammer für München und Oberbayern Bezug.

Josef Schmidt   Walter Schmitz

(Es folgt der Beglaubigungsvermerk eines Notars)

26. Verfügung zur Eintragung des Handelsgeschäfts eines eingetragenen Vereins in das Handelsregister

465 Amtsgericht München   München, den ....
Registergericht
Aktenz.: AR ....

Verfügung

I. Eintragen im Handelsregister Abtlg. A Nr. ...... des Amtsgerichts München in Spalte
1 : 1
2a: Buchverlag Harmonie e. V.
2b: München
3 : Josef Schmidt, Schreinermeister in München, 1. Vorsitzender; Walter Schmitz, Handelsvertreter in München, 2. Vorsitzender.
5 : Geschäftsinhaber ist der Verein „Harmonie eingetragener Verein" mit dem Sitz in München. Zweck des Vereins ist die Pflege der Geselligkeit und der Literatur. Vorstand im Sinne des § 26 BGB sind der 1. Vorsitzende und der 2. Vorsitzende. Beide sind einzelvertretungsberechtigt. Die Vertretungsmacht des Vorstandes ist dahin beschränkt, daß er zu Rechtsgeschäften mit einem Wert von mehr als 3000 DM der Zustimmung der Mitgliederversammlung bedarf.

II. Bekanntmachung im Bundesanzeiger und im örtlichen Blatt:
2a, 2b (Belgradstraße 77), 3, 5.
III. Eintragungsmitteilung an Verein.
IV. Aktendeckel und Kartei anlegen; Statistik.
V. Bewerten.

Seibold
Rechtspfleger

27. Antrag auf Eintragung eines Vereinsabzeichens als Geschmacksmuster in das Musterregister

466 Harmonie e. V.   München, den ....

An das
Amtsgericht – Registergericht –
München

Betrifft: Anmeldung eines Geschmacksmusters

Als alleinvertretungsberechtigtes Vorstandsmitglied des Vereins „Harmonie e. V." mit dem Sitz in München lege ich hiermit das beigefügte Muster eines Vereinsabzeichens (Anstecknadel) – Geschäftsnummer 1 – bei dem Registergericht nieder und melde dieses Muster zur Eintragung in das Musterregister an.
Das Muster ist für plastische Erzeugnisse bestimmt.
Die Schutzfrist soll vorerst drei Jahre betragen.
Hinsichtlich meiner Vertretungsbefugnis nehme ich auf die Eintragung im Vereinsregister des Gerichts Bezug.

Josef Schmidt
1. Vorsitzender
des Vereins Harmonie e. V.

28. Antrag an das Amtsgericht auf Entziehung der Rechtsfähigkeit gemäß § 73 BGB

467 Walter Schmitz — München, den ....
Leopoldstraße 39

An das
Amtsgericht – Registergericht –
München

Betrifft: Harmonie e. V. Aktenzeichen VR ....

Da der Verein einschließlich meiner Person nur noch zwei Mitglieder hat, beantrage ich pflichtgemäß, dem Verein die Rechtsfähigkeit zu entziehen. Das zweite noch vorhandene Mitglied ist Herr Franz Barthel, der die Mitgliederliste führt und über den Mitgliederschwund Auskunft geben kann.

Walter Schmitz

(Eine Beglaubigung der Unterschrift ist nicht erforderlich)

29. Gerichtsbeschluß über die Entziehung der Rechtsfähigkeit

468 Amtsgericht München — München, den ....
Registergericht
Aktenz.: VR ....

I. Beschluß:

Auf den Antrag des Vorstands des Vereins Harmonie e. V. mit dem Sitz in München wird dem Verein gemäß § 73 BGB die Rechtsfähigkeit entzogen, da nach dem Ergebnis der Ermittlungen der Verein nur noch zwei Mitglieder hat.

II. Zustellung des Beschlusses an Walter Schmitz.

III. WV mit Rechtskraft.

Seibold
Rechtspfleger

30. Eintragungsverfügung nach Entziehung der Rechtsfähigkeit

469 Amtsgericht München — München, den ....
Registergericht
Aktenz.: VR ....

Verfügung

I. Feststellung: Der Beschluß vom .... ist rechtskräftig.

II. Eintragen in das Vereinsregister des AG München Nr. .... in Spalte
1 : 9
4 (Rechtsverhältnisse): Dem Verein wurde durch Beschluß vom .... die Rechtsfähigkeit entzogen. Von Amts wegen eingetragen.

III. Kartei, Aktenverzeichnis, Kontrollverzeichnis und Aktendeckel berichtigen; Statistik.

IV. Eintragungsmitteilung an Walter Schmitz.

V. Verständigung der Verwaltungsbehörde.

Seibold
Rechtspfleger

31. Anmeldung der Auflösung des Vereins

470 Harmonie e. V. München, den ....
in Liquidation
An das
Amtsgericht – Registergericht –
München

Betrifft: Harmonie e. V. Aktenz. VR ....

Zur Eintragung in das Vereinsregister melden wir an, daß der Verein durch Beschluß der Mitgliederversammlung vom .... aufgelöst worden ist.
Zu Liquidatoren wurden bestellt:
1. Herr Heinrich Barth, Bücherrevisor in München;
2. Herr Ernst Daumiller, kaufm. Angestellter in München.

Jeder Liquidator ist allein zur Vertretung des Vereins berechtigt.

Die Anschrift des Vereins ist nunmehr: München, Pacellistraße 6, per Adresse Heinrich Barth.

Wir versichern, daß die Versammlung satzungsgemäß einberufen wurde und daß der Auflösungsbeschluß mit der erforderlichen Mehrheit gefaßt wurde.

In der Anlage übergeben wir eine Abschrift des Versammlungsprotokolls.

Josef Schmidt Walter Schmitz

Es folgt der Beglaubigungsvermerk eines Notars über die Echtheit der Unterschriften.

32. Gerichtliche Verfügung der Eintragung der Vereinsauflösung

471 Amtsgericht München München, den ....
Registergericht

Verfügung

I. Eintragung im Vereinsregister des AG München Nr. ....
in Spalte
1:3
4 (Rechtsverhältnisse): Die Mitgliederversammlung vom .... hat die Auflösung des Vereins beschlossen. Die Liquidatoren sind:
Heinrich Barth, Bücherrevisor in München;
Ernst Daumiller, kaufm. Angestellter in München.
Jeder von ihnen ist allein zur Vertretung des Vereins berechtigt.
5 (Bemerkungen): Auflösungsbeschluß Blatt ....
II. Die Vorstandsmitglieder im Eintrag 2 Spalte 3 röten.
III. Bekanntmachung der Eintragung an:
a) die Liquidatoren,
b) Stadtrat München.
IV. Kartei und Aktendeckel berichtigen; Statistik.
V. Bewerten.

Seibold
Rechtspfleger

33. Öffentliche Bekanntmachung der Auflösung des Vereins durch die Liquidatoren

472 Harmonie e. V. München, den 1. 6. 1971
in Liquidation

Öffentliche Bekanntmachung
der Auflösung des Vereins ,,Harmonie e. V.“ in München

Der Verein ,,Harmonie e. V.“ in München ist aufgelöst worden und befindet sich in Liquidation. Die Gläubiger des Vereins werden aufgefordert, ihre Ansprüche gegen den Verein bis zum 31. 12. 1971 bei einem der unterzeichneten Liquidatoren anzumelden.

Heinrich Barth,
München, Pacellistraße 6
Ernst Daumiller,
München, Wendelsteinstraße 88

(Die Bekanntmachung erfolgt in dem in der Satzung für Veröffentlichungen bestimmten Blatt. Fehlt in der Satzung diese Bestimmung, erfolgt die Bekanntmachung in dem Amtsblatt des Amtsgerichts, in dessen Bezirk der Verein seinen Sitz hatte.)

34. Löschung eines eingetragenen Vereins im Vereinsregister nach Verleihung der Eigenschaft einer Körperschaft des öffentlichen Rechts

473 Amtsgericht München München, den ....
Registergericht
Aktenz.: VR ....

Verfügung

I. Eintragen im Vereinsregister des AG München Nr. ....
in Spalte
1 : 7
4 : Der Verein ist durch Entschließung des .... Staatsministeriums für .... vom .... nun Körperschaft des öffentlichen Rechts. Der Eintrag im Vereinsregister wird von Amts wegen gelöscht.

II. Eintragungsmitteilung an Verein.

III. Aktendeckel und Kartei berichtigen; Statistik.

Seibold
Rechtspfleger

35. Eintragungsverfügung bei Wegfall sämtlicher Mitglieder des Vereins

474 Amtsgericht München München, den ....
Registergericht
Aktenz.: VR ....

Verfügung

I. Eintragen in das Vereinsregister des AG München Nr. ....
in Spalte
1 : 8
4 (Rechtsverhältnisse): Infolge Wegfalls sämtlicher Mitglieder ist der Verein erloschen.
Von Amts wegen eingetragen.

II. Verständigung des letztbekannten Vorstands von der Eintragung.
III. Verständigung der Verwaltungsbehörde von der Eintragung.
IV. Kartei, Aktenverzeichnis, Kontrollverzeichnis und Aktendeckel berichtigen; Statistik.

Seibold
Rechtspfleger

36. Schiedsgerichtsordnung

475 **§ 1**

Die nachstehende Schiedsgerichtsordnung findet Anwendung in allen Fällen, in denen zwischen dem Verein und seinen Mitgliedern und den Mitgliedern untereinander die Entscheidung eines Rechtsstreits durch ein Schiedsgericht erfolgt. (§ ..... der Satzung.)

Zusammensetzung des Schiedsgerichts

§ 2

Das Schiedsgericht setzt sich zusammen aus einem Obmann und zwei Beisitzern. Der Obmann muß die Befähigung zum Richteramt haben.

§ 3

Jede Partei hat das Recht, einen Beisitzer zu ernennen.

Der Obmann wird von der zuständigen Industrie- und Handelskammer ernannt. Mangels anderer Vereinbarung ist diejenige Industrie- und Handelskammer zuständig, in deren Bezirk die klagende Partei ihren Wohnsitz hat. Der Obmann kann für den Einzelfall oder für einen bestimmten Zeitraum oder bis auf Widerruf (bei Schiedsverträgen mit ständig vorgesehenem Schiedsgericht) ernannt werden.

§ 4

Die klagende Partei hat den von ihr ernannten Beisitzer zusammen mit der Erhebung der Klage zu bezeichnen.

Die beklagte Partei ist mit der gemäß § 12 Abs. II vorgesehenen Bekanntgabe der Klage aufzufordern, den von ihr ernannten Beisitzer binnen zwei Wochen zu bezeichnen.

Bezeichnet die klagende Partei nicht gemäß Abs. I ihren Beisitzer oder kommt die beklagte Partei der Aufforderung gemäß Abs. II nicht nach, so ernennt an Stelle der säumigen Partei die in § 3 bezeichnete Industrie- und Handelskammer den Beisitzer.

§ 5

Fällt ein Beisitzer durch Tod oder aus einem anderen Grunde fort oder verweigert ein Beisitzer die Übernahme oder Fortführung des Schiedsrichteramtes, so ist die Partei, welche den betreffenden Beisitzer ernannt hat, aufzufordern, binnen einer Frist von zwei Wochen einen neuen Beisitzer zu ernennen. Erfolgt die Ernennung nicht innerhalb dieser Frist, so wird ein neuer Beisitzer von der in § 3 bezeichneten Industrie- und Handelskammer ernannt.

Fällt der Obmann durch Tod oder aus einem anderen Grunde fort oder verweigert er die Übernahme oder Fortführung des Schiedsrichteramtes, so wird ein neuer Obmann durch die im § 3 bezeichnete Industrie- und Handelskammer ernannt.

Einer Verweigerung der Übernahme oder Fortführung des Schiedsrichteramtes ist es gleichzuachten, wenn ein Schiedsrichter trotz zweimaliger Aufforderung binnen zwei Wochen keine Erklärung abgibt. In der zweiten Aufforderung muß auf die Erklärungsfrist hingewiesen sein.

§ 6

Die Schiedsrichter sind verpflichtet, ihr Amt gewissenhaft zu erfüllen und ihre Stimme unparteiisch abzugeben. Kein Schiedsrichter darf in der anhängig gemachten Streitsache mit einer Partei in Fühlung treten oder sie beraten.

Schiedsrichter kann niemand sein, bei dem die Ausschließungsgründe des § 41 der Zivilprozeßordnung vorliegen.[1]

Schiedsrichter soll ferner niemand sein, der an der zur Verhandlung stehenden Streitsache mittelbar oder unmittelbar beteiligt ist. Wirkt ein solcher Schiedsrichter an einem Schiedsspruch mit, ohne daß eine der Parteien die Mitwirkung gehörig gerügt hat, so wird dadurch die Rechtsgültigkeit des ergangenen Schiedsspruchs nicht berührt.

§ 7

Die Abstimmung bei den Schiedsgerichten erfolgt mit einfacher Stimmenmehrheit.

§ 8

Wird von den beiden Parteien bei Beginn des Schiedsverfahrens vereinbart, daß gegen die Entscheidung des Schiedsgerichts eine Berufung an ein Oberschiedsgericht möglich ist, so gelten für die Zusammensetzung des Oberschiedsgerichts die gleichen Bestimmungen wie für das Schiedsgericht erster Instanz mit der Maßgabe, daß Obmann und Beisitzer weder direkt noch indirekt beim Verfahren der ersten Instanz mitgewirkt haben dürfen.

Mangels anderer Vereinbarungen hat die Durchführung der Berufung zur Voraussetzung, daß

1. die Berufung innerhalb 10 Tagen nach erfolgter Zustellung des Schiedsspruchs beim Obmann des Schiedsgerichts erster Instanz mit Einschreibebrief eingereicht ist,
2. eine schriftliche Begründung für die Berufung spätestens innerhalb weiterer 10 Tage eingebracht wird.

Verfahren vor dem Schiedsgericht

§ 9

Der Obmann bestimmt Ort und Zeit der mündlichen Verhandlung des Schiedsgerichts.

§ 10

Die Erhebung der Klage ist an eine bestimmte Form und einen bestimmten Inhalt nicht gebunden. Die Klage soll schriftlich erhoben werden. Es soll der der Klage zugrundeliegende Sachverhalt dargestellt und ein Klageantrag gestellt werden.

---

[1] § 41 ZPO: Ein Richter ist von der Ausübung des Richteramtes kraft Gesetzes ausgeschlossen:

1. in Sachen, in denen er selbst Partei ist, oder bei denen er zu einer Partei in dem Verhältnis eines Mitberechtigten, Mitverpflichteten oder Regreßpflichtigen steht;
2. in Sachen seines Ehegatten, auch wenn die Ehe nicht mehr besteht;
3. in Sachen einer Person, mit der er in gerader Linie verwandt, verschwägert, in der Seitenlinie bis zum 3. Grade verwandt oder bis zum 2. Grade verschwägert ist oder war;
4. in Sachen, in denen er als Prozeßbevollmächtigter oder Beistand einer Partei bestellt oder als gesetzlicher Vertreter einer Partei aufzutreten berechtigt ist oder gewesen ist;
5. in Sachen, in denen er als Zeuge oder Sachverständiger vernommen ist;
6. in Sachen, in denen er in einem früheren Rechtszuge oder im schiedsrichterlichen Verfahren bei dem Erlaß der angefochtenen Entscheidung mitgewirkt hat, sofern es sich nicht um die Tätigkeit eines beauftragten oder ersuchten Richters handelt.

Die Klage ist der beklagten Partei im Wortlaut oder dem Inhalt nach bekanntzugeben mit der Aufforderung zur Rückäußerung innerhalb einer Woche.

Die an die Klage anschließenden Schriftsätze sind der anderen Partei im Wortlaut oder dem Inhalt nach bekanntzugeben.

§ 11

Zu den mündlichen Verhandlungen des Schiedsgerichts sind die Parteien sowie erforderlichenfalls Zeugen und Sachverständige zu laden. Die Ladung soll durch Einschreibebrief erfolgen; es ist eine Ladungsfrist von mindestens 3 Tagen einzuhalten.

§ 12

Die Parteien können sich durch einen ...., ferner durch einen bei einem deutschen Gericht zugelassenen Rechtsanwalt vertreten lassen. Die Kosten für die Vertretung oder Beratung einer Partei gehen, ohne Rücksicht auf den Ausgang des Verfahrens und den im Schiedsspruch zu treffenden Kostenentscheid, stets zu Lasten der vertretenen Partei.

Das Schiedsgericht hat das Recht, einen ihm ungeeignet erscheinenden Parteivertreter zurückzuweisen und der Partei anheimzustellen, entweder selbst zu den Verhandlungen zu erscheinen oder einen anderen Vertreter zu bestellen.

Bei der Vertretung durch Dritte oder durch nicht zeichnungsberechtigte Angestellte einer Partei ist schriftliche Vollmacht erforderlich.

§ 13

Die mündlichen Verhandlungen des Schiedsgerichts sind nicht öffentlich. Im Zweifel entscheidet der Obmann über die Zulassung zu den Verhandlungen. Nach Schluß der Verhandlungen findet die Beratung des Schiedsgerichts statt.

§ 14

Wenn sich die beklagte Partei zu dem Inhalt der Klage nicht schriftlich geäußert hat und zu der mündlichen Verhandlung weder selbst erscheint noch sich ordnungsgemäß vertreten läßt, so kann das Schiedsgericht die Behauptungen der klagenden Partei als zugestanden betrachten und annehmen, daß die beklagte Partei weitere Erklärungen nicht abzugeben hat.

§ 15

Das Schiedsgericht kann auf Antrag einer Partei oder von sich aus zur Klärung des Sachverhalts den Parteien die Vorlage der Bücher und Geschäftspapiere aufgeben.

§ 16

Das Schiedsgericht soll vor Erlaß des Schiedsspruchs stets den Versuch machen, die Streitsache durch einen Vergleich zu erledigen. Kommt es zu einem Vergleich, so hat sich der Schuldner gemäß § 1044a ZPO der sofortigen Zwangsvollstreckung aus dem Vergleich zu unterwerfen.

Der Vergleich ist unter Angabe des Tages seines Zustandekommens von den Schiedsrichtern und den Parteien zu unterschreiben und auf der Geschäftsstelle des zuständigen Gerichts (§ 24) niederzulegen.

§ 17

Wird von einer Partei der Einwand erhoben, daß das Schiedsgericht nicht zuständig sei, so entscheidet das Schiedsgericht nach Prüfung der Unterlagen selbst über seine Zuständigkeit.

§ 18

Der Schiedsspruch ist zu begründen und vom Obmann zu unterzeichnen. Den Parteien ist eine Ausfertigung des Schiedsspruchs zuzustellen.

§ 19

Ein Antrag auf Aufhebung eines Schiedsspruchs gemäß § 1041 ZPO kann nicht darauf gestützt werden, daß der Schiedsspruch nicht oder nicht genügend oder falsch begründet sei.

§ 20

Die mit dem Schiedsverfahren zusammenhängenden Arbeiten wie Führung der Schiedsgerichtsakten, Korrespondenz mit den Parteien und Schiedsrichtern, Ladung der Parteien und erforderlichenfalls der Zeugen und Sachverständigen obliegen dem Obmann.

Der Obmann kann diese Arbeiten einer dritten Person übertragen. Bei Schiedsverträgen mit ständig vorgesehenem Schiedsgericht kann zur Erledigung dieser Arbeiten ein besonderes Schiedsgerichtssekretariat gebildet werden.

Kosten des Verfahrens

§ 21

Die Kosten des Verfahrens werden vom Schiedsgericht festgesetzt. Die Kostenfestsetzung und die Kostenschuldner sind in den Schiedsspruch oder in den Vergleich mit aufzunehmen.

Das Schiedsgericht kann von sich aus oder auf Antrag einer Partei die Durchführung des Verfahrens oder bestimmter, im Lauf des Verfahrens gestellter Anträge (Ladung von Zeugen und Sachverständigen, Buchprüfungen u. dgl.) von der Hinterlegung eines angemessenen Kostenvorschusses abhängig machen.

Ist von den Parteien bei Beginn des Schiedsverfahrens die Berufung an ein Oberschiedsgericht vorgesehen worden, so muß die Berufung einlegende Partei auf Aufforderung der anderen Partei binnen einer Frist von zwei Wochen den doppelten Betrag der Kosten des Schiedsgerichts erster Instanz hinterlegen; wird dieser Betrag nicht innerhalb der Frist hinterlegt, so wird der Schiedsspruch des Schiedsgerichts erster Instanz rechtskräftig.

§ 22

Die Beisitzer üben ihr Amt als Ehrenamt aus und haben lediglich den Ersatz ihrer baren Auslagen, die durch ihre Mitwirkung beim Schiedsverfahren entstanden sind, zu beanspruchen.

Der Obmann erhält für seine Tätigkeit ein angemessenes Honorar. Er soll hierüber sofort nach Übernahme seines Amtes mit den Parteien eine Vereinbarung treffen. Als Richtlinie für das Honorar des Obermannes soll gelten, daß drei Rechtsanwaltsgebühren erster Instanz berechnet werden. Mangels anderer Vereinbarungen bemißt sich das Honorar des Obmannes nach dieser Richtlinie.

§ 23

Der dem Rechtsstreit zugrundeliegende Streitwert wird durch Beschluß des Schiedsgerichts festgesetzt. Ergeben sich im Laufe des Verfahrens vor dem Beschluß des Schiedsgerichts über den Streitwert Meinungsverschiedenheiten, so hat der Obmann eine einstweilige Entscheidung zu treffen, vorbehaltlich der endgültigen Festsetzung durch das Schiedsgericht.

§ 24

Das im Zusammenhang mit dem Schiedsverfahren zuständige Gericht ist das Amts- oder Landgericht, welches im Schiedsvertrag als solches bezeichnet ist. In Ermangelung einer derartigen Bezeichnung ist das Amts- oder Landgericht zuständig, das für den Sitz der klagenden Partei in Frage kommt.

Die Beeidigung von Zeugen und Sachverständigen oder die Abnahme eines Parteieides kann abweichend von dem sonst für das Schiedsverfahren zuständigen Gericht durch das Gericht erfolgen, das für den Wohn- oder Aufenthaltsort der Betreffenden zuständig ist.

Dritter Teil.
Gesetzestexte[1]

Auszüge

1. Bürgerliches Gesetzbuch (BGB)

Vom 18. August 1896 (RGBl. S. 195)

§ 12 [Namensrecht]

Wird das Recht zum Gebrauch eines Namens dem Berechtigten von einem anderen bestritten oder wird das Interesse des Berechtigten dadurch verletzt, daß ein anderer unbefugt den gleichen Namen gebraucht, so kann der Berechtigte von dem anderen Beseitigung der Beeinträchtigung verlangen. Sind weitere Beeinträchtigungen zu besorgen, so kann er auf Unterlassung klagen.

§ 21 [Idealverein]

Ein Verein, dessen Zweck nicht auf einen wirtschaftlichen Geschäftsbetrieb gerichtet ist, erlangt Rechtsfähigkeit durch Eintragung in das Vereinsregister des zuständigen Amtsgerichts.

§ 22 [Wirtschaftlicher Verein]

Ein Verein, dessen Zweck auf einen wirtschaftlichen Geschäftsbetrieb gerichtet ist, erlangt in Ermangelung besonderer *reichs*gesetzlicher Vorschriften Rechtsfähigkeit durch staatliche Verleihung. Die Verleihung steht dem *Bundesstaate* zu, in dessen Gebiete der Verein seinen Sitz hat.

§ 23 [Ausländischer Verein]

Einem Vereine, der seinen Sitz nicht in einem *Bundesstaate* hat, kann in Ermangelung besonderer *reichs*gesetzlicher Vorschriften Rechtsfähigkeit durch Beschluß des *Bundesrats* verliehen werden.

§ 24 [Sitz]

Als Sitz eines Vereins gilt, wenn nicht ein anderes bestimmt ist, der Ort, an welchem die Verwaltung geführt wird.

§ 25 [Verfassung]

Die Verfassung eines rechtsfähigen Vereins wird, soweit sie nicht auf den nachfolgenden Vorschriften beruht, durch die Vereinssatzung bestimmt.

§ 26 [Vorstand; Vertretungsmacht]

Der Verein muß einen Vorstand haben. Der Vorstand kann aus mehreren Personen bestehen.

Der Vorstand vertritt den Verein gerichtlich und außergerichtlich; er hat die Stellung eines gesetzlichen Vertreters. Der Umfang seiner Vertretungsmacht kann durch die Satzung mit Wirkung gegen Dritte beschränkt werden.

---

[1] Es werden jeweils nur die für das Vereinsrecht in Betracht kommenden Bestimmungen wiedergegeben.

§ 27 [Bestellung und Geschäftsführung des Vorstands]

Die Bestellung des Vorstandes erfolgt durch Beschluß der Mitgliederversammlung.

Die Bestellung ist jederzeit widerruflich, unbeschadet des Anspruchs auf die vertragsmäßige Vergütung. Die Widerruflichkeit kann durch die Satzung auf den Fall beschränkt werden, daß ein wichtiger Grund für den Widerruf vorliegt; ein solcher Grund ist insbesondere grobe Pflichtverletzung oder Unfähigkeit zur ordnungsmäßigen Geschäftsführung.

Auf die Geschäftsführung des Vorstandes finden die für den Auftrag geltenden Vorschriften der §§ 664 bis 670 entsprechende Anwendung.

§ 28 [Beschlußfassung des Vorstands; Passivvertretung]

Besteht der Vorstand aus mehreren Personen, so erfolgt die Beschlußfassung nach den für die Beschlüsse der Mitglieder des Vereins geltenden Vorschriften der §§ 32, 34.

Ist eine Willenserklärung dem Vereine gegenüber abzugeben, so genügt die Abgabe gegenüber einem Mitgliede des Vorstandes.

§ 29 [Notbestellung durch Amtsgericht]

Soweit die erforderlichen Mitglieder des Vorstandes fehlen, sind sie in dringenden Fällen für die Zeit bis zur Behebung des Mangels auf Antrag eines Beteiligten von dem Amtsgericht zu bestellen, das für den Bezirk, in dem der Verein seinen Sitz hat, das Vereinsregister führt.

§ 30 [Besondere Vertreter]

Durch die Satzung kann bestimmt werden, daß neben dem Vorstande für gewisse Geschäfte besondere Vertreter zu bestellen sind. Die Vertretungsmacht eines solchen Vertreters erstreckt sich im Zweifel auf alle Rechtsgeschäfte, die der ihm zugewiesene Geschäftskreis gewöhnlich mit sich bringt.

§ 31 [Haftung des Vereins für Organe]

Der Verein ist für den Schaden verantwortlich, den der Vorstand, ein Mitglied des Vorstandes oder ein anderer verfassungsmäßig berufener Vertreter durch eine in Ausführung der ihm zustehenden Verrichtungen begangene, zum Schadensersatze verpflichtende Handlung einem Dritten zufügt.

§ 32 [Mitgliederversammlung]

Die Angelegenheiten des Vereins werden, soweit sie nicht von dem Vorstand oder einem anderen Vereinsorgan zu besorgen sind, durch Beschlußfassung in einer Versammlung der Mitglieder geordnet. Zur Gültigkeit des Beschlusses ist erforderlich, daß der Gegenstand bei der Berufung bezeichnet wird. Bei der Beschlußfassung entscheidet die Mehrheit der erschienenen Mitglieder.

Auch ohne Versammlung der Mitglieder ist ein Beschluß gültig, wenn alle Mitglieder ihre Zustimmung zu dem Beschlusse schriftlich erklären.

§ 33 [Satzungsänderung]

Zu einem Beschlusse, der eine Änderung der Satzung enthält, ist eine Mehrheit von drei Vierteilen der erschienenen Mitglieder erforderlich. Zur Änderung des Zweckes des Vereins ist die Zustimmung aller Mitglieder erforderlich; die Zustimmung der nicht erschienenen Mitglieder muß schriftlich erfolgen.

Beruht die Rechtsfähigkeit des Vereins auf Verleihung, so ist zu jeder Änderung der Satzung staatliche Genehmigung oder, falls die Verleihung durch den *Bundesrat* erfolgt ist, die Genehmigung des *Bundesrats* erforderlich.

§ 34 [Ausschluß vom Stimmrecht]

Ein Mitglied ist nicht stimmberechtigt, wenn die Beschlußfassung die Vornahme eines Rechtsgeschäfts mit ihm oder die Einleitung oder Erledigung eines Rechtsstreits zwischen ihm und dem Vereine betrifft.

§ 35 [Sonderrechte]

Sonderrechte eines Mitglieds können nicht ohne dessen Zustimmung durch Beschluß der Mitgliederversammlung beeinträchtigt werden.

§ 36 [Berufung der Mitgliederversammlung]

Die Mitgliederversammlung ist in den durch die Satzung bestimmten Fällen sowie dann zu berufen, wenn das Interesse des Vereins es erfordert.

§ 37 [Berufung auf Verlangen einer Minderheit]

Die Mitgliederversammlung ist zu berufen, wenn der durch die Satzung bestimmte Teil oder in Ermangelung einer Bestimmung der zehnte Teil der Mitglieder die Berufung schriftlich unter Angabe des Zweckes und der Gründe verlangt.

Wird dem Verlangen nicht entsprochen, so kann das Amtsgericht die Mitglieder, die das Verlangen gestellt haben, zur Berufung der Versammlung ermächtigen; es kann Anordnungen über die Führung des Vorsitzes in der Versammlung treffen. Zuständig ist das Amtsgericht, das für den Bezirk, in dem der Verein seinen Sitz hat, das Vereinsregister führt. Auf die Ermächtigung muß bei der Berufung der Versammlung Bezug genommen werden.

§ 38 [Mitgliedschaft]

Die Mitgliedschaft ist nicht übertragbar und nicht vererblich. Die Ausübung der Mitgliedschaftsrechte kann nicht einem anderen überlassen werden.

§ 39 [Austritt]

Die Mitglieder sind zum Austritt aus dem Vereine berechtigt.

Durch die Satzung kann bestimmt werden, daß der Austritt nur am Schlusse eines Geschäftsjahrs oder erst nach dem Ablauf einer Kündigungsfrist zulässig ist; die Kündigungsfrist kann höchstens zwei Jahre betragen.

§ 40 [Nachgiebige Vorschriften]

Die Vorschriften des § 27 Abs. 1, 3, des § 28 Abs. 1 und der §§ 32, 33, 38 finden insoweit keine Anwendung, als die Satzung ein anderes bestimmt.

§ 41 [Auflösung]

Der Verein kann durch Beschluß der Mitgliederversammlung aufgelöst werden. Zu dem Beschluß ist eine Mehrheit von drei Vierteilen der erschienenen Mitglieder erforderlich, wenn nicht die Satzung ein anderes bestimmt.

§ 42 [Verlust der Rechtsfähigkeit; Konkurs]

Der Verein verliert die Rechtsfähigkeit durch die Eröffnung des Konkurses.

Der Vorstand hat im Falle der Überschuldung die Eröffnung des Konkursverfahrens oder des gerichtlichen Vergleichsverfahrens zu beantragen. Wird die Stellung des Antrags verzögert, so sind die Vorstandsmitglieder, denen ein Verschulden zur Last fällt, den Gläubigern für den daraus entstehenden Schaden verantwortlich; sie haften als Gesamtschuldner.

§ 43 [Entziehung der Rechtsfähigkeit]

Dem Vereine kann die Rechtsfähigkeit entzogen werden, wenn er durch einen gesetzwidrigen Beschluß der Mitgliederversammlung oder durch gesetzwidriges Verhalten des Vorstandes das Gemeinwohl gefährdet.

Einem Vereine, dessen Zweck nach der Satzung nicht auf einen wirtschaftlichen Geschäftsbetrieb gerichtet ist, kann die Rechtsfähigkeit entzogen werden, wenn er einen solchen Zweck verfolgt.

Einem Vereine, dessen Rechtsfähigkeit auf Verleihung beruht, kann die Rechtsfähigkeit entzogen werden, wenn er einen anderen als den in der Satzung bestimmten Zweck verfolgt.

§ 44 [Zuständigkeit und Verfahren]

Die Zuständigkeit und das Verfahren bestimmen sich in den Fällen des § 43 nach dem Recht des Landes, in dem der Verein seinen Sitz hat.

Beruht die Rechtsfähigkeit auf Verleihung durch den *Bundesrat,* so erfolgt die Entziehung durch Beschluß des *Bundesrats.*

§ 45 [Anfall des Vereinsvermögens]

Mit der Auflösung des Vereins oder der Entziehung der Rechtsfähigkeit fällt das Vermögen an die in der Satzung bestimmten Personen.

Durch die Satzung kann vorgeschrieben werden, daß die Anfallberechtigten durch Beschluß der Mitgliederversammlung oder eines anderen Vereinsorgans bestimmt werden. Ist der Zweck des Vereins nicht auf einen wirtschaftlichen Geschäftsbetrieb gerichtet, so kann die Mitgliederversammlung auch ohne eine solche Vorschrift das Vermögen einer öffentlichen Stiftung oder Anstalt zuweisen.

Fehlt es an einer Bestimmung der Anfallberechtigten, so fällt das Vermögen, wenn der Verein nach der Satzung ausschließlich den Interessen seiner Mitglieder diente, an die zur Zeit der Auflösung oder der Entziehung der Rechtsfähigkeit vorhandenen Mitglieder zu gleichen Teilen, anderenfalls an den Fiskus des *Bundesstaats,* in dessen Gebiet der Verein seinen Sitz hatte.

§ 46 [Anfall an den Fiskus]

Fällt das Vereinsvermögen an den Fiskus, so finden die Vorschriften über eine dem Fiskus als gesetzlichem Erben anfallende Erbschaft entsprechende Anwendung. Der Fiskus hat das Vermögen tunlichst in einer den Zwecken des Vereins entsprechenden Weise zu verwenden.

§ 47 [Liquidation]

Fällt das Vereinsvermögen nicht an den Fiskus, so muß eine Liquidation stattfinden.

§ 48 [Liquidatoren]

Die Liquidation erfolgt durch den Vorstand. Zu Liquidatoren können auch andere Personen bestellt werden; für die Bestellung sind die für die Bestellung des Vorstandes geltenden Vorschriften maßgebend.

Die Liquidatoren haben die rechtliche Stellung des Vorstandes, soweit sich nicht aus dem Zwecke der Liquidation ein anderes ergibt.

Sind mehrere Liquidatoren vorhanden, so ist für ihre Beschlüsse Übereinstimmung aller erforderlich, sofern nicht ein anderes bestimmt ist.

§ 49 [Aufgaben der Liquidatoren]

Die Liquidatoren haben die laufenden Geschäfte zu beendigen, die Forderungen einzuziehen, das übrige Vermögen in Geld umzusetzen, die Gläubiger zu befriedigen und den Überschuß den Anfallberechtigten auszuantworten. Zur Beendigung schwebender Geschäfte können die Liquidatoren auch neue Geschäfte eingehen. Die Einziehung der Forderungen sowie die Umsetzung des übrigen Vermögens in Geld darf unterbleiben, soweit diese Maßregeln nicht zur Befriedigung der Gläubiger oder zur Verteilung des Überschusses unter die Anfallberechtigten erforderlich sind.

Der Verein gilt bis zur Beendigung der Liquidation als fortbestehend, soweit der Zweck der Liquidation es erfordert.

§ 50 [Bekanntmachung]

Die Auflösung des Vereins oder die Entziehung der Rechtsfähigkeit ist durch die Liquidatoren öffentlich bekannt zu machen. In der Bekanntmachung sind die Gläubiger zur Anmeldung ihrer Ansprüche aufzufordern. Die Bekanntmachung erfolgt durch das in der Satzung für Veröffentlichungen bestimmte Blatt, in Ermangelung eines solchen durch dasjenige Blatt, welches für Bekanntmachungen des Amtsgerichts bestimmt ist, in dessen Bezirke der Verein seinen Sitz hatte. Die Bekanntmachung gilt mit dem Ablaufe des zweiten Tages nach der Einrückung oder der ersten Einrückung als bewirkt.

Bekannte Gläubiger sind durch besondere Mitteilung zur Anmeldung aufzufordern.

§ 51 [Sperrjahr]

Das Vermögen darf den Anfallberechtigten nicht vor dem Ablauf eines Jahres nach der Bekanntmachung der Auflösung des Vereins oder der Entziehung der Rechtsfähigkeit ausgeantwortet werden.

§ 52 [Sicherung für Gläubiger]

Meldet sich ein bekannter Gläubiger nicht, so ist der geschuldete Betrag, wenn die Berechtigung zur Hinterlegung vorhanden ist, für den Gläubiger zu hinterlegen.

Ist die Berichtigung einer Verbindlichkeit zur Zeit nicht ausführbar oder ist eine Verbindlichkeit streitig, so darf das Vermögen den Anfallberechtigten nur ausgeantwortet werden, wenn dem Gläubiger Sicherheit geleistet ist.

§ 53 [Schadensersatzpflicht der Liquidatoren]

Liquidatoren, welche die ihnen nach dem § 42 Abs. 2 und den §§ 50 bis 52 obliegenden Verpflichtungen verletzen oder vor der Befriedigung der Gläubiger Vermögen den Anfallberechtigten ausantworten, sind, wenn ihnen ein Verschulden zur Last fällt, den Gläubigern für den daraus entstehenden Schaden verantwortlich; sie haften als Gesamtschuldner.

§ 54 [Nichtrechtsfähige Vereine]

Auf Vereine, die nicht rechtsfähig sind, finden die Vorschriften über die Gesellschaft Anwendung.[1] Aus einem Rechtsgeschäfte, das im Namen eines solchen Vereins einem Dritten gegenüber vorgenommen wird, haftet der Handelnde persönlich; handeln mehrere, so haften sie als Gesamtschuldner.

§ 55 [Zuständigkeit des Amtsgerichts]

Die Eintragung eines Vereins der im § 21 bezeichneten Art in das Vereinsregister hat bei dem Amtsgerichte zu geschehen, in dessen Bezirke der Verein seinen Sitz hat.

Die Landesjustizverwaltungen können die Vereinssachen einem Amtsgericht für die Bezirke mehrerer Amtsgerichte zuweisen.

§ 56 [Mindestmitgliederzahl]

Die Eintragung soll nur erfolgen, wenn die Zahl der Mitglieder mindestens sieben beträgt.

---

[1] Unten §§ 705–737; siehe auch bei Rdnrn. 431–439.

§ 57 [Satzung, Mindesterfordernisse]

Die Satzung muß den Zweck, den Namen und den Sitz des Vereins enthalten und ergeben, daß der Verein eingetragen werden soll.

Der Name soll sich von den Namen der an demselben Orte oder in derselben Gemeinde bestehenden eingetragenen Vereine deutlich unterscheiden.

§ 58 [Weitere Erfordernisse]

Die Satzung soll Bestimmungen enthalten:
1. über den Eintritt und Austritt der Mitglieder;
2. darüber, ob und welche Beiträge von den Mitgliedern zu leisten sind;
3. über die Bildung des Vorstandes;
4. über die Voraussetzungen, unter denen die Mitgliederversammlung zu berufen ist, über die Form der Berufung und über die Beurkundung der Beschlüsse.

§ 59 [Anmeldung]

Der Vorstand hat den Verein zur Eintragung anzumelden.

Der Anmeldung sind beizufügen:
1. die Satzung in Urschrift und Abschrift;
2. eine Abschrift der Urkunden über die Bestellung des Vorstandes.

Die Satzung soll von mindestens sieben Mitgliedern unterzeichnet sein und die Angabe des Tages der Errichtung enthalten.

§ 60 [Zurückweisung der Anmeldung]

Die Anmeldung ist, wenn den Erfordernissen der §§ 56 bis 59 nicht genügt ist, von dem Amtsgericht unter Angabe der Gründe zurückzuweisen.

§ 61 [Einspruchsrecht der Verwaltungsbehörde]

Wird die Anmeldung zugelassen, so hat das Amtsgericht sie der zuständigen Verwaltungsbehörde mitzuteilen.

Die Verwaltungsbehörde kann gegen die Eintragung Einspruch erheben, wenn der Verein nach dem öffentlichen Vereinsrecht unerlaubt ist oder verboten werden kann.

§ 62 [Mitteilung des Einspruchs]

Erhebt die Verwaltungsbehörde Einspruch, so hat das Amtsgericht den Einspruch dem Vorstande mitzuteilen.

§ 63 [Voraussetzungen der Eintragung]

Die Eintragung darf, sofern nicht die Verwaltungsbehörde dem Amtsgericht mitteilt, daß Einspruch nicht erhoben werde, erst erfolgen, wenn seit der Mitteilung der Anmeldung an die Verwaltungsbehörde sechs Wochen verstrichen sind und Einspruch nicht erhoben ist oder wenn der erhobene Einspruch seine Wirksamkeit verloren hat.

Der Einspruch wird unwirksam, wenn die nach den Bestimmungen des Vereinsgesetzes zuständige Behörde nicht binnen eines Monats nach Einspruchserhebung ein Verbot des Vereins ausgesprochen hat oder wenn das rechtzeitig ausgesprochene Verbot zurückgenommen oder unanfechtbar aufgehoben worden ist.

§ 64 [Inhalt der Eintragung]

Bei der Eintragung sind der Name und der Sitz des Vereins, der Tag der Errichtung der Satzung sowie die Mitglieder des Vorstandes im Vereinsregister anzugeben. Bestimmungen, die den Umfang der Vertretungsmacht des Vorstandes beschränken oder die Beschlußfassung des Vorstandes abweichend von der Vorschrift des § 28 Abs. 1 regeln, sind gleichfalls einzutragen.

§ 65 [Zusatz zum Vereinsnamen]

Mit der Eintragung erhält der Name des Vereins den Zusatz „eingetragener Verein".

§ 66 [Bekanntmachung]

Das Amtsgericht hat die Eintragung durch das für seine Bekanntmachungen bestimmte Blatt zu veröffentlichen.

Die Urschrift der Satzung ist mit der Bescheinigung der Eintragung zu versehen und zurückzugeben. Die Abschrift wird von dem Amtsgerichte beglaubigt und mit den übrigen Schriftstücken aufbewahrt.

§ 67 [Änderung des Vorstandes]

Jede Änderung des Vorstands ist von dem Vorstand zur Eintragung anzumelden. Der Anmeldung ist eine Abschrift der Urkunde über die Änderung beizufügen.

Die Eintragung gerichtlich bestellter Vorstandsmitglieder erfolgt von Amts wegen.

§ 68 [„Negative Publizität"]

Wird zwischen den bisherigen Mitgliedern des Vorstandes und einem Dritten ein Rechtsgeschäft vorgenommen, so kann die Änderung des Vorstandes dem Dritten nur entgegengesetzt werden, wenn sie zur Zeit der Vornahme des Rechtsgeschäfts im Vereinsregister eingetragen oder dem Dritten bekannt ist. Ist die Änderung eingetragen, so braucht der Dritte sie nicht gegen sich gelten zu lassen, wenn er sie nicht kennt, seine Unkenntnis auch nicht auf Fahrlässigkeit beruht.

§ 69 [Registerauszug]

Der Nachweis, daß der Vorstand aus den im Register eingetragenen Personen besteht, wird Behörden gegenüber durch ein Zeugnis des Amtsgerichts über die Eintragung geführt.

§ 70 [Beschränkung der Vertretungsmacht und Beschlußfassung des Vorstands]

Die Vorschriften des § 68 gelten auch für Bestimmungen, die den Umfang der Vertretungsmacht des Vorstandes beschränken oder die Beschlußfassung des Vorstandes abweichend von der Vorschrift des § 28 Abs. 1 regeln.

§ 71 [Änderung der Satzung]

Änderungen der Satzung bedürfen zu ihrer Wirksamkeit der Eintragung in das Vereinsregister. Die Änderung ist von dem Vorstande zur Eintragung anzumelden. Der Anmeldung ist der die Änderung enthaltende Beschluß in Urschrift und Abschrift beizufügen.

Die Vorschriften des §§ 60 bis 64 und des § 66 Abs. 2 finden entsprechende Anwendung.

§ 72 [Bescheinigung der Mitgliederzahl]

Der Vorstand hat dem Amtsgericht auf dessen Verlangen jederzeit eine von ihm vollzogene Bescheinigung über die Zahl der Vereinsmitglieder einzureichen.

§ 73 [Entziehung der Rechtsfähigkeit]

Sinkt die Zahl der Vereinsmitglieder unter drei herab, so hat das Amtsgericht auf Antrag des Vorstandes und, wenn der Antrag nicht binnen drei Monaten gestellt wird, von Amts wegen nach Anhörung des Vorstandes dem Vereine die Rechtsfähigkeit zu entziehen.

§ 74 [Auflösung des Vereins]

Die Auflösung des Vereins sowie die Entziehung der Rechtsfähigkeit ist in das Vereinsregister einzutragen. Im Falle der Eröffnung des Konkures unterbleibt die Eintragung.

Wird der Verein durch Beschluß der Mitgliederversammlung oder durch den Ablauf der für die Dauer des Vereins bestimmten Zeit aufgelöst, so hat der Vorstand die Auflösung zur Eintragung anzumelden. Der Anmeldung ist im ersteren Falle eine Abschrift des Auflösungsbeschlusses beizufügen.

Wird dem Verein auf Grund des § 43 die Rechtsfähigkeit entzogen, so erfolgt die Eintragung auf Anzeige der zuständigen Behörde.

§ 75 [Eröffnung des Konkurses]

Die Eröffnung des Konkurses ist von Amts wegen einzutragen. Das gleiche gilt von der Aufhebung des Eröffnungsbeschlusses.

§ 76 [Liquidatoren]

Die Liquidatoren sind in das Vereinsregister einzutragen. Das gleiche gilt von Bestimmungen, welche die Beschlußfassung der Liquidatoren abweichend von der Vorschrift des § 48 Abs. 3 regeln.

Die Anmeldung hat durch den Vorstand, bei späteren Änderungen durch die Liquidatoren zu erfolgen. Der Anmeldung der durch Beschluß der Mitgliederversammlung bestellten Liquidatoren ist eine Abschrift des Beschlusses, der Anmeldung einer Bestimmung über die Beschlußfassung der Liquidatoren eine Abschrift der die Bestimmung enthaltenden Urkunde beizufügen.

Die Eintragung gerichtlich bestellter Liquidatoren geschieht von Amts wegen.

§ 77 [Form der Anmeldung]

Die Anmeldungen zum Vereinsregister sind von den Mitgliedern des Vorstandes sowie von den Liquidatoren mittels öffentlich beglaubigter Erklärung zu bewirken.

§ 78 [Festsetzung von Zwangsgeld]

Das Amtsgericht kann die Mitglieder des Vorstandes zur Befolgung der Vorschriften des § 67 Abs. 1, des § 71 Abs. 1, des § 72, des § 74 Abs. 2 und des § 76 durch Festsetzung von Zwangsgeld anhalten.

In gleicher Weise können die Liquidatoren zur Befolgung der Vorschriften des § 76 angehalten werden.

§ 79 [Einsicht in Vereinsregister]

Die Einsicht des Vereinsregisters sowie der von dem Vereine bei dem Amtsgericht eingereichten Schriftstücke ist jedem gestattet. Von den Eintragungen kann eine Abschrift gefordert werden; die Abschrift ist auf Verlangen zu beglaubigen.

§ 107 [Einwilligung des gesetzlichen Vertreters]

Der Minderjährige bedarf zu einer Willenserklärung, durch die er nicht lediglich einen rechtlichen Vorteil erlangt, der Einwilligung seines gesetzlichen Vertreters.

§ 110 [„Taschengeldparagraph"]

Ein von dem Minderjährigen ohne Zustimmung des gesetzlichen Vertreters geschlossener Vertrag gilt als von Anfang an wirksam, wenn der Minderjährige die vertragsmäßige Leistung mit Mitteln bewirkt, die ihm zu diesem Zwecke oder zu freier Verfügung von dem Vertreter oder mit dessen Zustimmung von einem Dritten überlassen worden sind.

§ 111 [Einseitiges Rechtsgeschäft]

Ein einseitiges Rechtsgeschäft, das der Minderjährige ohne die erforderliche Einwilligung des gesetzlichen Vertreters vornimmt, ist unwirksam. Nimmt der Minderjährige mit dieser Einwilligung ein solches Rechtsgeschäft einem anderen gegenüber vor, so ist das Rechtsgeschäft unwirksam, wenn der Minderjährige die Einwilligung nicht in schriftlicher Form vorlegt und der andere das Rechtsgeschäft aus diesem Grunde unverzüglich zurückweist. Die Zurückweisung ist ausgeschlossen, wenn der Vertreter den anderen von der Einwilligung in Kenntnis gesetzt hatte.

§ 112 [Selbständiger Betrieb eines Erwerbsgeschäfts]

Ermächtigt der gesetzliche Vertreter mit Genehmigung des Vormundschaftsgerichts den Minderjährigen zum selbständigen Betrieb eines Erwerbsgeschäfts, so ist der Minderjährige für solche Rechtsgeschäfte unbeschränkt geschäftsfähig, welche der Geschäftsbetrieb mit sich bringt. Ausgenommen sind Rechtsgeschäfte, zu denen der Vertreter der Genehmigung des Vormundschaftsgerichts bedarf.

Die Ermächtigung kann von dem Vertreter nur mit Genehmigung des Vormundschaftsgerichts zurückgenommen werden.

§ 129 [Öffentliche Beglaubigung]

Ist durch Gesetz für eine Erklärung öffentliche Beglaubigung vorgeschrieben, so muß die Erklärung schriftlich abgefaßt und die Unterschrift des Erklärenden von einem Notar beglaubigt werden. . . .

Die öffentliche Beglaubigung wird durch die notarielle Beurkundung der Erklärung ersetzt.

§ 130 [Wirksamwerden der Willenserklärung]

Eine Willenserklärung, die einem anderen gegenüber abzugeben ist, wird, wenn sie in dessen Abwesenheit abgegeben wird, in dem Zeitpunkte wirksam, in welchem sie ihm zugeht. Sie wird nicht wirksam, wenn dem anderen vorher oder gleichzeitig ein Widerruf zugeht.

Auf die Wirksamkeit der Willenserklärung ist es ohne Einfluß, wenn der Erklärende nach der Abgabe stirbt oder geschäftsunfähig wird.

Diese Vorschriften finden auch dann Anwendung, wenn die Willenserklärung einer Behörde gegenüber abzugeben ist.

§ 133 [Auslegung einer Willenserklärung]

Bei der Auslegung einer Willenserklärung ist der wirkliche Wille zu erforschen und nicht an dem buchstäblichen Sinne des Ausdrucks zu haften.

§ 134 [Gesetzliches Verbot]

Ein Rechtsgeschäft, das gegen ein gesetzliches Verbot verstößt, ist nichtig, wenn sich nicht aus dem Gesetz ein anderes ergibt.

§ 138 [Sittenwidriges Rechtsgeschäft; Wucher]

Ein Rechtsgeschäft, das gegen die guten Sitten verstößt, ist nichtig.

Nichtig ist insbesondere ein Rechtsgeschäft, durch das jemand unter Ausbeutung der Zwangslage, der Unerfahrenheit, des Mangels an Urteilsvermögen oder der erheblichen Willensschwäche eines anderen sich oder einem Dritten für eine Leistung Vermögensvorteile versprechen oder gewähren läßt, die in einem auffälligen Mißverhältnis zu der Leistung stehen.

§ 139 [Teilnichtigkeit]

Ist ein Teil eines Rechtsgeschäfts nichtig, so ist das ganze Rechtsgeschäft nichtig, wenn nicht anzunehmen ist, daß es auch ohne den nichtigen Teil vorgenommen sein würde.

§ 157 [Auslegung von Verträgen]

Verträge sind so auszulegen, wie Treu und Glauben mit Rücksicht auf die Verkehrssitte es erfordern.

§ 164 [Wirkung der Erklärung des Vertreters]

Eine Willenserklärung, die jemand innerhalb der ihm zustehenden Vertretungsmacht im Namen des Vertretenen abgibt, wirkt unmittelbar für und gegen den Vertretenen. Es macht keinen Unterschied, ob die Erklärung ausdrücklich im Namen des Vertretenen erfolgt oder ob die Umstände ergeben, daß sie in dessen Namen erfolgen soll.

Tritt der Wille, in fremdem Namen zu handeln, nicht erkennbar hervor, so kommt der Mangel des Willens, im eigenen Namen zu handeln, nicht in Betracht.

Die Vorschriften des Abs. 1 finden entsprechende Anwendung, wenn eine gegenüber einem anderen abzugebende Willenserklärung dessen Vertreter gegenüber erfolgt.

§ 177 [Vertragsabschluß durch Vertreter ohne Vertretungsmacht]

Schließt jemand ohne Vertretungsmacht im Namen eines anderen einen Vertrag, so hängt die Wirksamkeit des Vertrags für und gegen den Vertretenen von dessen Genehmigung ab.

Fordert der andere Teil den Vertretenen zur Erklärung über die Genehmigung auf, so kann die Erklärung nur ihm gegenüber erfolgen; eine vor der Aufforderung dem Vertreter gegenüber erklärte Genehmigung oder Verweigerung der Genehmigung wird unwirksam. Die Genehmigung kann nur bis zum Ablaufe von zwei Wochen nach dem Empfange der Aufforderung erklärt werden; wird sie nicht erklärt, so gilt sie als verweigert.

§ 178 [Widerrufsrecht des anderen Teils]

Bis zur Genehmigung des Vertrags ist der andere Teil zum Widerrufe berechtigt, es sei denn, daß er den Mangel der Vertretungsmacht bei dem Abschlusse des Vertrags gekannt hat.

Der Widerruf kann auch dem Vertreter gegenüber erklärt werden.

§ 179 [Haftung des Vertreters ohne Vertretungsmacht]

Wer als Vertreter einen Vertrag geschlossen hat, ist, sofern er nicht seine Vertretungsmacht nachweist, dem anderen Teil nach dessen Wahl zur Erfüllung oder zum Schadensersatze verpflichtet, wenn der Vertretene die Genehmigung des Vertrags verweigert.

Hat der Vertreter den Mangel der Vertretungsmacht nicht gekannt, so ist er nur zum Ersatz desjenigen Schadens verpflichtet, welchen der andere Teil dadurch erleidet, daß er auf die Vertretungsmacht vertraut, jedoch nicht über den Betrag des Interesses hinaus, welches der andere Teil an der Wirksamkeit des Vertrags hat.

Der Vertreter haftet nicht, wenn der andere Teil den Mangel der Vertretungsmacht kannte oder kennen mußte. Der Vertreter haftet auch dann nicht, wenn er in der Geschäftsfähigkeit beschränkt war, es sei denn, daß er mit Zustimmung seines gesetzlichen Vertreters gehandelt hat.

§ 180 [Einseitiges Rechtsgeschäft]

Bei einem einseitigen Rechtsgeschäft ist Vertretung ohne Vertretungsmacht unzulässig. Hat jedoch derjenige, welchem gegenüber ein solches Rechtsgeschäft vorzunehmen war, die von dem Vertreter behauptete Vertretungsmacht bei der Vornahme des Rechtsgeschäfts nicht beanstandet oder ist er damit einverstanden gewesen, daß der Vertreter ohne Vertretungsmacht handele, so finden die Voschriften über Verträge entsprechende Anwendung. Das gleiche gilt, wenn ein einseitiges Rechtsgeschäft gegenüber einem Vertreter ohne Vertretungsmacht mit dessen Einverständnis vorgenommen wird.

§ 181 [„Selbstkontrahieren"]

Ein Vertreter kann, soweit nicht ein anderes ihm gestattet ist, im Namen des Vertretenen mit sich im eigenen Namen oder als Vertreter eines Dritten ein Rechtsgeschäft nicht vornehmen, es sei denn, daß das Rechtsgeschäft ausschließlich in der Erfüllung einer Verbindlichkeit besteht.

§ 187 [Fristbeginn]

Ist für den Anfang einer Frist ein Ereignis oder ein in den Lauf eines Tages fallender Zeitpunkt maßgebend, so wird bei der Berechnung der Frist der Tag nicht mitgerechnet, in welchen das Ereignis oder der Zeitpunkt fällt.

Ist der Beginn eines Tages der für den Anfang einer Frist maßgebende Zeitpunkt, so wird dieser Tag bei der Berechnung der Frist mitgerechnet. Das gleiche gilt von dem Tage der Geburt bei der Berechnung des Lebensalters.

§ 188 [Fristende]

Eine nach Tagen bestimmte Frist endigt mit dem Ablaufe des letzten Tages der Frist.

Eine Frist, die nach Wochen, nach Monaten oder nach einem mehrere Monate umfassenden Zeitraume – Jahr, halbes Jahr, Vierteljahr – bestimmt ist, endigt im Falle des § 187 Abs. 1 mit dem Ablaufe desjenigen Tages der letzten Woche oder des letzten Monats, welcher durch seine Benennung oder seine Zahl dem Tage entspricht, in den das Ereignis oder der Zeitpunkt fällt, im Falle des § 187 Abs. 2 mit dem Ablaufe desjenigen Tages der letzten Woche oder des letzten Monats, welcher dem Tage vorhergeht, der durch seine Benennung oder seine Zahl dem Anfangstage der Frist entspricht.

Fehlt bei einer nach Monaten bestimmten Frist in dem letzten Monate der für ihren Ablauf maßgebende Tag, so endigt die Frist mit dem Ablaufe des letzten Tages dieses Monats.

§ 195 [Regelmäßige Verjährungsfrist]

Die regelmäßige Verjährungsfrist beträgt dreißig Jahre.

§ 197 [Vierjährige Verjährungsfrist]

In vier Jahren verjähren die Ansprüche auf Rückstände von Zinsen mit Einschluß der als Zuschlag zu den Zinsen zum Zwecke allmählicher Tilgung des Kapitals zu entrichtenden Beträge, die Ansprüche auf Rückstände von Miet- und Pachtzinsen, soweit sie nicht unter die Vorschrift des § 196 Abs. 1 Nr. 6 fallen, und die Ansprüche auf Rückstände von Renten, Auszugsleistungen, Besoldungen, Wartegeldern, Ruhegehalten, Unterhaltsbeiträgen und allen anderen regelmäßig wiederkehrenden Leistungen.

§ 276 [Haftung für eigenes Verschulden]

Der Schuldner hat, sofern nicht ein anderes bestimmt ist, Vorsatz und Fahrlässigkeit zu vertreten. Fahrlässig handelt, wer die im Verkehr erforderliche Sorgfalt außer acht läßt. Die Vorschriften der §§ 827, 828 finden Anwendung.

Die Haftung wegen Vorsatzes kann dem Schuldner nicht im voraus erlassen werden.

§ 278 [Verschulden des Erfüllungsgehilfen]

Der Schuldner hat ein Verschulden seines gesetzlichen Vertreters und der Personen, deren er sich zur Erfüllung seiner Verbindlichkeit bedient, in gleichem Umfange zu vertreten wie eigenes Verschulden. Die Vorschrift des § 276 Abs. 2 findet keine Anwendung.

§ 372 [Gegenstand und Voraussetzung der Hinterlegung]

Geld, Wertpapiere und sonstige Urkunden sowie Kostbarkeiten kann der Schuldner bei einer dazu bestimmten öffentlichen Stelle für den Gläubiger hinterlegen, wenn der Gläubiger im Verzuge der Annahme ist. Das gleiche gilt, wenn der Schuldner aus einem anderen in der Person des Gläubigers liegenden Grunde oder infolge einer nicht auf Fahrlässigkeit beruhenden Ungewißheit über die Person des Gläubigers seine Verbindlichkeit nicht oder nicht mit Sicherheit erfüllen kann.

§ 626 [Fristlose Kündigung aus wichtigem Grund]

Das Dienstverhältnis kann von jedem Vertragsteil aus wichtigem Grund ohne Einhaltung einer Kündigungsfrist gekündigt werden, wenn Tatsachen vorliegen, auf Grund derer dem Kündigenden unter Berücksichtigung aller Umstände des Einzelfalles und unter Abwägung der Interessen beider Vertragsteile die Fortsetzung des Dienstverhältnisses bis zum Ablauf der Kündigungsfrist oder bis zu der vereinbarten Beendigung des Dienstverhältnisses nicht zugemutet werden kann.

Die Kündigung kann nur innerhalb von zwei Wochen erfolgen. Die Frist beginnt mit dem Zeitpunkt, in dem der Kündigungsberechtigte von den für die Kündigung maßgebenden Tatsachen Kenntnis erlangt. Der Kündigende muß dem anderen Teil auf Verlangen den Kündigungsgrund unverzüglich schriftlich mitteilen.

§ 627 [Fristlose Kündigung bei Vertrauensstellung]

Bei einem Dienstverhältnis, das kein Arbeitsverhältnis im Sinne des § 622 ist, ist die Kündigung auch ohne die im § 626 bezeichnete Voraussetzung zulässig, wenn der zur Dienstleistung Verpflichtete, ohne in einem dauernden Dienstverhältnis mit festen Bezügen zu stehen, Dienste höherer Art zu leisten hat, die auf Grund besonderen Vertrauens übertragen zu werden pflegen.

Der Verpflichtete darf nur in der Art kündigen, daß sich der Dienstberechtigte die Dienste anderweit beschaffen kann, es sei denn, daß ein wichtiger Grund für die unzeitige Kündigung vorliegt. Kündigt er ohne solchen Grund zur Unzeit, so hat er dem Dienstberechtigten den daraus entstehenden Schaden zu ersetzen.

§ 664 [Höchstpersönliche Verpflichtung; Haftung für Gehilfen]

Der Beauftragte darf im Zweifel die Ausführung des Auftrags nicht einem Dritten übertragen. Ist die Übertragung gestattet, so hat er nur ein ihm bei der Übertragung zur Last fallendes Verschulden zu vertreten. Für das Verschulden eines Gehilfen ist er nach § 278 verantwortlich.

Der Anspruch auf Ausführung des Auftrags ist im Zweifel nicht übertragbar.

§ 665 [Abweichung von Weisungen]

Der Beauftragte ist berechtigt, von den Weisungen des Auftraggebers abzuweichen, wenn er den Umständen nach annehmen darf, daß der Auftraggeber bei Kenntnis der Sachlage die Abweichung billigen würde. Der Beauftragte hat vor der Abweichung dem Auftraggeber Anzeige zu machen und dessen Entschließung abzuwarten, wenn nicht mit dem Aufschube Gefahr verbunden ist.

§ 666 [Auskunfts- und Rechenschaftspflicht]

Der Beauftragte ist verpflichtet, dem Auftraggeber die erforderlichen Nachrichten zu geben, auf Verlangen über den Stand des Geschäfts Auskunft zu erteilen und nach der Ausführung des Auftrags Rechenschaft abzulegen.

§ 667 [Herausgabepflicht des Beauftragten]

Der Beauftragte ist verpflichtet, dem Auftraggeber alles, was er zur Ausführung des Auftrags erhält und was er aus der Geschäftbesorgung erlangt, herauszugeben.

§ 668 [Verzinsung des verwendeten Geldes]

Verwendet der Beauftragte Geld für sich, das er dem Auftraggeber herauszugeben oder für ihn zu verwenden hat, so ist er verpflichtet, es von der Zeit der Verwendung an zu verzinsen.

§ 669 [Vorschuß]

Für die zur Ausführung des Auftrags erforderlichen Aufwendungen hat der Auftraggeber dem Beauftragten auf Verlangen Vorschuß zu leisten.

§ 670 [Ersatz von Aufwendungen]

Macht der Beauftragte zum Zwecke der Ausführung des Auftrags Aufwendungen, die er den Umständen nach für erforderlich halten darf, so ist der Auftraggeber zum Ersatze verpflichtet.

§ 671 [Widerruf, Kündigung]

Der Auftrag kann von dem Auftraggeber jederzeit widerrufen, von dem Beauftragten jederzeit gekündigt werden.

Der Beauftragte darf nur in der Art kündigen, daß der Auftraggeber für die Besorgung des Geschäfts anderweit Fürsorge treffen kann, es sei denn, daß ein wichtiger Grund für die unzeitige Kündigung vorliegt. Kündigt er ohne solchen Grund zur Unzeit, so hat er dem Auftraggeber den daraus entstehenden Schaden zu ersetzen.

Liegt ein wichtiger Grund vor, so ist der Beauftragte zur Kündigung auch dann berechtigt, wenn er auf das Kündigungsrecht verzichtet hat.

§ 705 [Inhalt des Gesellschaftsvertrages]

Durch den Gesellschaftsvertrag verpflichten sich die Gesellschafter gegenseitig, die Erreichung eines gemeinsamen Zweckes in der durch den Vertrag bestimmten Weise zu fördern, insbesondere die vereinbarten Beiträge zu leisten.

§ 706 [Beiträge der Gesellschafter]

Die Gesellschafter haben in Ermangelung einer anderen Vereinbarung gleiche Beiträge zu leisten.

Sind vertretbare oder verbrauchbare Sachen beizutragen, so ist im Zweifel anzunehmen, daß sie gemeinschaftliches Eigentum der Gesellschafter werden sollen. Das gleiche gilt von nicht vertretbaren und nicht verbrauchbaren Sachen, wenn sie nach einer Schätzung beizutragen sind, die nicht bloß für die Gewinnverteilung bestimmt ist.

Der Beitrag eines Gesellschafters kann auch in der Leistung von Diensten bestehen.

§ 709 [Gemeinschaftliche Geschäftsführung]

Die Führung der Geschäfte der Gesellschaft steht den Gesellschaftern gemeinschaftlich zu; für jedes Geschäft ist die Zustimmung aller Gesellschafter erforderlich.

Hat nach dem Gesellschaftsvertrage die Mehrheit der Stimmen zu entscheiden, so ist die Mehrheit im Zweifel nach der Zahl der Gesellschafter zu berechnen.

§ 716 [Kontrollrecht der Gesellschafter]

Ein Gesellschafter kann, auch wenn er von der Geschäftsführung ausgeschlossen ist, sich von den Angelegenheiten der Gesellschaft persönlich unterrichten, die Geschäftsbücher und die Papiere der Gesellschaft einsehen und sich aus ihnen eine Übersicht über den Stand des Gesellschaftsvermögens anfertigen.

Eine dieses Recht ausschließende oder beschränkende Vereinbarung steht der Geltendmachung des Rechtes nicht entgegen, wenn Grund zu der Annahme unredlicher Geschäftsführung besteht.

§ 717 [Nichtübertragbarkeit der Gesellschafterrechte]

Die Ansprüche, die den Gesellschaftern aus dem Gesellschaftsverhältnisse gegeneinander zustehen, sind nicht übertragbar. Ausgenommen sind die einem Gesellschafter aus seiner Geschäftsführung zustehenden Ansprüche, soweit deren Befriedigung vor der Auseinandersetzung verlangt werden kann, sowie die Ansprüche auf einen Gewinnanteil oder auf dasjenige, was dem Gesellschafter bei der Auseinandersetzung zukommt.

§ 718 [Gesellschaftsvermögen]

Die Beiträge der Gesellschafter und die durch die Geschäftsführung für die Gesellschaft erworbenen Gegenstände werden gemeinschaftliches Vermögen der Gesellschafter (Gesellschaftsvermögen).

Zu dem Gesellschaftsvermögen gehört auch, was auf Grund eines zu dem Gesellschaftsvermögen gehörenden Rechtes oder als Ersatz für die Zerstörung, Beschädigung oder Entziehung eines zu dem Gesellschaftsvermögen gehörenden Gegenstandes erworben wird.

§ 719 [Gesamthänderische Bindung]

Ein Gesellschafter kann nicht über seinen Anteil an dem Gesellschaftsvermögen und an den einzelnen dazu gehörenden Gegenständen verfügen; er ist nicht berechtigt, Teilung zu verlangen.

Gegen eine Forderung, die zum Gesellschaftsvermögen gehört, kann der Schuldner nicht eine ihm gegen einen einzelnen Gesellschafter zustehende Forderung aufrechnen.

§ 723 [Kündigung durch Gesellschafter]

Ist die Gesellschaft nicht für eine bestimmte Zeit eingegangen, so kann jeder Gesellschafter sie jederzeit kündigen. Ist eine Zeitdauer bestimmt, so ist die Kündigung vor dem Ablaufe der Zeit zulässig, wenn ein wichtiger Grund vorliegt; ein solcher Grund ist insbesondere vorhanden, wenn ein anderer Gesellschafter eine ihm nach dem Gesellschaftsvertrag obliegende wesentliche Verpflichtung vorsätzlich oder aus grober Fahrlässigkeit verletzt oder wenn die Erfüllung einer solchen Verpflichtung unmöglich wird. Unter der gleichen Voraussetzung ist, wenn eine Kündigungsfrist bestimmt ist, die Kündigung ohne Einhaltung der Frist zulässig.

Die Kündigung darf nicht zur Unzeit geschehen, es sei denn, daß ein wichtiger Grund für die unzeitige Kündigung vorliegt. Kündigt ein Gesellschafter ohne solchen Grund zur Unzeit, so hat er den übrigen Gesellschaftern den daraus entstehenden Schaden zu ersetzen.

Eine Vereinbarung, durch welche das Kündigungsrecht ausgeschlossen oder diesen Vorschriften zuwider beschränkt wird, ist nichtig.

§ 724 [Kündigung bei Gesellschaft auf Lebenszeit oder fortgesetzter Gesellschaft]

Ist eine Gesellschaft für die Lebenszeit eines Gesellschafters eingegangen, so kann sie in gleicher Weise gekündigt werden wie eine für unbestimmte Zeit eingegangene Gesellschaft. Dasselbe gilt, wenn eine Gesellschaft nach dem Ablaufe der bestimmten Zeit stillschweigend fortgesetzt wird.

§ 726 [Auflösung der Gesellschaft wegen Erreichens oder Unmöglichwerdens des Gesellschaftszwecks]

Die Gesellschaft endigt, wenn der vereinbarte Zweck erreicht oder dessen Erreichung unmöglich geworden ist.

§ 727 [Tod eines Gesellschafters]

Die Gesellschaft wird durch den Tod eines der Gesellschafter aufgelöst, sofern nicht aus dem Gesellschaftsvertrage sich ein anderes ergibt.

Im Falle der Auflösung hat der Erbe des verstorbenen Gesellschafters den übrigen Gesellschaftern den Tod unverzüglich anzuzeigen und, wenn mit dem Aufschube Gefahr verbunden ist, die seinem Erblasser durch den Gesellschaftsvertrag übertragenen Geschäfte fortzuführen, bis die übrigen Gesellschafter in Gemeinschaft mit ihm anderweit Fürsorge treffen können. Die übrigen Gesellschafter sind in gleicher Weise zur einstweiligen Fortführung der ihnen übertragenen Geschäfte verpflichtet. Die Gesellschaft gilt insoweit als fortbestehend.

§ 728 [Auflösung durch Konkurs eines Gesellschafters]

Die Gesellschaft wird durch die Eröffnung des Konkurses über das Vermögen eines Gesellschafters aufgelöst. Die Vorschriften des § 727 Abs. 2 Satz 2, 3 finden Anwendung.

§ 730 [Auseinandersetzung; Geschäftsführung]

Nach der Auflösung der Gesellschaft findet in Ansehung des Gesellschaftsvermögens die Auseinandersetzung unter den Gesellschaftern statt.

Für die Beendigung der schwebenden Geschäfte, für die dazu erforderliche Eingehung neuer Geschäfte sowie für die Erhaltung und Verwaltung des Gesellschaftsvermögens gilt die Gesellschaft als fortbestehend, soweit der Zweck der Auseinandersetzung es erfordert. Die einem Gesellschafter nach dem Gesellschaftsvertrage zustehende Befugnis zur Geschäftsführung erlischt jedoch, wenn nicht aus dem Vertrage sich ein anderes ergibt, mit der Auflösung der Gesellschaft; die Geschäftsführung steht von der Auflösung an allen Gesellschaftern gemeinschaftlich zu.

§ 731 [Verfahren bei Auseinandersetzung]

Die Auseinandersetzung erfolgt in Ermangelung einer anderen Vereinbarung in Gemäßheit der §§ 732 bis 735. Im übrigen gelten für die Teilung die Vorschriften über die Gemeinschaft.

§ 732 [Rückgabe von Gegenständen]

Gegenstände, die ein Gesellschafter der Gesellschaft zur Benutzung überlassen hat, sind ihm zurückzugeben. Für einen durch Zufall in Abgang gekommenen oder verschlechterten Gegenstand kann er nicht Ersatz verlangen.

§ 733 [Berichtigung der Schulden und Erstattung der Einlagen]

Aus dem Gesellschaftsvermögen sind zunächst die gemeinschaftlichen Schulden mit Einschluß derjenigen zu berichtigen, welche den Gläubigern gegenüber unter den Gesellschaftern geteilt sind oder für welche einem Gesellschafter die übrigen Gesellschafter als Schuldner haften. Ist eine Schuld noch nicht fällig oder ist sie streitig, so ist das zur Berichtigung Erforderliche zurückzubehalten.

Aus dem nach der Berichtigung der Schulden übrigbleibenden Gesellschaftsvermögen sind die Einlagen zurückzuerstatten. Für Einlagen, die nicht in Geld bestanden haben, ist der Wert zu ersetzen, den sie zur Zeit der Einbringung gehabt haben. Für Einlagen, die in der Leistung von Diensten oder in der Überlassung der Benutzung eines Gegenstandes bestanden haben, kann nicht Ersatz verlangt werden.

Zur Berichtigung der Schulden und zur Rückerstattung der Einlagen ist das Gesellschaftsvermögen, soweit erforderlich, in Geld umzusetzen.

§ 734 [Verteilung des Überschusses]

Verbleibt nach der Berichtigung der gemeinschaftlichen Schulden und der Rückerstattung der Einlagen ein Überschuß, so gebührt er den Gesellschaftern nach dem Verhältnis ihrer Anteile am Gewinne.

§ 735 [Nachschußpflicht bei Verlust]

Reicht das Gesellschaftsvermögen zur Berichtigung der gemeinschaftlichen Schulden und zur Rückerstattung der Einlagen nicht aus, so haben die Gesellschafter für den Fehlbetrag nach dem Verhältnis aufzukommen, nach welchem sie den Verlust zu tragen haben. Kann von einem Gesellschafter der auf ihn entfallende Beitrag nicht erlangt werden, so haben die übrigen Gesellschafter den Ausfall nach dem gleichen Verhältnisse zu tragen.

§ 736 [Ausscheiden eines Gesellschafters]

Ist im Gesellschaftsvertrage bestimmt, daß, wenn ein Gesellschafter kündigt oder stirbt oder wenn der Konkurs über sein Vermögen eröffnet wird, die Gesellschaft unter den übrigen Gesellschaftern fortbestehen soll, so scheidet bei dem Eintritt eines solchen Ereignisses der Gesellschafter, in dessen Person es eintritt, aus der Gesellschaft aus.

§ 737 [Ausschließung eines Gesellschafters]

Ist im Gesellschaftsvertrage bestimmt, daß, wenn ein Gesellschafter kündigt, die Gesellschaft unter den übrigen Gesellschaftern fortbestehen soll, so kann ein Gesellschafter, in dessen Person ein die übrigen Gesellschafter nach § 723 Abs. 1 Satz 2 zur Kündigung berechtigender Umstand eintritt, aus der Gesellschaft ausgeschlossen werden. Das Ausschließungsrecht steht den übrigen Gesellschaftern gemeinschaftlich zu. Die Ausschließung erfolgt durch Erklärung gegenüber dem auszuschließenden Gesellschafter.

§ 823 [Unerlaubte Handlungen; Schadensersatzpflicht]

Wer vorsätzlich oder fahrlässig das Leben, den Körper, die Gesundheit, die Freiheit, das Eigentum oder ein sonstiges Recht eines anderen widerrechtlich verletzt, ist dem anderen zum Ersatze des daraus entstehenden Schadens verpflichtet.

Die gleiche Verpflichtung trifft denjenigen, welcher gegen ein den Schutz eines anderen bezweckendes Gesetz verstößt. Ist nach dem Inhalte des Gesetzes ein Verstoß gegen dieses auch ohne Verschulden möglich, so tritt die Ersatzpflicht nur im Falle des Verschuldens ein.

§ 824 [Kreditgefährdung]

Wer der Wahrheit zuwider eine Tatsache behauptet oder verbreitet, die geeignet ist, den Kredit eines anderen zu gefährden oder sonstige Nachteile für dessen Erwerb oder Fortkommen herbeizuführen, hat dem anderen den daraus entstehenden Schaden auch dann zu ersetzen, wenn er die Unwahrheit zwar nicht kennt, aber kennen muß.

Durch eine Mitteilung, deren Unwahrheit dem Mitteilenden unbekannt ist, wird dieser nicht zum Schadensersatze verpflichtet, wenn er oder der Empfänger der Mitteilung an ihr ein berechtigtes Interesse hat.

§ 826 [Sittenwidrige vorsätzliche Schädigung]

Wer in einer gegen die guten Sitten verstoßenden Weise einem anderen vorsätzlich Schaden zufügt, ist dem anderen zum Ersatze des Schadens verpflichtet.

§ 831 [Haftung für den Verrichtungsgehilfen]

Wer einen anderen zu einer Verrichtung bestellt, ist zum Ersatze des Schadens verpflichtet, den der andere in Ausführung der Verrichtung einem Dritten widerrechtlich zufügt. Die Ersatzpflicht tritt nicht ein, wenn der Geschäftsherr bei der Auswahl der bestellten Person und, sofern er Vorrichtungen oder Gerätschaften zu beschaffen oder die Ausführung der Verrichtung zu leiten hat, bei der Beschaffung oder der Leitung die im Verkehr erforderliche Sorgfalt beobachtet oder wenn der Schaden auch bei Anwendung dieser Sorgfalt entstanden sein würde.

Die gleiche Verantwortlichkeit trifft denjenigen, welcher für den Geschäftsherrn die Besorgung eines der im Abs. 1 Satz 2 bezeichneten Geschäfte durch Vertrag übernimmt.

§ 1913 [Pflegschaft für unbekannte Beteiligte]

Ist unbekannt oder ungewiß, wer bei einer Angelegenheit der Beteiligte ist, so kann dem Beteiligten für diese Angelegenheit, soweit eine Fürsorge erforderlich ist, ein Pfleger bestellt werden. Insbesondere kann einem Nacherben, der noch nicht erzeugt ist oder dessen Persönlichkeit erst durch ein künftiges Ereignis bestimmt wird, für die Zeit bis zum Eintritte der Nacherbfolge ein Pfleger bestellt werden.

§ 1922 [Gesamtrechtsnachfolge]

Mit dem Tode einer Person (Erbfall) geht deren Vermögen (Erbschaft) als Ganzes auf eine oder mehrere andere Personen (Erben) über.

...

§ 1942 [Anfall der Erbschaft]

Die Erbschaft geht auf den berufenen Erben unbeschadet des Rechtes über, sie auszuschlagen (Anfall der Erbschaft).

Der Fiskus kann die ihm als gesetzlichen Erben angefallene Erbschaft nicht ausschlagen.

2. Einführungsgesetz zum Bürgerlichen Gesetzbuche (EGBGB)

Vom 18. August 1896 (RGBl. S. 604)

Art. 82 [Verfassung konzessionierter Vereine]

Unberührt bleiben die Vorschriften der Landesgesetze über die Verfassung solcher Vereine, deren Rechtsfähigkeit auf staatlicher Verleihung beruht.

Art. 83 [Waldgenossenschaften]

Unberührt bleiben die landesgesetzlichen Vorschriften über Waldgenossenschaften.

Art. 84 [Rechtsfähigkeit von Religionsgesellschaften][1]

Art. 85 [Anfall des Vereinsvermögens]

Unberührt bleiben die landesgesetzlichen Vorschriften, nach welchen im Falle des § 45 Abs. 3 des Bürgerlichen Gesetzbuchs das Vermögen des aufgelösten Vereins an Stelle des Fiskus einer Körperschaft, Stiftung oder Anstalt des öffentlichen Rechtes anfällt.

---

[1] Nach Art. 137 Abs. 4 der WeimRVerf. ,,erwerben Religionsgesellschaften die Rechtsfähigkeit nach den allgemeinen Vorschriften des bürgerlichen Rechts" (somit nach Maßgabe der §§ 21ff., 55ff. BGB). Die Vorschrift ist Bestandteil des Grundgesetzes, Art. 140 GG. Hierdurch ist der früher in Art. 84 enthaltene Vorbehalt der Landesgesetzgebung hinfällig geworden.

3. Gesetz über die Angelegenheiten der freiwilligen Gerichtsbarkeit (FGG)

vom 17. Mai 1898 (RGBl. S. 189) i. d. Fassung der Bekanntmachung vom 20. Mai 1898 (RGBl. S. 771)

§ 6 [Ausschließung des Richters][2]

Ein Richter ist von der Ausübung des Richteramtes kraft Gesetzes ausgeschlossen:
1. in Sachen, in denen er selbst beteiligt ist oder in denen er zu einem Beteiligten in einem Verhältnis eines Mitberechtigten oder Mitverpflichteten steht;
2. in Sachen eines Ehegatten, auch wenn die Ehe nicht mehr besteht;
3. in Sachen einer Person, mit der er in gerader Linie oder im zweiten Grade der Seitenlinie verwandt oder verschwägert ist oder war;
4. in Sachen, in denen er als Vertreter eines Beteiligten bestellt oder als gesetzlicher Vertreter eines solchen aufzutreten berechtigt ist.

Ein Richter kann sich der Ausübung seines Amtes wegen Befangenheit enthalten. *Die Ablehnung eines Richters ist ausgeschlossen.*[3]

§ 7 [Handlungen eines unzuständigen oder ausgeschlossenen Richters]

Gerichtliche Handlungen sind nicht aus dem Grunde unwirksam, weil sie von einem örtlich unzuständigen Gericht oder von einem Richter vorgenommen sind, der von der Ausübung des Richteramts kraft Gesetzes ausgeschlossen ist.

§ 11 [Aufnahme von Anträgen und Erklärungen]

Anträge und Erklärungen können zu Protokoll der Geschäftsstelle des zuständigen Gerichts oder der Geschäftsstelle eines Amtsgerichts erfolgen.

§ 12 [Untersuchungsgrundsatz; Ermittlungen von Amts wegen]

Das Gericht hat von Amts wegen die zur Feststellung der Tatsachen erforderlichen Ermittlungen zu veranstalten und die geeignet erscheinenden Beweise aufzunehmen.

§ 13 [Beistände; Bevollmächtigte]

Die Beteiligten können mit Beiständen erscheinen. Sie können sich, soweit nicht das Gericht das persönliche Erscheinen anordnet, auch durch Bevollmächtigte vertreten lassen. Die Bevollmächtigten haben auf Anordnung des Gerichts oder auf Verlangen eines Beteiligten die Bevollmächtigung durch eine öffentlich beglaubigte Vollmacht nachzuweisen.

§ 13a [Kosten]

Sind an einer Angelegenheit mehrere Personen beteiligt, so kann das Gericht anordnen, daß die Kosten, die zur zweckentsprechenden Erledigung der Angelegenheit notwendig waren, von einem Beteiligten ganz oder teilweise zu erstatten sind, wenn dies der Billigkeit entspricht. Hat ein Beteiligter Kosten durch ein unbegründetes Rechtsmittel oder durch grobes Verschulden veranlaßt, so sind ihm die Kosten aufzuerlegen.

Die Vorschriften des § 91 Abs. 1 Satz 2 und der §§ 102[4] bis 107 der Zivilprozeßordnung gelten entsprechend.

Unberührt bleiben bundesrechtliche Vorschriften, die die Kostenerstattung abweichend regeln.

---

[2] wegen Ausschließung des Rechtspflegers siehe § 10 RPflG

[3] § 6 Abs. 2 S. 2 nichtig wegen Verstoßes gegen Art. 101 Abs. 1 S. 2 GG; Beschl. des BVerfG vom 8. 2. 1967 (BGBl. I S. 502)

[4] § 102 ZPO aufgehoben durch Gesetz vom 27. 11. 1964 (BGBl. I S. 933)

§ 16 [Wirksamwerden und Bekanntmachung der gerichtlichen Verfügungen]

Gerichtliche Verfügungen werden mit der Bekanntmachung an denjenigen, für welchen sie ihrem Inhalte nach bestimmt sind, wirksam.

Die Bekanntmachung erfolgt, wenn mit ihr der Lauf einer Frist beginnt, durch Zustellung nach den für die Zustellung von Amts wegen geltenden Vorschriften der Zivilprozeßordnung; durch die Landesjustizverwaltung kann jedoch für Zustellungen im Auslande eine einfachere Art der Zustellung angeordnet werden. In denjenigen Fällen, in welchen mit der Bekanntmachung nicht der Lauf einer Frist beginnt, soll in den Akten vermerkt werden, in welcher Weise, an welchem Orte und an welchem Tage die Bekanntmachung zur Ausführung gebracht ist; durch die Landesjustizverwaltung kann näher bestimmt werden, in welcher Weise in diesen Fällen die Bekanntmachung zur Ausführung gebracht werden soll.

Einem Anwesenden kann die Verfügung zu Protokoll bekanntgemacht werden. Auf Verlangen ist ihm eine Abschrift der Verfügung zu erteilen.

§ 19 [Beschwerde]

Gegen die Verfügungen des Gerichts erster Instanz findet das Rechtsmittel der Beschwerde statt.

Über die Beschwerde entscheidet das Landgericht.

§ 20 [Beschwerdeberechtigte]

Die Beschwerde steht jedem zu, dessen Recht durch die Verfügung beeinträchtigt ist.

Soweit eine Verfügung nur auf Antrag erlassen werden kann und der Antrag zurückgewiesen worden ist, steht die Beschwerde nur dem Antragsteller zu.

§ 20a [Anfechtung von Kostenentscheidungen]

Die Anfechtung der Entscheidung über den Kostenpunkt ist unzulässig, wenn nicht gegen die Entscheidung in der Hauptsache ein Rechtsmittel eingelegt wird.

Ist eine Entscheidung in der Hauptsache nicht ergangen, so findet gegen die Entscheidung über den Kostenpunkt die sofortige Beschwerde statt, wenn der Wert des Beschwerdegegenstandes einhundert Deutsche Mark übersteigt.

§ 21 [Einlegung der Beschwerde]

Die Beschwerde kann bei dem Gerichte, dessen Verfügung angefochten wird, oder bei dem Beschwerdegericht eingelegt werden.

Die Einlegung erfolgt durch Einreichung einer Beschwerdeschrift oder durch Erklärung zu Protokoll der Geschäftsstelle desjenigen Gerichts, dessen Verfügung angefochten wird, oder der Geschäftsstelle des Beschwerdegerichts.

§ 22 [Sofortige Beschwerde; Wiedereinsetzung in den vorigen Stand]

Die sofortige Beschwerde ist binnen einer Frist von zwei Wochen einzulegen. Die Frist beginnt mit dem Zeitpunkt, in welchem die Verfügung dem Beschwerdeführer bekannt gemacht worden ist.

Einem Beschwerdeführer, der ohne sein Verschulden verhindert war, die Frist einzuhalten, ist auf Antrag von dem Beschwerdegerichte die Wiedereinsetzung in den vorigen Stand zu erteilen, wenn er die Beschwerde binnen zwei Wochen nach der Beseitigung des Hindernisses einlegt und die Tatsachen, welche die Wiedereinsetzung begründen, glaubhaft macht. Eine Versäumung der Frist, die in dem Verschulden eines Vertreters ihren Grund hat, wird als eine unverschuldete nicht angesehen. Gegen die Entscheidung über den Antrag findet die sofortige weitere Beschwerde statt. Nach dem Ablauf eines Jahres, von dem Ende der versäumten Frist an gerechnet, kann die Wiedereinsetzung nicht mehr beantragt werden.

§ 23 [Neues Vorbringen]

Die Beschwerde kann auf neue Tatsachen und Beweise gestützt werden.

§ 24 [Aufschiebende Wirkung]

Die Beschwerde hat nur dann aufschiebende Wirkung, wenn sie gegen eine Verfügung gerichtet ist, durch die ein Ordnungs- oder Zwangsmittel festgesetzt wird.

Das Gericht, dessen Verfügung angefochten wird, kann anordnen, daß die Vollziehung auszusetzen ist.

Das Beschwerdegericht kann vor der Entscheidung eine einstweilige Anordnung erlassen; es kann insbesondere anordnen, daß die Vollziehung der angefochtenen Verfügung auszusetzen ist.

§ 26 [Wirksamwerden der Beschwerdeentscheidung]

Die Entscheidung des Beschwerdegerichts wird in den Fällen, in welchen die sofortige weitere Beschwerde stattfindet, erst mit der Rechtskraft wirksam. Das Beschwerdegericht kann jedoch die sofortige Wirksamkeit der Entscheidung anordnen.

§ 27 [Weitere Beschwerde]

Gegen die Entscheidung des Beschwerdegerichts ist das Rechtsmittel der weiteren Beschwerde zulässig, wenn die Entscheidung auf einer Verletzung des Gesetzes beruht. Die Vorschriften der §§ 550, 551, 561, 563 der Zivilprozeßordnung finden entsprechende Anwendung.

§ 28 [Gericht der weiteren Beschwerde]

Über die weitere Beschwerde entscheidet das Oberlandesgericht.[5]

Will das Oberlandesgericht bei der Auslegung einer reichsgesetzlichen Vorschrift, welche eine der im § 1 bezeichneten Angelegenheiten betrifft, von der auf weitere Beschwerde ergangenen Entscheidung eines anderen Oberlandesgericht, falls aber über die Rechtsfrage bereits eine Entscheidung des Bundesgerichtshofs ergangen ist, von dieser abweichen, so hat es die weitere Beschwerde unter Begründung seiner Rechtsauffassung dem Bundesgerichtshof vorzulegen. Der Beschluß über die Vorlegung ist dem Beschwerdeführer bekanntzumachen.

In den Fällen des Abs. 2 entscheidet über die weitere Beschwerde der Bundesgerichtshof.

§ 29 [Einlegung der weiteren Beschwerde; sofortige weitere Beschwerde]

Die weitere Beschwerde kann bei dem Gericht erster Instanz, bei dem Landgericht oder bei dem Oberlandesgericht[5] eingelegt werden. Erfolgt die Einlegung durch Einreichung einer Beschwerdeschrift, so muß diese von einem Rechtsanwalt unterzeichnet sein. Der Zuziehung eines Rechtsanwalts bedarf es nicht, wenn die Beschwerde von einer Behörde oder von einem Notar eingelegt wird, der in der Angelegenheit für den Beschwerdeführer einen Antrag bei dem Gericht erster Instanz gestellt hat.

Soweit eine Verfügung der sofortigen Beschwerde unterliegt, findet auch gegen die Entscheidung des Beschwerdegerichts die sofortige weitere Beschwerde statt.

Das Gericht erster Instanz und das Landgericht sind nicht befugt, der weiteren Beschwerde abzuhelfen.

Im übrigen finden die Vorschriften über die Beschwerde entsprechende Anwendung.

---

[5] in Bayern das Bayer. Oberste Landesgericht (Art. 23 Nr. 1 AGGVG i. d. F. der Bek. vom 7. 11. 1974 (GVBl. S. 652); in Rheinland/Pfalz das OLG Zweibrücken (§ 1 des Gesetzes vom 15. 6. 1949 – GVBl. S. 225 – mit Änderung durch Gesetz vom 9. 8. 1962 – GVBl. S. 127 – und § 21 des Gesetzes vom 5. 10. 1977 – GVBl. S. 333 –)

§ 34 [Akteneinsicht, Abschriften]

Die Einsicht der Gerichtsakten kann jedem insoweit gestattet werden, als er ein berechtigtes Interesse glaubhaft macht. Das gleiche gilt von der Erteilung einer Abschrift; die Abschrift ist auf Verlangen von der Geschäftsstelle zu beglaubigen.

Die Einsicht der Akten und die Erteilung von Abschriften ist insoweit zu versagen, als § 1758 des Bürgerlichen Gesetzbuchs entgegensteht.

§ 127 [Aussetzung der Verfügung]

Das Registergericht kann, wenn eine von ihm zu erlassende Verfügung von der Beurteilung eines streitigen Rechtsverhältnisses abhängig ist, die Verfügung aussetzen, bis über das Verhältnis im Wege des Rechtsstreits entschieden ist. Es kann, wenn der Rechtsstreit nicht anhängig ist, einem der Beteiligten eine Frist zur Erhebung der Klage bestimmen.

§ 128 [Protokollierung der Anmeldungen][6]

§ 129 [Antragsrecht des Notars]

Ist die zu einer Eintragung erforderliche Erklärung von einem Notar beurkundet oder beglaubigt, so gilt dieser als ermächtigt, im Namen des zur Anmeldung Verpflichteten die Eintragung zu beantragen.

. . .

§ 130 [Form der Eintragung; Bekanntmachung]

Jede Eintragung soll den Tag, an welchem sie erfolgt ist, angeben und mit der Unterschrift des zuständigen Beamten versehen werden.

Jede Eintragung soll demjenigen, welcher sie beantragt hat, bekanntgemacht werden. Auf die Bekanntmachung kann verzichtet werden.

§ 132 [Einschreiten des Registergerichts]

Sobald das Registergericht von einem sein Einschreiten nach den §§ 14, 125 a Abs. 2 des Handelsgesetzbuchs, §§ 407, 408 des Aktiengesetzes, § 28 Abs. 3 des Einführungsgesetzes zum Aktiengesetz, § 21 des Gesetzes über die Rechnungslegung von bestimmten Unternehmen und Konzernen vom 15. August 1969 (Bundesgesetzbl. I S. 1189), § 79 Abs. 1 des Gesetzes betreffend die Gesellschaften mit beschränkter Haftung oder § 37 Abs. 1 des Gesetzes über die Kapitalerhöhung aus Gesellschaftsmitteln und über die Verschmelzung von Gesellschaften mit beschränkter Haftung rechtfertigenden Sachverhalt glaubhafte Kenntnis erhält, hat es dem Beteiligten unter Androhung eines Zwangsgeldes aufzugeben, innerhalb einer bestimmten Frist seiner gesetzlichen Verpflichtung nachzukommen oder die Unterlassung mittels Einspruchs gegen die Verfügung zu rechtfertigen.

Die Beschwerde gegen diese Verfügung ist unzulässig.

§ 133 [Festsetzung des Zwangsgelds; Wiederholung der Verfügung]

Wird innerhalb der bestimmten Frist weder der gesetzlichen Verpflichtung genügt noch Einspruch erhoben, so ist das angedrohte Zwangsgeld festzusetzen und zugleich die frühere Verfügung unter Androhung eines erneuten Zwangsgelds zu wiederholen.

In gleicher Weise ist fortzufahren, bis der gesetzlichen Verpflichtung genügt oder Einspruch erhoben wird.

---

[6] § 128 aufgehoben durch Beurkundungsgesetz vom 28. 8. 1969 (BGBl. I S. 1513)

§ 134 [Einspruch, Termin]

Wird rechtzeitig Einspruch erhoben, so hat das Gericht, wenn sich der Einspruch nicht ohne weiteres als begründet ergibt, zur Erörterung der Sache den Beteiligten zu einem Termine zu laden.

Das Gericht kann, auch wenn der Beteiligte nicht erscheint, nach Lage der Sache entscheiden.

§ 135 [Entscheidung über den Einspruch]

Wird der Einspruch für begründet erachtet, so ist die erlassene Verfügung aufzuheben.

Anderenfalls hat das Gericht den Einspruch zu verwerfen und das angedrohte Zwangsgeld festzusetzen. Das Gericht kann, wenn die Umstände es rechtfertigen, von der Festsetzung eines Zwangsgeldes absehen oder ein geringeres als das angedrohte Zwangsgeld festsetzen.

Im Falle der Verwerfung des Einspruchs hat das Gericht zugleich eine erneute Verfügung nach § 132 zu erlassen. Die in dieser Verfügung bestimmte Frist beginnt mit dem Eintritte der Rechtskraft der Verwerfung des Einspruchs.

§ 136 [Einspruch gegen die wiederholte Verfügung]

Wird im Falle des § 133 gegen die wiederholte Verfügung Einspruch erhoben und dieser für begründet erachtet, so kann das Gericht, wenn die Umstände es rechtfertigen, zugleich ein früher festgesetztes Zwangsgeld aufheben oder an dessen Stelle ein geringeres Zwangsgeld festsetzen.

§ 137 [Wiedereinsetzung in den vorigen Stand]

Gegen die Versäumung der Einspruchsfrist ist auf Antrag nach Maßgabe des § 22 Abs. 2 die Wiedereinsetzung in den vorigen Stand zu erteilen.

§ 138 [Kosten]

Bei der Festsetzung des Zwangsgeldes sind dem Beteiligten zugleich die Kosten des Verfahrens aufzuerlegen.

§ 139 [Sofortige Beschwerde]

Gegen den Beschluß, durch welchen das Zwangsgeld festgesetzt oder der Einspruch verworfen wird, findet die sofortige Beschwerde statt.

Ist das Zwangsgeld nach Maßgabe des § 133 festgesetzt, so kann die Beschwerde nicht darauf gestützt werden, daß die Verfügung, durch welche das Zwangsgeld angedroht worden ist, nicht gerechtfertigt gewesen sei.

§ 141 [Löschung einer Firma]

(1) . . .

(2) . . .

(3) Wird Einspruch erhoben, so entscheidet über ihn das Gericht. Gegen die den Widerspruch zurückweisende Verfügung findet sofortige Beschwerde statt.

(4) Die Löschung darf nur erfolgen, wenn Widerspruch nicht erhoben oder wenn die den Widerspruch zurückweisende Verfügung rechtskräftig geworden ist.

§ 142 [Löschung unzulässiger Eintragungen]

Ist eine Eintragung in das Handelsregister bewirkt, obgleich sie wegen Mangels einer wesentlichen Voraussetzung unzulässig war, so kann das Registergericht sie von Amts wegen löschen. Die Löschung geschieht durch Eintragung eines Vermerkes.

Das Gericht hat den Beteiligten von der beabsichtigten Löschung zu benachrichtigen und ihm zugleich eine angemessene Frist zur Geltendmachung eines Widerspruchs zu bestimmen.

Auf das weitere Verfahren finden die Vorschriften des § 141 Abs. 3, 4 Anwendung.

§ 143 [Löschung auf Verfügung des Landgerichts]

Die Löschung einer Eintragung kann gemäß den Vorschriften des § 142 auch von dem Landgerichte verfügt werden, welches dem Registergericht im Instanzenzuge vorgeordnet ist. Die Vorschrift des § 30 Abs. 1 Satz 2 findet Anwendung.

Gegen die einen Widerspruch zurückweisende Verfügung des Landgerichts findet die sofortige Beschwerde an das Oberlandesgericht[7] mit der Maßgabe statt, daß die Vorschriften des § 28 Abs. 2, 3 zur entsprechenden Anwendung kommen.

Die weitere Beschwerde ist ausgeschlossen.

§ 144 [Löschung nichtiger Gesellschaften]

Eine in das Handelsregister eingetragene Aktiengesellschaft oder Kommanditgesellschaft auf Aktien kann nach den §§ 142, 143 als nichtig gelöscht werden, wenn die Voraussetzungen vorliegen, unter denen nach den §§ 275, 276 des Aktiengesetzes die Klage auf Nichtigerklärung erhoben werden kann. Das gleiche gilt für eine in das Handelsregister eingetragene Gesellschaft mit beschränkter Haftung, wenn die Voraussetzungen vorliegen, unter denen nach §§ 75, 76 des Gesetzes, betreffend die Gesellschaften mit beschränkter Haftung, die Nichtigkeitsklage erhoben werden kann.

Ein in das Handelsregister eingetragener Beschluß der Generalversammlung oder Versammlung der Gesellschafter einer der im Abs. 1 bezeichneten Gesellschaften kann gemäß den Vorschriften der §§ 142, 143 als nichtig gelöscht werden, wenn er durch seinen Inhalt zwingende Vorschriften des Gesetzes verletzt und seine Beseitigung im öffentlichen Interesse erforderlich erscheint.

In den Fällen der Abs. 1, 2 soll die nach § 142 Abs. 2 zu bestimmende Frist mindestens drei Monate betragen.

§ 159 [Vereinsregister]

Auf die Eintragungen in das Vereinsregister finden die Vorschriften der §§ 127 bis 130, 142, 143, auf das Verfahren bei der Verhängung von Zwangsgeld gegen Mitglieder des Vorstandes oder Liquidatoren eines eingetragenen Vereins finden die Vorschriften der §§ 127, 132 bis 139 entsprechende Anwendung.

§ 160 [Anhörung des Vorstands]

Im Falle des § 37 des Bürgerlichen Gesetzbuchs soll das Gericht vor der Verfügung, durch welche über das Verlangen, eine Mitgliederversammlung zu berufen, entschieden wird, soweit tunlich den Vorstand des Vereins hören. Gegen die Verfügung findet die sofortige Beschwerde statt.

§ 160a [Zurückweisung von Anmeldungen; Entziehung der Rechtsfähigkeit]

Gegen die Verfügung, durch welche die Anmeldung eines Vereins oder einer Satzungsänderung zur Eintragung in das Vereinsregister zurückgewiesen wird, findet die sofortige Beschwerde statt.

Die Verfügung, durch die dem Verein die Rechtsfähigkeit auf Grund des § 73 des Bürgerlichen Gesetzbuchs entzogen wird, ist dem Vorstand bekanntzumachen. Gegen sie findet die sofortige Beschwerde statt. Die Verfügung wird erst mit der Rechtskraft wirksam.

§ 162 [Bescheinigungen über Vereins- und Güterrechtsregister]

Das Amtsgericht hat auf Verlangen eine Bescheinigung darüber zu erteilen, daß bezüglich des Gegenstandes einer Eintragung weitere Eintragungen in das Vereins- oder Güterrechtsregister nicht vorhanden sind oder daß eine bestimmte Eintragung in das Register nicht erfolgt ist.

---

[7] in Bayern das Bayer. Oberste Landesgericht; in Rheinland-Pfalz das Oberlandesgericht Zweibrücken

4. Gesetz, betreffend die Erwerbs- und Wirtschaftsgenossenschaften (GenG)

Vom 1. Mai 1889 (RGBl. S. 55) i. d. Fassung der Bekanntmachung vom 20. Mai 1898 (RGBl. S. 810), zuletzt geändert durch das Gesetz vom 9. Oktober 1973 (BGBl. I S. 1451) und vom 29. 7. 1976 (BGBl. I S. 2034)

§ 63e [Verschmelzung von Prüfungsverbänden]

Ein Verband in der Rechtsform eines eingetragenen Vereins (aufgelöster Verband) kann sich mit einem anderen Verbande gleicher Rechtsform (übernehmender Verband) auf Grund von Beschlüssen der Mitgliederversammlung beider Verbände verschmelzen. Die Beschlüsse bedürfen unbeschadet weiterer Erschwerungen durch die Satzung einer Mehrheit von drei Vierteilen der erschienenen Mitglieder.

Für den Verschmelzungsvertrag ist die schriftliche Form erforderlich; die Vorschriften der §§ 310, 311 und 313 des Bürgerlichen Gesetzbuchs finden auf ihn keine Anwendung.

§ 63f [Eintragung der Verschmelzung]

Die Verschmelzung ist durch die Vorstände beider Verbände gemeinschaftlich ohne Verzug zur Eintragung in die Vereinsregister des Sitzes beider Verbände anzumelden. Der Anmeldung ist der zwischen den Verbänden abgeschlossene Vertrag in Urschrift oder in öffentlich beglaubigter Abschrift beizufügen. Die Verschmelzung darf nur eingetragen werden, wenn die Beobachtung der Vorschriften der Sätze 1, 2 und des § 63e nachgewiesen ist.

Mit der Eintragung der Verschmelzung in das Vereinsregister des Sitzes des aufgelösten Verbandes gilt dieser Verband als aufgelöst und sein Vermögen einschließlich der Schulden als auf den übernehmenden Verband übergegangen.

Von der Eintragung haben die Vorstände beider Verbände gemeinschaftlich ohne Verzug den Stellen Mitteilung zu machen, die zuständig sind, den Verbänden das Recht zur Bestellung des Revisors zu verleihen.

§ 63g [Schadensersatzpflicht der Vorstandsmitglieder bei Verschmelzung]

Eine Liquidation des aufgelösten Verbandes findet nicht statt. Die Vorschriften des § 45 des Bürgerlichen Gesetzbuchs finden keine Anwendung.

Die Mitglieder des Vorstandes beider Verbände sind als Gesamtschuldner zum Ersatz des Schadens verpflichtet, den die Gläubiger des aufgelösten und des übernehmenden Verbandes durch die Verschmelzung erleiden. Vorstandsmitglieder, die bei der Prüfung der Vermögenslage beider Verbände und bei dem Abschluß des Verschmelzungsvertrags die Sorgfalt eines ordentlichen Geschäftsmannes angewandt haben, sind von der Ersatzpflicht befreit.

§ 63h [Mitglieder des aufgelösten Verbandes]

Mit der Eintragung der Verschmelzung in das Vereinsregister des Sitzes des aufgelösten Verbandes gelten die Mitglieder dieses Verbandes als Mitglieder des übernehmenden Verbandes mit den aus dieser Mitgliedschaft sich ergebenden Rechten und Pflichten. Von der Eintragung hat der Vorstand unverzüglich die Mitglieder zu benachrichtigen.

Die Mitglieder des aufgelösten Verbandes haben das Recht, durch Kündigung ihren Austritt aus dem übernehmenden Verbande zu erklären. Auf das Recht zur Kündigung kann verzichtet werden. Die Kündigung hat spätestens bis zum Ablauf von drei Monaten zu erfolgen; die Frist beginnt mit dem Tage, an dem die Nachricht von der Eintragung der Verschmelzung (Abs. 1 Satz 2) dem Mitgliede zugeht. Im Falle der Kündigung gilt die Mitgliedschaft bei dem übernehmenden Verband als nicht erworben.

§ 63i [Verschmelzung mit Verband mit staatlich verliehener Rechtsfähigkeit]

Ein Verband, dessen Rechtsfähigkeit auf staatlicher Verleihung beruht, kann sich mit einem Verbande in der Rechtsform eines eingetragenen Vereins in der Weise verschmelzen, daß dieser Verband (übernehmender Verband) den anderen Verband (aufgelöster Verband) übernimmt.

Die Verschmelzung ist durch die Vorstände beider Verbände gemeinschaftlich ohne Verzug zur Eintragung in das Vereinsregister des Sitzes des übernehmenden Verbandes anzumelden. Im übrigen finden die Vorschriften der §§ 63e bis h Anwendung, die Bestimmungen der §§ 63f und 63h mit der Maßgabe, daß an die Stelle der Eintragung der Verschmelzung in das Vereinsregister des Sitzes des aufgelösten Verbandes die Eintragung in das Vereinsregister des Sitzes des übernehmenden Verbandes tritt.

5. Grundgesetz für die Bundesrepublik Deutschland (GG)

Vom 23. Mai 1949 (BGBl. S. 1)

Art. 9 [Vereinigungsfreiheit]

Alle Deutschen haben das Recht, Vereine und Gesellschaften zu bilden.

Vereinigungen, deren Zwecke oder deren Tätigkeit den Strafgesetzen zuwiderlaufen oder die sich gegen die verfassungsmäßige Ordnung oder gegen den Gedanken der Völkerverständigung richten, sind verboten.

Das Recht, zur Wahrung und Förderung der Arbeits- und Wirtschaftsbedingungen Vereinigungen zu bilden, ist für jedermann und für alle Berufe gewährleistet. Abreden, die dieses Recht einschränken oder zu behindern suchen, sind nichtig, hierauf gerichtete Maßnahmen sind rechtswidrig. Maßnahmen nach den Artikeln 12a, 35 Abs. 2 und 3, Artikel 87a Abs. 4 und Artikel 91 dürfen sich nicht gegen Arbeitskämpfe richten, die zur Wahrung und Förderung der Arbeits- und Wirtschaftsbedingungen von Vereinigungen im Sinne des Satzes 1 geführt werden.

Art. 21 [Parteien]

Die Parteien wirken bei der politischen Willensbildung des Volkes mit. Ihre Gründung ist frei. Ihre innere Ordnung muß demokratischen Grundsätzen entsprechen. Sie müssen über die Herkunft ihrer Mittel öffentlich Rechenschaft geben.

Parteien, die nach ihren Zielen oder nach dem Verhalten ihrer Anhänger darauf ausgehen, die freiheitliche demokratische Grundordnung zu beeinträchtigen oder zu beseitigen oder den Bestand der Bundesrepublik Deutschland zu gefährden, sind verfassungswidrig. Über die Frage der Verfassungswidrigkeit entscheidet das Bundesverfassungsgericht.

Das Nähere regeln Bundesgesetze.[8]

6. Handelsgesetzbuch (HGB)

Vom 10. Mai 1897 (RGBl. S. 219)

§ 1 [Mußkaufmann]

Kaufmann im Sinne dieses Gesetzbuchs ist, wer ein Handelsgewerbe betreibt.

Als Handelsgewerbe gilt jeder Gewerbebetrieb, der eine der nachstehend bezeichneten Arten von Geschäften zum Gegenstande hat:

---

[8] Gesetz über die politischen Parteien (Parteiengesetz) vom 24. 7. 1967 (BGBl. I S. 773) mit Änderung durch Art. 15 Gesetz vom 25. 6. 1969 (BGBl. I S. 645) und Gesetz vom 22. 7. 1969 (BGBl. I S. 925) sowie Gesetz vom 24. 7. 1974 (BGBl. I S. 1537) und vom 21. 12. 1979 (BGBl. I S. 2358).

1. die Anschaffung und Weiterveräußerung von beweglichen Sachen (Waren) oder Wertpapieren, ohne Unterschied, ob die Waren unverändert oder nach einer Bearbeitung oder Verarbeitung weiter veräußert werden;
2. die Übernahme der Bearbeitung oder Verarbeitung von Waren für andere, sofern das Gewerbe nicht handwerksmäßig betrieben wird;
3. die Übernahme von Versicherungen gegen Prämie;
4. Bankier- und Geldwechslergeschäfte;
5. die Übernahme der Beförderung von Gütern oder Reisenden zur See, die Geschäfte der Frachtführer oder der zur Beförderung von Personen zu Lande oder auf Binnengewässern bestimmten Anstalten sowie die Geschäfte der Schleppschiffahrtsunternehmer;
6. die Geschäfte der Kommissionäre, der Spediteure oder der Lagerhalter;
7. die Geschäfte der Handelsvertreter oder der Handelsmäkler;
8. die Verlagsgeschäfte sowie die sonstigen Geschäfte des Buch- oder Kunsthandels;
9. die Geschäfte der Druckereien, sofern das Gewerbe nicht handwerksmäßig betrieben wird.

§ 2 [Sollkaufmann]

Ein handwerkliches oder ein sonstiges gewerbliches Unternehmen, dessen Gewerbebetrieb nicht schon nach § 1 Abs. 2 als Handelsgewerbe gilt, das jedoch nach Art und Umfang einen in kaufmännischer Weise eingerichteten Geschäftsbetrieb erfordert, gilt als Handelsgewerbe im Sinne dieses Gesetzbuchs, sofern die Firma des Unternehmens in das Handelsregister eingetragen worden ist. Der Unternehmer ist verpflichtet, die Eintragung nach den für die Eintragung kaufmännischer Firmen geltenden Vorschriften herbeizuführen.

§ 4 [Minderkaufmann]

Die Vorschriften über die Firmen, die Handelsbücher und die Prokura finden keine Anwendung auf Personen, deren Gewerbebetrieb nach Art oder Umfang einen in kaufmännischer Weise eingerichteten Geschäftsbetrieb nicht erfordert.

Durch eine Vereinigung zum Betrieb eines Gewerbes, auf welches die bezeichneten Vorschriften keine Anwendung finden, kann eine offene Handelsgesellschaft oder eine Kommanditgesellschaft nicht begründet werden.

§ 13a [Gericht der Hauptniederlassung]

Ist eine Zweigniederlassung in das Handelsregister eingetragen, so sind alle Anmeldungen, die die Hauptniederlassung oder die Niederlassung am Sitz der Gesellschaft oder die eingetragenen Zweigniederlassungen betreffen, beim Gericht der Hauptniederlassung oder des Sitzes zu bewirken; es sind so viel Stücke einzureichen, wie Niederlassungen bestehen.

...

Das Gericht der Hauptniederlassung oder des Sitzes hat sodann seine Eintragung unter Angabe der Nummer des Bundesanzeigers, in der sie bekanntgemacht ist, von Amts wegen den Gerichten der Zweigniederlassungen mitzuteilen; der Mitteilung ist ein Stück der Anmeldung beizufügen. Die Gerichte der Zweigniederlassungen haben die Eintragung ohne Nachprüfung in ihr Handelsregister zu übernehmen.

...

§ 13c [Sitzverlegung im Inland]

Wird die Hauptniederlassung eines Einzelkaufmanns oder einer juristischen Person oder der Sitz einer Handelsgesellschaft im Inland verlegt, so ist die Verlegung beim Gericht der bisherigen Hauptniederlassung oder des bisherigen Sitzes anzumelden.

Wird die Hauptniederlassung oder der Sitz aus dem Bezirk des Gerichts der bisherigen Hauptniederlassung oder des bisherigen Sitzes verlegt, so hat dieses unverzüglich von Amts wegen die Verlegung dem Gericht der neuen Hauptniederlassung oder des neuen Sitzes mitzuteilen. Der Mitteilung sind die Eintragungen für die bisherige Hauptniederlassung oder den bisherigen Sitz sowie die bei dem bisher zuständigen

Gericht aufbewahrten Urkunden beizufügen. Das Gericht der neuen Hauptniederlassung oder des neuen Sitzes hat zu prüfen, ob die Hauptniederlassung oder der Sitz ordnungsgemäß verlegt ist und § 30 beachtet ist. Ist dies der Fall, so hat es die Verlegung einzutragen und dabei die ihm mitgeteilten Eintragungen ohne weitere Nachprüfung in sein Handelsregister zu übernehmen. Die Eintragung ist dem Gericht der bisherigen Hauptniederlassung oder des bisherigen Sitzes mitzuteilen. Dieses hat die erforderlichen Eintragungen von Amts wegen vorzunehmen.

Wird die Hauptniederlassung oder der Sitz an einen anderen Ort innerhalb des Bezirks des Gerichts der bisherigen Hauptniederlassung oder des bisherigen Sitzes verlegt, so hat das Gericht zu prüfen, ob die Hauptniederlassung oder der Sitz ordnungsgemäß verlegt ist und § 30 beachtet ist. Ist dies der Fall, so hat es die Verlegung einzutragen.

§ 18 [Firma des Einzelkaufmanns]

Ein Kaufmann, der sein Geschäft ohne Gesellschafter oder nur mit einem stillen Gesellschafter betreibt, hat seinen Familiennamen mit mindestens einem ausgeschriebenen Vornamen als Firma zu führen.

Der Firma darf kein Zusatz beigefügt werden, der ein Gesellschaftsverhältnis andeutet oder sonst geeignet ist, eine Täuschung über die Art oder den Umfang des Geschäfts oder die Verhältnisse des Geschäftsführers herbeizuführen.

Zusätze, die zur Unterscheidung der Person oder des Geschäfts dienen, sind gestattet.

§ 30 [Unterscheidbarkeit der Firma]

Jede neue Firma muß sich von allen an demselben Orte oder in derselben Gemeinde bereits bestehenden und in das Handelsregister oder in das Genossenschaftsregister eingetragenen Firmen deutlich unterscheiden.

Hat ein Kaufmann mit einem bereits eingetragenen Kaufmanne die gleichen Vornamen und den gleichen Familiennamen und will auch er sich dieser Namen als seiner Firma bedienen, so muß er der Firma einen Zusatz beifügen, durch den sie sich von der bereits eingetragenen Firma deutlich unterscheidet.

...

Durch die Landesregierungen kann bestimmt werden, daß benachbarte Orte oder Gemeinden als ein Ort oder als eine Gemeinde im Sinne dieser Vorschriften anzusehen sind.

§ 33 [Eintragung einer juristischen Person in das Handelsregister]

Eine juristische Person, deren Eintragung in das Handelsregister mit Rücksicht auf den Gegenstand oder auf die Art und den Umfang ihres Gewerbebetriebes zu erfolgen hat, ist von sämtlichen Mitgliedern des Vorstandes zur Eintragung anzumelden.

Der Anmeldung sind die Satzung der juristischen Person und die Urkunden über die Bestellung des Vorstandes in Urschrift oder in öffentlich beglaubigter Abschrift beizufügen. Bei der Eintragung sind die Firma und der Sitz der juristischen Person, der Gegenstand des Unternehmens und die Mitglieder des Vorstandes anzugeben. Besondere Bestimmungen der Satzung über die Befugnis des Vorstandes zur Vertretung der juristischen Person oder über die Zeitdauer des Unternehmens sind gleichfalls einzutragen.

Die Errichtung einer Zweigniederlassung ist durch den Vorstand unter Beifügung einer öffentlich beglaubigten Abschrift der Satzung anzumelden.

§ 34 [Anmeldung und Eintragung von Änderungen]

Jede Änderung der nach § 33 Abs. 2 Satz 2 und 3 einzutragenden Tatsachen oder der Satzung, die Auflösung der juristischen Person, falls sie nicht die Folge der Eröffnung des Konkurses ist, sowie die Personen der Liquidatoren und die besonderen Bestimmungen über ihre Vertretungsbefugnis sind zur Eintragung in das Handelsregister anzumelden.

Bei der Eintragung einer Änderung der Satzung genügt, soweit nicht die Änderung die im § 33 Abs. 2 Satz 2 und 3 bezeichneten Angaben betrifft, die Bezugnahme auf die bei dem Gericht eingereichten Urkunden über die Änderung.

Die Anmeldung hat durch den Vorstand oder, sofern die Eintragung erst nach der Anmeldung der ersten Liquidatoren geschehen soll, durch die Liquidatoren zu erfolgen.

Die Eintragung gerichtlich bestellter Vorstandsmitglieder oder Liquidatoren geschieht von Amts wegen.

Im Falle des Konkurses finden die Vorschriften des § 32 Anwendung.

§ 35 [Unterschriftszeichnung]

Die Mitglieder des Vorstandes und die Liquidatoren einer juristischen Person haben ihre Unterschrift zur Aufbewahrung bei dem Gerichte zu zeichnen.

7. Konkursordnung (KO)

Vom 10. Februar 1877 (RGBl. S. 351) i.d. Fassung der Bekanntmachung vom 20. Mai 1898 (RGBl. S. 612)

§ 102 [Zahlungsunfähigkeit]

Die Eröffnung des Konkursverfahrens setzt die Zahlungsunfähigkeit des Gemeinschuldners voraus.

Zahlungsunfähigkeit ist insbesondere anzunehmen, wenn Zahlungseinstellung erfolgt ist.

§ 207 [Aktiengesellschaft]

Über das Vermögen einer Aktiengesellschaft findet das Konkursverfahren außer dem Fall der Zahlungsunfähigkeit in dem Falle der Überschuldung statt.

Nach Auflösung einer Aktiengesellschaft ist die Eröffnung des Verfahrens so lange zulässig, als die Verteilung des Vermögens nicht vollzogen ist.

§ 208 [Antragsberechtigte bei Konkurs einer AG]

Zu dem Antrage auf Eröffnung des Verfahrens ist außer den Konkursgläubigern jedes Mitglied des Vorstandes oder jeder Liquidator berechtigt.

Wird der Antrag nicht von allen Mitgliedern des Vorstandes oder allen Liquidatoren gestellt, so ist derselbe zuzulassen, wenn die Zahlungsunfähigkeit oder Überschuldung glaubhaft gemacht wird. Das Gericht hat die übrigen Mitglieder oder Liquidatoren nach Maßgabe des § 105 Abs. 2, 3 zu hören.

§ 213 [Juristische Person, Verein]

Auf das Konkursverfahren über das Vermögen einer juristischen Person sowie eines Vereins, der als solcher verklagt werden kann, finden die Vorschriften der §§ 207, 208 entsprechende Anwendung.

8. Gesetz über die Kosten in Angelegenheiten der freiwilligen Gerichtsbarkeit (KostO)

Vom 26. Juli 1957 (BGBl. I S. 960)

§ 7 Fälligkeit der Kosten

Gebühren werden mit der Beendigung des gebührenpflichtigen Geschäfts, Auslagen sofort nach ihrer Entstehung fällig.

§ 8 Kostenvorschüsse

Bei Geschäften, die auf Antrag vorzunehmen sind, hat der zur Zahlung der Kosten Verpflichtete einen zur Deckung der Kosten hinreichenden Vorschuß zu zahlen. Bei Verrichtungen von Amts wegen kann ein Vorschuß nur zur Deckung der Auslagen erhoben werden. Auf die Verpflichtung zur Zahlung des Vorschusses finden die allgemeinen Vorschriften über die Zahlungspflicht Anwendung.

Bei Geschäften, die auf Antrag vorzunehmen sind, soll die Vornahme des Geschäfts davon abhängig gemacht werden, daß der Vorschuß gezahlt oder sichergestellt wird. Dies gilt nicht, wenn dem Antragsteller die Prozeßkostenhilfe bewilligt ist oder wenn ihm Gebührenfreiheit zusteht; es gilt ferner nicht, wenn glaubhaft gemacht ist, daß eine etwaige Verzögerung einem Beteiligten einen nicht oder nur schwer zu ersetzenden Schaden bringen würde, oder wenn aus einem anderen Grund das Verlangen nach vorheriger Zahlung oder Sicherstellung der Kosten nicht angebracht erscheint, insbesondere wenn die Berichtigung des Grundbuchs oder die Eintragung eines Widerspruchs beantragt wird.

Gegen Anordnungen nach Absatz 2 ist auch wegen der Höhe des Vorschusses die Beschwerde nach §§ 19, 20, 21, 23, 24 Abs. 1, §§ 25, 30 des Gesetzes über die Angelegenheiten der freiwilligen Gerichtsbarkeit ... zulässig. Soweit in erster Instanz das Landgericht zuständig ist, entscheidet über die Beschwerde das Oberlandesgericht. Die Beschwerde ist auch statthaft, wenn der Beschwerdegegenstand einhundert Deutsche Mark nicht übersteigt. Das Verfahren über die Beschwerde ist gebührenfrei. Eine Kostenerstattung findet nicht statt.

§ 14 Kostenansatz, Erinnerung, Beschwerde

Die Kosten werden bei dem Gericht angesetzt, bei dem die Angelegenheit anhängig ist oder zuletzt anhängig war, auch wenn die Kosten bei einem ersuchten Gericht entstanden sind oder die Angelegenheit bei einem anderen Gericht anhängig war. Die Kosten eines Rechtsmittelverfahrens werden bei dem mit dem Rechtsmittel befaßten Gericht angesetzt.

Über Erinnerungen des Kostenschuldners und der Staatskasse gegen den Kostenansatz entscheidet das Gericht, bei dem die Kosten angesetzt sind.

Gegen Entscheidungen nach Absatz 2 ist die Beschwerde nach § 567 Abs. 2, 3, § 568 Abs. 1, §§ 569 bis 575 der Zivilprozeßordnung zulässig. Gegen die Entscheidung, die ein Landgericht als Beschwerdegericht trifft, ist die weitere Beschwerde statthaft, wenn sie das Landgericht wegen der grundsätzlichen Bedeutung der zur Entscheidung stehenden Frage zuläßt. Die weitere Beschwerde kann nur darauf gestützt werden, daß die Entscheidung auf einer Verletzung des Gesetzes beruht; §§ 550 und 551 der Zivilprozeßordnung gelten entsprechend. Für die weitere Beschwerde gilt § 567 Abs. 2 der Zivilprozeßordnung nicht.

Erinnerungen oder Beschwerden können in allen Fällen zu Protokoll der Geschäftsstelle oder schriftlich ohne Mitwirkung eines Rechtsanwalts eingelegt werden.

Das Verfahren über die Erinnerung und die Beschwerde ist gebührenfrei. Kosten werden nicht erstattet.

Der Kostenansatz kann auch im Verwaltungsweg berichtigt werden, solange nicht eine gerichtliche Entscheidung getroffen ist.

§ 15 Nachforderung

Kosten können wegen unrichtigen Ansatzes nur nachgefordert werden, wenn der berichtigte Ansatz vor Ablauf des nächsten Kalenderjahres nach endgültiger Erledigung der Angelegenheit dem Zahlungspflichtigen mitgeteilt ist. Ist innerhalb dieser Frist dem Zahlungspflichtigen davon Mitteilung gemacht, daß ein Wertermittlungsverfahren eingeleitet ist, so ist die Angelegenheit erst mit der Beendigung dieses Verfahrens endgültig erledigt.

§ 16 Nichterhebung von Kosten wegen unrichtiger Sachbehandlung

Kosten, die bei richtiger Behandlung der Sache nicht entstanden wären, werden nicht erhoben. Das gleiche gilt von Auslagen, die durch eine von Amts wegen veranlaßte Verlegung eines Termins oder Vertagung einer Verhandlung entstanden sind.

Die Entscheidung trifft das Gericht. Solange nicht das Gericht entschieden hat, können Anordnungen nach Absatz 1 im Verwaltungsweg erlassen werden. Eine im Verwaltungsweg getroffene Anordnung kann nur im Verwaltungsweg geändert werden.

§ 17 Verjährung

Ansprüche auf Zahlung von Kosten verjähren in vier Jahren nach Ablauf des Kalenderjahrs, in dem der Anspruch fällig geworden ist.

Ansprüche auf Rückerstattung von Kosten verjähren in vier Jahren nach Ablauf des Kalenderjahres, in dem der Anspruch entstanden ist.

Auf die Verjährung sind die Vorschriften des Bürgerlichen Gesetzbuchs anzuwenden; die Verjährung wird nicht von Amts wegen berücksichtigt. Die Verjährung der Ansprüche auf Zahlung von Kosten wird auch durch die Aufforderung zur Zahlung und durch eine dem Schuldner mitgeteilte Stundung unterbrochen; ist der Aufenthalt des Kostenschuldners unbekannt, so genügt die Zustellung durch Aufgabe zur Post unter seiner letzten bekannten Anschrift. Bei Kostenbeträgen unter zwanzig Deutsche Mark wird die Verjährung nicht unterbrochen.

§ 18 Geschäftswert

Die Gebühren werden nach dem Wert berechnet, den der Gegenstand des Geschäfts zur Zeit der Fälligkeit hat (Geschäftswert).

. . .

§ 28 Anmeldungen zu einem Register, Eintragungen in ein Register, Beurkundung von Beschlüssen

Kommt die Feststellung eines Einheitswerts des Betriebsvermögens nicht in Betracht, so bestimmt sich bei Anmeldungen zu einem Register, bei Eintragungen in ein Register und bei der Beurkundung von Beschlüssen (§ 47), deren Gegenstand keinen bestimmten Geldwert hat, der Geschäftswert nach § 30 Abs. 2.

§ 30 Angelegenheiten ohne bestimmten Geschäftswert, nichtvermögensrechtliche Angelegenheiten

Soweit in einer vermögensrechtlichen Angelegenheit der Wert sich aus den Vorschriften dieses Gesetzes nicht ergibt und auch sonst nicht feststeht, ist er nach freiem Ermessen zu bestimmen; insbesondere ist bei Änderungen bestehender Rechte, sofern die Änderung nicht einen bestimmten Geldwert hat, sowie bei Verfügungsbeschränkungen der Wert nach freiem Ermessen festzusetzen.

In Ermangelung genügender tatsächlicher Anhaltspunkte für eine Schätzung ist der Wert regelmäßig auf 5000 Deutsche Mark anzunehmen. Er kann nach Lage des Falles niedriger oder höher, jedoch nicht unter 200 Deutsche Mark und nicht über eine Million Deutsche Mark angenommen werden.

In nichtvermögensrechtlichen Angelegenheiten ist der Wert nach Absatz 2 zu bestimmen . . .

§ 32 Volle Gebühr

Die volle Gebühr bestimmt sich nach der Tabelle, die diesem Gesetz als Anlage beigefügt ist.[9]

§ 33 Mindestbetrag einer Gebühr, Aufrundung

Der Mindestbetrag einer Gebühr ist zehn Deutsche Mark. Pfennigbeträge sind auf volle zehn Deutsche Pfennig aufzurunden.

---

[9] Hier im Anschluß an § 145 abgedruckt

§ 34 Rahmengebühren

Ist die Gebühr nur nach einem Mindest- und Höchstbetrag bestimmt, so ist die Gebühr im Einzelfall unter Berücksichtigung aller Umstände, insbesondere des Umfangs und der Bedeutung der Sache, nach billigem Ermessen zu bestimmen.

§ 36 Einseitige Erklärungen und Verträge

Für die Beurkundung einseitiger Erklärungen wird die volle Gebühr erhoben; unerheblich ist, ob die Erklärung von einer oder von mehreren Personen abgegeben wird.

Für die Beurkundung von Verträgen wird das Doppelte der vollen Gebühr erhoben.

38 Besondere Fälle

...

Die Hälfte der vollen Gebühr wird erhoben

1. für jede besondere Beurkundung von Zustimmungserklärungen einzelner Teilnehmer zu einer bereits anderweitig beurkundeten Erklärung;

2–6. ...

7. für die Beurkundung der Anmeldung zum Handelsregister und ähnlichen Registern sowie für die Aufnahme einer besonderen Verhandlung über die Zeichnung einer Firma oder Unterschrift.

...

§ 39 Geschäftswert

Der Geschäftswert bestimmt sich nach dem Wert des Rechtsverhältnisses, auf das sich die beurkundete Erklärung bezieht. Handelt es sich um Veränderungen eines Rechtsverhältnisses, so darf der Wert des von der Veränderung betroffenen Rechtsverhältnisses nicht überschritten werden, und zwar auch dann nicht, wenn es sich um mehrere Veränderungen desselben Rechtsverhältnisses handelt.

...

Bei der Beurkundung von Satzungen ist der Wert höchstens auf 10 Millionen Deutsche Mark anzunehmen.

§ 45 Beglaubigung von Unterschriften

Für die Beglaubigung von Unterschriften oder Handzeichen wird ein Viertel der vollen Gebühr, höchstens jedoch ein Betrag von 250 Deutsche Mark erhoben. Der Wert ist ebenso zu bestimmen, wie wenn die Erklärung, unter der die Unterschrift oder das Handzeichen beglaubigt wird, beurkundet würde.

...

§ 80 Eintragungen in das Vereinsregister

Für Eintragungen in das Vereinsregister werden erhoben

1. für die erste Eintragung des Vereins das Doppelte der vollen Gebühr;
2. für alle späteren Eintragungen die volle Gebühr;
3. für Löschung der Gesamteintragung die Hälfte der vollen Gebühr.

Werden auf Grund derselben Anmeldung mehrere Eintragungen der im Absatz 1 Nr. 2 bezeichneten Art vorgenommen, so wird die Gebühr nur einmal erhoben.

§ 86 Anmeldungen und Anträge

Für die Aufnahme von Anmeldungen zum Handels-, Vereins- und Güterrechtsregister werden Gebühren nach Maßgabe des Beurkundungsabschnitts besonders erhoben.

...

§ 87 Gebührenfreie Geschäfte des Registergerichts

Gebühren werden nicht erhoben

1. für die aus Anlaß eines Vergleichs- oder Konkursverfahrens von Amts wegen vorzunehmenden Eintragungen sowie für Eintragungen und Löschungen, die auf Ersuchen und Anordnung eines Gerichts, insbesondere des Vollstreckungsgerichts erfolgen;

...

§ 119 Verfahren bei Festsetzung von Zwangs- und Ordnungsgeld

In einem Verfahren nach den §§ 132 bis 139, 159 des Gesetzes über die Angelegenheiten der freiwilligen Gerichtsbarkeit wird in jedem Rechtszug das Dreifache der vollen Gebühr erhoben

1. für die Festsetzung des Zwangsgeldes;
2. für die Verwerfung des Einspruchs.

Die Gebühr wird nach dem festgesetzten oder angedrohten Betrag des Zwangsgeldes berechnet; sie darf den Betrag des Zwangsgeldes nicht übersteigen.

Jede Wiederholung der Festsetzung des Zwangsgeldes gilt als ein besonderes Verfahren.

Für die Androhung von Zwangsgeld werden Gebühren nicht erhoben.

...

§ 121 Ernennung und Abberufung von Vorstandsmitgliedern usw.

Soweit nicht in diesem Gesetz oder in sonstigen bundesrechtlichen Vorschriften ein anderes bestimmt ist, wird das Doppelte der vollen Gebühr erhoben für die Erledigung der im Bürgerlichen Gesetzbuch in dem Titel ,,Juristische Personen", im Aktiengesetz, im Genossenschaftsgesetz oder im Gesetz, betreffend die Gesellschaften mit beschränkter Haftung, den Gerichten zugewiesenen Angelegenheiten (Ernennung und Abberufung von Vorstandsmitgliedern und Liquidatoren, Ernennung von Revisoren, Ermächtigung zur Berufung einer Hauptversammlung oder Generalversammlung oder zur Einsicht von Büchern) sowie für Entscheidungen und Anordnungen ähnlicher Art.

§ 131 Beschwerden, Anrufung des Gerichts gegen Entscheidungen anderer Behörden oder Dienststellen

Für das Verfahren über Beschwerden wird, soweit nichts anderes bestimmt ist, erhoben

1. in den Fällen der Verwerfung oder Zurückweisung die Hälfte der vollen Gebühr;
2. in den Fällen der Zurücknahme ein Viertel der vollen Gebühr; betrifft die Zurücknahme nur einen Teil des Beschwerdegegenstandes, so ist die Gebühr nur insoweit zu erheben, als sich die Beschwerdegebühr erhöht haben würde, wenn die Entscheidung auf den zurückgenommenen Teil erstreckt worden wäre.

Im übrigen ist das Beschwerdeverfahren gebührenfrei.

Der Wert ist in allen Fällen nach § 30 zu bestimmen.

...

§ 136 Schreibauslagen

Schreibauslagen werden erhoben für

1. Ausfertigungen oder Abschriften, die auf Antrag erteilt oder angefertigt werden;
2. Ausfertigungen und Abschriften, die angefertigt werden müssen, weil zu den Akten gegebene Urkunden, von denen eine Abschrift zurückbehalten werden muß, zurückgefordert werden; in diesem Fall wird die bei den Akten zurückbehaltene Abschrift gebührenfrei beglaubigt;
3. Ausfertigungen und Abschriften jeder Art, wenn sachliche oder persönliche Gebührenfreiheit gewährt ist; Absatz 2 bleibt unberührt.

Frei von Schreibauslagen sind

1. Bei Beurkundung von Verträgen zwei Ausfertigungen oder Abschriften, bei sonstigen Beurkundungen eine Ausfertigung oder Abschrift;
2. für jeden Beteiligten eine vollständige Ausfertigung oder Abschrift jeder gerichtlichen Entscheidung und jedes vor Gericht abgeschlossenen Vergleichs; eine Ausfertigung ohne Entscheidungsgründe; eine weitere vollständige Ausfertigung oder Abschrift bei Vertretung durch einen Bevollmächtigten; eine Abschrift jeder Niederschrift über eine Sitzung.

Die Schreibauslagen betragen für jede Seite unabhängig von der Art und der Herstellung eine Deutsche Mark.

. . .

§ 137 Sonstige Auslagen

Als Auslagen werden ferner erhoben

1. Telegrafen- und Fernschreibgebühren;
2. Postgebühren für Zustellungen durch die Post mit Zustellungsurkunde; dieselben Beträge werden auch für Zustellungen durch Justizbedienstete nach §§ 211, 212 der Zivilprozeßordnung erhoben;
3. Kosten, die durch öffentliche Bekanntmachung entstehen, mit Ausnahme der hierbei erwachsenen Postgebühren;

4.–5. . . .

6. die an Rechtsanwälte zu zahlenden Beträge;

7.–12. . . .

§ 145 Entwürfe

Fertigt der Notar auf Erfordern nur den Entwurf einer Urkunde, so wird die für die Beurkundung bestimmte Gebühr erhoben. Nimmt der Notar demnächst auf Grund des Entwurfs eine oder mehrere Beurkundungen vor, so wird die Entwurfsgebühr auf die Beurkundungsgebühren in der Reihenfolge ihrer Entstehung angerechnet. Beglaubigt der Notar demnächst unter einer von ihm entworfenen Urkunde Unterschriften oder Handzeichen, so wird für die erste Beglaubigung eine Gebühr nicht erhoben; für weitere gesonderte Beglaubigungen werden die Gebühren besonders erhoben.

. . .

Anlage (zu § 32)

Die volle Gebühr beträgt bei einem Geschäftswert

bis zu	500 DM	einschließlich	10 DM
bis zu	1 000 DM	einschließlich	20 DM
bis zu	2 000 DM	einschließlich	26 DM
bis zu	3 000 DM	einschließlich	31 DM
bis zu	4 000 DM	einschließlich	36 DM
bis zu	6 000 DM	einschließlich	45 DM
bis zu	8 000 DM	einschließlich	53 DM
bis zu	10 000 DM	einschließlich	60 DM
bis zu	15 000 DM	einschließlich	75 DM
bis zu	20 000 DM	einschließlich	90 DM
bis zu	25 000 DM	einschließlich	105 DM
bis zu	30 000 DM	einschließlich	115 DM
bis zu	35 000 DM	einschließlich	125 DM
bis zu	40 000 DM	einschließlich	135 DM
bis zu	50 000 DM	einschließlich	150 DM
bis zu	60 000 DM	einschließlich	165 DM
bis zu	70 000 DM	einschließlich	180 DM
bis zu	80 000 DM	einschließlich	195 DM
bis zu	90 000 DM	einschließlich	210 DM
bis zu	100 000 DM	einschließlich	225 DM

von dem Mehrbetrag bis 10 Millionen Deutsche Mark für je 10 000 Deutsche Mark 15 Deutsche Mark.

. . .

9. Gesetz über Preisnachlässe (Rabattgesetz)

Vom 25. November 1933 (RGBl. I S. 1011)

§ 4

Wer einen Barzahlungsnachlaß gewährt, muß den Nachlaßbetrag sofort vom Preis abziehen oder Gutscheine (Sparmarken, Kassenzettel, Zahlungsabschnitte) ausgeben, die in bar einzulösen sind. Der Umsatz an Waren oder Leistungen, von dem die Einlösung der Gutscheine abhängig gemacht wird, darf auf keinen höheren Betrag als fünfzig Deutsche Mark festgesetzt werden.

Gutscheine, die von einer Vereinigung nachlaßgewährender Gewerbetreibender (Rabattsparvereine und dergleichen) eingelöst werden, dürfen nur ausgegeben werden, sofern sich die Vereinigung alljährlich einer unabhängigen Prüfung durch einen sachverständigen Prüfer unterzieht. Die Prüfung muß sich auf die gesamte Geschäftsgebarung der Vereinigung während der Dauer des Geschäftsjahrs erstrecken, insbesondere darauf, daß die Einlösung der ausgegebenen Gutscheine gesichert ist. Der Prüfer muß einen schriftlichen Bericht erstatten, den die Vereinigung ihren Mitgliedern zugänglich zu machen hat. Die Vorschrift des Absatzes 1 Satz 2 findet keine Anwendung.

10. Verordnung zur Durchführung des Gesetzes über Preisnachlässe (Rabattgesetz)

Vom 21. Februar 1934 (RGBl. I S. 120)

§ 2 [Rechtsform der Vereinigungen]

Vereinigungen nachlaßgewährender Gewerbetreibender im Sinne des § 4 Abs. 2 des Rabattgesetzes müssen entweder rechtsfähige Vereine oder Genossenschaften im Sinne des Gesetzes über die Erwerbs- und Wirtschaftsgenossenschaften sein. Bei den Vereinen kann die Rechtsfähigkeit entweder auf der Eintragung in das Vereinsregister (§ 21 BGB) oder auf staatlicher Verleihung (§ 22 BGB) beruhen.

Vereinigungen Gewerbetreibender, bei denen die Gewährung von Barzahlungsnachlässen nicht den Hauptzweck bildet, müssen den Geschäftsbetrieb und die Kassenführung für die Gewährung der Barzahlungsnachlässe von dem übrigen Geschäftsbetrieb getrennt halten.

§ 3 [Vermögensverwaltung]

Die Vereinigungen haben die aus dem Verkauf der Gutscheine eingehenden Beträge als zweckgebundenes, ihnen zu treuen Händen anvertrautes Vermögen zu verwalten. Sie haben die Beträge zur Einlösung der ausgegebenen Gutscheine bereitzuhalten und zu verwenden. Die Beträge sind bei Sparkassen oder Banken sicher anzulegen; sie dürfen weder langfristig festgelegt noch zu wirtschaftlichen oder gewerblichen Zwekken (z. B. als Betriebsvermögen oder in Warenbeständen) angelegt werden.

§ 4 [Sorgfaltspflicht]

Die jeweiligen Kassen- und Gutscheinbestände sind sicher aufzubewahren und mit der Sorgfalt eines ordentlichen Kaufmanns zu verwalten. Die Unternehmungen (Sparkassen, Banken), denen die Beträge anvertraut werden, sind gleichfalls mit der Sorgfalt eines ordentlichen Kaufmanns auszuwählen.

§ 5 [Haftung des Vorstandes]

Der Vorstand der Vereinigung ist für die Erfüllung der im § 2 Abs. 2 und in den §§ 3 und 4 vorgeschriebenen Verpflichtungen verantwortlich. Er hat insbesondere jedes Verschulden bei der Verwaltung und Anlegung der anvertrauten Beträge oder bei der Auswahl der Unternehmungen, denen die Beträge anvertraut werden, zu vertreten.

§ 6 [Pflichtprüfung]

Die im § 4 Abs. 2 des Rabattgesetzes vorgeschriebene Pflichtprüfung hat sich auf die gesamte Geschäftsgebarung der Vereinigung während der Dauer des Geschäftsjahres, insbesondere darauf zu erstrecken, daß die Einlösung der ausgegebenen Gutscheine gesichert ist. Ferner ist darauf zu achten, daß den in den §§ 2, 3 und 4 dieser Verordnung aufgestellten Erfordernissen genügt ist und daß die sachlichen und persönlichen Unkosten möglichst niedrig gehalten werden und zu dem Geschäftsumfang und Aufgabenkreis der Vereinigung in einem angemessenen Verhältnis stehen.

Die Prüfung hat für jedes Geschäftsjahr besonders zu erfolgen. Als Geschäftsjahr gilt das Kalenderjahr.

Die Prüfer sind zur gewissenhaften und unparteiischen Prüfung und zur Verschwiegenheit verpflichtet.

§ 7 [Sachverständige Prüfer]

Sachverständige Prüfer im Sinne des § 4 Abs. 2 des Rabattgesetzes sind:

a) die öffentlich bestellten Wirtschaftsprüfer oder die Gesellschaften, *die in die bei der Hauptstelle für die öffentlich bestellten Wirtschaftsprüfer geführte Liste der zur Wirtschaftsprüfertätigkeit zugelassenen Gesellschaften eingetragen sind*[9a]*;*

b) die beeidigten Bücherrevisoren[9b]*;*

c) die Diplombücherrevisoren;

d) diejenigen, welche die Prüfung als Diplomkaufmann oder Diplomvolkswirt oder eine gleichartige Prüfung bestanden und mindestens ein Jahr lang im Prüfungswesen gearbeitet haben.

§ 8 [Prüfungsverband]

Die Prüfung kann auch einem Prüfungsverband von Rabattsparvereinigungen oder einem Revisionsverband gewerblicher Genossenschaften (§ 54 des Genossenschaftsgesetzes) übertragen werden. In diesem Fall muß der Verbandsprüfer die Voraussetzungen zu a, b, c oder d des § 7 erfüllen oder eine mehrjährige Tätigkeit als Verbandsprüfer nachweisen. Der *Reichswirtschaftsminister* kann gegen die Übertragung der Prüfung an einen der in Satz 1 genannten Prüfungsverbände Einspruch erheben. Der Prüfungs- oder Revisionsverband haftet für einen durch eine Pflichtverletzung seines Verbandsprüfers etwa entstehenden Schaden.

Der *Reichswirtschaftsminister* kann die Vereinigungen zu einem Prüfungsverband zusammenschließen oder einzelne Vereinigungen an einen bereits bestehenden derartigen Verband anschließen, die Rechte und Pflichten der Mitglieder und die übrigen Rechtsverhältnisse des Verbandes regeln und ihn seiner Aufsicht unterstellen.

§ 9 [Prüfungsbericht]

Die Vereinigung hat den Bericht des Prüfers gem. § 4 Abs. 2 Satz 3 des Rabattgesetzes ihren Mitgliedern dadurch zugänglich zu machen, daß sie ihnen einen Abdruck übersendet oder die Urschrift oder Abschrift in ihren Geschäftsräumen mindestens einen Monat lang auslegt. Der Zeitraum, während dessen der Bericht ausliegt, ist den Mitgliedern schriftlich bekanntzugeben.

§ 10 [Mitteilungen an Registergericht]

Ist die Vereinigung in das Vereins- oder Genossenschaftsregister eingetragen, so hat sie jeweils dem zuständigen Registergericht einen Abdruck des Prüfungsberichtes zu

---

[9a] jetzt anerkannte Wirtschaftsprüfungsgesellschaften gemäß § 1 Abs. 3, §§ 27ff. Wirtschaftsprüferordnung vom 5. 11. 1975 (BGBl. I S. 2803)

[9b] jetzt vereidigte Buchprüfer gemäß §§ 128ff. Wirtschaftsprüferordnung vom 5. 11. 1975 (BGBl. I S. 2803)

übersenden und mitzuteilen, wann die Prüfung stattgefunden hat. Das Registergericht hat darüber zu wachen, daß die Pflichtprüfung alljährlich stattfindet. Es kann nach Ablauf des Geschäftsjahres den Beteiligten unter Androhung eines Zwangsgeldes aufgeben, innerhalb einer bestimmten Frist den Bericht einzureichen. Die Vorschriften der §§ 132 bis 139 des Reichsgesetzes über die Angelegenheiten der freiwilligen Gerichtsbarkeit gelten entsprechend.

...

Vereinigungen im Sinne des Abs. 1 haben dem zuständigen Registergericht ... ihren Geschäftsbetrieb unverzüglich anzumelden.

11. Rechtsberatungsgesetz (RBerG)

Vom 13. Dezember 1935 (RGBl. I S. 1478)

§ 1 [Behördliche Erlaubnis]

Die Besorgung fremder Rechtsangelegenheiten, einschließlich der Rechtsberatung und der Einziehung fremder oder zu Einziehungszwecken abgetretener Forderungen darf geschäftsmäßig – ohne Unterschied zwischen haupt- und nebenberuflicher oder entgeltlicher und unentgeltlicher Tätigkeit – nur von Personen betrieben werden, denen dazu von der zuständigen Behörde die Erlaubnis erteilt ist. ...

Die Erlaubnis darf nur erteilt werden, wenn der Antragsteller die für den Beruf erforderliche Zuverlässigkeit und persönliche Eignung sowie genügende Sachkunde besitzt *und das Bedürfnis nicht bereits durch eine hinreichende Zahl von Rechtsberatern gedeckt ist.*[10]

§ 7 [Berufsständische Vereinigungen]

Einer Erlaubnis bedarf es nicht, wenn auf berufsständischer oder ähnlicher Grundlage gebildete Vereinigungen oder Stellen im Rahmen ihres Aufgabenbereichs ihren Mitgliedern Rat und Hilfe in Rechtsangelegenheiten gewähren. Diese Tätigkeit kann ihnen jedoch untersagt werden.

§ 8 [Ordnungswidrigkeiten]

Ordnungswidrig handelt, wer

1. fremde Rechtsangelegenheiten geschäftsmäßig besorgt, ohne die nach diesem Artikel erforderliche Erlaubnis zu besitzen,
2. gegen ein Verbot nach § 7 Satz 2 verstößt oder
3. unbefugt die Berufsbezeichnung „Rechtsbeistand" oder eine ihr zum Verwechseln ähnliche Bezeichnung führt.

Die Ordnungswidrigkeit kann mit einer Geldbuße bis zu zehntausend Deutsche Mark geahndet werden.

12. Rechtspflegergesetz (RPflG)

vom 5. November 1969 (BGBl. I S. 2056)

§ 3 [Übertragene Geschäfte]

Dem Rechtspfleger werden folgende Geschäfte übertragen:

1. In vollem Umfange die nach den gesetzlichen Vorschriften vom Richter wahrzunehmenden Geschäfte des Amtsgerichts in

---

[10] Nach dem Urteil des Bundesverwaltungsgerichts vom 10. Mai 1955 (NJW 1955, 1532 = BVerwGE 2, 85) ist die Bedürfnisprüfung mit Art. 12 Abs. 1 GG nicht vereinbar.

a) Vereinssachen im Sinne der §§ 29, 37, 55 bis 79 des Bürgerlichen Gesetzbuchs und der §§ 159, 160 und 162 des Gesetzes über die Angelegenheiten der freiwilligen Gerichtsbarkeit,

...

§ 5 [Vorlage an den Richter]

Der Rechtspfleger hat ihm übertragene Geschäfte dem Richter vorzulegen, wenn

1. er von einer ihm bekannten Stellungnahme des Richters abweichen will;
2. sich bei der Bearbeitung der Sache rechtliche Schwierigkeiten ergeben;
3. die Anwendung von nicht im Geltungsbereich dieses Gesetzes geltenden Rechts in Betracht kommt;
4. zwischen dem übertragenen Geschäft und einem vom Richter wahrzunehmenden Geschäft ein so enger Zusammenhang besteht, daß eine getrennte Behandlung nicht sachdienlich ist.

Die vorgelegten Sachen bearbeitet der Richter, solange er es für erforderlich hält. Er kann die Sachen dem Rechtspfleger zurückgeben. Gibt der Richter eine Sache an den Rechtspfleger zurück, so ist dieser an eine von dem Richter mitgeteilte Rechtsauffassung gebunden.

§ 9 [Selbständigkeit des Rechtspflegers]

Der Rechtspfleger ist bei seinen Entscheidungen nur dem Gesetz unterworfen. Er entscheidet, soweit sich nicht aus diesem Gesetz etwas anderes ergibt, selbständig.

§ 10 [Ausschließung und Ablehnung des Rechtspflegers]

Für die Ausschließung und Ablehnung des Rechtspflegers sind die für den Richter geltenden Vorschriften entsprechend anzuwenden. Über die Ablehnung des Rechtspflegers entscheidet der Richter.

§ 11 [Rechtsbehelfe]

Gegen die Entscheidungen des Rechtspflegers ist vorbehaltlich der Bestimmungen des Absatzes 5 die Erinnerung zulässig. Die Erinnerung ist binnen der für die sofortige Beschwerde geltenden Frist einzulegen, wenn gegen die Entscheidung, falls sie der Richter erlassen hätte, die sofortige Beschwerde oder kein Rechtsmittel gegeben wäre.

Der Rechtspfleger kann, außer im Falle des Absatzes 1 Satz 2, der Erinnerung abhelfen. Erinnerungen, denen er nicht abhilft oder nicht abhelfen kann, legt er dem Richter vor. Der Richter entscheidet über die Erinnerung, wenn er sie für zulässig und begründet erachtet oder wenn gegen die Entscheidung, falls er sie erlassen hätte, ein Rechtsmittel nicht gegeben wäre. Andernfalls legt der Richter die Erinnerung dem Rechtsmittelgericht vor und unterrichtet die Beteiligten hiervon. In diesem Fall gilt die Erinnerung als Beschwerde gegen die Entscheidung des Rechtspflegers.

Gegen die Entscheidung des Richters ist das Rechtsmittel gegeben, das nach den allgemeinen verfahrensrechtlichen Vorschriften zulässig ist.

Auf die Erinnerung sind im übrigen die Vorschriften über die Beschwerde sinngemäß anzuwenden.

...

Das Erinnerungsverfahren ist gerichtsgebührenfrei. Eine Beschwerdegebühr wird nicht erhoben, wenn die Beschwerde vor einer gerichtlichen Entscheidung zurückgenommen wird.

13. Gesetz zur Regelung des öffentlichen Vereinsrechts (Vereinsgesetz)

Vom 5. August 1964 (BGBl. I S. 593)

Erster Abschnitt: Allgemeine Vorschriften

§ 1 Vereinsfreiheit

(1) Die Bildung von Vereinen ist frei (Vereinsfreiheit).

(2) Gegen Vereine, die die Vereinsfreiheit mißbrauchen, kann zur Wahrung der öffentlichen Sicherheit oder Ordnung nur nach Maßgabe dieses Gesetzes eingeschritten werden.

§ 2 Begriff des Vereins

(1) Verein im Sinne dieses Gesetzes ist ohne Rücksicht auf die Rechtsform jede Vereinigung, zu der sich eine Mehrheit natürlicher oder juristischer Personen für längere Zeit zu einem gemeinsamen Zweck freiwillig zusammengeschlossen und einer organisierten Willensbildung unterworfen hat.

(2) Vereine im Sinne des Gesetzes sind nicht

1. politische Parteien im Sinne des Artikels 21 des Grundgesetzes,
2. Fraktionen des Deutschen Bundestages und der Parlamente der Länder,
3. Religionsgemeinschaften und Vereinigungen, die sich gemeinschaftliche Pflege einer Weltanschauung zur Aufgabe machen, im Rahmen des Artikels 140 des Grundgesetzes in Verbindung mit Artikel 137 der deutschen Verfassung vom 11. August 1919.

Zweiter Abschnitt: Verbot von Vereinen

§ 3 Verbot

(1) Ein Verein darf erst dann als verboten (Artikel 9 Abs. 2 des Grundgesetzes) behandelt werden, wenn durch Verfügung der Verbotsbehörde festgestellt ist, daß seine Zwecke oder seine Tätigkeit den Strafgesetzen zuwiderlaufen oder daß er sich gegen die verfassungsmäßige Ordnung oder den Gedanken der Völkerverständigung richtet; in der Verfügung ist die Auflösung des Vereins anzuordnen (Verbot). Mit dem Verbot ist in der Regel die Beschlagnahme und die Einziehung des Vereinsvermögens zu verbinden.

(2) Verbotsbehörde ist

1. die oberste Landesbehörde für Vereine und Teilvereine, deren erkennbare Organisation und Tätigkeit sich auf das Gebiet eines Landes beschränken;
2. der Bundesminister des Innern für Vereine und Teilvereine, deren Organisation oder Tätigkeit sich über das Gebiet eines Landes hinaus erstreckt.

Die oberste Landesbehörde entscheidet im Benehmen mit dem Bundesminister des Innern, wenn sich das Verbot gegen den Teilverein eines Vereins richtet, für dessen Verbot nach Satz 1 Nr. 2 der Bundesminister des Innern zuständig ist. Der Bundesminister des Innern entscheidet im Benehmen mit den obersten Landesbehörden, die nach Satz 1 Nr. 1 für das Verbot von Teilvereinen zuständig gewesen wären.

(3) Das Verbot erstreckt sich, wenn es nicht ausdrücklich beschränkt wird, auf alle Organisationen, die dem Verein derart eingegliedert sind, daß sie nach dem Gesamtbild der tatsächlichen Verhältnisse als Gliederung dieses Vereins erscheinen (Teilorganisationen). Auf nichtgebietliche Teilorganisationen mit eigener Rechtspersönlichkeit erstreckt sich das Verbot nur, wenn sie in der Verbotsverfügung ausdrücklich benannt sind.

(4) Das Verbot ist schriftlich abzufassen, zu begründen und dem Verein, im Falle des Absatzes 3 Satz 2 auch den Teilorganisationen, zuzustellen. Der verfügende Teil des Verbots ist im Bundesanzeiger und danach in den amtlichen Mitteilungsblättern der Länder bekanntzumachen. Das Verbot wird mit der Zustellung, spätestens mit der

Bekanntmachung im Bundesanzeiger, wirksam und vollziehbar; § 80 der Verwaltungsgerichtsordnung bleibt unberührt.

§ 4 Ermittlungen

Die Verbotsbehörde kann für ihre Ermittlungen die Hilfe der für die Wahrung der öffentlichen Sicherheit oder Ordnung zuständigen Behörden und Dienststellen in Anspruch nehmen. Ermittlungsersuchen des Bundesministers des Innern sind nur an die zuständige oberste Landesbehörde zu richten.

Hält die Verbotsbehörde oder eine gemäß Absatz 1 Satz 1 ersuchte Stelle eine richterliche Vernehmung von Zeugen, eine Beschlagnahme von Beweismitteln oder eine Durchsuchung für erforderlich, so stellt sie ihre Anträge bei dem Verwaltungsgericht, in dessen Bezirk die Handlung vorzunehmen ist. Die richterlichen Anordnungen oder Maßnahmen trifft der Vorsitzende oder ein von ihm bestimmtes Mitglied des Gerichts.

Für die richterliche Vernehmung von Zeugen gilt § 98 der Verwaltungsgerichtsordnung entsprechend.

Für die Beschlagnahme von Gegenständen, die als Beweismittel von Bedeutung sein können, gelten die §§ 94 bis 97, 98 Abs. 4 sowie die §§ 99 bis 101 der Strafprozeßordnung entsprechend. Bestehen hinreichende Anhaltspunkte dafür, daß eine Durchsuchung zur Auffindung solcher Beweismittel führen werde, so kann die Durchsuchung der Räume des Vereins sowie der Räume, der Sachen und der Person eines Mitglieds oder Hintermannes des Vereins angeordnet werden. Bei anderen Personen ist die Durchsuchung nur zur Beschlagnahme bestimmter Beweismittel und nur dann zulässig, wenn Tatsachen darauf schließen lassen, daß sich die gesuchte Sache in ihrem Gewahrsam befindet. Die §§ 104, 105 Abs. 2 bis 4, §§ 106 bis 110 der Strafprozeßordnung gelten entsprechend.

Bei Gefahr im Verzug kann auch die Verbotsbehörde oder eine gemäß Absatz 1 Satz 1 ersuchte Stelle eine Beschlagnahme, mit Ausnahme der Beschlagnahme nach § 99 der Strafprozeßordnung, oder eine Durchsuchung anordnen. Die Vorschriften des Absatzes 4 sowie § 98 Abs. 2 Satz 1 und 2 der Strafprozeßordnung gelten entsprechend. Im Land Berlin wird eine solche Beschlagnahme oder Durchsuchung von den zuständigen Berliner Landesbehörden angeordnet.

§ 5 Vollzug des Verbots

Soweit das Verbot nach diesem Gesetz nicht von der Verbotsbehörde selbst oder von den von ihr gemäß § 10 Abs. 3 und § 11 Abs. 3 beauftragten Stellen zu vollziehen ist, wird es von den von der Landesregierung bestimmten Behörden vollzogen.

Von einer anderen Verbotsbehörde erlassene Verbote oder Verfügungen nach § 8 Abs. 2 Satz 1 sowie Anordnungen oder Verfügungen über die Beschlagnahme, die Einziehung, Verwaltung oder Abwicklung des Vereinsvermögens sind im Land Berlin durch die zuständigen Berliner Landesbehörden zu vollziehen, wenn der Senat von Berlin die Ausdehnung des Verbots oder der Verfügung nach § 8 Abs. 2 Satz 1 auf das Land Berlin festgestellt hat.

Folgt dem Verbot eines Teilvereins, bevor es unanfechtbar geworden ist, ein den Teilverein einschließendes Verbot des Gesamtvereins, so ist von diesem Zeitpunkt an nur noch das Verbot des Gesamtvereins zu vollziehen.

§ 6 Anfechtung des Verbotsvollzugs

Wird eine Maßnahme zum Vollzug des Verbots angefochten und kommt es für die Entscheidung darauf an, ob das Verbot rechtmäßig ist, so hat das Verwaltungsgericht, wenn es die Rechtmäßigkeit des Verbots bezweifelt, das Verfahren auszusetzen, bis über das Verbot unanfechtbar entschieden ist, und dieses Ergebnis seiner Entscheidung zugrunde zu legen.

Widerspruch und Anfechtungsklage gegen Maßnahmen zum Vollzug des Verbots haben keine aufschiebende Wirkung.

§ 7 Unanfechtbarkeit des Verbots, Eintragung in öffentliche Register

Ist das Verbot unanfechtbar geworden, so ist sein verfügender Teil nochmals unter Hinweis auf die Unanfechtbarkeit im Bundesanzeiger und in den amtlichen Mitteilungsblättern der Länder bekanntzumachen.

Ist der Verein oder eine Teilorganisation in ein öffentliches Register eingetragen, so sind auf Anzeige der Verbotsbehörde einzutragen
die Beschlagnahme des Vereinsvermögens und ihre Aufhebung,
die Bestellung und Abberufung von Verwaltern (§ 10 Abs. 3),
die Auflösung des Vereins, nachdem das Verbot unanfechtbar geworden ist, und
das Erlöschen des Vereins.

§ 8 Verbot der Bildung von Ersatzorganisationen

Es ist verboten, Organisationen zu bilden, die verfassungswidrige Bestrebungen (Artikel 9 Abs. 2 des Grundgesetzes) eines nach § 3 dieses Gesetzes verbotenen Vereins an dessen Stelle weiterverfolgen (Ersatzorganisationen), oder bestehende Organisationen als Ersatzorganisationen fortzuführen.

Gegen eine Ersatzorganisation, die Verein im Sinne dieses Gesetzes ist, kann zur verwaltungsmäßigen Durchführung des in Absatz 1 enthaltenen Verbots nur auf Grund einer besonderen Verfügung vorgegangen werden, in der festgestellt wird, daß sie Ersatzorganisation des verbotenen Vereins ist. Die §§ 3 bis 7 und 10 bis 13 gelten entsprechend. Widerspruch und Anfechtungsklage gegen die Verfügung haben keine aufschiebende Wirkung. Die für die Wahrung der öffentlichen Sicherheit oder Ordnung zuständigen Behörden und Dienststellen sind bei Gefahr im Verzug zu vorläufigen Maßnahmen berechtigt, die außer Kraft treten, wenn die Verbotsbehörde nicht binnen zweier Wochen die in Satz 1 bestimmte Verfügung trifft.

§ 9 Kennzeichenverbot

Kennzeichen des verbotenen Vereins dürfen für die Dauer der Vollziehbarkeit des Verbots nicht mehr
1. öffentlich, in einer Versammlung oder
2. in Schriften, Schallaufnahmen, Abbildungen oder Darstellungen, die verbreitet werden oder zur Verbreitung bestimmt sind,

verwendet werden. Ausgenommen ist eine Verwendung von Kennzeichen im Rahmen der staatsbürgerlichen Aufklärung, der Abwehr verfassungswidriger Bestrebungen und ähnlicher Zwecke.

Kennzeichen im Sinne des Absatzes 1 sind insbesondere Fahnen, Abzeichen, Uniformstücke, Parolen und Grußformen.

Diese Vorschriften gelten auch für die Verwendung von Kennzeichen einer Ersatzorganisation für die Dauer der Vollziehbarkeit einer Verfügung nach § 8 Abs. 2 Satz 1.

Dritter Abschnitt: Beschlagnahme und Einziehung des Vermögens verbotener Vereine

§ 10 Vermögensbeschlagnahme

Die Beschlagnahme (§ 3 Abs. 1 Satz 2) hat die Wirkung eines Veräußerungsverbots. Rechtsgeschäfte, die gegen das Veräußerungsverbot verstoßen, sind nichtig, es sei denn, daß der andere Teil weder wußte noch wissen mußte, daß der Gegenstand, auf den sich das Rechtsgeschäft bezieht, der Beschlagnahme unterliegt. Die Beschlagnahme erfaßt auch die Gegenstände, die der Verein einem Dritten zu treuen Händen übertragen hat oder die ein Dritter als Treuhänder für den Verein erworben hat. In den Fällen des Satzes 3 sind die Vorschriften zugunsten derjenigen, welche Rechte von einem Nichtberechtigten herleiten, entsprechend anzuwenden.

Auf Grund der Beschlagnahme können Sachen im Gewahrsam des Vereins und auf Grund besonderer Anordnung Sachen des Vereinsvermögens im Gewahrsam Dritter sichergestellt werden. Soweit es der Zweck der Sicherstellung erfordert, dürfen auch Räume betreten sowie verschlossene Türen und Behältnisse geöffnet werden. Die Anwendung unmittelbaren Zwanges ist ohne vorherige Anordnung oder Fristsetzung zulässig, wenn sonst die Sicherstellung gefährdet wäre.

Die Verbotsbehörde kann für das beschlagnahmte Vermögen Verwalter bestellen und abberufen. Die Verwalter unterliegen den Weisungen der Verbotsbehörde.

Die Vorstandsmitglieder sind verpflichtet, Auskunft über den Bestand und Verbleib des Vereinsvermögens zu geben. Auf Verlangen der Verbotsbehörde haben sie ein Verzeichnis des Bestandes vorzulegen und zu beeiden. Der Eid ist mit dem in § 260 Abs. 2 des Bürgerlichen Gesetzbuches bezeichneten Inhalt auf Ersuchen der Verbotsbehörde vor dem für den Wohnsitz des Eidespflichtigen zuständigen Amtsgericht zu leisten.[11]

Die Aufhebung der Beschlagnahme sowie der Aufschub und die Wiederherstellung ihrer Vollziehbarkeit haben keine rückwirkende Kraft.

§ 11 Vermögenseinziehung

Die Einziehung (§ 3 Abs. 1 Satz 2) wird im Fall des § 3 Abs. 2 Nr. 1 zugunsten des Landes, im Fall des § 3 Abs. 2 Nr. 2 zugunsten des Bundes angeordnet. Die Einziehung erfaßt auch die Gegenstände, auf die sich nach § 10 Abs. 1 Satz 3 die Beschlagnahme erstreckt, mit Ausnahme der vom Verein einem Dritten zur Sicherung übertragenen Gegenstände.

Mit Eintritt der Unanfechtbarkeit des Verbots und der Einziehungsanordnung erwirbt der Einziehungsbegünstigte das Vereinsvermögen und die nach Absatz 1 Satz 2 eingezogenen Gegenstände als besondere Vermögensmasse. Gegenstände, die einer Teilorganisation in der Rechtsform eines Vereins, einer Gesellschaft oder einer Stiftung gehört haben, bilden eine eigene Vermögensmasse. Der Verein und die von der Einziehung betroffenen Teilorganisationen erlöschen. Ihre Rechtsverhältnisse sind im Einziehungsverfahren abzuwickeln.

Der Bundesminister des Innern als Verbotsbehörde kann mit der Durchführung der Einziehung und mit der Abwicklung (§ 13) das Bundesverwaltungsamt oder eine andere Bundesbehörde beauftragen (Einziehungsbehörde). § 10 Abs. 3 gilt entsprechend. Die Beauftragung ist im Bundesanzeiger und in den amtlichen Mitteilungsblättern der Länder bekanntzumachen.

Die Verbotsbehörde kann von der Einziehung absehen, wenn keine Gefahr besteht, daß Vermögenswerte des Vereins von neuem zur Förderung von Handlungen oder Bestrebungen der in Artikel 9 Abs. 2 des Grundgesetzes genannten Art verwendet werden oder daß die Vermögensauseinandersetzung dazu mißbraucht wird, den organisatorischen Zusammenhalt des Vereins aufrechtzuerhalten, ferner, soweit es sich um Gegenstände von unerheblichem Wert handelt. Die Verbotsbehörde kann die Liquidatoren bestellen. § 12 Abs. 1 Satz 1 gilt sinngemäß für den Anspruch auf den Liquidationserlös.

§ 12 Einziehung von Gegenständen Dritter

Die Verbotsbehörde oder die Einziehungsbehörde zieht Forderungen Dritter gegen den Verein ein, wenn

1. sie aus Beziehungen entstanden sind, die sich nach Art, Umfang oder Zweck als eine vorsätzliche Förderung der verfassungswidrigen Bestrebungen des Vereins darstellen, oder
2. sie begründet wurden, um Vermögenswerte des Vereins dem behördlichen Zugriff zu entziehen oder den Wert des Vereinsvermögens zu mindern.

Hat der Gläubiger eine solche Forderung durch Abtretung erworben, so kann sie nur eingezogen werden, wenn der Gläubiger die in Satz 1 bezeichneten Tatsachen bei dem Erwerb kannte.

Sachen Dritter im Gewahrsam des Vereins werden eingezogen, wenn der Berechtigte durch die Überlassung die verfassungswidrigen Bestrebungen des Vereins vorsätzlich gefördert hat.

---

[11] An die Stelle des Eides ist seit 1. 7. 1970 die eidesstattliche Versicherung getreten.

Rechte Dritter an den nach § 11 Abs. 1 oder nach § 12 Abs. 1 oder 2 eingezogenen Gegenständen bleiben bestehen. Sie werden eingezogen, wenn sie unter den in Absatz 1 bezeichneten Voraussetzungen begründet oder erworben worden sind.

Die nach den Absätzen 1 bis 3 eingezogenen Gegenstände gehen mit Eintritt der Unanfechtbarkeit des Verbots und der Einziehungsverfügung auf den Einziehungsbegünstigten über. Nicht vererbliche Rechte erlöschen.

Verfügungen des Vereins, die in den letzten sechs Monaten vor Erlaß des Verbots in der dem anderen Teil bekannten Absicht vorgenommen wurden, Gegenstände des Vereinsvermögens beiseite zu schaffen, sind dem Einziehungsbegünstigten gegenüber unwirksam. Ist zugunsten eines Vereinsmitglieds oder seiner in § 31 Nr. 2 der Konkursordnung genannten Angehörigen verfügt worden, so wird vermutet, daß diesen die in Satz 1 bezeichnete Absicht bekannt war.

§ 13 Abwicklung

Die Gläubiger, die ihre Forderungen innerhalb der von der Verbotsbehörde gesetzten Ausschlußfrist angemeldet haben, sind aus der besonderen Vermögensmasse zu befriedigen. Die Befriedigung von Forderungen, die im Falle des Konkurses Konkursforderungen wären, ist, soweit nicht eine Rechtsverordnung etwas anderes bestimmt, erst zulässig, wenn die Verwertung des eingezogenen Vermögens (§ 11 Abs. 1) eine zur Befriedigung aller Gläubiger ausreichende bare Masse ergeben hat. Forderungen die innerhalb der Ausschlußfrist nicht angemeldet werden, erlöschen.

Zur Vermeidung unbilliger Härten kann die Verbotsbehörde oder die Einziehungsbehörde anordnen, daß ein nach § 11 Abs. 1 Satz 2 eintretender Rechtsverlust unterbleibt, oder von der Einziehung nach § 12 absehen.

Reicht das Vermögen nicht zur Befriedigung aller Ansprüche gegen die besondere Vermögensmasse aus, so findet auf Antrag der Verbotsbehörde oder der Einziehungsbehörde ein Konkursverfahren über die besondere Vermögensmasse statt. § 12 bleibt unberührt. Die von der Beschlagnahme (§ 3 Abs. 1 Satz 2) ab entstandenen Verwaltungsaufwendungen und die dem Verein nach dem Verbot durch die Inanspruchnahme von Rechtsbehelfen entstandenen Prozeßkosten gelten als Massekosten, die Verwaltungsschulden als Masseschulden. Der Konkursverwalter wird auf Vorschlag der Verbotsbehörde oder der Einziehungsbehörde vom Konkursgericht bestellt und entlassen. Die §§ 80, 87 bis 92, 101, 125 der Konkursordnung sind nicht anzuwenden.

Das nach Befriedigung der gegen die besondere Vermögensmasse gerichteten Ansprüche verbleibende Vermögen und die nach § 12 eingezogenen Gegenstände sind vom Einziehungsbegünstigten für gemeinnützige Zwecke zu verwenden.

Vierter Abschnitt: Sondervorschriften

§ 14 Ausländervereine

Vereine, deren Mitglieder oder Leiter sämtlich oder überwiegend Ausländer sind (Ausländervereine), können nach den Vorschriften dieses Gesetzes, abgesehen von den in Artikel 9 Abs. 2 des Grundgesetzes genannten Gründen, auch dann verboten werden, wenn sie durch politische Betätigung die innere oder äußere Sicherheit, die öffentliche Ordnung oder sonstige erhebliche Belange der Bundesrepublik Deutschland oder eines ihrer Länder verletzen oder gefährden.

Im übrigen bleiben Ausländervereinen gegenüber die gesetzlichen Vorschriften zur Wahrung der öffentlichen Sicherheit und Ordnung unberührt.

§ 15 Ausländische Vereine

Für Vereine mit Sitz im Ausland (ausländische Vereine), deren Organisation oder Tätigkeit sich auf den räumlichen Geltungsbereich dieses Gesetzes erstreckt, gilt § 14 entsprechend. Zuständig für das Verbot ist der Bundesminister des Innern.

Ausländische Vereine und die einem ausländischen Verein eingegliederten Teilvereine, deren Mitglieder und Leiter sämtlich oder überwiegend Deutsche sind, können nur aus den in Artikel 9 Abs. 2 des Grundgesetzes genannten Gründen verboten oder in ein Verbot einbezogen werden.

§ 16 Arbeitnehmer- und Arbeitgebervereinigungen

Verbote nach § 3 Abs. 1 oder Verfügungen nach § 8 Abs. 2 Satz 1 gegen Vereinigungen, die den Schutz des Übereinkommens Nr. 87 der Internationalen Arbeitsorganisation vom 9. Juli 1948 über die Vereinigungsfreiheit und den Schutz des Vereinigungsrechts (Bundesgesetzbl. 1956 II S. 2072) genießen, werden erst wirksam, wenn das Gericht ihre Rechtmäßigkeit bestätigt hat. § 3 Abs. 4 und § 8 Abs. 2 Satz 3 und 4 sind nicht anzuwenden.

Die Verbotsbehörde legt dem nach §§ 48, 50 Abs. 1 Nr. 2 der Verwaltungsgerichtsordnung zuständigen Gericht ihre schriftlich abgefaßte und begründete Entscheidung vor. Das Gericht stellt sie der Vereinigung und ihren darin benannten nichtgebietlichen Teilorganisationen mit eigener Rechtspersönlichkeit (§ 3 Abs. 3 Satz 2) zu. Beteiligt am Verfahren sind die Verbotsbehörde, die Vereinigung und ihre in der Entscheidung benannten nichtgebietlichen Teilorganisationen mit eigener Rechtspersönlichkeit sowie die nach § 63 Nr. 3 und 4 der Verwaltungsgerichtsordnung Beteiligten.

Versagt das Gericht die Bestätigung, so hebt es in dem Urteil zugleich das Verbot oder die Verfügung auf.

Auf Antrag der Verbotsbehörde kann das Gericht die nötigen einstweiligen Anordnungen treffen, insbesondere die Beschlagnahme des Vereinsvermögens verfügen. Betätigungsverbote und Beschlagnahmeanordnungen hat das Gericht entsprechend § 3 Abs. 4 Satz 2 bekanntzumachen.

§ 17 Kapitalgesellschaften, Genossenschaften, Versicherungsvereine auf Gegenseitigkeit

Die Vorschriften dieses Gesetzes sind auf Aktiengesellschaften, Kommanditgesellschaften auf Aktien, Gesellschaften mit beschränkter Haftung, Genossenschaften und Versicherungsvereine auf Gegenseitigkeit nur anzuwenden,

1. wenn sie sich gegen die verfassungsmäßige Ordnung oder gegen den Gedanken der Völkerverständigung richten oder ihre Zwecke oder ihre Tätigkeit Strafgesetzen zuwiderlaufen, die aus Gründen des Staatsschutzes erlassen sind oder
2. wenn sie von einem Verbot, das aus einem der in Nummer 1 genannten Gründe erlassen wurde, nach § 3 Abs. 3 als Teilorganisation erfaßt werden, oder
3. wenn sie Ersatzorganisation eines Vereins sind, der aus einem der in Nummer 1 genannten Gründe verboten wurde.

§ 18 Räumlicher Geltungsbereich von Vereinsverboten

Verbote von Vereinen, die ihren Sitz außerhalb des räumlichen Geltungsbereichs dieses Gesetzes, aber Teilorganisationen innerhalb dieses Bereichs haben, erstrecken sich nur auf die Teilorganisationen innerhalb dieses Bereichs. Hat der Verein im räumlichen Geltungsbereich dieses Gesetzes keine Organisation, so richtet sich das Verbot (§ 3 Abs. 1) gegen seine Tätigkeit in diesem Bereich.

Fünfter Abschnitt: Schlußbestimmungen

§ 19 Rechtsverordnungen[12]

Die Bundesregierung kann durch Rechtsverordnung mit Zustimmung des Bundesrates

1. Bestimmungen über den Vollzug des Verbotes, insbesondere die Durchführung der Auflösung eines Vereins, die Durchführung und Aufhebung der Beschlagnahme sowie die Verwaltung des Vereinsvermögens während der Beschlagnahme erlassen,
2. Bestimmungen über das Verfahren der Einziehung, die Ausschlußfrist (§ 13 Abs. 1 Satz 1), die vorzeitige Befriedigung von Gläubigern (§ 13 Abs. 1 Satz 2), die Anwendung des § 13 Abs. 2 oder die Berichtigung des Grundbuchs treffen und den

[12] Siehe DVO vom 28. 7. 1966 (BGBl. I S. 457).

Konkurs über die besondere Vermögensmasse in Anpassung an die besonderen Gegebenheiten bei der Einziehung näher regeln,
3. nähere Vorschriften über die Verwendung des eingezogenen Vermögens treffen,
4. Ausländervereine und ausländische Vereine einer Anmelde- und Auskunftspflicht unterwerfen, Vorschriften über Inhalt, Form und Verfahren der Anmeldung erlassen und die Auskunftspflicht näher regeln.

§ 20 Zuwiderhandlungen gegen Verbote

Wer im räumlichen Geltungsbereich dieses Gesetzes durch eine darin ausgeübte Tätigkeit
1. den organisierten Zusammenhalt eines Vereins entgegen einem vollziehbaren Verbot oder entgegen einer vollziehbaren Feststellung, daß er Ersatzorganisation eines verbotenen Vereins ist, aufrechterhält oder sich in einem solchen Verein als Mitglied betätigt,
2. den organisatorischen Zusammenhalt einer Partei oder eines Vereins entgegen einer vollziehbaren Feststellung, daß sie Ersatzorganisation einer vorbotenen Partei sind (§ 33 Abs. 3 des Parteiengesetzes), aufrechterhält oder sich in einer solchen Partei oder in einem solchen Verein als Mitglied betätigt,
3. den organisatorischen Zusammenhalt eines Vereins oder einer Partei der in den Nummern 1 und 2 bezeichneten Art unterstützt,
4. einem vollziehbaren Verbot nach § 18 Satz 2 zuwiderhandelt oder
5. Kennzeichen einer der in den Nummern 1 und 2 bezeichneten Vereine oder Parteien während der Vollziehbarkeit des Verbots oder der Feststellung verbreitet oder öffentlich oder in einer Versammlung verwendet,

wird mit Freiheitsstrafe bis zu einem Jahr oder mit Geldstrafe bestraft, wenn die Tat nicht in den §§ 49b, 84, 85, 86a oder 129 des Strafgesetzbuches mit Strafe bedroht ist. In den Fällen der Nummer 5 gilt § 9 Abs. 1 Satz 2 entsprechend.

§ 84 Abs. 4 und 5 des Strafgesetzbuches gilt entsprechend.

Kennzeichen, auf die sich eine Straftat nach Abs. 1 Nr. 5 bezieht, können eingezogen werden.

§ 21 Zuwiderhandlungen gegen Rechtsverordnungen

Ordnungswidrig handelt, wer vorsätzlich oder fahrlässig einer Vorschrift einer nach § 19 Nr. 4 erlassenen Rechtsverordnung zuwiderhandelt, wenn die Rechtsverordnung für einen bestimmten Tatbestand auf diese Bußgeldvorschrift verweist.

Die Ordnungswidrigkeit kann mit einer Geldbuße bis zu zweitausend Deutsche Mark geahndet werden.

§§ 22 bis **29** *enthalten Änderungen des StGB, der Verwaltungsgerichtsordnung, des BGB, des FGG, der StPO, des GVG, des Bundesverfassungsgerichtsgesetzes und des Versammlungsgesetzes, die in den hier abgedruckten Gesetzestexten bereits berücksichtigt sind.*

§ 30 Aufhebung und Fortgeltung von Rechtsvorschriften

Es werden aufgehoben
1. das Vereinsgesetz vom 19. April 1908 (Reichsgesetzbl. S. 151) in der Fassung des Gesetzes vom 26. Juni 1916 (Reichsgesetzbl. S. 635),
2. das Gesetz betreffend das Vereinswesen vom 11. Dezember 1899 (Reichsgesetzbl. S. 699),
3. die Verordnung des Reichspräsidenten zur Erhaltung des inneren Friedens vom 19. Dezember 1932 (Reichsgesetzbl. I S. 548),
4. Artikel 10 des Einführungsgesetzes zum Bürgerlichen Gesetzbuch,
5. die Abschnitte I und III des saarländischen Gesetzes Nr. 458 über das Vereinswesen (Vereinsgesetz) vom 8. Juli 1955 (Amtsblatt des Saarlandes S. 1030), soweit sie sich nicht auf politische Parteien im Sinne des Artikels 21 des Grundgesetzes beziehen.

Unberührt bleiben
1. § 39 Abs. 2 des Gesetzes über das Bundesverfassungsgericht,
2. die §§ 43 und 44 des Bürgerlichen Gesetzbuches,

3. § 62 des Gesetzes betreffend die Gesellschaften mit beschränkter Haftung, §§ 288 bis 293 des Aktiengesetzes, § 81 des Gesetzes betreffend die Erwerbs- und Wirtschaftsgenossenschaften, § 87 des Versicherungsaufsichtsgesetzes und § 38 Abs. 1 des Gesetzes über das Kreditwesen,
4. § 13 des Gesetzes über die Rechtsstellung heimatloser Ausländer im Bundesgebiet vom 25. April 1951 (Bundesgesetzbl. I S. 269) und
5. die in zwischenstaatlichen Vereinbarungen getroffenen Sonderregelungen über Ausländervereine und ausländische Vereine.

§ 31 Übergangsregelungen

...

§ 32 Einschränkung von Grundrechten

Die Grundrechte des Brief- und Postgeheimnisses (Artikel 10 des Grundgesetzes) und der Unverletzlichkeit der Wohnung (Artikel 13 des Grundgesetzes) werden nach Maßgabe dieses Gesetzes eingeschränkt.

§ 33 Geltung im Land Berlin

Dieses Gesetz gilt nach Maßgabe des § 13 Abs. 1 des Dritten Überleitungsgesetzes vom 4. Januar 1952 (Bundesgesetzbl. I S. 1) auch im Land Berlin. § 90a Abs. 1, 2 und 4 des Strafgesetzbuches in der Fassung des § 22 Nr. 2 dieses Gesetzes und § 28 dieses Gesetzes gelten jedoch nicht im Land Berlin.

Rechtsverordnungen, die auf Grund dieses Gesetzes erlassen werden, gelten im Land Berlin nach § 14 des Dritten Überleitungsgesetzes.

§ 34 Inkrafttreten

Dieses Gesetz tritt einen Monat nach seiner Verkündung in Kraft.[13]

14. Gesetz über Versammlungen und Aufzüge (Versammlungsgesetz)[14]

Vom 24. Juli 1953 (BGBl. I S. 684), zuletzt geändert durch Gesetz vom 25. September 1978 (BGBl. I S. 1571)

Abschnitt I. Allgemeines

§ 1

Jedermann hat das Recht, öffentliche Versammlungen und Aufzüge zu veranstalten und an solchen Veranstaltungen teilzunehmen.

Dieses Recht hat nicht,
1. wer das Grundrecht der Versammlungsfreiheit gem. Art. 18 des Grundgesetzes verwirkt hat,
2. wer mit der Durchführung oder Teilnahme an einer solchen Veranstaltung die Ziele einer nach Art. 21 Abs. 2 des Grundgesetzes durch das Bundesverfassungsgericht für verfassungswidrig erklärten Partei oder Teil- oder Ersatzorganisation einer Partei fördern will,
3. eine Partei, die nach Art. 21 Abs. 2 des Grundgesetzes durch das Bundesverfassungsgericht für verfassungswidrig erklärt worden ist, oder
4. eine Vereinigung, die nach Art. 9 Abs. 2 des Grundgesetzes verboten ist.

---

[13] Das Gesetz wurde am 12. 8. 1964 verkündet.
[14] dazu Potrykus „Vereins- und Versammlungsrecht".

§ 2

Wer zu einer öffentlichen Versammlung oder zu einem Aufzug öffentlich einlädt, muß als Veranstalter in der Einladung seinen Namen angeben.

Bei öffentlichen Versammlungen und Aufzügen hat jedermann Störungen zu unterlassen, die bezwecken, die ordnungsmäßige Durchführung zu verhindern.

Niemand darf bei öffentlichen Versammlungen oder Aufzügen Waffen oder sonstige Gegenstände, die ihrer Art nach zur Verletzung von Personen oder zur Beschädigung von Sachen geeignet und bestimmt sind, mit sich führen, ohne dazu behördlich ermächtigt zu sein. Ebenso ist es verboten, ohne behördliche Ermächtigung Waffen oder die in Satz 1 genannten Gegenstände auf dem Weg zu öffentlichen Versammlungen oder Aufzügen mit sich zu führen, zu derartigen Veranstaltungen hinzuschaffen oder sie zur Verwendung bei derartigen Veranstaltungen bereitzuhalten oder zu verteilen.

§ 3

Es ist verboten, öffentlich oder in einer Versammlung Uniformen, Uniformteile oder gleichartige Kleidungsstücke als Ausdruck einer gemeinsamen politischen Gesinnung zu tragen.

Jugendverbänden, die sich vorwiegend der Jugendpflege widmen, ist auf Antrag für ihre Mitglieder eine Ausnahmegenehmigung von dem Verbot des Absatzes 1 zu erteilen. Zuständig ist bei Jugendverbänden, deren erkennbare Organisation oder Tätigkeit sich über das Gebiet eines Landes hinaus erstreckt, der Bundesminister des Innern, sonst die oberste Landesbehörde. Die Entscheidung des Bundesministers des Innern ist im Bundesanzeiger und im gemeinsamen Ministerialblatt, die der obersten Landesbehörden in ihren amtlichen Mitteilungsblättern bekanntzumachen.

§ 4 *(aufgehoben)*

Abschnitt II. Öffentliche Versammlungen in geschlossenen Räumen

§ 5

Die Abhaltung einer Versammlung kann nur im Einzelfall und nur dann verboten werden, wenn

1. der Veranstalter unter die Vorschriften des § 1 Abs. 2 Nr. 1 bis 4 fällt, und im Falle der Nummer 4 das Verbot durch die zuständige Verwaltungsbehörde festgestellt worden ist,
2. der Veranstalter oder Leiter der Versammlung Teilnehmern Zutritt gewährt, die Waffen oder sonstige Gegenstände im Sinne von § 2 Abs. 3 mit sich führen,
3. Tatsachen festgestellt sind, aus denen sich ergibt, daß der Veranstalter oder sein Anhang einen gewalttätigen oder aufrührerischen Verlauf der Versammlung anstreben,
4. Tatsachen festgestellt sind, aus denen sich ergibt, daß der Veranstalter oder sein Anhang Ansichten vertreten oder Äußerungen dulden werden, die ein Verbrechen oder ein von Amts wegen zu verfolgendes Vergehen zum Gegenstand haben.

§ 6

Bestimmte Personen oder Personenkreise können in der Einladung von der Teilnahme an einer Versammlung ausgeschlossen werden.

Pressevertreter können nicht ausgeschlossen werden; sie haben sich dem Leiter der Versammlung gegenüber durch ihren Presseausweis ordnungsgemäß auszuweisen.

§ 7

Jede öffentliche Versammlung muß einen Leiter haben.

Leiter der Versammlung ist der Veranstalter. Wird die Versammlung von einer Vereinigung veranstaltet, so ist ihr Vorsitzender der Leiter.

Der Veranstalter kann die Leitung einer anderen Person übertragen.
Der Leiter übt das Hausrecht aus.

§ 8

Der Leiter bestimmt den Ablauf der Versammlung. Er hat während der Versammlung für Ordnung zu sorgen. Er kann die Versammlung jederzeit unterbrechen oder schließen. Er bestimmt, wann eine unterbrochene Versammlung fortgesetzt wird.

§ 9

Der Leiter kann sich bei der Durchführung seiner Rechte aus § 8 der Hilfe einer angemessenen Zahl ehrenamtlicher Ordner bedienen. Diese dürfen keine Waffen oder sonstigen Gegenstände im Sinne von § 2 Abs. 3 mit sich führen, müssen volljährig und ausschließlich durch weiße Armbinden, die nur die Bezeichnung „Ordner" tragen dürfen, kenntlich sein.

Der Leiter ist verpflichtet, die Zahl der von ihm bestellten Ordner der Polizei auf Anfordern mitzuteilen. Die Polizei kann die Zahl der Ordner angemessen beschränken.

§ 10

Alle Versammlungsteilnehmer sind verpflichtet, die zur Aufrechterhaltung der Ordnung getroffenen Anweisungen des Leiters oder der von ihm bestellten Ordner zu befolgen.

§ 11

Der Leiter kann Teilnehmer, welche die Ordnung gröblich stören, von der Versammlung ausschließen.

Wer aus der Versammlung ausgeschlossen wird, hat sie sofort zu verlassen.

§ 12

Werden Polizeibeamte in eine öffentliche Versammlung entsandt, so haben sie sich dem Leiter zu erkennen zu geben. Es muß ihnen ein angemessener Platz eingeräumt werden.

§ 13

Die Polizei (§ 12) kann die Versammlung nur dann und unter Angabe des Grundes auflösen, wenn

1. der Veranstalter unter die Vorschriften des § 1 Abs. 2 Nr. 1 bis 4 fällt, und im Falle der Nr. 4 das Verbot durch die zuständige Verwaltungsbehörde festgestellt worden ist,
2. die Versammlung einen gewalttätigen oder aufrührerischen Verlauf nimmt oder unmittelbare Gefahr für Leben und Gesundheit der Teilnehmer besteht,
3. der Leiter Personen, die Waffen oder sonstige Gegenstände im Sinne von § 2 Abs. 3 mit sich führen, nicht sofort ausschließt und für die Durchführung des Ausschlusses sorgt,
4. durch den Verlauf der Versammlung gegen Strafgesetze verstoßen wird, die ein Verbrechen oder von Amts wegen zu verfolgendes Vergehen zum Gegenstand haben, oder wenn in der Versammlung zu solchen Straftaten aufgefordert oder angereizt wird und der Leiter dies nicht unverzüglich unterbindet.

In den Fällen der Nummern 2 bis 4 ist die Auflösung nur zulässig, wenn andere polizeiliche Maßnahmen, insbesondere eine Unterbrechung, nicht ausreichen.

Sobald eine Versammlung für aufgelöst erklärt ist, haben alle Teilnehmer sich sofort zu entfernen.

Abschnitt III. Öffentliche Versammlungen unter freiem Himmel und Aufzüge

§ 14

Wer die Absicht hat, eine öffentliche Versammlung unter freiem Himmel oder einen Aufzug zu veranstalten, hat dies spätestens 48 Stunden vor der Bekanntgabe der zuständigen Behörde unter Angabe des Gegenstandes der Versammlung oder des Aufzuges anzumelden.

In der Anmeldung ist anzugeben, welche Personen für die Leitung der Versammlung oder des Aufzuges verantwortlich sein sollen.

§ 15

Die zuständige Behörde kann die Versammlung oder den Aufzug verbieten oder von bestimmten Auflagen abhängig machen, wenn nach den zur Zeit des Erlasses der Verfügung erkennbaren Umständen die öffentliche Sicherheit oder Ordnung bei Durchführung der Versammlung oder des Aufzuges unmittelbar gefährdet ist.

Sie kann eine Versammlung oder einen Aufzug auflösen, wenn sie nicht angemeldet sind, wenn von den Angaben der Anmeldung abgewichen oder den Auflagen zuwider gehandelt wird oder wenn die Voraussetzungen zu einem Verbot nach Absatz 1 gegeben sind.

Eine verbotene Veranstaltung ist aufzulösen.

§ 16

Öffentliche Versammlungen unter freiem Himmel und Aufzüge sind innerhalb des befriedeten Bannkreises der Gesetzgebungsorgane des Bundes oder der Länder sowie des Bundesverfassungsgerichts verboten.

Die befriedeten Bannkreise für die Gesetzgebungsorgane des Bundes und für das Bundesverfassungsgericht werden durch Bundesgesetz, die befriedeten Bannkreise für die Gesetzgebungsorgane der Länder durch Landesgesetze bestimmt.[15]

Das Weitere regeln die Bannmeilengesetze des Bundes und der Länder.

§ 17

Die §§ 14 bis 16 gelten nicht für Gottesdienste unter freiem Himmel, kirchliche Prozessionen, Bittgänge und Wallfahrten, gewöhnliche Leichenbegängnisse, Züge von Hochzeitsgesellschaften und hergebrachte Volksfeste.

§ 18

Für Versammlungen unter freiem Himmel sind § 7 Abs. 1, §§ 8, 9 Abs. 1, §§ 10, 11 Abs. 2, §§ 12 und 13 Abs. 2 entsprechend anzuwenden.

Die Verwendung von Ordnern bedarf polizeilicher Genehmigung. Sie ist bei der Anmeldung zu beantragen.

Die Polizei kann Teilnehmer, welche die Ordnung gröblich stören, von der Versammlung ausschließen.

§ 19

Der Leiter des Aufzuges hat für den ordnungsgemäßen Ablauf zu sorgen. Er kann sich der Hilfe ehrenamtlicher Ordner bedienen, für welche § 9 Abs. 1 und § 18 gelten.

Die Teilnehmer sind verpflichtet, die zur Aufrechterhaltung der Ordnung getroffenen Anordnungen des Leiters oder der von ihm bestellten Ordner zu befolgen.

Vermag der Leiter sich nicht durchzusetzen, so ist er verpflichtet, den Aufzug für beendet zu erklären.

Die Polizei kann Teilnehmer, welche die Ordnung gröblich stören, von dem Aufzug ausschließen.

---

[15] Bannmeilengesetz vom 6. 8. 1955 (BGBl. I S. 504), geändert durch Gesetz vom 28. 5. 1969 (BGBl. I S. 449)

§ 20

Das Grundrecht des Artikels 8 des Grundgesetzes wird durch die Bestimmungen dieses Abschnitts eingeschränkt.

Abschnitt IV. Straf- und Bußgeldvorschriften

§ 21

Wer in der Absicht, nicht verbotene Versammlungen oder Aufzüge zu verhindern oder zu sprengen oder sonst ihre Durchführung zu vereiteln, Gewalttätigkeiten vornimmt oder androht oder grobe Störungen verursacht, wird mit Freiheitsstrafe bis zu drei Jahren oder mit Geldstrafe bestraft.

§ 22

Wer bei einer öffentlichen Versammlung oder einem Aufzug dem Leiter oder einem Ordner in der rechtmäßigen Ausübung seiner Ordnungsbefugnisse mit Gewalt oder Drohung mit Gewalt Widerstand leistet oder ihn während der rechtmäßigen Ausübung seiner Ordnungsbefugnisse tätlich angreift, wird mit Freiheitsstrafe bis zu einem Jahr oder mit Geldstrafe bestraft.

§ 23[16]

§ 24

Wer als Leiter einer öffentlichen Versammlung oder eines Aufzuges Ordner verwendet, die Waffen oder sonstige Gegenstände, die ihrer Art nach zur Verletzung von Personen oder Beschädigung von Sachen geeignet und bestimmt sind, mit sich führen, wird mit Freiheitsstrafe bis zu einem Jahr oder mit Geldstrafe bestraft.

§ 25

Wer als Leiter einer öffentlichen Versammlung unter freiem Himmel oder eines Aufzuges

1. die Versammlung oder den Aufzug wesentlich anders durchführt, als die Veranstalter bei der Anmeldung angegeben haben, oder
2. Auflagen nach § 15 Abs. 1 nicht nachkommt,

wird mit Freiheitsstrafe bis zu sechs Monaten oder mit Geldstrafe bis zu einhundertachtzig Tagessätzen bestraft.

§ 26

Wer als Veranstalter oder Leiter

1. eine öffentliche Versammlung oder einen Aufzug trotz vollziehbaren Verbots durchführt oder trotz Auflösung oder Unterbrechung durch die Polizei fortsetzt oder
2. eine öffentliche Versammlung unter freiem Himmel oder einen Aufzug ohne Anmeldung (§ 14) durchführt, wird mit Freiheitsstrafe bis zu einem Jahr oder mit Geldstrafe bestraft.

§ 27

Wer bei öffentlichen Versammlungen oder Aufzügen Waffen oder sonstige Gegenstände, die ihrer Art nach zur Verletzung von Personen oder Beschädigung von Sachen geeignet und bestimmt sind, mit sich führt, ohne dazu behördlich ermächtigt zu sein, wird mit Freiheitsstrafe bis zu einem Jahr oder mit Geldstrafe bestraft. Ebenso wird bestraft, wer ohne behördliche Ermächtigung Waffen oder sonstige Gegenstände im Sinne des Satzes 1 auf dem Weg zu öffentlichen Versammlungen oder Aufzügen

---

[16] aufgehoben

mit sich führt, zu derartigen Veranstaltungen hinschafft oder sie zur Verwendung bei derartigen Veranstaltungen bereithält oder verteilt.

§ 28

Wer der Vorschrift des § 3 zuwiderhandelt, wird mit Freiheitsstrafe bis zu zwei Jahren oder mit Geldstrafe bestraft.

§ 29

Ordnungswidrig handelt, wer
1. an einer öffentlichen Versammlung oder einem Aufzug teilnimmt, deren Durchführung durch vollziehbares Verbot untersagt ist,
2. sich trotz Auflösung einer öffentlichen Versammlung oder eines Aufzuges durch die zuständige Behörde nicht unverzüglich entfernt,
3. als Teilnehmer einer öffentlichen Versammlung unter freiem Himmel oder eines Aufzuges einer vollziehbaren Auflage nach § 15 Abs. 1 nicht nachkommt,
4. trotz wiederholter Zurechtweisung durch den Leiter oder einen Ordner fortfährt, den Ablauf einer öffentlichen Versammlung oder eines Aufzuges zu stören,
5. sich nicht unverzüglich nach seiner Ausschließung aus einer öffentlichen Versammlung oder einem Aufzug entfernt,
6. der Aufforderung der Polizei, die Zahl der von ihm bestellten Ordner mitzuteilen, nicht nachkommt oder eine unrichtige Zahl mitteilt (§ 9 Abs. 2),
7. als Leiter oder Veranstalter einer öffentlichen Versammlung oder eines Aufzuges eine größere Zahl von Ordnern verwendet, als die Polizei zugelassen oder genehmigt hat (§ 9 Abs. 2, § 18 Abs. 2), oder Ordner verwendet, die anders gekennzeichnet sind, als es nach § 9 Abs. 1 zulässig ist, oder
8. als Leiter den in eine öffentliche Versammlung entsandten Polizeibeamten die Anwesenheit verweigert oder ihnen keinen angemessenen Platz einräumt.

Die Ordnungswidrigkeit kann in den Fällen des Absatzes 1 Nr. 1 bis 5 mit einer Geldbuße bis zu tausend Deutsche Mark und in den Fällen des Absatzes 1 Nr. 6 bis 8 mit einer Geldbuße bis zu fünftausend Deutsche Mark geahndet werden.

§ 30

Gegenstände, auf die sich eine Straftat nach § 27 oder § 28 oder eine Ordnungswidrigkeit nach § 29 Abs. 1 Nr. 3 bezieht, können eingezogen werden.

...

15. Versicherungsaufsichtsgesetz (VAG)

Vom 6. Juni 1931 (RGBl. I S. 315)

§ 1

(1) Privatunternehmungen, die den Betrieb von Versicherungsgeschäften zum Gegenstand haben (Versicherungsunternehmungen), unterliegen der Aufsicht nach diesem Gesetz.

(2) ...

(3) Der Aufsicht nach diesem Gesetz unterliegen nicht
1. Personenvereinigungen, die ihren Mitgliedern, ohne daß diese einen Rechtsanspruch haben, Unterstützungen gewähren, insbesondere die Unterstützungseinrichtungen und Unterstützungsvereine der Berufsverbände;

...

16. Gesetz über das Bundesverfassungsgericht

In der Fassung der Bekanntmachung vom 3. Februar 1971 (BGBl. I S. 105)

§ 43 [Parteiverbot: Antragsberechtigte]

Der Antrag auf Entscheidung, ob eine Partei verfassungswidrig ist, (Artikel 21 Abs. 2 des Grundgesetzes), kann von dem Bundestag, dem Bundesrat oder von der Bundesregierung gestellt werden.

Eine Landesregierung kann den Antrag nur gegen eine Partei stellen, deren Organisation sich auf das Gebiet ihres Landes beschränkt.

§ 44 [Vertretung der Partei]

Die Vertretung der Partei bestimmt sich nach den gesetzlichen Vorschriften, hilfsweise nach ihrer Satzung. Sind die Vertretungsberechtigten nicht feststellbar oder nicht vorhanden oder haben sie nach Eingang des Antrags beim Bundesverfassungsgericht gewechselt, so gelten als vertretungsberechtigt diejenigen Personen, die die Geschäfte der Partei während der Tätigkeit, die den Antrag veranlaßt hat, zuletzt tatsächlich geführt haben.

§ 45 [Vorverfahren]

Das Bundesverfassungsgericht gibt dem Vertretungsberechtigten (§ 44) Gelegenheit zur Äußerung binnen einer bestimmten Frist und beschließt dann, ob der Antrag als unzulässig oder als nicht hinreichend begründet zurückzuweisen oder ob die Verhandlung durchzuführen ist.

§ 46 [Entscheidung über Verfassungswidrigkeit einer Partei]

Erweist sich der Antrag als begründet, so stellt das Bundesverfassungsgericht fest, daß die politische Partei verfassungswidrig ist.

Die Feststellung kann auf einen rechtlich oder organisatorisch selbständigen Teil einer Partei beschränkt werden.

Mit der Feststellung ist die Auflösung der Partei oder des selbständigen Teiles der Partei und das Verbot, eine Ersatzorganisation zu schaffen, zu verbinden. Das Bundesverfassungsgericht kann in diesem Fall außerdem die Einziehung des Vermögens der Partei oder des selbständigen Teiles der Partei zugunsten des Bundes oder des Landes zu gemeinnützigen Zwecken aussprechen.

17. Zivilprozeßordnung (ZPO)

Vom 30. Januar 1877 (RGBl. S. 83) i. d. Fassung der Bekanntmachung vom 12. September 1950 (BGBl. I S. 455, 533)

§ 17 [Allg. Gerichtsstand juristischer Personen usw.]

Der allgemeine Gerichtsstand der Gemeinden, der Korporationen sowie derjenigen Gesellschaften, Genossenschaften oder anderen Vereine und derjenigen Stiftungen, Anstalten und Vermögensmassen, die als solche verklagt werden können, wird durch ihren Sitz bestimmt. Als Sitz gilt, wenn sich nichts anderes ergibt, der Ort, wo die Verwaltung geführt wird.

. . .

Neben dem durch die Vorschriften dieses Paragraphen bestimmten Gerichtsstand ist ein durch Statut oder in anderer Weise besonders geregelter Gerichtsstand zulässig.

§ 22 [Besonderer Gerichtsstand der Mitgliedschaft]

Das Gericht, bei dem Gemeinden, Korporationen, Gesellschaften, Genossenschaften und andere Vereine den allgemeinen Gerichtsstand haben, ist für die Klagen zuständig, die von ihnen gegen ihre Mitglieder als solche oder von den Mitgliedern in dieser Eigenschaft gegeneinander erhoben werden.

§ 50 [Parteifähigkeit]

Parteifähig ist, wer rechtsfähig ist.

Ein Verein, der nicht rechtsfähig ist, kann verklagt werden; in dem Rechtsstreit hat der Verein die Stellung eines rechtsfähigen Vereins.

§ 57 [Bestellung eines Vertreters für Prozeßunfähige]

Soll eine nicht prozeßfähige Partei verklagt werden, die ohne gesetzlichen Vertreter ist, so hat ihr der Vorsitzende des Prozeßgerichts, falls mit dem Verzuge Gefahr verbunden ist, auf Antrag bis zu dem Eintritt des gesetzlichen Vertreters einen besonderen Vertreter zu bestellen.

Der Vorsitzende kann einen solchen Vertreter auch bestellen, wenn in den Fällen des § 20 eine nicht prozeßfähige Person bei dem Gericht ihres Aufenthaltsortes verklagt werden soll.

§ 171 [Zustellung bei prozeßunfähigen Personen]

Die Zustellungen, die an eine Partei bewirkt werden sollen, erfolgen für die nicht prozeßfähigen Personen an ihre gesetzlichen Vertreter.

Bei Behörden, Gemeinden und Korporationen sowie bei Vereinen, die als solche klagen und verklagt werden können, genügt die Zustellung an die Vorsteher.

Bei mehreren gesetzlichen Vertretern sowie bei mehreren Vorstehern genügt die Zustellung an einen von ihnen.

§ 256 [Feststellungsklage]

Auf Feststellung des Bestehens oder Nichtbestehens eines Rechtsverhältnisses, auf Anerkennung einer Urkunde oder auf Feststellung ihrer Unechtheit kann Klage erhoben werden, wenn der Kläger ein rechtliches Interesse daran hat, daß das Rechtsverhältnis oder die Echtheit oder Unechtheit der Urkunde durch richterliche Entscheidung alsbald festgestellt werde.

Bis zum Schluß derjenigen mündlichen Verhandlung, auf die das Urteil ergeht, kann der Kläger durch Erweiterung des Klageantrags, der Beklagte durch Erhebung einer Widerklage beantragen, daß ein im Laufe des Prozesses streitig gewordenes Rechtsverhältnis, von dessen Bestehen oder Nichtbestehen die Entscheidung des Rechtsstreits ganz oder zum Teil abhängt, durch richterliche Entscheidung festgestellt werde.

§ 416 [Beweiskraft von Privaturkunden]

Privaturkunden begründen, sofern sie von den Ausstellern unterschrieben oder mittels notariell beglaubigten Handzeichens unterzeichnet sind, vollen Beweis dafür, daß die in ihnen enthaltenen Erklärungen von den Ausstellern abgegeben sind.

§ 550 [Begriff der Gesetzesverletzung]

Das Gesetz ist verletzt, wenn eine Rechtsnorm nicht oder nicht richtig angewendet worden ist.

§ 551 [Absolute Revisionsgründe]

Eine Entscheidung ist stets als auf einer Verletzung des Gesetzes beruhend anzusehen:

1. wenn das erkennende Gericht nicht vorschriftsmäßig besetzt war;
2. wenn bei der Entscheidung ein Richter mitgewirkt hat, der von der Ausübung des Richteramts kraft Gesetzes ausgeschlossen war, sofern nicht dieses Hindernis mittels eines Ablehnungsgesuchs ohne Erfolg geltend gemacht ist;

3. wenn bei der Entscheidung ein Richter mitgewirkt hat, obgleich er wegen Besorgnis der Befangenheit abgelehnt und das Ablehnungsgesuch für begründet erklärt war;
4. wenn das Gericht seine Zuständigkeit oder Unzuständigkeit mit Unrecht angenommen hat;
5. wenn eine Partei in dem Verfahren nicht nach Vorschrift der Gesetze vertreten war, sofern sie nicht die Prozeßführung ausdrücklich oder stillschweigend genehmigt hat;
6. wenn die Entscheidung auf Grund einer mündlichen Verhandlung ergangen ist, bei der die Vorschriften über die Öffentlichkeit des Verfahrens verletzt sind;
7. wenn die Entscheidung nicht mit Gründen versehen ist.

§ 735 [Vollstreckung gegen nichtrechtsfähigen Verein]

Zur Zwangsvollstreckung in das Vermögen eines nicht rechtsfähigen Vereins genügt ein gegen den Verein ergangenes Urteil.

Stichwortverzeichnis

Die Zahlen bedeuten die Randnummern